# LA
# PHILOSOPHIE DE PLATON

EXPOSITION, HISTOIRE ET CRITIQUE

DE

## LA THÉORIE DES IDÉES

PAR

### ALFRED FOUILLÉE

Professeur de Philosophie au Lycée de Bordeaux.

OUVRAGE COURONNÉ PAR L'ACADÉMIE DES SCIENCES MORALES ET POLITIQUES

TOME SECOND

PARIS
LIBRAIRIE PHILOSOPHIQUE DE LADRANGE
41, RUE SAINT-ANDRÉ-DES-ARTS

1869

# LA
# PHILOSOPHIE DE PLATON

TOME SECOND.

SAINT-CLOUD — IMPRIMERIE DE Mme Ve BELIN.

# DEUXIÈME PARTIE

## HISTOIRE DE LA PHILOSOPHIE PLATONICIENNE DANS L'ANTIQUITÉ.

# LIVRE PREMIER

## LES ÉLÉMENTS DE LA THÉORIE DES IDÉES AVANT PLATON.

## CHAPITRE I.

### LE PRINCIPE DE LA MATIÈRE INDÉFINIE. — LES IONIENS. — HÉRACLITE.

Comment les Ioniens occupent le premier degré de la dialectique. — Double aspect des fonctions matérielles : génération et nutrition. — I. École dynamiste de Milet. Héraclite. — La génération sensible; le mouvement. Alternative des contraires; identité de l'être et du non-être dans le devenir. — L'intelligence universelle; l'intelligence humaine. — Ce que Platon doit à Héraclite; idée de la génération et de son rapport au *temps*. — II. École mécaniste d'Abdère. — La nutrition universelle. — Réduction de la matière, par la divisibilité, à une pluralité indéfinie dans l'*espace*. La matière première du *Timée*, lieu de la génération.

Le point de départ de la théorie des Idées est la considération du monde sensible ; ce devait être aussi le point de départ de la philosophie : car l'histoire est une dialectique vivante, qui reproduit dans la succession de ses périodes tous les progrès de la pensée philosophique.

Les Ioniens demeurent comme enfermés dans la caverne des sens, et ne font que soupçonner la lumière de l'intelligence qui éclaire le monde immatériel.

Ils cherchent parmi les phénomènes sensibles ceux qui paraissent les plus propres à expliquer tous les autres, les plus semblables à des *principes ;* or, il est deux phénomènes qui attirent surtout les regards à cause de leur importance : la *génération* des êtres animés, et leur *nutrition*. Ces grands phénomènes sont tous deux des mouvements : l'un semble le développement dynamique d'un germe, l'autre semble une agrégation mécanique de parties. Entre les deux, la pensée des Ioniens hésite : où est le secret des choses ? est-ce dans la génération ou dans la nutrition ? Laquelle des deux est le principe, laquelle est la conséquence ? Si toutes choses paraissent provenir d'un germe, d'autre part le germe lui-même a besoin d'être nourri et de s'agréger les éléments qui le feront croître. Encore une fois, est-ce la génération qui produit la nutrition ; ou, au contraire, est-ce la nutrition qui produit la génération ? La *force* est-elle le principe ou la résultante du *mécanisme* des parties ?

Les Ioniens de Milet donnent la prééminence à la génération ; ceux d'Abdère, et plus tard Anaxagore et Archélaüs, sont surtout frappés par le phénomène de la nutrition (1). Sans le savoir et sans le vouloir, les deux écoles empruntent encore leurs analogies à l'âme ; mais c'est à cette région inférieure de l'âme par laquelle elle est en rapport avec la matière, la région de la *vie*, plus physiologique que psychologique.

I. Pour l'école de Milet, toutes choses s'expliquent par la dilatation ou la condensation d'un germe primordial, d'une force expansive et motrice qui engendre la diversité des choses. Des muettes et obscures profondeurs de l'élément universel, où dorment

(1) Ritter a bien marqué la différence du dynamisme et du mécanisme, mais il ne nous semble pas avoir découvert le vrai principe de ces deux théories chez les Ioniens. L'idée du *germe*, propre aux Milésiens, a été remarquée ; mais on n'a pas vu l'idée de la nutrition dans l'autre école. Voir Aristote, *Métaphys.*, I ; et *Traité de l'âme*. Voir surtout un remarquable passage de Plutarque, *Placit. ph.*, I, 3.

confondus les contraires, sort, par une expansion divine, le torrent de la *génération*. Mais ici encore il y avait plusieurs conceptions possibles du premier principe. Tout germe animé exige, pour son développement, l'eau, l'air et la chaleur. De ces trois conditions, quelle est la plus primitive? Chacune, à son tour, est élevée au rang de cause première. L'élément générateur, avec le temps et le progrès dialectique de l'abstraction, se subtilise et se spiritualise de plus en plus. C'est l'eau, puis l'air, puis le feu. La notion de la matière visible ou *génération* se rapproche peu à peu de la notion de la matière invisible, pure et sans forme, dont Platon devait faire le *réceptacle* de la génération. Le caractère abstrait et mathématique de cette matière la fait appeler l'*indéfini* (τὸ ἄπειρον). Dès lors, comment expliquer le monde avec cette chose vide, stérile et comme morte? Ne faut-il pas, d'une manière ou d'une autre, y placer l'intelligence pour la féconder? A mesure que l'école de Milet devait approfondir l'idée de la matière pour la ramener de plus en plus à la simple virtualité, à mesure aussi devait se préciser la notion d'une intelligence active et motrice.

On attribue à Thalès lui-même la conception vague d'une intelligence *qui parcourt l'onde avec rapidité* (1); il considère l'âme comme un principe de mouvement, mais il ne la sépare point de l'élément humide (2).

Diogène, contemporain d'Héraclite et d'Anaxagore (3), en a une idée plus nette. « L'âme est de l'air.

---

(1) Diog. L., I, 35; Stobée, *Ecl. phys.*, XI, 93.
(2) Arist., *De an.*, I, II, 22.
(3) Grote, *Plato*, I, 63; Pauzerbreter, *Fragm. Diog. Apoll.* c. 12-18 (Leipsig, 1838); Simplicius: Arist., *Phys.*, 6, a. Σχεδὸν νεώτατος.

» L'air est à la fois le principe des corps et le plus
» subtil d'entre eux. De là vient que l'âme a la double
» puissance de connaître et de mouvoir. En tant que
» formée du corps le plus subtil, elle meut; en tant
» que principe, elle connaît (1). » L'air, principe de
la vie universelle, est donc intelligent. « Comment,
» sans une pensée régulatrice, toutes choses auraient-
» elles leur mesure, l'hiver et l'été, la nuit et le jour,
» la pluie et les vents (2)? » L'air animé et intelligent, respiré par l'homme, lui donne son âme et son intelligence (3). L'air le plus subtil et le plus chaud est celui qui anime l'homme; de là notre supériorité (4).

Cet élément de la chaleur répandu dans l'air par Diogène, Héraclite l'en séparait et en faisait un principe nouveau : le feu (5). Mais c'est un feu invisible et vivant qui détruit et renouvelle toutes choses, un écoulement perpétuel (ῥοή) soumis aux lois inflexibles de la nécessité (εἱμαρμένη). Le repos n'est qu'une apparence : la flamme d'une lampe semble immobile, et cependant elle n'est qu'un mouvement sans fin de particules, qui en un même instant brillent et s'éteignent (6).

Parmi les philosophes de l'école de Milet, Héraclite est celui dont Platon a le plus fortement ressenti l'influence. Il lui a emprunté sa conception du monde sensible. « Platon, dit Aristote, s'était familiarisé dès

---

(1) *De an.*, id., 23. Platon considère aussi la pensée et le mouvement comme les actes essentiels de l'âme.
(2) Simplic., *Phys.*, 32, b; 33, a.
(3) *Ibid.*
(4) Plut., *De plac.*, V, 20.
(5) Diog., IX; Stob., 916; Clément d'Alex., *Pæd.*, II, 196. Sur Héraclite, voir Zeller, *Ph. der Gr.*, I, 450-496; Marbach (*Gesch. P.* 46), et Lassalle (*Die Phil. Heracleitos des Dunklen*). Cf. Hegel, *Leçons sur l'hist. de la Phil.*, XIII, 330, sqq.
(6) Cette comparaison frappante se trouve dans Grégoire de Nysse (cité par Lassalle, I, 28).

» sa jeunesse, dans le commerce de Cratyle, avec
» cette opinion d'Héraclite que tous les objets sen-
» sibles sont dans un écoulement perpétuel, et qu'il
» n'y a point de science possible de ces objets. Plus
» tard, il conserva la même opinion (1). » Le
*Théétète* est consacré tout entier au développement
de l'Héraclitéisme et de ses conséquences, si bien
résumées par Platon dans cette formule : « Rien
» n'est, mais tout devient (2). » Héraclite a écrit lui-
même, au témoignage de Platon : « Tout marche, et
rien ne demeure (3). »

La formule logique et métaphysique de l'Héraclitéisme, qui ne put manquer de frapper vivement
Platon, était l'universelle contradiction (ἐναντιότης) et
l'unité des contraires, y compris celle de l'être et du
non-être. « Nous sommes et ne sommes pas, disait
» Héraclite; nous descendons et ne descendons pas
» dans le même fleuve (4). » — « C'est encore ce que
» nous lisons dans l'obscur Héraclite : unis tout et non
» tout, ce qui se joint et ce qui se sépare, le consonant
» et le dissonant; et fais de tout un et d'un tout (5). »
C'est à Héraclite que Platon fait allusion dans le
*Sophiste* (6), quand il parle de ces Muses qui nous
montrent toutes choses *se réunissant en se séparant*
(διαφερόμενον ἀεὶ συμφέρεται). Il le cite, dans le *Banquet*,
comme faisant dériver l'harmonie de l'opposition de
l'unité avec elle-même; « tout, ajoute-t-il, en se divi-

---

(1) Arist., *Mét.*, I, vi.
(2) *Théét.*, 152.
(3) *Cratyle*, 402, a.
(4) Ποταμοῖς τοῖς αὐτοῖς ἐμβαίνομέν τε καὶ οὐκ ἐμβαίνομεν, εἰμέν τε καὶ οὐκ εἰμέν. — V. Heracl., *Alleg.*, ap. Schleiermacher (*Heracleitos*, 529).
(5) « Συνάψειας οὖλα καὶ οὐχὶ οὖλα, συμφερόμενον καὶ διαφερόμενον, συνᾶδον καὶ διᾶδον καὶ ἐκ πάντων ἓν καὶ ἐξ ἑνὸς πάντα. » Arist., *De mundo*, 396, d.
(6) 242, d.

» sant se réunit, comme l'harmonie de l'archet et de
» la lyre (1). » Enfin, la description du *devenir*
comme identification des contraires, que contient la
troisième thèse du *Parménide*, semble inspirée par
Héraclite. Platon, lui aussi, se représente la génération sensible comme un *écoulement* ayant pour forme
l'*opposition* et pour loi la *nécessité* (2). Il accepte tout
ce que son devancier avait dit de positif et l'applique
au monde sensible. Il reconnaît que, pour qu'il y ait
accord (συμφερόμενον), il faut qu'il y ait en même temps
différence (διαφερόμενον); mais il ajoute que la différence
doit être ramenée à l'unité par un principe supérieur,
*un* lui-même. Dans ce principe l'unité est réelle et la
multiplicité idéale, tandis que le monde sensible est
réellement multiple et idéalement un, comme l'avait
bien vu Héraclite, dont le seul tort est d'être incomplet.

D'ailleurs, Héraclite sentait lui-même l'insuffisance
de la matière indéfinie et la nécessité d'un principe
supérieur. Une phrase d'Aristote, dont le sens est très-controversé, semble indiquer que le philosophe ionien
admettait je ne sais quelle substance immuable d'où
procèdent tous les changements; mais il semble qu'il
ait voulu désigner par là la matière indéterminée

---

(1) Διαφερόμενα ἀεὶ συμφέρεσθαι. *Conv.*, 187, a. Cf. Arist., *Met.*, 8, p. 1155; Stob., *Phys.*, I, 58.

(2) Hégel reconnaît avec raison chez Héraclite son principe de l'identité de l'être et du non-être dans le devenir. « L'être n'est pas plus que le non-être (οὐδὲν μᾶλλον τὸ ὂν τοῦ μὴ ὄντος ἐστί), » disait Héraclite. — « La philosophie d'Héraclite, ajoute Hégel, n'est pas seulement de l'histoire; elle subsiste dans son principe et se retrouve dans ma Logique. » (*Leç. sur la Ph. de l'hist.*, t. XIII, 334.) En arrivant à Héraclite, Hégel s'écrie : Terre! terre! — Le sujet et l'objet, dit-il encore à propos d'Héraclite, diffèrent, mais sont néanmoins identiques en ce que chacun est *l'autre de l'autre* et qu'ils sont *l'un pour l'autre* et *l'un par l'autre*; le sujet n'est quelque chose qu'en devenant objet, et l'objet qu'en devenant sujet. Telle est la relativité conçue par Héraclite. — On reconnaît les souvenirs du *Parménide* et du *Théétète*.

et non une réelle substance (1). Ce qui se rapproche davantage de l'idée d'un principe absolu, c'est la conception de la pensée immanente aux choses (τὸ ξυνόν, τὸ περιέχον). Le feu divin a pour attribut essentiel l'intelligence (2); il est la raison universelle (κοινὸν λόγον καὶ θεῖον) (3). Nous ne faisons que participer à cette raison commune : « L'homme (en tant qu'homme) ne » connaît pas; cette faculté n'appartient qu'au prin- » cipe divin (4). » « L'homme n'est pas un être » raisonnable; il n'y a d'intelligent que le prin- » cipe qui enveloppe tout (5). » « C'est donc au- » près de la divinité que l'homme s'instruit, comme » l'enfant auprès de l'homme (6). » Le feu, étant le plus subtil des éléments, occupe la région du monde la plus élevée; mais, dans ses perpétuelles métamorphoses, son essence devient de moins en moins pure; il tombe dans les régions moyennes et arrive jusqu'à la terre, demeure de l'homme (7). Notre âme est une étincelle du feu divin (8); c'est la respiration qui l'entretient (9) et qui nous met en communication avec l'*atmosphère universelle* (10); mais qu'est-

(1) Ἕν δέ τι μόνον ὑπομένειν, ἐξ οὗ ταῦτα πάντα μετασχηματίζεσθαι πέφυκε. De *Cœlo*, 298, b. Voir une discussion approfondie de ce passage dans Lassalle (II, 21, 39, 40). Lassalle n'y voit qu'une « puissance non sensible, *eine unsinnliche Potenz*, une loi universelle et purement idéale, *die reine Idee des Werdens selbst*. » (24, 25.) Du reste, Lassalle interprète tout du point de vue hégélien. — Nous croyons que, dans la phrase en question, Aristote veut désigner l'espace, dans lequel toutes les formes apparaissent.
(2) Stob., *Ecl.*, I, 500. Orig. c. *Cels.*, VI, 196.
(3) Sextus, *ibid.*, VII, 129.
(4) Orig. c. *Cels.*, VI, 698.
(5) Sext., ad *Math.*, VIII, 286.
(6) Orig., *id.*
(7) Diog., IX.
(8) Plut., *Is. et Os.*, 76.
(9) *De An.*, I, 11.
(10) Sextus, *id.*, VII, 129.

ce que cette étincelle en comparaison de la vraie intelligence ? « Le plus beau singe est affreux, comparé à l'homme, disait Héraclite d'après Platon (1), mais l'homme le plus sage n'est qu'un singe, comparé à Dieu. » — « Les opinions humaines ne sont que des jeux d'enfant (2). » — « Les yeux et les oreilles sont les témoins grossiers des hommes qui ont une âme informe et livrée à la matière (3). » En effet, tout est mobile et relatif dans les données de nos sens ; la sensation n'est qu'un rapport variable entre deux termes variables. « Conçois, dit Platon interprétant Héraclite, que ce que tu appelles couleur blanche n'est point quelque chose qui existe hors de tes yeux, ni dans tes yeux ; ne lui assigne même aucun lieu déterminé, parce qu'ainsi elle aurait un rang marqué, une existence fixe, et ne serait plus en voie de génération... Il faut se former la même idée de toutes les autres qualités (4). » Héraclite aboutissait donc nécessairement à la mobilité et à la vanité de la science humaine, en tant qu'humaine. Il ne semble pas avoir prétendu, comme son disciple Protagoras, que l'homme est la mesure de toutes choses. Il croyait au contraire qu'il faut « suivre la raison commune (ἕπεσθαι τῷ ξυνῷ), » que la sagesse est « la recherche du mode de distribution du Tout. » — « Quand nous participons à la pensée du Tout, nous sommes dans le vrai ; quand nous avons des opinions propres, nous sommes dans le faux (5). » Héraclite aspire donc déjà à l'universel ;

---

(1) *Hipp. maj.*, loc. cit.
(2) Stob., *Ecl.*, II, 12.
(3) Sext., VII, 126.
(4) *Théét.*, 180, sqq. Voir tome I, p. 22.
(5) Sext. Emp., *ad Math.*, VII, 133.

mais, comme il ne le rencontre nulle part, il croit que pour nous, en définitive, chaque chose est et n'est pas, est vraie et n'est pas vraie, est bonne et n'est pas bonne (1).

Ainsi, avec Héraclite, la philosophie ionienne sent son impuissance; d'abord enivrée d'elle-même dans son premier essor, elle commence à savoir qu'elle ne sait rien. L'*objectif*, si ardemment cherché, se perd dans la mobilité universelle des choses; et le *sujet* pensant se met à douter de ses forces. Nos moyens de connaissance, mobiles comme leurs objets, s'enfuient et passent avec eux.

L'école dynamiste de Milet finit donc par détruire elle-même le prétendu principe matériel qu'elle avait placé à l'origine des choses, et elle y substitue peu à peu une vague divinité, l'*intelligence*, qu'elle ne sépare pas nettement de l'univers. Tout est génération, disait-elle; et elle est forcée bientôt d'ajouter : tout *meurt;* car la génération et la mort s'appellent mutuellement. A la vue de ce flot qui emporte les choses, Héraclite s'attriste; en lui s'élève comme un soupir mélancolique vers un principe immuable, vaguement entrevu. Platon répondra : — Tout passe, excepté deux choses : moi qui pense, et l'objet de ma pensée ou l'Idée.

II. L'école d'Abdère est profondément mécaniste. Qu'est-ce que la vie? une agrégation de particules par la nutrition; qu'est-ce que l'existence en général? une agrégation analogue, une sorte de nutrition universelle. Il ne naît rien de nouveau, l'apparence seule change. Les mêmes éléments ont toujours existé en

---

(1) Arist., *Met.*, III, 8, 1012, b; *Topic.*, VIII, 155, b. Αγαθὸν καὶ κακὸν εἶναι ταὐτὸν, καθάπερ Ἡράκλειτός φησιν.

acte; ils se combinent seulement et s'assimilent de diverses manières. La *génération* n'existe donc pas; le germe qui paraît naître et se développer ne fait que se nourrir et s'accroître par une juxtaposition de parties (1). Telle est la conception préparée par Anaximandre, développée par Anaxagore et Archélaüs, poussée à l'extrême par Leucippe et Démocrite. Les *Mécanistes*, procédant par raisonnements abstraits et mathématiques, finissent par réduire, eux aussi, la matière à une abstraction, comme les Ioniens de Milet. Ce n'est plus comme tout à l'heure la virtualité pure; mais, divisée et subdivisée à l'infini dans le vide de l'espace, la matière prétendue actuelle semble fuir devant les sens, devant l'imagination, devant la raison, pour se confondre enfin avec le vide lui-même: elle redevient cette multiplicité indéfinie et insaisissable à laquelle la pensée d'Héraclite essayait en vain de se rattacher, et que Platon, dans le *Timée*, confondra avec l'espace (2).

Aussi la doctrine mécaniste, si éloignée en apparence du spiritualisme, devait en provoquer la première apparition bien plus encore que la doctrine milésienne. Celle-ci, faisant procéder le monde d'un principe actif et vivant, accueillait sans trop d'embarras l'intelligence et la plaçait parmi les attributs de l'universel principe. Mais l'école mécaniste, enlevant la vie à la matière et la réduisant à des atomes ou à des homœoméries géométriques, ne pouvait admettre l'intelligence dans son système sans une contradiction choquante. Il fallait donc ou la nier ou l'affirmer à

---

(1) Plut., *De pl.*, V, 19; Diod. Sic., I, 7.
(2) C'est l'idée du temps et du devenir qui domine dans l'école de Milet; c'est l'idée de l'espace et des rapports géométriques qui domine dans l'école d'Abdère.

part de la matière, comme va le faire Anaxagore.

Platon semble avoir dédaigné les atomistes (1), tandis qu'il admire et reproduit en partie Héraclite. La physique empiriste, en effet, peut seule voir partout des éléments immuables de leur nature, se combinant de diverses manières et formant chacun une individualité absolue. La physique spéculative, au contraire, considère la nature comme un mouvement progressif, comme une dialectique vivante, comme un travail continu de transformation infinie, conformément à la pensée d'Héraclite. Mais ni les Milésiens ni les Abdéritains n'ont aperçu ce qu'il y a d'immuable au-dessus des phénomènes, et ce qui seul mérite le nom d'être.

En résumé, par le progrès de la philosophie ionienne, la notion de matière développe tout ce qu'elle contient et tout ce que Platon y distinguera dans le *Timée*.

1° La *génération* ou matière visible, dont le caractère principal est le mouvement et le devenir dans le temps : Ἡ γένεσις.

2° La matière invisible, mathématique et abstraite, analogue à l'espace : Ἡ χώρα.

Pluralité indéfinie, mobilité, divisibilité dans le temps et dans l'espace : telles sont les principales propriétés du principe matériel, que Platon réduira à une seule : la multiplicité infinie.

(1) Voir dans le *Sophiste* ce qu'il dit de leur matérialisme grossier. Tome I, p. 94.

## CHAPITRE II.

#### LE PRINCIPE DE L'INTELLIGENCE. ANAXAGORE.

I. LA MATIÈRE. Le phénomène de la nutrition. Le mélange universel; les infinis qui s'enveloppent. Les homœoméries. Comment tout est dans tout. — Comparaison avec le chaos idéal du *Timée*. — II. L'INTELLIGENCE UNIVERSELLE, âme motrice du monde. Sa simplicité sans mélange. Comparaison avec l'Idée de Platon. L'Intelligence est-elle immatérielle et personnelle? — LES INTELLIGENCES PARTICULIÈRES. Comment elles participent à l'Intelligence universelle. Caractère relatif des phénomènes sensibles et des sensations.

Avant Anaxagore, l'Intelligence n'avait été considérée que comme un simple attribut; Anaxagore en fit un principe. Avec lui, l'unité panthéistique de la substance se brise pour ainsi dire et se sépare en deux éléments distincts: d'un côté la matière, de l'autre l'Intelligence. C'est un dualisme encore vague, tout à la fois inférieur et supérieur au panthéisme primitif.

I. Le *Timée* de Platon est déjà en germe dans Anaxagore; mais ce qui ne sera pour Platon qu'une abstraction ou un symbole, — le chaos, — semble être pour Anaxagore une vérité. « Voyant que tout vient de tout » et que les contraires naissent des contraires, il disait » qu'il y avait mélange de toutes choses (1). » Le *Traité de la Nature* commençait comme le *Timée* par la description du mélange primitif. « Toutes choses étaient » confondues, *infinies en nombre et en petitesse*, et rien

(1) Arist., *Phys.*, III, 4.

» n'était visible (1). » Cependant toutes choses existaient déjà. « Car rien ne naît ni ne périt ; il n'y a que
» réunion et séparation des éléments existants, et on
» pourrait dire avec raison que la naissance est une
» agrégation, la mort une séparation (2). » C'est le phénomène de la nutrition, on ne l'a pas assez remarqué, qui suggéra à Anaxagore son hypothèse des formes multiples de matière, réelles quoique latentes. Le pain, l'eau, le vin, que nous mangeons et buvons, nourrissent toutes les différentes parties de notre corps, sang, os, chair, muscles, nerfs, veines, poils, cheveux, etc. (3). L'aliment nutritif doit donc contenir en lui-même différentes matières de la même nature que tous ces tissus ou organes, et renfermant les mêmes parties (ὁμοιομέρεια) : bien que nous ne puissions voir ces diverses matières, notre raison nous force à les concevoir. Le pain, l'eau, le vin, contiennent donc des parties de sang, des parties de chair, d'os, etc. ; et le corps de l'animal, par la nutrition, s'agrége les parties similaires : le sang s'agrége le sang contenu dans l'eau, la chair s'agrége la chair qui y est également contenue, et ainsi de suite ; car il y a de tout dans tout, en quantité plus ou moins dominante.

Cette doctrine, à laquelle Platon fait allusion dans le *Phédon* et qu'il avait d'abord adoptée pour expliquer la *croissance* des animaux, jette la plus grande clarté sur des détails ou des textes que les critiques ne comprenaient guère auparavant. Aristote, en deux endroits (4), semble dire qu'Anaxagore regardait la chair et les os comme des choses simples et élémen-

---

(1) Simpl., *In phys. Arist.*, 33, b.
(2) *Ib.*, 36, b.
(3) Plut., *de Plac. ph.*, I, 3.
(4) *De cœlo*, III, 3, p. 302, a ; *de Gener. et corr.*, I, p. 314, a.

taires; l'air, le feu, la terre et l'eau, comme des composés de ces éléments (chair, os, etc.) et d'autres homœoméries. Ritter (1) et Zeller (2) adoptent ce sens. Schaubach (3) le rejette en s'appuyant sur un très-vague passage d'Aristote (4). C'était cependant la vraie pensée d'Anaxagore, qui est toute naturelle d'après l'analyse de la nutrition. Le corps trouve dans l'eau du sang qu'il s'assimile; donc l'eau contenait du sang; donc le sang est plus *élémentaire* et plus *simple* que l'eau. Du reste, Anaxagore n'admet rien d'absolument simple hormis l'Intelligence, comme nous le verrons plus tard. Une chose en renferme toujours d'autres, mais plus ou moins apparentes; la chose qui paraît dominer dans l'agrégat lui donne son nom, eau, terre, feu, etc.; mais en réalité l'agrégat contient encore une infinité d'autres choses.

En outre, à ne considérer que les parties similaires, elles sont divisibles à l'infini en d'autres parties de même espèce. De sorte que chaque chose est doublement divisible à l'infini, 1° en parties de natures différentes, 2° en parties de même nature, qui sont ses homœoméries (5). « Dans le sang il y a des gouttes
» de sang, et dans chaque goutte il y en a d'autres (6);
» le feu résulte de particules de feu, l'eau de parti-
» cules d'eau, et ainsi du reste (7). » Et d'autre part, ne l'oublions pas, quoi que vous considériez, « *tous les*
» *éléments y entrent* également et y sont en égale quan-
» tité. Tout est dans tout, et la séparation absolue

(1) *Hist. de la Phil.*, I.
(2) *Gesch. der Ph.*, I, 676, 2ᵉ éd.
(3) *Anax. Frag.*, 81, 82.
(4) *Metaph.*, I, 984, a.
(5) Arist., *De gen. et corr.*, I, 1.
(6) Cf. Pascal : Des gouttes dans ces humeurs, des humeurs dans ces gouttes, etc.
(7) Lucrèce, I, vers 830.

» n'est pas possible. Il y a en tout une partie de tout » (parce que chaque chose est un infini qui enveloppe d'autres infinis); « et puisqu'on ne peut pas dire » qu'une chose soit la plus petite de toutes, rien ne » saurait être séparé absolument et avoir une exis- » tence indépendante. Ce qui était au commencement » est encore aujourd'hui ; tout est mélangé. Dans cha- » que chose on retrouve la multitude des éléments ; » les principes tirés du mélange primitif sont en égale » quantité dans ce qui est grand et dans ce qui est » petit. En soi tout est à la fois grand et petit (1). » Cette conception des infinis qui s'enveloppent et du caractère essentiellement relatif de la grandeur et de la petitesse, n'a pas été sans influence sur les doctrines de Platon. On se rappelle comment il conçoit la dyade; c'est une pluralité renfermant en soi la pluralité, c'est un *infini*. De plus, l'infini est pour Platon un rapport entre le *grand* et le *petit*. Aristote insiste sur ce caractère relatif de l'infini platonicien, qui suppose nécessairement la grandeur et la petitesse (2). Pour Platon comme pour Anaxagore, rien n'est grand ni petit en soi, mais seulement par rapport à autre chose. Platon en conclut que la matière n'est pas quelque chose de réel, de déterminé, ayant une forme positive, πέρας; c'est la possibilité de recevoir toutes les formes sans en avoir aucune en propre. La conception d'Anaxagore est toute différente. Son mélange n'est pas une pure *puissance*, comme la matière de Platon ou d'Aristote; car tout y est déjà en *acte*. L'indétermi-

(1) Simplicius, *ibid.* — M. Zévort, dans sa savante thèse sur Anaxagore, ramène les homœoméries à des atomes simples. Sans assimiler à l'excès, comme le fait Ritter, les homœoméries et les monades, nous croyons qu'elles se ressemblent en tant qu'elles enveloppent l'infini; mais, dans Anaxagore, c'est une infinité de parties, tandis que dans Leibnitz la monade est simple.

(2) *Met.*, XIV, 202.

nation du mélange résulte d'une confusion réelle de toutes choses, et non d'une confusion idéale. La matière renferme réellement toutes les qualités et toutes les formes primordiales; mais, par cela même que ces qualités sont confondues, il en résulte l'indétermination et l'absence de forme. « Avant le dégagement,
» aucune qualité extérieure des éléments ne pouvait
» être perçue; l'obstacle était dans le mélange de
» toutes choses entre elles : l'humide avec le sec, le
» chaud avec le froid (1). »

« L'infini, ajoute Anaxagore, est immobile de sa
» nature, et cela parce qu'il est renfermé en lui-même;
» rien autre chose ne l'environne, et partout où il est,
» il y est par sa propre nature (2). » On voit qu'il s'agit d'une chose réellement infinie dans l'espace, continue et pleine, qui de toutes parts se fait équilibre à elle-même. Tel est le théâtre où vont se produire les phénomènes sensibles, le réceptacle de toutes les formes, qui rappelle le *lieu indéfini* de Platon, également continu, divisible et sans bornes, mais toujours avec cette différence que Platon y verra plutôt un « rêve » qu'une réalité, tandis qu'Anaxagore y voit la réalité matérielle.

II. Immobile dans son tout, le mélange peut se mouvoir dans ses parties; mais il ne peut s'imprimer le mouvement à lui-même. Quel est donc le principe qui a ébranlé l'univers informe, pour lui donner les formes de l'ordre et de la beauté ?

Ce n'est pas le hasard, cause impénétrable à l'esprit humain (3); ce n'est pas le destin, mot vide in-

---

(1) Simplicius., *ibid*, 33, b.
(2) Arist., *Phys.*, III, 5.
(3) Plut., *De pl.*, I, 29.

venté par les poëtes (1); c'est quelque chose d'analogue au principe qui meut et gouverne un corps animé (2); c'est l'Intelligence : Ὁ νοῦς ἐλθὼν πάντα διεκόσμησε (3). On reconnaît le démiurge du *Timée*; mais Anaxagore ne parle pas du modèle éternel qu'imite l'ordonnateur du monde. Il a connu l'Intelligence; il n'a pas connu l'Intelligible.

« L'*Intelligence est infinie* (ἄπειρον), » c'est-à-dire présente à l'immensité tout entière. « *Elle est indé-*
» *pendante* (αὐτόκρατες), » comme il convient à ce qui n'est plus un attribut, mais un principe. « *Ne se mê-*
» *lant à quoi que ce soit, elle existe seule et par elle-*
» *même.* » En cela, elle est analogue à l'Idée de Platon, dont on peut dire également : Μέμικται οὐδενὶ χρήματι, ἀλλὰ μόνος αὐτὸς ὑφ' ἑωυτοῦ. « Si elle souffrait
» quelque mélange, elle participerait nécessairement
» de toutes choses, car il y a de tout en tout; et dans
» cette confusion avec les éléments, elle perdrait le
» pouvoir qu'elle a sur eux et qu'elle doit à la sim-
» plicité de son essence. » Platon ne parlerait pas autrement. L'Idée ne se mêle à rien, non plus que l'Intelligence divine. Si l'Idée se mêlait à quelque partie de la matière, comme cette partie est une pluralité infinie, l'Idée elle-même deviendrait un infini et perdrait la simplicité de son essence (4). « Anaxagore,
» dit Aristote, est dans le vrai lorsqu'il affirme qu'il
» n'y a pour l'intelligence ni passivité ni mélange,
» puisqu'il en fait un principe de mouvement; pour
» *mouvoir*, elle doit être immobile; pour *connaître*,
» il faut qu'elle soit sans mélange (5). » Ainsi

(1) Alex. Aphr., *De fat.*, 2.
(2) Arist., *Mét.*, I, 111.
(3) Diog., II.
(4) *Parm.*, 132. — Voir, t. I, p. 160.
(5) *De an.*, I, ii.

Aristote retrouve sa propre conception dans Anaxagore; à plus forte raison Platon y retrouvait-il la sienne. L'Idée, elle aussi, n'est ni passive, ni mobile, ni mélangée, et c'est pour cela que Platon la regarde comme le principe de la connaissance et la cause finale du mouvement. Remarquons ici combien Aristote se montre juste envers Anaxagore, et combien il s'est montré injuste envers Platon, qui n'a fait que perfectionner la conception de l'Intelligence divine en approfondissant la nature de l'Intelligible.

Écoutons de nouveau le prédécesseur de Platon : « L'Intelligence est ce qu'il y a de plus subtil, λεπτότατον » (expression qui rappelle trop la philosophie ionienne), « de plus pur, et elle a la connaissance entière du monde entier. Rien ne lui échappe. Elle connaît ce qui est mélangé, ce qui est distingué, ce qui est séparé. De même elle meut et ordonne tout, ce qui devait être, ce qui a été, ce qui est, ce qui sera. Elle préside au cours du soleil et aux révolutions des astres, aux changements et aux combinaisons de l'air et de l'éther (1). » Le point de vue physique ne disparaît jamais entièrement dans Anaxagore. Son Intelligence a encore une relation trop intime avec l'espace, dans lequel elle est comme répandue, enveloppant ainsi et pénétrant l'univers. C'est l'âme intelligente du monde, ce ne sera pas le principe suprême de Platon.

Il ne faut pas cependant, sur le seul mot de λεπτότατον, prétendre avec Zeller (2) et Grote (3) que le Νοῦς d'Anaxagore n'a ni *immatérialité* ni *personnalité*.

---

(1) Simplic., *ibid.*
(2) *Gesch. der Ph.*, I, 680-83.
(3) *Plato*, I, 56, 57.

Ces deux critiques, rejetant l'opinion de Brucker (1), de Tennemann (2) et de Ritter (3), vont jusqu'à dire que le Νοῦς n'est pas Dieu ni même un dieu, mais la partie la plus subtile de la matière, qui n'est point une, mais multiple (4), sorte de ferment qui imprime une impulsion au chaos (5). C'est vraiment prendre trop au pied de la lettre cette expression vague de λεπτότατον, immédiatement suivie de καθαρώτατον. Dire que l'intelligence est *simple*, *sans mélange*, *pure*, essentiellement *active* et *motrice*, n'est-ce pas affirmer son immatérialité? Admettons même qu'elle soit répandue en quelque manière dans l'espace; n'y a-t-il pas, de nos jours encore, des disciples de Newton et de Clarke qui mettent l'espace en Dieu? Si on prend dans ce sens rigoureux toutes les expressions des philosophes anciens, on n'en trouvera pas un seul qui ne puisse être accusé de *matérialiser* Dieu, à commencer par Platon lui-même. N'est-ce pas aussi un paradoxe que de retrancher au Νοῦς toute *personnalité* (6)? Anaxagore dit qu'il a la *connaissance du monde entier*, qu'il connaît, meut et ordonne ce qui a été, ce qui est et ce qui sera. Sans doute cette idée de la personnalité divine est incomplète, car Anaxagore ne parle pas de la *conscience* que Dieu a de lui-même, ni de sa liberté. C'est encore un Dieu immanent par son action et sa pensée, quoique déjà transcendant

---

(1) *Hist. phil.*, partie II, b, 11. « Primus qui Deum inter Græcos a materialitate quasi purificavit. »
(2) *Gesch. Ph.*, I, 312.
(3) I, 259.
(4) *Not one, but multitudinous*, Grote, *ib*.
(5) *A fermenting principle*, ib. — Cf. Marbach, *Lehrbuch der Gesch. Phil.*, § 54, n. 2, p. 82. — Preller, *Hist. phil.*, s. 53.
(6) Ce paradoxe se retrouve dans Hégel, qui félicite Anaxagore de n'avoir pas séparé l'intelligence du monde où elle n'est qu'une pensée se réalisant elle-même.

par ses attributs de simplicité et de pureté; mais c'est un Dieu (1).

Il y a plus : d'après Aristote et Simplicius, Anaxagore aurait déjà compris que le but de l'intelligence est le bien (2). Mais il n'a certainement pas approfondi cette idée, toute naturelle en elle-même et presque inévitable ; ce qui prédomine à ses yeux, c'est l'ordre, la symétrie et le beau, sans que l'élément moral du bien soit mis en relief. Aristote (3) et Plutarque (4) croient aussi qu'Anaxagore fit procéder de l'Intelligence tout ce qui est bien, et des autres choses tout ce qui est mal ; mais ils donnent à la pensée d'Anaxagore une précision qu'elle n'avait pas. Anaxagore ne semble pas avoir développé la notion qu'il avait de la Providence : il est physicien avant tout. C'est ce qui devait lui attirer les vives critiques de Socrate, de Platon et d'Aristote lui-même. « Combien je me trouvai déchu de mes
» espérances, dit Socrate dans le *Phédon*, lorsque,
» continuant ma lecture, je trouvai un homme qui
» ne fait aucun usage de l'Intelligence, et qui, au lieu
» de s'en servir pour expliquer l'ordonnance des
» choses, met à sa place l'air, l'éther et l'eau, et
» d'autres choses aussi absurdes. Il me parut agir
» comme un homme qui dirait : l'intelligence est le
» principe de toutes les actions de Socrate ; et qui,
» ensuite, voulant rendre raison de chacune d'elles,
» dirait qu'aujourd'hui, par exemple, je suis assis
» sur mon lit parce que mon corps est composé d'os
» et de muscles, disposés de telle ou telle manière ; et

---

(1) Sext. Emp., *Adv. Math.*, IX, 6. Τὸν μὲν νοῦν, ὅς ἐστι κατ' αὐτὸ θεός. Cicer., *Acad.*, IV, 37.
(2) Simplic.; *ib.*; Arist., *De an.*, I, II, *Mét.*, XII.
(3) *Mét.*, I, VI Dans ce chapitre, Aristote s'efforce de rabaisser Platon en faisant voir qu'il a répété ses devanciers.
(4) *Is. et Os.*, 48.

» qui négligerait de dire la véritable cause, qui est
» que je préfère la mort à une fuite honteuse (1). »
« Anaxagore, dit à son tour Aristote, se sert de l'In-
» telligence comme d'une machine pour la formation
» du monde; et quand il est embarrassé d'expliquer
» pour quelle cause ceci ou cela est nécessaire, alors
» il produit l'Intelligence sur la scène; mais partout
» ailleurs, c'est à toute autre cause plutôt qu'à l'Intel-
» ligence qu'il attribue la production des phéno-
» mènes (2). » Il y a exagération dans ces critiques
des anciens, et encore plus dans celles des historiens
modernes qui ne voient même pas un dieu dans l'*Intelligence* d'Anaxagore (3). — « Autre chose est la
» *cause;* autre chose la condition sans laquelle la
» cause ne serait pas cause. » — Sans doute; mais
les conditions méritent bien d'être étudiées, puisque
sans elles la cause n'agirait pas. L'Intelligence divine
a employé, pour parvenir à son but, des *moyens* nécessaires. Expliquer toutes choses en invoquant la
volonté ou les intentions de Dieu, c'est d'abord s'exposer aux erreurs des hypothèses; de plus, c'est ne
donner qu'une demi-explication : c'est indiquer la
cause première et oublier les causes secondes; c'est
nommer l'ouvrier sans faire connaître les procédés de
son art. Une explication même *mécaniste* du monde
ne supprime donc pas l'existence de Dieu, pas plus
qu'elle ne peut se suffire à elle-même. La physique
d'Anaxagore, des Pythagoriciens, de Platon lui-même,

(1) *Phædo*, p. 97, a, b, c.
(2) *Met.*, ibid.
(3) M. Grote, *loc. cit.*, justifie Anaxagore de la contradiction établie par Socrate entre le spiritualisme de sa métaphysique et le mécanisme de sa physique, en disant que tout est physique dans Anaxagore. Ce philosophe eût préféré la critique de Socrate à une semblable justification.

comme plus tard celle de Descartes, est souvent un mécanisme pur, qui se concilie parfaitement avec leur idéalisme. Seulement Platon, comme Descartes, y ajoute la considération métaphysique des causes finales, dont il abuse parfois (1). Le *Timée* semble n'avoir pour but que de réaliser cet idéal de la vraie physique tracé par Socrate dans le *Phédon;* Platon reprend l'œuvre d'Anaxagore avec un esprit nouveau. C'est une raison de plus pour considérer l'hypothèse du *chaos,* dans le *Timée,* comme une simple allusion aux idées d'Anaxagore et de la plupart des physiciens.

III. Ce n'est pas seulement par sa haute notion de l'Intelligence divine qu'Anaxagore a devancé Platon, mais encore par sa doctrine de l'intelligence humaine. De même que l'existence des êtres matériels n'est que relative, chacun d'eux tenant au tout par des liens indissolubles et n'étant qu'une partie de l'infini; de même aussi toute intelligence individuelle n'a qu'une existence relative: elle est en quelque sorte la prédominance de la raison universelle dans tel être particulier. Au fond, il n'y a qu'une seule et même raison, qui est infinie. « L'intelligence est toujours identique à » elle-même, la plus grande comme la plus petite : » νοῦς δὲ πᾶς ὅμοιός ἐστι, καὶ ὁ μείζων, καὶ ὁ ἐλάσσων (2). » « Dieu habite en nous, » disait Euripide, disciple d'Anaxagore. D'où vient donc la diversité d'intelligence dans les animaux ? De leur organisation plus ou moins parfaite, qui se prête ou s'oppose à la manifestation

---

(1) En outre, ce que ne fait pas Descartes, Platon met en toutes choses l'*âme* comme principe de mouvement; par là il superpose, comme Leibnitz, le mécanisme et le dynamisme, la conception d'Anaxagore et celle de l'École de Milet.

(2) Simpl., *ib.*

de l'Intelligence universelle : ainsi, *c'est à l'admirable conformation des mains que l'homme doit la supériorité de son esprit* (1). « Les animaux les plus grands
» sont ceux qui sentent le plus, et en général la *sensa-*
» *tion est en raison de la grandeur des organes* (2). »
« Le sommeil n'est que l'affaissement de l'énergie cor-
» porelle : le corps seul est passif, l'âme ne l'est
» pas (3). » — « Anaxagore, dit Aristote, confond l'in-
» telligence avec l'âme et la fait résider dans tous les
» animaux, grands et petits, nobles et ignobles. Ce-
» pendant cette partie de l'intelligence qui se rap-
» porte à la sagesse, n'est également partagée ni entre
» tous les animaux ni entre tous les hommes (4). »
Aristote a raison de reprocher à Anaxagore d'avoir fait de l'intelligence une âme du monde dont la présence dans l'espace semble encore trop matérielle ; cependant, il eût pu reconnaître dans le rapport de l'intelligence universelle aux intelligences particulières l'origine de sa propre théorie sur l'intellect actif et l'intellect passif. Platon, comme Anaxagore, comme Héraclite, proclama aussi l'existence d'une raison universelle et impersonnelle, seule source de la vérité et de la certitude.

Anaxagore était si pénétré du caractère absolu de l'Intelligence divine et du caractère relatif des intelligences humaines, qu'on l'a accusé de scepticisme, au moins à l'égard du témoignage des sens. « Anaxagore
» les regarde comme impuissants et incapables de
» nous faire discerner la vérité. Pour preuve de leur
» infidélité, ἀπιστίας, il cite le changement insensible

---

(1) Arist., *De part. an.*, IV, 10.
(2) Théophr., *De sensu*, 27.
(3) Plutarque, *De plac.*, V, 25.
(4) *De anim.*, I, II, 10.

» des couleurs (1). » Aristote raconte une sentence d'Anaxagore à quelques-uns de ses amis : « Les êtres » sont pour vous tels que vous les concevez (2). » « Si tout est confondu, dit encore Aristote, rien n'est » vrai (3)... Anaxagore prétend qu'entre les con- » traires il y a toujours un intermédiaire; il faut » donc que tout soit faux. Car, si les contraires sont » mêlés, ce mélange n'est ni *bien* ni *non-bien*, et on » n'en peut rien affirmer de vrai (4). » Oui, sans doute, aurait répondu Anaxagore; mais il s'agit là du monde sensible, quand on fait abstraction complète de l'Intelligence. Dans le monde, en tant que sensible, tout est mêlé, tout enveloppe l'infini, tout est dans tout; ce qui produit pour nous l'indétermination et l'obscurité. Les données purement sensibles ont un caractère tout relatif; la raison même, en tant qu'individuelle, est relative aussi : de là l'incertitude des sens et de l'opinion. Seule, « l'*Intelligence* a la connaissance du » monde entier : rien ne lui échappe..., ce qui est, ce » qui a été, ce qui sera (5). » Cependant l'homme participe, dans une faible mesure, à la raison universelle, et c'est là ce qui fait tout le prix de l'existence. « Quelqu'un demandait un jour à Anaxagore : Pour- » quoi vaut-il mieux pour l'homme d'être que de » n'être pas? — Il répondit : Parce qu'il a le pou- » voir de contempler le ciel et l'harmonie de l'uni- » vers (6). »

---

(1) Sextus, *adv. Math.*, VII, 90.
(2) *Mét.*, IV, 5.
(3) *Id.*, 4.
(4) *Id.*, 7. Aristote fait le même reproche à Héraclite, qui admettait l'unité des contraires. Ce reproche est un peu superficiel.
(5) Simpl., *Phys.*, 33, b.
(6) *Ibid.*

En résumé, les points communs entre la doctrine d'Anaxagore et celle de Platon sont :

1° La matière conçue comme une confusion indéfinie et indéterminée par elle-même (que cette confusion soit réelle ou idéale).

2° La nécessité de l'Intelligence pour introduire l'ordre dans l'infini.

3° Le caractère absolu de la raison universelle, à laquelle tous les esprits participent.

4° Le caractère relatif des phénomènes sensibles et des sensations.

Est-ce à dire qu'Anaxagore soit comparable à Platon ? C'est Aristote qui nous fournira la réponse : « Ces
» philosophes, dit-il en parlant des Ioniens, ressem-
» blent à des soldats mal exercés : ils frappent sou-
» vent de beaux coups, mais la science ne se mon-
» tre pas assez dans leur conduite (1). »

(1) *Mét.*, I, 4.

## CHAPITRE III.

**PRINCIPE DES NOMBRES INTERMÉDIAIRES. PYTHAGORE ET PHILOLAÜS.**

I. Les nombres, éléments des choses. Doctrine de Philolaüs sur le fini, l'infini et le mixte. — II. Doctrine des pythagoriciens sur la cause première et l'unité originelle. — III. Genèse métaphysique des nombres. — IV. Le Cosmos. Doctrines physiques et physiologiques des pythagoriciens. Comment ils emploient les causes finales. — V. L'âme. Doctrines psychologiques. — VI. Doctrines morales. — VII. Comparaison du pythagorisme et du platonisme. L'Un identique au Bien réel; l'Un identique au bien et au mal virtuels.

I. Pendant que les physiciens d'Ionie cherchaient l'explication des phénomènes dans l'unité de la matière primitive, les mathématiciens d'Italie (1), s'élevant à un degré supérieur de la dialectique, apercevaient au-dessus de la multiplicité sensible l'unité des *lois*, et fondaient la science de la nature sur la science des nombres (2).

Les rapports des phénomènes sont le plus souvent réductibles à des nombres, et des esprits *nourris aux mathématiques* (3) durent être portés à croire qu'ils le sont toujours.

Les nombres, d'après les pythagoriciens, sont antérieurs et supérieurs aux choses. Antérieurs, φύσει πρῶτοι (4), car les lois mathématiques sont vraies avant que les êtres viennent s'y soumettre, et subsistent

---

(1) Voir Strümpell, *Gesch. der theoretischen Ph. der Gr.*, s. 78; Brandis, *Handbuch der Gr. R. P.*, p. 465; Zeller, *Gesch.*, I, 302.
(2) Οἱ καλούμενοι Πυθ. τῶν μαθημάτων ἁψάμενοι πρῶτοι... τὰς τούτων ἀρχὰς ᾠήθησαν εἶναι πάντων. (*Mét.*, I, 5.)
(3) Ἐν τούτοις ἐντραφέντες, *ib*
(4) *Ibid.*

encore après eux; supérieurs, puisqu'ils gouvernent les choses et les expliquent. Tout ce qui est, est fait avec poids et mesure, peut se calculer et se compter : « Le ciel tout entier est une harmonie et un » nombre (1). »

Jusqu'ici le pythagorisme et le platonisme sont d'accord. Le point de départ est le même: la génération sensible; et au-dessus des phénomènes, Pythagore et Platon aperçoivent également des rapports immuables, genres, espèces, lois, nombres, peu importe le nom qu'on leur donne.

Ce qui importe, c'est de déterminer exactement la relation des nombres aux choses. Les nombres sont-ils simplement les modèles des choses, ou en sont-ils les éléments constitutifs? existent-ils dans les choses mêmes, ou en sont-ils séparés? Sur ce point, la pensée des Pythagoriciens semble avoir été incertaine. Tantôt ils répètent que les choses sont des imitations des nombres, ὁμοιώματα (2), tantôt que les nombres sont les choses mêmes (3). Cette dernière doctrine paraît avoir été la plus orthodoxe parmi les vrais pythagoriciens. En tout cas, c'est la doctrine de Philolaüs, dont les ouvrages étaient entre les mains de Platon (4).—Aristote marque admirablement la différence du platonisme et du pythagorisme sur cette question fondamentale. « Les Pythagoriciens n'admettent » qu'une seule espèce de nombre, le nombre mathé- » matique; mais ils en font l'élément même de la sub-

---

(1) Τὸν ὅλον οὐρανὸν ἁρμονίαν εἶναι καὶ ἀριθμόν, *ib.*

(2) Μίμησιν εἶναι τὰ ὄντα τῶν ἀριθμῶν. *Mét.*, I, IV. Τοῖς ἀριθμοῖς τὴν φύσιν ἀφωμοιῶθηναι πᾶσαν, *ib.*

(3) Οἱ δ' ἀριθμοὺς εἶναι φάσιν αὐτὰ τὰ πράγματα. *Mét.*, I, 6. Ἔνται γὰρ τὴν φύσιν ἐξ ἀριθμῶν συνίστασιν, ὥσπερ καὶ τῶν Πυθ. τινες. *De cœlo*, III, 1.

(4) Philolaüs est le premier pythagoricien qui ait écrit. Platon acheta, dit-on, ses livres cent mines. Philolaüs eut pour disciples Simmias et Cébès, et Archytas, l'ami de Platon.

» stance sensible, et ne l'en *séparent* point, car ils for-
» ment de nombres le ciel entier (1). » « D'autres n'ad-
» mettent également que le nombre mathématique;
» mais ils le considèrent comme le premier des êtres,
» et le séparent des objets sensibles (2). » C'est
l'opinion de Speusippe (3). — « D'autres enfin ad-
» mettent deux sortes de nombres : les Nombres-
» Idées, où il y a de la priorité et de la postériorité
» [sous le rapport de la qualité et de l'essence], et
» le nombre mathématique, distinct à la fois des
» Idées et des choses sensibles (4). » On voit déjà
toute la distance qui existe entre la doctrine pythagoricienne et celle des Idées. La seconde est pour
ainsi dire élevée de deux degrés au-dessus de l'autre.

Puisque le nombre est l'essence intime des
choses (5), pénétrons maintenant dans l'essence du
nombre lui-même.

« Les éléments des nombres, dit Aristote, sont] le
» pair et l'impair, l'un fini, l'autre indéfini (τὸ μὲν
» πεπερασμένον, τὸ δὲ ἄπειρον) (6). » « Le nombre, dit Philolaüs, a deux formes propres : l'impair et le pair (7). »

---

(1) Καὶ οἱ Πυθ. δ' ἕνα (ἀριθμὸν), τὸν μαθηματικὸν, πλὴν οὐ κεχωρισμένον, ἀλλ' ἐκ
τούτου τὰς αἰσθητὰς οὐσίας συνεστάναι φασίν· τὸν γὰρ ὅλον οὐρανὸν κατασκευάζουσιν
ἐξ ἀριθμῶν. *Mét.*, XI, 271.

(2) Οἱ δὲ τὸν μαθηματικὸν μόνον ἀριθμὸν εἶναι, τὸν πρῶτον τῶν ὄντων, κεχωρισμένον τῶν αἰσθητῶν, *id.*

(3) Alex. d'Aphr., Syrianus, Michel d'Ephèse, Philopon, Brandis et Ritter attribuent à tort cette opinion à Xénocrate. V. Ravaisson (*Speusippe*).

(4) Οἱ μὲν οὖν ἀμφοτέρους φασὶν εἶναι τοὺς ἀριθμοὺς, τὸν μὲν ἔχοντα τὸ πρότερον
καὶ ὕστερον, τὰς ἰδέας, τὸν δὲ μαθηματικὸν παρὰ τὰς ἰδέας καὶ τὰ αἰσθητά, καὶ
χωριστοὺς ἀμφοτέρους τῶν αἰσθητῶν, *id.*

(5) Admirons, dit Hégel, cette hardiesse à détruire d'un coup tout le monde sensible et à considérer la pensée comme l'essence de l'univers. XIII, 257.

(6) Arist., *Mét.*, I, 5.

(7) Philol., *ap. Stobée*, I, p. 456. Boeckh, n° 2.

Le nombre impair, par exemple le nombre trois, a un commencement, un milieu et une fin ; il est donc déterminé et fini : il a pour type le nombre *un*. Le nombre pair est indéfini et indéterminé : il a pour type le nombre *deux*. L'unité est donc un principe de limitation et de détermination qui fait que les choses ont un commencement et une fin ; Philolaüs l'appelle le fini (τὸ πέρας). La dualité ou dyade est un principe d'indétermination qui fait que les choses ont un milieu ; Philolaüs l'appelle l'indéfini (τὸ ἄπειρον). Les nombres, qui sont les choses mêmes, sont le *mixte*, composé du fini et de l'indéfini. « Il est né-
» cessaire, dit Philolaüs, que les êtres soient tous ou
» limités ou illimités, ou à la fois limités et illimités...
» Puis donc qu'il est évident que les choses ne sont pas
» formées seulement du limité, ni seulement de l'il-
» limité, il s'ensuit que le monde et ce qu'il renferme
» sont un composé harmonieux du limité et de l'il-
» limité (1). » On reconnaît la théorie du *Philèbe*, que Platon attribue à des hommes voisins des dieux. Par exemple, les points ou unités produisent la ligne par leur combinaison avec des intervalles indéfinis en eux-mêmes (τὰ διαστήματα) ou avec la pluralité indéterminée (2). La ligne et l'indéfini engendrent la surface ; la surface et l'indéfini engendrent le solide (3).

---

(1) Ἀνάγκα τὰ ἐόντα εἶμεν πάντα ἢ περαίνοντα, ἢ ἄπειρα, ἢ περαίνοντά τε καὶ ἄπειρα... Ἐπεὶ τοίνυν φαίνεται οὔτ' ἐκ περαινόντων πάντων ἐόντα, οὔτ' ἐξ ἀπείρων πάντων, δῆλον τ' ἄρα ὅτι ἐκ περαινόντων τε καὶ ἀπείρων ὅ τε κόσμος καὶ τὰ ἐν αὐτῷ συναρμόχθαι. Boeckh, n° 1 ; Stob., *Ecl.*, I, 454.

(2) Boeckh, *Phil.*, n° 9. Nicom., *Arith.*, II, 72, b. Boeckh, *Arith.*, II, 4. Philol., *In theol. arith.*, p. 56.

(3) Remarquons en passant l'analogie de ces conceptions avec les principes de notre calcul infinitésimal, qui compose la ligne d'une infinité de points, la surface d'une infinité de lignes, et ainsi de suite, prenant toujours l'unité, l'infiniment petit, pour l'élément ou la *différentielle* des

De même, les sons musicaux séparés par des intervalles produisent l'échelle d'harmonie. Les sons sans les intervalles se confondraient ; les intervalles, sans les sons qui les déterminent, seraient des abstractions. Donc, ici encore, la réalité résulte du mélange de la détermination et de l'indétermination (1).

Les accords de la musique, comme les lignes, les surfaces, les solides de la géométrie, sont des nombres. Considérez les nombres en général, vous reconnaîtrez qu'ils sont tous une réunion d'unités séparées par des différences ou des intervalles. Du nombre trois au nombre quatre, du nombre quatre au nombre cinq, n'y a-t-il pas une certaine distance? Supprimez cette distance, les unités réunies se ramassent en une seule, et le nombre s'évanouit. « De la limite et de l'illimité » naît donc la quantité (2). »

L'*intervalle* ou *distance* a une grande analogie avec le vide. Aristote nous dit en effet que le vide sépare les nombres et en détermine la nature (3), comme il détermine aussi les lieux des choses (4). Le vide est comme aspiré, attiré et enveloppé par le ciel, qui est un (5). L'indéterminé ou le vide ressemble donc à ce que Platon appelle le *lieu indéfini*, réceptacle du monde : ἡ χώρα, τὸ ἐκμαγεῖον. L'indéfini est aussi comme une

---

quantités *intégrales*. Les pythagoriciens semblent avoir remarqué que le milieu, compris entre les limites, peut être divisé à l'infini. Τὸ δὲ ἄρτιον τῆς ἐπ' ἄπειρον τομῆς αἴτιόν ἐστιν. Philopon, *in Ar. phys.*, III, 4. Δοκεῖ δὲ τινι τὰ τοῦ σώματος πέρατα, οἷον ἐπιφάνεια, καὶ γραμμή, καὶ στιγμὴ καὶ μονάς, εἶναι οὐσίαι, καὶ μᾶλλον ἢ τὸ σῶμα καὶ τὸ στερεόν. *Mét.*, VII, 2. — Cf. *ibid.* III, 5, XIV, 3. *De cælo*, III, 1.

(1) Cf. Plat., *De Rep.*, VII, 531. — Boeckh, *Phil.*, n° 5. Voir P. Janet, *Dialect. de Platon*, p. 12.
(2) Ἐκ πέρατος καὶ ἀπείρου εἶναι τὸ μέγεθος. *Mét.*, I, 7.
(3) Τὸ γὰρ κενὸν διορίζειν τὴν φύσιν αὐτῶν (τῶν ἀριθμῶν). *Ph.*, IV, 6.
(4) Stob., *Ecl.*, I, 380. Τὸ κενόν, ὃ διορίζει ἑκάστων τὰς χώρας ἀεί.
(5) Εἶναι δ' ἔφασαν καὶ οἱ Πυθ. τὸ κενὸν καὶ ἐπεισιέναι αὐτὸ τῷ οὐρανῷ. Cf. Stobée, *id.* Arist., *Phys.*, III, 4. Plut., *De pl. ph.*, II, 9.

matière à laquelle s'ajoute la forme, comme un non-être relatif auquel s'ajoute l'être (1).

Il résulte de tout ce qui précède que les nombres, et conséquemment les choses mêmes, ont pour éléments les contraires, matière et forme, vide et plein, infini et fini, pair et impair, dyade et monade. L'union dans l'opposition, telle est la loi suprême des choses. De là cette table des dix oppositions primitives, adoptée par un grand nombre de pythagoriciens et par Philolaüs : *le fini et l'indéfini,* — *l'impair et le pair,* — *l'unité et la pluralité,* — *le droit et le gauche,* — *le mâle et le femelle,* — *le repos et le mouvement,* — *le droit et le courbe,* — *la lumière et les ténèbres,* — *le bien et le mal,* — *le carré et la figure irrégulière* (2).

Ces dix oppositions ne sont que les noms divers de l'opposition primitive entre la monade et la dyade, entre la forme déterminante et la matière indéterminée. La première série s'appelait la série du bien, la seconde, celle du mal. Pour les pythagoriciens comme pour Platon, le bien a sa source dans l'unité, le mal dans la multiplicité ; et le monde sensible est un mélange de bien et de mal, de perfection et d'imperfection, de forme et de matière.

Platon admet presque entièrement, dans le *Philèbe*, la partie de la doctrine de Philolaüs que nous avons exposée : le genre du fini, celui de l'infini, et le genre mixte ; mais pour Platon le fini est l'*Idée*, et le nombre idéal est séparé des choses sensibles, tandis que le nombre mathématique de Philolaüs se confond avec les objets. L'opposition de ces deux doc-

---

(1) Arist., *Phys.*, IV, 7.
(2) Arist., *Mét.*, I, 5.

trines n'apparaît pas nettement tant qu'on reste dans le monde sensible; mais elle entraîne les plus graves conséquences lorsqu'on remonte de l'univers à son principe, du fini et de l'infini à la *cause* qui en a produit le mélange.

Quelle idée les pythagoriciens se font-ils de ce quatrième genre dont parle Platon : la *cause*? Nous savons que les nombres sont les éléments constitutifs des choses, et qu'ils ont à leur tour pour éléments constitutifs le pair et l'impair, le fini et l'infini; est-ce là le dernier degré auquel s'arrête la pensée? peut-elle être satisfaite de cette opposition et de cette dualité de contraires, et n'y a-t-il point un principe suprême dans lequel les contraires sont réconciliés?

II. Les pythagoriciens sentirent parfaitement la nécessité de ce premier principe que Platon appelle la *cause*. « Les principes des choses, dit Philolaüs, ne
» sont ni semblables ni homogènes ; il serait donc
» impossible qu'ils fussent ordonnés si l'harmonie
» ne les pénétrait de quelque manière que ce fût. A
» la vérité, les choses semblables et de même nature
» n'ont pas besoin d'harmonie ; mais les choses dis-
» semblables, hétérogènes, qui ne sont pas soumises
» aux mêmes lois, doivent nécessairement être liées
» entre elles par l'harmonie pour pouvoir former un
» monde bien ordonné (1). »

La cause de l'harmonie, le principe des nombres, est *le nombre* pris absolument ; en d'autres termes, l'es-

---

(1) Ἐπεὶ δέ τε ἀρχαὶ ὑπῆρχον οὐχ ὅμοιαι οὐδ' ὁμόφυλαι ἔσσαι, ἤδη ἀδύνατον ἧς ἂν καὶ αὐταῖς κοσμηθῆμεν, εἰ μὴ ἁρμονία ἐπεγένετο, ᾥτινι ἀνθρώπῳ ἐγένετο. Τὰ μὲν ὦν ὅμοια καὶ ὁμόφυλα ἁρμονίας οὐδὲν ἐπεδέοντο : τὰ δὲ ἀνόμοια μηδὲ ὁμόφυλα μηδὲ ἰσοτελῆ ἀνάγκα τὰ τοιαῦτα ἁρμονίᾳ συγκεκλεῖσθαι, εἰ μέλλον τι ἐν κόσμῳ κατέχεσθαι. Stob., *Ecl.*, I, 466; Boeckh, *Phil.*, n° 4. Cf. n° 3.

*sence du nombre*, ὁ ἀριθμὸς, ἁ ἐσσία τῶ ἀριθμῶ (1). « L'es-
» sence du nombre est grande; elle fait et accomplit
» tout, elle est le principe et le guide de la vie divine
» et céleste comme de la vie humaine (2). » Ainsi, de
même qu'il y a une idée supérieure qui embrasse toutes les autres, de même il y a un principe du nombre
qui enveloppe tous les nombres.

Ce principe est l'unité primitive, non pas cette
unité dont nous avons parlé déjà et qu'on oppose à
la dualité, mais une unité supérieure qui enveloppe à
la fois l'unité proprement dite et la multiplicité. « Les
» nombres sont de deux sortes, pair et impair, dit
» Philolaüs; le nombre premier, où sont mêlés les
» deux autres, est le pair-impair (ἀρτιπέρισσον) (3). » —
« L'Un, dit Aristote, est pair et impair, et le nombre
» procède de l'Un (4). »

L'unité originelle qui contient en même temps la
multiplicité, παγὰν ἀεννάου φύσεως, est représentée symboliquement, tantôt par l'un-premier, tantôt par la
décade, la tétrade ou la triade.

« L'Un est le principe de tout, dit Philolaüs, ἓν ἀρχὰ
» πάντων (5). Il y a un Dieu qui commande à toutes
» choses, toujours un, toujours seul, immobile, sem-
» blable à lui-même, différent du reste (6). *Le nombre*
» *réside dans tout ce qui est connu. Sans lui, il est*
» *impossible de rien penser, de rien connaître ; c'est*

---

(1) Philol. ap. Stob., 1, 8. Boeckh, n° 18.
(2) Ib. Μέγαλα γὰρ, καὶ παντελὴς, καὶ παντοεργὸς καὶ θείω καὶ οὐρανίω βίω καὶ ἀνθρωπίνω ἀρχά καὶ ἁγεμών.
(3) Τοντὸν δὲ ἀπ' ἀμφοτέρων μιχθέντω ἀρτιοπέρισσον. Ph. ap. St., I, 456. Boeckh, n° 2.
(4) Ἐν ἐξ ἀμφοτέρων εἶναι τούτων (καὶ γὰρ ἄρτιον εἶναι καὶ πέριττον), τὸν δ' ἀριθμὸν ἐκ τοῦ ἑνός. Mét., I, 5.
(5) Jambl., ad Nic. arith., 109.
(6) Ὁ ἁγεμὼν καὶ ἄρχων ἁπάντων θεός, εἷς ἀεὶ ἐών... Phil., De mundi opif., 24. (Boeckh., 19.)

» dans la décade qu'il faut contempler l'essence et la
» puissance du nombre : grand, infini, tout-puissant,
» il est la source et le guide de la vie divine et céleste
» comme de la vie humaine. C'est l'essence du nom-
» bre qui enseigne à comprendre tout ce qui est obs-
» cur et inconnu ; sans lui, on ne peut s'éclairer ni
» sur les choses en elles-mêmes ni sur les rapports
» des choses... Ce n'est pas seulement dans la vie des
» dieux et des démons que se manifeste la toute-puis-
» sance du nombre, mais dans toutes les actions et
» toutes les paroles de l'homme, dans tous les arts
» et surtout dans la musique. Le nombre et l'harmo-
» nie repoussent l'erreur ; le faux ne convient pas à
» leur nature. L'erreur et l'envie sont filles de l'infini
» sans pensée, sans raison ; jamais le faux ne peut
» pénétrer dans le nombre : il est son éternel ennemi.
» La vérité seule convient à la nature du nombre :
» elle est née avec lui (1). »

Dieu est donc le principe de l'être, puisque tout l'être est dans les nombres ; le principe de la pensée, puisque toute vérité est dans les nombres et que sans les nombres il n'y a point de connaissance possible. Mais Dieu est-il séparé du monde ? — Nous savons que le nombre est l'essence des choses ; Dieu est l'essence du nombre ; Dieu est donc l'essence même des choses. Le premier principe pénètre jusque dans l'opposition des phénomènes et en forme l'unité ; il n'est point séparé de la diversité sensible, dont il est la substance. Mais d'autre part, il ne s'épuise pas dans les phénomènes qui le manifestent, et sous ce rapport il existe en soi. Tout en produisant la multiplicité, il demeure l'unité. Voilà pourquoi les pythagoriciens appellent le nombre

(1) Stob., 1, 8, 10. Boeckh., 18.

tantôt le modèle, tantôt la substance même des choses; il est modèle et substance tout à la fois. Il est répandu dans l'univers, et, mettant en toutes choses l'harmonie, il rend toutes choses connaissables; mais en même temps il est inconnaissable en lui-même. Écoutons Philolaüs : « L'essence des choses, qui
» est éternelle, et la nature *en soi*, tombent sous la
» connaissance divine et non humaine; nous n'en
» connaissons que l'ombre, et encore cette connais-
» sance imparfaite ne serait-elle pas possible si l'es-
» sence ne se trouvait pas au dedans des choses dont
» le monde est formé, tant finies qu'infinies (1). »
Dieu est donc au-dessus et au dedans des choses. Il est au commencement de l'univers et se retrouve dans son développement. En un sens, l'Un est le principe des choses, et contient en soi d'une manière indiscernable les deux contraires. En un autre sens, la nature se compose de deux éléments, l'unité et la pluralité.
« Au point de vue le plus élevé, dit Eudore, les Pytha-
» goriciens posent l'Unité comme principe de toutes
» choses; mais au second point de vue, il y a deux
» principes de tout ce qui s'accomplit : l'Un et la na-
» ture contraire (2). »

Mais, s'il en est ainsi, l'Un primitif n'est pas seulement le bien, le parfait : il contient en lui-même le mal et l'imperfection. Aussi Aristote dit-il que, d'après les pythagoriciens, « le plus beau et le meilleur n'existe

---

(1) Stobée, I, 458. Boeckh., 4. Ἁ μὲν ἔστω τῶν πραγμάτων αἴδιος ἔσσα καὶ αὐτὰ μὲν ἁ φύσις; Θείαν τε καὶ οὐκ ἀνθρωπίναν ἐνδέχεται γνῶσιν πλέον γα, ἢ ὅτι οὐχ οἷόν τ' ἦς οὐδενὶ τῶν ἐόντων γιγνωσκομένων ὑφ' ἁμῶν γνώσθημεν, μὴ ὑπαρχούσα αὐταῖς, ἐντος τῶν πραγμάτων, ἐξ ὧν συνέστα ὁ κόσμος, τῶν τε περαινόντων καὶ τῶν ἀπείρων.

(2) Eud. ap. Simpl., *Phys.*, 39, a. Κατὰ τὸν ἀνωτάτω λόγον φατέον τοὺς πυθαγορικοὺς τὸ ἓν ἀρχὴν τῶν πάντων λέγειν, κατὰ τε τὸν δεύτερον λόγον δύο ἀρχὰς τῶν ἀποτελουμένων εἶναι τό τε ἓν καὶ τὴν ἐναντίαν τούτῳ φύσιν.

» pas dans le principe (1) ; » et il compare justement cette doctrine avec l'hypothèse que tout est sorti d'un élément primordial. Théophraste interprète le pythagorisme d'une manière analogue (2). Le bien n'est donc pas primitivement; mais, comme l'animal ou la plante, il doit naître du germe universel. Le bien et le mal sont enveloppés dans le premier principe, et se développent dans le monde. Seulement le premier principe est plutôt bon que mauvais, le mal étant le négatif et le relatif, tandis que le bon est le positif et l'absolu.

III. Dieu est l'unité de l'un et du multiple; mais enfin il est l'unité; c'est donc le bien qui l'emporte en lui sur le mal, et cette supériorité originelle du bien sur le mal se retrouvera dans le développement ultérieur des choses, dans la genèse des nombres.

Par cette genèse, les Pythagoriciens entendent-ils une génération véritable, ayant eu lieu dans le temps? Parfois ils représentent l'union du pair et de l'impair comme primitive; parfois, comme une rencontre qui a lieu dans le temps. Mais, d'après Aristote, c'est seulement au point de vue logique que les Pythagoriciens traitent de la genèse des nombres (3). Remarquons en passant combien il serait improbable que Platon eût pris au sérieux, dans le *Timée*, ce qui n'était qu'un symbole pour les Pythagoriciens eux-mêmes.

Voici l'explication qu'ils donnaient de la naissance du monde. Ils supposaient à l'origine le fini enveloppé par l'indéfini, le *ciel* par le *vide*; car l'indéfini est

---

(1) Ὅσοι δὲ παραλαμβάνουσιν, ὥσπερ οἱ Πυθαγ. καὶ Σπεύσιππος, τὸ κάλλιστον καὶ ἄριστον μὴ ἐν ἀρχῇ εἶναι. XII, 7. Cf. *ib.*, XIV, 4, 5.
(2) *Mét.*, 9.
(3) *Mét.*, XIV, 4.

pour eux le lieu de l'unité. « Le mal, dit Aristote, est le lieu du bien (1). » Le ciel, originairement un et uniforme, aspire et absorbe le vide. Le vide, en pénétrant dans le ciel, le divise par les intervalles qu'il y introduit; et cette division de l'unité primitive par les intervalles donne naissance aux nombres. La vie de l'univers consiste dans une perpétuelle aspiration de l'infini par le fini, de la multiplicité par l'unité, du vide par le ciel. C'est ce que les Pythagoriciens appelaient la respiration infinie du monde, τὸ ἄπειρον πνεῦμα (2). Ils concevaient donc l'unité première comme une grandeur solide, continue, non divisée, mais capable de se diviser en une infinité de choses au moyen de l'espace vide qui vient les séparer. De son côté, le vide illimité n'est pas divisé par lui-même, et il ne se divise qu'autant qu'il pénètre dans le limitant. Ainsi les deux principes opposés sont également nécessaires pour introduire la distinction dans les choses. L'absolue détermination se confond dans l'unité première avec l'indétermination absolue, et du rapport de ces deux principes naît le nombre, à la fois déterminé et indéterminé.

Le principe déterminant est actif, la matière indéterminée est passive : l'un aspire, l'autre est aspirée. Dieu est donc l'être positif, tandis que la matière est négative. La différence des êtres a sa véritable cause dans le principe déterminant, et la matière indéfinie n'en est que la condition.

L'aspiration éternelle de la matière par l'unité introduit dans le monde le bien, en même temps que le

---

(1) Καὶ τὸ κακὸν τοῦ ἀγαθοῦ χώραν εἶναι. XIV, 5.
(2) Εἶναι δ' ἔφασαν καὶ οἱ Πυθ. κενόν, καὶ ἐπεισιέναι αὐτὸ τῷ οὐρανῷ ἐκ τοῦ ἀπείρου πνεύματος, ὡς ἂν ἀναπνέοντι καὶ τὸ κενόν, ὃ διορίζει τὰς φύσεις. Ar., *Phys.*, IV, 6. *Id.* Plut., *De pl. ph.*, II, 9.

nombre et l'harmonie ; mais le mal n'en est pas moins éternel. Dieu ne peut aspirer toute la matière; il ne peut rendre toutes choses parfaites ; il y tend seulement de toute sa puissance : le très-beau et le très-bon ne sont donc point dès le commencement des choses ; ils ne surviennent que par le développement de l'essence divine dans le monde (1).

V. Les doctrines physiques et psychologiques des Pythagoriciens sont en rapport avec leur théorie métaphysique. Pour expliquer les choses, il faut les ramener au nombre, qui rend tout intelligible. C'est le parfait qui explique l'imparfait. Le plus bel arrangement des choses est aussi le plus vrai. De là une sorte de physique par les causes finales, mais différente des doctrines platoniques. La cause finale des Pythagoriciens n'est pas un but que se propose avec conscience le principe divin, mais une sorte d'expansion fatale et mathématique du bien dans toutes choses. La terre, par exemple, ne doit pas être le centre du monde, car elle est le séjour de nombreuses imperfections, et elle est par elle-même ténébreuse. Le centre du monde doit être lumineux, parce que la lumière fait partie de la série du bien ; il doit être immobile, parce que le repos est supérieur au mouvement et fait aussi partie de la série du bien. Les astres doivent décrire autour du feu central des lignes circulaires, parce que le mouvement circulaire, revenant sur lui-même, est le plus parfait. Les intervalles des planètes doivent être soumis à la loi musicale, et leurs mouvements doivent produire la plus belle des harmonies : si nous ne l'entendons pas, c'est qu'elle est continue

---

(1) Nous verrons plus loin comment Speusippe abandonna le platonisme pour revenir à la théorie pythagoricienne.

ou que les sons ont trop de gravité (1). Le nombre dix étant le plus parfait, il doit y avoir dix planètes, et si on n'en connaît que neuf, il faut en supposer une dixième, l'antichtone. La décade devra se retrouver partout : s'il y a cinq éléments minéraux, la vie végétative s'opérera par le nombre six, la vie animale par le nombre sept, la vie humaine par le nombre huit, la vie céleste par le nombre neuf, et la vie divine, universelle, parfaite, par le nombre dix. Tous ces degrés de l'existence devront être ordonnés de telle sorte que les supérieurs comprennent en eux les inférieurs, comme les nombres se comprennent les uns les autres. Dans l'homme, par exemple, on trouve une hiérarchie de principes : procréation (dans l'organe générateur), végétation (dans l'ombilic), sentiment (dans le cœur), et pensée (dans le cerveau). La procréation et la végétation constituent la vie ; le sentiment et la pensée appartiennent à l'âme (2).

VI. L'âme individuelle, émanation de l'âme universelle (3), est une modification des nombres (ἀρίθμιον πάθος) (4), ou plus simplement un nombre. Elle est l'*harmonie* du corps. Mais cette harmonie n'est pas, comme le dit le pythagoricien matérialiste Simmias, un simple résultat de l'organisation. L'âme est un nombre qui engendre un autre nombre, à savoir le corps ;

---

(1) Arist., *De cœlo*, II. 9.
(2) Le principal défaut de la philosophie pythagoricienne, dit Hégel, c'est de laisser sans véritable explication le mouvement, la vie, la pesanteur, le concret. Un même nombre y sert à déterminer tour à tour une sphère céleste, une vertu, un phénomène quelconque, et n'exprime jamais qu'une différence de quantité abstraite : c'est comme si l'on disait qu'une plante est *cinq* parce qu'elle a cinq étamines. « Vain formalisme, semblable à celui de nos jours, et qui laisse toute réalité en dehors. » XIII, 257.
(3) Cic., *De nat. deor.*, I, XI.
(4) Arist., *Mét.*, I, v.

et elle est si peu le résultat de l'organisme qu'elle passe de corps en corps par la métempsychose. Cependant, tout incorporelle qu'elle est, elle ne peut être entièrement dégagée du corporel. Même dans son passage d'un corps à un autre, elle reste unie à des particules matérielles aussi subtiles que les atomes d'un rayon de lumière. « Les âmes, après la mort, voltigent dans » l'air avec l'apparence d'un corps (1). »

L'âme a deux facultés principales : l'énergie ou θυμός, qui réside dans le cœur, et l'intelligence (τὸ λογικὸν καὶ νοερόν), qui réside dans le cerveau.

L'intelligence, comme l'âme, est un nombre (2); son objet, la vérité, est également un nombre; et même la lumière qui éclaire l'intelligence est un nombre déterminé, le nombre sept (3). Enfin la connaissance elle-même est un nombre. Sans le nombre, nous l'avons vu, toutes choses seraient inintelligibles; nul objet ne se manifesterait à nul homme (4). L'erreur, comme le mal, est indéterminée, inintelligible, irrationnelle, parce qu'elle est l'ennemie du nombre (5).

L'intelligence se subdivise en deux facultés, l'une qui est commune à l'homme et à l'animal (le νοῦς) (6), l'autre propre à l'homme (φρενές). La première est périssable, la seconde est immortelle; l'une a pour objet les corps et le particulier, l'autre l'universel (τὰ ὅλα). Le principe de la connaissance est que le semblable ne peut être connu que par son semblable (7).

(1) Diog., VIII.
(2) Arist., Mét., I, v.
(3) Procl., Theol. s. Plat., V, xii, 252.
(4) Phil. ap. Stob., Ecl., I, 8. Boeckh., 18.
(5) Phil., ap. Stob., id.
(6) Diog., ib.
(7) Sext., ad Math., VII, 92.

Les cinq sens correspondent aux cinq éléments et leur sont analogues (1). La raison correspond à l'universel, à l'unité; elle est elle-même une et universelle, et elle partage l'immortalité de son objet (2).

VII. L'âme est dans le corps comme en une prison (3), et elle est appelée à lutter sans cesse, sans avoir le droit de quitter son poste, contre le principe du mal. Tout bien a sa source dans l'unité, et dans l'ordre ou l'harmonie, la proportion, la mesure, qui ne sont que l'unité manifestée par les choses multiples. Tout mal prend son origine dans la dyade, — c'est-à-dire dans la division, la disproportion, la dissonance, — et dans la matière corporelle, qui n'est que l'assemblage de toutes ces qualités devenues palpables et visibles. L'homme vertueux est celui qui se conforme aux lois de la raison et qui règle sa vie à l'imitation de Dieu. De même que l'harmonie est produite par l'accord des sons graves et des sons aigus, de même la vertu naît de l'accord des diverses parties de l'âme sous la loi de la raison ; aussi la vertu est-elle une harmonie. La justice est l'égalité parfaite ou la réciprocité dans le droit, et son symbole matériel est le carré parfait. L'amitié est l'égalité parfaite et la réciprocité dans l'affection et le dévouement. Quant à la politique des Pythagoriciens, l'idée de l'unité la domine, comme leur morale, comme leur philosophie tout entière.

VIII. On voit tout ce que Platon doit aux Pythagoriciens. Comme eux il cherche la science au-dessus des

---

(1) Phil. ap. Stob., I, 10.
(2) Sext., id., VIII, 92, 93; X, 251, 261.
(3) Stob., Ecl., I, 296.

phénomènes sensibles, dans les choses intelligibles; comme eux, il admet que les nombres gouvernent toutes choses. Mais les Pythagoriciens s'en tiennent aux notions générales des mathématiques, tandis que Platon les regarde seulement comme des intermédiaires. Pythagore s'arrête au nombre abstrait; Platon remonte au principe du nombre, qui est l'Idée.

Les Pythagoriciens font du nombre mathématique un élément; Platon le regarde plutôt comme un rapport, comme une manière d'être toute relative, et c'est pour cela que le nombre mathématique lui paraît insuffisant.

Pourtant, les Pythagoriciens eux-mêmes, au-dessus *des nombres*, conçoivent *le nombre;* et Platon sur ce point est d'accord avec eux. Le nombre en soi est l'Unité, et l'Unité est le principe de toutes choses. Cette Unité première n'est pas suppressive de la pluralité; elle en est au contraire la condition, et il y a un terme primitif où se trouvent conciliées d'une manière mystérieuse les oppositions qui éclatent dans la nature. Sur tous ces points, il y a accord entre les Pythagoriciens et Platon.

Mais quelle est la nature de l'Unité première? — C'est ici que la dissidence est profonde.

Pour Platon, le principe suprême est le Bien, le Bien pur de tout mélange, de toute imperfection, de tout mal. Au contraire, le Dieu de Pythagore est un mélange du bien et du mal, germe de toute perfection, mais aussi de l'imperfection; il est le pair-impair, le fini-infini, le déterminé-indéterminé, le mâle-femelle, le bien-mal.

Sans doute, Platon et Pythagore conçoivent également Dieu comme l'unité, et même comme une unité qui réconcilie les contraires; mais ils conçoivent bien différemment cette conciliation. Pour Pythagore elle n'est autre chose qu'un mélange ; et par conséquent Dieu est un tout dont l'un et le multiple sont comme les parties. Le Dieu de Platon, loin d'être un mélange, est le Bien sans mélange ; et c'est précisément sa perfection qui rend l'imperfection possible comme une image de Dieu même; c'est la réalité éternelle de son être qui fonde la possibilité d'une existence empruntée à la sienne. Dieu est l'être positif; le non-être ou la matière est quelque chose d'essentiellement relatif; Dieu est le réel, la matière est le possible, et le possible a sa raison dans le réel. Donc Dieu n'est pas un mélange d'être et de non-être, de réalité et de possibilité. Platon conçoit les deux termes, être et non-être, réalité et possibilité, non comme placés sur une même ligne, mais comme subordonnés l'un à l'autre: Dieu en lui-même n'est donc pas l'unité du bien et du mal: il est essentiellement et uniquement le bien ; quant au mal, qui n'est autre chose que l'imperfection, il a sa condition dans le bien, dont il n'est qu'une participation incomplète.

Encore une fois, le Dieu de Pythagore est l'unité du bien et du mal: le bien pur, séparé du mal, est quelque chose d'ultérieur. Le Dieu de Platon est le Bien pur, chose primitive; et c'est le mélange du bien et de l'imperfection qui est ultérieur.

Or, cette différence des deux systèmes entraîne de graves conséquences.

Le Dieu des Pythagoriciens semble un germe qui se développe, comme le remarque fort bien Aristote (1).

(1) Aristote n'attribue nullement cette doctrine à Platon ; il la rapproche seulement du système antiplatonicien de Speusippe. Je dis antiplatonicien, puisque ce prétendu disciple de Platon rejeta entièrement les Idées. (V. notre chapitre sur Speusippe.) D'après Aristote, le plato-

Le bien n'est donc en Dieu qu'en puissance; le bien ne s'actualise que dans la respiration infinie qui est la vie du monde. Le Dieu de Platon est au contraire l'éternelle actualité du Bien, enveloppant toutes les formes de la perfection, qui sont en même temps les formes de l'intelligence : les Idées. C'est par les Idées que le monde est possible; et les Idées à leur tour, déterminations de l'être et de la pensée, ne sont possibles que par l'absolue réalité de la pensée et de l'être dans le Bien.

L'unité absolue du parfait et de l'imparfait ne peut se concevoir que dans un principe indéterminé, tandis que la relativité de l'imparfait à l'égard du parfait implique l'absolue détermination du premier principe.

Le pythagorisme ressemble donc à l'ionisme en ce qu'il fait tout sortir d'un germe primordial; seulement, au lieu de prendre pour germe un élément matériel, il prend une chose intelligible, l'unité. Cette unité n'en est pas moins une puissance qui s'actualise, et les nombres eux-mêmes ne sont que les puissances diverses de la force universelle. Les Idées, au contraire, sont ce qu'Aristote appellerait des actes, et ce que Platon appelle des réalités (ὄντα). Sans doute elles fondent la possibilité des choses; mais elles ne sont pas elles-mêmes de purs *possibles*, elles sont les formes parfaitement réelles de l'existence divine.

Les fréquentes analogies du platonisme et du pytha-

nisme est la doctrine de l'unité identique au bien réel; le pythagorisme et Speusippe regardent l'unité comme identique à la virtualité du bien et du mal. Ce n'est pas que ce second point de vue manque dans Platon, mais il y est subordonné au premier : l'Unité est la virtualité absolue du monde parce qu'elle est en soi la réalité absolue. Peut-être était-ce aussi, dans le fond, la pensée encore obscure de plusieurs pythagoriciens.

gorisme recouvrent donc une différence profonde. Le platonisme, en absorbant le pythagorisme dans son sein, le transforme entièrement. Il ne l'accepte que comme un point de vue inférieur, au-dessus duquel il faut nécessairement s'élever : c'est une région intermédiaire que le dialecticien traverse avant de parvenir à son véritable but. Les notions logiques et mathématiques, objet de la διάνοια, sont au-dessus des sensations; mais elles sont elles-mêmes au-dessous des Idées et surtout de l'Idée suprême, qui est le Bien. Le pythagorisme, supérieur à l'ionisme, demeure donc inférieur à la doctrine de Platon.

## CHAPITRE IV.

### LE PRINCIPE DE L'AMOUR UNIVERSEL. EMPÉDOCLE.

Unité primitive sous l'empire de l'amour. Le sphérus. — Action de l'inimitié, productrice du multiple. — Retour à l'amour et à l'unité par le sentiment, par la pensée et par l'action.

Les doctrines pythagoriques, mêlées à celle des Éléates, se retrouvent sous une forme moins abstraite dans Empédocle. Ce dernier (vers 470) paraît avoir eu des relations avec les philosophes dispersés de la ligue pythagoricienne. Il fit le voyage d'Athènes. Ses écrits, n'étant point renfermés dans l'enceinte d'une société secrète, furent connus assez rapidement dans cette ville. Le *Phèdre* de Platon contient beaucoup d'allusions à Empédocle, et le *Banquet* reproduit sa théorie de l'amour dans la nature.

Cette unité primitive des Pythagoriciens, essence du nombre et de l'harmonie, Empédocle la remplace par un principe plus vivant, mais analogue : l'amour. Le monde qu'Empédocle entreprend de construire prend son origine dans une période primitive, qui est l'empire absolu de l'amour. Le caractère de cette période est l'unité : tous les éléments y sont confondus, tous les contraires identifiés. Un, uniforme, universel, harmonieux et heureux, le dieu sphérique ou *Sphérus* repose immobile en lui-même, sans distinction de parties, sans division, sans pluralité actuelle, comme l'un-multiple, comme le pair-impair des Pythagori-

ciens (1). Ce dieu est dominé par le *souverain de la félicité et de l'innocence*, l'Amour, avec lequel il ne fait qu'un. Mais, au temps prescrit par la Nécessité, l'action de l'*Inimitié* commence, pénétrant par degrés à l'intérieur du Sphérus, « agitant les membres du
» dieu l'un après l'autre (2), » séparant les diverses parties, introduisant dans les choses la différence et la multiplicité. « S'il n'y avait pas d'inimitié dans les
» choses, tout serait un (3). » *Tout vient donc de l'Inimitié, excepté Dieu*, qui est l'Amour. — On reconnaît le germe primitif des Pythagoriciens, unité confuse dans laquelle cependant existe *en puissance* la diversité, le nombre. Le Cosmos est produit par la mise en lutte des choses : de là dérive son mouvement; quant aux lois ordonnées et constantes de ce mouvement, elles sont la part de l'amour dans les choses. Au règne de l'absolue unité, dans laquelle domine l'amour, mais qui contient en germe la discorde, succède donc le règne de la multiplicité, dans laquelle l'amour et la discorde se posent comme contraires et se disputent l'empire. Alors apparaissent les quatre éléments (feu, terre, eau, éther), qu'Empédocle réduit ensuite à deux : le feu, correspondant à l'amour, et les choses terrestres, correspondant à la discorde. Le monde n'est qu'un mécanisme par lequel apparaît ce qui était d'abord caché et enveloppé : rien ne naît, rien ne meurt. C'est une conception analogue à celle d'Anaxagore, mais dans laquelle l'acte de la pensée *parcourant le monde* est un mélange d'amour et de discorde.

A l'amour correspond en nous la raison; à la discorde, les sens. Notre connaissance est nécessaire-

---

(1) Emp., *Fragm.*, v. 23. Arist., *Met.*, p. 1000, a.
(2) Arist., *ib.*
(3) *Ibid.*

ment imparfaite, à cause de l'inimitié qui s'y mêle. Elle peut, il est vrai, connaître tous les éléments du Tout, les semblables par les semblables, l'eau par l'eau, la terre par la terre, la haine par la haine, l'amour par l'amour (1); mais elle ne peut jamais connaître l'amour en sa parfaite unité, dans laquelle cependant consiste la vérité pure. La vraie unité des choses n'est visible que pour elle-même; elle est réservée à la connaissance divine (2). « Personne n'a » vu l'amour dans l'universalité des choses; non, pas » un mortel (3). » Notre connaissance est discursive comme le monde lui-même. « Je t'annonce deux cho- » ses; car tantôt tout s'élève de la pluralité à l'un, » tantôt tout passe de l'un au multiple. » Principe auquel Platon semble faire allusion dans le *Philèbe*.

Le progrès consiste à revenir vers l'unité, soit par la connaissance, soit par l'action. Le passage continuel d'une forme à une autre, d'une existence à une autre par la métempsychose, est la malheureuse condition des mortels; car l'espèce mortelle provient de la discorde et des gémissements (4). L'unique moyen de s'affranchir de cet exil sans fin consiste dans la purification de toute haine, dans un abandon sans réserve à l'amour vivifiant, surtout à ne répandre le sang d'aucun être animé, créature de l'amour, et à s'abstenir de tout aliment impur. Nous sommes parents de toutes choses par la nature, quoique nous ne reconnaissions plus cette parenté à cause des transformations que la discorde a produites (5). Tout

---

(1) Vers 318.
(2) Arist., *Met.*, II, 2.
(3) v. 53, ss.
(4) v. 352.
(5) v. 377, 392.

dans le monde tient de la nature démonique et spirituelle. Les démons circulent partout, *tombés du ciel* (οὐρανοπετεῖς δαίμονες) (1). Empédocle s'appelait lui-même un démon ou un dieu (2). Ces démons sont les intermédiaires entre le ciel et la terre : ils sont les liens du grand Tout, et jouent par conséquent un rôle analogue à celui de l'amour qui *relie;* ils sont les ministres de l'amour. Le discours de Diotime, dans le *Banquet,* est fortement empreint des idées mystiques d'Empédocle. Les deux Vénus dont parle Platon rappellent les mêmes idées : « Ce n'est point Jupiter qui » est roi, ni le Temps ni Neptune, mais c'est Vénus » qui est reine (3). »

En résumé, le système d'Empédocle, auquel Platon a fait plus d'un emprunt, est un pythagorisme physique et mystique, moins abstrait que le premier, et dans lequel l'unité devient *amour,* la multiplicité *discorde.* Tout procède de l'unité primitive et s'efforce d'y revenir. Le dieu d'Empédocle est encore un germe qui se développe, le Sphérus dont les êtres divers sont les membres; amour immanent, providence immanente, divinité panthéistique qui ne semble pas parvenir à se poser en dehors du monde comme le Bien conscient, comme l'Idée. Le Sphérus d'Empédocle ne sera pour Platon que le dieu engendré, et non le Dieu éternel.

(1) v. 92.
(2) v. 407.
(3) v. 308, v. 59.

## CHAPITRE V.

### LE PRINCIPE DE L'UNITÉ. XÉNOPHANE, PARMÉNIDE, ZÉNON.

I. Xénophane. Comment il démontre que Dieu est un et n'est pas engendré, et qu'en général rien de ce qui est n'est engendré. Profondeur de cette argumentation. Ce que Platon en a conservé; ce qu'il a rejeté. L'*Idée*, solution de l'antinomie éléatique entre l'être et le non-être. — II. Parménide. Unité de l'Être. Caractère de cette unité. Est-elle vide d'être et de pensée? Préjugés répandus au sujet de Parménide. — III. Zénon. Sa dialectique.

Les Éléates s'enferment dans l'unité. Ce n'est plus, comme le remarque Aristote, l'unité de matière des premiers physiciens, la substance virtuelle d'où se développent les phénomènes ; c'est l'unité de l'Être hors duquel il n'y a rien et qui demeure éternellement immobile dans son identité (1). La nature n'est qu'une apparence, objet de l'*opinion* trompeuse ; la *raison* ne reconnaît que l'unité absolue.

Platon n'établira pas, entre l'opinion et la raison, une opposition plus marquée que les Éléates ; il n'ira même pas aussi loin qu'eux : car, loin de retrancher toute valeur aux données des sens, il s'en servira comme de point d'appui pour son ascension dialectique.

Platon a très-bien saisi le caractère de la doctrine éléate, qui établit un rapport d'exclusion absolue entre l'être et le non-être, et par là rend le monde impossible. Il accepte l'unité des Éléates ; mais il la féconde en y introduisant les Idées.

(1) Arist., *Mét.*, I, p. 18.

I. Déjà on trouve dans Xénophane une dialectique déductive qui rappelle la première thèse du *Parménide*. Xénophane établit l'absolue unité de Dieu, d'abord par rapport à d'autres dieux qu'on pourrait supposer, puis par rapport au monde, qui n'existe réellement pas.

« S'il existe quelque chose, dit Xénophane en
» appliquant ceci à Dieu, il est impossible qu'il ait été
» engendré ; car il faut que ce qui est engendré soit
» produit par le semblable ou le dissemblable ; or, il
» ne convient pas plus au semblable d'être produit
» par le semblable que de le produire, puisque le sem-
» blable ou l'égal est dans un rapport d'identité avec
» le semblable. Il ne convient pas non plus au dis-
» semblable d'être produit par le dissemblable ; car,
» si le plus fort naissait du plus faible, le plus grand
» du plus petit, le meilleur du pire, ou tout au con-
» traire, si le pire naissait du meilleur, l'être sortirait
» du non-être, ou le non-être sortirait de l'être, ce qui
» est impossible : Dieu est donc éternel (1). »

Cette argumentation, d'une admirable vérité quand elle s'applique à Dieu, devient fausse quand elle s'applique au monde : Platon l'admet pour Dieu et la rejette pour le monde. L'argument de Xénophane se retrouvera textuellement dans Spinoza, qui démontre que deux substances ne peuvent être cause l'une de l'autre, qu'elles soient semblables ou qu'elles soient dissemblables. Rien n'est plus vrai si on entend d'abord,

---

(1) Ἀδύνατόν φησιν εἶναι, εἴ τί ἐστι, γενέσθαι, τοῦτο λέγων ἐπὶ τοῦ θεοῦ· Ἀνάγκη γὰρ ἤτοι ἐξ ὁμοίων ἢ ἐξ ἀνομοίων γενέσθαι τὸ γενόμενον· δυνατὸν δὲ οὐδέτερον· οὔτε γὰρ ὅμοιον ὑφ' ὁμοίου προσήκειν τεκνωθῆναι μᾶλλον ἢ τεκνῶσαι· ταῦτα γὰρ ἅπαντα τοῖς γε ἴσοις ἢ ὁμοίοις ὑπάρχειν πρὸς ἄλληλα· οὔτ' ἂν ἐξ ἀνομοίου οὔτ' ἀνόμοιον γενέσθαι· εἰ γὰρ γίγνοιτο ἐξ ἀσθενεστέρου τὸ ἰσχυρότερον, ἢ ἐξ ἐλάττονος τὸ μεῖζον, ἢ ἐκ χείρονος τὸ κρεῖττον, ἢ τοὐναντίον τὰ χείρω ἐκ τῶν κρειττόνων, τὸ ὂν ἐξ οὐκ ὄντος, ἢ τὸ οὐκ ὂν ἐξ ὄντος γενέσθαι· ὅπερ ἀδύνατον· ἀΐδιον μὲν οὖν διὰ ταῦτα εἶναι τὸν θεόν. (Arist., *De Xenoph. Zenone et Gorgiá*.)

avec Xénophane et Spinoza, deux substances absolues et parfaites. Pour ces substances, en effet, la similitude est l'identité, et l'identité, les rendant indiscernables, se résout en unité. Donc, un être absolu ne peut produire un autre être absolu, qui lui serait identique. D'autre part, deux absolus différents ne peuvent se produire l'un l'autre, puisque ce qui sera dans le second, n'ayant rien d'analogue dans le premier, n'y aura point sa raison intelligible; il faudra donc dire que ce qui est dans le second sans être dans le premier, est sans cause et vient du non-être. En d'autres termes, tout étant absolu dans l'absolu, un second Dieu est absolument ou n'est pas absolument ce qu'est l'autre Dieu. Dans le premier cas, les deux Dieux se confondent. Dans le second, ils se séparent au point que l'un est la négation de l'autre, et que si l'un est, l'autre n'est pas : l'un ne peut plus être la cause de l'autre ; le second est donc sans cause, et comme le premier est l'être, le second a sa cause dans le non-être, ce qui est absurde.

Xénophane démontrait encore d'une autre manière l'unité absolue de l'Être qui est la perfection et la plénitude de l'être; et là encore il devance Platon :
« Si Dieu est ce qu'il y a de plus puissant, Xénophane
» dit qu'il doit être un ; car s'il était deux ou plu-
» sieurs, il ne serait pas ce qu'il y a de plus puissant
» et de meilleur. Ces différents Dieux, étant égaux en-
» tre eux, seraient chacun ce qu'il y a de plus puissant
» et de meilleur ; car ce qui constitue un Dieu, c'est
» d'être le plus puissant, et non d'être surpassé en
» puissance; c'est de gouverner seul toutes choses (1) :
» de sorte que, si Dieu n'est pas ce qu'il y a de plus

---

(1) Καὶ πάντα κρατεῖσθαι εἶναι. Ces mots sont inintelligibles. Fülleborn propose de les retrancher. Brandis lit : Καὶ πολλὰ κρατεῖσθαι εἶναι, c'est-

» puissant, il n'est pas par cela même. Si l'on sup-
» pose qu'il y en a plusieurs, ou il y a entre eux des
» inférieurs et des supérieurs, et alors il n'y a pas de
» Dieu, car la nature de Dieu est de ne rien admettre
» de plus puissant que soi; ou ils sont égaux entre eux,
» et alors Dieu perd sa nature, qui est d'être ce qu'il
» y a de plus puissant : car l'égal n'est ni meilleur ni
» pire que son égal; de sorte que, s'il y a un Dieu et
» s'il est tel que doit être un Dieu, il faut qu'il soit un ;
» sans quoi il ne pourrait pas tout ce qu'il voudrait:
» car, si l'on admet plusieurs dieux, chacun d'eux
» pris à part est sans puissance (1). »

A-t-on jamais mieux démontré l'unité divine et le monothéisme? Et, pour le redire en passant, peut-on ne pas sourire de ceux qui prêtent un polythéisme absurde à l'admirateur des Xénophane et des Parménide, à Platon? Ce dernier a accepté et reproduit toute l'argumentation qui précède, mais il n'a pas accepté l'application que Xénophane en faisait au monde, et il a marqué avec une admirable profondeur le vice du raisonnement éléatique.

Xénophane, après avoir montré que Dieu ne peut être engendré et qu'il est *l'être*, en concluait que rien n'est engendré, parce que tout ce qui n'est pas Dieu est *non-être*. Il eût dit comme Spinoza : — Vous prétendez qu'un être est produit par un autre; de deux choses l'une : ou cet être a même essence que le premier, et alors il n'en diffère pas; ou il n'a pas même essence, et alors il n'y a rien dans le premier qui puisse contenir la raison du second. Donc un être n'en peut produire un autre, une substance ne peut en-

---

à-dire, καὶ πολλὰ εἶναι ὥστε κρατεῖσθαι. MM. Boissonade et Cousin : καὶ πάντα κρατεῖσθαι ἑνί.

(1) Arist., *Xén.*, *Zén. et Gorg.*, ib.

gendrer une substance. La substance est ; le reste n'est pas en tant que substance, et ne peut être qu'en tant qu'apparence ou mode, pour les sens et l'opinion.

Platon n'accepte pas ce principe, que le semblable ne puisse provenir du semblable, ni le dissemblable du dissemblable ; il soutient au contraire qu'une chose provient tout à la fois du semblable et du dissemblable. Ainsi l'objet sensible est tout à la fois semblable et non-semblable à l'Idée : il lui est semblable en ce que, ce qu'il est, l'Idée l'est d'une manière pure et éminente ; il lui est dissemblable en ce que, ce qu'il est, l'Idée ne l'est pas de la même manière et avec les mêmes imperfections. En général, une chose est et n'est pas ce qu'est sa cause : elle l'est, puisqu'elle a sa raison et son principe dans quelque perfection dont elle participe ; elle ne l'est pas, puisque, si elle était purement et simplement ce qu'est sa cause, elle n'en différerait point. Donc Dieu est et n'est pas ce qu'est le monde ; ce qui fait qu'on peut tout lui attribuer en un sens, et qu'en un autre sens on ne peut rien lui attribuer ; on en peut tout dire et on n'en peut rien dire. Xénophane insistait surtout sur l'opposition de Dieu et du monde :
« Dieu est éternel, un et sphérique ; il n'est ni in-
» défini ni fini ; car être indéfini, c'est n'être pas,
» c'est n'avoir ni milieu ni commencement ni fin, ni
» aucune autre partie : c'est ainsi qu'est l'indéfini ;
» or, l'être ne peut pas être comme le non-être.
» D'un autre côté, pour qu'il fût fini, il faudrait qu'il
» fût plusieurs ; or, l'unité n'admet pas plus la plura-
» lité que la non-existence : l'unité n'a rien qui la
» limite (1). » Platon, en conservant cette argumentation si exacte, y ajoute l'antithèse, non moins exacte, et établit ainsi la théorie de la participation.

(1) *Ibid.*

La participation est précisément ce que niait Xénophane, qui confondait le semblable avec l'identique et conséquemment ne pouvait sortir de l'unité. Platon, au contraire, démontre dans le *Sophiste* et laisse entendre dans le *Parménide* qu'il y a une certaine manière d'être et de n'être pas tout à la fois telle ou telle chose. Il introduit entre l'être pur et le néant pur le moyen terme du non-être relatif, par lequel le monde devient possible. De plus, il place ce principe de *l'autre*, de la *différence*, du *non-être*, dans le sein même de l'Être, ce qui constitue les diverses perfections intelligibles de l'Être-Un, ou les Idées. Comme on le voit, l'argumentation de Xénophane est le plus sublime effort qu'on ait fait pour poser Dieu dans son unité solitaire, exclusive de toute autre existence; et la théorie des Idées de Platon est le plus sublime effort qu'on ait fait pour placer en Dieu même les raisons éminentes des autres existences et les principes de leur possibilité.

II. La pensée des Éléates, déjà si précise avec Xénophane, se formule plus nettement encore chez Parménide.

« Parménide me paraît tout à la fois *respectable et*
» *redoutable*, pour me servir des termes d'Homère..;
» il y a dans ses discours une profondeur tout à
» fait extraordinaire. J'ai donc grand'peur que nous
» ne comprenions point ses paroles, et encore moins
» sa pensée (1). » C'est en ces termes que Platon parle de Parménide, dont la doctrine exerça tant d'influence sur la sienne, mais dont il rejette les conclusions négatives avec d'autant plus d'énergie qu'il sent bien que, sans la théorie des Idées, il se retrou-

(1) *Théét.*, 184, a.

verait lui-même à chaque instant sur la pente de l'Éléatisme.

Comme Xénophane, Parménide se retranche dans l'absolu et supprime toute relation. Point de milieu pour lui : « Il faut, dit-il, admettre d'une manière
» absolue (πάμπαν) ou l'être ou le non-être... La dé-
» cision à ce sujet est tout entière dans ces mots :
» être ou non-être, ἔστιν ἢ οὐκ ἔστιν (1)? Or on ne peut
» connaître le non-être, puisqu'il est impossible, ni
» l'exprimer en paroles... Il ne reste donc plus qu'un
» procédé : poser l'être, et dire : *il est*, ἐστί (2). Dans
» cette voie, bien des signes se présentent pour mon-
» trer que l'être est sans naissance et sans destruction,
» qu'il est un tout d'une seule espèce (οὖλον μονογενές τε),
» immobile et sans bornes (ἄτρεμες ἠδ' ἀτελεστόν); qu'il
» n'a ni passé ni futur, puisqu'il est maintenant tout
» entier à la fois, et qu'il est un sans discontinuité (ἓν
» συνεχές) (3). » On croirait lire les pages du *Timée* et du *Parménide* où Platon nous montre l'Être éternel supérieur à toutes nos distinctions de présent, de passé et de futur, et le pose en disant comme Parménide : il est : ἐστί. « Quelle origine chercherais-tu à l'être? Je
» ne te laisserai ni dire ni penser qu'il vient du non-
» être, car le non-être ne peut se dire ni se comprendre.
» Et quelle nécessité, agissant après plutôt qu'avant,
» aurait poussé l'être à sortir du néant? Donc il faut
» admettre absolument ou l'être ou le non-être. Et
» jamais de l'être la raison ne pourra faire sortir autre
» chose que lui-même. C'est pourquoi le destin ne
» lâche point ses liens de manière à permettre à l'être

---

(1) v. 66, 70. Οὕτως ἢ πάμπαν πελέμεν χρεών ἔστιν ἢ οὐχί. — Ἡ δὲ κρίσις περὶ τούτων ἐν τῷ δ' ἔστιν. Ἔστιν ἢ οὐκ ἔστιν.

(2) Μόνος δ' ἔτι μῦθος ὁδοῖο λείπεται : ὡς ἐστί. Vers 57 et 40.

(3) 58 et ss.

» de naître ou de périr, mais le maintient immo-
» bile (1). » On comprend l'admiration de Platon pour une telle vigueur de pensée. Il complétera Parménide en ajoutant à l'être absolu les genres de l'être, les Idées, qui rendent possible la pluralité; mais il conservera l'Être absolu de Parménide pour le placer au sommet de la dialectique.

On a interprété la doctrine de Parménide dans deux sens opposés qui paraissent également faux. D'après quelques historiens, cette doctrine n'est qu'un naturalisme raffiné : « Le Dieu de Parménide n'est encore
» que le monde, étendu, quoique sans division, sous
» la forme d'une sphère immobile... La pensée n'est,
» aux yeux de ces idéalistes ou spiritualistes préten-
» dus, ni séparée, ni réellement différente de la sen-
» sation (2). » Mais la comparaison de l'être avec une sphère est toute métaphorique, et en tout cas c'est une simple comparaison (σφαίρη ἐναλίγκιον). « L'être possède
» la perfection suprême, étant *semblable* à une sphère
» entièrement ronde, qui du centre à la circonférence
» serait partout égale et pareille; car il ne peut y
» avoir dans l'être une partie plus forte ou plus faible
» que l'autre (3). » Ce qui prouve que Parménide ne donne point à l'être une forme sphérique, c'est qu'il le déclare lui-même *sans bornes*, ἀτελεύτητόν, sans commencement ni fin, ἄναρχον ἄπαυστον (4). Le mot ἀτελεύτητόν est synonyme du mot infini, pris dans son sens moderne et indiquant la plénitude absolue de l'être sous tous les rapports : « Il n'est pas admissible que
» l'être ne soit pas *infini* (ἀτελεύτητόν), car il est l'être à

---

(1) v. 63.
(2) Ravaisson, *Mét.*, t. II, 3.
(3) v. 87, 88.
(4) v. 82.

» qui il ne manque rien, et s'il ne l'était pas, il man-
» querait de tout. » Peut-on exprimer avec plus d'é-
nergie le caractère absolu de l'Être qui est infini,
ou n'est pas? La comparaison avec la sphère se retrouve chez tous les philosophes anciens. Il faut entendre par là la *sphère infinie dont le centre est partout et la circonférence nulle part*, c'est-à-dire l'immensité. Il est donc difficile d'appeler naturalisme
cette conception de l'Être un, immense, immobile et
éternel.

Mais d'autre part a-t-on raison de répéter, comme
on le fait chaque jour, que l'unité de Parménide est
l'unité abstraite, supérieure non-seulement à la pensée, mais à l'*être* même?—Rien n'est plus inexact,
comme le prouvent les fragments qui précèdent. Parménide ne part point de l'idée d'unité; il ne fait qu'y
aboutir, en posant l'être absolu. C'est de l'être *réel et
vrai* qu'il parle sans cesse; il est, comme Spinoza,
ivre de l'être. Son unité n'est ni abstraite et vide, ni
matérielle; Aristote la nomme avec raison une unité
*rationnelle*. Parménide rejette l'expression d'unité indéfinie (ἄπειρον) qu'employait Xénophane, et il appelle
l'Être πεπερασμένον, c'est-à-dire déterminé (1). Il n'y a
point place dans l'Être pour le possible; il est éternellement actuel. Parménide n'est donc tombé ni dans
l'abstraction pure ni dans le naturalisme; son principe est *Dieu*, au sein duquel il se transporte par la

---

(1) M. Brandis ne comprend pas comment peuvent se concilier les mots ἀτελεστόν, sans bornes, et πεπερασμένον qui semble impliquer des bornes. Il propose même de lire οὐδ' ἀτελεστόν, au vers 59. On s'étonne d'un tel embarras. Il suffit d'avoir lu Platon pour connaître le τὸ πέρας, la détermination, qui appelle nécessairement l'absence de toutes bornes, ἀτελεστόν. L'un est notre mot *parfait*, l'autre notre mot *infini*. L'achevé, le πέρας, indique la perfection à laquelle on ne peut rien ajouter, et qui par conséquent est sans limitation.

pensée, et d'où il prétend que rien ne peut sortir. — Comment peut-il exister autre chose que Dieu, l'Être qui est? — Voilà la question que se pose Parménide, et il la résout négativement.

Son Dieu n'est pas plus au-dessus de la pensée que de l'être; car il est la pensée même dans son absolue unité avec l'être. « La pensée, dit Parménide, est la
» même chose que l'être. Il faut que la parole et la
» pensée soient de l'être, car l'être existe et le non-
» être n'est rien (1)... La pensée est identique à son
» objet (Τωὖτόν ἐστι νοεῖν τε καὶ οὕνεκεῖν ἐστι νόημα) (2). En
» effet, sans l'être, sur lequel elle repose, vous ne trou-
» verez pas la pensée; car rien n'est ni ne sera excepté
» l'être (3). » Parménide avait l'esprit trop rigoureux pour ne pas s'apercevoir que toute distinction entre le sujet et l'objet ramènerait la dualité ; il la supprime donc dans l'absolu et énonce expressément l'identité de la pensée et de l'être. Par là il échappe à l'objection de Platon dans le *Sophiste*. Si la pensée n'est pas un mouvement, comme le disait Platon, elle ne contredit en rien l'immobilité de l'être.

Si l'être est seul, qu'est donc le monde? Ou il n'est pas, ou il n'est que l'apparence trompeuse de l'être véritable. A vrai dire, la multiplicité, en tant que telle, n'est pas. Parménide compare l'opinion à la nuit, mère de l'erreur, et la vérité à la lumière du jour. Entre ces deux choses il y a l'antithèse la plus complète, comme entre l'objet de la raison qui est l'être, et l'objet de l'o-nion qui est le non-être. La seconde partie de son poëme sur la physique (τὰ πρὸς δόξαν) est une simple conces-sion faite aux mortels amoureux de l'apparence. Aris-

---

(1) v. 40.
(2) v. 41.
(3) v. 93.

tote n'aura pas de peine à montrer que cette concession est une contradiction véritable, et que ce panthéisme aboutit au dualisme. « Forcé de se mettre
» d'accord avec les faits, et, en admettant l'unité par
» la raison, d'admettre aussi la pluralité par les sens,
» Parménide en revint à poser deux principes et
» deux causes : le chaud, qu'il rapporte à l'être ; et
» le froid, qu'il rapporte au non-être (1). » Il n'en faudrait pas conclure, avec Philoponus (2), que Parménide faisait seulement une distinction entre la raison et les sens, mais admettait la certitude sensible. La vérité est qu'il distinguait l'apparence multiple et fausse de la réalité une, sans accorder à la première aucune valeur scientifique. La vue du multiple, du mal, de l'imparfait, du non-être, est d'après lui une pure illusion que la raison redresse. Platon comprendra que, fût-ce une illusion, il doit exister quelque principe qui l'explique; puisque, d'après les Éléates eux-mêmes, on ne pense pas ce qui n'est absolument pas. Parménide aboutit donc à poser lui-même le non-être sous le nom d'opinion, d'illusion, d'erreur sensible. Donc il faut en revenir toujours à quelque principe de non-être.

On voit maintenant tout ce que Platon doit à Parménide. Il est d'accord avec lui pour affirmer :

1° La nécessité d'un être absolument un et immuable, qui soit l'Être pur, parfait, déterminé en soi, éternellement réel;

2° L'identité absolue de l'être et de la pensée dans cette unité suprême.

Mais Platon fait voir que le principe de Parménide est insuffisant. En effet, bien que Parménide pose au

---

(1) *Mét.*, I, ch. v.
(2) *Gen. et corr.*, I, 8.

début l'être déterminé en soi, il aboutit logiquement à l'indétermination absolue et définitive du premier principe pour l'intelligence humaine, et il se condamne à répéter sans cesse cette formule stérile : l'être est, ou l'un-un. Il ne lui est même pas permis de dire que l'être est un, ou alors il introduit la distinction et la multiplicité dans l'unité. Un tel principe, s'il est seul, exclut donc toute science. Platon admet ce principe, mais il y joint son antithèse et montre la synthèse des deux. La science suppose la distinction de l'être et de ses genres, que Parménide n'a pas faite. Chaque genre de l'être n'est pas l'être, et cependant il n'est pas le néant. Il y a donc un milieu entre l'être et le néant ; il y a un non-être relatif. Cette conception des genres éternels de l'être, ou des Idées, rend possible le monde extérieur, dont le système de Parménide impliquait la négation.

III. Zénon, qui développa toutes les conséquences de ce système, passe pour l'inventeur de la dialectique (1), et il mériterait ce nom si la dialectique était simplement l'art de discuter. Parménide, comme le remarque avec raison Proclus (2), se bornait à poser le principe dogmatique de l'Être ; Zénon procédait par la destruction du principe opposé. La première méthode était positive, la seconde négative. « Parménide » est comme la raison pure (ὁ νοῦς), dont l'objet est de » contempler l'Être ; Zénon, comme la science discur- » sive (διάνοια), qui doit voir aussi ce qui est opposé, et » d'un côté approuver le vrai, de l'autre confondre le » faux (3). » « Mon ouvrage, dit Zénon dans le *Parmé-*

---

(1) Diog., IX, 25.
(2) *Comm. Parm.*, t. IV, 115, éd. Cousin.
(3) Proclus, *ibid*.

» *nide*, répond aux partisans de la pluralité et leur
» renvoie leurs objections, et même au delà, en es-
» sayant de démontrer qu'à tout bien considérer, la
» supposition que la pluralité est conduit à des con-
» séquences encore plus ridicules que la supposition
» que tout est un (1)... Par exemple, si les êtres sont
» multiples, il faut qu'ils soient à la fois semblables et
» dissemblables entre eux (2). » Ce qui domine dans
Zénon, c'est donc la forme secondaire et logique de
la dialectique, excellente pour la réfutation. « C'est
» d'après cette sorte de dialectique qui a besoin de
» longs discours, de longues déductions et de com-
» bats, que Zénon écrivait ses ouvrages. Parménide,
» ne se servant que de la raison pure, contemplait
» en elle-même l'unité de l'être, et n'employait que
» la dialectique purement rationnelle (νοερᾶς), dont
» la force est tout entière dans de simples intui-
» tions (3). »

Le *Parménide* de Platon est un exemple de la dialectique déductive : — poser toutes les hypothèses possibles, en déduire toutes les conséquences possibles, et pousser son adversaire à la contradiction. Mais les contradictions auxquelles aboutit cette dialectique ne doivent pas être considérées comme des antinomies absolues, sans harmonie ; elles n'ont pour but que de démontrer la fausseté ou l'insuffisance de l'hypothèse.

La dialectique de Parménide et celle de Zénon ont donc un fond commun et une forme différente. «L'une
» est fondée sur le principe d'identité, et n'en peut pas

---

(1) *Parm.*, 128.
(2) *Ib.*, 127.
(3) Proclus, *id.*, 111.

» sortir; l'autre sur le principe de contradiction, qui
» n'est qu'une face du premier (1). »

La dialectique éléate se retrouvera dans la méthode de réfutation platonicienne, mais complétée par une méthode originale de découverte. L'apparition de Zénon n'en constitue pas moins une ère remarquable dans la philosophie grecque, parce qu'il mit le premier en jeu cette force extraordinaire d'agression et de négation qui est propre à la dialectique. Après la tendance positive de la spéculation grecque apparaît la tendance négative, la force qui approfondit, éprouve et scrute. Cette tendance logique et critique devait produire d'abord les sophistes, mais pour aboutir, avec Socrate et Platon, à une nouvelle méthode. C'est ne voir qu'un côté des choses que d'apercevoir exclusivement dans Platon la « veine négative », la dialectique zénonienne. La méthode de Platon est plus largement compréhensive : elle embrasse tous les procédés réguliers de l'intelligence humaine, et prend son point de départ dans l'expérience avant de s'élever aux plus hautes conceptions de la raison pure. Mais on ne peut nier tout ce que Platon doit à l'école d'Élée. Parménide lui avait appris la distinction profonde qui existe entre l'opinion et la science; Zénon lui fit comprendre la distinction qui existe, dans la science même, entre la raison intuitive et la raison discursive, la νόησις qui s'attache à l'unité pure, et la διάνοια qui relie la multiplicité réelle ou apparente à l'unité primitive (2). L'éléatisme se retrouvera tout entier dans la théorie

(1) Paul Janet, *Dial. de Pl.*, p. 13.
(2) Platon a sans doute emprunté à Zénon beaucoup d'arguments qu'on retrouve dans le *Parménide*. Après les quatre arguments célèbres de Zénon contre le mouvement, Aristote (*Phys.*, VI, 9) en rapporte d'autres fort curieux; M. Cousin (*Phil. anc.*, p. 94) croit, sans motif, que ces

des Idées, mais à sa véritable place, et s'y conciliera avec d'autres doctrines également vraies, quoique également exclusives en elles-mêmes.

arguments ne doivent pas être attribués à Zénon. — Changer, c'est n'être ni ce qu'on était ni ce qu'on sera ; on n'est plus ce qu'on était, autrement il n'y aurait pas eu de mouvement; on n'est pas ce à quoi on tend, car il n'y aurait pas besoin de mouvement. Le changement et le mouvement ne peuvent donc avoir lieu ni dans ce qu'on était ni dans ce qu'on sera, ni dans l'un et dans l'autre, mais dans ce qui n'est ni l'un ni l'autre, c'est-à-dire dans rien, ce qui est impossible. — La troisième thèse du *Parménide* nous semble une réponse à cet argument : Platon y fait voir que cette chose qui n'est ni l'un ni l'autre des contraires, sans cependant être un pur néant, c'est l'*instant*, limite commune du passé et de l'avenir. Zénon montrait aussi que le mouvement circulaire impliquerait à la fois le mouvement et le repos, ce que Platon admet et explique.

# CHAPITRE VI.

LA SOPHISTIQUE. LE PRINCIPE DU NON-ÊTRE ET LA MÉTHODE DE DOUBLE NÉGATION.

I. PROTAGORAS. Vrai sens de sa doctrine. L'universelle relativité. — II. GORGIAS. Ses thèses sur le non-être; leur vrai sens. — Ce que Platon emprunte aux sophistes.

Concilier toutes les doctrines dans le *vrai* fut l'objet du platonisme; les concilier toutes dans le *faux* fut trop souvent l'objet de la sophistique. L'esprit du sophiste est très-compréhensif : il admet toutes les opinions, parce qu'au fond il n'en admet aucune. Tandis que le vrai philosophe, selon Platon, voit tout à la lumière de l'être, le sophiste fait tout rentrer dans la nuit du non-être (1).

I. Protagoras tire du sensualisme ionien les conséquences qu'il renferme. Il avait composé un livre sur la *Vérité* (2). C'est sans doute dans ce livre qu'il développait sa maxime favorite : « L'homme est la me-
» sure de toutes choses : de celles qui sont, pour la
» manière dont elles sont, de celles qui ne sont
» pas, pour la manière dont elles ne sont pas. »
Maxime qui lui est attribuée, non-seulement par Platon, mais par Aristote, par Sextus Empiricus et par

(1) *Soph.*, l. 1.
(2) Porphyr., *ap.* Euseb. *Præp. Ev.*, X, 3.

Diogène (1). Hégel et M. Grote admirent cette doctrine de Protagoras sur la relativité de nos connaissances. L'exposition qu'en fait Platon dans le *Théétète* est sans doute admirable, et Platon embellit la doctrine de son adversaire par la profondeur qu'il y ajoute ; mais comment nier les conséquences sceptiques auxquelles une semblable doctrine aboutit? Le but de Protagoras ne peut être comparé à celui que se proposent un Hégel ou un Hamilton dans leurs ouvrages. C'est dans l'intérêt de la rhétorique et de la sophistique que Protagoras convertit la vérité en une simple apparence : il veut que l'art de produire l'apparence par le discours acquière ainsi une plus grande latitude. « Le sage, dit-il dans le dialogue de Platon, est comme le médecin de l'âme : il ne peut pas faire naître dans l'âme des pensées plus vraies, car tout ce qu'elle pense est vrai; mais il peut en faire naître de meilleures et de plus utiles; il guérit ainsi les âmes, tant celles des particuliers que celles des Etats, puisque, par la puissance de la parole, il leur procure des sensations ou des opinions bonnes et utiles (2). » Il ne s'agit pas ici du bien en soi, mais du bien sensible, de l'agréable ou de l'utile. Protagoras ne semble pas s'être dissimulé qu'avec cette doctrine c'en est fait de la valeur universelle des propositions ; aussi, sur toutes choses, les contraires peuvent-ils être affirmés (3). Les vérités géométriques elles-mêmes sont attaquables; car, dans le monde sensible, il n'y a absolument pas de lignes, soit droites, soit courbes, telles qu'on les suppose (4). Les géomètres raisonnent donc, eux aussi,

---

(1) Plat., *Théét.*, 151, sqq; *Cratyl.*, 385. Arist., *Mét.*, VII, 10, xi, 6. Sext. Empir., *Hyp. Pyrrh.*, I, 218. Diog., IX.
(2) *Théét.*, 166.
(3) Diog., IX, 51. Plat., *Prot.*, 331.
(4) Arist., *Mét.*, II, 2.

sur des apparences. On peut et on doit les contredire. Ou plutôt, il ne faut contredire personne, parce que toute pensée est vraie pour celui qui la pense (1). Ou plutôt encore, on peut contredire tout le monde, et faire passer l'esprit des auditeurs d'apparences en apparences. Un orateur habile pourra donc donner aux plus mauvaises raisons l'apparence des meilleures, et elles seront les meilleures en effet, par cela même qu'elles apparaîtront telles.

Cet exposé de la doctrine de Protagoras, parfaitement détaillé et motivé dans Platon, confirmé par Aristote et par toute l'antiquité, ne peut être révoqué en doute. C'est un scepticisme très-logiquement déduit du phénoménisme ionien. Qu'on n'accuse pas Platon d'avoir calomnié Protagoras, car il a au contraire présenté ce sophiste sous l'aspect le plus favorable : les discours qu'il lui prête contiennent beaucoup de choses vraies en même temps qu'éloquentes. Protagoras semble alors personnifier le bon sens vulgaire, l'opinion commune, qui rencontre le vrai par une chance heureuse, mais non par science (2). L'illustre sophiste ne pouvait manquer, sur la plupart des questions, de parler suivant l'opinion commune : tout n'étant qu'apparence, s'il y a quelque chose qui doive l'emporter sur le reste, c'est l'apparence la plus universelle. Il est utile à l'orateur de se guider d'après celle-là et de se plier aux opinions les plus générales afin de mieux se concilier son auditoire. Protagoras soutiendra donc de belles thèses morales préférablement aux autres, mais avec la secrète pen-

---

(1) Plat., *Euthyd.*, 286. Arist., *Métaph.*, IV, 2. Sext. Emp., *Hyp. pyrrh.*, I, 216; *Adv. Math.*, 60. Diog., IX, 59.
(2) *Meno*, 96.

sée que tout cela, dans le fond, est une simple apparence. Il saura même, à l'occasion, soutenir successivement le pour et le contre afin de mieux montrer la souplesse de son talent oratoire.

Le doute sur le fond des choses devait probablement se laisser entrevoir dans la plupart des questions traitées par Protagoras ; sur la question de l'existence des dieux, ce doute se montre à découvert : « Au sujet des dieux, je ne puis dire ni s'ils sont ni
» quelle est leur nature; plusieurs choses m'inter-
» disent cette connaissance : l'obscurité du sujet et la
» brièveté de la vie. » M. Grote croit qu'il s'agit seulement ici des dieux du paganisme; mais n'est-il pas vraisemblable, d'après tout ce qui précède, que le doute de Protagoras s'étendait jusqu'à l'existence d'un Dieu quelconque, et qu'il croyait le pour et le contre également démontrables sur ce point?

Nous accordons volontiers à Hégel que la doctrine de Protagoras sur la *relativité* fut un moment utile dans l'histoire de la philosophie, — utile pour provoquer la réaction de Socrate. Ce dernier, lui aussi, se placera d'abord au point de vue subjectif, comme au centre de toute connaissance, et étudiera les lois de la pensée. Lui aussi, il ramènera la philosophie des objets extérieurs au sujet et y cherchera la *mesure* des choses; mais cette mesure, pour lui et pour Platon, ne sera point la sensation ou l'opinion individuelle : ce sera la raison universelle.

II. En même temps que Protagoras poussait à ses extrêmes conséquences le sensualisme ionien, Gorgias déduisait des conclusions analogues de l'idéalisme italique. Aristote, ou l'auteur quel qu'il soit du Traité *sur Xénophane, Zénon et Gorgias*, nous apprend que

ce dernier faisait usage des preuves de Zénon et de Mélissus pour démontrer que l'être n'est pas. Cette thèse ne pouvait manquer de plaire à Hégel, qui y voit son principe favori de l'identité des contraires. Gorgias avait raison, selon lui, de montrer que l'être pur et indéterminé est identique au non-être. Comme Hégel, M. Grote croit qu'il s'agit de l'être ultra-phénoménal, du noumène transcendant, tel que le concevait Parménide; et il approuve Gorgias d'avoir dit que l'absolu n'est pas, ou que, s'il est, il ne peut être connu, ou que, s'il peut être connu, il ne peut être exprimé. — Assurément, il ne faut pas juger la thèse de Gorgias indépendamment des principes éléatiques dont elle dérive; il faut, pour la comprendre, la replacer dans son véritable milieu. Mais, Gorgias se fût-il borné à la négation de l'être absolu, cela suffirait pour montrer qu'il aboutissait aux mêmes conséquences que Protagoras : s'il n'y a rien d'absolu dans la science, dans la morale, dans la politique, il faut en conclure que toutes les discussions roulent sur des apparences relatives. Le plus sage est celui qui connaît le mieux l'art de produire ces apparences au moyen de la rhétorique. « On peut présumer à bon
» droit, dit M. Grote, que Gorgias insista sur ces doc-
» trines dans le dessein de détourner ses disciples de
» spéculations qu'il considérait comme ingrates et
» sans fruit (1). »

Mais est-il vrai que Gorgias voulût simplement détruire l'existence transcendante, et que sa négation fût bornée à l'être pur de Parménide? Examinons son argumentation.

Rien n'existe, dit-il (οὐκ εἶναι οὐδέν); si quelque chose

---

(1) *Hist. grecque*, trad. franç., XII, 194.

existe, ce quelque chose ne peut être connu ; s'il existe et est connu, il ne peut être montré aux autres (1). — Gorgias ne semble faire ici aucune distinction entre les diverses existences.

1ʳᵉ THÈSE : Rien n'est. — « Si quelque chose était, » ce serait ou l'être, ou le non-être, ou bien encore » l'être et le non-être tout à la fois. » —. On sait que les anciens considéraient la *génération sensible*, le *devenir* matériel, comme un mélange d'être et de non-être ; c'est du moins la thèse de Platon, qui n'a sans doute pas eu le premier cette idée. Or, remarquons-le, Gorgias va nous prouver que le mélange de l'être et du non-être n'a pas plus de réalité que tout le reste. Il veut évidemment réunir dans son énumération toutes les formes possibles d'existence, tout ce qu'on peut concevoir et exprimer, même le non-être. S'il avait considéré le monde sensible comme ne rentrant pas dans les trois groupes précédents, il l'eût désigné à part. Son but est donc de démontrer que *rien* (οὐδέν) n'existe, ni l'être, ni le non-être, ni les deux ensemble ; ni l'être de Parménide, ni le néant, ni le devenir d'Héraclite.

1° Le non-être, continue Gorgias, ne peut pas être, car il est opposé à l'être ; si donc celui-ci est, le non-être n'est pas. — C'est ce que soutenait Parménide : *l'être est, le non-être n'est pas : jamais tu ne sortiras de cette pensée.* Mais si Gorgias admet que le non-être n'est pas, il n'admet point que l'être soit.

2° En effet, l'être ne peut exister ; car il n'a pu être fait, comme le dit Parménide, ni ne pas être fait. De

---

(1) Οὐκ εἶναι φησίν, εἰ δ' ἔστιν, οὐ γνωστὸν εἶναι, εἰ δὲ καὶ ἔστι καὶ γνωστόν, ἀλλ' οὐ δηλωτὸν ἄλλοις. Arist., *de Xen.*, 5. Sext. Emp., *adv. Math.*, VIII, 65.

plus, il ne peut être ni un ni multiple, ni les deux choses en même temps. Pour le démontrer, Gorgias se souvint particulièrement des doctrines de Mélissus et de Zénon sur l'infini, l'espace et le mouvement; et aussi, paraît-il, des doctrines atomistes sur la divisibilité des corps (1). Cette partie de la démonstration rappelle une des thèses du *Parménide*, où Platon démontre que l'être n'est ni un ni multiple, ni tous les deux; ni engendré ni non-engendré, ni tous les deux, etc. Mais Platon veut aboutir à démontrer qu'il y a en toutes choses un mélange d'être et de non-être, d'abord dans la *génération*, puis dans les *Idées* mêmes, tant qu'on n'est pas remonté au Bien absolu; encore y a-t-il dans le Bien même une sorte de *non-être* relatif qui fonde la possibilité du multiple. Gorgias, au contraire, démontre que la coexistence de l'être et du non-être est absolument impossible.

3° Ce qui est ne peut pas être en même temps être et non-être. « Car, si le non-être est et que l'être
» soit aussi, le non-être sera la même chose que
» l'être relativement à l'existence. Mais le non-être
» n'est pas; donc l'être n'est pas non plus. Donc, ni
» l'être ni le non-être n'existe. Et d'autre part, on
» ne peut pas dire que tous les deux existent : car,
» s'ils sont deux, ils ne sont plus la même chose
» (comme on vient pourtant de le faire voir); ou, s'ils
» sont la même chose, on ne peut plus dire que *les*
» *deux* existent. »

Par conséquent, comme il n'y a ni être ni non-être, ni coexistence des deux, il n'y a rien en général.

2ᵉ THÈSE. Si quelque chose est, cette chose ne peut être pensée. Si l'être pouvait être pensé, la pensée

---

(1) Sext., *ib.*, 68, 74. Arist., *ib.*, 5 et 6.

devrait être semblable à l'être, ou plutôt elle devrait être l'être lui-même : car, autrement, l'être ne *serait* pas la chose pensée. (Allusion à l'identité éléatique de la pensée et de l'être.) Mais, si la pensée était l'être, toute pensée serait vraie, et le non-être ne pourrait être pensé. Cependant, on distingue des pensées vraies et des pensées fausses ; donc ce qui est pensé n'est pas ce qui est, et réciproquement ce qui est n'est pas pensé ni connu.

3ᵉ THÈSE. Si l'être est et est pensé, il ne peut être exprimé. Car les choses ne sont pas ce qu'on exprime : elles ne sont pas les sons qui frappent l'oreille. Celui qui entend ne peut penser la même chose que celui qui parle, ou même que tel autre qui entend, parce qu'il est impossible que la même chose soit de la même manière dans des individus différents.

Telles sont les trois thèses de Gorgias. Elles nous font voir dans ce dernier une sorte de Zénon à rebours. Zénon montrait la nullité des apparences sensibles en comparaison de la vérité rationnelle ; Gorgias montre la nullité des vérités rationnelles et réduit tout à des apparences. Il fait donc servir les éléments de la doctrine éléatique à leur propre destruction, et en même temps il paraît vouloir détruire toute affirmation d'existence, quelle qu'elle soit, à quelque objet qu'elle s'applique. Toute pensée est savoir, disait Protagoras ; aucune pensée n'est savoir, dit Gorgias. Propositions équivalentes : si toute pensée est savoir, le savoir se confond avec l'apparence ; si nulle pensée n'est savoir, il ne reste encore que des apparences. Aussi Platon prête-t-il justement à Gorgias cette doctrine : « Laissons, dit-il, dans le *Phèdre*, dormir Gor-
» gias, qui considère à la place du *vrai* le *vraisem-*
» *blable*, comme devant être préféré : πρὸ τῶν ἀληθῶν τὰ

» εἰκότα, ὡς τιμητέα μᾶλλον (1). » Le vrai, en effet, est l'objet de la philosophie; le vraisemblable, l'apparent, est l'objet de la rhétorique. Aussi le sophiste ionien et le sophiste italique, partis des extrémités opposées, se rencontrent dans la doctrine de l'universelle relativité, et nient également la science pour y substituer l'apparence.

Est-ce à dire que toutes les paroles des sophistes fussent autant de *sophismes* et de misérables arguties? — Non, assurément. Un grand nombre d'entre eux pensaient et parlaient conformément à l'opinion générale et d'après les lois de la logique ordinaire, sauf à faire leurs réserves implicites ou explicites sur le fond des choses. Mais il est certain que l'habitude d'employer la rhétorique ou la dialectique à tout soutenir, suivant l'occasion, devait engendrer toutes sortes de sophismes. On connaît la subtilité grecque, même chez les philosophes les plus sérieux; que ne devait pas être cette subtilité chez les hommes portés au scepticisme! L'école de Mégare, si sérieuse d'abord, dégénéra en école *éristique;* les sophistes proprement dits durent aller bien plus loin encore. L'*Euthydème* de Platon n'est donc pas aussi invraisemblable que le prétend M. Grote. Platon n'a pas voulu représenter dans ce dialogue *tous* les sophistes; mais ceux qu'il met en scène ont dû exister. L'*Euthydème* n'a d'autre but que de mettre en contraste la discussion socratique, si sincère et si raisonnable, avec les puériles disputes de quelques mauvais élèves des sophistes. Euthydème affirme, comme Protagoras, que chacun sait tout et toujours (2); que, par conséquent,

---

(1) *Phædr.*, 267.
(2) *Euth.*, 293, sqq.

personne ne peut croire une fausseté (1) ni contredire qui que ce soit; il admet, avec Gorgias, que personne ne peut rien apprendre, ni le sage parce qu'il sait déjà, ni le fou parce qu'il est fou (2).

En résumé, que trouvons-nous chez les sophistes relativement à la métaphysique?—Indifférence, doute ou négation.

Les sophistes n'en ont pas moins eu un grand rôle philosophique : ils ont provoqué la réaction de Socrate et de Platon, et ils ont perfectionné la dialectique du raisonnement jusqu'à en faire l'ennemie de la raison même. D'ailleurs, ils expriment un côté général du génie grec, qui se retrouvera dans Socrate et dans Platon.

De toutes les antinomies accumulées par l'ionien Protagoras et l'éléate Gorgias, dont l'un prétend que tout est vrai et l'autre que rien n'est vrai, Platon déduira cette conséquence : Il y a dans tous les systèmes une partie vraie et une partie fausse. A côté de l'absolu se trouve le relatif; l'être pur, qui exclut le néant, n'exclut pas les relations du non-être. Les Eléates veulent s'en tenir à l'absolu et aboutissent au scepticisme; les Ioniens veulent s'en tenir au relatif et aboutissent également au scepticisme. La confusion complète et la séparation complète des genres produisent donc les mêmes conséquences ; et la vraie dialectique sera celle qui, unissant et divisant tour à tour, concilie tous les procédés de la raison. Dans cette dialectique, la méthode des sophistes se retrouvera à son rang véritable : elle formera, après la thèse et l'antithèse incomplètes, la synthèse négative ou double négation (τὸ οὐδέτερον), qui précède la synthèse affirmative et définitive propre à Platon (τὸ ἀμφότερον).

(1) *Ibid.* 283, 285.
(2) 275, sqq.

## CHAPITRE VII.

### LE PRINCIPE DU BIEN. SOCRATE.

Nous ne dirons que quelques mots de Socrate, auquel nous consacrerons un travail particulier.

La méthode logique de division par genres et d'induction, et la méthode psychologique d'observation intérieure, pratiquées par Socrate, se retrouvent dans Platon avec une valeur ontologique qu'elles n'avaient pas d'abord.

La *définition universelle* ou *notion* (λόγος), purement logique dans Socrate et non séparée des objets, est devenue l'*Idée* de Platon, qui subsiste en elle-même.

Les théories socratiques de la réminiscence et de l'amour enveloppaient aussi la doctrine des Idées. Cette vérité et cette science universelle dont notre âme est grosse, cet idéal de beauté et de bonté que ceux qui aiment poursuivent en commun, Platon en reconnut la véritable origine dans un monde supérieur.

Comme l'intelligence, la volonté, d'après Socrate, poursuit l'universel et tend toujours au Bien : de même que la raison définit universellement (ὁρίζεσθαι καθόλου), le cœur désire et veut universellement. Cette cause finale du vouloir, cet élément général de toute activité, est encore l'Idée platonicienne.

C'est surtout par sa notion du Bien que Socrate prépare le platonisme. On peut dire qu'il a introduit dans la philosophie et placé au premier rang le principe moral, tandis que ses devanciers avaient considéré surtout le principe physique ou le principe intellectuel. Socrate a conçu la plus haute des notions métaphysiques : l'unité de tous les biens particuliers dans le bien universel. Socrate nie énergiquement qu'un bien puisse s'opposer à un autre, par exemple que le bien de ma volonté diffère du bien de mon intelligence, ou encore que mon bien personnel diffère du bien des autres. La région du bien est pour Socrate celle de l'harmonie, parce que le bien est ce qu'il y a de plus universel et que toute chose tend vers lui comme à sa fin.

L'optimisme, c'est-à-dire la *puissance* réalisant le *bien* toujours et partout par l'intermédiaire de la *science*, est l'idée dominante de Socrate. Il est tellement préoccupé de cet idéal qu'il le réalise, non-seulement en Dieu, mais même dans l'activité humaine, au point d'exclure de notre âme le mal librement voulu. La science qui a pour objet le bien est toute-puissante dans l'homme comme en Dieu. L'homme est une providence sujette à l'erreur, image de la Providence infaillible.

Le Dieu de Socrate n'est pas un Dieu solitaire, *retiré dans les profondeurs inaccessibles* de sa divinité; c'est le Dieu-Providence qui connaît, aime et veut le meilleur, non-seulement pour lui, mais pour tous les êtres.

Mais, si Dieu veut ainsi le meilleur, n'est-ce pas qu'il le voit déjà réalisé en lui-même, et qu'il contemple sa propre perfection comme un modèle souverainement intelligible? — Tel est le point de vue propre à Platon.

Socrate s'en tient à la considération du Dieu immanent, dont l'action se révèle par l'ordre dialectique des genres et des causes finales. Platon s'élève à la considération du Dieu transcendant : il montre que les causes finales doivent être des causes exemplaires, et que ces causes exemplaires sont les divers genres du bien éternellement réalisés en Dieu.

## CHAPITRE VIII.

### L'ÉCOLE DE MÉGARE.

I. Méthode des Mégariques. — La réduction à l'absurde. La définition. — II. Doctrine des Mégariques. — Identité de l'Unité et du Bien. — La génération réduite à une pure apparence. — Opinion des Mégariques sur la puissance et l'acte. Négation de la puissance. — Comment Platon réfute les Mégariques dans le *Sophiste*. — Multiplicité des noms du Bien. — Les formes incorporelles et immobiles des Mégariques. Comparaison avec les Idées de Platon. Analyse des pages les plus importantes du *Sophiste*. Comment Platon restitue à Dieu la puissance active. Les Idées conçues comme les puissances participables de l'absolu.

« D'après Hermodore, ce fut chez Euclide que Pla-
» ton et les autres socratiques se réfugièrent après la
» mort de Socrate (1). » « A vingt-huit ans, dit
» Hermodore, Platon vint à Mégare entendre Euclide
» avec quelques disciples de Socrate (2). » Peut-être est-ce sous l'influence des doctrines de Mégare, comme l'a pensé Schleiermacher, que Platon composa ses dialogues éristiques. On a même prétendu que la théorie des Idées remonte à Euclide.

Rien de plus obscur que l'histoire de l'école mégarienne, malgré les travaux de Socher, de Schleiermacher, de Deycks (3), de Ritter (4) et de M. Henne (5). Méthode et système sont également incertains.

I. La méthode mégarique était la dialectique; les

---
(1) Diog., II, 100.
(2) *Id.*, III, 6.
(3) *De Meg. doct.*, Bonn, 1817.
(4) *Musée philosophique du Rhin*, 2ᵉ année.
(5) *L'École de Mégare.*

partisans de cette école l'employèrent même avec assez de succès pour être appelés *les dialecticiens* (οἱ διαλεκτικοί). Mais en quoi consistait cette dialectique? — D'après M. Henne, ce serait une méthode de *généralisation comparative* analogue à l'induction socratique, quoique aboutissant à l'Unité des Eléates. — Sans doute Euclide est un socratique en même temps qu'un éléate; mais ce qui domine dans son système et ce qui devait dominer aussi dans sa méthode, c'est l'influence de Parménide et de Zénon : l'antiquité tout entière regarde l'école de Mégare comme la continuation de celle d'Elée; il est donc plus probable que la dialectique mégarienne était la méthode négative de Zénon combinée avec la méthode spéculative de Parménide. « Euclide, dit Dio-
» gène, attaquait les raisonnements par leurs conclu-
» sions et non par leurs principes (1); » il employait donc la méthode de réduction à l'absurde familière à Zénon, méthode toute négative et particulièrement propre à la réfutation et à l'éristique. On sait avec quelle rapidité cette méthode dégénéra en subtilités et en sophismes. Elle ne rappelle pas autant que le croit M. Henne l'induction socratique (2).

Quant à la définition, à laquelle Socrate attachait tant d'importance, Ritter prétend que les mégariques la rejetaient; M. Henne, au contraire, qu'ils en faisaient le fondement de leur système (3). Ce qui est certain, c'est qu'Euclide rejetait l'opinion d'Antisthènes, qu'on peut suppléer à la définition par une explication analogique. « De deux choses l'une, disait-

---

(1) II, 107.
(2) V. une excellente appréciation de la méthode mégarique dans la *Dialectique de Platon*, de M. Janet (p. 29).
(3) *Ib.*, p. 164.

» il : ou les termes comparés sont semblables ou ils ne le sont pas; *s'ils le sont, il vaut mieux s'occuper de la chose elle-même* que de sa ressemblance; s'ils ne le sont pas, la comparaison est vicieuse (1). » Maintenant, Euclide rejetait-il tout à la fois la définition et l'explication analogique, de manière à renchérir sur Antisthènes; ou ne rejetait-il l'analogie que parce qu'il admettait la définition ? Cette dernière opinion semble plus probable : « Si les termes sont » analogues, dit Euclide, il vaut mieux s'occuper de » la chose elle-même, » c'est-à-dire qu'il vaut mieux revenir à la définition, qu'Antisthènes prétendait remplacer, et étudier les choses en elles-mêmes dans leur essence. L'étude de l'essence était le procédé de Parménide, comme celui de Socrate; on ne voit pas pourquoi Euclide se serait mis en désaccord sur un point aussi grave avec ses deux maîtres. Rejeter les définitions et l'étude des choses en elles-mêmes, c'eût été rendre toute science impossible et aboutir au scepticisme. La doctrine de Mégare n'est nullement sceptique.

II. Nous n'avons d'ailleurs sur cette doctrine que des traditions très-défectueuses. Euclide étant tout à la fois disciple des Éléates et de Socrate, il est probable *à priori* qu'il dût combiner le principe de l'Unité avec celui du Bien. C'est ce que semble confirmer cette phrase de Cicéron : « Les Mégariques en-
» seignaient que cela seul est le bien, qui est un,
» toujours semblable et identique à soi-même. *Id so-*
» *lum bonum esse dicebant quod esset unum et simile*
» *et idem semper* (2). » Le principe d'Euclide serait

---

(1) Diog., *ibid.*
(2) *Acad.*, II, 22.

donc l'identité de l'Unité éléate avec le Bien socratique. Parménide lui-même appelait l'*Être-un* ce qu'il y a de plus parfait, sans donner, il est vrai, à cette perfection aucun caractère moral (1). De son côté, Socrate montrait une grande tendance à placer le bien dans l'harmonie, dans l'ordre, dans l'unité. Le disciple de Parménide et de Socrate ne pouvait manquer d'aboutir à cette conclusion : l'un et le bien sont la même chose ; l'unité est bonne, le bien est un ; il y a là plusieurs noms, mais non plusieurs êtres. « Euclide, dit Diogène de Laërte,
» enseignait que le Bien est un sous différents noms :
» tantôt on l'appelle Sagesse, tantôt Dieu, quelque-
» fois Intelligence, et d'autres noms encore. Quant
» aux contraires du bien, il les supprimait, disant
» qu'ils n'étaient pas (2). » Ainsi donc, d'après Cicéron, l'unité est le bien pour les Mégariques ; et d'après Diogène, le bien est un. La *Sagesse* (φρόνησις) dont parlait sans cesse Socrate, l'*Intelligence* (νοῦς) dont parlait Anaxagore, *Dieu*, dont parlent toutes les religions et toutes les philosophies, ne sont pas des principes divers, mais les noms multiples de l'Unité éléate. Cette Unité a encore un autre nom : elle s'appelle l'Être, d'après Parménide, et d'après Parménide aussi le non-être n'est absolument pas. Donc, si l'Un, le Bien et l'Être sont identiques, le contraire du bien doit être identique au non-être ; et par conséquent, il *n'est pas*. Il n'y a pas d'autre interprétation possible de la phrase de Diogène, qui nous semble ainsi parfaitement claire.

(1) Voir plus haut, ch. v.
(2) Οὗτος ἓν τὸ ἀγαθὸν ἀπεφαίνετο πολλοῖς ὀνόμασι καλούμενον. Ὅτε μὲν γὰρ φρόνησιν, ὅτε δὲ θεόν, καὶ ἄλλοτε νοῦν καὶ τὰ λοιπά· τὰ δ' ἀντικείμενα τῷ ἀγαθῷ ἀνῄρει, μὴ εἶναι φάσκων. II, 106.

Dans un autre passage, Diogène nous apprend que les Mégariques « n'admettaient qu'une seule vertu » avec différents noms (1). » Le bien moral, comme le bien en soi, est donc un. Déjà Socrate réduisait toutes les vertus à une seule, la sagesse; les Mégariques admettent cette doctrine et même l'exagèrent, ne voyant dans la pluralité des vertus qu'une pluralité de noms. En outre, ils transportent au bien en soi ce que Socrate disait du bien moral, parce qu'au fond le bien est un. La doctrine morale de Socrate devient donc pour eux une doctrine métaphysique, et il faut dire d'une manière absolue qu'il n'y a qu'un seul bien malgré la diversité des noms qu'on lui applique.

Le bien étant l'être, le contraire du bien n'existe pas; mais, le bien étant aussi l'unité, le contraire de l'unité ne doit pas exister davantage; donc le multiple, le mobile, le sensible, n'a pas d'existence. Le mouvement, en particulier, est absolument impossible. Zénon l'avait démontré déjà; et Euclide, pour être conséquent à ses propres principes, devait l'admettre à son tour. Il l'admit en effet, et toute l'antiquité s'accorde à rapprocher les Mégariques des Éléates, comme ayant également nié et l'autorité des sens et la vérité de leur objet. « Certains philosophes, » dit Aristoclès (2), pensent qu'il faut rejeter les » sensations et les représentations sensibles pour ne » s'en rapporter qu'à la raison. Telle fut à peu près » la doctrine de Xénophane et de Parménide, de » Zénon et de Mélissus, et plus tard de Stilpon et des » Mégariques. » Aussi Platon, toujours porté à s'effa-

(1) Οὔτε μίαν πολλοῖς ὀνόμασι καλουμένην, ὡς οἱ Μεγαρικοί (VII, 161).
(2) Οἴονται δεῖν, τὰς μὲν αἰσθήσεις καὶ τὰς φαντασίας καταβάλλειν, αὐτῷ δὲ μόνον τῷ λόγῳ πιστεύειν (Eusèbe, P. ev., XIV, 17).

cer lui-même dans ses dialogues, attribue à Euclide la composition du *Théétète* dans le préambule de ce dialogue, parce que Socrate y soutient une doctrine chère aux Mégariques, à savoir que les sens et l'opinion ne peuvent donner la science.

Les Mégariques n'ont pas seulement rejeté l'autorité des sens; ils ont supprimé l'objet des sens, la génération, comme contraire à l'Un, au Bien, à l'Être. S'ils ne la nient pas absolument en tant qu'apparence, ils la nient en tant qu'existence. C'est ce qui résulte évidemment de leur doctrine sur la *puissance* et l'*acte*. Écoutons Aristote : « Il est des philosophes, les Mé-
» gariques par exemple, qui prétendent qu'il n'y a
» puissance que lorsqu'il y a acte ; que, lorsqu'il n'y
» a pas acte, il n'y a pas puissance. Ainsi, celui qui
» ne construit point n'a pas le pouvoir de construire...
» Un pareil système supprime le mouvement et la gé-
» nération. L'être qui est debout sera toujours debout,
» l'être qui est assis sera éternellement assis... Ce
» qu'on essaie de supprimer ainsi, c'est une chose de
» la plus haute importance (1). »

Euclide a donc déduit de l'éléatisme sa conséquence nécessaire, la réduction de la puissance à l'acte. On sait que Parménide n'admet pas de milieu entre l'être et le non-être. Or, la *puissance* est un milieu. Voici donc le raisonnement des Mégariques : Ou bien le possible *est*, ou il *n'est pas;* s'il est, il est actuellement et éternellement; s'il n'est pas, il n'est en aucune manière et ne sera jamais. — La *puissance* est une manière d'exister sans exister, chose monstrueuse aux yeux des Éléates. Les Mégariques suppriment donc tout intermédiaire entre l'être et le non-être, et s'en

(1) *Mét.*, IX, 3.

tiennent à la doctrine de Parménide sur le rapport d'exclusion absolue entre ces deux choses. Ils n'admettent ni le *non-être* intermédiaire de Platon, ni la *puissance* d'Aristote, deux notions tout à fait analogues; pour eux, il n'y a qu'un seul principe : l'acte pur, l'Être éternel, le Bien parfait, l'Unité immobile.

On voit que, jusqu'à présent, la doctrine de Mégare est loin d'être semblable au platonisme. Cependant Euclide et Platon admettent en commun l'identité du Bien, de l'Unité et de l'Être, et de ce qu'Aristote appellera plus tard l'Acte. Ce n'est là qu'une conciliation de Parménide et de Socrate qui était inévitable (1). Mais le grand point est de savoir ce qui existe en dehors du Bien et de l'Unité. Or, à cette question Euclide répond qu'il n'*existe* absolument rien, parce qu'il n'y a aucun milieu entre ces deux choses : *être* ou *n'être pas*. Donc la notion de la puissance, de la possibilité, est contradictoire : pourquoi appeler possible ce qui est, et comment appeler possible ce qui n'est pas? Le mouvement et la génération, qui seraient un demi-être et un demi-non-être, sont absurdes. L'opposé du Bien ou de l'Un n'existe pas.

Platon, au contraire, admet que la génération existe sous un rapport, et sous l'autre n'existe pas; que l'être et le non-être, loin de s'exclure, se supposent mu-

---

(1) Zeller croit que cette identification du Bien avec l'Unité est une doctrine de la vieillesse de Platon, par laquelle il se serait écarté de sa propre théorie des Idées. M. Grote voit dans cette identification un rapprochement de choses inconciliables, par lequel Platon se contredit lui-même. Que d'étonnements pour une chose aussi simple que profonde! Dire que la perfection est une, qu'il n'y a qu'un Dieu parfait, qu'un Être digne de ce nom et dont tout dérive, principe *un* et principe bon tout ensemble, c'est là cette doctrine qui semble si étrange à M. Grote, et qui lui paraît absente de la majeure partie des Dialogues! Elle est au contraire dans presque tous les Dialogues, et loin de détruire la théorie des Idées, elle la couronne par l'Idée du Bien (*Rép.*, VI et VII). V. Grote, *Plato*, t. III, *Eukleides*. Cf. Zeller, *Gesch. d. G. P.*

-tuellement ; que l'actuel, loin de supprimer le possible, en est au contraire le fondement unique. — Cette doctrine est soutenue dans le *Sophiste*. Or, le *Sophiste* est la suite du *Théétète*. Dans ce dernier dialogue, Platon a donné le beau rôle à Euclide : il a fait voir que la vraie science et la vraie existence n'appartiennent ni à la sensation ni à la génération ; mais est-ce un motif pour retirer toute existence au monde sensible et toute vérité à la sensation ? Parménide et Euclide ont-ils raison en toutes choses ? — Non certes, et le *Sophiste* a pour but de le montrer. Ce dialogue réfute les excès de la doctrine éléatique et de la doctrine mégarique, en prouvant l'*existence* du *non-être*, et par conséquent du *mouvement*, de la *puissance*. Après les partisans du mouvement universel, Platon devait réfuter les partisans du repos universel : Euclide aura sa part dans le *Sophiste*.

On se rappelle qu'après avoir exposé la doctrine de la pure unité, l'étranger éléate fait cette objection à Parménide : « Vous dites qu'il n'y a qu'un seul être...
» Mais quoi, ce que vous appelez *être*, n'est-ce pas
» quelque chose ? et ce quelque chose, n'est-ce pas ce
» que vous appelez aussi *un*, donnant deux noms à une
» même chose ?... Or, *accorder qu'il y ait deux noms*
» *quand on n'établit qu'une seule chose*, ce serait assez
» ridicule. Il ne serait même pas raisonnable de recon-
» naître qu'il y eût aucun nom. Car admettre le nom
» comme autre que la chose, c'est admettre deux
» choses. » Si, au contraire, on établit que le nom ne fait qu'un avec la chose, alors, ou le nom n'est nom de rien, ou il est le nom d'un nom, et d'autre part l'unité de l'unité n'est que l'unité d'un nom (1). —

(1) *Soph.*, 244, b, c, d.

Platon fait ici allusion aux Mégariques, soit qu'il les réfute, soit qu'il leur emprunte au contraire un argument. Ou bien les Mégariques avaient admis l'unité absolue des choses avec une pluralité simplement nominale, et alors c'est à eux, en même temps qu'à Parménide, que s'adresse l'objection de Platon. Ou bien, au contraire, la pluralité des noms impliquait pour les Mégariques une certaine pluralité idéale et relative résidant au sein même de l'unité absolue, et alors Platon leur emprunte leur argument pour réfuter Parménide. Mais, de ces deux hypothèses, quelle est la vraie? La suite du *Sophiste* prouve que c'est la seconde. Platon, en effet, met en scène certains partisans d'une pluralité idéale et immobile, qui niaient la vérité de la génération et du mouvement. Il divise en deux classes les partisans de l'immobilité universelle : ceux qui la placent dans l'Unité pure, et ceux qui la placent dans l'Unité multiple. L'Unité pure est celle de Parménide; l'Unité multiple, mais immobile, stérile, sans vie et sans pensée, n'est pas celle de Platon, car Platon en réfute les partisans. Il est donc probable qu'il veut parler des Mégariques.

Ceux-ci, admettant la pluralité des noms de l'Unité, devaient admettre une certaine pluralité dans l'Unité même. Cette pluralité, ne correspondant qu'à des noms, ne devait pas être pour eux réelle et absolue. Elle n'exprimait qu'un point de vue relatif, qu'une variété d'aspects tout apparente dans le Bien. *Sagesse, Intelligence, Dieu*, ce sont des noms et non des choses. Pourtant ces noms doivent avoir un objet : il y a donc plusieurs *formes* du Bien relativement à nous, quoique le Bien soit un en lui-même. En dehors du Bien et de ses formes, tout est non-être.

Ces formes, Platon les appelle des Idées, parce que

son habitude est de prêter à autrui son propre langage afin d'être plus clair. Dans la pluralité des noms, il aperçoit quelque chose d'analogue aux Idées; cela lui suffit, et ce que les Mégariques appelaient peut-être *les noms divers* du Bien, il l'appelle d'un terme plus propre, quoique vague encore, les genres ou les Idées (1).

« Les adversaires (des Atomistes), par une sage pré-
» caution (μαλὰ εὐλαϐῶς), les combattent des hauteurs
» de l'invisible (ἄνωθεν ἐξ ἀοράτου πόθεν ἀμύνονται) (2). »
Ces expressions semblent bien désigner une école éléatique qui se place tout d'abord dans l'invisible, comme Parménide, et qui de là accable ses adversaires, comme Zénon. « Ils ramènent de force la véritable
» existence à certaines formes intelligibles et incorpo-
» relles (νόητα ἄττα καὶ ἀσώματα εἴδη βιαζόμενοι τὴν ἀληθινὴν
» οὐσίαν εἶναι). » Le mot βιαζόμενοι indique de violents efforts de dialectique, analogues à ceux de Zénon. Quant aux *formes intelligibles*, c'est une expression assez vague, comme l'indique le mot ἄττα. On dirait que Platon cherche un terme pour les désigner nettement, et s'arrête au mot εἴδη, sans qu'on puisse attribuer ce terme aux Mégariques eux-mêmes. « Quant
» aux *corps*, dont parlent les autres et qu'ils appellent
» la réalité, ils les *divisent en parcelles* dans leurs *rai-*
» *sonnements* (κατὰ σμικρὰ διαθραύοντες ἐν τοῖς λόγοις), et
» leur attribuent, au lieu de l'existence, une certaine
» génération mobile (γένεσιν ἀντ' οὐσίας φερομένην τινὰ προσ-
» αγορεύουσιν). » Les Mégariques argumentaient de la divisibilité à l'infini, comme Zénon. On connaît leurs sophismes du *chauve* et du *monceau* ; ces sophismes

---

(1) Comme l'a remarqué Ritter, le mot εἶδος a un sens très-large dans Platon.
(2) *Soph.*, *ibid.*, et sqq.

semblent être une allusion à la divisibilité des choses sensibles, qui n'ont pas d'existence réelle, puisqu'on ne peut déterminer exactement quand elles existent, par exemple quand un homme devient chauve ou quand les grains de blé forment un monceau. Aussi Platon dit-il que les Mégariques réduisent les corps en poussière et ne leur laissent qu'une génération mobile, insaisissable, indéterminable. « Les deux par‑
» tis, Théétète, n'ont pas cessé de se livrer au mi‑
» lieu de nous les plus violents combats (ἐν μέσῳ δὲ περὶ
» ταῦτα ἄπλετος ἀμφοτέρων μάχη τις ἀεὶ συνέστηκεν). » Allusion aux disputes de Zénon et des Mégariques contre les partisans de la matière. « Demandons
» aux deux partis de nous rendre compte tour à tour
» de leur manière de voir sur la nature de l'être. Au‑
» près de ceux qui mettent l'existence dans des idées
» (παρὰ τῶν ἐν εἴδεσιν αὐτὴν τιθεμένων), la chose est plus
» facile, parce qu'ils sont plus traitables. » On se rappelle les objections de Platon à ces partisans d'idées incorporelles, sans puissance, sans vie, sans activité motrice, et par conséquent suppressives de tout mouvement. « Vous dites, n'est-ce pas, qu'il faut distinguer
» la génération et l'être? que c'est au moyen de la
» raison que nous communiquons par l'âme avec la
» véritable essence, que vous prétendez toujours sem‑
» blable à elle-même, tandis que la génération est tou‑
» jours variable ? » Cette opposition de l'essence et de la génération était connue des Éléates, et les Mégariques avaient dû l'admettre. L'essence était pour eux l'être absolu, et la génération un pur non-être, une *illusion*, car l'actualité éternelle de l'être exclut la possibilité du mouvement. Platon leur objecte que, si l'immobilité et pour ainsi dire l'actualité est absolue, la connaissance est impossible. La connaissance, en effet, est

« une passion ou une action, résultat d'une puissance
» de deux objets mis en rapport, » ce qui implique le
mouvement. « Mais peut-être, Théétète, n'entends-tu
» pas leur réponse là-dessus aussi bien que moi, *qui y*
» *suis accoutumé depuis longtemps* (allusion aux rap-
» ports de Platon avec les Mégariques). — Que disent-
» ils donc? — Ils contestent ce que nous venons
» d'établir avec les enfants de la terre. Nous avons cru
» bien définir les êtres par la puissance d'exercer ou
» de souffrir une action quelconque, si petite qu'elle
» soit. A cela ils disent que, quelle que soit cette dou-
» ble puissance, elle appartient à la génération; mais
» *que ni la puissance passive ni la puissance active ne*
» *conviennent à l'être.* »

Comment ne pas reconnaître ici la doctrine des Mégariques sur la *puissance*, que réfutera plus tard Aristote (1)? Platon ne connaissait pas le terme d'ἐνέργεια, pas plus que les Mégariques eux-mêmes; mais il connaissait comme eux le mot δύναμις, et il l'emploie ici dans un sens tout aristotélique. Voilà donc la puissance exclue de l'être, et attribuée seulement à la génération, qui est un non-être. Point de milieu entre l'existence absolue et l'absolu néant, entre le bien et le mal. Le Dieu des Mégariques est un Dieu immobile dans son actualité éternelle, sans puissance active, sans vie, sans âme, sans intelligence. « Mais quoi, par
» Jupiter, nous persuadera-t-on que, dans la réalité,
» le mouvement, la vie, l'âme, l'intelligence, ne con-

---

(1) C'est à tort, selon nous, que Socher et Grote croient retrouver ici, comme dans les autres passages sur les formes incorporelles, la pure doctrine de Platon lui-même. Platon croit au contraire que *l'être absolu* doit avoir une puissance réelle, au lieu d'être stérile comme le prétendent les Mégariques. Ce n'est pas seulement la génération qui *peut, vit, pense, meut*, mais l'être absolu (τὸ παντελῶς ὄν), c'est-à-dire le Bien, dont émanent la pensée, la vie, le mouvement.

» viennent pas à l'être absolu ? » On sait comment Platon réfute cette doctrine : il rétablit le non-être relatif comme un milieu entre l'être et le néant ; et ce non-être, c'est le *possible*, c'est ce qu'Aristote appellera la puissance. Le Dieu d'Euclide demeure donc profondément distinct du Dieu de Platon. Sans doute l'Unité, ayant plusieurs noms, doit contenir en elle-même comme une pluralité idéale ; mais cette diversité, plus apparente que réelle, ne se manifeste point extérieurement par la pluralité des êtres. L'Unité d'Euclide est *substance;* elle n'est pas *cause.* Les formes intelligibles et immobiles de l'Unité sont stériles et imparticipables ; loin de fonder la possibilité du monde extérieur, elles excluent toute *puissance*, toute *génération*, tout mouvement. C'est toujours l'Unité de Parménide, enveloppant en elle-même une multiplicité plus nominale que réelle.

En résumé, on ne peut considérer Euclide comme l'auteur de la théorie des Idées, bien que son système semble avoir eu une grande influence sur Platon. Les noms divers de l'Unité contiennent bien en germe la diversité des Idées ; mais il n'est pas sûr qu'Euclide se soit parfaitement rendu compte de cette conséquence. Platon semble, en le réfutant, lui attribuer (suivant son habitude à l'égard de ses adversaires) une précision de pensée et de langage qu'il n'a pas dû avoir. En tout cas, les formes immobiles d'Euclide sont suppressives du monde extérieur, et en général de toute *possibilité*, tandis que les Idées de Platon expriment les puissances mêmes de l'être absolu et ses perfections participables. D'accord avec Euclide sur l'identité du bien, de l'unité et de l'être, et sur la nécessité d'expliquer ces noms divers de Dieu par quelque diversité de formes, Platon se sépare de lui quand il s'agit de déterminer la vraie nature de ces formes multiples et leur rapport au monde des sens. Au lieu de se retrancher tout d'abord, comme Euclide, dans des spéculations éléatiques sur l'être, Platon prend son point de départ dans le monde sensible qu'il prétend expliquer, non détruire ; et par la méthode dialectique, inconnue à Euclide, il arrive à des formes intelligibles qui contiennent en puissance le monde matériel, au lieu de demeurer stériles dans leur unité immuable.

En dernière analyse, la *génération* des Mégariques n'est absolument pas en tant qu'existence, et ne participe pas à l'être ; car toute *puissance* est pour eux un pur non-être qu'il faut nier. La *génération* de Platon *n'est pas* relativement aux Idées (et non absolument) ; elle *est* relativement à la matière (par sa participation aux Idées). Suivant le terme de comparaison, elle est être ou non-être, parce que le non-être n'a plus le sens qui lui est attribué par les Éléates et les Mégariques. — Le Dieu ou Unité parfaite des Mégariques *est absolument*, sans aucune relation avec le possible, relation qui constituerait en lui la puissance active. Il ne pense, ni ne vit, ni ne meut ; il ne connaît pas le monde ni ne le produit. Le Dieu de Platon est absolument en lui-même, ce qui ne l'empêche pas d'envelopper une relation éminente avec le pur possible ou la matière, relation qui fonde sa puissance active et son intelligence. Il pense donc, vit, meut ; il connaît le monde et le produit. Les Idées sont ses perfections fécondes, ses actes de pensée et de vie, immuables en eux-mêmes, mais fondant la possibilité du mouvement et de la génération. En un mot, Platon a restitué à Dieu la *Puissance active*.

## CHAPITRE IX.

#### CONCLUSION. ORIGINALITÉ DE PLATON.

Nous avons trouvé chez les prédécesseurs de Platon tous les principes de la théorie des Idées; mais nous n'y avons pas trouvé les Idées elles-mêmes.

Le problème que Platon s'était proposé contenait deux parties : premièrement, embrasser dans une large synthèse la multiplicité des doctrines antérieures, déjà si riches de vérité et de lumière; secondement, en découvrir l'harmonie et l'unité. En ce qui concerne le premier point, comment méconnaître l'universalité du platonisme? N'y retrouvons-nous pas la matière concrète et mobile des Ioniens (ἡ γένεσις); la matière abstraite et virtuelle des pythagoriciens (ἡ δυὰς ἀόριστος); l'Intelligence motrice et ordonnatrice d'Anaxagore; les nombres mathématiques et logiques, premier degré de l'intelligible; l'Amour d'Empédocle; l'Unité de Parménide, dernier degré de l'intelligible; le Bien de Socrate, identique à l'Unité, mais qui a de plus un caractère moral et qui est la cause finale de l'Intelligence et de l'Amour; enfin, la pluralité intelligible des Mégariques, mais avec un principe d'activité féconde et de vie expansive?

Platon a tout embrassé; mais ce qui était plus difficile, c'était de tout relier; et c'est là principalement que son originalité apparait. Le lien découvert par Platon, le moyen terme qui concilie toutes les oppositions des systèmes (οὐδέτερα καὶ ἀμφότερα), c'est l'Idée, dont Euclide n'avait eu qu'une notion vague et très-incomplète. Forme de l'être, de la pensée et de l'activité tout à la fois, l'Idée est essentiellement médiatrice, si on peut parler ainsi : car elle est le rapport et l'harmonie de tous les éléments que nous avons énumérés.

En premier lieu, parmi les perfections du Bien se trouve l'Intelligence ; il y a une *science en soi* qui a pour objet le *bien en soi* ; l'Idée, forme de l'être divin, est donc aussi une forme de la pensée divine : elle est un moyen terme entre le Bien et l'Intelligence, entre l'Être et la Pensée.

En second lieu, si la Perfection *une* a des formes *multiples*, qui sont les Idées, si l'Intelligence une a des formes multiples, qui sont encore les Idées, on peut concevoir un certain degré de perfection qui n'est ni la perfection complète ni la complète imperfection. Cette sorte de perfection imparfaite est le type des objets sensibles et en fonde la possibilité. L'unité divine est donc exprimable dans le multiple, par cela même que cette unité enveloppe une *infinité* de perfections diverses. L'Idée est ainsi le moyen terme entre la réalité éternelle de Dieu qui par lui-même *est*, et le monde qui par lui-même *n'est pas*. Ce milieu entre l'être et le néant, c'est le *possible* ; et le *possible* a sa raison dans l'Idée. Mais, si les Idées sont, en même temps que des *réalités* (par rapport à Dieu), des *possibilités* (par rapport au monde), c'est qu'il y a en Dieu même la *puissance* active et motrice, l'Ame qui procède de l'Intelligence, comme l'Intelligence procède du Bien. L'Idée est donc, en définitive, perfection de Dieu, pensée de Dieu et puissance de Dieu. La matière elle-même, cette chose indéfinissable qui n'est rien et peut tout devenir, n'est autre que le pur *possible*, qui a son fondement dans le réel ; la matière n'existe donc que par l'Idée et relativement à l'Idée. Si bien qu'en dernière analyse l'Idée explique toutes choses : on pourrait presque l'appeler la matière première du monde en même temps que sa cause. L'Intelligible pénètre partout, et avec l'Intelligible, l'Intelligence, et avec l'Intelligence, l'Ame : tout a ainsi son principe, sa fin et son essence dans le Bien.

### NOTE SUR LES ORIGINES ORIENTALES DU PLATONISME.

Il en est de cette question comme de l'*ésotérisme ;* nous l'avons résolue par notre histoire des antécédents helléniques du platonisme. A quoi bon chercher des explications lointaines, quand l'explication est déjà si facile et si complète sans sortir de la Grèce ?

On accuse Platon d'avoir emprunté à la Bible la Trinité, les Idées, le Verbe, etc. Il y a une réponse, à nos yeux, décisive. Pour que Platon eût emprunté la Trinité à la Bible, il faudrait deux choses : 1° que la Trinité fût explicitement dans Platon, 2° qu'elle fût dans l'Ancien Testament. Or, la doctrine de la Trinité est très-vague dans Platon, et tellement vague dans l'Ancien Testament qu'il faut beaucoup d'efforts pour l'y retrouver. Les Pères avouent eux-mêmes que la Trinité n'est point explicitement enseignée dans l'ancienne Loi. Platon aurait eu une pénétration étrange, s'il avait aperçu dans la Bible ce que nous avons peine nous-mêmes à y retrouver.

Quant aux Idées, elles ne sont pas dans la Bible, et Platon ne peut les y avoir vues. Le Λόγος n'est explicitement indiqué que dans le livre de l'*Ecclésiaste ;* la Sagesse divine est décrite dans un livre postérieur au stoïcisme, le livre de la *Sagesse.* Qu'est-ce donc que Platon aurait emprunté à la Bible ? — La

## CONCLUSION.

seule chose qui pourrait paraître hébraïque est la définition de Dieu par l'*être*, dans le *Timée*. Mais cette définition est déjà dans Parménide très-explicitement.

Les théologiens les plus éclairés abandonnent aujourd'hui la thèse désespérée des emprunts de Platon à la Bible. (V. la réfutation de cette thèse dans les *Études sur saint Justin et Clément d'Alexandrie*, par l'abbé Freppel.)

Les emprunts des Grecs à la Bible ne sont guère plus vraisemblables que les précepteurs grecs de Moïse. Si Platon avait pris quelque chose aux Juifs, il aurait probablement parlé d'eux dans ses Dialogues. Loin de nier leurs dettes, les Grecs sont portés à en exagérer l'importance. D'ailleurs, pour emprunter quelque chose aux Juifs il aurait fallu les connaître, et avant Alexandre les Grecs n'en savaient pas même le nom. Plus tard, sous l'empire romain, quand les Juifs étaient déjà répandus dans tout l'Occident, Justin et Plutarque racontent leur histoire ou apprécient leur religion de manière à montrer qu'ils n'avaient nullement lu la Bible, ce qui n'eût pas été difficile de leur temps.

# LIVRE DEUXIÈME.

## CHAPITRE I.

LES SUCCESSEURS DE PLATON. SPEUSIPPE ET XÉNOCRATE.

Speusippe. — I. *Le premier principe.* Comment Speusippe substitue à l'Unité identique au bien l'Unité qui n'est pas encore le bien. L'Unité primitive est un germe imparfait qui n'est ni le bien, ni l'essence, ni l'intelligence. — II. *La matière.* — III. *Les Idées.* Comment Speusippe les rejette. — IV. *La nature.*
Xénocrate. — I. *Les Idées* confondues avec les nombres mathématiques. — II. *Dieu est le monde.*

La philosophie de Platon était trop compréhensive pour que ses successeurs pussent en conserver intacts tous les principes. Dans cette vaste synthèse, il y avait nécessairement des parties moins bien liées que les autres. Platon s'en apercevait lui-même; mais la difficulté d'accorder parfaitement plusieurs vérités n'était pas pour lui une raison d'abandonner l'une ou l'autre : il aimait mieux être plus universel dans les principes et moins rigoureux dans le détail des conséquences. Les disciples de Platon n'avaient point cette largeur de génie. Des difficultés secondaires suffisaient pour compromettre à leurs yeux l'ensemble du système : dans leur impuissance de tout étreindre et de tout concilier, ils abandonnèrent en grande partie les principes de leur maître.

Platon avait traversé les mathématiques pour s'élever à la région des Idées et du Bien. Ses disciples, ne pouvant se soutenir à cette hauteur, redescendirent dans le domaine des mathématiques. La doctrine des nombres se substitua aux Idées, et envahit toute la philosophie : Γέγονε τὰ μαθήματα τοῖς νῦν ἡ φιλοσοφία (1). Platon lui-même, en vieillissant, se laissa entraîner sur la pente du pythagorisme (2). En voulant descendre aux détails de sa propre théorie, il en compromit parfois ou en rétrécit l'ensemble : à la méthode de synthèse succéda peu à peu l'esprit de système, et pour vouloir gagner en profondeur, il perdit en largeur.

I. — Speusippe.

I. Le neveu de Platon, Speusippe, lui succéda dans son école. Selon Diogène de Laërte, il serait resté fidèle aux dogmes de Platon ; rien de plus faux, comme le prouvent plusieurs passages d'Aristote d'une grande importance (3).

Le principe suprême des choses, dans Platon, est le Bien identique à la perfection. Ce principe du Bien, placé par Platon au sommet de l'échelle des Idées, Speusippe le détrône pour ainsi dire et le rejette à un rang inférieur. « D'après Speusippe, comme d'après
» les pythagoriciens, dit Aristote, ce n'est point dans
» le principe que se trouve la perfection ; ainsi les ger-
» mes sont les principes des plantes et des animaux,
» mais la beauté et la perfection ne se montrent que

(1) *Arist.*, loc. cit.
(2) « On était venu, croyant entendre parler de ce qui s'appelle biens parmi les hommes, de richesse, de santé, de force, en un mot de quelque merveilleuse félicité ; et lorsque arrivaient les discours sur les nombres et les mathématiques, et la géométrie, et l'astronomie, et la limite identique au bien, tout cela semblait fort étrange : les uns ne comprenaient pas, les autres même s'en allaient. C'est là qu'Aristote conçut, de son propre aveu, la nécessité d'amener par des introductions aux difficultés de la science. » Aristox., *Harm.*, II, 30, éd. Meibom.
(3) Sur Speusippe, voir la très-savante thèse de M. Ravaisson.

» dans le produit de ces germes (1). » Aristote répond avec raison que ce n'est point le germe qui est avant l'homme, mais l'homme qui est avant le germe. « D'après certains théologiens récents, » dit-il ailleurs, « c'est seulement par le progrès de la nature des êtres » que le bien et le beau se manifestent (προελθούσης » τῆς τῶν ὄντων φύσεως καὶ τὸ ἀγαθὸν καὶ τὸ καλὸν ἐμφαίνε- » σθαι) (2). » C'est là, comme on l'a remarqué, l'idée première du *progrès* ou de la *procession* (ἡ πρόοδος) (3).

Aristote compare les partisans de cette doctrine aux théologiens de l'antiquité qui, avant Jupiter, mettaient la nuit et le chaos, avant l'*acte* la *puissance*. Mais du moins les poëtes anciens plaçaient la souveraine bonté et la souveraine beauté dans Jupiter; Speusippe les place dans le monde, où elles ne se manifestent que progressivement, à mesure que la nature des choses se développe et se déploie. Aristote comprend la gravité de cette doctrine, à laquelle il fait perpétuellement allusion. C'est pour répondre à Speusippe qu'il fait voir, conformément à la pensée la plus intime de Platon, que le bien est tout à la fois dans le monde et au-dessus du monde, comme le bien d'une armée est tout à la fois dans son ordre et dans son général (4). C'est à lui encore qu'il s'adresse quand il démontre longuement l'antériorité de l'acte sur la puissance; et il revient toujours à l'exemple du germe et de l'animal : le germe, dit-il, n'est pas le véri-

(1) *Mét.*, XII, vii, p. 249. Cf. XIV, v, p. 302.
(2) XIV, iv, 300. — M. Ravaisson pense que cette phrase, qui respire un souffle platonicien, est de Speusippe lui-même.
(3) Avec cette différence capitale que le *progrès* alexandrin procède du Bien parfait comme principe, tandis que le *progrès* de Speusippe ne dérive pas de la perfection, mais de l'imperfection primitive. M. Ravaisson nous semble faire tort aux Alexandrins en identifiant les deux doctrines.
(4) *Mét.*, XI, x. V. Ravaisson, *ib.*

table principe; c'est l'animal qui engendre l'animal (1).

Si le Bien n'est pas primitif pour Speusippe, quel est donc à ses yeux le premier principe? — C'est l'Unité; non comme dans Platon l'Unité identique au bien, mais l'unité qui n'est pas encore le bien. « Puisque le » parfait naît toujours de l'imparfait et de l'indéter- » miné, il doit en être ainsi, dit-on, des premiers prin- » cipes; l'un en soi n'est donc même pas un être (ὥστε » μηδὲ ὄν τι εἶναι τὸ ἓν αὐτό) (2). » On voit que Speusippe a dénaturé, en croyant la pousser jusqu'aux dernières limites, la théorie platonicienne du Dieu supérieur à l'essence. Pour Platon, Dieu est le Bien, et le Bien est au-dessus de l'essence qui en dérive, mais non au-dessus de l'être. Pour Speusippe, le principe suprême est l'Unité pure, qui est toute chose en puissance et rien en acte, qui par conséquent n'*est* pas. L'Unité est donc, non-seulement au-dessus de l'essence, mais réellement au-dessus de l'être (3).

Si l'Unité n'est pas le Bien, cependant elle fait partie des biens, en tant que contraire à la multiplicité, qui fait partie des maux. On se rappelle les séries pythagoriciennes des contraires; Speusippe les adopte, et, élevant au-dessus de toute opposition l'Unité première, qui n'est ni bonne ni mauvaise, il place l'unité en tant que contraire à la multitude dans la série des biens: c'est ce qu'a voulu dire Aristote dans l'*Éthique à Nicomaque*. « Les pythagoriciens mettent » l'unité dans la liste des biens, et Speusippe semble » les suivre (4). » Il n'y a pas pour cela identité, comme Platon l'avait pensé, entre l'un et le bien ab-

---

(1) *Mét.*, XIV, v, p. 303; XII, vii, 549.
(2) XIV, v, 302.
(3) En un sens différent de celui des Alexandrins.
(4) *Mét.*, I, iv.

solu, entre le multiple et le mal absolu : le bien et le mal sont des choses relatives qui n'apparaissent que dans le développement des contraires et dans leurs rapports mutuels ; ni l'un ni l'autre ne sont des principes, οὐδ' ἀρχὰς τὸ ἀγαθὸν καὶ τὸ κακόν (1). Si donc Dieu n'est pas le Bien en soi, d'autre part la matière n'est pas le mal en soi, comme le disait Platon : il répugne de considérer le mal en soi comme un principe ou un élément des choses (2). Il faut dire seulement que le mal *apparaît* avec la matière et avec la pluralité explicite, comme le bien avec l'unité explicite, et que le mal est de plus en plus surmonté par le bien.

De tout ce qui précède il est facile de conclure que Speusippe ne devait pas accorder le rang de premier principe à l'intelligence. C'est ce que laisse entendre Aristote, qui oppose Speusippe à Anaxagore (3), et ce que Stobée confirme en ces termes : « D'après Speu- » sippe, l'intelligence n'est identique ni à l'unité ni » au bien ; mais elle a une nature propre (4). » Platon avait dit que le premier principe est supérieur à l'intelligence en même temps qu'à l'essence ; Speusippe interprète mal cette doctrine, et aboutit à l'unité indéterminée (5).

Dieu ne possède donc la pensée, comme le bien, qu'en puissance. C'est contre cette doctrine qu'Aris-

---

(1) *Mét.*, XII, x, 256.
(2) XIV, iv, 302, l. 8 ; XII, x, 256, l. 29.
(3) XIV, iv, p. 381, l. 15.
(4) *Écl. phys.*, I, 1.
(5) XII, vi, 246, 254, 255. D'après l'école d'Alexandrie, l'unité est aussi avant l'intelligence, l'ἕνωσις avant la νόησις, comme le remarque M. Ravaisson ; mais, ce que ce dernier ne semble pas admettre, l'unité alexandrine enveloppe l'intelligence dans sa perfection absolument déterminée en soi et absolument indéterminée pour nous. L'unité de Speusippe est indétermination en soi comme pour nous, puisqu'elle n'est pas le bien ou la perfection. (V. notre chap. sur les Alexandrins.)

tote dirige toute sa théorie de la pensée identique à l'acte pur. Il fait voir qu'en Dieu la puissance de connaître ne précède pas l'acte de la connaissance, mais qu'au contraire la pensée parfaite précède la pensée imparfaite, comme le bien absolu précède les biens relatifs. Au faux platonisme de Speusippe, Aristote oppose le platonisme véritable (1).

De même, quand Aristote identifie la volupté pure avec l'acte pur (2), il semble réfuter Speusippe, qui regardait le bien comme un milieu entre la volupté et la douleur, contraire à l'une et à l'autre, de même que l'*égal* est contraire au *plus grand* et au *plus petit* (3).

Quoique le Dieu de Speusippe ne possède ni le bien, ni la pensée, ni la félicité, sinon en puissance, Speusippe semble cependant lui avoir accordé une sorte de *vie*. Cicéron nous apprend qu'il concevait le monde comme gouverné par une force vivante (*vis animalis*) (4). Speusippe, en effet, devait placer la vie dans le développement de l'être, dans le passage de la puissance à l'acte. Aristote semble faire encore allusion à cette doctrine lorsqu'il attribue à Dieu la vie comme identique à l'acte même. « La vie est en Dieu (καὶ » ζωὴ δέ γε ὑπάρχει)... *Mais nous disons* que Dieu est » un animal éternel *parfait* (φάμεν δὲ τὸν Θεὸν εἶναι ζῶον » ἀΐδιον ἄριστον.) » Speusippe, au contraire, appelait Dieu un animal éternel *imparfait*, qui se perfectionne

---

(1) Remarquez qu'il ne confond pas du tout Speusippe et Platon, et n'attribue pas à ce dernier la négation du Bien comme principe, ni de la pensée comme propre au Bien.
(2) *Id.*, 249.
(3) Ἀνάγκη οὖν τὴν ἡδονὴν ἀγαθόν τι εἶναι· ὡς γὰρ Σπεύσιππος ἔλυεν, οὐ συμβαίνει ἡ λύσις· ὥσπερ τὸ μεῖζον τῷ ἐλάττονι καὶ τῷ ἴσῳ ἐνάντιον, οὐ γὰρ ἂν φαίη ὅπερ κακόν τι εἶναι τὴν ἡδονήν. *Eth. nic.*, VII, 14.
(4) *De Nat. d.*, 13.

sans cesse et dont le développement fait la vie. C'est un retour au panthéisme des ioniens et des pythagoriciens.

II. On voit combien Speusippe s'écarte de Platon en ce qui concerne la nature de Dieu. Il ne s'en écarte pas moins en ce qui concerne la nature de la matière. Pour Platon, la matière est la *dyade* indéfinie du grand et du petit; comme le remarque Aristote, Platon avait partagé l'infini des pythagoriciens (sorte d'unité) en deux éléments contraires : le grand et le petit (1). De là un caractère de relativité essentielle attribué à la matière : car, d'un côté, le grand est relatif au petit et le petit au grand; d'un autre côté, le grand et le petit, considérés ensemble, sont relatifs à l'*égalité* ou à l'*unité;* la matière est donc toute de relation et n'est rien en soi. Speusippe revient au pythagorisme en ce qui concerne la matière comme en ce qui concerne l'unité : la matière semble perdre à ses yeux son caractère essentiellement relatif et redevenir un élément véritable (2).

III. La doctrine de Speusippe sur les Idées est la conséquence logique de ses opinions sur l'unité et la multitude. Aux yeux de Platon, l'unité était le bien ; les Idées étaient donc des formes du bien, des perfections : elles exprimaient la qualité et l'essence, et non pas seulement la quantité. Il n'en peut être ainsi dans la théorie de Speusippe. Si l'un n'est pas le bien, les formes de l'un ne peuvent être que des combinaisons de l'unité et de la pluralité, c'est-à-dire des nombres

(1) Τὸ δὲ ἀντὶ τοῦ ἀπείρου ὡς ἑνὸς δυάδα ποιῆσαι, τὸ δ'ἄπειρον ἐκ μεγάλου καὶ μικροῦ, τοῦτ' ἴδιον. *Mét.*, I, vi; Ravaisson, *ib.*
(2) Arist., *ibid.* Ravaisson, *ibid.*

mathématiques : la notion de quantité succède à celle de qualité. Platon admettait trois espèces de nombres : le nombre idéal, forme de perfection ; le nombre mathématique ou abstrait, et le nombre sensible ou concret. Speusippe rejette entièrement le nombre idéal : l'Un, conçu simplement comme *un* et non comme *bien*, ne peut engendrer par son rapport au multiple que des quantités mathématiques (1).

Que deviennent donc les Idées de Platon ? — Speusippe les rejette complétement, et ne garde que les nombres (2). « Il est des philosophes, dit Aristote, qui
» ne pensent pas que les Idées existent, ni absolu-
» ment, ni comme nombres, mais qui n'admettent
» que les grandeurs mathématiques, disant que les
» nombres sont les premiers des êtres, et que leur prin-
» cipe est l'un en soi (3)... Ils parlent de choses ma-
» thématiques et avec la rigueur mathématique, ceux
» qui ne font point des Idées des nombres, et disent
» qu'il n'y a point d'Idées (4)... Ceux qui n'admettent
» au delà des choses sensibles que les notions mathé-
» matiques, voyant toutes les difficultés et toute l'in-
» certitude de la théorie des Idées, ont abandonné le
» nombre idéal pour le nombre mathématique (5). »

En conséquence, Platon et Speusippe ne se repré-

---

(1) Τὸ ἓν μὲν ὁμολογοῦντες ἀρχὴν εἶναι πρώτην καὶ στοιχεῖον, τοῦ ἀριθμοῦ δὲ τοῦ μαθηματικοῦ. XIV, 301, 1. 26.

(2) *Mét.*, XIII, 8, 278. C'est ce que reconnaît fort bien M. Ravaisson, et ce qui eût pu faire comprendre au savant critique combien la doctrine des genres abstraits et des nombres abstraits est distincte de la théorie des Idées platoniciennes. L'Idée suppose l'identité de l'Unité suprême et du Bien, et ne peut être par conséquent le résultat d'une généralisation tendant à l'indéterminé pur. La théorie de Speusippe, au contraire, fait de l'Unité l'indétermination, et des nombres de simples genres abstraits, sans Idées.

(3) *Mét.*, XIII, viii, 278.
(4) v, 271, 1. 23.
(5) Ch. ix, p. 285, 1. 26. Rav., p. 34.

sentent pas de la même manière le rapport des nombres à l'unité. Platon avait considéré l'unité comme la première Idée et comme le premier nombre idéal ; Speusippe, ne reconnaissant que les nombres mathématiques, ne veut pas que l'un soit un nombre, et distingue, comme les pythagoriciens, l'Un primitif de cette *unité* qui est le premier des nombres. Mais, objecte Aristote, « il est étrange qu'il y ait l'Un en soi » avant les unités, et qu'il n'y ait pas la Dualité en » soi avant les dualités (1). » Pourquoi, en effet, admettre l'Un idéal au-dessus des unités mathématiques, et ne pas admettre la Dyade idéale au-dessus des dualités mathématiques, la Triade, la Tétrade, etc.? La doctrine de Platon sur les nombres idéaux est plus conséquente à elle-même.

IV. La réduction de tout nombre au nombre mathématique ne pouvait manquer de modifier profondément la conception de la nature. Pour Speusippe, les nombres, étant tous abstraits, ne peuvent plus être considérés comme des causes : τοιοῦτος ἀριθμός... τί τοῖς ἄλλοις χρήσιμος...; οὔτε φαίνεται ὢν αἴτιος (2). Speusippe lui-même l'a parfaitement compris. Aussi a-t-il retiré aux nombres leur rôle de causes, soit formelles, soit efficientes : ils ne sont pour lui que les premiers des êtres, et ces êtres n'en produisent pas d'autres. D'où viennent donc les autres? De l'Unité, sans intermédiaire. Par exemple, les nombres ne sont point, comme Platon l'avait pensé, les principes des grandeurs (extensives) : il est inexact de dire avec lui que la forme et le principe de la ligne est le nombre deux ; de la surface, le nombre trois ; du solide, le nombre

(1) *Mét.*, XIII, viii, 278, l. 13.
(2) XIV, ii, 297, l. 18.

quatre (1). Cette espèce de génération des grandeurs par les nombres n'a pas lieu. Les nombres ont leurs principes, et les grandeurs ont aussi leurs principes; et de même pour tous les autres êtres, pour l'âme, pour les corps, etc.; ils n'ont de commun que leur origine dans l'Unité primitive. « Speusippe, dit Aris-
» tote, admet plus d'êtres encore [que Platon], en
» commençant à partir de l'Unité; et d'après lui,
» chaque être a son principe : autre est celui des
» nombres, autre est celui des grandeurs, puis
» de l'âme (2)... »

Mais alors, si le nombre ne sert en rien aux grandeurs, si chaque espèce de grandeur ne sert en rien aux autres, si, en général, les choses antérieures ne servent pas aux choses postérieures (τὸ μηθὲν συμβάλ-λεσθαι ἀλλήλοις τὰ πρότερα τοῖς ὕστερον), que deviennent l'ordre du monde et la liaison des choses ? La nature n'est pourtant pas un ensemble de phénomènes sans lien, comme une *mauvaise tragédie faite d'épisodes divers* (3). « Ceux qui disent que le premier
» nombre est le nombre mathématique, et qu'ainsi
» toutes les essences sont diverses et ont leurs prin-
» cipes divers (4), font de l'essence du tout un com-
» posé d'épisodes (car aucune essence ne sert à
» aucune autre, qu'elle existe ou n'existe pas); ils
» établissent donc plusieurs principes. Mais les êtres
» ne veulent pas être mal gouvernés : il n'est pas bon
» d'avoir plusieurs souverains; qu'il y en ait donc

---

(1) *Mét.*, XIV, vi, 299; VII, ii, 150; *De an.*, I, ii.
(2) *Mét.*, VII, ii, 129, l. 28.
(3) Οὐκ ἔοικε δ' ἡ φύσις ἐπεισοδιώδης οὖσα ἐκ τῶν φαινομένων, ὥσπερ μοχθηρὰ τραγῳδία. XIV, iii, 298, l. 24.
(4) Ceci prouve d'une manière irréfutable que la doctrine des nombres mathématiques, comme celle des premiers êtres, appartient à Speusippe, qui est nommé plus haut. VII, ii, 129, l. 28.

» un seul (1). » C'est peut-être à cette conception de la diversité essentielle des choses hors de l'unité primitive, que se rattache la doctrine de Speusippe sur les définitions (2). Selon Diogène, Speusippe disait que, pour définir, il fallait connaître toutes choses ; car il faut connaître toutes les différences possibles de l'objet à définir et des autres objets. Speusippe supprimait donc le *genre* dans la définition, et voulait le remplacer par l'énumération de toutes les *différences* par rapport à tous les êtres. C'est une conséquence très-logique de sa négation des Idées et de sa conception de l'univers. Plus d'Idées, plus de genres, plus d'ordre dans les choses : pas d'autre unité que l'Un primitif ; en dehors de l'Un, diversité absolue ; et comme l'Un primitif est une simple puissance indéterminée, un non-être au témoignage d'Aristote, la réalité se réduit à une multiplicité sans lien, sans idéal, sans providence. — Voilà le platonisme de Speusippe, qui n'est autre chose que la négation du platonisme même (3). Combien Aristote est plus platonicien, tout en contredisant son maître !

II. — Xénocrate.

Le soin qu'apporte Aristote à la réfutation de Speusippe prouve qu'il comprenait l'importance de sa théorie. C'est en effet un des grands systèmes qui se sont plusieurs fois reproduits dans l'histoire de la philosophie : le panthéisme. Il n'en est pas de même de la doctrine de Xénocrate. C'est un mélange mala-

---

(1) *Mét.*, XII, x, 258. Ravaisson, *id.*, p. 41.
(2) M. Ravaisson n'en parle pas dans sa thèse.
(3) Ou du moins Speusippe n'a gardé du platonisme que la notion, d'ailleurs fort belle, du bien immanent au monde ou du progrès ; il a rejeté le Bien transcendant ou la perfection éternelle de Dieu.

droit de faux platonisme et de fantaisies mathématiques, système inconséquent pour lequel Aristote marque avec raison le plus grand dédain.

I. Comme tous les platoniciens, Xénocrate sépare les nombres des objets sensibles, à la différence du pythagorisme. Mais alors se présentent quatre conceptions possibles : 1° admettre tout à la fois le nombre mathématique et le nombre idéal, en les distinguant l'un de l'autre (c'est la doctrine de Platon); 2° n'admettre que le nombre mathématique (c'est celle de Speusippe); 3° admettre seulement le nombre idéal (c'est l'opinion de quelques platoniciens inconnus); 4° identifier le nombre idéal et le nombre mathématique : c'est l'opinion de Xénocrate. En voici la preuve : Aristote dit que ceux qui identifiaient les Idées et les nombres mathématiques, attribuaient à chaque nombre des unités *sui generis*, incombinables entre elles. Nous savons en effet que les unités idéales diffèrent en qualité et non pas seulement en quantité, d'où il suit qu'elles ne sont pas toutes combinables entre elles, comme le seraient des unités mathématiques qui sont toutes de même espèce. Supposons maintenant que les unités mathématiques et les unités idéales ne diffèrent pas : il en résultera que des unités quelconques ne peuvent pas se rassembler pour former un nombre quelconque, et que, réciproquement, toute grandeur n'est pas indéfiniment divisible en grandeurs. C'était en effet, d'après Aristote, l'opinion de ceux qui confondaient les Idées et les nombres mathématiques : ils niaient que toute quantité fût divisible en d'autres quantités, τέμνεσθαι μέγεθος πᾶν εἰς μεγέθη (1).

---

(1) *Mét.*, XIII, v, 271, l. 19-27.

C'est là, dit Aristote, parler mathématiques avec une rigueur peu mathématique : c'est transporter dans la plus exacte des sciences les fantaisies de l'hypothèse(1).

— Qui ne reconnaît la fameuse doctrine de Xénocrate sur les *lignes indivisibles*, qu'Aristote appelle *grandeurs-atomes*, ἄτομα μεγέθη (2). Les arguments de Zénon, tirés de la divisibilité à l'infini, avaient beaucoup inquiété Platon et son école. Platon lui-même semble avoir admis des lignes insécables, ou du moins rejeté la notion du point parmi les fictions mathématiques (3). Xénocrate revint à cette idée et la poussa à l'excès. C'est contre lui qu'est dirigé le traité d'Aristote sur les lignes insécables.

L'opinion de Xénocrate cesse de paraître aussi étrange quand on la rattache à son principe : l'identité des Idées et des grandeurs. L'Idée n'étant pas divisible à l'infini, les grandeurs ne le sont pas davantage. En vain les géomètres protestent; Xénocrate, dans ses spéculations, soumet la géométrie même aux nécessités de ses hypothèses. Aussi Aristote l'appelle-t-il un mathématicien peu mathématique, et de toutes les théories sur les nombres, celle de Xénocrate lui paraît la plus absurde, comme résumant en elle-même les défauts de toutes les autres.

Comment Xénocrate fut-il amené à la confusion des Idées et des nombres? — C'est encore Aristote qui nous l'apprend. Platon formait les Idées au moyen de deux éléments : l'un et le multiple; mais on lui objectait que les nombres mathématiques ont les mêmes éléments. Ses disciples dégénérés ne purent répondre à l'objection; Speusippe se tira d'affaire en suppri-

---

(1) *Ib.*, ch. IX, 286, l. 5; VIII, 279, XIV, III, 299. Ravaisson, *id.*, 30.
(2) *Phys.*, I, 3.
(2) *Mét.*, I, 32, l. 20.

mant les Idées, et Xénocrate, en absorbant les nombres dans les Idées (1). On voit ce qui manquait aux disciples de Platon : ils ne savaient pas distinguer la qualité de la quantité ; Platon lui-même, sur la fin de sa vie, avait exagéré cette idée profonde que la quantité a son principe dans la qualité, et les spéculations mathématiques avaient envahi son école.

II. D'après Xénocrate, l'Un est Dieu, le Dieu *mâle*, ou le père des dieux, ou la raison, ou le nombre impair ; et il règne dans le ciel. La Dyade est le dieu femelle, la mère des dieux, qui préside au mouvement oblique des planètes, et qui a son siége dans la région sublunaire (2). L'Un ou la Monade s'appelle encore le Jupiter très-haut (τὸν ὕπατον Δία) et la Matière ou Dyade est le Jupiter très-bas (νεατόν) (3); expressions musicales et pythagoriques, qui comparent l'Unité à la note la plus élevée de l'accord, et la Dualité à la note la plus basse. Ces deux principes ont donné naissance au ciel et aux sept planètes. Il y a donc trois sortes d'êtres : l'intelligible, objet de la raison, qui n'est autre chose que le dieu premier et les Idées, résidant au-dessus du monde ; la matière, objet de la sensation, qui réside au dedans du monde ; et le composé des deux, c'est-à-dire le monde lui-même, objet de l'opinion. Le monde, visible par les sens, devient intelligible par les lois mathématiques de l'astronomie (4). — Remarquons que dans ces trois sortes d'ê

---

(1) Οἱ δὲ τὰ εἴδη βουλόμενοι ἅμα καὶ ἀριθμοὺς, πεσεῖν οὐχ ὁρῶντες δὲ, εἰ τὰς ἀρχάς τις ταύτας θήσεται, πῶς ἔσται ὁ μαθηματικὸς ἀριθμὸς παρὰ τὸν εἰδητικὸν, τὸν αὐτὸν εἰδητικὸν καὶ μαθηματικὸν ἐποίησαν ἀριθμόν, τῷ λόγῳ, εἴπερ ἔργῳ γε ἀνῄρηται ὁ μαθηματικὸς Ἰδίας γὰρ, οὐ μαθηματικὰς ὑποθέσεις λέγουσιν.
(2) Stob., *Ecl.*, 1, 62. Cf. Cic., *De Nat. d.*, I, 13.
(3) Clem. Alex., *Strom.*, V, 604. Plut., *Plat. quæst.*, IX, 1.
(4) Ξενοκράτης δὲ τρεῖς φησιν οὐσίας εἶναι, τὴν μὲν αἰσθητὴν, τὴν δὲ νοητήν,...

tres ne figurent pas les nombres intermédiaires, identifiés avec les nombres idéaux. La philosophie et l'astronomie sont analogues pour Xénocrate, et ont également pour objet l'intelligible; l'ἐπιστήμη et la διάνοια ne font qu'un (1).

L'essence intelligible est comparée au triangle équilatéral, parce qu'elle est partout semblable à elle-même; les choses sensibles, au triangle scalène, formé de côtés inégaux; et l'essence composée, au triangle isocèle, qui a deux côtés égaux et un côté inégal (2). Cette essence moyenne étant le monde lui-même, en d'autres termes le ciel, tous les corps célestes et même les éléments corporels sont des génies ou dieux secondaires (3). Qu'est-ce à dire, sinon que le divin est partout uni au matériel, et que par conséquent ce qui n'est ni dieu ni pure matière, tenant le milieu entre les extrêmes, est ce qu'on appelle symboliquement un génie? De même, dans l'âme, les qualités bonnes ou mauvaises sont des démons : c'est Aristote lui-même qui nous l'apprend (4). La hiérarchie des démons n'est autre chose que la série des êtres, ou la progression du divin dans le matériel. Xénocrate, ainsi que les Pythagoriciens, conçoit Dieu comme répandu dans le monde : la pensée même de Dieu pénètre toute chose, et se manifeste jusque dans les animaux privés de raison (5).

En résumé, la doctrine de Xénocrate est un pytha-

δεξαστὴν δὲ καὶ σύνθετον τὴν τοῦ οὐρανοῦ· ὁρατὴ μὲν γάρ ἐστι τῇ αἰσθήσει, νοητὴ δὲ δι' ἀστρολογίας. Sext., *ad Math.*, VII, 147.

(1) *Ibid.*
(2) Plut., *De Orac. def.*, 13.
(3) Stob., *Ecl.*, I, 62.
(4) *Topiques*, II, 2. Cf. Stobée, *serm.* civ, 24.
(5) Clem. Alex., *Strom.*, V, 590.

gorisme confus, mêlé de platonisme. C'est l'imagination mathématique mise au service de la philosophie. Cette doctrine n'a ni la valeur ni l'originalité de celle de Speusippe; mais les deux principaux disciples de Platon sont également préoccupés des notions de nombre et de grandeur. Ce qu'on cherche vainement dans leurs théories, c'est l'Idée du Bien : Xénocrate n'en parle pas, et Speusippe la rabaisse du rang de cause absolue à celui d'effet relatif. Pourtant, le grand principe du platonisme, le principe du Bien, de la perfection, de la forme et de l'essence, ne doit pas disparaître de la philosophie; rejeté par ceux qui se prétendaient les successeurs de Platon, il va être affirmé de nouveau par celui qui se prétend son adversaire : Platon va revivre dans Aristote.

# LIVRE TROISIÈME.

### ARISTOTE, ET SA POLÉMIQUE CONTRE PLATON.

## CHAPITRE I.

### LA SCIENCE, LA PHILOSOPHIE, LA MÉTHODE. — OBJECTIONS D'ARISTOTE CONTRE LA DIALECTIQUE PLATONICIENNE (1).

I. La science. Son principe et sa fin. La série des raisons ne peut être infinie ni dans l'ordre de l'existence ni dans l'ordre de la connaissance. Comparaison avec Platon. — II. La philosophie. Son objet. Comparaison avec Platon. — III. Objections contre la *forme* de la dialectique. — La dialectique interroge au lieu de prouver. — Réponse. — IV. Objections contre le *fond* et les divers procédés de la dialectique. — 1° La division ; son insuffisance. — 2° L'induction. Qu'elle est une généralisation abstraite et une série d'hypothèses. — 3° La définition. Qu'elle n'atteint pas l'essence. — Réponses.

*I. La science. — II. La philosophie.*

I. L'ignorant s'étonne que les choses soient comme elles sont ; et c'est là, comme Platon l'a dit, le commencement de la science. Le sage, au contraire, s'étonnerait que les choses fussent autrement, parce qu'il en connaît la raison ; et c'est là, dit Aristote, la fin de la science (2).

La raison d'une chose (τὸ διότι), pour Aristote comme pour Platon, est ce qui rend cette chose intelligible et connaissable (ἐπιστητόν) ; c'est ce qui en

---

(1) Sur cette polémique, voir Ravaisson, *Essai sur la Mét. d'Arist.*, tome I ; Lefranc, *Examen des objections d'Aristote* ; P. Janet, *Dialect. de Platon*, passim ; Ritter, *Hist. de la philosophie anc.*, t. III.

(2) *Mét.*, I, p. 9.

explique, soit la possibilité, soit la réalité. La raison d'une chose s'appelle encore principe (ἀρχή), ou cause (αἴτιον), dans le sens le plus étendu de ce mot.

Toute cause n'est pas l'objet de la science : il faut que ce soit une cause ou plutôt une raison générale. « Savoir que tel remède a guéri Callias attaqué de
» telle maladie, qu'il a produit le même effet sur So-
» crate et sur plusieurs autres pris individuellement,
» c'est de l'expérience; mais savoir que tel remède a
» guéri *toute la classe* des malades atteints de telle
» maladie, c'est de l'art (τέχνη), » et aussi de la science (ἐπιστήμη) (1). Le principe socratique par excellence est qu'il n'y a pas de science possible de l'individu en tant qu'individu. Ce principe se retrouve dans Aristote comme dans Platon : tous les deux élèvent la science au-dessus de la sensation, et lui donnent pour objet le général (τὸ καθ' ὅλου) ou au moins ce qui arrive le plus ordinairement (τὸ ἐπὶ τὸ πολύ) (2).

La série des raisons, objet de la science, ne peut être infinie ni dans l'ordre de l'*être* ni dans celui du *connaître*. S'il n'y avait aucun être qui eût sa raison en soi-même, il n'y aurait point de principe (ἀρχή), et rien ne pourrait exister. « Toute chose produite, dit
» Platon dans le *Phèdre*, doit naître d'un principe, et
» le principe ne naître de rien (3). » Aristote montre à son tour que la série des raisons ne peut être ni circulaire, car alors deux choses se précéderaient mutuellement dans le même sens et selon le même rapport; ni infinie, car alors, pour que le résultat fût

---

(1) *Mét.*, I, 1.
(2) Ἡ μὲν ἐμπειρία τῶν καθ' ἕκαστόν ἐστι γνῶσις, ἡ δὲ τέχνη τῶν καθόλου. *Id.*, p. 4, 1. 13.
(3) *Phèdre*, 245, c, d, e; — tr. Cousin, p. 47.

produit, il faudrait que cette infinité fût réalisée, épuisée, *finie*, ce qui est contradictoire (1).

De même, dans l'ordre de la connaissance, s'il n'y avait point de vérité qui eût en elle-même sa raison et comme son titre à notre croyance, la démonstration, et par conséquent la science, serait impossible : le terme fixe cherché par la pensée reculerait toujours et la fuirait d'une fuite éternelle. Dans la série des connaissances comme dans celle des existences, il faut s'arrêter : ἀνάγκη στῆναι. Ainsi chaque série de raisons est suspendue à un premier anneau, à un premier terme, qui peut être considéré aussi comme le dernier, comme la *fin*. Platon avait dit que la dialectique a un dernier degré, un principe (ἀρχὴ τοῦ παντός), condition de tout le reste et lui-même inconditionnel (ἀνυπόθετόν); Aristote répète après lui que la science a une fin.

Ni le nombre des raisons, ni celui des espèces de raisons, ne peut être infini ; il y a donc un nombre déterminé de premières causes qui, par leur concours, produisent l'être, la réalité. Et il y a aussi une science qui étudie les premières causes et en détermine le nombre : c'est la philosophie première (ἡ πρώτη φιλοσοφία).

II. L'objet de la philosophie est l'être, disait Platon ; Aristote appelle aussi la métaphysique la science de l'être en tant qu'être (2). L'*accident*, chose relative et dépendante de l'essence, variable et indéfinie, n'est point du domaine de la métaphysique (3). Le *vrai* même n'est point son objet propre, parce que

---

(1) *Mét.*, II, p. 36. Cf. Ravaisson, *Essai sur la mét. d'Arist.*, I.
(2) Ἐπισκοπεῖ καθόλου περὶ τοῦ ὄντος, ᾗ ὄν. *Mét.*, IV, p. 61, l. 14.
(3) *Mét.*, VI, ii; XI, viii.

le vrai et le faux ne sont point dans les choses, mais dans la synthèse de l'entendement (1), comme Platon l'avait montré dans le *Sophiste* (2). La philosophie proprement dite est la science des choses en elles-mêmes, et non dans les relations de la pensée.

Cette idée de la philosophie est à peu près identique dans Platon et dans Aristote, sinon que Platon considère toujours l'objet de la philosophie comme principe de la pensée en même temps que de l'être, et transporte toujours dans l'être ce que renferme la pensée. Logique et métaphysique ne sont pas pour lui deux choses distinctes : plus préoccupé qu'Aristote de l'unité des sciences, il conçoit la dialectique ou la philosophie comme un ensemble de procédés à double portée, qui atteignent tout à la fois les lois de la pensée et les lois de l'être. Aristote ne méconnaît pas l'unité des sciences, mais il s'attache plus à les distinguer qu'à les rapprocher, et il établit dans le domaine de la philosophie une distinction souvent exagérée entre la logique, science *formelle*, et la métaphysique, science *réelle*. C'est à ce point de vue qu'il se place ordinairement dans ses objections contre la dialectique platonicienne, où il ne veut voir qu'un travail stérile (et comme subjectif) de la pensée sur elle-même, au lieu d'un travail fécond sur les réalités, objets d'expérience.

III. *Objections contre la forme de la dialectique.*

— Le dialecticien, à l'exemple de Socrate, déclare qu'il ne sait rien et interroge les autres (3) ; mais la

---

(1) Ἐν συμπλοκῇ τῆς διανοίας. *Mét.*, VI, p. 127.
(2) V. tome I, 265 et ss.
(3) *Soph. el.*, XXXIII.

réponse ne peut lui donner que la vraisemblance et non la vérité, l'opinion et non la science (1). Comment pourrait-il distinguer la réponse vraie de la réponse fausse, s'il ne trouve pas une mesure de vérité ou en lui-même ou dans les choses? Toute science a un principe qui lui est propre, et qu'elle seule connaît. Elle ne le cherche pas par voie d'interrogation; elle le possède et le produit tout d'abord. Au lieu de faire appel à l'opinion commune et à la vraisemblance, elle s'empare pour ainsi dire de son objet par une intuition directe et spéciale, et en tire des démonstrations infaillibles (2). Au dialogue elle préfère la solitude et le silence de la spéculation; aux paroles et aux longs discours, la pensée qui pense la chose avec la chose même (3). La forme dégagée de tout symbole, de toute image poétique et trompeuse, est la forme scientifique de la démonstration. —

Cette critique est d'une sévérité excessive. Sans doute il faut savoir gré à Aristote d'avoir introduit dans la philosophie les formes rigoureuses de la science; mais faut-il réduire, comme il le fait, la dialectique à l'opinion et à la vraisemblance? Sous son ignorance simulée, Socrate cachait une science profonde; sous les formes interrogatives du dialogue, Platon cache aussi un dogmatisme plutôt hardi que timide. Ces principes qu'il semble chercher, il les possède déjà, et son seul but est de mettre en lumière par la discussion ce que toute âme humaine enveloppe obscurément. La vérité, d'après Platon, n'est-elle pas dans notre intelligence comme un germe prêt à se développer? Et d'autre part, la vérité n'est-elle pas dans

---

(1) *Analyt.*, I, ɪ.
(2) *Soph. el.*, XI. Cf. Ravaisson, *Mét.*, 283.
(3) Αἱ αὐτοῦ τοῦ πράγματος. *Soph. el.*, VII. Ravaisson, *ib.*

tous les objets de l'intelligence, à tel point que chaque Idée enveloppe toutes les autres ? C'est donc avec *l'âme elle-même*, et avec les *objets eux-mêmes*, que nous devons penser. Platon le dit en termes formels dans le *Phédon*, dans le *Sophiste* et dans le *Cratyle*; Aristote semble même lui emprunter ses propres expressions.

Si donc le dialecticien interroge, c'est parce que la vérité qui est en lui est aussi chez les autres, et qu'il veut mettre leur raison en harmonie avec la sienne. Au fond, c'est lui-même qu'il interroge d'abord : il pense tout à la fois avec sa propre pensée, avec la pensée d'autrui et avec l'objet même, afin de ramener à l'unité, d'une part toutes les intelligences, de l'autre tous les objets intelligibles.

IV. *Objections contre le fond et les divers procédés de la dialectique.*

— La dialectique cherche la nature et l'essence des choses; mais par aucun de ses procédés elle ne peut l'atteindre (1).

1° La *division* suppose une donnée antérieure à laquelle elle s'applique, et dont elle ne prouve nullement l'existence. D'autre part, une fois admise l'existence de l'objet à diviser, la division ne nous prouve pas qu'elle ait fait l'énumération complète des parties. Enfin, cette énumération fût-elle complète, il resterait à savoir si toutes les parties sont également nécessaires et *essentielles*, ou s'il y en a d'accessoires et d'*accidentelles*. C'est ce que la division ne peut nous apprendre: l'essence lui échappe (2). Supposons

(1) *Soph. el.*, XI. *Anal. post.*, I, xi.
(2) *Pr. Analyt.*, II, iii à xxxv.

qu'il s'agisse de démontrer que l'homme est mortel. Platon, remontant au genre, prendra pour principe cette division : « Tout animal est mortel ou immortel; » après quoi il ajoutera : « *Est-il mortel?* » Or, ce n'est pas là une conclusion. Au lieu de prouver, la méthode de division interroge; c'est une perpétuelle pétition de principe(1). Elle n'est pas plus en droit de conclure après qu'avant la division quelle est celle des différences énumérées qui appartient au sujet; et si elle conclut, c'est en supposant ce qui est en question. « La division est donc comme un syllogisme » impuissant. Ce qu'il faudrait montrer, elle le de- » mande (2). » —

Dans cette critique, Aristote croit combattre Platon; mais il est d'accord avec lui et ne fait que répéter ce qu'on trouve déjà dans le *Théétète*. Diviser, avait dit Platon, ce n'est pas *savoir*. Car, de deux choses l'une : ou bien les éléments simples de la division échappent à la connaissance, et alors, en voulant faire connaître un objet, on aboutit à l'inconnu; ou bien ils tombent sous la connaissance, et alors ce n'est pas la division elle-même qui les fait connaître. De plus, la division ne distingue pas les qualités propres à un objet des qualités communes (3). Platon n'a donc jamais prétendu réduire toute la méthode à la division, et son adversaire lui prête une erreur que le *Théétète* avait réfutée à l'avance.

D'ailleurs, les objections d'Aristote pourraient s'adresser aussi bien au syllogisme qu'à la division, et en général à tous les procédés analytiques. En effet,

---

(1) *Id.*, I, xxxi.
(2) *Id.* Ἐστὶ γὰρ ἡ διαίρεσις ὥσπερ ἀσθενής συλλογισμός· ὁ μὲν γὰρ δεῖ δεῖξαι, αἰτεῖται.
(3) Voir tome I, p. 26 et ss. *Théét.*, 207, sqq.

Aristote lui-même montre très-bien que l'essence échappe au syllogisme, et qu'un procédé supérieur est nécessaire pour atteindre les principes du raisonnement déductif. Mais, tout en déclarant l'analyse insuffisante, Aristote n'en méconnaît pas l'utilité. L'analyse (division ou déduction), en développant une idée, l'éclaircit et la rend distincte : elle fait passer à l'acte ce qu'une notion contenait en puissance. Toute pensée, dit Aristote avec une profondeur admirable, est dans l'acte, et la pensée ne pense rien que ce qu'elle fait venir à l'acte. *On ne sait qu'en faisant ; savoir, c'est faire* (1). — Platon disait : « Savoir, c'est *tirer la science soi-même de soi-même*, αὐτὸς ἐξ ἑαυτοῦ (2). » — Ainsi, continue Aristote, le géomètre, pour connaître les propriétés d'une figure, les réalise en la divisant par des lignes et en faisant des constructions de toute espèce. Il en est ainsi dans les diverses sciences : on ne connaît rien qu'en amenant à l'acte, par la division, ce qui n'était qu'en puissance dans la totalité de l'objet, et en y réalisant ainsi des moyens termes (3).

Ce bel éloge de la division est une réponse faite par Aristote lui-même à sa critique de la méthode platonicienne. Ce qu'il appelle l'*acte*, Platon l'appelle un souvenir clair de l'Idée, et il croit que la division est propre à éclaircir la réminiscence. Où est l'opposition du maître et du disciple, sinon dans les mots? Tous deux regardent l'analyse comme nécessaire à la science; tous deux aussi la regardent comme insuffisante, et élèvent au-dessus d'elle l'*induction*.

---

(1) Ὥστε φανερὸν ὅτι τὰ δυνάμει ὄντα εἰς ἐνέργειαν ἀναγόμενα εὑρίσκεται. Αἴτιον δ'ὅτι νόησις ἡ ἐνέργεια. Ὥστ' ἐξ ἐνεργείας ἡ δύναμις· καὶ διὰ τοῦτο ποιοῦντες γιγνώσκουσιν. *Mét.*, IX, p. 189, l. 14. Cf. *Eth. nic.*, III, v.

(2) *Meno*, loc. cit.

(3) Εὑρίσκεται δὲ καὶ τὰ διαγράμματα ἐνεργείᾳ. Διαιροῦντες γὰρ εὑρίσκουσιν. *Met.*, ib.

2° Cependant l'induction dialectique ne trouve pas plus grâce devant Aristote que la division. Aristote réduit la méthode platonicienne à une suite de généralisations abstraites, qui, en s'élevant de genre en genre, s'éloigne de plus en plus des réalités. Nous avons déjà prouvé que cette généralisation purement logique n'est aux yeux de Platon qu'un procédé secondaire. S'il s'agissait de Speusippe, cette objection se comprendrait; mais Platon tend à l'*Unité bonne*, non à l'Unité vide et sans bien (1). De même que la division, l'induction abstraite ne donne pas les Idées ; elle peut servir seulement à en réveiller le souvenir. L'*Idée* n'est pas le *genre*, mais elle est le principe du genre, l'unité de forme et de qualité que le genre imite au sein de la quantité; or, le genre est une image plus nette de l'Idée que la sensation individuelle, dans laquelle il n'y a que confusion ; le genre est donc un intermédiaire utile pour s'élever du monde sensible au monde idéal: il fait partie de ce que Platon appelait τὰ μεταξύ, τὰ μαθηματικά, ou les *nombres intermédiaires*. La généralisation logique ou mathématique n'est pas la science, elle n'en est que la préparation. Telle est la doctrine de Platon, d'après le témoignage d'Aristote comme d'après les Dialogues (2), et telle est aussi la doctrine d'Aristote lui-même.

Le seul tort de Platon est de n'avoir pas assez insisté sur la distinction du point de vue logique et du point de vue ontologique dans la méthode inductive. Aristote en profite pour accuser son maître de les avoir entièrement confondus, et d'avoir placé la réalité dans des formes vides et générales. Ce n'est

---

(1) V. plus haut le chapitre sur Speusippe.
(2) *Mct.* I, 29 ; *Eth. Eud.* I, viii; *Met.*, I, 6, 31 ; III, 46. — Voir tome I, p. 81 et ss.

là qu'une apparence. Le tort même de Platon recouvre un mérite véritable : il a compris que la logique, dans ses dernières profondeurs, s'identifie avec la métaphysique, au point que le vrai *genre* est pour ainsi dire plein de l'*Idée*.

Malgré cela, le genre n'est qu'une *hypothèse* intermédiaire (ὑπόθεσις), et Platon le considère comme tel. Les Idées mêmes sont des hypothèses tant qu'elles ne sont pas ramenées à leur principe inconditionnel, qui seul suffit à tout et à soi-même (τὸ ἱκανὸν καὶ ἀνυπόθετον).

De là une nouvelle critique d'Aristote. — La méthode inductive n'est qu'une série d'hypothèses : pour trouver le vrai, elle suppose le faux. S'autorisant de l'exemple de la géométrie, qui suppose afin de démontrer, elle veut tirer l'être du non-être. Mais le géomètre ne suppose pas la réalité de son hypothèse : ce n'est pour lui qu'une définition, une thèse, dont il déduit les conséquences. Il ne prend donc pas le faux pour principe, mais bien le possible (1). Que fait au contraire le dialecticien ? Ou bien il pose son hypothèse comme réelle, et alors il prend le faux pour point de départ ; ou bien il la pose comme une simple hypothèse, et alors il aura beau remonter ou descendre, il ne sortira jamais du pur possible et de l'hypothétique : il ne fera qu'avancer ou reculer indéfiniment dans le champ d'une science idéale, sans pouvoir saisir l'être réel.

Examinons la valeur de cette objection.

Premièrement, Platon suppose-t-il le faux pour démontrer le vrai, le non-être pour démontrer l'être ? Prétendre que c'est là toute sa méthode, c'est oublier le sens relatif que Platon attache au non-être. La

---

(1) *Mét.*, XIV, 294; XIII, 264. *Anal. post.*, I, x. Ravaisson, *ib.*, I. 285.

dialectique prend pour points d'appui (ἐπιβάσεις τε καὶ ὁρμάς) : la sensation, qui est un *non-être ;* puis le genre, qui est encore un non-être ; puis les Idées particulières, qui contiennent encore du non-être. Qu'est-ce à dire ? qu'elle opère réellement sur des choses qui n'ont aucune existence ? Pas le moins du monde. Ce que Platon appelle le non-être, c'est encore l'être, mais borné sous certains rapports, et dans un état de particularité qui lui enlève sa valeur absolue : c'est le *moindre être*. Or, pour Platon, le moindre être, le contingent, le relatif, n'a pas l'être par lui-même ; le moins implique le plus et en dérive. Il faut donc passer du phénomène à l'essence, du contingent à l'absolu, du conditionnel à l'inconditionnel ; de ce qui n'existe pas par soi-même il faut tirer ce qui existe absolument. Procéder de la sorte, est-ce tirer le vrai du faux et l'être du néant ? Non, certes. C'est aller de la vérité à la vérité, de l'être dérivé à l'être primitif, de la réalité sous forme particulière à la réalité sous forme universelle. L'induction, elle aussi, va du même au même, et elle ne donne l'universel à la fin de son opération que parce qu'elle le possédait dès le commencement, enveloppé dans le particulier. Ce que Platon appelle hypothèse dialectique n'est donc pas le faux, mais seulement le *relatif*. Le mot *hypothétique* est pour lui l'équivalent de ce que Kant appellera plus tard le conditionnel.

Soit, dira Aristote ; mais comment sortir du conditionnel et de l'hypothétique pour s'élever à l'inconditionnel et à l'absolu ? De principes purement idéaux il ne peut sortir qu'une science idéale.

Platon répondrait que l'absolu est déjà donné avec le relatif lui-même. Le sensible n'existe que par l'intelligible auquel il participe, et il n'est conçu par l'intelligence que grâce à la conception de l'intelligible. Il suffit donc d'éliminer le particulier, le variable, le relatif, pour trouver l'universel, l'immuable et l'absolu. Toute chose imparfaite, ne satisfaisant point entièrement la raison et ne lui apparaissant point comme nécessaire, a un caractère hypothétique et conditionnel, résultat d'un reste d'indétermination. Mais, quand la pensée conçoit la détermination absolue, la perfection suprême, le souverain bien, est-il étonnant qu'elle soit satisfaite, qu'elle ne demande plus rien au delà, qu'elle considère tous les autres degrés de l'échelle dialectique comme des points d'appui provisoires, pour se fixer enfin au degré le plus élevé? Aristote ne remontera-t-il pas, lui aussi, du relatif à l'absolu, éliminant toute indétermination, toute puissance, toute matière, jusqu'à ce qu'il conçoive l'acte pur et la pure détermination? Arrivé à cette hauteur, il dira comme Platon : — Ici doit s'arrêter la pensée, ἀνάγκη στῆναι; tout le reste était provisoire et hypothétique; mais du sein même de la matière nous avons dégagé l'essence absolue, et nous sommes maintenant en présence du Bien, qui seul se suffit à lui-même.

3° Les deux grands procédés logiques de la dialectique platonicienne se résument dans la définition, qui est le but de la science. — D'après Aristote, Platon n'a fait que se servir de la méthode de définition inventée par Socrate, ou plutôt employée pour la première fois par lui d'une façon régulière. Or la définition est un excellent procédé de logique, mais ce n'est pas elle, à proprement parler, qui donne la science; elle n'est qu'une analyse de notions. La véritable essence lui échappe; elle n'atteint qu'une essence relative. Par exemple : — Le nombre impair est un nombre, etc.; —

mais qu'est-ce qu'un nombre? L'esprit n'est satisfait que lorsqu'il arrive à un élément simple, indivisible, individuel. Toute définition porte sur une notion, et toute notion est générale; aucune ne peut constituer l'essence propre d'un être. La dernière différence est indéfinissable, de même que le dernier genre. Aux deux extrémités de la science, la définition apparaît comme impuissante, et la notion (λόγος) fait place à l'intuition (νοῦς) (1). D'une part est l'intuition sensible; de l'autre, l'intuition intellectuelle; et entre ces deux termes immobiles se développe la logique discursive, avec ses procédés de division, d'induction et de définition. —

Telle est la vraie théorie de la méthode qu'Aristote veut opposer à celle de Platon; mais, par un étrange malentendu, c'est la méthode de Platon lui-même. Le *Théétète* ne nous a-t-il pas démontré l'impuissance de la définition, pure analyse qui suppose des éléments simples, saisissables par une intuition simple? La *République* et le *Parménide* ne nous ont-ils pas fait comprendre que l'Universel et l'Un sont au-dessus de la définition et de la science même? Platon n'a-t-il pas distingué profondément la raison discursive (διάνοια) de la raison intuitive (νόησις), et la région intermédiaire de la logique ou des mathématiques, de la région du pur intelligible? N'a-t-il pas parfaitement compris que tout procédé logique se résout dans un procédé ontologique, qui seul peut atteindre l'être? Ce qu'Aristote appelle l'acte de la pure intelligence saisissant le pur intelligible, n'est-ce pas là la νόησις ou le νοῦς de Platon, la *pure essence de la pensée* saisissant la *pure*

---

(1) Τῶν πρώτων ὅρων καὶ τῶν ἐσχάτων, νοῦς ἐστὶ καὶ οὐ λόγος. *Eth. nic.*, VII, xii. Ὥσπερ γὰρ ἐν σώματι ψυχή, ἐν ψυχῇ νοῦς. *Id.*, I, vii

*essence des choses* (1)? Le nom même est identique. Pourquoi donc représenter Platon comme un mathématicien ou logicien dont la méthode serait toute formelle et ne pourrait pénétrer jusqu'à l'être? S'il y a divergence entre le maître et le disciple quand il s'agit de la valeur des connaissances expérimentales et des individus sensibles, il y a entre eux la plus parfaite harmonie quand il s'agit de la connaissance rationnelle et de cette intuition supérieure qui atteint l'intelligible (2).

(1) *Phœdo*, p. 66. Voir t. I, p. 253 et ss.
(2) Voir plus loin, ch. II.

# CHAPITRE II.

LE SYSTÈME. — CRITIQUE DE LA THÉORIE DES IDÉES.

I. CRITIQUE DE LA PREUVE PAR LES CONDITIONS DE LA SCIENCE.

L'être n'est pas dans la *matière*. Réfutation du matérialisme. — L'être est dans la *forme*, d'après Platon et Aristote ; mais, d'après ce dernier, la forme n'est point l'Idée. Critique des preuves de l'existence des Idées. — I. PREUVE PAR LES CONDITIONS DE LA SCIENCE. Théorie de la science et de la connaissance qu'Aristote oppose à Platon. — 1° Théorie de la sensation. Comparaison avec celle du *Théétète*. — 2° Théorie de l'entendement. — 3° Théorie de la raison. Unité suprême du sujet et de l'objet. — II. RÉPONSE AUX OBJECTIONS D'ARISTOTE. En quoi il s'accorde avec Platon ; en quoi il le contredit. Point de vue psychologique ; point de vue ontologique. Comment Aristote refuse de transporter dans l'intelligible une multiplicité idéale ; comment il admet l'Idée sans admettre les Idées. Supériorité de la doctrine platonicienne.

Platon avait distingué dans l'être, objet de la philosophie première, deux éléments principaux : l'indéterminé et la détermination, qui, en se réunissant, forment tous les êtres autres que l'Être premier. Aristote ne fait que suivre son maître quand il établit en principe l'opposition de la matière et de la forme. La description même de la matière, dans le *Timée*, est acceptée d'Aristote, sauf les passages qui semblent confondre la matière avec l'espace. Et encore, pour Aristote lui-même, la quantité ou l'étendue est la première forme de la matière, sinon la matière proprement dite. Peut-être Platon eut-il la même pensée : la matière indéfinie et l'espace indéfini lui semblèrent choses tellement voisines, qu'il ne les distingua pas dans l'exposition un peu exotérique du *Timée*. La véritable originalité d'Aristote est dans la conception de la matière comme simple *puissance* et de la forme comme *acte*. Ce n'est pas que Platon soit demeuré complétement étranger à cette notion de la virtualité et de la réalité. Nous avons trouvé dans le *Sophiste* une conception assez nette de la *puissance*, quoique moins large que celle d'Aristote (1). Dans le *Timée*, la matière est représentée comme n'ayant aucune forme et comme pouvant les recevoir toutes; cette idée d'une réceptivité universelle, d'une chose indéterminée en elle-même et déterminable par les autres, était bien voisine de l'idée de *puissance*. Démocrite semble aussi avoir eu une idée assez nette de la puissance d'après le témoignage d'Aristote lui-même (2), et l'école de Mégare a également connu l'opposition de la puissance et de l'acte (3). L'originalité d'Aristote n'en subsiste pas moins, parce qu'elle vient surtout de la manière dont il a conçu le second terme de cette grande opposition : l'*acte*. C'est sur ce point qu'éclatera la différence de Platon et d'Aristote. Sur la question de la puissance et de la matière, ils sont presque d'accord.

Comme Platon, Aristote croit que l'être n'est point dans la matière, et il blâme les philosophes anciens qui avaient admis cette erreur. Qu'entendent-ils, en effet, par leur matière primitive? Est-ce l'air, l'eau, le feu?—Ce n'est point là de la matière pure. Le feu, l'air et l'eau ont des formes particulières : ils sont déjà déterminés, actuels, réalisés ; ils appartiennent, dit Platon, au genre mixte; ils supposent au-des-

---

(1) On trouve aussi dans le *Théétète* le mot δυνάμει employé dans le sens tout péripatéticien : En puissance. *Théét.*, 157.
(2) *Mét.*, XII, p. 241, l. 7.
(3) *Mét.* IX, III.

sous d'eux, dit Aristote, une autre matière comme support. — Les atomes, peut-être? — Mais l'atomisme ne fait que reculer la difficulté sans la résoudre. Les atomes ont encore des formes déterminées : il y a en eux de l'acte, du particulier, du réel. L'existence des atomes est à elle seule aussi inexplicable que tout le reste de l'univers. Il est donc impossible au matérialisme de s'arrêter à ces prétendus éléments; il faut qu'il remonte jusqu'à la vraie matière primitive, pure de toute forme et absolument indéterminée. La logique du système exige cette conséquence; mais précisément cette conséquence est la condamnation du système. Qu'est-ce en effet que cette matière primitive? Tout en puissance, rien en acte, comme l'avoue Démocrite (1); c'est une simple possibilité qui enveloppe les contraires. Pourquoi donc le possible passe-t-il à l'acte? Voilà un effet sans raison. Enfermés dans la virtualité abstraite de leur matière primitive, les Ioniens n'en peuvent sortir qu'en faisant venir l'être du néant par une contradiction (2).

Loin de constituer l'être, la matière n'en est qu'une condition; et encore cette condition n'est point absolue, mais relative à l'imperfection des êtres contingents. La pensée humaine, par exemple, est en puissance avant d'être en acte; elle a l'existence matérielle avant d'avoir l'existence formelle; mais ce qui la constitue à proprement parler, c'est son *acte*, non sa *puissance*. La puissance, ici, résulte de l'imperfection de l'acte; elle en est la *limite* et non le fond. Ce qui fait la pensée, c'est d'être essentiellement et actuellement

---

(1) *Met.*, XII, p. 241, l. 7.
(2) *Met.*, IX, p. 184, l. 28. — Ravaisson, *ibid.*, 389. Comparer la réfutation platonicienne du matérialisme, t. I, p. 65.

pensée, et non d'avoir été en puissance avant d'être en acte. Ainsi donc, si la matière est inséparable de la forme dans l'être sensible, il n'en faut pas conclure qu'elle soit une condition de l'être sensible en tant qu'*être*. C'est parce que l'être sensible est imparfait qu'il tient indissolublement à la matière. L'être véritable, nous le verrons plus tard, est si peu soumis à la condition matérielle, qu'il n'est réellement pur et parfait que là où il est indépendant de toute matière.

La forme, qui occupe seule le champ de la réalité, tombe seule aussi sous l'intuition. La matière ne se laisse pas connaître en elle-même, dit Aristote d'accord avec Platon (ἡ δ' ὕλη ἄγνωστον καθ' αὑτήν) (1); elle ne se laisse pas voir, mais deviner; elle ne se révèle que dans le mouvement (2), c'est-à-dire au moment où elle cesse d'être elle-même pour arriver à l'être. Elle n'est cependant pas, — et Platon l'avait compris, — le non-être absolu; elle n'est le non-être, comme aussi elle n'est l'être, que d'une manière relative : non-être en acte, être en puissance. Le non-être en soi, c'est la *privation;* l'être en soi, c'est la *forme* (3).

C'est donc dans la forme, d'après Platon et Aristote, qu'il faut chercher les vrais principes des choses.

Mais, d'après Platon, la forme essentielle des choses est l'Idée, et c'est ce que nie Aristote, dont la critique se ramène à deux chefs principaux :

1° Les preuves de l'existence des Idées ne sont point concluantes;

2° Les Idées, une fois admises, n'expliquent pas les

---

(1) *Met.*, VII, 249, l. 9.
(2) *Met.*, II, 39, l. 8.
(3) Ravaisson, *ibid.*, 390.

objets : elles ne peuvent être ni causes formelles, ni causes efficientes, ni causes finales, ni nombres intelligibles.

### I. CRITIQUE DES PREUVES DE L'EXISTENCE DES IDÉES.

« Aucune des raisons sur lesquelles on appuie
» l'existence des Idées n'a une valeur démonstrative.
» Plusieurs de ces raisons n'entraînent pas nécessai-
» rement la conclusion qu'on en déduit. Les autres
» mènent à admettre des Idées d'objets pour lesquels
» la théorie ne reconnaît pas qu'il y en ait (1). »
Aristote réduit les preuves de Platon à deux principales, l'une tirée de la considération de la science, l'autre de l'unité dans la multiplicité : la première a rapport aux conditions de la pensée ; la seconde, aux conditions de l'être.

1° *Preuve par les conditions de la science. Théorie de la connaissance.*

« La doctrine des Idées fut, chez ceux qui la procla-
» mèrent, la conséquence de ce principe d'Héraclite
» qu'ils avaient accepté comme vrai : « Toutes les
» choses sensibles sont dans un flux perpétuel ; »
» principe d'où il suit que, s'il y a science et raison de
» quelque chose, il doit y avoir en dehors du monde
» sensible d'autres natures, des natures persistantes :
» car il n'y a pas de science de ce qui s'écoule perpé-
» tuellement (2). » « Socrate avait eu le premier la
» pensée de donner des définitions. Platon, héritier
» de sa doctrine, habitué à la recherche du général,

(1) *Met.* XIII, IV.
(2) *Met.*, XIII, IV.

» pensa que ces définitions devaient porter sur des
» êtres autres que les êtres sensibles; car comment
» donner une définition commune des objets sen-
» sibles, qui changent continuellement (1)? Socrate
» n'accordait une existence séparée ni aux universaux
» ni aux définitions. Ceux qui vinrent ensuite les sé-
» parèrent, et donnèrent à cette sorte d'êtres le nom
» d'Idées (2). »

D'après Aristote, Platon a eu tort de faire cette séparation, et sa démonstration des Idées n'est point concluante.—L'objet de la science, dit Platon, est l'universel, c'est-à-dire la nature de chaque être dépouillée de tout accident particulier ou phénoménal, et élevée ainsi à son *maximum* de perfection ; or, l'objet de la science doit être quelque chose de parfaitement réel; donc l'universel, dépouillé de la particularité phénoménale, existe avec la réalité la plus parfaite (3). — Aristote accorde la première proposition de ce raisonnement, à savoir que l'universel, dégagé du particulier, est l'objet de la science. C'est là un principe commun à toutes les écoles sorties de Socrate. Aristote accorde de même que l'universel doit être quelque chose d'existant. Mais il reste à savoir quel est son *mode* d'existence. Pour Aristote, qui ne distingue pas l'universel du général, la question revient à la suivante : Le général est-il séparé ou non séparé du particulier? et si, en tant qu'objet de *science*, il en est séparé, a-t-on le droit de conclure que, dans son *existence* même, il est également isolé des individus sensibles?—C'est là, selon Aristote, confondre les conditions de la science avec celles de l'exis-

---

(1) I, vi.
(2) XIII, iv.
(3) Voir, sur ce sujet, Lefranc, *Examen des objections d'Aristote.*

tence. Une science peut considérer une chose sous un point de vue spécial, sans que cette chose ait autant de sortes d'existences séparées qu'il y a de points de vue différents. La physique spécule sur les êtres en tant que mobiles, indépendamment de leur nature et de leurs accidents, sans qu'il soit besoin de supposer des mobiles séparés des objets réels (1). L'optique néglige la vue en elle-même pour ne traiter que des lignes, des nombres, etc. « Plus l'objet de la
» science est primitif selon l'ordre logique, c'est-à-
» dire plus il est simple, plus aussi la science est
» exacte et rigoureuse (2). » La science n'est pas pour cela dans le faux : « C'est sur des êtres que roulent les
» discussions des mathématiciens; les objets de leur
» science sont des êtres. C'est qu'il y a deux sortes
» d'êtres : l'être en puissance et l'être en acte (3). »
Cette distinction si importante, Platon l'a méconnue. Les universaux existent, puisque l'objet de la science existe ; mais existent-ils en puissance ou en acte? Platon, d'après Aristote, n'a pas même posé cette question, qui est cependant capitale. Or, l'universel existe sans doute en acte dans les objets particuliers : le bien, le beau, le juste, sont réalisés dans les objets bons ou beaux et dans les actions justes; mais, une fois séparé du particulier, l'universel est-il autre chose qu'un être en puissance, par exemple la possibilité du bien, du beau, du juste? Ce qui est réel et actuel, n'est-ce pas seulement *tel* objet beau ou bon, *telle* action juste? — Platon n'a pas aperçu cette difficulté : il s'est empressé de conclure du point de vue logique au point de vue onto-

---

(1) *Met.*, XIII, III, 263.
(2) *Met.*, 264, l. 14.
(3) *Ib.*, 265, l. 8.

logique; il a confondu l'être en puissance avec l'être en acte, et il a aussi confondu la séparation que la science opère entre ces deux choses avec une séparation réelle.

Où est, d'après Aristote, l'origine de cette erreur? Dans une théorie inexacte de la connaissance, à laquelle manque toute la lumière qui provient de la distinction entre la puissance et l'acte. Platon n'a compris ni la véritable nature de la sensation ni celle de la pensée, et toute la théorie de la connaissance est à refaire. Voici comment Aristote la refait, et les conséquences qu'il en tire contre la doctrine des Idées.

I. La sensibilité a deux manières d'être : en puissance, en acte. Par exemple, elle est en puissance dans l'homme qui dort, en acte dans l'homme qui veille (1). Et comme elle a d'abord été en puissance, nous devons nous demander de quelle manière elle a pu passer à l'acte, de quelle manière la *sensibilité* a pu devenir telle ou telle *sensation*.

Considérée en elle-même, la sensibilité est une puissance indéterminée; elle n'entrerait donc jamais en exercice sans une excitation venue du dehors. C'est ainsi que le combustible, sans le feu, ne brûlerait jamais. La pure intelligence, comme nous le verrons plus tard, peut penser spontanément, parce que son objet, qui est l'universel, réside en elle-même; mais l'objet de la sensation, savoir le particulier, est nécessairement extérieur; aussi ne peut-on sentir spontanément. Impossible de voir sans un objet visible, de toucher sans un objet tangible, de sentir sans un objet sensible (2).

(1) *De an.*, II, v, 5.
(2) *De sens.*, I, 61, a.

Le passage de la sensibilité à l'acte sous l'influence des objets sensibles constitue la sensation. La sensation est donc un moyen terme, destiné à mettre en rapport l'être qui sent et la chose sentie. Dans cet intermédiaire les deux autres termes s'unissent. Tant que l'œil ne voit pas les couleurs, il n'a la vue qu'en puissance; c'est une matière sans forme, un instrument sans usage; la couleur est donc ce qui rend la vue réelle et actuelle : elle est l'*acte* de la vue. D'autre part, la couleur n'est elle-même qu'en puissance tant qu'elle n'est pas vue par l'œil; la vue est donc l'acte de la couleur. D'où il suit que la sensation est l'acte commun du sensible et du sentant, la forme où ils s'unissent. Je réalise les couleurs en les voyant, et les couleurs réalisent en moi la vision. Forme commune de deux matières différentes, la sensation est un milieu entre les deux extrêmes, et par là elle est également apte à juger les contraires, — le blanc et le noir, le grave et l'aigu, le doux et l'amer ; — car elle est en puissance chacune de ces choses. Mais ce caractère même de moyen-terme ne lui permet pas d'apprécier les excès dans les qualités sensibles. Une lumière trop vive ou trop faible empêche la vision ; un son trop grave ou trop aigu échappe à l'ouïe. C'est que la sensation est un rapport : lorsque le mouvement imprimé à l'organe est trop violent, le rapport est détruit, et la sensation disparaît. Ainsi s'évanouit l'harmonie d'une lyre dès qu'on en touche trop rudement les cordes (1).

Cette théorie aristotélicienne rappelle, par beaucoup de traits, l'analyse déliée de la sensation que contient le *Théétète* d'après les principes des Ioniens et de

(1) *De sensu*, II, xii, 23.

Protagoras. La sensation y est représentée comme un rapport entre un sujet qui a la puissance de sentir et un objet qui peut être senti (1). La sensation résulte des mouvements ou changements corrélatifs du sujet et de l'objet. L'œil, en présence du visible, devient « non pas *vision*, mais *œil voyant;* » c'est-à-dire que la puissance devient acte. Aristote semble s'être souvenu de ces pages du *Théétète*, auxquelles il a donné un développement admirable.

Les Pythagoriciens et Empédocle avaient expliqué la sensation par l'action du semblable sur le semblable ; Héraclite et Anaxagore, par l'action du contraire sur son contraire. Il y a du vrai et du faux dans les deux systèmes. Platon lui-même les avait déjà en partie conciliés : il admettait que toute connaissance suppose à la fois l'identité et la différence du sujet et de l'objet, mais surtout l'identité (2). On sait d'ailleurs que, d'après le *Parménide*, l'identité et la similitude supposent toujours la différence et la dissemblance, par cela même qu'elles sont des relations et non l'unité absolue. Cette loi s'applique à la connaissance du monde extérieur et multiple, connaissance qui n'est possible que par une certaine multiplicité contenue dans l'âme : c'est par un cercle mobile que l'âme connaît et parcourt le mobile ; mais il est nécessaire qu'en même temps elle s'oppose à l'objet de sa connaissance par la partie immuable qui est en elle, par l'Idée dans laquelle la raison se repose.

Aristote opère une conciliation semblable du sujet et de l'objet. Avant la sensation, l'objet est en acte, la

---

(1) Δυνάμει, 167, sqq.
(2) Voir le *Timée*, et t. I, p. 253 et ss.

sensibilité est en puissance : il y a donc entre l'objet et le sujet l'opposition de l'acte et de la puissance, et c'est cette différence qui fait que le second peut être modifié par le premier. Après la sensation, le sens est en acte comme l'objet, et ces deux actes n'en font qu'un : il y a donc sous ce rapport identité entre le sens et l'objet ; et la sensation, qui est leur acte commun, est cette identité même (1).

Mais il faut bien comprendre cette identité. Est-ce à l'objet sensible tout entier, matière et forme, que le sens est identique, ou seulement à la forme de l'objet ? « Le sens n'est pas l'objet même (car la pierre, par
» exemple, n'est pas dans l'âme), mais la forme de
» l'objet. L'âme est donc comme la main : la main est
» l'instrument des instruments,... et la sensibilité est
» la forme des choses sensibles (2). » On peut encore comparer l'organe du sens à la cire, qui reçoit la forme d'un anneau d'or ou de fer sans en recevoir la matière et sans devenir pour cela ni or ni fer (3).

C'est cette identité du sujet sentant et de la forme sensible qui explique ce merveilleux phénomène de la conscience, par lequel nous *sentons* que *nous sentons :* puisque l'acte du sens est le même que l'acte de la chose sensible, en sentant la chose sensible il se sent nécessairement lui-même (4).

L'union intime du sujet et de l'objet dans la sensation rend impossible l'erreur du sens, tant qu'il s'applique à son objet propre (5). Platon a donc tort de mépriser les sens, de les accuser d'erreur, de les consi-

---

(1) *De an.*, II, v, 7, 14.
(2) *De an.*, III, viii, 2 ; αἴσθησις εἶδος αἰσθητῶν.
(3) *Ib.*, II, xii, 1.
(4) *Ib.*, III, i.
(5) III, iv, 18, 19.

dérer, avec Protagoras et Héraclite, comme emportés par une mobilité perpétuelle (1).

Si les sens, que dédaigne Platon, venaient à nous manquer, toute connaissance universelle périrait avec toute connaissance particulière. En effet, après la sensation, il reste dans l'esprit des formes sensibles sans matière, qu'on nomme images. Or, de même que les objets particuliers enveloppent l'universel, de même les formes sensibles enveloppent les formes intelligibles. C'est seulement par son application aux images que l'entendement (ἡ διάνοια, ἡ διανοητικὴ ψυχή) pense l'intelligible, l'universel, le nécessaire. « Impossible de
» penser sans image. Il arrive la même chose, quand
» on pense, que quand on trace une figure géométri-
» que. Par exemple, quoique n'ayant pas besoin que
» la grandeur du triangle soit déterminée, cependant
» nous en dessinons un d'une grandeur déterminée.
» De même, celui qui pense, alors même qu'il ne pense
» pas à la grandeur, place cependant une grandeur
» devant ses yeux ; seulement il ne pense pas à l'objet
» en tant que grand (2). C'est donc dans les images
» que l'entendement pense les formes intelligibles,
» les idées (3). » Ce que la matière est à la forme sensible dans les corps, la forme sensible l'est à la forme intelligible dans les images ; les images sont donc comme la matière des idées (4).

Il y a une faculté supérieure qui conçoit les formes intelligibles sans leur matière : c'est l'intellect ou la raison.

(1) *Met.*, vi, 460, c, d.
(2) *De Mem.*, I.
(3) *De an.*, III, vii. Τὰ μὲν οὖν εἴδη τὸ νοητικὸν ἐν τοῖς φαντάσμασι νοεῖ.
(4) *Id.*, III, vii, 3.

L'*intellect*, comme le *sens*, est tour à tour en puissance et en acte.

L'intellect en puissance doit réunir deux caractères.

1° Puisqu'il conçoit toutes choses, il doit être distinct de toutes choses, ou sans mélange, suivant l'expression d'Anaxagore (ἀμιγής). S'il était par lui-même telle ou telle forme, il serait incapable de recevoir les autres formes. L'intellect passif a donc le premier caractère de la *puissance* : l'indétermination (1).

2° Puisque l'intellect conçoit toutes choses, il faut qu'il soit toutes choses en puissance. Tout à l'heure il apparaissait comme opposé à ses objets ; maintenant il nous apparaît comme semblable à ces mêmes objets. Anaxagore a donc eu tort de croire que l'intellect n'a absolument rien de commun avec quoi que ce soit. S'il n'y avait nulle analogie entre l'intelligible et l'intellect, le premier ne pourrait agir, et le second pâtir (2). Mais il n'en est pas ainsi. Comme le sens, avant la sensation, est en puissance la forme sensible, moins la matière ; ainsi l'intellect, avant l'intellection, est en puissance la forme intelligible, moins la forme sensible. « La nature propre de l'intellect, c'est donc
» d'être simplement possible (3). Ceux qui disent
» que l'âme est le lieu des idées (τόπος εἰδῶν) par-
» lent fort bien ; seulement cela est vrai, non de
» l'âme tout entière, mais de l'intelligence ; et de plus
» les idées n'y sont pas en acte, mais en puissance (4).
» L'intelligence est comme une tablette sur laquelle
» rien n'est écrit actuellement (5), » mais où tout est

---

(1) *Id.*, III, IV, 4.
(2) *Id.*, 12. Ἡ γάρ τι κοινὸν ἀμφοῖν ὑπάρχει, τὸ μὲν ποιεῖν δοκεῖ, τὸ δὲ πάσχειν.
(3) *Id.*, 3.
(4) Καὶ εὖ δὴ οἱ λέγοντες τὴν ψυχὴν εἶναι τόπον τῶν εἰδῶν, πλὴν οὔτε ὅλη, ἀλλ' ἡ νοητική, οὔτε ἐντελεχείᾳ, ἀλλὰ δυνάμει τὰ εἴδη. *Id.*, IV, 6.
(5) Ὥσπερ ἐν γραμματείῳ, ᾧ μηδὲν ὑπάρχει ἐντελεχείᾳ γεγραμμένον.

écrit en puissance. « Les universaux ne préexistent pas
» en nous-mêmes déterminés à l'avance, et sous forme
» de conceptions actuelles (1) ; » mais ce sont des
dispositions prochaines, et comme des possessions ou
habitudes (ἕξεις) prêtes à l'acte. Aussi, lorsque l'intelligence applique les principes universels, il ne lui
semble pas qu'elle apprenne, mais qu'elle reconnaisse : sa science lui semble réminiscence. C'est
là une simple analogie, que Platon prend pour une
identité. Il est faux que la connaissance, d'une manière absolue, ne soit que souvenir (2). Sans doute,
« il y a des choses que nous savons immédiatement,
» par exemple que telle figure a ses angles égaux à
» deux droits, si nous savons que cette figure est un
» triangle ; » mais précisément il a fallu savoir d'abord
qu'elle est un triangle, et pour cela faire usage de l'expérience. La raison ne fournit que le principe universel sans aucune des particularités. Ce principe, comme
toute *habitude*, entre en acte dès que l'obstacle est
levé; et, remarquons-le bien, cette entrée en acte n'est
pas un mouvement, mais au contraire un repos qui
succède aux agitations de la nature et des sens. « Les
» habitudes de la partie intellectuelle de l'âme ne
» sont point des altérations et ne sont point produites
» par génération...; c'est parce que la pensée se calme
» et se fixe que nous disons qu'elle sait et pense. Or,
» il n'y a point de génération du mouvement au re-
» pos : le repos n'appartient à aucune sorte de chan-
» gement (3). » L'âme, sous le poids du corps au

---

(1) *Anal. post.*, II, xix.

(2) Οὐδαμοῦ γὰρ συμβαίνει προεπίστασθαι τὸ καθέκαστον, ἀλλ' ἅμα τῇ ἐπαγωγῇ λαμβάνειν τὴν τῶν κατὰ μέρος ἐπιστήμην, ὥσπερ ἀναγνωρίζοντας. *Anal.*, II, xxi. Cf. I, 1, *Mag. mor.*, II, vi.

(3) *Phys.*, VII, iii.

commencement de la vie, est ensevelie dans le sommeil : elle n'a qu'à s'éveiller. Comme un homme qui sort de l'ivresse, ou qui de la maladie revient à la santé, il ne s'agit pas pour elle de devenir autre qu'elle n'était et de *changer*, mais de redevenir elle-même par le repos (1). La pensée a été comme mise en déroute par l'action du monde extérieur; elle se reforme par degrés. « A la guerre, un fuyard vient-il à s'arrê-
» ter, un autre s'arrête aussi, puis un autre, puis un
» autre, et de ces individus tout à l'heure dispersés se
» forme une armée. De plusieurs sensations qui s'ar-
» rêtent et se rapprochent dans la mémoire se forme
» peu à peu une unité, c'est-à-dire un universel. La
» notion sensible de Callias est comme un point d'ar-
» rêt autour duquel viennent se rallier plusieurs no-
» tions sensibles de la même espèce, et de là résulte
» l'idée de l'homme en général. Telle est encore l'ori-
» gine de l'idée d'animal en général, et de tous les uni-
» versaux sans exception (2). » La science est donc un ordre qui se rétablit, un rapport sous lequel les termes reviennent se placer d'eux-mêmes. Toute science en effet, ainsi que toute vertu et en général toute habitude, est une disposition, un ordre, un rapport étranger au mouvement. Ainsi l'âme possède naturellement l'universel et n'a besoin, pour le concevoir, que du repos produit par les images qui se fixent dans la mémoire (3).

Toutefois, ces images ne sont que la cause occasionnelle de la conception de l'intelligible ; elles n'en sont pas la cause réelle. Il doit pourtant exister une cause qui explique l'actualité de la raison dans l'âme hu-

---

(1) Ravaisson, *ibid.*
(2) *Anal. post.*, II, xix. Cf. *Mét.* I.
(3) Ravaisson, *ibid.*

maine. Nous l'avons vu, l'intellect humain est par lui-même une puissance, et la puissance veut un principe qui la détermine et l'actualise; comment se fait-il donc qu'au mouvement et au tumulte de la sensibilité succède (à l'occasion des images) ce repos qui fait l'actualité de l'intelligence? — Répondre à cette question par l'hypothèse d'une vie antérieure et d'un souvenir de cette vie, c'est, dit Aristote, prendre des symboles pour des explications et des métaphores vaines pour des raisons. D'ailleurs, c'est reculer le problème sans le résoudre. —

Avant tout, tâchons de bien comprendre la nature de ce problème, et résumons les faits qu'il s'agit d'expliquer.

Avant l'acte de l'intelligence, l'intelligible est réel et actuel dans le particulier; par l'acte de l'intelligence, il cesse d'être conçu comme réel et actuel en cessant d'être conçu dans le particulier, et il devient un simple être en puissance.

Au contraire, avant ce même acte, l'intelligence n'existait qu'en puissance; et en concevant l'intelligible comme séparé du particulier, elle a passé de la puissance à l'actualité. La marche de l'intelligence et celle de l'intelligible sont donc inverses l'une de l'autre. L'intelligible, en perdant son actualité dans le sensible, a rendu l'intelligence même actuelle. Comment pourrait-il ainsi lui communiquer de la réalité au moment précis où il perd sa réalité propre, si, à l'instant de son contact avec l'intelligence, il n'avait pas une réalité supérieure (1)?

Au-dessus des objets particuliers, qui contiennent

---

(1) Voir Lefranc, *ibid.*

logiquement l'intelligible en puissance avant de le contenir en acte, et au-dessus de l'intelligence passive, qui contient de même l'intelligible en puissance avant de le contenir en acte, il faut nécessairement admettre un terme primitif où l'intelligible et l'intelligence sont éternellement actuels : car, en toutes choses, l'acte précède la puissance. « Il y a donc une intelligence ca-
» pable de tout devenir, et une autre capable de tout
» faire ; celle-ci est comme une *habitude*, et elle est
» analogue à la lumière; car la lumière fait exister
» en acte les couleurs qui n'existaient qu'en puis-
» sance (1). » Voilà la raison en acte, foyer nécessaire de toute raison humaine. Voilà cette raison supérieure, qui est à la fois ce que nous avons de plus intime et de plus étranger, innée en apparence et relativement au monde sensible, « venue pourtant du
» dehors, et seule divine (2). » C'est de la vie divine que nous vivons quand nous vivons de la vie raisonnable (3). « Le principe de la raison n'est pas la rai-
» son même, mais quelque chose de meilleur ; et que
» peut-il y avoir de meilleur que la science même,
» si ce n'est Dieu (4)? »

Ainsi, l'entendement humain est une puissance passive qui peut prendre toutes les formes, recevoir toutes les idées : comme la matière première, c'est ce qui peut tout devenir; c'est la puissance universelle dans le monde des idées, comme la matière dans le monde de la réalité. L'intelligence absolue est l'activité créatrice qui fait venir à l'acte toute forme possible,

---

(1) *De Anim.*, III, v, 1.
(2) Ὁ δὲ νοῦς ἔοικεν ἐγγίνεσθαι, οὐσία τις οὖσα. *De an.*, I, iv, 13. Λείπεται δὲ τὸν νοῦν μόνον θύραθεν ἐπεισιέναι, καὶ θεῖον εἶναι μόνον. *De an. gen.*, II, iii.
(3) Ὁ κατὰ νοῦν βίος, θεῖος. *Eth. Nicom.*, X, vii.
(4) Κινεῖ πως πάντα τὸ ἐν ἡμῖν θεῖον; λόγου δ' ἀρχὴ οὐ λόγος, ἀλλά τι κρεῖττον, τί οὖν ἂν κρεῖττον τῆς ἐπιστήμης εἴποι, πλὴν θεός; *Eth. Eud.*, VII, xiv.

et qui produit toute pensée (1). Cette intelligence est en nous, et cependant elle n'est pas nous-mêmes. La lumière est dans nos yeux, et cependant elle n'est pas nos yeux. Cette pensée essentiellement active qui actualise notre pensée, cette cause première de la science, supérieure à la science même, que serait-ce, encore une fois, sinon la pensée divine?

Le caractère essentiel de cette pensée, c'est d'être toute en acte. En effet, si elle passait de la puissance à l'actualité, il faudrait une cause supérieure qui expliquât son développement, et de cause en cause on arriverait nécessairement à une pensée immobile, toujours réelle et actuelle.

Voici maintenant l'importante conséquence qui en résulte. La pensée suprême étant un acte pur, il ne peut plus y avoir en elle l'opposition du sujet et de l'objet. D'où vient, en effet, que cette opposition se trouve dans la sensibilité et dans l'entendement humain? C'est qu'il y a dans ces facultés, et aussi dans leurs objets, une puissance distincte de l'acte. Telle sensation actuelle n'est pas la sensibilité tout entière, et de même telle forme sensible n'est pas l'objet tout entier. La sensation n'est donc ni tout le sujet ni tout l'objet; elle est seulement le moyen terme où se réalisent en un seul et même acte, sans s'y épuiser jamais, leurs puissances contraires : c'est une forme commune à deux matières différentes, et par conséquent c'est un simple point de contact entre deux choses qui restent distinctes. De même, dans l'entendement, le sujet est une puissance qui s'oppose elle-même à l'objet actuel de sa pensée, comme à une forme et à une limite où elle n'est pas contenue tout

---

(1) Ἔστιν ὁ μὲν τοιοῦτος νοῦς τῷ πάντα γίνεσθαι, ὁ δὲ τῷ πάντα ποιεῖν. *De an.*, III, v.

entière. Ici encore il reste une distinction entre le sujet et l'objet. Mais, dans cette raison supérieure où toute puissance a disparu et qui a pour essence l'acte même de la pensée, on ne peut plus opposer le sujet et l'objet; car comment différeraient-ils? L'intelligence est sans matière distincte de la forme, sans puissance cachée sous l'action ; elle est pure action et pure forme (1). Et il en est de même de son objet ; car, si l'intelligible existait en puissance avant d'être en acte, il y aurait un moment où il ne serait pas saisi par l'intelligence, et par conséquent celle-ci ne serait pas toujours actuelle, ce qui est faux. L'acte pur est donc l'essence de l'intelligible comme il est l'essence de l'intelligence. De là résulte une complète identité entre le sujet et l'objet : l'intelligible, étant l'acte de l'intelligence, est l'intelligence même, puisque celle-ci n'est pas distincte de son acte. D'autre part, l'intelligence, étant l'acte de l'intelligible, est l'intelligible lui-même, puisqu'ici encore il n'y a pas autre chose qu'une pure actualité. Ainsi, dans le principe suprême de la connaissance, l'objet et le sujet sont ramenés à l'unité, et c'est ce qui rend possible toute connaissance. Si l'être tombe sous la pensée, et si la pensée atteint l'être, c'est qu'il y a un terme supérieur où la pensée et l'être, l'intelligence et l'intelligible, sont à jamais identifiés (2).

C'est cette intelligence divine, identique à l'intelligible, qui développe les puissances de l'entendement humain. Chaque espèce de sensation fait apparaître dans l'entendement une forme intelligible correspondante, qui n'est pas l'intelligible tout entier, mais seulement une de ses déterminations. Cette forme in-

---

(1) Ravaisson, *ibid.*
(2) *Met.*, XII, 249, l. 10.

telligible ou idée est un intermédiaire entre le pur sensible et le pur intelligible ; c'est l'intelligible restreint et comme mutilé. Platon en a fait un être ; mais il n'y a point d'êtres de cette espèce. L'intelligible, en tant que borné, existe dans les objets particuliers et dans l'entendement humain. Mais dans la raison divine l'intelligible est pur et sans bornes, un, simple, sans distinction, sans opposition, sans diversité de formes, sans *Idées*. Il n'y a nulle place pour la matière et la puissance dans l'acte de la pensée suprême, et par conséquent cette pensée ne peut penser que la pensée. Elle ne connaît pas le monde et les imperfections qui résultent du mélange de la puissance avec l'acte ; elle ne connaît pas les rapports qu'elle-même soutient avec la matière qu'elle actualise, et par conséquent elle ne renferme pas les Idées.

Où sont donc les Idées ? Dans les choses finies, et dans la pensée finie de l'homme ; elles ne sont pas ailleurs, elles n'ont point d'existence séparée, elles ne sont point des réalités supérieures à la nature et à l'entendement. Dieu ne les constitue pas, et il ne les connaît pas. Toute la doctrine de Platon est renversée, et les arguments qu'il veut tirer des conditions de la science n'aboutissent point au but qu'il s'était proposé.

II. Telle est la théorie de la connaissance qu'Aristote oppose à Platon, et qu'il semble considérer comme entièrement nouvelle. Certes, on ne peut méconnaître l'originalité d'Aristote ; mais comment ne pas avouer qu'au moment même où il combat son maître, il entre plus profondément dans l'esprit du platonisme que ne l'ont jamais fait un Xénocrate ou un Speusippe ?

Demandons-nous, en nous plaçant au point de vue de Platon, ce que le maître aurait pu répondre à l'argumentation de son disciple, ce qu'en résumé il aurait admis ou rejeté dans cette théorie de la connaissance.

Le premier reproche d'Aristote à Platon, c'est que celui-ci a confondu l'ordre de la science avec l'ordre de l'existence, la séparation *logique* du particulier et de l'universel avec une séparation *réelle* et métaphysique.

Platon aurait répondu que nous connaissons les choses par les notions que nous en avons, et qu'il est légitime de considérer les lois de la pensée comme identiques aux lois des choses, pour peu que ces lois aient un caractère de nécessité et d'universalité. Si donc il y a dans notre esprit une séparation et même une opposition véritable entre le particulier et l'universel, la raison en doit être dans la nature des choses. Aristote lui-même n'admet-il pas, en définitive, l'identité de la pensée et de l'être? N'est-ce pas là le principe suprême de sa philosophie, comme de la philosophie platonicienne? Qui dit lois de l'intelligence, dit lois de l'existence. C'est le caractère propre de la raison que de se considérer elle-même comme absolue, et d'imposer son essence à tout le reste comme un principe universel.

Si donc on démontre que les Idées sont véritablement des lois essentielles et des formes absolues de la raison, on aura le droit de leur attribuer une réalité absolue.

C'est là précisément ce qu'Aristote conteste. Pour lui, les Idées ont un caractère tout relatif et résident dans l'entendement ou la διάνοια, non dans la raison pure ou le νοῦς; d'où résulte l'impossibilité de les transporter dans l'absolu de l'être et de la pensée. Toute la différence du maître et du disciple est en ce point. Les Idées sont-elles des abstractions de l'entendement discursif, ou des objets réels de la raison intuitive? tel est le problème ontologique qui ne pouvait être résolu qu'après l'analyse psychologique des degrés de la connaissance.

Le premier degré est la sensation. Platon ne l'a jamais rejetée, quoi qu'en dise Aristote. Platon dédaigne la sensation et s'en méfie, cela est vrai; mais il l'accepte cependant comme la condition nécessaire de la science. S'il refuse de réduire, avec Protagoras, la science à la sensation, il ne refuse pas moins de la réduire, avec Parménide et les Mégariques, à la pensée pure. N'a-t-il pas repoussé également les excès du sensualisme et ceux de l'idéalisme? S'il penche néanmoins de ce dernier côté, n'est-ce pas parce que la région intelligible des principes et des causes lui paraît, après tout, supérieure en réalité à la région sensible des effets et des phénomènes? Il eût repoussé l'accusation de pur idéalisme portée contre lui par Aristote, et il eût montré les pages du *Phédon* et de la *République* où il déclare que la sensation est pour l'homme la condition nécessaire de la réminiscence et de la science. Malgré cela, il faut avouer qu'il y a souvent dans ses œuvres quelque excès de sévérité à l'égard des sens, et une exagération au moins verbale. Mais Aristote lui-même n'est-il pas tombé parfois dans une exagération en sens contraire, et n'a-t-il pas accordé un peu trop aux sens et à l'expérience?

Aristote considère la sensation comme l'acte commun du sujet sentant et de l'objet sensible, et c'est là une de ses conceptions psychologiques les plus originales. Par là il perfectionne, nous l'avons vu, la doctrine de son maître, qui attribuait la sensation à une analogie entre le sujet et l'objet, résultat de l'action mutuelle des semblables au sein du dissemblable. Aristote reproche à Platon de ne pas avoir distingué nettement l'analogie formelle de l'analogie matérielle, et d'avoir fait entrer dans l'âme tous les éléments, afin qu'elle pût connaître toutes choses (1); il rapproche la théorie platonicienne des théories matérialistes les plus grossières. Mais ne suffit-il pas de lire le *Timée* pour voir que les éléments de l'âme, d'après Platon, sont purement idéaux? Le *même*, l'*autre* et l'*essence intermédiaire* ne ressemblent guère à l'eau, à l'air et au feu des Ioniens. L'analogie du sujet et de l'objet, dans la connaissance sensible, est donc pour Platon une analogie de forme. C'est, avons-nous dit, par le côté multiple et divers de son essence que l'âme est capable de connaître la multiplicité et la diversité des objets sensibles; elle contient éminemment les *formes* de toutes choses, les *Idées*, et par là elle peut connaître toutes choses. Y a-t-il bien loin de cette théorie à celle d'Aristote, qui nous montre l'âme connaissant tout parce qu'elle est capable de recevoir toutes les *formes*, parce qu'elle est ainsi toutes choses en puissance, sinon en acte? En définitive, Platon et Aristote expliquent également la connaissance des objets matériels par la connaissance des *formes*, et dans ces formes, tous deux reconnaissent l'universel et l'intelligible. La forme sensible et particulière, dit Aristote, enveloppe la forme intelligible et générale; l'image contient l'idée, et en est comme la ma-

---

(1) *De an.*, loc. cit.

tière. De son côté, Platon considère la sensation comme produite par les *nombres sensibles*, imitation des nombres intelligibles. Les nombres désignent-ils autre chose que des *formes*, des *rapports*, tantôt concrets, tantôt abstraits, tantôt idéaux? Pour Aristote aussi la sensation résulte d'un rapport concret, d'une forme sensible. Ce que Platon exprimait symboliquement, Aristote l'exprime avec la précision d'une psychologie déjà scientifique.

Au-dessus de la sensation et de l'opinion, Platon avait admis la raison discursive, de même qu'au-dessus des nombres sensibles, et au-dessous des Idées, il avait placé les nombres logiques et mathématiques. Aristote, entre la sensibilité et la raison pure, place la pensée discursive ou entendement, qu'il appelle aussi διάνοια, et qui a pour objet les notions logiques (1). Sensibilité, entendement, raison, voilà les trois degrés de la vie. L'animal vit de la vie sensible; l'homme ordinaire, de la vie de l'entendement; le sage, de la vie contemplative ou divine (2). Cette division psychologique est encore toute platonicienne.

L'entendement, identique à l'intellect passif, est d'abord une pure puissance, qui s'actualise par degrés; c'est donc la région du mouvement et du progrès, le domaine de la dialectique et de la logique, dont le caractère est d'être essentiellement discursives. Les objets de l'entendement sont les genres et les espèces, qui, comme l'entendement lui-même, ne sont d'abord que des virtualités. Un terme supérieur est nécessaire pour les réaliser dans la nature et dans l'esprit, et ce terme est la raison pure. A entendre Aristote,

---

(1) Τὴν διανοίαν καὶ τὴν κοίνην αἴσθησιν. *De part. an.*, IV, x. — Τῇ διανοητικῇ ψυχῇ τὰ φαντάσματα οἷον αἰσθήματα ὑπάρχει.

(2) *Eth. Nic.*, I, III.

Platon aurait confondu l'entendement, qui a pour objet de simples abstractions, avec la raison, qui a pour objet la réalité suprême. Mais la distinction de la διάνοια et de la νόησις n'est-elle pas empruntée à Platon lui-même? Aristote ne nous apprend-il pas que Platon établissait la plus grande différence entre la conception des nombres mathématiques et des nombres idéaux? Qui a mieux décrit que Platon cette sphère de la science discursive, multiple et mobile, qui s'élève de degré en degré, de genre en genre, jusqu'à l'universalité absolue du Bien? Qui a mieux compris la parfaite unité du premier principe, dont la connaissance rationnelle n'est plus un mouvement, mais un repos? Simple en lui-même, Dieu est l'objet d'une intuition simple, semblable au regard immobile qui contemple le soleil également immobile. Cette célèbre comparaison de l'Idée de Dieu avec la lumière, on la retrouve dans Aristote, et sa théorie de la raison ressemble par la forme même et par les images à celle de Platon. L'œil, pour voir, a besoin de la lumière qui réalise les couleurs; de même l'entendement humain, pure faculté, a besoin d'une raison active qui l'éclaire et qui est Dieu même. Ainsi parle Aristote, et ce sont presque les paroles de Platon dans la *République*. La vraie science est dans la pensée immuable qui a Dieu pour objet; c'est là le principe le plus élevé du platonisme comme de l'aristotélisme. Toute opération intellectuelle dans laquelle il reste du mouvement et de la multiplicité a un caractère provisoire, hypothétique et dépendant; c'est ce qui fait l'infériorité des mathématiques et de la logique. Platon l'a montré avec la plus grande clarté dans le septième livre de la *République*. Comment donc admettre les accusations d'Aristote, au moment même où il emprunte à son maître presque toute la théorie psychologique de la raison ?

Ce qui appartient en propre à Aristote, c'est la distinction de la puissance et de l'acte dans les facultés et les opérations intellectuelles ; c'est surtout la conception de l'intelligence humaine comme d'une pure virtualité, que l'intelligence divine réalise. Mais pourquoi est-il si sévère contre la doctrine platonicienne de la réminiscence et de la maïeutique, qui est l'antécédent de la sienne? Notre âme, dit Platon, est grosse de la vérité ; elle possède toutes les Idées, mais comme on possède un souvenir. Y-a-t-il si loin de cette doctrine socratique à la *science virtuelle* d'Aristote? *Accoucher les esprits*, n'est-ce pas produire au jour ce qu'ils renferment obscurément ? n'est-ce pas les faire passer de la puissance à l'acte? Apprendre, c'est se souvenir, dit Platon ; pour avoir la théorie d'Aristote, il suffit de dire : apprendre est un acte *analogue* au souvenir. La mémoire, en effet, est une faculté qui conserve les idées à l'état virtuel et qui les actualise à un moment donné ; de même, l'intelligence tout entière est une faculté qui ne fait de progrès que par le développement de ce qu'elle enveloppe. Dans le *Théétète*, où Socrate expose sa méthode maïeutique, on trouve la distinction entre *posséder* et *faire usage* (ἕξις, κτῆσις) (1) ; de là aux expressions d'Aristote la distance n'est pas très-grande.

Aristote avait le droit de reprocher à Platon ses symboles et ses mythes poétiques ; mais Platon, à son tour, aurait pu lui reprocher de représenter comme entièrement vides de sens des symboles dont il avait fort bien su, pour son propre compte, découvrir le sens profond.

(1) Voir tome I, p. 253 et ss.

Concluons que l'accord est presque complet entre Platon et Aristote en ce qui concerne les degrés de la connaissance et la nature psychologique de nos diverses facultés intellectuelles.

Où est donc leur opposition ? — Elle n'est pas dans ce qu'on pourrait appeler le point de vue subjectif, mais dans la valeur essentielle qu'ils accordent ou refusent aux objets de nos facultés.

Ce qu'Aristote reproche à Platon, c'est d'avoir réalisé les genres. Il y a du vrai et du faux dans cette accusation. Il est faux que, pour Platon, le genre soit identique à l'Idée, le nombre intermédiaire au nombre suprême. Mais il est vrai que, d'après Platon, le genre a sa raison dans l'Idée, et la distinction des genres dans la distinction des Idées. D'où il suit que les notions logiques aboutissent en dernière analyse à quelque réalité métaphysique où elles ont leur fondement. Platon n'accorde pas à l'esprit humain le pouvoir de rien créer. Quand l'esprit ne conçoit pas l'actuel, il faut qu'il conçoive au moins le possible, hormis quand sa pensée est absurde et contradictoire, quand elle n'est pas une pensée. Or le possible, nous ne le faisons pas. Il a sa valeur indépendante de nous-mêmes ; il a son fondement dans quelque chose de supérieur à nous, et la possibilité logique repose sur une réalité métaphysique, sur une *puissance active* de l'absolu (1). Les genres ne sont donc pas notre œuvre. Ils ne sont pas non plus de pures abstractions ; ils correspondent à des réalités intelligibles, à des formes vivantes de la substance et de la pensée divine. Les nombres intermédiaires ont leur origine dans les nombres idéaux ;

---

(1) *Soph.*, loc. cit.

les distinctions de l'entendement supposent un principe de distinction dans la raison même.

C'est là ce que nie Aristote. D'après lui, il n'y a pas de *nombres* idéaux. Ce qu'il rejette, à proprement parler, ce n'est pas l'Idée, conçue comme réalité intelligible. Qui a mieux démontré que lui l'existence d'un principe parfaitement actuel et réel, quoique purement intelligible? Mais, ce qu'il rejette formellement, ce sont les *Idées*, c'est le *monde* intelligible, c'est la multiplicité idéale dans l'essence et dans la pensée divine. En dehors des genres, chose divisible et par là même abstraite, il n'y a pour lui que la simplicité absolue de l'individuel. On peut donc admettre les nombres mathématiques et logiques, comme conceptions de l'entendement; et au-dessus, on doit placer l'Intelligible, mais non pas *les intelligibles*, les *nombres* idéaux. Le nombre ne peut pénétrer, même sous une forme éminente, dans l'unité parfaitement individuelle de la pensée pure.

Aristote est donc d'accord avec Speusippe pour rejeter les nombres idéaux; seulement, au lieu de prendre pour principe l'unité de la pure *puissance*, germe enveloppant tous les contraires, il prend pour principe l'unité de l'acte pur. Par là il demeure platonicien beaucoup plus que Speusippe, puisque le platonisme consiste essentiellement à admettre la réalité de l'intelligible ou de l'idéal, dût-on exclure la multiplicité des intelligibles.

On voit sur quel point se concentre l'opposition de Platon et d'Aristote. De la distinction des genres et des notions logiques, Platon conclut à une distinction d'essence, de pensée et de puissance dans le premier principe. Aristote, au contraire, enferme cette distinction dans les limites de l'entendement humain;

il ne lui permet pas de franchir ces limites pour passer dans l'Intelligible même. Ce que Platon objective, Aristote le réduit à un phénomène tout subjectif de l'intellect humain. Autre chose, dit-il, sont les conditions de la science discursive ; autre chose les conditions de l'existence. Encore une fois, tout le problème est là. Faut-il conclure des nécessités de nos conceptions logiques à une nécessité réelle et métaphysique, des nombres intermédiaires aux nombres idéaux ?

Sur cette question dernière et fondamentale, les objections d'Aristote n'auraient certainement pas pu convaincre Platon. — Dans le Premier Principe, eût répondu celui-ci, doit se trouver la raison intelligible et la puissance productive de toutes choses, *sans aucune exception;* or, il y a dans nos pensées et dans leurs objets un mélange de multiplicité et d'unité qui en fait quelque chose d'analogue aux nombres ; il doit donc y avoir dans le Premier Principe, dans l'Intelligible suprême, non-seulement une raison d'unité, mais aussi une raison de multiplicité et de différence qui constitue l'*Idée*. Ce premier principe doit être tout à la fois un et tout, du moins *éminemment*; en tant qu'*un*, il est individuel ; en tant que *tout*, il est universel. Il y a donc un principe *intelligible* de la multiplicité, en même temps que de l'unité. Il y a en Dieu une pluralité éminente de formes et de pensées qui se concilie avec la simplicité absolue de son être. Dieu enveloppe les possibles dans son essence, il les connaît par sa pensée, il les réalise par la puissance motrice de l'âme, et forme le monde sensible sur le modèle d'un *monde* intelligible.

De là la nécessité d'admettre tout à la fois l'Idée et *les* Idées, ou, en une seule expression, l'*Idée des Idées*. Supprimez cette pluralité éminente et intelligible des formes, et vous rendez inexplicable la distinction des notions logiques dans l'esprit humain. Supprimez la réalité et l'individualité de l'universel, et vous rendez inexplicable la conception même des genres. La logique a donc sa raison dernière dans la métaphysique, avec laquelle elle finit par se confondre; et il faut admettre tout à la fois les nombres sensibles, qui existent dans les choses particulières; les nombres logiques, qui existent dans l'esprit de l'homme et ne sont d'ailleurs que de pures virtualités, et enfin les nombres métaphysiques, qui existent actuellement dans la substance et dans la pensée de Dieu.

Telle est la réponse que Platon aurait pu faire aux objections d'Aristote tirées de la nature de la connaissance.

# CHAPITRE III.

### II. — CRITIQUE DE LA PREUVE DES IDÉES TIRÉE DES CONDITIONS DE L'EXISTENCE.

I. Premier caractère de l'Idée : l'universalité. L'essence des choses peut-elle être un principe universel? — Que l'être est un. Deux espèces d'unité : individuelle et universelle. Comment Aristote place l'essence dans la forme individuelle. — II. Comment, par une analyse plus approfondie de l'essence, il revient à la pensée de Platon sur le principe universel de notre être. — III. Deuxième caractère de l'Idée : la transcendance. Que l'essence des choses ne peut être un principe transcendant et séparé. Sens divers dans lequel Platon et Aristote prennent le mot essence. Principe interne ou principe externe de l'être. — Comment l'opposition de Platon et d'Aristote sur ce point se résout dans un accord final.

L'Idée, d'après Platon, est le principe de l'existence comme elle est le principe de la connaissance; elle est ce qui constitue l'être des choses, ou leur essence. Or, placer l'essence des choses dans l'Idée, c'est croire 1° que l'essence est quelque chose d'*universel;* 2° qu'elle est en elle-même séparée des objets, χωρισ-τόν, supérieure et extérieure à eux, ou transcendante. D'après Aristote, ces deux caractères de l'Idée platonicienne ne peuvent convenir à la véritable essence des choses, qui doit être en premier lieu individuelle et en second lieu intérieure aux objets, ou immanente.

I. C'est par « la considération de l'unité dans la pluralité » que Platon est amené à placer l'essence des choses dans un principe universel, ou Idée.

Le multiple ne peut fournir la raison des choses, car il a lui-même besoin d'une raison qui l'explique en le ramenant à l'unité. Cela seul existe, qui est un ; et la pluralité n'existe que par l'unité qu'elle contient. L'unité est donc la même chose que l'être. — Sur ce premier point, Aristote est d'accord avec Platon. « Tout ce qui est, dit-il, est un ; et tout ce qui
» est un, est. » Mais que faut-il entendre par cette unité qui constitue l'être? Ici recommence le désaccord.

On appelle *un* ce dont la notion (λόγος) est une, en d'autres termes, l'objet d'une seule et même pensée. Or, il y a deux choses qui offrent ce caractère :

1° L'indivisible en nombre, ou l'*individu* (τὸ καθ' ἕκαστον);

2° L'indivisible en forme, ou l'*universel* (τὸ καθόλου) (1).

D'après Platon, c'est l'universel qui est l'*Être*, l'Essence. « Mais il est impossible, dit Aristote,
» qu'aucun universel, quel qu'il soit, soit essence
» (οὐσία). Et d'abord, l'essence première d'un individu,
» c'est celle qui lui est propre, qui n'est point l'es-
» sence d'un autre ; l'universel, au contraire, est com-
» mun à plusieurs êtres ; car ce qu'on nomme univer-
» sel, c'est ce qui se trouve, dans la nature, en un
» grand nombre d'êtres. De quoi l'universel sera-t-il
» donc essence? Il l'est de tous les individus, ou il ne
» l'est d'aucun ; et qu'il le soit de tous, cela n'est pas
» possible. Mais, si l'universel était l'essence d'un in-
» dividu, tous les autres seraient cet individu, car
» l'unité d'essence constitue l'unité d'être. D'ailleurs,
» l'essence, c'est ce qui n'est pas l'attribut d'un sujet ;
» or l'universel est toujours l'attribut de quelque

(1) *Mét.*, X.

» sujet (1). » Le véritable être n'est donc point quelque chose de général. Socrate est Socrate, non par ce qu'il a de commun avec tous les hommes, mais par ce qu'il a de particulier. Il y a en lui quelque chose de simple et d'indivisible par où il s'oppose à tout le reste. Chaque être, chaque substance, a une manière d'être fondamentale et habituelle, qui est sa forme et son essence. Cette forme essentielle ou substantielle, Aristote l'appelle *nature* dans les êtres inférieurs (2), *âme* dans les plantes, les animaux et l'homme. Elle est l'objet d'une intuition immédiate, et quoiqu'elle soit le but où tend la définition, elle échappe cependant par son caractère de simplicité à la définition et à la *notion*, qui sont des nombres (3). Seulement, plus les opérations logiques se rapprocheront de ce terme, plus la définition sera voisine de la dernière *différence*, et plus la science elle-même sera voisine de son objet, l'essence des choses. Or, la différence, par rapport au genre, constitue l'espèce ; c'est donc l'espèce qui est l'élément *essentiel* de la définition. Pourtant, ne l'oublions pas, l'espèce n'est pas l'essence même, parce qu'elle contient encore de la généralité. Toute généralité est une puissance plus ou moins voisine de l'acte, mais qui n'est pas en acte. L'espèce est plus voisine de l'acte que le genre proprement dit, et voilà pourquoi elle est l'objet principal de la science discursive ; mais elle n'est pas encore en acte, et elle n'est pas l'objet de la science intuitive. L'essence d'une chose, c'est elle-même dans l'exercice de son activité propre ; l'essence *réelle* n'est donc au-

---

(1) *Mét.*, VII, ch. XIII.
(2) Τὴν γὰρ φύσιν μόνην ἐν τοῖς φθαρτοῖς ἄν τις θείη οὐσίαν. *Mét.*, VIII, 169, 15.
(3) Ὅ τε γὰρ ὁρισμὸς ἀριθμός τις (διαιρετός τε γὰρ καὶ εἰς διαίρετα). *De part. an.*, VIII, 169, 30.

tre chose que l'individualité (1). En déterminant la forme spécifique, la définition, élevée par Platon au rang d'essence sous le nom d'Idée, ne détermine qu'une forme encore extérieure de l'essence; elle ne détermine qu'un indéfini, une possibilité qui embrasse dans sa sphère l'existence, mais ne la constitue pas, puisqu'elle embrasse aussi la non-existence. L'essence et l'existence ne se confondent que dans l'absolue indivisibilité de l'acte, et l'acte n'est pas l'objet des notions ni de la science; c'est l'objet de l'expérience et de l'immédiate intuition (2).

En définitive, la *forme* est individuelle dans sa réalité, et ne devient générale qu'au point de vue logique de la virtualité. Elle est individuelle pour l'intuition et la sensation, générale pour la science et la définition. Quant à l'universalité dont parle Platon, ce n'est qu'une simple analogie entre les individus, un rapport extérieur et logique.

Par cette conception aristotélique de l'essence, opposée à celle de Platon, l'être semble dispersé dans les individus comme dans autant d'atomes. Aristote ne pouvait être satisfait complétement de ce point de vue : il a toujours soin de s'y placer pour réfuter Platon, dont il considère les *Idées* universelles comme des *genres* abstraits, malgré la distinction précise qu'il en a faite lui-même; (3) mais, lorsqu'il pé-

---

(1) *De gen. an.*, II, I. Ἡ γὰρ οὐσία τῶν ὄντων ἐν τῷ καθ' ἕκαστον. Ravaisson, t. 1, ch. III.

(2) Τούτων δ' οὐκ ἔστιν ὁρισμός, ἀλλὰ μετὰ νοήσεως ἢ αἰσθήσεως γνωρίζονται.

(3) Platon a distingué dans le *Timée* le sens large, indéfini et général du mot *être*, et son sens strict, défini, universel. Ce n'est point la *généralité* de l'être, mais la plénitude et la perfection de l'être, qu'il attribue au premier principe. L'universalité ne consiste pas dans la seule généralité, mais dans la bonté. Ce n'est pas Platon, mais Speusippe, comme nous l'affirme Aristote lui-même, qui séparait l'unité du bien; et c'est encore Aristote qui nous apprend la distinction profonde de l'Idée trans-

nètre dans toute la profondeur du grand problème métaphysique : — qu'est-ce que l'essence? — les choses lui apparaissent sous un aspect entièrement nouveau, et il rentre de plus en plus, quoique incomplétement encore, dans l'esprit du Platonisme.

II. La définition des êtres naturels, c'est d'avoir en eux-mêmes le principe de leur mouvement. « Nous » voyons évidemment qu'il existe des choses qui se » meuvent elles-mêmes (1). » « Vouloir prouver l'exis- » tence de la *nature* [c'est-à-dire du mouvement spon- » tané, naturel], c'est chose ridicule (2). » Or, c'est par la fin où il tend que l'être se meut ; il se meut en tant que puissance, et la fin de la puissance est l'acte. L'acte est donc la fin du mouvement naturel, et par là même il en est le principe, la cause efficiente. L'acte, étant la fin et le bien de l'être qui enveloppe encore de la puissance, fait naître en lui un désir d'où résulte le mouvement ; et c'est ce désir qui est l'essence même de l'être imparfait (3).

Or, qu'est-ce que l'acte, principe, fin et essence du désir et du mouvement naturel?

Considéré en lui-même, l'acte d'une chose est la perfection et pour ainsi dire le *maximum* de cette chose. Par exemple, tant que la pensée demeure im-

cendante et du nombre mathématique ou logique, immanent aux choses. Τὰ εἴδη, μὴ ἐνυπάρχοντά γε τοῖς μετέχουσιν. *Mét.*, I, 29. Οὐδὲ δὴ τὸ κοινὸν ἀγαθὸν ταὐτὸ τῇ ἰδέᾳ, πᾶσι γὰρ ὑπάρχει κοινόν. *Eth. Eud.*, I, viii. « Le bien général n'est pas la même chose que l'*Idée* du Bien ; car le bien général se trouve commun à tous les êtres (sans existence propre et séparée). » Ἔτι δὲ παρὰ τὰ αἰσθητὰ καὶ τὰ εἴδη τὰ μαθηματικὰ τῶν πραγμάτων εἶναί φησι μεταξύ, διαφέροντα τῶν μὲν αἰσθητῶν τῷ ἀίδια καὶ ἀκίνητα εἶναι, τῶν δ' εἰδῶν τῷ τὰ μὲν πολλ' ἄττα ὅμοια εἶναι, τὸ δὲ εἶδος αὐτὸ ἓν ἕκαστον μόνον. *Mét.*, I, 6. Cf. *ib.*, I, 31, l. 24 ; III, p. 46, l. 12, 24.

(1) *Phys.*, VIII, 6.
(2) *Id.*, II, 1.
(3) Ravaisson, *ibid.*, II, 1).

parfaite, il reste en elle une possibilité de développement, une *puissance* : elle n'est pas *pensée* absolument et simplement, elle ne l'est qu'avec des restrictions et des limitations qui en font quelque chose de multiple et de divers. La pensée parfaite, au contraire, c'est l'acte même de la pensée, sans mélange de puissance. Or, toute pensée imparfaite a son principe, sa fin, son essence dans l'acte de la pensée, et par conséquent dans la perfection de la pensée. Il en est ainsi de tout le reste, et on peut dire que chaque chose a son essence dans sa perfection même ou son acte (1).

A ce point de vue, l'acte est-il quelque chose d'individuel? — Oui, sans doute; et on doit même dire que l'acte pur, la pure forme, c'est l'individualité absolue, l'absolue unité. Mais, considérez l'acte par rapport aux puissances dont il est la fin et la forme : un même acte sera la fin d'une multitude de puissances. Par exemple, l'acte de la pensée sera l'essence de toutes les intelligences humaines, qui par elles-mêmes sont de pures virtualités. Cet acte, individuel en lui-même, n'appartiendra donc en propre à aucune individualité imparfaite : il sera le centre commun vers lequel les intelligences convergent, et où elles sont ramenées à l'unité. Il y a dans la nature une progression et une hiérarchie de formes, dans laquelle chaque terme est un acte par rapport au terme inférieur, et une puissance par rapport au terme supérieur. A mesure qu'on s'élève, la puissance est peu à peu éliminée, l'individualité est de plus en plus grande; et au sommet de cette progression, la puissance disparaît derrière l'acte pur, identique avec le Bien et avec la per-

(1) Voir plus loin de nouveaux détails sur ce sujet : *Théodicée d'Aristote*.

fection. C'est là l'individualité absolue, sans doute ; mais en même temps n'est-ce pas l'universalité absolue, puisque la perfection est l'essence suprême de *toutes* choses ? Le monde nous apparaît alors comme la manifestation de l'Acte parfait, « particularisé,
» multiplié, diversifié dans les puissances de la ma-
» tière, un et indivisible en lui-même, semblable à la
» lumière qui, simple et une, produit la variété infinie
» des couleurs par son alliance avec tous les degrés
» de l'obscurité (1). »

L'identité de l'individuel et de l'universel se réalise ainsi dans l'Acte pur, dans la forme parfaite.

Cette théorie de la forme qu'Aristote oppose à la doctrine de Platon, est-elle autre chose que le plus pur platonisme ?

Aristote reprochait à Platon d'avoir voulu prouver l'existence des Idées en représentant l'unité comme condition d'existence pour la pluralité.— Sans doute, disait-il, l'unité est la condition nécessaire de l'être ; mais il y a deux espèces d'unités, l'unité individuelle et l'unité universelle. La première seule est *essence*, et Platon a eu tort de confondre l'essence avec la seconde.—Ainsi parle Aristote ; mais, quand il analyse à son tour cette notion de l'individualité sur laquelle repose tout son système, quand il élimine par une progression dialectique toutes les traces d'imperfection et de virtualité qui la restreignent et la bornent, arrivé enfin au terme de l'individualité absolue, il y retrouve l'unité de l'universel, l'essence infiniment simple présente à toutes les puissances de la matière, le Bien parfait qui se communique à toutes choses et se prodigue sans s'appauvrir.

Son objection à Platon, faite d'un point de vue

(1) Ravaisson, t. II, 7.

tout relatif, disparaît donc quand il se place dans l'absolu. La notion d'individualité et celle d'universalité, d'abord ennemies, finissent par se réconcilier dans le premier principe des choses. — Mon être est individuel, dit Aristote, puisqu'il est mien. — Mon être n'est pas individuel, dit Platon, puisqu'il n'existe que par l'universel; je ne le constitue pas, il m'est seulement communiqué, il n'est pas mien. — Or, Aristote arrive par l'analyse métaphysique des principes au même résultat que Platon : l'être des individus sensibles a son principe dans l'individualité de l'Acte pur et intelligible; il est donc communiqué, dépendant et relatif. A ce point de vue, l'imparfait a son principe dans le parfait, le sensible dans l'intelligible, l'individuel dans l'universel; Aristote et Platon s'accordent pour l'affirmer. Sans doute ils conçoivent toujours d'une manière différente notre être propre; mais ils conçoivent de la même manière le principe de notre être, l'existence parfaite à laquelle la nôtre est empruntée, le *maximum* dont elle est comme une diminution, qu'il s'appelle Idée ou acte.

III. Le second caractère de l'Idée est la *transcendance*, qui fait que, tout en se communiquant aux objets, elle existe à part en elle-même. Or, ce caractère, d'après Aristote, ne peut pas plus convenir à l'essence que celui de l'universalité. « Les idées ne » sont point l'essence des objets, sinon elles seraient » *en eux*... Il est impossible, ce semble, que l'essence » soit séparée de ce dont elle est l'essence : comment » donc les idées, qui sont l'essence des choses, pourraient-elles en être séparées (1)? »

(1) *Ibid.*

Toute la difficulté roule sur le sens exact de ce mot, si employé et si obscur : l'essence.

Par essence (οὐσία), Platon entend ce qui existe *par soi* et ce par quoi tout le reste existe ; Aristote entend ce qui existe *en soi.*

Or, la nature individuelle n'existe pas *par* elle-même, et voilà pourquoi Platon refuse le nom d'*essence* à un être dérivé.

Mais la nature individuelle existe *en* elle-même, et rien n'existe en soi que ce qui est individuel; voilà pourquoi Aristote donne à l'individu le nom d'*essence*.

L'essence de Platon est un absolu véritable, un principe vraiment premier au delà duquel on ne peut remonter ; et ce principe est extérieur aux individus sensibles, puisqu'ils n'ont pas en eux-mêmes la dernière raison de leur existence. En d'autres termes, l'*essence* de Platon est la *substance nécessaire* et transcendante en elle-même.

L'*essence* d'Aristote n'est pas absolue dans toute la force de ce mot. C'est la substance dérivée et contingente, *première* par rapport aux phénomènes et aux qualités qui en dérivent, mais *seconde* parce qu'elle a elle-même sa raison dans l'être nécessaire. C'est la substance première d'un être particulier, mais non la substance absolument première. C'est le terme auquel aboutit la pensée tant qu'elle ne sort pas de l'être particulier. Par exemple, il y a en moi quelque chose de premier, dont tout le reste est dépendant : c'est ma substance, au sens moderne de ce mot. Mais cette substance n'est pas première en elle-même : mon être est dérivé, il a son principe hors de lui-même, et c'est ce principe que Platon appelle l'*essence*.

L'opposition d'Aristote et de Platon vient donc de

ce que le premier considère le principe *interne* de l'être, le second, son principe *externe*.

Mais ici encore, après s'être séparés au début et placés comme aux deux pôles de la pensée, Platon et Aristote vont se rapprocher et se réconcilier dans une théorie moins exclusive. — Notre principe est extérieur à nous, disait Platon ; mais Platon arrive à comprendre que ce principe est en même temps intérieur. — Notre principe est interne, disait Aristote ; mais, lui aussi, il va prouver que ce principe est tout à la fois en nous et hors de nous.

Les Idées sont *séparées :* tel est le point de départ de Platon. Mais est-ce une séparation complète, qui exclue toute communication ? Platon, dans le *Parménide*, fait voir les absurdités qui résulteraient de cette hypothèse, et ce sont précisément celles qu'Aristote se plaît à montrer. Il faut en conclure que les *essences idéales* existent tout à la fois en elles-mêmes et dans les objets auxquels elles se communiquent, mais surtout en elles-mêmes. L'Être, qui est en moi, est aussi hors de moi, parce qu'il est plus que moi.

Mais alors, dit Aristote, comment l'essence peut-elle être tout à la fois en elle-même et en plusieurs ? — Cette objection, prévue et exprimée dans le *Parménide* (1), repose sur une fausse analogie entre l'immatériel et le matériel. Les mots : *en* soi, *hors* de soi, qui établissent des rapports d'espace ou de temps entre les essences, sont des images inexactes. Assurément l'imagination ne peut concevoir qu'une chose soit en elle-même et hors d'elle-même ; mais la raison conçoit la nécessité d'un être qui se communique sans s'épuiser, qui existe en lui-même par l'unité de sa

---

(1) Comme presque toutes les objections d'Aristote.

substance, et hors de lui-même par l'universalité de son action féconde. Aristote triomphe d'une difficulté commune à tous les systèmes : le rapport de l'unité divine à la pluralité sensible. Il critique la solution platonicienne, et cependant il l'adopte dans le douzième livre de sa *Métaphysique*. Lui aussi, il aboutit à cette contradiction apparente : l'essence est intérieure aux objets, et pourtant elle leur est extérieure.

En effet, la distinction, si nette au début de la *Métaphysique*, entre les principes internes et les principes externes des choses, s'efface peu à peu par le progrès de l'analyse aristotélique.

L'essence est un principe interne, dit Aristote; mais l'essence est l'*acte*; or l'acte n'est pas seulement interne : en le considérant avec attention, nous avons vu qu'il dépasse les limites de l'individualité imparfaite, et qu'il est le principe même de la perfection, le bien. C'est même parce qu'il est le *bien* qu'il est la cause finale et la cause efficiente du mouvement naturel. La fin qui agit sur l'être et l'attire à elle fait tout son être et ne se distingue pas du désir qu'elle excite (1). Le bien est donc tout à la fois cause formelle, finale et efficiente, principe interne et principe externe.

Aristote le déclare formellement à la fin du douzième livre de la *Métaphysique*. « L'univers, dit-il, n'a pas son souverain bien en lui ni hors de lui simplement, mais de l'une et de l'autre manière à la fois, et surtout hors de lui. Le bien d'une armée est dans son ordre, mais surtout dans son chef; car c'est l'ordre qui est par le chef, et non le chef par l'ordre (2). »
Platon dit-il autre chose? Le Bien, Idée des Idées, est

---

(1) Ravaisson, t. II, *ibid*.
(2) *Mét.*, XII, 256.

dans le monde et surtout hors du monde; il est près de nous, il est en nous, et cependant il n'est pas nous-mêmes, car il nous dépasse de l'infini. A ce sommet de la pensée, où brille l'unité féconde de l'Etre parfait, toute contradiction expire, et l'opposition de Platon et d'Aristote ne peut plus subsister.

Ainsi Platon et Aristote nous donnent le spectacle d'une évolution qui semble être la loi nécessaire de la pensée humaine. Approfondissez la notion de l'individuel, vous y retrouverez la notion de l'universel, et réciproquement. De même, approfondissez la notion de la substance immanente à l'être, et vous y retrouverez la notion de l'Être transcendant. Ici encore, il suffit de pousser les contraires jusqu'à l'absolu pour en apercevoir l'unité. Comment Dieu peut-il être en nous sans être nous; comment peut-il nous communiquer l'être sans perdre ce qu'il donne? L'entendement ne le comprend pas, mais la raison conçoit la nécessité de cet Être immanent et transcendant tout ensemble, de cette Idée intérieure aux choses et pourtant séparée. C'est ce que Platon a la gloire d'avoir montré le premier dans le *Parménide*, et son disciple a fini par revenir à la même conception d'un principe intérieur et extérieur tout à la fois, cause universelle des diverses individualités, individuelle d'ailleurs en elle-même, synthèse des opposés qui est l'un et l'autre sans être ni l'un ni l'autre (ἀμφότερα καὶ οὐδέτερα).

## CHAPITRE IV.

#### CRITIQUE DES CONSÉQUENCES DE LA DOCTRINE DES IDÉES.

#### I. DE QUOI Y A-T-IL IDÉE?

I. Y a-t-il des Idées de toutes choses, même des simples qualités. — II. Comment peut-il y avoir des Idées des négations. — III. Argument du troisième homme. — Réponses.

I. « D'après les considérations tirées de la science,
» il y aura des idées de tous les objets dont il y a
» science,.. non-seulement des essences, mais de beau-
» coup d'autres choses : car il y a unité de pensée,
» non-seulement par rapport à l'essence, mais encore
» par rapport à toute espèce d'être; les sciences ne
» portent pas uniquement sur l'essence, elles portent
» aussi sur d'autres choses. Mais, d'un autre côté,
» — et cela résulte même des opinions reçues sur
» les idées, — il est nécessaire, s'il y a participation
» des êtres avec les idées, qu'il y ait des idées seule-
» ment des essences; car ce n'est point par l'acci-
» dent qu'il y a participation avec elles : il ne doit y
» avoir participation d'un être avec les idées qu'en
» tant que cet être n'est pas l'attribut d'un sujet.
» Ainsi, si une chose participait du double en soi,
» elle participerait en même temps de l'éternité; mais
» ce ne serait que par accident, car c'est accidentel-
» lement que le double est éternel. Donc, il n'y a
» d'idées que de l'essence. Idée signifie donc essence
» et dans ce monde et dans le monde des idées ; au-

» trement que signifierait cette proposition : —
» L'unité dans la multiplicité est quelque chose en
» dehors des objets sensibles (1)? »

Platon eût parfaitement admis qu'il y a des Idées de tout ce dont il y a science, puisque pour lui toute connaissance n'est pas *science*, mais seulement celle qui a pour objet l'*essence*. D'ailleurs les autres connaissances, telles que l'opinion et la raison discursive, ne sont possibles que par la science véritable, ou raison intuitive. Il est donc vrai que toute connaissance se rapporte en définitive aux Idées. Aristote n'admet-il pas de même que toute connaissance aboutit en dernière analyse à l'acte de la pensée? — Mais alors il y a des Idées de toutes choses? — Pourquoi non? N'y a-t-il pas de l'*acte* en toutes choses? pourquoi n'y aurait-il pas en toutes choses participation à l'Idée, qui est le Bien réel, le Bien en acte?

Cependant, objecte Aristote, il ne peut y avoir participation que d'essence, puisque les Idées sont des essences. Une *qualité*, dans ce monde, ne peut donc pas correspondre à une *essence* dans le monde des Idées. Si les Idées sont des essences, leurs images ne peuvent pas être en partie essence, en partie autre chose (2).

La pensée de Platon a plus de profondeur qu'Aristote ne le suppose. Rien n'est, pas même une qualité, que par participation à une essence. En premier lieu, une qualité même purement *possible* doit avoir le fondement de sa possibilité dans une *réalité*, qui est l'Essence et la Pensée divine. Est-ce Aristote qui devrait contester ce principe, lui qui a démontré l'antériorité nécessaire de l'acte par rapport à la puissance?

---

(1) *Mét.*, I, vii.
(2) V. Alex. d'Aph., *Schol.*, 570.

— En second lieu, une qualité *réelle* et *actuelle* doit avoir, à plus forte raison, son fondement dans une essence réelle, dont elle n'est qu'une manifestation et comme une image. Aristote, lui aussi, a montré que toutes les catégories, — qualité, relation, quantité, etc., — sont suspendues à la catégorie première de l'essence et n'existent que dans leur rapport avec elle.

Donc la pensée, en remontant l'échelle dialectique, quel que soit le point de départ, aboutit à l'essence. En dehors de l'essence rien ne peut exister, et sans la pensée de l'essence aucune science n'est possible. Tout ce qui est qualité dans le relatif est essence dans l'absolu.

II. « D'après l'argument de l'unité dans la multi-
» plicité, il y aura des idées même des négations; et,
» en tant qu'on pense à ce qui a péri, il y aura des
» idées des objets qui ont péri, car nous pouvons nous
» en faire une image (1). » Les arguments de Platon ne prouvent donc rien, ou prouvent trop. — Sans doute on peut concevoir les qualités négatives sous la condition de l'unité, tout aussi bien que l'on conçoit, sous cette condition, des qualités positives (2). Mais, remarquons-le, les qualités, objets du jugement, sont les mêmes dans l'affirmation que dans la négation. Seulement, dans le premier cas, on les pose ; dans le second, on les retire. A chaque opération positive de notre esprit correspond une opération négative, qui a lieu par l'exclusion de la première. Entre ces deux opérations, il y a une chose commune : l'unité par laquelle on conçoit les qualités diverses.

(1) *Mét.*, I, vi.
(2) V. Lefranc, *ibid.*

L'unité sous laquelle on comprend une multiplicité négative n'est-elle pas la même unité qui existe entre les termes de la multiplicité positive? Il en résulte, non pas qu'il existe des Idées vraiment négatives, mais que la même Idée positive subsiste devant l'esprit comme commune mesure entre des termes multiples, et reste invariable alors même que l'esprit fait évanouir ces termes. Tant est grande l'indépendance de l'Idée par rapport aux objets qui en participent ou n'en participent pas.

Cet exercice négatif de la pensée doit avoir lui-même son principe dans quelque conception idéale. C'est ce que Platon reconnaît parfaitement. Il y a, dit-il, un non-être intelligible, qui n'est pas absolu, mais relatif à l'Être, et qui se mêle à toutes les Idées. C'est le principe de la multiplicité, de la relation, et par là même de la négation. Cette matière indéfinie, dont l'Idée suprême du Bien est seule affranchie, est ce qui rend possible l'exercice négatif de la pensée, comme la privation dans l'être réel. La théorie d'Aristote est analogue sur ce point à celle de Platon. L'objet de la pensée, c'est l'acte; mais l'acte peut être limité par la puissance, par la matière, et alors se produit la *privation*, qui est une *forme négative*. L'esprit peut concevoir ces formes privatives ou négatives, bien que son objet propre soit la forme positive, l'acte. D'où vient ce pouvoir? De la conception de la matière et de la puissance.

Ici encore, c'est Aristote lui-même qui réfute ses propres objections, en adoptant pour son compte la théorie qu'il attaque.

III. Si au-dessus de toute pluralité il faut une unité, on aboutit, d'après Aristote, à poser un *troi-*

*sième homme* au-dessus de l'homme sensible et de l'homme en soi.

Platon connaissait parfaitement cette objection, qu'il a exposée lui-même dans le *Parménide* avec beaucoup de force. Aristote la reprend. « Si les idées sont
» du même genre que les choses qui en participent,
» il y aura entre les idées et ces choses quelque rap-
» port commun. Car pourquoi l'unité et l'identité du
» caractère essentiel de la dyade existerait-elle entre
» les dyades périssables et les dyades qui sont à la
» fois plusieurs et impérissables (nombres intermé-
» diaires), plutôt qu'entre la dyade idéale et la dyade
» particulière ? S'il n'y a pas communauté de genre,
» il n'y aura de commun que le nom ; ce sera comme
» si l'on donnait le nom d'homme à Callias et à un
» morceau de bois, sans avoir remarqué aucun rap-
» port entre eux (1). »

Platon eût nié la valeur de cette conclusion. De ce que la dyade sensible et la dyade mathématique sont de même genre, il ne s'ensuit pas que la dyade sensible et la dyade idéale soient aussi de même genre. En effet, on dit que des êtres sont de même espèce ou de même genre lorsqu'ils sont tout à la fois indépendants les uns des autres et dépendants d'un principe commun. Ainsi les individus humains, séparés en tant qu'individus, relèvent également du genre de l'humanité. La dyade concrète et la dyade abstraite sont deux espèces d'un même genre, et doivent avoir un principe commun qui rende possible la dyade, soit concrète, soit abstraite. Ce principe, c'est la dyade idéale, qui n'est ni concrète à la manière de la dualité sensible, ni abstraite comme le nombre *deux* des

---

(1) *Mét.*, ibid.

mathématiciens, et de laquelle dépendent toutes les dyades sensibles ou mathématiques. Or, si deux êtres existent dans de telles conditions l'un à l'égard de l'autre que le second tire son être du premier, on ne pourra plus dire qu'ils soient de la même espèce. C'est ce qui arrive quand on compare l'être absolu à l'être relatif. Le premier existe par lui-même, et le second existe par le premier. Chercher un principe supérieur, c'est vouloir remonter au-dessus de l'absolu, comme si l'absolu n'était pas suffisant (ἱκανόν) et pour lui-même et pour le relatif. Ce prétendu principe supérieur n'aurait ni plus d'extension ni plus de compréhension que le terme absolu, déjà posé. Il n'aurait pas plus d'extension, car le terme absolu est présent à tous les objets, réels ou possibles, qui en participent : ainsi l'intelligence en soi est présente (Aristote lui-même l'admet) à toutes les intelligences réelles ou possibles. Il n'aurait pas plus de compréhension, car, en ajoutant au terme absolu le terme relatif, vous ne lui ajoutez réellement rien : vous faites seulement rentrer l'effet dans la cause, le phénomène contingent dans l'essence nécessaire. Ainsi, en ajoutant à l'immensité un espace fini, vous ne l'augmenteriez nullement. Le nombre idéal et les nombres sensibles sont donc en quelque sorte incommensurables, et l'argument du *troisième homme* est un pur sophisme. On ne se perd pas plus dans l'indéfini en remontant d'*Idée* en *Idée* que d'*acte* en *acte*, et Platon a bien le droit de dire, comme Aristote, quand il est arrivé à l'absolu : Il faut s'arrêter, ἀνάγκη στῆναι, sans demander un terme supérieur (1).

Entre l'absolu et le relatif il y a, disons-nous, une

---

(1) Cf. t. I, livre III.

différence, non pas seulement de degré et d'espèce, mais de nature. — Alors, objecte Aristote, pourquoi donner le même nom à des objets aussi différents? — Platon aurait pu répondre qu'en effet l'absolu et le relatif ne sont pas *univoques*, à parler rigoureusement. Et cependant, il y a quelque chose de légitime dans les noms que nous donnons aux choses absolues. L'intelligence en soi n'est pas semblable à l'intelligence dérivée; mais, comme elle en est le principe, elle mérite d'être appelée, soit une intelligence, soit quelque chose de supérieur à l'intelligence et qui la contient éminemment. Notre langage est donc justifié, sinon par un rapport de genre, du moins par un rapport de causalité entre les Idées parfaites et les choses imparfaites.

## CHAPITRE V.

Suite. II. LES RAPPORTS DES IDÉES AUX OBJETS NE PEUVENT EXPLIQUER LA RÉALITÉ.

I. — Les Idées ne sont point de vraies CAUSES EXEMPLAIRES; critique de la participation. — Critique des différentes hypothèses par lesquelles Platon explique le rapport des Idées aux choses. — 1° *Imitation.* Réponse à ce principe d'Aristote que c'est le semblable qui engendre le semblable. — 2° *Participation.* — 3° *Mélange* des Idées.
II. Les Idées ne sont point de véritables CAUSES MOTRICES.
III. Les Idées ne sont point de véritables CAUSES FINALES.
IV. Critique de la THÉORIE DES NOMBRES.

PREMIER REPROCHE.
*Les Idées ne sont point de vraies causes exemplaires; critique de la participation.*

« Une des plus grandes difficultés à résoudre, ce
» serait de montrer à quoi servent les idées aux êtres
» sensibles éternels, ou à ceux qui naissent et pé-
» rissent... Elles ne sont d'aucun secours pour la con-
» naissance des autres êtres. »

I. D'abord, comment expliquer la communication de l'être universel à autre chose que lui-même? « On
» appelle, dit Aristote, les objets sensibles une *imita-*
» *tion* des êtres intelligibles; pour expliquer les êtres
» qui tombent sous nos sens, on introduit d'autres
» êtres en nombre égal; comme quelqu'un qui, vou-

» lant compter et n'ayant qu'un petit nombre d'ob-
» jets, croirait l'opération impossible, et en aug-
» menterait le nombre pour pouvoir compter (1). ».
Les prétendues causes exemplaires des choses ne sont
que des généralités suivies d'un mot, *en soi* (par
exemple, l'*animal en soi*), comme ces dieux que le
vulgaire se représente tout semblables à des hommes,
mais à des hommes éternels (2). —
Rien de plus injuste que cette critique d'Aristote.
Platon ne se borne pas à doubler les objets sensibles,
et n'admet pas une sorte de polythéisme métaphysique. Peu de philosophes ont été plus préoccupés
que lui de l'unité, et Aristote ne manquera pas de le
lui reprocher bientôt. La multiplicité des objets sensibles est réduite à l'unité par l'Idée, et la multiplicité des Idées est à son tour réduite à l'unité par l'Idée
du Bien qui embrasse toutes les autres. Platon ne
s'est donc pas borné à doubler le monde sensible ; il
l'a rattaché à un principe unique. Mais il a conçu en
même temps ce principe comme contenant en lui-
même une diversité idéale qui rend possible la diversité des choses contingentes. Est-ce donc là une erreur
ridicule? Tout a sa raison dans l'Intelligible ; donc
la multiplicité elle même doit avoir sa raison dans
l'Intelligible et doit s'y concilier avec l'unité. Telle est
la doctrine platonicienne; elle ne mérite pas les moqueries d'Aristote.
— Les Idées, dit encore ce dernier, ne sont que des
généralités (comme l'*homme*, l'*animal*) suivies du mot
*en soi* (l'homme *en soi*, l'animal *en soi*). — Mais ce
mot, quoi qu'en dise Aristote, change complétement
le sens de l'expression. Le mot *en soi* prouve que les

(1) *Mét.*, I, vii.
(2) III, p. 41, l. 19.

Idées ne sont nullement de simples généralités, mais les *principes* des genres, les causes exemplaires de ce qu'il y a de commun dans les êtres. L'homme *sensible* et l'homme *en général* diffèrent comme le concret de l'abstrait; mais l'homme *idéal* est d'une tout autre nature : ce n'est pas l'*homme*, à proprement parler, mais la raison et le principe de l'humanité, la cause qui en contient éminemment l'essence; en d'autres termes, c'est Dieu même, en tant que principe du genre humain, qu'il enveloppe dans son essence et dans sa pensée. A ce point de vue, il n'y a plus rien d'absurde à se représenter les objets imparfaits comme des *images* et des *copies* de l'Être parfait, auquel ils ressemblent nécessairement par quelque côté. — Mais cette hypothèse de la μίμησις n'est qu'une métaphore pythagoricienne, et non une explication scientifique. — Sans doute, et Platon est le premier à reconnaître ce qu'il y a d'inexact dans cette représentation sensible du rapport de Dieu au monde; elle n'en contient pas moins quelque chose de vrai.

C'est ce que nie énergiquement Aristote. D'après lui, il n'y aurait point de modèle idéal contemplé par Dieu, car Dieu ne connaît même pas le monde. Sans doute, la nature est constante dans ses opérations et se ressemble toujours à elle-même; mais cette ressemblance n'exige point un type idéal sur lequel se façonnent les individus. C'est le semblable qui, sans le savoir, engendre son semblable (1). « Il se peut, ou
» qu'il existe un être semblable à un autre sans avoir
» été modelé sur cet autre : ainsi, que Socrate existe
» ou non, il pourrait naître un homme tel que So-

---

(1) *Mét.*, XII, 242, 1. 21. Φανερὸν δὴ ὅτι οὐδὲν δεῖ διά γε ταῦτ' εἶναι τὰς ἰδέας· ἄνθρωπος γὰρ ἄνθρωπον γεννᾷ, ὁ καθ' ἕκαστον τόν τινα.

» crate. Cela n'est pas moins évident quand même
» il existerait un Socrate éternel (1). »

Toujours la même confusion des choses éternelles et des objets sensibles! Parce qu'un individu peut naître indépendamment d'un autre, dans tel point de l'espace et du temps, Aristote en conclut qu'il pourrait naître aussi indépendamment du principe éternel d'où dérive le genre. On ne peut s'empêcher de reconnaître là un sophisme. En outre, remarquons le soin que prend Aristote de choisir pour exemples des *Idées d'individus*, des individus éternels, comme Socrate ou Callias. Il est douteux que Platon admît une Idée pour chaque individu; et s'il en admettait, il ne les considérait comme des individus éternels séparés les uns des autres et soumis aux mêmes conditions que les individus sensibles. L'argument d'Aristote est donc sans valeur : l'indépendance mutuelle des individus ne prouve nullement leur indépendance par rapport aux causes exemplaires, aux Idées.

Mais à quoi bon une cause exemplaire? demande Aristote. C'est l'individu qui engendre l'individu. Voilà la véritable explication de la constance des genres.

Cette explication, il faut l'avouer, n'explique absolument rien. Platon sait, tout comme Aristote, que l'homme engendre l'homme. Mais c'est précisément ce dont il faudrait trouver la raison. Remonter d'individu en individu, c'est reculer indéfiniment le problème; ce n'est pas le résoudre. Aristote n'a-t-il pas lui-même démontré la nécessité d'une cause première supérieure à la série indéfinie des causes secondes? C'est en vertu de ce grand principe rationnel que Pla-

---

(1) *Mét.*, I, 30.

ton pose la cause idéale au-dessus des individus sensibles ; et il la représente dans le *Théétète* comme une *fin* en vue de laquelle se produit la *génération*. Pourquoi Aristote se refuse-t-il à reconnaître dans Platon le germe de sa propre doctrine?

La seule différence essentielle entre ces deux théories, c'est que, pour Aristote, la cause finale attire le monde et par là lui donne une forme sans le savoir ; tandis que Platon conçoit la cause formelle comme une cause qui forme le monde avec la conscience de ce qu'elle produit. — Quel est alors, demande Aristote, cet artiste qui a les yeux fixés sur les Idées (1)? Ce ne peut être la nature, qui ne délibère et ne raisonne pas. Faut-il donc prendre au sérieux les allégories du *Timée*, et se représenter les dieux et les démons fabriquant, sur des types préexistants, les hommes, les animaux et les plantes (2)? — Oui, certes, il y a quelque chose de sérieux dans les allégories de Platon. Cet artiste qui copie les Idées, c'est Dieu même ; Aristote ne l'ignore pas ; mais, comme il refuse à Dieu la connaissance du monde, il n'a que du dédain pour la doctrine de Platon et ne paraît même pas la comprendre.

Les autres objections d'Aristote à l'hypothèse de la μίμησις offrent le même caractère superficiel, ou, pour parler comme lui, *exotérique* et *logique*. — Chaque être contient plusieurs éléments ou parties intelligibles : son espèce, son genre, sa différence spécifique : « Il y
» aurait donc plusieurs modèles pour un même être,
» et par suite plusieurs idées pour cet être ; pour
» l'homme, par exemple, il y aurait tout à la fois l'ani-
» mal (genre), le bipède (différence), et l'homme en

---

(1) Τί γάρ ἐστι τὸ ἐργαζόμενος πρὸς τὰς ἰδέας ἀποβλέπων;
(2) V. Ravaisson, *id.*, I, 302.

» soi (espèce) (1). » —Qu'y a-t-il d'étrange à concevoir un être comme participant à plusieurs déterminations de l'essence ou de la pensée éternelle, infiniment riche dans sa simplicité?

« De plus, ajoute encore Aristote, les idées ne
» seront point seulement les modèles des êtres sen-
» sibles, elles seront encore les modèles d'elles-
» mêmes ; tel sera le genre, en tant que genre d'i-
» dées (2) ; de sorte que la même chose sera à la
» fois modèle et copie (3). » Cette difficulté n'est pas sérieuse. Platon représente lui-même chaque Idée comme contenant des Idées inférieures et contenue dans une Idée supérieure ; mais il nous avertit que c'est là une pure apparence pour l'entendement humain (4). Il n'y a pas entre les Idées de précession et de succession réelles, comme si elles étaient dans l'espace et le temps ; il n'y a que des rapports idéaux, qui n'en ont pas moins leur valeur parce qu'ils expriment les lois éternelles de l'être et de la pensée.

II. Après l'hypothèse de la μίμησις, plus pythagoricienne que platonicienne, Aristote fait la critique de la *participation* (μέθεξις). « Les pythagoriciens disent
» que les êtres sont à l'*imitation* des nombres ; Platon,
» qu'ils sont par participation avec eux... Le seul
» changement qu'il ait introduit dans la science, c'est
» ce mot de participation (5). » Or, dire que les

(1) *Mét.*, ibid.
(2) C'est-à-dire que l'espèce *homme*, contenant un genre et une différence, sera la copie de deux Idées, et par conséquent sera tout ensemble exemplaire et copie.
(3) *Mét.*, I, 31.
(4) V. plus haut, p. 177.
(5) *Mét.*, I, vi. — Remarquons en passant l'injustice de cette appréciation. Tout le platonisme consisterait dans un nom de changé ! — Aristote se réfute lui-même quelques lignes plus loin en exposant la théorie capitale des *trois nombres* platoniciens, et de l'Idée *séparée*

choses participent des Idées, « c'est se payer de mots
» vides de sens, et faire des métaphores poétiques (1). »
Cette fiction vaine succombe, d'après Aristote, sous
les mêmes critiques que celle de la μίμησις. Si l'homme
participe à plusieurs Idées, comme celle de l'animal
et du bipède, « qu'est-ce donc qui fait l'unité de
» l'homme, et pourquoi est-il un : et non multiple?...
» Dans l'hypothèse dont nous parlons, l'homme ne
» peut absolument pas être un : il est plusieurs, ani-
» mal et bipède. » L'Idée elle-même, qui devrait être
une, sera multiple, participant à plusieurs Idées.
Toute chose est donc formée d'une pluralité d'éléments incompatible avec l'unité de l'essence.

Ici encore, Aristote fait jouer aux Idées un rôle
analogue à celui des éléments matériels que séparent
l'espace et le temps. Ce n'est point là la vraie pensée
de Platon : celui-ci conçoit la perfection comme une
en elle-même, parce qu'aucune détermination ne lui
manque, et qu'aucune opposition ne peut exister dans
ce qui réunit toutes les perfections au degré suprême;
mais la perfection renferme éminemment la diversité,
en ce qu'elle contient des déterminations de toutes
sortes. Un être peut participer à ces diverses perfections, et en particulier à l'unité et à la diversité. Par
là, il sera un et divers comme le Bien même, quoique
à un degré inférieur. L'homme renfermera la diversité
de la *différence*, *du genre* et de l'*espèce*, dans l'unité
de l'individu; il sera un et plusieurs tout à la fois et
sous des rapports différents.

— La participation, dit encore Aristote, est inventée pour expliquer l'essence, mais elle la suppose au
lieu de l'expliquer. En effet, c'est seulement par son
essence que l'objet peut participer de l'Idée; s'il en

(1) *Id.*, I, vii.

participait en tant que sujet (τὸ ὑποκείμενον), les Idées deviendraient de simples attributs, tandis qu'elles doivent demeurer des essences. Or, d'après la participation, il faut supposer un *sujet* qui participe des Idées et les reçoive ; donc les Idées sont de simples attributs (1). — Platon eût répondu que la matière est *informée* par les Idées et en reçoit l'essence, de même que la *puissance* d'Aristote est *informée* par l'acte et en reçoit l'essence. L'Idée n'est pas pour cela attribut, pas plus que l'acte ; la doctrine de Platon et celle d'Aristote sont analogues sur ce point. Quant à *déterminer* la nature de ce *sujet indéterminé* qui reçoit les Idées ou qui s'actualise sous l'influence de la forme, c'est ce qu'Aristote n'a pas fait plus que Platon. Ni l'un ni l'autre, ni personne, n'ont expliqué le *comment* de la création.

III. Si la participation, d'après Aristote, suppose l'essence, qu'elle seule devrait donner, il ne reste plus à Platon, pour expliquer les objets sensibles, qu'à les résoudre dans les Idées mêmes par le *mélange* des Idées. Plus de sujet réel pour recevoir l'empreinte du type idéal, ou pour y participer. Il faut donc mettre les Idées en commerce immédiat les unes avec les autres, et faire résulter de leur mélange toute réalité. Telle est, d'après Aristote, la dernière forme à laquelle doit se réduire le système platonicien, et dont toutes les autres ne sont que les enveloppes. Platon fait consister le monde intelligible, en dernière analyse, dans les proportions de l'union des Idées ; connaître ces proportions est l'œuvre de la *vraie musique*, de la

---

(1) Ἅμα δὲ δῆλον καὶ ὅτι εἴπερ εἰσὶν αἱ ἰδέαι οἵας τινές φασιν, οὐκ ἔσται τὸ ὑποκείμενον οὐσία. (le sujet ne sera essence, *être*, à aucun titre). Ταύτας γὰρ οὐσίας μὲν ἀναγκαῖον εἶναι, μὴ καθ' ὑποκειμένου δέ· ἔσονται γὰρ κατὰ μέθεξιν. *Ibid.*

philosophie, de la dialectique. Au contraire, le monde sensible est le mélange violent et irrégulier des Idées opposées, de la grandeur et de la petitesse, de la mollesse et de la dureté, de la légèreté et de la pesanteur. La sensation les confond, la pensée seule les distingue (1). « Ainsi le système platonicien se résout tout entier dans une théorie de mélange. Il en arrive de l'Idée comme du nombre pythagoricien : c'était d'abord la forme des choses, et, en définitive, ce n'en est que la matière (2). »

Une fois qu'Aristote a ainsi réduit les Idées au rôle d'*éléments*, il lui est facile d'accumuler toutes les conséquences contradictoires qui résultent de l'hypothèse.

Chaque Idée devrait être une unité essentielle, absolue. Or, si l'Idée de l'espèce est mêlée des Idées du genre et de la différence, que devient son unité? « Il » est impossible que la substance soit un composé » de substances qu'elle contiendrait en acte. Deux » êtres en acte ne deviendront jamais un seul être en » acte. Si les deux êtres n'étaient qu'en puissance, » alors seulement il pourrait y avoir unité. L'acte di- » vise. Puisque la substance est une, elle ne peut être » un produit de substances intégrantes, et de cette » manière, l'expression dont se sert Démocrite est » exacte : — Il est impossible, dit-il, que l'unité » vienne de deux, ou deux de l'unité (3). »

La théorie du mélange n'explique point l'être ; elle explique encore moins la pensée. Si tout ce qui existe se réduit à des éléments intelligibles, toute connaissance doit pareillement se réduire à l'intelligence; si les choses sensibles ne sont pas autre chose qu'une

---

(1) *Mét.*, VII, p. 158, l. 9; XIII, 288, l. 21; XIV, 293, l. 9; I, 29, l. 31.
(2) Ravaisson, *ib.*, t. I, p. 306.
(3) *Met.*, VII, 156, l. 28.

confusion d'Idées, la sensation est une pensée confuse. « Comment connaître, sans la sensation, ce dont il y a » sensation? Il le faut pourtant, si les Idées sont les élé- » ments constitutifs de toutes choses, comme les sons » simples sont les éléments des sons composés (1). »
Mais la *science* elle-même, la science rationnelle dans laquelle la sensation vient se résoudre, est aussi impossible que la sensation. Car la science ne connaît que le général; et, si les Idées sont des éléments, elles sont des choses individuelles; elles échappent donc à la science (2). Parti de la généralité et de la notion scientifique, le Platonisme aboutit à l'absorption de toute généralité dans l'individualité des Idées (3). —

Cette critique d'Aristote suppose deux choses :
1° Que les Idées sont des individus ;
2° Que Platon explique tout par le mélange de ces éléments individuels, de ces atomes intelligibles.
Sur le premier point, Aristote semble interpréter avec inexactitude ces expressions de Platon : L'Idée existe *en soi* et *à part*. Si l'Idée est *séparée*, c'est seulement du monde sensible : par rapport à la matière *relative*, l'Idée existe *en soi* et *absolument*. Mais les Idées ne sont point séparées les unes des autres comme des individualités distinctes. Loin de là, Platon les résout toujours l'une dans l'autre, et finit par les absorber toutes dans l'Idée du Bien. Le Bien, un en soi, paraît multiple par son rapport aux objets (4). C'est donc au Bien seulement qu'appartient l'indivi-

---

(1). *Mét.* I, 34, l. 20. Allusion à la théorie du *Sophiste*, 253, b.
(2) XIII, 288, l. 10. Ἔτι δὲ οὐκ ἐπιστητὰ τὰ στοιχεῖα· οὐ γὰρ καθόλου, ἡ δ' ἐπιστήμη τῶν καθόλου.
(3) Ravaisson, *ibid.*
(4) *Rép.*, VI.

dualité ; les Idées, qui existent *en elles-mêmes* par rapport au monde, existent réellement *dans le Bien*. Elles ne sont donc point des atomes intelligibles, mais des perfections divines, parfaitement réelles d'ailleurs, ὄντως ὄντα, puisque tout est réel et en acte dans le Bien suprême.

Le mélange des Idées, comme nous l'ont montré le *Sophiste* et le *Parménide*, ne peut nullement être considéré comme un mélange matériel et mécanique. La comparaison des Idées avec les sons que le musicien combine, est une de ces images familières à Platon qu'Aristote a soin de prendre dans un sens littéral pour le besoin de sa cause. On n'a pas le droit d'en conclure que le Platonisme soit une sorte d'atomisme métaphysique, quoiqu'il ait pu le devenir entre les mains d'un pythagoricien, disciple de Platon, Eudoxus (1), chez qui la théorie des Idées semble avoir pris la forme d'une physique mécaniste.

Néanmoins, il y a quelque chose de profond dans la critique d'Aristote : c'est le reproche qu'il adresse à son maître d'avoir semblé compromettre par la théorie du mélange, comme par celles de la participation et de l'imitation, l'unité essentielle de l'individu, et d'avoir presque entièrement réduit le monde sensible au monde intelligible. Pourtant, la notion de la force individuelle, de la *substance active* qui se meut elle-même, n'est pas absente dans Platon. Si ce dernier voit partout l'Idée, partout aussi il voit l'âme, c'est-à-dire, en dernière analyse, la raison intelligible jointe à la puissance intelligente et active (2). Malgré cela, c'est

---

(1) *Mét.*, I, 29, l. 31.

(2) Dans le *Sophiste*, surtout, Platon représente les Idées comme des puissances actives; dans le *Théétète*, il reconnaît l'unité à laquelle se réduisent les sensations, et qui distingue l'individu animé des collections matérielles et mécaniques.

surtout Aristote qui a fait rentrer dans la philosophie l'idée dynamique, amoindrie par les tendances idéalistes des Pythagoriciens, des Éléates et des Platoniciens; et avec elle revient la notion de l'individualité, qui en est inséparable. De là l'opposition d'Aristote et de Platon en ce qui concerne le principe de la *forme* ou de l'*essence*. Aristote est dans le vrai lorsqu'il constate chez son maître une tendance de jour en jour plus grande à l'absorption du sensible dans l'intelligible, tendance à laquelle il est difficile d'échapper quand on approfondit ce sujet. Platon aurait pu repousser les objections d'Aristote en prenant lui-même l'offensive et en montrant dans les dernières conclusions de la métaphysique péripatéticienne un idéalisme analogue au sien. Nous verrons bientôt que, si Platon n'a pas su expliquer le rapport des objets à la cause première, Aristote n'a guère mieux réussi à pénétrer un mystère qui dépasse sans doute la portée de l'intelligence humaine.

Deuxième reproche d'Aristote. — *Les Idées ne sont point de vraies causes motrices.*

« Les partisans des Idées ne les regardent ni comme
» la matière des objets sensibles, ni comme les prin-
» cipes du mouvement. Elles sont, suivant eux, plutôt
» des principes de permanence et d'immobilité(1). —
« On nous dit, dans le *Phédon*, que les Idées sont
» les causes de l'être et du devenir; et cependant,
» même en admettant les Idées, les êtres qui en
» participent ne se produiront pas s'il n'y a pas de
» moteur (2). »

(1) *Met.*, I, 23, l. 2.
(2) *Id.*, 30, l. 22.

C'est ainsi qu'Aristote accuse Platon d'avoir méconnu l'idée de cause efficiente, et d'avoir oublié le moteur du monde. Pour réfuter cette accusation vraiment étrange, il suffit de rappeler : 1° le *Timée*, où se trouve exprimé nettement le principe de causalité, et où Dieu est représenté comme l'auteur et le formateur du monde(1) ; 2° le dixième livre des *Lois*, où se trouve la preuve de l'existence de Dieu par la nécessité d'un premier moteur ; 3° le *Philèbe*, où le genre de la cause est déclaré analogue à l'intelligence, qui réside toujours en une âme ; 4° la réfutation, dans le *Sophiste*, des idées inertes sans puissance motrice, admises par les Mégariques ; 5° la troisième thèse du *Parménide* sur le mouvement perpétuel produit par l'âme ; 6° les pages du *Phédon* sur la pérennité de l'âme comme cause motrice et sur l'analogie de l'âme avec les Idées.

Les partisans d'Aristote pourront répondre qu'en effet la cause motrice est indiquée dans Platon, mais que la véritable question est de savoir si cette notion peut se concilier avec la théorie des Idées (2). Les Idées sont immobiles, dit Aristote ; elles doivent donc être des causes d'immobilité (3).

Cette objection est d'autant plus surprenante qu'Aristote lui-même a démontré avec une profondeur admirable la nécessité d'un moteur immobile. — Mais, dira-t-on, ce sont les Platoniciens qui représentent les Idées comme des causes de permanence et d'identité. — Sans doute ; mais ils les représentent aussi, de l'aveu même d'Aristote, comme *les causes de l'être et du devenir*. — Alors, il y a contradiction. — Nullement. Les Idées sont causes de changement sous un

---

(1) Voir t. I, p. 439 et ss.
(2) Voir Vacherot, t. I ; Henne, *École de Mégare*, Conclusion.
(3) Ὥστ' ἐν τοῖς ἀκινήτοις οὐκ ἂν ἐνδέχοιτο ταύτην εἶναι τὴν ἀρχὴν οὐδ' εἶναί τι αὐτὸ ἀγαθόν. *Mét.*, III, p. 43, l. 12.

rapport, et, sous un autre rapport, causes de permanence. Elles produisent le changement, parce que le *devenir* ne peut avoir lieu qu'en vue de l'*être* (1) : ce qui devient tend à l'être, ce qui change tend au repos. Supprimez l'être et l'immobilité des Idées, rien ne sollicite plus la matière au mouvement et au développement. D'autre part, si l'Idée produit le mouvement, elle produit aussi la loi qui le dirige. Le mouvement vers l'Idée, but fixe et déterminé, ne peut être déréglé et sans ordre; il doit offrir, dans le sein même de la variété, une image de l'unité. Cette image, c'est la constance des rapports, la généralité des lois, la permanence des individus mêmes dans la partie supérieure de leur être, l'âme (2). Les Idées sont donc tout ensemble la cause du mouvement et la cause de *ce qu'il y a de constant* dans le mouvement même. Elles doivent ce double caractère à leur perfection, grâce à laquelle elles contiennent sous une forme éminente le mouvement et le repos, la multiplicité et l'unité (3). La nature les imite par cette identité dans le changement qui constitue le *mouvement réglé*, la tendance au bien, le progrès.

La vérité est que Platon a résolu le problème du mouvement de la même manière qu'Aristote. Pour le maître et pour le disciple la cause suprême du mouvement est la cause finale, le Bien ; et la cause proprement efficiente, sujette elle-même à la mobilité, est l'*âme*. Malgré cela, Aristote accuse Platon de n'avoir pas fait à l'âme une place dans son système. « Platon, » dit-il, ne peut pas établir comme cause motrice ce » qu'il regarde parfois comme un *principe*, à savoir

---

(1) Voir le *Philèbe*, et t. I, *ibid.*
(2) Voir le *Théétète*.
(3) V. le *Parménide*. Cf. t. I, p. 75, 439 et 499, ss.

» l'être qui se meut soi-même ; car l'âme, d'après lui,
» est née ultérieurement et en même temps que le
» monde (1). » — Oui, sans doute, l'âme du monde.
Et encore il est clair qu'il ne faut pas prendre au pied
de la lettre les expressions du *Timée*, puisque le
*Phèdre* représente toute âme comme éternelle. L'âme
divine, universel moteur, a certainement un caractère
d'éternité, comme le prouve le X° livre des *Lois*.

TROISIÈME REPROCHE D'ARISTOTE. — *Les Idées ne sont point de véritables causes finales.*

« En ce qui concerne la cause finale des actes, des
» changements, des mouvements, nos devanciers
» parlent bien de quelque cause de ce genre ; mais ils
» ne lui donnent pas le même nom que nous, le Bien,
» et ne disent pas en quoi elle consiste (2). »

Aristote laisse entendre qu'il est le premier philosophe qui ait conçu et nommé le Bien. C'est faire trop bon marché de Socrate et de Platon. La preuve de l'existence de Dieu par les causes finales joue le principal rôle dans les *Entretiens* de Xénophon (3). Dans le *Phédon*, les Idées sont représentées comme les vraies causes finales de toutes choses (4). Dans le *Timée*, Dieu fait tout conformément au bien et en vue du bien. Dans le *Philèbe*, Platon oppose à ce qui *devient* ce qui *est* et *en vue de quoi* tout le reste devient (5), et il montre que la vraie cause du mouvement est le but que le mobile poursuit. Dans la *République*, enfin, Platon nomme le *Bien* la cause de l'être et de la vérité, de l'essence et de la connaissance. S'il

---

(1) *Mét.*, XII, 247, 1. 5. Cf. *De an.*, I, II.
(2) *Mét.*, I, IV.
(3) Voir notre *Philosophie de Socrate*.
(4) Voir t. I, p. 499 et ss.
(5) Τὸ οὗ ἕνεκα.

est un principe qui domine la philosophie de Platon et auquel se rapporte toute la doctrine des Idées, c'est précisément ce principe du Bien. Aristote devait le savoir, lui qui a résumé les leçons de son maître dans un livre ayant pour titre : Περὶ τἀγαθοῦ.

Comment donc expliquer cet étonnant reproche que contient la *Métaphysique?* — C'est que, d'après Aristote, le bien suppose le mouvement, l'action et le progrès; il n'a pas de rôle à jouer dans les mathématiques, il n'en a pas à jouer dans le monde immuable des Idées. Dans la sphère des abstractions et des formes logiques, il ne peut être question que d'ordre et de symétrie, non pas de mouvement et de vie ; le bien n'a rien à y faire, mais uniquement la beauté (1).

— Platon eût répondu que, si le mouvement et l'action supposent le bien, le bien ne suppose pas pour cela le mouvement, et se suffit à lui-même. L'immobilité de l'Idée, loin d'être contradictoire avec le bien et avec la vraie puissance active, est au contraire la condition essentielle de la perfection et de l'activité, comme le démontre le XII<sup>e</sup> livre de la *Métaphysique*. Aristote se place donc volontairement, pour critiquer le Platonisme, à un point de vue inférieur, et ne considère le Bien que dans sa relation au mouvement, au lieu de le considérer dans sa perfection intrinsèque et dans sa nature immuable.

QUATRIÈME REPROCHE D'ARISTOTE. — *Critique de la théorie des nombres.*

Le principal vice du Platonisme, d'après Aristote, c'est l'abstraction logique, si voisine de l'abstraction

---

(1) *Mét.*, XI, 212, 1. 12. Τοῦτο (τἀγαθόν) ἐν τοῖς πρακτοῖς ὑπάρχει καὶ ταῖς οὖσιν ἐν κινήσει... τὸ δὲ πρῶτον κινῆσαν οὐκ ἔστιν ἐν τοῖς ἀκινήτοις. Cf. *Mét.*, III, 43, 1. 12. *Id.*, XIII, 265, l. 10. Ravaisson, 310.

mathématique. La méthode platonicienne roule tout entière sur les formes, mais sur des formes extérieures, sur des qualités (1). Or les qualités ont toutes leurs contraires. La dialectique ne pouvait manquer de ramener avec elle la théorie de l'opposition des principes, familière aux anciens philosophes (2) et surtout aux Pythagoriciens (3). Les contraires devenant les éléments des choses, tout se résout dans un mélange de formes et d'Idées. Dès lors, les différences des choses ne peuvent avoir leur raison que dans les rapports des Idées et les proportions de leur mélange. La *qualité*, où l'on cherchait l'être, disparaît dans la *quantité*; et la philosophie, reculant jusqu'au Pythagorisme, va se perdre dans les mathématiques (4).

Aristote, pour réfuter le Platonisme numérique, examine les nombres idéaux dans leur nature, leurs espèces, leur origine et leur fin.

1° Le nombre idéal a les mêmes éléments et la même nature que le nombre mathématique, dont on veut le séparer. Il est le produit de l'infini et de l'unité, de la quantité illimitée et d'un principe de limitation (5).

Pour distinguer le nombre idéal du nombre mathématique, Platon est forcé d'avoir recours à des hypothèses contradictoires. En effet, le nombre idéal étant un *être*, une *unité réelle*, il ne peut contenir en lui-même d'autres nombres, ce qui détruirait l'unité de son essence (6). Il faut donc bien que la dyade ne contienne pas l'unité, ni la triade la dyade, ni aucun

---

(1) *Mé..*, VII, 156, l. 25. Οὐθὲν σημαίνει τῶν κοινῇ κατηγορουμένων τόδε τι (l'essence), ἀλλὰ τοιόνδε (la qualité).
(2) XIV, 289, l. 21.
(3) XII, 256, l. 20. Πάντες γὰρ ἐξ ἐναντίων ποιοῦσι πάντα.
(4) Ravaisson, *ibid.*, et ss.
(5) *Mét.*, XIV, 299, l. 17.
(6) XIII, 283, l. 28.

nombre idéal les nombres qui le précèdent. Or, qu'est-ce que des nombres qui diffèrent les uns des autres par autre chose que par le nombre même de leurs unités, dont le plus grand ne contient pas le plus petit, qui ne s'ajoutent ni ne se retranchent, ne se multiplient ni ne se divisent? Le nombre idéal n'est pas un nombre (1).

2° Les nombres idéaux sont des choses en soi et des essences réelles ; il faut par conséquent que ces essences soient finies quant au nombre (car un nombre *infini* de choses *réelles* est impossible) (2). Aussi Platon divise les nombres idéaux en dix espèces, en dix nombres premiers qui forment la décade. Mais pourquoi dix plutôt qu'onze? C'est là un choix arbitraire.

D'ailleurs, ces dix nombres seront insuffisants pour expliquer la variété des espèces sensibles, à moins qu'on n'efface toutes les différences des êtres à force de généralisation. « Il faudra donc identifier une foule » de choses, et poser le même *nombre* idéal pour des » choses différentes (3). »

3° L'origine des nombres idéaux est incompréhensible. Les nombres mathématiques se forment par l'addition successive des unités; à l'addition on substitue, pour les nombres idéaux, une génération chimérique (4). Du commerce de l'unité avec la dyade indéfinie naît la dyade définie, le *deux* en soi; du commerce de la dyade définie avec l'indéfinie naît la tétrade, etc. Mais que signifie la génération, la naissance, quand il s'agit de choses éternelles et immua-

---

(1) *Mét.*, 276, l. 6. — Ravaisson, *ibid.*
(2) 280, l. 8.
(3) XIV, 305, l. 5. Ἀνάγκη πολλὰ συμβαίνειν τὰ ὄντα, καὶ ἀριθμὸν τὸν αὐτὸν τῷδε καὶ ἄλλῳ. Cf. I, 24. Πρῶτον μὲν ταχὺ ἐπιλείψει τὰ εἴδη.
(4) *Mét.*, 273, l. 30.

bles (1)? En admettant même cette génération, l'origine des nombres est inexplicable ; car la dyade génératrice ne pouvant que doubler, tous les nombres devront être les multiples de deux (2).

4° Les nombres idéaux ne peuvent expliquer ni les nombres mathématiques ni les nombres sensibles. Tout nombre est l'unité de plusieurs éléments qui sont eux-mêmes des unités. D'où vient donc l'unité de ces éléments? du nombre idéal. Mais le nombre idéal est une unité réelle et essentielle, dans laquelle il ne peut y avoir de multiplicité ni de nombre (3). Même impuissance quand il s'agit d'expliquer l'étendue. Si le nombre idéal de la solidité ne contient pas celui de la superficie, et ce dernier celui de la longueur, il en résulte que le corps ne contient pas de surface, ni la surface de lignes. La longueur est-elle au contraire le genre de la largeur, et celle-ci de la profondeur, le corps devient une espèce de la surface, et la surface une espèce de la ligne. Absurdité égale des deux parts (4). La théorie platonicienne prend pour *éléments* des êtres leurs *limites* (5).

L'infini, pour être le genre de toutes les étendues, doit être l'étendue en général, l'espace, comme Platon semble lui-même le dire. Mais, si l'infini est l'espace, il y a de l'étendue dans les Idées et les nombres, dont il est la matière ; les Idées et les nombres se trouvent dans l'espace (6). Qu'est-ce qui les distingue alors du nombre sensible? Le monde intelligible et

(1) *Mét.*, XIV, 300, l. 4.
(2) 300, l. 1 ; 280, l. 16 ; 275, l. 10.
(3) 281, l. 23 ; 282, l. 4.
(4) I, 32, l. 17 ; XIII, 283, l. 19.
(5) I, 33, l. 6.
(6) *Phys.*, IV, ii ; III, iv.

le monde visible, étant formés des mêmes principes, se confondent l'un avec l'autre.

5° Platon dit que les nombres idéaux tendent à l'unité comme à leur bien, et la désirent. Qu'est-ce qu'une tendance, un désir, un mouvement, dans le grand et le petit, dans la dyade de l'infini, dans des nombres sans vie? Platon aura beau combiner des abstractions, il n'arrivera jamais à expliquer le mouvement, la réalité; car les nombres ne sont que des limitations ou des abstractions successives de cette réalité même.

« Tout cela arrive aux Platoniciens parce qu'ils ra-
» mènent toute espèce de principe à l'élément, parce
» qu'ils prennent pour principes les contraires, parce
» qu'ils font de l'Un un principe, parce qu'ils font
» des nombres les premières essences, des essences
» séparées, des idées (1). » Ces erreurs radicales ont une racine commune : la confusion de l'ordre logique avec l'ordre de l'être, et, par une suite inévitable, des causes réelles de l'être avec les principes formels de la science. « Tout ce qui est premier par la notion n'est
» pas pour cela premier par l'être (2). » —

A cette critique profonde et subtile des nombres idéaux, Platon aurait pu répondre qu'elle se retourne contre son auteur en montrant combien il est faux de prendre les Idées pour des nombres, au sens propre de ce mot. La tactique d'Aristote, c'est de traiter les Idées comme des nombres *mathématiques*, et d'en déduire une foule de conséquences *mathématiquement* absurdes. Mais n'est-ce pas oublier cette distinction primordiale de l'Idée et du nombre propre-

---

(1) *Mét.*, XIV, 302, l. 19.
(2) XIII, 262, l. 26. Ἀλλ' οὐ πάντα τὰ τῷ λόγῳ πρότερα, καὶ τῇ οὐσίᾳ πρότερα.

ment dit (1), de l'essence métaphysique et de la quantité mathématique? Aristote prouve avec une rigueur incontestable que les Idées ne peuvent être des nombres, puisque de l'aveu de Platon elles ne se combinent pas, ne s'ajoutent pas, ne se retranchent pas, et n'ont aucune des propriétés numériques. Or, en croyant par là réfuter Platon, il le justifie. Il ne détruit que l'expression de *nombres idéaux* ; il ne détruit pas les Idées. Platon a eu tort d'abuser des symboles mathématiques ; peut-être même a-t-il fini par les prendre trop au sérieux ; mais c'est là une erreur qui ne compromet pas sa vraie doctrine, la doctrine des Idées. Le Pythagorisme de Platon peut être chimérique (2) ; le Platonisme véritable n'est pas atteint par la critique d'Aristote. Tant que Platon demeure lui-même, il est dans le vrai ; quand il retourne à Pythagore, il est dans le faux. Aristote néglige le vrai ou se l'approprie, et ne laisse à son maître que les erreurs.

(1) *Mét.*, I, 6 ; p. 31, l. 24 ; p. 46, l. 12.
(2) Nous verrons, dans notre Conclusion critique, s'il n'y a pas quelque chose de raisonnable et de profond même dans les théories numériques de Platon, et si les sciences modernes lui donnent complétement tort. Déjà nous avons montré de belles applications de cette théorie, t. I, p. 145 et ss.

# CHAPITRE V.

### THÉODICÉE D'ARISTOTE ; SES RAPPORTS AVEC CELLE DE PLATON.

I. La dialectique d'Aristote comparée à celle de Platon. La loi de continuité et le progrès des êtres. Le mouvement. En quel sens une série infinie de causes est impossible. Le moteur dans Platon et dans Aristote. Immobilité du premier moteur. Comment il meut le monde. Ce que devient dans Aristote la théorie platonicienne de l'amour. La cause finale. Dieu est-il un idéal sans réalité ? Identité de l'intelligence actuelle et de l'intelligible actuel. Antériorité de l'acte ; part de Platon dans cette théorie. — II. Sur quoi porte le désaccord de Platon et d'Aristote. Comment Aristote refuse à Dieu la connaissance du monde. Suppression des Idées. Comment Aristote s'arrête à l'Intelligence, sans placer au-dessus le Bien-un. Comment il attribue à Dieu l'individualité absolue, et exclut de son essence l'universalité.

Aristote, comme Platon, a sa dialectique, par laquelle il s'élève du monde à Dieu ; seulement, à l'échelle platonicienne des formes supra-naturelles, il substitue la série des formes naturelles, des divers degrés de l'acte. La dialectique de Platon est une progression logique et métaphysique tout ensemble, qui dépouille les choses, par l'élimination du multiple, de leur caractère borné et de leur mode d'existence particulière, pour les ramener aux puissances intelligibles et actives dont elles dérivent, aux types immuables et vivants qu'enferme l'Être *universel*. La dialectique d'Aristote est une progression à la fois physique et métaphysique, qui remonte de chaque réalité individuelle à une réalité plus spécifiée encore et plus individualisée, éliminant ainsi, par une abstraction naturelle qui reproduit le progrès même des choses dans le monde, l'élément inférieur de la matière passive et de la simple possibilité, jusqu'à ce qu'elle ait atteint l'acte pur où réside la suprême *Individualité*. Mais, si les deux dialectiques se séparent dans leur marche, elles n'en parviennent pas moins au même but : c'est Dieu que Platon atteint en cherchant dans la pensée l'universel ; c'est encore Dieu que trouve Aristote en poursuivant dans les choses l'individualité absolue.

Entre les termes de la progression dialectique Platon aime à établir le rapport logique de l'espèce au genre ; Aristote préfère les relier par un lien vivant et réel, le mouvement, à travers lequel la puissance passe à l'acte, la virtualité à la réalité. Le rapport logique des espèces aux genres, objet de la science discursive, est étranger à l'espace et au temps ; la *notion*, λόγος, est un lien immobile, car il n'y a pas de mouvement dans la catégorie de la relation (1). La logique est tout entière dans le repos ; la nature, au contraire, objet de la physique, est tout entière dans le mouvement : elle se développe à travers le temps et l'espace. C'est dans les notions logiques, dans la sphère de la science (διάνοια), que Platon cherchait surtout l'image de la pensée suprême et de l'Idée ; Aristote s'efforce de saisir cette pensée même dans la nature, où il croit qu'elle est plus présente : il veut la voir à l'œuvre et la prendre pour ainsi dire sur le fait, dans le secret de son action éternellement féconde.

Toute progression est discrète ou continue. La progression logique des espèces et des genres, des types et des copies, est une collection d'éléments indépendants les uns des autres ; un tout composé de parties hé-

(1) *Mét.*, XI, 236, 22.

térogènes, liées, dit Aristote, par de simples analogies ; une classification fondée sur des ressemblances ou des différences, en d'autres termes, une proportion discrète (1), qui ne trouve son unité que dans un terme supérieur, la pensée universelle de Dieu. La progression physique est une série continue d'éléments subordonnés les uns aux autres, et dont chaque terme contient tous les termes qui le précèdent (2). La différence et la ressemblance trouvent leur conciliation dans cette loi de continuité, car chaque terme ressemble aux termes précédents en ce qu'il les résume, et il en diffère en ce qu'il les perfectionne, les complète, les met au service d'une âme et d'une activité supérieure. C'est que tout terme naturel est le résultat du passage successif d'une puissance par toutes les formes des termes inférieurs ; et la série entière représente les différentes époques d'un seul et même mouvement, les différents degrés du progrès de la nature de l'imperfection à la perfection.

Aristote et ses disciples (3) excellent à décrire ce mouvement de la nature par lequel elle passe sans cesse à des déterminations nouvelles et de plus en plus riches, ce progrès de l'être sortant par degrés de la stupeur et du sommeil (4), et s'élevant d'organisation en organisation, d'âme en âme, jusqu'au point culminant de la pensée pure. A la simplicité des corps élémentaires succède la *combinaison*, puis l'organisation et la *vie*. La première forme du principe vital, de l'*âme*, c'est la végétation. Le végétal se nourrit, se reproduit

---

(1) *De an.*, II, III. *Mét.*, III, p. 50, l. 12.
(2) Ἀεὶ γὰρ ἐν τῷ ἐφεξῆς ὑπάρχει δυνάμει τὸ πρότερον, ἐπί τε τῶν σχημάτων καὶ τῶν ἐμψύχων. *De an.*, II, III.
(3) Voir Ravaisson, *ibid.*, I, 422.
(4) *Hist. an.*, VII, 1.

et meurt (1), car tout ce qui est né doit périr : la puissance ou matière, qui enveloppe les contraires, renferme un germe nécessaire de destruction. L'unité et l'individualité, encore peu prononcée dans le végétal, se précise dans l'être sensible, dans l'animal. Toute organisation compliquée, dont les proportions définies ne peuvent varier beaucoup sans entraîner la mort, a besoin des avertissements continuels de la sensation. Au-dessus de la sensation est la pensée, qui apparaît chez l'homme. Résumant en lui les formes inférieures pour y ajouter des perfections nouvelles, l'homme vit de la vie végétative dans le sein de sa mère, de la vie animale dans son enfance, de la vie intellectuelle quand il est parvenu à l'âge de raison. Ainsi la nature, à chaque pas qu'elle fait, à chaque degré qu'elle monte, s'explique mieux, se fait mieux entendre, montre mieux le sens de son être : elle est de plus en plus intelligible à mesure qu'elle est davantage intelligence et pensée (2).

Quel est donc le sens de cette universelle progression des choses et de ce mouvement sans repos qui entraîne la nature?

Tout mouvement part d'un moteur et se transmet à un mobile; mais de moteur en moteur ne faut-il pas arriver à une cause première de tous les mouvements? La série des causes, nous l'avons vu, ne peut être infinie. Comprenons bien cependant de quelles *causes* il s'agit. On peut concevoir comme infinie la série des événements et même des causes homogènes (comme l'homme engendrant l'homme), à la condition qu'il y ait un terme supérieur dont l'éternelle action pro-

---

(1) *De an.*, II, IV.
(2) Ravaisson, *ibid.*

duise cette éternelle série d'effets. Les causes secondes dont l'ensemble constitue l'univers peuvent être sans commencement ni fin (1); elles sont alors infinies dans le sens de la longueur; mais elles ne peuvent l'être dans le sens de la hauteur, et une série même infinie de causes secondes aurait encore besoin d'être soutenue par une cause première placée au-dessus d'elle; cette série, se développant dans le temps, serait ce que Platon appelle *l'image mobile de l'immobile éternité*.

Platon, comme Aristote, avait proclamé le principe de causalité, et conçu la cause première non comme un premier anneau de la chaîne, mais comme un terme en quelque sorte transcendant; le *Timée* en est la preuve (2). Dans le troisième livre des *Lois*, Platon distingue les trois sortes de mouvements et les rattache tous à un principe commun, à un premier moteur; mais ce moteur est l'âme qui se meut éternellement elle-même, et par conséquent c'est un moteur mobile. Un tel moteur ne peut suffire à Aristote. Ce dernier, parvenu au terme où Platon s'arrête dans le *Timée* et dans les *Lois*, le franchit pour s'élever plus haut.

Si le premier moteur se mouvait lui-même tout entier, il donnerait et recevrait à la fois le mouvement, il ferait et souffrirait en même temps la même chose. Ce seraient les contraires, et par conséquent les contradictoires, réunis à la fois en un seul et même sujet (3). Dans les choses qui semblent se mouvoir elles-mêmes, il y a toujours une partie qui est mue, l'autre qui meut, et celle-ci est immobile. Si elle n'était pas par elle-même, et de toute éternité, et toujours semblable à elle-même, il lui faudrait une cause; si elle

---

(1) *Phys.*, VIII, vi, vii.
(2) Cf. Leibnitz, *Monadologie*.
(3) *Phys.*, VIII, vii.

existait en puissance avant d'exister en acte ; si elle contenait dans son sein un reste de puissance non actualisée, un reste de *matière*, elle serait mobile et aurait besoin d'un moteur. On ne peut donc pas s'arrêter, avec Platon, à l'âme universelle, qui se meut elle-même en mouvant tout le reste.

— Sans doute, on ne peut s'y arrêter ; mais est-il donc vrai de dire que Platon l'ait fait, et qu'il ait considéré l'âme comme le premier principe? Au-dessus de l'âme n'a-t-il pas placé l'intelligence? au-dessus de l'intelligence même, le Bien? Ce ne sont pas là, dira-t-on, de vraies causes *motrices*. Assurément ; mais la cause première d'Aristote n'est pas plus *motrice* que celle de Platon ; ou, si elle meut, elle meut par son caractère de perfection idéale, de fin suprême, de suprême bonté.

En paraissant réfuter Platon, Aristote est d'accord avec lui ; en paraissant le dépasser, il ne fait que le suivre ; et encore il ne le suit pas jusqu'au bout : car il s'arrête à l'intelligence, tandis que Platon conçoit au-dessus de l'intelligence le Bien. C'est donc à Platon qu'appartient tout entière la preuve de l'existence de Dieu par la cause motrice, subordonnée elle-même à la cause finale.

Cependant Aristote retrouve son originalité non-seulement dans les détails de cette doctrine, mais encore dans la conception de la Pensée suprême qui meut le monde.

Nous n'avons encore atteint le premier moteur que d'une manière indirecte : nous savons seulement qu'il meut toutes choses du sein de son éternelle immobilité. Mais comment les meut-il, et qu'est-il en lui-même?

Le mouvement par impulsion suppose l'action du

moteur et la réaction du mobile; par conséquent, comme Platon l'avait déjà montré dans le *Sophiste*, l'action suppose la passion réciproque, et la passion est un mouvement (1). Or, le premier moteur est absolument immobile; il ne meut donc pas par impulsion. Où trouver quelque analogie qui nous fasse comprendre comment l'éternel moteur met en mouvement le monde?—C'est en nous-mêmes que nous en apercevons le mieux l'image. Qu'est-ce que le désir, sinon un mouvement de l'âme vers le beau ou le bien? Et l'objet de ce désir, comment meut-il l'âme? Sans être mû lui-même; il la touche sans en être touché. Tel est le premier moteur : immobile, il meut le monde par l'irrésistible attrait de sa beauté (2).

Dans cette grande doctrine d'Aristote, qui pourrait ne pas reconnaître celle de Platon sur l'amour et la beauté? L'objet de l'amour dans Platon, c'est l'Idée, bien immobile, beauté toujours identique à elle-même, qui se révèle à l'âme par la pensée et lui inspire un insatiable désir. Aristote emprunte à Platon sa théorie de l'amour, et montre après lui que l'amour est le roi de la nature comme de l'humanité, le génie qui relie la terre au ciel, la cause de toute fécondité et de toute immortalité. Le mouvement de la nature est un désir, et le terme auquel elle tend, c'est le suprême intelligible, c'est l'Idée de Platon. Aristote croyait avoir exclu l'Idée de sa philosophie; il lui faisait le reproche d'immobilité et conséquemment d'impuissance, il l'accusait de ne pouvoir être ni une cause motrice ni une cause finale; et voilà qu'il la place à son tour au sommet de la nature, en dehors de la na-

---

(1) *Phys.*, III, II.
(2) *De gen. et corr.*, I, VI.

ture même ; lui aussi, il sépare l'intelligible du monde qu'il anime, et il en fait le suprême Désirable, la fin dernière de tout mouvement. Comme Platon, il l'appelle le Bien, — « ce bien *que toute âme désire,* » suivant l'expression de la *République,* et d'où dérivent la pensée, l'être et la vie.

Ainsi le premier moteur, dans Aristote comme dans Platon, s'identifie avec la fin dernière, avec « le » bien en vue duquel toutes choses se font (1). » La série descendante des causes efficientes se renverse en quelque sorte, et se convertit en une série ascendante de causes finales. Si la nature descend d'effet en effet, c'est qu'elle remonte de fin en fin. Chaque chose s'explique par le bien auquel elle tend : ce bien, c'est sa *forme* dernière, sa perfection, objet de son désir, cause de son mouvement. Il y a donc un dernier terme auquel est suspendu tout le reste, et qui est en même temps le premier, car il est éternel.

Ce principe suprême du désir doit être en communication quelconque avec l'intelligence, car tout désir enveloppe une connaissance plus ou moins confuse de l'objet désirable. Voilà pourquoi Platon croyait à quelque communication primitive de l'âme avec le Bien. Aristote sourit de ces poétiques symboles, mais il a soin d'en extraire le sens profond. Le principe du désir, dit-il, est tantôt la sensation, tantôt la pensée, le bien *senti*, le bien *conçu*. Or, le premier moteur est nécessairement séparé de toute matière : ce n'est point un objet de sensation, mais de pensée (2) ; le suprême Désirable est le suprême Intelligible. Encore une

---

(1) *Phileb.*, loc. cit.
(2) *Mét.*, XII, 248.

fois, n'est-ce pas là l'Idée de Platon, n'est-ce pas cette Beauté éternelle et non engendrée que le *Banquet* décrit en termes enthousiastes, comme l'objet de l'amour universel?

Mais, si le bien est une idée, ne serait-ce point par là même une notion sans réalité, une abstraction sublime qui n'aurait d'existence que dans la pensée de l'homme, Dieu purement idéal qui n'habiterait d'autre ciel que notre intelligence? Le monde a-t-il en partage la réalité avec l'action, et la cause du monde, l'idéalité pure? Le Bien est-il l'objet suprême de la pensée, sans être lui-même un sujet pensant (1)?

Une simple idée logique, produit tardif de l'entendement, ne pourrait mettre en mouvement le monde; et c'est parce qu'Aristote confondait l'Idée de Platon avec la notion logique qu'il la déclarait à jamais stérile. Et, en effet, comment une notion, pure puissance, agirait-elle si elle n'était déjà actualisée? Cette idée même, comment aurait-elle pu être conçue? Le premier objet de l'intelligence ne peut être une abstraction; c'est nécessairement un être réel qui agit par son être même sur l'intelligence qui le contemple. La première pensée ne peut être une création de l'esprit, car elle supposerait une pensée antérieure, et on irait ainsi à l'infini. « La réflexion ne peut com- » mencer par la réflexion (2). »

Le point de départ, ce n'est donc pas la pensée réfléchie, la notion logique; c'est le sentiment d'un être réel, c'est la vivante intuition. En tout, le réel précède l'idéal, si on entend par là l'idéal abstrait: en d'autres termes, l'acte est antérieur à la puissance;

---

(1) Voir Ravaisson, t. I, p. 572; Vacherot, *La Métaphysique et la Science*, t. III, *Théologie*.
(2) *Eth. Eud.*, VII, xiv.

il lui est antérieur dans le temps, dans l'ordre réel et même dans l'ordre logique, car pour concevoir la possibilité d'une chose il faut déjà connaître cette chose en soi. « Si donc le possible était antérieur à » l'acte, tout pourrait être et rien ne serait... Ce n'est » pas la nuit, le chaos, la confusion primitive, le non- » être, qui est le premier principe. Il faut que l'acte » soit éternel (1). »

Cette grande conception de l'antériorité de l'actuel sur le possible, du nécessaire sur le contingent, du parfait sur l'imparfait, nous l'avons déjà trouvée dans la théorie des Idées, dont elle fait le fond. La possibilité éternelle des choses finies, dit Platon, doit avoir sa raison non-seulement dans une pure abstraction, mais dans une réalité éternelle qui, par cela même qu'elle fonde tous les possibles, peut aussi être appelée l'éternel idéal.

Cette identité platonicienne de l'idéal et du réel, Aristote ne la comprend pas, quoiqu'il l'admette sous d'autres termes, en reconnaissant l'acte pur comme l'identité de la pensée et de l'être. Par une singulière illusion, que motive l'abus des mathématiques et de la logique dans l'Ecole de l'Académie, Aristote confond l'Idée avec la notion, le Dieu de Platon avec le genre logique de l'être ou de l'unité. Ce Dieu, sans vie, sans pensée, sans action, analogue à celui des Mégariques, n'est point le Dieu véritable; il n'est pas non plus le Dieu de Socrate et de Platon. Platon n'a point retiré à Dieu la pensée : il a été au contraire le devancier d'Aristote dans la conception de l'intelligence divine identique à la vérité intelligible.

Le premier principe, étant tout en acte et par con-

(1) *Mét.*, XII, *ibid.*

séquent sans matière, ne peut être, nous l'avons vu, un objet de sensation, mais un objet de pensée pure. Or, par où la forme sensible, objet de la sensation, diffère-t-elle et de cette sensation même et de l'âme qui en est le sujet? Par la matière seule où elle réside. Sans la matière, tout se trouvant réduit à la forme, les objets de la connaissance, l'âme qui les connaît, et la connaissance elle-même, ne seraient qu'une seule chose. Dans le monde de l'entendement, l'objet de la pensée est une forme immatérielle ; mais le sujet qui le pense et l'abstrait n'est lui-même séparé qu'incomplétement de l'imagination et des sens. Ici l'intelligible et l'intelligence, enveloppant encore la puissance et la matière, ne sont qu'imparfaitement et relativement identifiés (1). Mais, pour les choses absolument exemptes de matière, ce qui est pensé n'a pas une existence différente de ce qui pense : il y a identité (2), « et la pensée ne fait qu'un avec ce qui est pensé. »

La science discursive consiste dans la combinaison et la division des idées de l'entendement, sur le modèle des objets (3). Le simple, au contraire, est un d'une indivisible unité; ce n'est donc plus un objet d'affirmation et de négation, de raisonnement, ni même de proposition. Dans cette intuition simple il n'y a plus de place pour la vérité logique et pour l'erreur : « La vérité, c'est de voir et de toucher; l'erreur, de ne » pas voir et de ne pas toucher (4). » Aussi « toute » raison est infaillible (5), » comme le sens dans le

---

(1) *Mét.*, XII, 249. — Ravaisson, t. I, 578.
(2) *Mét.*, *ibid.*, l. 10.
(3) *Mét.*, VI, 127. — Ravaisson, *ibid.*, p. 579.
(4) *Mét.*, IX, p. 190, l. 27.
(5) *De an.*, III, xii.

jugement de son objet propre. Dans la pensée pure, l'objet et le sujet qui le touche sont également indivisibles : ce sont comme deux points qui ne peuvent se toucher sans se confondre (1). « L'intelligence se
» pense elle-même en saisissant l'intelligible : car elle
» devient elle-même intelligible à ce contact, à ce pen-
» ser. Il y a donc identité entre l'intelligence et l'in-
» telligible : car la faculté de percevoir l'intelligible et
» l'essence, voilà l'intelligence; et l'actualité de l'in-
» telligence, c'est la possession de l'intelligible ; ce
» caractère divin de l'intelligence se trouve donc au
» plus haut degré dans l'intelligence divine (2). »

L'âme humaine est une chose qui pense, en qui l'acte et la faculté de penser sont distincts, parce qu'elle est, jusqu'à un certain point, en un sujet matériel où il y a toujours de la puissance qui n'est pas encore venue à l'acte. Dieu est une intelligence qui se contemple éternellement elle-même, et qui ne diffère en rien de l'acte de sa contemplation; Dieu n'est donc pas une chose qui pense, mais un acte simple de pensée, qui est à lui seul son propre objet : sa pensée est la pensée de la pensée (3).

« Tel est le principe auquel sont suspendus le ciel et
» toute la nature. Ce n'est que pendant quelques ins-
» tants que nous pouvons jouir de la félicité parfaite. Il
» la possède éternellement, ce qui nous est impossible.
» La jouissance, pour lui, c'est son acte même. C'est
» parce qu'elles sont des actes que la veille, la sensa-
» tion, la pensée, sont nos plus grandes jouissances ;
» l'espoir et le souvenir ne sont des jouissances que
» par leurs rapports avec celles-là. Or la pensée en soi

---

(1) *Mét.*, XII, p. 249, 1. 8.
(2) *Mét.*, XII, p. 249.
(3) *Mét.*, *ibid.*

» est la pensée de ce qu'il y a de meilleur, et la pensée
» par excellence est la pensée de ce qui est le bien
» par excellence. La contemplation de cet objet est la
» jouissance suprême et le souverain bonheur (1). »
Speusippe avait conçu Dieu comme un principe sans félicité et sans vie actuelles, qui ne contient la perfection qu'en puissance. « La vie est en Dieu, répond Aris-
» tote ; car l'action de l'intelligence est une vie, et Dieu
» est l'actualité même de l'intelligence ; cette actualité
» prise en soi, telle est sa vie parfaite, éternelle. Mais
» nous appelons Dieu un vivant éternel et parfait.
» La vie continue et la durée éternelle appartien-
» nent donc à Dieu ; car cela même, c'est Dieu (2). »
Speusippe et les disciples infidèles de Platon, revenant au Pythagorisme, avaient placé l'imperfection du germe primitif avant la perfection actuelle de l'être développé ; ils avaient abandonné le grand principe du Platonisme : l'antériorité du parfait, de l'idéal-réel, sur l'imparfait, sur l'idéal incomplétement réalisé. Mais le principe platonicien revit dans Aristote ; son Dieu est un acte, une réalité, et non une simple puissance ; c'est un Dieu intelligent et vivant. — Nous persuadera-t-on aisément, disait Platon, que la pensée et la vie n'appartiennent pas à l'être suprême, qu'il ne participe pas à l'auguste et sainte intelligence, τὸν ἅγιον καὶ σεμνὸν νοῦν? — L'intelligence, dit à son tour Aristote, est la plus divine des choses que nous connaissons. Mais, pour être telle en effet, quel doit être son état habituel ? Si elle ne pensait pas, si elle était comme un homme endormi, où serait son auguste dignité ? Εἴτε γὰρ μηθὲν νοεῖ, τί ἂν εἴη τὸ σεμνόν (3).

(1) *Mét.*, XII, 249.
(2) *Mét.*, *ibid.*
(3) *Mét.*, XII, 254.

En outre, quel est l'objet de cette intelligence réelle et actuelle? Platon avait répondu : c'est l'intelligible, c'est la vérité en soi, c'est le Bien. « La science en soi, » disait-il, est la science de la vérité en soi (1). » Ecoutons maintenant Aristote : « La pensée en soi est » la pensée de ce qu'il y a de meilleur, et la pensée par » excellence est la pensée de ce qui est le bien par » excellence (2). » Pour Platon, la science en soi est identique à l'essence dans l'unité du Bien qui les enveloppe toutes les deux : le Bien *pensant* et le Bien *pensé* ne sont qu'un seul et même principe. Cette doctrine platonicienne de l'identité du sujet et de l'objet, abandonnée par Speusippe et l'Académie, domine toute la philosophie d'Aristote. L'intelligible, rejeté au second rang par les disciples de Platon, reparaît au premier dans Aristote; et ce n'est pas un intelligible abstrait, mais un intelligible vivant et intelligent, comme le Bien de Platon, père de la vérité et de la science.

Speusippe avait mal compris la pensée de son maître : Dieu est supérieur à l'intelligence et à l'essence, disait Platon. Mais on peut concevoir de deux manières cette supériorité. Dieu est-il au-dessus de la vérité et de l'être parce qu'il les enveloppe dans une puissance non développée; est-il au-dessus de la pensée parce qu'il ne pense pas encore, de l'être parce qu'il n'est pas encore? — Speusippe s'était arrêté à cette solution incomplète et avait reculé jusqu'à Pythagore, jusqu'aux Ioniens eux-mêmes, en déifiant la puissance pure. Ce n'était pas là la pensée de Platon : pour lui la puissance pure est la matière, et non Dieu ; si Dieu est au-dessus de la pensée et de l'essence, c'est parce qu'il y a en lui, non pas moins que la pen-

---

(1) Voir t. I, p. 514.
(2) *Mét., ibid.*

sée, moins que l'essence, mais beaucoup plus que l'essence et la pensée, qualités encore incomplètes qui n'épuisent pas la perfection du Bien. Dieu est différent de la science et de l'essence parce qu'il est la réalité suprême. Aristote, tout en essayant d'attribuer à Platon l'erreur de ses disciples ou de ses devanciers, lui emprunte sa vraie doctrine, et fait de Dieu un terme différent de toutes les choses imparfaites, non parce qu'il est la puissance, mais parce qu'il est l'acte pur.

Où donc est le véritable Platonisme? Est-ce dans l'Académie, où l'on vénère Platon sans le comprendre? N'est-ce pas plutôt dans le Lycée, où Platon est attaqué, mais où triomphent ses doctrines les plus admirables.

Il est un point cependant où Aristote est infidèle à son maître, et c'est ce premier désaccord qui a causé toute l'opposition de Platon et d'Aristote. Au moment même où le disciple entre avec le plus de profondeur dans la pensée de son maître, il ne s'en rapproche que pour s'en séparer.

II. — La science en soi, avait dit Platon dans le *Parménide*, est la science des choses en soi. Mais alors s'élève une des plus grandes difficultés de la philosophie : comment la science en soi peut-elle atteindre autre chose que la pure essence, comment peut-elle connaître le monde, séjour de la multiplicité et de l'imperfection?

Le rapport du monde à Dieu est déjà tout entier dans la solution de ce grand et immortel problème; et le *Parménide* de Platon n'a été écrit que pour faire entrevoir cette solution dans la théorie des Idées. Platon a mesuré toute la profondeur du mystère : il semble même avoir hésité un instant devant les obscurités de la question; mais la foi aux Idées l'a emporté sur le doute, et il a donné à Dieu la connaissance du monde. Aristote, arrivé en présence du même mystère, trouve infranchissable l'intervalle qui sépare le monde imparfait de la pensée parfaite, et il ne place dans cette pensée qu'une seule connaissance, qui est la connaissance d'elle-même. Cette pensée en acte est encore *l'Idée*, mais ce n'est plus l'Idée des Idées. Aristote accusait Platon de s'être perdu dans l'unité de l'universalité absolue; il va se perdre à son tour dans l'unité de l'individualité absolue.

« Ou l'intelligence se pense elle-même, ou bien elle
» pense quelque autre objet. Et si elle pense un autre
» objet, ou bien c'est toujours le même, ou bien son
» objet varie. Importe-t-il donc, oui ou non, que l'ob-
» jet de la pensée soit le bien, ou la première chose
» venue? ou plutôt ne serait-il pas absurde que telles
» ou telles choses fussent l'objet de la pensée? (1) »
Aristote semble ici faire allusion à l'intelligence du démiurge platonicien qui pense à telles et telles choses, puisqu'elle a pour objet une multiplicité d'Idées. Une telle pensée semble *discursive* à Aristote, par cela même qu'elle est multiple; et le but de la *Métaphysique* est d'établir la nécessité d'une pensée absolument une, d'une pensée sans Idées. Introduisez dans cette unité une pluralité quelconque, et par là même vous y faites rentrer la puissance, le mouvement et l'imperfection : « Il est clair que la pensée
» pense ce qu'il y a de plus divin et de plus ex-
» cellent, et qu'elle ne change pas d'objet; car chan-
» ger ce serait passer du mieux au pire, ce serait
» déjà un mouvement. De plus, si la pensée n'était
» pas l'acte de penser, mais une simple puissance, il est

---
(1) *Mét.*, XII, 249.

» probable que la continuité de la pensée serait pour
» elle une fatigue. Ensuite il est évident qu'il y aurait
» quelque chose de plus excellent que la pensée, à sa-
» voir son objet (1). » En effet, l'objet de la pensée agirait, et la pensée subirait l'action. Or, tout bien, toute
perfection, comme aussi toute félicité, est dans l'action, non dans la passion ; c'est pour cela qu'il est meilleur et plus doux d'aimer que d'être aimé, « *meilleur
» d'être le sujet que l'objet de la pensée* (2), » meilleur,
en un mot, d'*exercer* que de *subir l'action* (3). Si donc
la pensée a besoin de l'objet pour passer à l'acte, elle
sera inférieure à cet objet, fût-il le plus vil ; car *l'objet
le plus vil de la pensée* aurait encore le privilége de
*produire l'action de penser et la pensée* (4). « C'est là
» ce qu'il faut éviter ; il est des choses qu'il vaut
» mieux ne pas voir que de les voir ; sinon la pensée
» ne serait pas ce qu'il y a de plus excellent. L'intelli-
» gence se pense donc elle-même, puisqu'elle est ce
» qu'il y a de plus parfait, et la pensée est la pensée
» de la pensée (5). »

Dans cet acte indivisible de l'intelligence, il n'y a
plus aucune place pour la multiplicité des Idées. « Si
» l'objet de la pensée était composé, dans ce cas l'in-
» telligence changerait, car elle parcourrait les parties
» de l'ensemble ; mais tout ce qui n'a pas de matière
» est indivisible. Il en est éternellement de la pensée
» comme il en est, dans quelques instants fugitifs,
» de l'intelligence humaine et de toute intelligence
» dont les objets sont composés. Ce n'est pas toujours
» successivement que l'intelligence humaine saisit le

(1) *Ibid.*, 255.
(2) *Magn. Mor.*, II, II. Βέλτιον γνωρίζειν ἢ γνωρίζεσθαι.
(3) Τιμιώτερον τὸ ποιοῦν τοῦ πάσχοντος. *De an.*, III, v.
(4) *Mét.*, XII, 255, l. 10, 11, 12, 13. Cf. Ravaisson, *ibid.*, I, 584.
(5) *Mét.*, XII, 255, l. 13.

» bien : c'est dans un instant indivisible qu'elle saisit
» son bien suprême. Mais son objet n'est pas elle-
» même; tandis que la pensée éternelle, qui saisit
» aussi son objet dans un instant indivisible, se pense
» elle-même durant toute l'éternité. »

Ainsi, admettre les Idées dans la pensée divine, ce serait introduire dans la raison intuitive ou νόησις la raison discursive ou διάνοια; et en y introduisant la pluralité et le mouvement, c'est le mal qu'on y introduirait. Tout autre objet que l'intelligence même participerait nécessairement des régions inférieures de la contingence et de la possibilité, et l'intelligence ne pourrait l'atteindre qu'en descendant de la hauteur de son activité pure pour recevoir dans son sein le mal et l'imperfection. Non ; mieux vaut ne point voir ce qu'on verrait « au préjudice de sa dignité et de sa » perfection (1); » mieux vaut ne pas connaître le monde, si le monde est au-dessous de Dieu.

Que deviennent donc les Idées de Platon? Déchues pour ainsi dire de leur dignité, elles tombent des sphères de la pensée intuitive dans celles de la pensée discursive, et par conséquent de l'entendement humain. Il n'y a pas d'Idées dans l'essence de Dieu, parce que la pluralité des Idées détruirait l'individualité absolue de l'acte pur; il n'y a pas d'Idées dans l'intelligence de Dieu, parce que la multiplicité des objets, même idéale, serait incompatible avec la perfection indivisible de la Pensée. Mais il y a des idées dans l'entendement humain, parce que l'entendement, pure puissance, ne devenant jamais entièrement actuel sous l'action de la raison divine, se multiplie, se divise, se fractionne en une pluralité de notions ; et ces

---

(1) *Mét., ib.*, Ravaisson, 585.

notions sont ses idées. Les Idées ne sont réelles que dans l'entendement humain ou dans les objets extérieurs, qui sont des puissances incomplétement actualisées et par là même multiples (1). Mais les Idées ne forment point un monde intelligible qu'envelopperait à jamais dans sa contemplation l'Intelligence divine, que porterait éternellement dans son sein la perfection essentielle de Dieu. Si l'on veut absolument qu'il y ait des Idées, il faut dire alors qu'il n'y en a qu'une seule, dans laquelle s'identifient l'Intelligible et l'Intelligence. —

— Sans doute, aurait pu répondre Platon, il n'y a véritablement qu'une Idée, et la dialectique tout entière n'a pour but que de ramener toutes les choses et toutes les Idées à l'unité divine. Mais cette unité, étant celle de l'Universel, n'est point exclusive de la pluralité, qu'elle renferme éminemment dans une sorte de puissance active, supérieure tout à la fois à la puissance passive de la matière et à l'incomplète activité des êtres multiples. S'il est difficile de comprendre comment Dieu peut connaître ce qui est au-dessous de lui (2), il est encore plus difficile de comprendre comment une chose pourrait être ou réelle ou possible, lui fût-elle infiniment inférieure, sans lui devoir et sa réalité et sa possibilité même. Après tout, quelque méprisable que le monde paraisse, surtout au point de vue restreint de l'expérience, il n'en est pas moins un *bien communicable et communiqué*; si donc Dieu ne l'a pas porté d'abord dans son essence et dans sa pensée avant de le produire, il existe un bien qui ne

---

(1) *De an.*, III, iv, v, vi.
(2) Voir t. I et la *Conclusion critique*.

repose pas dans son sein et que ne contemple pas son intelligence, un bien qui s'est produit en dehors de lui, dont il serait plutôt le témoin que la cause, et dont il n'est pas même le témoin puisqu'il ne le connaît pas. Non, il n'y aurait point de monde sensible s'il n'y avait point de monde intelligible, de bien engendré sans un bien générateur dont les Idées sont les puissances éternellement fécondes. Il est des choses, dites-vous, qu'il vaut mieux ne pas voir que de les voir. Non, il vaut mieux voir l'imperfection et la pauvreté, pour lui accorder un regard d'amour, l'attirer à soi, l'absorber dans son sein et la remplir de sa richesse.

Aristote refuse obstinément d'attribuer à Dieu cette compréhension et cette fécondité de l'Universel, où tout est en germe parce que tout y est déjà développé, en germe pour autrui, développé pour soi, virtuel dans les effets et actuel dans la cause, multiple dans ses puissances et simple dans sa réalité. Aristote regarde toute multiplicité de ce genre comme incompatible avec l'individualité véritable ; il recule devant cette apparente contradiction, qui trouble l'entendement, mais que la raison réclame : — le Bien un et multiple, un en lui-même et multiple par les biens qu'il peut communiquer à autrui. Platon, au contraire, averti par les excès de Parménide, avait compris la nécessité de concilier dans un principe suprême l'universalité, qui rend possible le monde, et l'individualité, qui fait de Dieu un être réel. C'est dans l'Idée, forme commune de l'essence, de l'intelligence et de la puissance, qu'il avait cru trouver la solution du problème ; mais sa doctrine était encore vague, et aucun de ses disciples, pas même Aristote, ne la comprit entièrement. Rejetant la considération de l'Universel, qui lui semblait aboutir nécessairement à l'Unité de Parménide, Aristote se renferme dans la considération de l'Individuel. C'était là un point de vue aussi exclusif que celui de Parménide, et, par un étrange phénomène, Aristote, parti du pôle opposé à celui du philosophe éléate, finit par s'absorber comme lui dans une unité dont aucune pluralité ne peut sortir; seulement, à l'unité de l'être universel il substitue l'unité de l'être absolument et exclusivement individuel.

C'est qu'Aristote n'a point voulu suivre Platon jusqu'au bout dans sa marche dialectique. Au-dessus de l'âme, il a vu l'intelligence; mais, au-dessus de l'intelligence, il a cru que rien ne pouvait exister, et il a établi une identité absolue entre l'intelligence et le bien. L'intelligence, sous la forme d'une conscience éternelle, lui paraissant avec raison le degré suprême de l'individualité, il s'est arrêté là sans éprouver le besoin d'un principe supérieur; et le bien universel, source intarissable de l'être, de la pensée et de la vie, supérieur lui-même à l'essence, à l'intelligence et à l'âme, lui a semblé une abstraction incompréhensible.

Pour Platon l'objet de l'intelligence, le bien, est au-dessus de l'intelligence même parce qu'il la rend possible et en renferme la raison. Sans doute le bien et l'intelligence ne sont qu'un seul et même être; mais dans l'unité de cet être il y a cependant une sorte de procession idéale, et comme une antériorité métaphysique de l'éternel intelligible sur l'éternelle intelligence. Avant toute chose est le Bien, enveloppant dans sa perfection l'essence qui devient vérité au contact de l'intelligence, et l'intelligence qui devient pensée au contact de la vérité. Platon a conçu ce terme suprême comme étant l'universalité absolue, parce qu'il renferme toutes choses, même les opposés, dans l'unité de sa perfection; en même temps, par la conscience qu'il a de lui-même, Dieu est l'individualité absolue; enfin, par sa puissance communicable et expansive, il fait participer toutes choses à son double caractère d'individualité et d'universalité, car il met en chaque chose une âme et soumet tout à la loi commune de l'Idée.

Pour Aristote, il y a contradiction entre l'universel et le réel, parce qu'il confond l'universel avec le général. Le Bien-un de Platon ne lui apparaît que comme un genre qui réunit en lui toutes choses par des analogies extérieures, mais non par un lien intime et réel. Voyant que, dans le monde sensible, l'universalité incomplète des genres est en opposition avec l'individualité également incomplète des êtres, il ne se demande pas si l'opposition n'expire point au sommet de la dialectique. L'universel demeure exclu pour lui de la catégorie de l'essence et confiné dans celle de la relation; car l'universalité n'est à ses yeux qu'une analogie extérieure, tandis qu'elle est pour Platon un principe réel, intérieur et substantiel. Dieu n'est donc plus le Bien-un, où coïncident les opposés, en particulier l'universalité et l'individualité, et qui, par cela même, peut se communiquer toujours sans s'appauvrir jamais; il est l'intelligence à jamais retirée et absorbée dans la conscience d'elle-même. Ce n'est pas la pensée d'un être, mais la pensée d'une pensée. Un tel principe, n'ayant que l'individualité sans avoir l'universalité, sera aussi infécond que le Dieu de Parménide, qui avait l'universalité sans avoir l'individualité.

La grande pensée exprimée par Platon dans le 6ᵉ livre de la *République* n'est comprise qu'à moitié par Aristote; celui-ci n'a pas su voir, au delà de l'intelligence, celui que Platon appelait le père de l'intelligence : il s'est reposé dans la contemplation du fils, parce que là seulement il trouvait la lumière et la clarté. Le premier Principe de Platon était obscur et incompréhensible de sa nature; Aristote recula devant lui, confondant avec les ténèbres de la matière et du non-être la clarté trop éblouissante, la clarté obscure de l'Être parfait.

En résumé, la suppression des Idées était la conséquence logique de la théodicée d'Aristote. L'Être universel étant relégué parmi les abstractions, Dieu n'était plus un être compréhensif de toutes les déterminations possibles, mais un être sans autre détermination que la pensée de lui-même. Dieu, au lieu d'embrasser éminemment toutes choses, ne renfermait plus qu'une seule chose, la pensée; et, dans cette simplicité absolument indivisible, la pluralité idéale, les *Idées*, ne pouvaient trouver aucune place.

En même temps que les Idées et l'universalité, tout moyen terme entre Dieu et le monde va être supprimé par Aristote dans la substance et dans la pensée divines.

## CHAPITRE VII.

#### RAPPORTS DE DIEU AU MONDE.

I. RAPPORT DE LA PENSÉE DIVINE AVEC L'ORDRE DU MONDE. Comment Dieu est Providence sans le savoir. Optimisme d'Aristote. La Nature substituée au Démiurge de Platon. — II. RAPPORT DE LA PENSÉE DIVINE AVEC L'EXISTENCE DU MONDE. Comment Aristote réfute le dualisme. A-t-il conçu le rapport de la puissance à l'acte de manière à maintenir tout à la fois l'unité du premier principe et la diversité des existences. Comparaison de l'*Idée* et de l'*acte*. Conséquences de la suppression des Idées. Impossibilité de rattacher la puissance à l'acte, et d'attribuer à Dieu la puissance active.

1. Quel est le rapport de la pensée divine, d'abord avec l'ordre du monde, puis avec la substance même du monde?

On peut dire que le Dieu d'Aristote est une providence, avec cette restriction capitale qu'il est providence sans le savoir. Quoique Dieu ignore l'univers, il n'en est pas moins le principe de tout ordre et de tout bien; car, s'il ne connaît pas le monde, s'il n'en est pas touché, le monde le connaît et subit son contact bienfaisant: le monde tressaille éternellement à la présence de l'objet aimé (1). Dieu, quoique distinct du monde et par sa pensée, qui n'a d'autre objet qu'elle-même, et par son essence, qui est identique à sa pensée, n'est cependant pas séparé du monde comme un lointain objet de désir. Sans en être touché il le touche, et éveillant le désir de la Nature, il en développe toutes les puissances, il produit en elle

(1) *Mét.*, XII, 248. *Eth. Eud.*, VII, IX.

l'ordre et la beauté. « Du sein de l'indétermination et du possible, la Nature s'élève par degrés vers la fin qui l'attire, et à mesure qu'elle en approche, à mesure domine en elle l'être sur le non-être, l'acte sur la puissance, le bien sur le mal. Le côté négatif de la double série des contraires descend de plus en plus dans l'ombre; l'autre brille de plus en plus de la lumière divine de l'être et du bien absolu (1). »

Le progrès est la loi universelle. D'où vient donc le mal? De la puissance, qui, enveloppant les contraires, enveloppe par là même l'imperfection. Le mal ne se manifeste que dans le développement de l'opposition qui fait le fond de la matière; c'est la privation du bien, et par suite « le bien même en puissance (2). » A l'imitation de Platon, Aristote considère le mal comme un terme relatif qui ne subsiste pas par lui-même. Le mal n'est pas un être, « il n'a pas d'existence indé-
» pendamment des choses; il est de sa nature infé-
» rieur à la puissance même. Il n'y a donc dans les
» principes, dans les êtres éternels, ni mal, ni faute,
» ni destruction, car la destruction compte elle-même
» au nombre des maux (3). » Le mal est, comme l'infini, ce qui n'est pas encore, mais peut venir à l'être : c'est l'imperfection, le défaut, l'impuissance qui, résulte de la puissance même, et dont celle-ci aspire à se dégager (4). L'opposition du bien et du mal, et en général l'opposition des contraires, ne dépasse donc point le monde de la contingence et du changement. Le bien absolu, l'acte pur, n'a pas de contraire; car la matière n'est pas le contraire du bien, la puissance

---

(1) Ravaisson, *ibid.*, t. I, p. 591.
(2) *Mét.*, XIV, 302. Τὸ κακὸν ἔσται αὐτὸ τὸ δυνάμει ἀγαθόν.
(3) *Mét.*, IX, 189.
(4) Ravaisson, *ibid.*, 592.

n'est pas le contraire de l'acte : elle n'est que la coexistence virtuelle des opposés. « Ce qui est *premier* n'a pas de contraire (1). »

Le mal n'est pas par lui-même, et il n'est pas non plus par Dieu. Dieu est la raison unique de tout ce qu'il y a de bien en tout être; car le bien d'une chose est sa fin, et il n'y a de bien que par la fin. Chaque être reçoit de Dieu selon son pouvoir *l'être avec la vie* (2), et par conséquent le bien. Mais cette participation au bien est inégale, *plus faible chez les uns, plus complète chez les autres* (3); et la raison en est dans la nécessité invincible et la fatalité de la matière, c'est-à-dire de la puissance, qui enveloppe l'impuissance et l'imperfection. *Pouvoir*, c'est aussi *ne pouvoir pas*; nous ne dirons pas de Dieu qu'il *peut* le bien, mais qu'il est le bien même. Le possible est en dehors de lui, et en développant le bien, manifeste aussi le mal.

Malgré cette nécessité de la matière, le monde, tel qu'il est, est le meilleur des mondes possibles (4); non qu'il soit actuellement parfait, mais parce que tout aspire à la perfection et y marche sans cesse, et que sans cesse le mal est vaincu par le bien. Cependant, ce n'est pas Dieu qui ordonne toutes choses en vue de lui-même. Dieu ne descend point à gouverner les choses : c'est à la Nature qu'appartient l'architectonique du monde; c'est en elle que réside la pensée artiste, la raison pratique, tandis que la Pensée pure se repose dans son immobilité. « Dieu n'est pas celui » qui commande et dispose, mais il est ce en vue de

---

(1) *Mét.*, IX, 255.
(2) *De cœl.*, I, ix. — Τὸ εἶναί τε καὶ ζῆν.
(3) *Phys*, VIII, vii. *De gen. et corr.*, II, x.
(4) *Phys*, VIII, vii.

» quoi la raison pratique ordonne tout (1). » L'action providentielle appartient donc à la Nature : « c'est » elle qui, en toutes choses, aspire au mieux (2). » « En toutes choses nous la voyons faire ce qui est le » meilleur parmi les possibles (3). » Ce qu'elle perd d'un côté, elle le reprend d'un autre ; « ce qu'elle en-» lève ici, elle l'ajoute là (4). Ce qui surabonde, elle » l'emploie à suppléer ce qui manque. Elle rétablit » l'équilibre, répare le désordre, guérit la maladie. » Toujours elle travaille la masse inerte du corps, » la façonne et la transforme. Enfin *elle ne fait rien* » *en vain* (5), *elle est la cause de tout ordre*, partout » elle met et conserve la proportion et la beauté (6). »

Ainsi se retrouve dans Aristote l'optimisme de Socrate et de Platon. Mais le rôle attribué à la pensée divine dans le *Timée* n'est plus attribué par Aristote qu'à la Nature, principe inférieur, qui est divin, mais qui n'est pas Dieu. Le démiurge éternel, l'artiste toujours en travail, c'est la vie universelle, c'est la Nature. Mais la Nature ne se règle pas sur des Idées, comme le démiurge de Platon. Les Idées ne sont conçues que par la raison réfléchie de l'homme, et non par la raison spontanée de la Nature. La Nature tend de toutes parts au bien, sans le voir au-dessus d'elle « comme un loin-» tain idéal (7), » mais sous l'immédiate influence du désir. Son élan vers le bien est spontané, inconscient et par conséquent aveugle ; et cependant il produit et

---

(1) *Eth. Eud.*, VII, xv.
(2) *De gen. et corr.*, II, x.
(3) *De vitâ et morte*, IV.
(4) *De gen. an.*, III, I.
(5) *De an. inc.*, II.
(6) *Phys.*, VIII, I.
(7) Voir Ravaisson, p. 394.

ordonne toutes choses comme le ferait le calcul abstrait d'une réflexion prévoyante (1). C'est que la raison, pour être spontanée, n'en est pas moins la raison : ce qui fait la vie de la Nature, c'est la pensée ; la Nature ne peut rien produire qui ne porte la marque de la pensée, qui ne soit intelligible, rationnel, beau et bon.

II. L'ordre du monde a sa cause dans l'attraction exercée par l'acte divin sur la puissance matérielle. Mais où est la cause de l'existence même du monde ? Quel est le caractère définitif de la métaphysique péripatéticienne ? est-ce le dualisme, est-ce l'unité ? et si c'est l'unité, Aristote est-il parvenu à comprendre l'origine du multiple ?

Ce qui frappe au premier abord dans Aristote, c'est un sentiment profond de l'individualité, et par conséquent de la différence et de la distinction dans les êtres. Sa tendance est moins de généraliser que de spécifier et de définir. L'essence, la substance de chaque être, c'est un acte spécial, caractéristique de sa nature, forme propre à sa matière, fin déterminée à laquelle tendent ses puissances. Si Aristote a vu partout des individus, faut-il donc dire que le monde est pour lui une série d'êtres particuliers, reliés l'un à l'autre par de simples analogies, et à l'individualité suprême de l'acte pur par un rapport tout extérieur ? S'il en était ainsi, l'être serait pour ainsi dire dispersé et éparpillé dans la philosophie d'Aristote, et ce système d'individus indépendants formerait un véritable atomisme spirituel.

C'est là, en effet, le premier aspect sous lequel se montre la doctrine d'Aristote ; et plusieurs historiens

---

(1) *Phys.*, II, viii.

de la philosophie se sont arrêtés à ce point de vue exotérique et superficiel. Aristote motive lui-même jusqu'à un certain point cette interprétation, en répétant sans cesse que l'universel est une simple analogie entre les êtres, et par conséquent un rapport extérieur. S'il demeurait fidèle à ce principe, il aboutirait logiquement à une multiplicité indéfinie d'individus sans lien substantiel, et le monde serait une anarchie dans ses substances, sinon dans ses harmonies et dans son ordre.

Mais, nous en avons eu déjà plusieurs preuves, l'adversaire de Platon, en creusant de plus en plus cette notion d'individualité à laquelle il s'attache si fortement, devait rencontrer à son tour la notion de l'universel.

Tout en combattant Platon, Aristote aspire à l'unité autant que lui; un esprit aussi profond n'aurait pu se contenter de l'atomisme spirituel, lui qui repousse avec tant d'énergie l'atomisme matériel de Démocrite et le prétendu atomisme mathématique de Platon. On sait avec quelle grave éloquence il réfute le système de Speusippe, qui lui semblait aboutir à une multiplicité infinie : « Ceux qui prennent pour principe le nombre
» mathématique, et qui admettent ainsi une suite in-
» finie d'essences et des principes différents pour les
» différentes essences, ceux-là font de l'essence de l'u-
» nivers une collection d'épisodes ; car qu'importe
» alors à une essence qu'une autre essence existe ou
» n'existe pas? De plus, ils ont une multitude de prin-
» cipes ; mais les êtres ne veulent pas être mal gou-
» vernés : — *Il n'est pas bon qu'il y ait plusieurs chefs,*
» *un seul suffit* (1). »

« Ceux qui reconnaissent deux principes, dit-il

(1) *Mét.*, XII, *loc. cit.*

» encore, doivent admettre un autre principe supé-
» rieur (1)..» Il en est ainsi de tous ceux qui posent
pour principes des contraires, comme l'Amitié et la
Discorde, l'Intelligence et le Chaos, le Jour et la Nuit.
Aristote reproche à Platon lui-même d'avoir pris des
contraires pour principes, l'unité et la pluralité (2),
et d'avoir ainsi conservé une sorte de dualisme dans
la philosophie. « Les partisans des Idées doivent ad-
» mettre un principe supérieur aux Idées; car, en
» vertu de quoi y a-t-il eu et y a-t-il encore partici-
» pation des choses aux Idées (3)? » Les choses et les
Idées sont deux termes différents, qui impliquent un
terme plus élevé, capable de les mettre en rapport. A
en croire Aristote, Platon a eu le tort de poser la Matière et l'Unité comme deux contraires, sans s'apercevoir que deux principes coéternels, par cela même
qu'ils sont deux, ne peuvent être des principes (4). La
vérité, selon lui, c'est que le principe premier *n'a pas
de contraire*. La matière, en effet, n'est pas le contraire
de la forme, puisqu'elle la contient en puissance ; de
même elle n'est pas le contraire de la privation :
« elle n'est le contraire de rien (5), » parce qu'elle est
tout en puissance, et au lieu de l'appeler un contraire,
il faut plutôt l'appeler l'ensemble de tous les contraires.
Aussi tout acte qui n'est pas entièrement exempt de
matière a son opposé ; et réciproquement tout ce qui a
un opposé est par là même matériel à quelque degré.
Du haut de cette théorie, Aristote regarde avec dédain
tous les systèmes qui roulent sur l'opposition, et pren-

---

(1) *Ibid.*
(2) *Ibid.*
(3) *Ibid.*
(4) « Il en est qui font de la matière même un des deux contraires :
ainsi ceux qui opposent l'inégal à l'égal, la pluralité à l'unité... » *Ib.*
(5) *Ibid.*

nent par conséquent pour principe la matière. Il met le Platonisme au nombre de ces systèmes : « Nos de-
» vanciers, dit-il, sont forcés de donner un contraire
» à l'Intelligence et à la Science par excellence, tandis
» que nous, nous ne le sommes pas : il n'y a point de
» contraire à ce qui est premier, car les contraires ont
» une matière dans la puissance de laquelle ils sont
» identiques. L'ignorance, pour être le contraire de
» la science, impliquerait un objet contraire à celui
» de la science. Ce qui est premier n'a donc pas de
» contraire (1). »

On ne saurait trop remarquer l'insistance d'Aristote à placer le premier principe au-dessus de toute opposition, dans l'Unité absolue. « Comment les choses
» où se trouvent les opposés pourraient-elles provenir
» de leurs opposés ? Les contraires n'ont pas d'action
» les uns sur les autres. Pour nous, nous levons ra-
» tionnellement la difficulté, en établissant l'existence
» d'un troisième terme (2). » Ce troisième terme est le sujet des contraires, la matière où ils existent en puissance. Mais la matière à son tour, n'étant qu'une pure puissance, implique un terme nouveau, l'acte pur. Le système d'Aristote se résume donc en définitive dans les termes suivants :

1° Terme inférieur : la *matière*, sujet des contraires en puissance ;

2° Terme mixte : les *formes positives* et *privatives*, où se manifeste l'opposition des contraires par le passage de la puissance à l'acte ;

3° Terme supérieur : l'*acte* pur, qui domine toute opposition.

La dualité des contraires n'est donc, pour Aristote,

(1) *Ibid.*, XII, 257.
(2) *Ibid.*, sqq.

qu'un point de vue relatif qui suppose au-dessous des contraires l'unité de la puissance, et au-dessus, l'unité de l'acte. *Puissance* et *acte*, — tels sont les deux termes qui demeurent en présence et dans lesquels se résolvent nécessairement tous les autres.

En admettant ces deux termes, Aristote ne croit nullement conserver le dualisme dans sa philosophie, et nous avons vu pourquoi : la puissance n'étant point le contraire de l'acte, mais un simple corrélatif, on ne peut reconnaître dans ces deux choses une dualité de principes véritable. Au fond, il n'y a qu'un seul principe réel : l'unité actuelle de la Pensée.

Aristote a-t-il raison? a-t-il su concevoir le rapport de la puissance à l'acte de manière à sauver tout à la fois l'unité du premier principe et la diversité des existences?

Aristote cherche, nous l'avons vu, l'unité de principe. Son point de départ était la multiplicité des actes individuels, son point d'arrivée est l'unité de l'individualité absolue. Examinons de nouveau comment il parvient à ce terme.

L'*acte*, au premier abord, divise et distingue les êtres; il les oppose les uns aux autres et accuse les individualités. Néanmoins, pour une réflexion plus attentive, l'acte réunit et rapproche les êtres encore plus qu'il ne les sépare. L'acte d'une chose, en effet, c'est la réalité complète de cette chose, son *achèvement* (τελειότης); c'est donc moins ce qu'elle *est* que ce qu'elle *doit être* et s'efforce d'être; c'est la perfection de telle ou telle chose particulière. L'acte est une *fin* à laquelle tend l'être, et cette fin fait toute sa réalité; car la réalité d'une chose est dans sa tendance au bien, et cette tendance, à son tour, n'est réelle que par le bien qui la produit. Ainsi, dans la nature, la fin qui agit sur l'être et qui l'attire à elle fait tout son être, et ne se distingue pas du désir qu'elle excite. La réalité, l'actualité de la nature est dans son mouvement, la réalité du mouvement dans la tendance ou le désir, la réalité du désir dans la fin qui le détermine. Cette fin est le bien, ou la perfection. Elle est l'Intelligible, dans lequel Platon concentrait la réalité absolue ; et l'Idée rentre ainsi dans le système d'Aristote avec le principe de la forme et de l'acte.

Comme l'Idée, l'*acte* rapproche les êtres, dont il fait l'essence et la réalité par la détermination qu'il y introduit. Faites abstraction de la puissance ou de la matière, dans la doctrine d'Aristote, et vous verrez toutes choses se réduire à l'acte pur. L'âme humaine ne fait qu'un, dans son intelligence pure, avec l'intelligence divine ; car la raison en acte est complétement *immatérielle*, et où il n'y a point de matière, il n'y a point de pluralité. La raison pure est donc tout à la fois personnelle et impersonnelle, personnelle par la matière où elle se manifeste, impersonnelle dans son essence. Par la raison l'âme s'unit à la pensée divine ; elle vit avec elle, en elle, au-dessus de la nature ; elle y vit immobile, impassible, immortelle (1). Maintenant, le principe sensitif, dans l'homme, n'est-il pas au fond le même être que le principe intelligent et raisonnable? — « L'intelligence juge le sens, en le comparant à elle-même, et par conséquent elle le contient dans une même conscience. Elle n'en diffère donc point, si ce n'est par la manière d'être, comme une courbe diffère d'elle-même après avoir été rectifiée, comme dans une même courbe diffè-

(1) V. Ravaisson, II, 19.

rent le convexe et le concave (1). C'est une même chose dans deux différentes conditions d'existence. Enfin, la végétation n'implique-t-elle pas une tendance perpétuelle à un but, une sorte d'appétit? et l'appétit n'est-il pas inséparable de quelque sens du bien et du mal (2), si obscur et si faible qu'il puisse être? Bien plus, l'appétit et le sens ne sont qu'un même principe, considéré dans deux conditions différentes, comme l'entendement et la volonté (3). Intelligence, sensibilité, vie végétative, puissances de divers ordres d'une seule et même âme, ce n'est donc qu'un même principe, le principe immortel, immatériel et divin de la pensée, plus ou moins différent et distingué de lui-même, selon le degré auquel est parvenue la réceptivité de l'organisme (4). » — On peut donc dire que l'essence de la matière seconde est le mouvement; l'essence du mouvement, la tendance, la force, le désir; l'essence du désir, l'âme; l'essence de l'âme, la pensée; l'essence de la pensée, la pensée en soi, l'acte pur de la pensée. N'est-ce pas là une véritable dialectique, qui s'élève, elle aussi, de forme en forme, de perfection en perfection, et par conséquent d'Idée en Idée? Sans doute les degrés de cette dialectique ne sont plus des universaux, et le but semble moins être l'universel que l'individualité absolue. Mais cette individualité, remarquons-le bien, fait l'essence de toutes choses; n'est-elle pas par là un véritable principe universel? — « Essence de toutes les intelligences, dans lesquelles elle

---

(1) *De an.*, III, 2. *Eth. nic.*, I, 13. Averroës, *In libros de an.*, opp. VI, f° 167, b. Cesalpini, *Quæst. perip.*, f° 44 (Venet., 1593, in-4°).
(2) *De an.*. III, 4, 7, 10.
(3) *Ib.*, III, 7.
(4) Ravaisson, II, 19.

se multiplie sans rien perdre de son unité, l'intelligence suprême est par cela même l'essence, la forme supérieure, l'être absolu des âmes humaines tout entières, dans toutes les puissances différentes qu'elles contiennent. Or, ce qu'elle est à la nature humaine, comment ne le serait-elle pas à toute la nature, dont l'humanité est à la fois le résumé et le but? Et qu'est-ce alors que le monde, selon la *Métaphysique* d'Aristote, si ce n'est la *manifestation* de la pensée divine, particularisée, multipliée, diversifiée dans les puissances de la matière, plus ou moins transformée en son action; en acte dans soi seule, et dans les pures intelligences où elle *se réfléchit*, en puissance plus ou moins proche de l'acte dans tout le reste; réunissant enfin, avec la *multiplicité indivisible* dans l'acte, la *multiplicité indéfinie* dans les puissances qui tendent de toutes parts à arriver en elle à l'acte et à la réalité? Ainsi naît la variété infinie des couleurs de l'alliance de la lumière, simple et une, avec tous les degrés de l'obscurité (1). » — Platon n'eût-il pas reconnu sa propre doctrine dans cette *manifestation*, dans cette *réflexion* de l'Intelligence au sein de la matière, dans cette *pensée* une en elle-même, mais qui se *particularise*, se *multiplie*, se *diversifie* par son rapport aux choses sensibles? « L'Idée, une en soi, paraît multiple à cause de son » rapport avec les choses (2). » Cependant, s'il faut en croire le savant historien dont nous venons de citer les pages éloquentes, le principe d'Aristote diffère essentiellement du principe de Platon : « Ce n'est plus,

---

(1) Ravaisson, *ibid.*, 20. Sur la lumière et les couleurs, voyez *De An.*, II, VII; *De Sensu*, 3. Cette théorie a été remise en honneur dans ce siècle par Gœthe.
(2) *De Rep.*, VI.

comme dans la dialectique platonicienne, une idée *générale*, commune à tous les êtres, mais qui *n'a de réalité qu'en eux* (1). » — Nous savons, et M. Ravaisson l'avoue ailleurs (2), que l'Idée n'est point une notion *générale*; s'il est une chose certaine, c'est que l'Idée platonicienne est *réelle en soi;* et les autres choses ne sont réelles que *dans l'Idée* ou par l'Idée. C'est Aristote qui considère l'universel comme n'existant que dans le particulier; mais Platon répète sans cesse le contraire. — Le Premier Principe d'Aristote, continue son savant interprète, « c'est la pensée substantielle, dans toute la réalité de l'action la plus parfaite, indépendante de tout et se suffisant à elle-même » (ce sont là aussi les caractères de l'Idée), « mais de laquelle tout dépend, à laquelle tout se rapporte, présente à tout comme chaque âme l'est à tout son corps, inégalement, diversement, et selon que chaque chose la peut porter; pour mieux dire encore, la pensée absolument active et pensante en elle-même, diversement et inégalement dans les choses, selon toutes les différences du possible (3). » — On en peut dire autant de *l'Idée;* seulement le principe d'Aristote est en quelque sorte un Individu universel, tandis que le principe de Platon est plutôt un Universel individuel et personnel. Les deux dialectiques, platonicienne et aristotélique, n'en arrivent

---

(1) Ravaisson, *ib.*, p. 21.

(2) « L'Idée n'est pas seulement ce qui se trouve de commun dans une pluralité d'existences individuelles, mais le principe auquel elles participent toutes ensemble, d'où elles tiennent leur ressemblance les unes avec les autres, et dont elles reçoivent le nom. Elle n'est donc pas dispersée dans les individus; elle n'est pas le simple attribut qui est tout entier dans les sujets particuliers : elle subsiste par elle-même et en elle-même, d'une manière indépendante et absolue. » Tome I, p. 291.

(3) *Ib.*

pas moins également à poser l'un en face de l'autre deux termes dont il s'agissait de déterminer exactement le rapport : la matière et l'*Idée*, ou la matière et la *Pensée*. Remarquons premièrement que ces deux termes sont les mêmes dans Platon et dans Aristote. L'Idée, avons-nous dit, est l'Universel-individuel, la Pensée est l'Individu-universel ; mais Platon et Aristote admettent également la *réalité* absolue de ce principe ; tous deux même le regardent comme la seule réalité véritable. Quant à la matière, elle est la même dans Platon et dans Aristote, quoi qu'en dise ce dernier ; car Platon regarde la matière comme un être et un non-être relatif, qui n'est rien et peut tout devenir. Ainsi, par la *dualité* de la matière et de Dieu, Platon et Aristote entendent également deux termes dont l'un n'existe que par rapport à l'autre ; conséquemment, la matière et Dieu ne sont pas des principes contraires de même valeur et comme parallèles. De plus, la matière est relative, Dieu est absolu ; la matière, par elle-même, n'est pas ; Dieu, par lui-même, est. La matière, qui n'est pas, peut *devenir* et participer à l'être : elle s'*idéalise* suivant Platon, elle se *réalise* suivant Aristote ; mais le résultat est le même. La réalisation ou idéalisation de la matière est une manifestation de l'Unité divine dans les choses, diversement et inégalement, selon les différences du possible. C'est encore là un principe commun aux deux philosophes. La comparaison même de Dieu avec la lumière productrice des couleurs rappelle une comparaison analogue du *Parménide* et de la *République*. L'Idée, comme la lumière, est présente à toutes choses, et révèle toutes les formes, quoique simple dans son essence.

Mais la pensée de Platon et celle d'Aristote se troublent et s'obscurcissent également quand il s'agit de déterminer avec précision la nature de cette *matière*, qui n'est rien et devient tout. C'est ici que le maitre et le disciple se séparent. Platon admet *les Idées*; Aristote, *l'Idée*, l'Intelligible. Tout est là. En effet, les Idées résultent de la dyade ou *matière* et de l'*unité*; or, les Idées sont en Dieu; il faut donc en conclure que la matière est d'une certaine façon en Dieu, et que le second terme du problème métaphysique exprime, comme le premier, une perfection de l'essence et de la pensée divine. Platon n'a pas conçu ce rapport avec assez de netteté, mais il l'a conçu. Ne représente-t-il pas la matière comme identique à l'Idée du *non-être* ou de l'*autre*, ou à la *Dyade idéale*? N'y a-t-il pas dans les dialogues les plus métaphysiques de Platon une tendance à réduire l'élément matériel à un élément intelligible, subsistant dans l'essence, dans la pensée, dans l'activité de Dieu? Encore une fois, on ne peut admettre *les Idées* sans admettre une pluralité éminente dans l'unité du Bien. Le Dieu de Platon est donc un être parfait, enveloppant dans son unité l'*infinité* des déterminations ou perfections participables, et en ayant la conscience éternelle. La conséquence de cette doctrine, c'est que le monde a en Dieu la raison, non-seulement de son existence, mais même de sa possibilité, de sa *puissance*, de sa *matière*; que l'unité du Bien, supérieure à l'essence et à l'intelligence, est tellement *une* sous tous les rapports, par son individualité et son universalité, qu'elle enveloppe le principe de la pluralité même dans son sein fécond. Cependant, quoique cette pensée fasse le fond du Platonisme, elle y est encore obscure et confuse; souvent même elle se voile sous un dualisme plus ou moins symbolique. Les philosophes de l'Académie ne surent tirer de cette conception qu'un panthéisme pythagoricien, et par une réaction inévitable, Aristote, se plaçant tout d'abord au pôle opposé à celui de Platon, dans la notion de l'individualité, proscrivit entièrement, sinon l'Idée, du moins la pluralité des Idées. Dans l'essence parfaitement simple de Dieu, aucun principe de multiplicité, aucune distinction possible de perfections ou formes diverses; c'est une essence sans Idées. Dans la conscience que cette essence a d'elle-même la simplicité n'est pas moins absolue : c'est une pensée sans formes, sans Idées. Enfin, dans l'action de cette essence, aucune pluralité de puissances qui réponde à la pluralité des choses et la produise ; ce n'est pas une cause proprement efficiente, qui contienne en elle ses effets avant de les en faire sortir: c'est une cause finale qui demeure en dehors de ce qu'elle attire sans le savoir ; c'est un acte retiré en lui-même, intransitif, et sans Idées. Telle est la doctrine aristotélique, qui devait entraîner les conséquences les plus graves dans la question des rapports de Dieu au monde. Aristote avait voulu échapper tout à la fois au dualisme des systèmes qui reposent sur les contraires et à l'unité absolue de Parménide; mais, en supprimant les Idées, il s'enferme nécessairement dans ce cercle d'où il voulait sortir.

En effet, voici deux termes en présence : la puissance pure et l'acte pur, la matière et la pensée. La matière est-elle quelque chose d'absolument indéterminé, qui n'ait absolument aucune qualité réelle et actuelle ? c'est alors une possibilité purement *logique*, une abstraction. Comment une abstraction peut-elle se mouvoir, se *former*, s'organiser ? Dieu, dites-vous, attire à lui et met en mouvement la matière. Encore faut-il pour cela que la matière existe; et comme Dieu est une simple cause finale, il faut attribuer à la matière toute l'énergie motrice. Mais la matière, ainsi constituée, ayant par elle-même l'être et la force motrice, n'est plus cette matière nue et passive, cette puissance exempte de tout acte dont parle la *Métaphysique*. L'acte n'appartient plus exclusivement à la pensée; en dehors d'elle, en face d'elle, subsiste éternellement une matière déjà douée de qualités propres et d'un certain degré de réalité et d'existence. Nous retombons dans un dualisme incompréhensible, qui place en opposition l'un avec l'autre un Dieu jouissant de la plénitude de l'être, et un je ne sais quoi arbitrairement doué d'une certaine quantité d'être, sans qu'on puisse savoir pourquoi on a choisi telle quantité plutôt que telle autre.

Nous savons que ce dualisme ne peut être la vraie pensée d'Aristote. Ce dernier ne déclare-t-il pas avec la plus grande netteté que la matière n'est réelle sous aucun rapport? S'il en est ainsi, il ne reste plus qu'un seul principe réel, qu'un seul être : la Pensée divine. Nous savons que cet être est un, simple, indivisible. Tout s'absorbe donc dans l'unité *intensive* de l'acte pur, de même que tout s'absorbait, chez les Eléates, dans l'unité *extensive* de l'être universel. « Un seul et même être, qui n'est autre que la Pensée ou l'intuition de lui-même, apparaissant dans les puissances différentes de la matière, sous mille formes et en mille opérations différentes, s'y retrouvant à peine aux différents degrés de la sensation et de l'intelligence, mais en possession éternelle de soi dans l'acte simple de la contemplation; une seule et même lumière réfractée en mille figures et mille couleurs diverses parmi les milieux différents qui la reçoivent, et qui n'en brille pas moins dans le divin éther d'un invariable éclat, mais une lumière intelligible et intellectuelle, transparente et visible à elle-même; telle est la conception générale dans laquelle se résume toute la *Métaphysique* (1). » Mais comment expliquer cette diversité de manifestations et de degrés dans la lumière pure de la pensée, si la matière où elle se reflète n'est pas un milieu réel, si la puissance dans laquelle l'acte se multiplie est une pure abstraction? De plus, l'acte est l'individualité absolue, et l'essence, d'après la *Métaphysique*, est exclusivement propre à ce dont elle est l'essence ; comment donc Dieu peut-il se communiquer substantiellement aux choses « sans les absorber en lui ou se perdre en elles? » S'il n'y a point d'universalité dans l'essence de Dieu, comment entendre de quelle manière « il serait en tout et tout serait en lui (2)? »

Le rapport de la puissance à l'acte demeure donc incompréhensible dans Aristote. — Puisque l'être est tout entier dans l'acte, disaient les Mégariques, il ne peut y avoir de puissance, et ce mot est une vaine abstraction. — Aristote place l'être tout entier dans l'acte, comme les Mégariques; mais il prétend conserver néanmoins ce que ceux-ci rejetaient, la puissance. Or, cela est inadmissible; car, de deux choses l'une : ou la puissance n'est absolument rien, ou, si elle est quelque chose, elle est de quelque manière dans l'Être, et alors l'Être n'est pas seulement de l'acte, il a aussi en lui une certaine puissance. D'après Aristote, on ne doit pas dire de Dieu qu'il *peut*, parce que « pouvoir c'est aussi ne pouvoir pas, » et que la puissance suppose l'impuissance. Principe en apparence

---

(1) Ravaisson, *ibid.*, II, Conclusion.
(2) *Ibid.*

admirable, mais qui contient un vice secret, puisqu'il supprime la fécondité divine et ne fait point provenir le monde du sein de Dieu. Aristote avait dit lui-même que l'acte est la vraie raison de toutes choses, le principe unique et primitif ; en tout, l'acte est antérieur à la puissance. Et voilà que, oubliant ce dogme fondamental, qu'il avait reçu de Platon, il pose en face de l'acte une puissance qui semble puissance par elle-même. Rien de plus illogique ; car, si la matière était un pur néant, elle ne serait pas même puissance ; et si elle n'est pas un néant, elle a un degré d'être inexplicable. La possibilité n'a pas en elle-même son fondement : elle repose sur quelque réalité. Où donc, encore une fois, est la raison de la possibilité éternelle du monde, sinon dans l'acte lui-même, dans l'essence divine? Il ne faut pas dire que l'Acte ne peut rien, mais qu'il peut tout. Ou du moins, s'il ne peut rien pour lui-même, parce qu'il n'a besoin de rien, il peut tout pour autrui. C'était peut-être au fond la pensée d'Aristote. Mais, s'il en est ainsi, il faut bien dire que l'essence divine enveloppe dans son unité une multiplicité virtuelle, il faut bien faire rentrer dans l'individualité de Dieu le principe de l'universalité. Ce n'est pas tout : cette *puissance* du multiple, immanente à l'essence divine, doit se réfléchir dans la pensée divine; sinon, Dieu n'aurait pas conscience de tout ce que son unité renferme, il n'aurait pas la conscience pleine et entière de lui-même ; son essence et sa pensée seraient deux choses différentes. Non, ce que Dieu est et ce qu'il fait, il sait qu'il l'est et qu'il le fait ; s'il produit le monde, fût-ce simplement comme cause finale, il sait qu'il le produit qu'il est cause finale, qu'il est le Bien pour autrui comme il est le Bien en soi. Il n'est rien et ne fait rien par accident, mais par essence, et son essence est la pensée ; il fait donc tout par pensée, et il en a l'éternelle conscience. Ainsi reparaît, comme conclusion de la métaphysique d'Aristote, la nécessité de concevoir dans l'universalité de la substance et de la pensée divine une pluralité de formes *réelles* en elles-mêmes, qui sont pour autrui des *puissances* participables, par conséquent un monde intelligible, un monde d'Idées.

## CHAPITRE VIII.

LA MORALE D'ARISTOTE ET SES RAPPORTS AVEC CELLE DE PLATON.

I. L'activité, premier terme du problème moral. Notion aristotélique de la liberté. — II. La fin de l'activité, second terme du problème moral. Comment cette fin, d'après Aristote, est encore l'activité. L'acte et le bien, définissables suivant les genres. Le plaisir est un bien, le bonheur est le souverain bien. — III. Applications de la doctrine aristotélique. Théorie du juste milieu. Les vertus morales. Les vertus sociales. La vertu spéculative ; la sagesse. — IV. Appréciation de la morale d'Aristote ; comparaison avec celle de Platon. — Conclusion.

I. Aristote part de l'expérience, et saisissant dans la multiplicité des êtres réels leur caractère fondamental, il rencontre partout, principalement chez l'homme, l'activité. Le premier terme du problème moral se pose devant lui avec une clarté parfaite. La nature est active, et son mouvement spontané révèle la force interne qui l'agite ; l'homme est actif, et ses résolutions libres marquent un plus haut degré de réalité et de vie.

Aristote ne pouvait méconnaître le libre arbitre. S'il devait avoir l'avantage sur Platon, c'est dans l'analyse de la plus active de nos facultés. Dans Platon, l'intelligence absorbait la volonté, comme l'objet même de l'intelligence, l'Idée, tendait à absorber tout le reste. S'il faut en croire Platon, l'idéal, une fois conçu par la raison, se réalise de lui-même dans l'âme. Comment l'absolu, comment l'infini, aussitôt entrevu, ne serait-il pas poursuivi par l'amour ? Il est tout, le reste n'est rien : comment ne lui suffirait-il pas de paraître pour vaincre? Si quelques hommes lui résistent, il faut, en les punissant, les plaindre et les éclairer : car ils ne savent point ce qu'ils font.

Admirable enthousiasme pour le bien, touchante miséricorde pour l'homme! doctrine vraiment sublime, que la raison sera éternellement tentée d'admettre avec Platon, mais que l'expérience repoussera toujours avec Aristote. Ce dernier oppose à son maître une analyse profonde de nos déterminations réfléchies, προαιρέσεις, et les distingue nettement des jugements de la raison ou des désirs de la sensibilité. La raison, à elle seule, ne saurait mouvoir la volonté, et ses prescriptions abstraites n'ébranleraient jamais les puissances de l'âme : οὐδὲ τὸ λογιστικὸν καὶ ὁ καλούμενος νοῦς ἐστὶν ὁ κινῶν. Ἐπιτάττοντος τοῦ νοῦ φεύγειν τι ἢ διώκειν, οὐ κινεῖται (1). Quant au désir, il meut sans doute; mais il ne donne qu'une première impulsion, et la volonté demeure libre de continuer l'action ou de la suspendre. L'être privé de raison *désire*, l'homme seul *choisit*. Sans doute, la volonté ne peut s'empêcher de tendre au bien en général. De même que, pour passer de la puissance à l'acte, l'intelligence humaine a besoin de l'action supérieure d'une pensée constamment agissante qui lui fournisse la première lumière de la vérité; de même, pour se déterminer, la volonté humaine a besoin d'une détermination initiale, indéfectible, qui lui donne la première inclination au bien. Elle n'en demeure pas moins libre dans le choix des moyens. La nature, ou plutôt Dieu, commence l'acte; l'homme l'achève. L'homme est donc « le père de ses œuvres; » il est, dans son indépendance, un individu, une personne véritable : il a son principe déterminant en lui, non

---

(1) *Eth. Nic.*, I, vii.

hors de lui. S'il n'est pas toujours en son pouvoir de résister à l'influence des habitudes contractées, au moins pouvait-il ne pas les contracter. La pierre abandonnée dans l'espace tombe nécessairement; mais la main pouvait ne pas l'abandonner (1). Le vice et la vertu sont volontaires.

Ainsi éclate et se précise, touchant le premier terme du problème moral, l'opposition générale de Platon et d'Aristote. L'un aime trop le bien pour ne pas croire à sa toute-puissance; l'autre a un sentiment trop profond de l'activité personnelle pour ne pas la déclarer elle-même toute-puissante dans son intime liberté.

L'action, spontanée ou libre, suppose le changement, le mouvement; or, tout changement a un terme, tout mouvement a une fin; l'action suppose donc une fin. Cette fin, pour Aristote, c'est précisément le bien. Le passage du premier terme au second est opéré.

Platon, se plaçant au point de vue intellectuel, s'élève du particulier à l'universel, des choses passagères au type immuable du Bien. Aristote, se plaçant au point de vue de l'activité, voit au-dessus du mouvement le terme auquel il aspire : c'est ce terme qui est le bien. Mais il ne fait par là que traduire la théorie platonicienne de l'amour en insistant sur l'idée d'action et d'énergie. Pour Aristote, comme pour Platon, le bien est tout à la fois le terme de la pensée et du mouvement, l'intelligible proposé à la contemplation, τὸ νοητόν, et le désirable proposé à l'action, τὸ ὀρεκτόν.

Mais dire que le bien est la fin, c'est le déterminer dans son rapport avec la volonté, et non en lui-même; c'est le définir dans sa forme extérieure, non dans

---

(1) *Magn. mor.*, I, vi.

son fond et sa nature intime. Aristote ne pouvait donc se contenter de cette première réponse. Aussi, après avoir fait comprendre, au début de sa *Morale à Nicomaque*, que le bien est la fin, il se pose à lui-même cette question : Quelle est cette fin ?

II. La fin de l'acte est tantôt une œuvre, produit de cet acte, tantôt l'acte lui-même. Le bien est-il une œuvre ou un acte ?

Il semble au premier abord que l'œuvre ait plus d'importance que l'acte et qu'elle en soit la fin. Mais une réflexion plus attentive détruit cette erreur. Dans les arts eux-mêmes, où Aristote reconnaît que la fin est l'œuvre, la pensée peut découvrir encore une fin supérieure. Le statuaire ne produit la statue que pour satisfaire ce besoin d'agir qui le tourmente, et pour lui donner un objet, un aliment. La statue, exposée aux regards, excite dans l'âme du spectateur une activité analogue à celle de l'artiste lui-même. Elle n'est donc qu'un moyen, un intermédiaire, un signe. La vraie fin, pour l'artiste, c'est d'agir, et de faire passer dans l'âme des autres le développement qui s'accomplit en lui, le mouvement qui l'entraîne, le dieu qui l'agite.

Revenons maintenant à la morale, et demandons-nous si le bien est un produit ou un acte. Aristote n'hésite pas : pour lui, le but de l'activité, c'est l'activité même. Des deux termes du problème posés plus haut, le second disparaît et s'absorbe dans le premier. Le bien est l'acte ; le bien imparfait est l'acte borné par la puissance et en voie de développement ; le bien absolu est l'acte pur, dont l'immutabilité n'exclut pas l'activité. Platon, génie artistique, voyait surtout dans la vertu une œuvre d'art, image de l'idéal, qui, une fois achevée, participe à l'immobilité même du modèle, et l'exprime dans des traits à jamais fixés. Pour Aristote, au contraire, le bien n'est plus une œuvre subsistant en elle-même en dehors de l'opération créatrice : ce que la vertu produit n'est qu'un moyen ; agir est sa fin ; de même que, pour le joueur de lyre, *la lyre n'est qu'un instrument, et le but, c'est d'en faire usage* (1).

Mais l'acte varie avec les facultés, et les facultés avec les êtres. Le bien lui-même différera donc pour Aristote suivant les espèces : autant de mouvements et de fins, autant de formes d'activité, autant de formes du bien. Πολλαχῶς λέγεται καὶ ἰσαχῶς τῷ ὄντι τὸ ἀγαθόν. Le bien, pour Aristote, n'est point un universel, comme l'Idée platonicienne; ou, si on le considère dans son universalité, ce n'est plus qu'une abstraction, une forme vide, κενόν τι.

Le bien n'est pas davantage indéfinissable ni supérieur à l'essence, car il est l'essence même. On peut, sinon le définir, du moins le déterminer suivant les espèces. Comment ? En étudiant les facultés et la nature propre des êtres, c'est-à-dire les diverses formes de leur activité.

Aristote excelle dans la description de ces formes, depuis la plante, où la vie encore bornée par la matière n'est qu'un lourd sommeil, jusqu'à l'homme, où l'intelligence enfin éveillée prend conscience de soi. Le bien s'accroît avec l'activité elle-même; il s'enrichit de déterminations nouvelles, et enfin, chez les êtres supérieurs, il a un retentissement dans la sensibilité.

Aristote ne méprise point le plaisir, comme Platon. Sans doute le plaisir n'est pas le bien, mais il en est

---

(1) *Magn. mor.*, I, xxxv.

l'effet immédiat, et s'y ajoute comme une perfection dernière, comme à la jeunesse sa fleur, ὡς ἐπιγιγνόμενον τι τέλος, οἷον τοῖς ἀκμαίοις ἡ ὥρα (1).

Le vrai plaisir n'est point dans la volupté sensuelle, née du besoin, simple *remède* de la douleur souvent suivi de la douleur même (ἰατρεῖα). Il est dans l'action de l'âme, et surtout dans celle de l'intelligence ; c'est un plaisir pur et constant, né de l'activité, et qui engendre à son tour une activité nouvelle, signe durable et certain de la perfection de l'âme, de la santé et de la force morales. Il faut que ce plaisir soit complet dans le sens de l'étendue comme dans le sens de l'intensité et de l'énergie. « La vie humaine n'est » pas d'un jour, et une hirondelle ne fait pas le prin- » temps. » Ainsi répandu sur toute la durée de l'existence, le plaisir s'appelle le bonheur, et le bonheur est le souverain bien.

Le bonheur, en effet, est la fin de tous nos actes : il est quelque chose de parfait qui se suffit à soi-même. La morale, qui doit conduire l'homme à sa fin, est donc la science du bonheur.

Le bien est dans l'activité, et dans l'activité propre à chaque être. Donc le bien de l'homme est dans l'activité humaine par excellence. Par conséquent, il n'est point dans la vie sensible, commune à l'homme et aux animaux : il est dans l'activité raisonnable de l'âme, dans la vertu, accompagnée toutefois des biens extérieurs.

Tels sont les principes généraux de la morale d'Aristote, qu'il s'est efforcé d'emprunter à l'expérience seule. Mais il a beau reprocher à Platon (2) d'avoir mêlé, dans la *République*, la considé-

---

(1) *Eth. Nic.* X, IV.
(2) *Magn. mor.*, 1, I. *Eth. Nic.*, I, IV.

ration du Bien en soi à celle du bien moral, il ne peut à son tour approfondir la notion même d'activité sans retrouver dans l'acte pur l'Idée absolue du Bien.

III. Il faut passer maintenant aux applications, il faut tracer des règles à l'homme. — Des règles ! l'expérience peut-elle en donner? ne donne-t-elle pas plutôt des conseils que des préceptes? Aristote avoue son embarras : « Tout est relatif, dit-il, dans la vie » humaine (1). » Et pourtant, ce sont des règles qu'on demande au moraliste.

Aristote sort de la difficulté par une observation ingénieuse. L'expérience même nous apprend, dit-il, que l'excès et le défaut sont généralement nuisibles; par exemple dans les aliments, dans les exercices corporels, dans les plaisirs. Le bien est donc une moyenne entre les extrêmes. Οὐδὲν ἄγαν, *Rien de trop*, voilà la règle du sage.

C'est par une considération semblable que Descartes, avant de trouver des préceptes de morale absolus, et en attendant qu'il les découvre, adoptera comme règle provisoire d'être aussi modéré que possible dans ses actions. Mais, tandis que Descartes cherche quelque chose au delà de cette règle et de cette sagesse relatives, Aristote s'en contente.

Rien de plus ingénieux que cette théorie péripatéticienne qui prouve qu'aucune de nos facultés ne doit ni dominer exclusivement ni être sacrifiée. Quant aux spéculations mathématiques qui l'accompagnent, si Aristote les eût trouvées dans Platon ou dans Speusippe, peut-être en eût-il saisi facilement le côté faible; peut-être eût-il vu là une règle tout empirique,

---

(1) *Eth. Nic.*, I, v.

inapplicable à une foule de vertus, et inexacte dans les cas mêmes où elle s'applique, malgré l'interprétation favorable qu'on en peut donner en substituant la proportion géométrique à la proportion arithmétique. Les vices et les vertus ne diffèrent point entre eux de degré, mais de nature : la témérité, par exemple, est moins un excès de courage qu'un emploi déplacé du courage ; la force d'âme poussée à ses extrêmes limites peut être une vertu si elle se propose un digne objet; au contraire, un médiocre effort de volonté pour une cause futile ou mauvaise pourra être blâmable et téméraire. Tout dépend de l'Idée ou du but pour lequel on agit ; la vraie mesure est moins dans la quantité de l'action que dans la qualité de l'effet accompli, dans la beauté du type réalisé.

Quoi qu'il en soit, la théorie des *vertus morales* et celle de l'*habitude*, dont ces vertus sont le résultat, inspire à Aristote des pages de la plus fine psychologie et des tableaux de caractères qu'on n'a point surpassés. Mais c'est principalement dans l'étude des *vertus civiles* qu'éclate le génie d'Aristote. L'homme, fait pour la société et uni à ses semblables par les liens naturels d'une irrésistible bienveillance, d'où est venu le beau nom de philanthropie ; la vertu, impuissante et incomplète sans l'amitié ; l'ami, devenant pour son ami un autre lui-même, et s'attachant à lui plus encore par le bien qu'il fait que par celui qu'il reçoit; l'Etat, conçu comme une *société naturelle d'hommes égaux et libres;* la Justice, divisée en deux espèces, par une distinction aussi neuve que solide, et par une application cette fois heureuse des symboles mathématiques; la *Justice commutative*, maintenant entre les citoyens la parfaite égalité des devoirs et des droits, et ayant pour symbole la proportion arithmétique;

la *Justice distributive*, répartissant les charges selon les moyens, les récompenses selon les mérites, et introduisant ainsi, par la loi de la proportion géométrique, l'égalité dans l'inégalité au moyen de l'inégalité même; l'Equité, tempérant et corrigeant dans l'application ce que la règle de fer de la Justice aurait de trop rigide et de véritablement injuste, et ressemblant ainsi à la règle de plomb des Lesbiens qui se pliait aux aspérités des objets pour les mesurer ; en un mot, la société conçue comme un milieu où l'activité personnelle, loin d'être étouffée, se développe au contraire avec plus de puissance, favorisée par l'activité d'autrui ; — voilà autant de conceptions qui, jointes aux théories politiques, suffiraient à immortaliser Aristote. Il est même supérieur ici à Platon par son bon sens pratique, qui s'inspire surtout de la réalité et des données de l'expérience. Platon, c'est le génie grec s'éprenant des conceptions orientales, encore amoureux des symboles, se perdant avec bonheur dans la contemplation de l'absolu, et absorbant, en politique, l'individu dans l'État. Aristote, c'est le retour au pur esprit hellénique ; c'est la Grèce se rappelant son passé, et regrettant, avec son ancienne gloire, l'esprit qui la lui avait donnée, la vieille énergie de ses ancêtres, et cette libre activité, maintenue par l'habitude de la mesure à égale distance des extrêmes, qui constitue le fond même du génie grec.

Ce n'est pas à dire qu'Aristote dédaigne la spéculation. Philosophe et disciple de Platon, comment aurait-il pu la dédaigner ? Loin de là : au-dessus même des vertus sociales, il place la vie spéculative. Mais c'est qu'il y aperçoit l'activité suprême de l'âme, saisissant par l'énergie de la pensée les vérités nécessaires et éternelles. Dans cette sorte de transition à

la métaphysique, la morale d'Aristote se transforme : le côté rationnel, longtemps effacé, semble reparaître, et dans les paroles d'Aristote on retrouve l'accent de Platon. Rien n'égale le tableau qu'il a tracé des pures joies de la vie spéculative : c'est la seule vie véritable, c'est la seule félicité. La *vertu morale* tend à une fin qu'elle n'a pas en elle-même ; la *sagesse* seule a en elle sa fin et sa satisfaction. La vertu morale est un combat ; la sagesse est la paix, non dans le repos et le sommeil, mais dans la souveraine activité d'une pensée entièrement libre et que rien ne sépare plus de son objet, qui est Dieu ; c'est une participation à la vie divine ; c'est un regard fixé, au moins quelques instants, sur ce soleil du monde intelligible que Platon apercevait au sommet de sa marche ascendante, et qu'il proposait pour but suprême à nos efforts. La vraie vie de l'homme, n'en dût-il jouir qu'un jour, qu'un seul instant, est la vie divine. « Hommes, ne
» croyons pas que les choses humaines soient notre
» vraie patrie ; mortels, ne nous renfermons pas dans
» la sphère des choses mortelles ; mais élevons-nous
» de toute notre puissance à l'immortalité (1). »

Malheureusement, Aristote ne semble voir dans cette tendance vers Dieu et vers l'immortalité qu'un noble, mais impuissant effort pour atteindre ce qui nous échappera toujours. Il admire cet élan de la pensée ; c'est pour lui ce qu'il y a de plus beau sur la terre ; parfois même il y voit l'unique bien ; mais, ne croyant sans doute ni à la vraie Providence, ni à l'immortalité personnelle, il redescend bientôt de ces hauteurs, et n'élève un instant nos regards vers le ciel que pour nous le montrer inaccessible.

(1) *Eth. Nic.*, X, VII.

IV. Le vice de la métaphysique d'Aristote devait être celui de sa morale. Aristote laisse un abîme infranchissable entre le monde et Dieu. Retirée dans sa majesté solitaire et concentrée dans l'immuable contemplation d'elle-même, la Pensée de la Pensée ne descend point à gouverner le monde; elle ne l'a pas produit de son sein, elle ne le connaît pas, elle l'attire sans le savoir par l'irrésistible attrait de sa beauté. Sous l'impulsion d'un désir aveugle, l'univers se porte vers Dieu; en proie à une mobilité inquiète, à un éternel devenir, il ne cesse de poursuivre celui qu'il ne doit jamais atteindre; les formes et les êtres se succèdent, s'engendrent et disparaissent sans retour; l'homme seul entrevoit Dieu, mais pour retomber, ce semble, dans le non-être d'où il était sorti. Nous n'avons point en Dieu notre Idée; Dieu ne nous conçoit pas sous la forme de l'éternité.

Cette séparation de l'âme et de Dieu se retrouve dans la morale d'Aristote. Dès lors l'activité, séparée de son idéal et réduite à se prendre pour but elle-même dans son imperfection, se consume en inutiles efforts pour parvenir à se régler. Plus de principes absolus au début de la morale, et plus de sanction à la fin.

Aristote n'a donc pas résolu entièrement le problème moral : il n'a point trouvé le véritable rapport de l'activité à sa loi, du monde à Dieu; ce rapport, il l'a plutôt supprimé.

Tandis que pour Platon le premier terme du problème, l'activité individuelle, s'effaçait devant le second, le Bien, c'est-à-dire l'harmonie et l'unité, pour Aristote le premier terme est tout, le second lui-même n'en est que l'expression la plus élevée : le Bien, c'est l'activité pure. Platon, tout entier à l'idéal, n'abaissait les yeux qu'à regret vers le monde du mouvement et de la vie individuelle, dont il méprisait l'inquiète énergie : il eût voulu ramener la mobilité des forces particulières à l'invariable unité de l'Universel. Dans sa morale domine l'idée du Bien absolu. Cette idée, on la cherche vainement dans la morale d'Aristote ; on n'y trouve point la notion d'une loi sacrée et impérative, la notion du devoir dans sa majesté inviolable, telle que la raison la conçoit, telle que Platon la représente.

Trop porté à contredire son maître, Aristote nie que le bien soit l'universel, que l'universel puisse être en même temps un être réel, un individu. Il nie qu'il y ait une Idée du Bien en soi, indéfinissable et au-dessus de l'essence, suprême idéal et en même temps suprême réalité. En un mot, renfermant sa morale dans la sphère de l'expérience, il supprime tout ce qu'il y a de rationnel dans la conception du bien. C'est ne voir qu'une moitié de la vérité. Il y a deux choses à considérer dans la notion du bien. La raison fournit les caractères de cette idée et pour ainsi dire sa forme, car elle déclare le bien nécessaire, universel et absolu : c'est le point de vue de Platon. L'expérience, à son tour, fournit le fond même de l'idée, et comme la matière du bien ; car elle déclare qu'il y a bien partout où il y a puissance, intelligence, amour, et en un seul mot activité : c'est le point de vue d'Aristote. Mais c'est à la forme rationnelle du bien, suivant la remarque profonde de Kant, c'est à l'*Idée* que l'obligation est attachée. La notion de l'*obligation* morale devait donc être absente chez Aristote ; le bien devait être pour lui l'*utile*, le *bonheur*, choses relatives, objets de l'expérience ; il n'est point le *devoir*, objet absolu de la raison. Or, c'est l'idée du devoir qui est le vrai fondement de la morale; de là l'infériorité d'Aristote en face de Platon.

Aristote est-il parvenu du moins à déterminer complétement cette *matière* du bien à laquelle il a voulu se borner? — Non. Sa première erreur en entraîne une seconde. La matière du bien doit s'égaler à la forme elle-même en universalité. Or, Aristote a négligé le caractère universel du bien; il devait donc s'arrêter, dans la détermination de cette idée, à un point de vue restreint. Tantôt il met le bien dans le bonheur individuel, dans le bonheur de la vie présente, tantôt dans l'utilité nationale, parfois dans la vie spéculative; mais il ne s'élève point à l'idée de la société universelle du créateur et des créatures. Pour avoir imparfaitement compris le rapport du monde à Dieu et supprimé les Idées platoniciennes, il n'a connu le bien ni dans l'universalité de sa forme, ni dans l'universalité correspondante de sa matière.

En morale, comme en métaphysique, il faut compléter Aristote par Platon et concilier leurs doctrines dans un système supérieur, où l'expérience et la raison, l'activité et sa loi, la matière et la forme du bien, s'unissent et s'identifient. La vraie morale est celle qui, poursuivant l'absolu, gravit jusqu'au sommet l'échelle des Idées et des fins; qui voit croître le bien, non-seulement avec l'activité, mais encore avec la généralité de l'action, et qui ne se repose satisfaite que dans le point de vue universel. Alors seulement la raison se soumet, et les actes de la volonté deviennent des devoirs sous la loi absolue de l'Idée. Pour qu'un Socrate, par exemple, se sente obligé à réaliser toute la perfection dont il est capable, fût-ce au prix de cette existence passagère, il faut qu'il conçoive un type de lui-même et un modèle immuable auquel s'attachent sa pensée et son amour, avec lequel il s'efforce de se confondre, et auquel il emprunte l'immortalité; il faut qu'il existe dans l'essence et dans la pensée divine ce qu'Aristote reprochait à Platon d'avoir admis : « un Socrate éternel. »

## CHAPITRE IX.

#### L'ÉPICURISME ET LE STOÏCISME.

L'Épicurisme. — I. Logique d'Épicure. Suppression des Idées platoniciennes. L'évidence sensible, seule mesure de la vérité. — II. Physique d'Épicure. La spontanéité de l'âme motrice attribuée aux atomes. — III. Morale d'Épicure. Le plaisir stable placé dans l'inertie.
Le Stoïcisme. — 1. Logique. Réduction de l'Idée transcendante à l'idée immanente ou notion. Théorie de la connaissance; part de l'activité et de la volonté dans la sensation. — II. Physique. L'idée immanente dans la nature, ou raison séminale. L'activité et la passivité inséparables. Le devenir absolu, le mouvement se suffisant à lui-même. Identité de la Providence et du Destin, de l'Intelligence et de la Nécessité. — III. Morale. L'idée immanente dans la volonté. Identification du bien en soi avec le bien moral. — Conclusion. Impuissance des Stoïciens à trouver la véritable unité de la puissance et de l'acte.

#### I. — L'ÉPICURISME.

I. Les Platoniciens considéraient comme double le critérium logique de la vérité, et ajoutaient à l'*évidence* la *raison* (1) : une chose sensible, par exemple, quelle que soit la clarté avec laquelle elle nous apparaît, n'est certaine que lorsqu'elle revêt un caractère rationnel par son rapport à l'Idée, lorsqu'elle devient une *notion*, λόγος. Aristote et Théophraste regardaient la seule évidence comme critérium du vrai (2); mais ils admettaient une évidence supérieure à celle des sens, une intuition, une expérience intellectuelle, éga-

---

(1) Sext. Emp., *adv. Math.*, VII, 216. Ἐκεῖνοι μὲν γὰρ σύνθετον αὐτὸ (τὸ κριτήριον) ἐποιοῦν ἔκ τε ἐναργείας καὶ τοῦ λόγου.
(2) *Ib.*, 218.

lement différente de l'imparfaite intuition des sens et des notions de l'entendement (1). C'était la νόησις de Platon, plus profondément analysée. Épicure s'accorde avec les Péripatéticiens pour n'admettre que l'évidence; mais il n'entend plus par là que l'apparence sensible, le phénomène (2). La sensation est donc la seule source de la connaissance, et Épicure revient au point de vue de l'école ionienne, tel qu'il est présenté dans le *Théétète* de Platon.

Qu'est-ce alors que l'Idée? une simple conception générale par laquelle on *anticipe*, on devance la sensation, mais que la sensation a elle-même précédée. En effet, « l'universel n'est que le souvenir de plusieurs » sensations semblables (3). » Ce souvenir, une fois fixé dans l'intelligence, nous permet de juger l'avenir d'après le passé, et devient une *anticipation* (πρόληψις). Déjà Aristote avait fait résulter les notions générales du souvenir de plusieurs sensations; mais ce souvenir était plutôt la condition préalable que l'essence de la notion. Celle-ci exprimait essentiellement les différents rapports possibles de la matière à la forme, de la sensation à l'intuition de la pensée, tels que les conçoit l'entendement, tels que le monde extérieur les réalise (4). Épicure rejette l'intuition rationnelle, soit qu'elle ait pour objet la pluralité intelligible, l'Unité-multiple de Platon, ou la Pensée absolument une et indivisible d'Aristote. Les nombres idéaux supprimés, ainsi que l'unité de l'acte pur, il ne reste plus que la sensation et les nombres intermédiaires ou notions de

---

(1) Voir Ravaisson, *Mét. d'Arist.*, II, 84.
(2) Aussi Sextus dit qu'Épicure identifiait φαντασία et ἐνάργεια, *adv. Math.*, VII, 203.
(3) Καθολικὴν νόησιν ἐναποκειμένην, τοῦτ' ἐστὶ μνήμην τοῦ πολλάκις ἔξωθεν φανέντος. Diog., X, 33.
(4) C'est ce que remarque M. Ravaisson, *Mét. d'Arist.*, t. II, p. 86.

l'entendement. Pour expliquer ces notions désormais inexplicables, Épicure les réduit à des souvenirs, c'est-à-dire à des sensations prolongées. « Toutes nos con- » ceptions procèdent des sens (1), » soit par *incidence* (2), soit par *analogie* (3), soit par *ressemblance* (4), soit par *combinaison* (5). La philosophie redescend au sensualisme de Protagoras, et de là au nominalisme. Car qu'est-ce que la notion générale, en dernière analyse, si ce n'est un nom fixe, qui conserve comme une empreinte durable ce que les phénomènes ont de constant (6) ?

II. A cette logique sensualiste vient se joindre de nouveau le matérialisme de Leucippe et de Démocrite, de ces *enfants de la terre*, dit Platon, qui n'admettent que ce qu'ils touchent, et qui embrassent les pierres et les arbres, seules choses solides à leurs yeux. Toute la réalité se réduit à des corpuscules matériels, inertes et inaltérables, dont la combinaison mécanique produit les phénomènes. Ainsi c'est par le dehors qu'on prétend expliquer les choses; c'est à des rapports extrinsèques dans l'espace, à des nombres, à des figures, à des limites, qu'on veut tout réduire. Cependant, pour expliquer la combinaison des atomes, Épicure se voit bientôt forcé de leur attribuer, outre leurs propriétés matérielles, un pouvoir qui dépasse déjà la sphère de la pure inertie et de

---

(1) Ἐπίνοιαι πᾶσαι ἀπὸ τῶν αἰσθητῶν γεγόνασι. Diog., 26, 27, 28.
(2) Lorsque l'objet de l'anticipation tombe directement sous les sens (l'idée générale d'*homme*).
(3) L'idée de *géant*, de *pygmée*.
(4) Une ville que nous voyons nous en représente une autre que nous ne voyons pas.
(5) L'idée d'hippocentaure.
(6) « C'est sur les mots que portent le jugement, le raisonnement, la démonstration ; c'est dans les mots enfin que consiste la démonstration. » Sext. Emp., *id.*, 258. Plutarch., *ad Col.*, 15, 22. Pyrrh., *Hyp.*, II, 107.

la pure matière, un élément dynamique emprunté à la sphère de l'âme, de ce moteur qui, d'après Platon, se meut spontanément lui-même. C'est le pouvoir de changer, d'une quantité imperceptible, la direction naturelle de leur mouvement, et cela en un point du temps et de l'espace absolument indéterminables et incertains (1). On reconnaît la spontanéité que Platon et Aristote attribuaient à l'âme de la génération et à la Nature, mais qui avait elle-même sa raison dans le désir du phénomène pour l'être, dans l'attrait de là Pensée éternelle et du Bien. Épicure supprime ce terme supérieur et transforme la spontanéité, l'apparente indépendance de la Matière éternelle du *Timée*, l'apparent hasard de la Physique d'Aristote, en un hasard réel et absolu, qui exclut toute sorte de raison, toute intelligibilité, toute Idée (2). L'âme, atome subtil, possède le même pouvoir sous le nom de liberté, et par là elle peut se mettre à l'écart du tumulte extérieur, dans les régions sereines de la sagesse et de l'ataraxie. Mais c'est une pure liberté d'indifférence qui aboutit à l'indifférence même.

III. Une fois délivré par la logique et la physique de la croyance à l'immatériel et au divin, de la religion et de la superstition qui nous menacent comme un monstre terrible des hauteurs du ciel, l'homme doit chercher le bien dans la nature même et vivre conformément à la nature. Or la sensation, interrogée sur le bien, répond que le bien est le plaisir.

Platon et les Socratiques considéraient le plaisir comme un mouvement; Aristote le faisait résulter,

---

(1) Diog., X, 59. Lucr., II, 221. *Nec regione loci certá nec tempore certo.*

(2) Diog. de Laert., X, 133. Sur les rapports de l'Épicurisme et de l'Aristotélisme, voyez Ravaisson, *ibid.*, II, 92.

non du mouvement, mais de l'acte immobile qui en est la fin, et en concluait qu'il est un repos plutôt qu'un mouvement (1). Épicure adopte à la fois ces deux théories, dont il supprime la partie supérieure. Au-dessus du plaisir mobile décrit par Platon (ἡδονὴ ἐν κινήσει) il place le plaisir stable d'Aristote (ἡδονὴ καταστηματική), que Platon avait déjà décrit imparfaitement dans le *Philèbe* sous le nom de plaisir pur et sans mélange (2). Mais, comme le principe de l'*acte* immatériel a disparu de l'Épicurisme, le plaisir stable ne peut plus consister que dans l'absence de mouvement, dans le repos matériel, pure inertie, « insensibilité comparable à celle d'un mort (3). » Ainsi l'Épicurisme n'ose placer le bien dans le plaisir mobile dont Platon a fait ressortir l'insuffisance ; d'autre part, il ne connaît point ce plaisir supérieur au mouvement qui résulte de la possession de l'Idée, et qu'Aristote avait attribué à la Pensée pure (4). Or, si le Bien suprême de Platon et d'Aristote pouvait concilier aisément l'immutabilité de l'Idée et l'activité de la Pensée (5), dans les régions inférieures de la Nature, au contraire, l'immobilité et l'activité s'excluent réciproquement. Épicure, forcé de choisir entre ces deux termes, et cherchant un asile contre le trouble de l'âme, se réfugie dans l'inertie. C'est l'immobilité du Bien et de l'Idée, descendue dans la Nature, mais sous l'imparfaite image d'un repos indifférent et stérile.

(1) Ravaisson, *ibid.*, II, 100.
(2) Tels sont les plaisirs de l'ouïe et de la vue.
(3) Diog., II, 89. Clem. Alex., *Strom.*, II, 417.
(4) Ravaisson, II, 115.
(5) V. l'analyse du *Parménide*.

## II. — LE STOÏCISME.

I. Zénon repousse, comme Épicure, la notion de l'existence purement immatérielle, et s'accorde avec lui pour nier la réalité des Idées platoniciennes. Il n'y a rien de réel qui ne soit corps. Le mot d'incorporel ne comprend que des abstractions de la pensée, comme l'espace, le temps, la notion générale (1). Rien dans l'intelligence qui n'ait été dans les sens. L'âme elle-même ne se saisit que par une sorte de toucher intérieur (2) : « source des sens, elle est elle-même un sens (3). »

Pourtant, s'il n'y a rien de purement immatériel, ce n'est pas à dire que la matière soit tout (4). Les Stoïciens croient seulement que toute chose a une matière passive et un principe actif; mais c'est ce dernier qu'ils appellent l'élément essentiel des choses, et comme ils en empruntent le type à l'âme, le matérialisme n'est que la face inférieure de leur doctrine : la face supérieure est une sorte d'animisme universel (5). Ce n'est plus sur l'Idée du Bien, ni sur l'Intelligence pure et immuable, mais sur l'Ame motrice d'elle-même que Zénon fixe ses regards; dans l'âme même, il considère surtout le côté voisin du corps, l'effort par lequel le

---

(1) Sext., *adv. Math.*, I, vii, 38; X, 268. Diog., VII, 140, 141.

(2) Stob., *Serm.*, append. XX, 9. Οἱ Στωϊκοὶ τήνδε τὴν κοίνην αἴσθησιν ἐντὸς ἁφὴν προσαγορεύουσι, καθ' ἣν καὶ ἡμῶν αὐτῶν ἀντιλαμβανόμεθα.

(3) *Mens enim ipsa, quæ sensuum fons est, atque ipsa sensus est.* Cic., *Acad.*, II, 10.

(4) Leibnitz croyait, lui aussi, qu'il n'y a point d'être absolument dégagé de tout corps et de toute matière ; mais il faisait exception pour Dieu, ce que ne firent pas les Stoïciens.

(5) Sur le Stoïcisme, voir le chapitre très-savant de M. Ravaisson, dont nous nous sommes souvent inspiré. Nous croyons seulement que M. Ravaisson exagère le matérialisme des Stoïciens, auxquels il ne rend peut-être pas assez justice.

principe de vie meut ses organes. A la passivité mécanique de la sensation, telle que la concevaient Démocrite et Épicure, Zénon substitue l'idée dynamique de l'action et du mouvement, empruntée à Héraclite. D'après les Stoïciens, toute substance est une force dont l'activité s'exprime par la *tension* ou l'effort. L'acte pur et immobile d'Aristote est aussi abstrait que l'Idée de Platon. Ce qui est réel, c'est l'action dans le mouvement et le travail, l'action dans la nature et l'humanité. L'âme étant une force active, la sensation n'est plus seulement l'impression produite par l'objet ; c'est un acte de l'âme réagissant contre l'impression extérieure. Zénon eût volontiers adopté la définition héracliléenne de la connaissance, telle que nous l'avons trouvée dans le *Sophiste* : « une action, résultat d'une puissance de deux objets mis en rapport (1). » La sensation même est une action mutuelle de deux forces, et suppose une affirmation volontaire ; les Stoïciens vont jusqu'à dire, non sans profondeur, que la sensation est un consentement de la volonté, un assentiment : *Sensus ipsos assensus esse* (2). Le criterium du vrai est dans l'activité de l'âme, et la vérité des représentations se mesure au degré d'affirmation volontaire qui les accompagne. Quand l'impression extérieure nous frappe comme un choc, l'âme consent légitimement, et sa réaction, qui est en raison directe de l'action, constitue l'évidence (3). Semblable à la main qui se referme, l'âme saisit et *comprend* l'objet ; la représentation est *compréhensive* (4).

---

(1) Voir t. I, p. 97 et 254.
(2) Cic., *Acad.*, II, 33 ; *id.*, I, 11. *Assensionem animorum quam esse vult in nobis positam et voluntariam.*
(3) Αὐτὴ γὰρ ἡ φαντασία ἐναργὴς οὖσα καὶ πληκτική, *adv. Math.*, VII, 257.
(4) Πληγὴ πυρός ὁ τόνος ἐστί. Cleanthes ap. Plut., *de Stoïc. rep.*, 7.

Les représentations, même compréhensives, ne sont pas encore la science; elles ont besoin d'être reliées, généralisées, rapportées à des intelligibles (1). Le principe de Socrate se retrouve donc ici, comme dans toutes les philosophies qui lui sont postérieures; mais il reçoit dans le Stoïcisme la même interprétation que dans l'Aristotélisme. « L'âme est comme une tablette où nos
» pensées viennent se graver une à une. L'*expérience*
» n'est ni plus ni moins qu'une multitude de choses
» semblables (2). » « Les Stoïciens, dit Plutarque (3),
» appelaient les Idées des conceptions de l'esprit. » Ce sont eux qui ont donné à ce mot d'idée son sens moderne et tout *subjectif*. Ils ont adopté le conceptualisme que Platon entrevoyait et réfutait d'avance dans le *Parménide*. Les conceptions générales, qu'ils appellent avec Platon ἔννοιαι ou ἐννοήματα, « ne sont ni
» des *substances* ni des *qualités* (4), » mais de simples *rapports*, qui ne sont réels que dans les objets. Ce n'est pas à dire que ces conceptions soient toutes arbitraires. Il en est que nous formons nous-mêmes par la combinaison de notions préexistantes, mais il en est qui « se produisent naturellement et sans le se-
» cours de l'art (5); » ce sont les anticipations proprement dites, « ou conceptions naturelles de l'univer-
» sel (6). » Les Stoïciens allaient même jusqu'à donner à ces conceptions le nom d'*innées* (7); mais ils n'en-

(1) Sext. Emp., *adv. Math.*, VIII, 10. Κατ' ἀναφορὰν τὴν ὡς ἐπὶ τὰ προκείμενα τούτοις νοητά.
(2) Plut., *de Plac.*, IV, xi ; *ib.*, I, 10.
(3) *De Plac.*, I, 10. Ἐννοήματα ἡμετέρα τὰς ἰδέας ἔφασαν.
(4) Stob., *Ecl.*, I, 332. Ζήνων τὰ ἐννοήματά φησι μήτε τινὰ εἶναι, μήτε ποιά. — Τὰς ἰδέας ἀνυπάρκτους εἶναι. Simplic., *in Categ.*, f° 26, 6. Οὐ τινα τὰ κοινά.
(5) Τῶν ἐννοιῶν αἱ μὲν φυσικῶς γίνονται καὶ ἀνεπιτεχνήτως;... Plut., *ib.*
(6) Diog., VII, 51, 53, 54. Ἔστι δ' ἡ πρόληψις ἔννοια φυσικὴ τοῦ καθόλου.
(7) Ἐμφύτων προλήψεων. Plut., *de Stoïc. rep.*, 17.

tendaient par là autre chose que le caractère naturel et nécessaire de certaines idées, abstraites il est vrai, mais correspondant à des rapports véritables entre les objets, et dont nous trouvons le type en nous-mêmes. L'âme, étant une force active, se représente tout le reste comme un ensemble de forces et d'activités. C'est le système d'Aristote, privé de ce réalisme supérieur qui avait pour objet l'intelligible identique à l'intelligence, sans puissance et sans âme ; c'est un pur conceptualisme qui rend toute vérité immanente à l'âme sous la forme de la notion.

II. La physique de Zénon est conséquente à sa logique. Les Stoïciens pensent, avec Héraclite, que l'être est tout ce qui agit et se meut, et que l'essence de l'être est l'action et le mouvement. On se rappelle la définition de l'être dans le *Sophiste*, empruntée probablement à l'école d'Héraclite : « La puis-
» sance d'exercer ou de subir une action, si petite
» qu'elle soit. » La définition stoïcienne est analogue : l'être est tout ce qui agit et pâtit, et dans tout être se trouvent action et passion réunies. Platon et Aristote, dégageant l'activité de toutes ses conditions matérielles et passives, étaient parvenus à en découvrir le type suprême dans la Pensée pure et dans le Bien pur ; le Stoïcisme s'arrête, comme Héraclite, à une manifestation tout extérieure et très-imparfaite de l'activité, à l'action proprement dite, toujours mêlée de passion, effet de l'âme motrice et mobile. L'acte et le mouvement ne font qu'un. « On ne peut pas appe-
» ler le mouvement *imparfait*, sous prétexte qu'il n'est
» pas acte ; car, au contraire, il est tout acte ; s'il offre
» succession et progrès, ce n'est pas pour venir à l'acte,
» car il est déjà actuel, mais pour produire cette œuvre

» extérieure qu'il laisse après lui (1). » L'œuvre seule passe donc de l'imperfection à la perfection, de la possibilité à la réalité ; mais le mouvement est tout d'abord parfait et tout acte: il est le principe suprême au delà duquel on ne peut remonter, et qui produit toutes choses dans la succession du temps. A l'origine de la nature est un acte éternel de mouvement, une éternelle *génération*, dans laquelle s'unissent d'une manière inséparable l'activité et la passivité. L'élément passif est la matière, l'élément actif est la cause ou la force (2) ; point de matière sans force, point de force sans matière ; point d'âme sans corps, point de corps sans âme ; au fond, corps et âme sont une même chose, la force agissant sur la matière passive. La matière est le *substratum* ou la substance indéterminée (οὐσία); la force est la qualité déterminante (ποιότης) (3). La *qualité* n'est pas l'Idée de Platon, essence commune de tous les êtres qui en participent ; c'est la forme spécifique et individuelle d'Aristote. Deux individus de même qualité seraient identiques et indiscernables. Rien n'est donc plus absurde, aux yeux des Stoïciens, que l'hypothèse d'une multitude d'individus *essentiellement* semblables, comme les atomes d'Épicure, ou d'une pluralité ayant une essence commune, comme les individus de Platon. D'autre part, les Stoïciens ne blâment pas moins Aristote d'avoir supposé des formes ou des actes exempts de matière et de puissance. Point de forme qui ne soit dans un sujet, et qui, par consé-

---

(1) Simplic., *in Categ.*, ὁ fo 3, b. Καὶ τῆς κινήσεως, φησὶν Ἰάμβλιχος, οὐ καλῶς οἱ Στωϊκοὶ ἀντιλαμβάνονται, λέγοντες τὸ ἀτελὲς ἐπὶ τῆς κινήσεως ἐφῆσθαι, οὐχ ὅτι οὐκ ἔστιν ἐνεργεία· ἔστι γὰρ πάντως, φάσιν, ἐνεργεία, ἀλλ' ἔχει τὸ πάλιν καὶ πάλιν, οὐχ ἵνα ἀφίκηται εἰς ἐνεργείαν, ἐστὶ γὰρ ἤδη, ἀλλ' ἵνα ἐργάσηται τοῦ ἑτέρου, ὅ ἐστι μετ' αὐτήν.
(2) Diog., VII, 34. Sext., IX, 11. Sén., *Ep.*, 65. Cic., *Acad.*, I, 6.
(3) Cic., *ib.*

quent, ne soit une qualité. L'abstraction seule sépare les éléments indivisibles de l'être.

Platon et Aristote ont donc eu tort de considérer la raison des choses comme extérieure à la nature, et de poser à part soit les Intelligibles, soit l'Intelligence. Sans doute il y a une raison des choses, une loi suivant laquelle la force se développe et la puissance se détermine, et il est vrai d'ajouter que cette raison des choses est la pensée, la Raison même. Mais il ne faut pas la séparer des choses qu'elle produit, car elle réside dans leur sein : elle agit à l'intérieur de l'être et projette sa forme au dehors; elle est cet être même. La raison, *tendue* dans la matière, est l'élément actif qui en développe les puissances par une expansion graduelle; elle est donc semblable à une semence qui contient à l'avance dans son unité une succession indéfinie de formes, et les Stoïciens l'appellent la *raison séminale*.

Cette raison séminale, c'est l'Idée de Platon descendue dans les choses mêmes, et combinée avec l'acte d'Aristote également rabaissé à la condition du mouvement. Les deux principes sont ramenés à l'unité, comme ils avaient en effet besoin de l'être; mais ce n'est point dans un terme supérieur que le Stoïcisme les identifie : c'est dans le terme inférieur de la nature, c'est dans la tension de l'être qui fait effort pour se développer. Il y a dans cet être une idée, puisqu'il y a en lui une raison; mais c'est une idée vivante et mouvante, loi interne qui se confond avec l'être qu'elle dirige, unité du sein de laquelle se développe une multitude (1). Comme Speusippe, Zénon revient au point de vue des Pythagoriciens, qui avaient assimilé

---

(1) Cleanth., *ap. Stob. Ecl.*, I, ii, 372, Οὕτως ἐξ ἑνός τε πάντα γίνεσθαι.

les principes des choses aux semences des êtres organisés, et qui plaçaient la perfection et la beauté, non à l'origine des êtres, mais à la suite de leur progrès naturel (1). L'origine des êtres, c'est l'unité concrète qui enveloppe les contraires ; c'est la cause première active et passive tout ensemble, que les Stoïciens appellent, à l'exemple des Pythagoriciens, mâle et femelle, hermaphrodite (2).

Telle est l'unité multiple que les Stoïciens placent au commencement des choses : ce n'est point celle que nous montrait Platon dans le *Parménide*, reposant à jamais dans une immobilité plus féconde que le mouvement, et jouissant d'une inaltérable félicité ; c'est la raison luttant dans la matière avec la matière même.

Cette raison dont la tension est l'état naturel, ce principe actif dont les transformations successives donnent naissance au monde, c'est le feu vivant d'Héraclite, « un feu artiste, marchant par une voie certaine à la génération du corps (3) ; » c'est l'éther d'Aristote, qui n'était chez ce philosophe que le premier organe de la Raison divine (4). En tension dans le monde entier, le feu éthéré des Stoïciens relie toutes les parties de l'univers et en forme un tout sympathique (5). Il est la raison séminale universelle, où sont enveloppées et du sein de laquelle se déploient

---

(1) Arist., *Mét.*, XIV, p. 300, l. 31. Προελθούσης τῆς τῶν ὄντων φύσεως καὶ τὸ ἀγαθὸν καὶ τὸ καλὸν ἐμφαίνεσθαι.

(2) Ἀρρηνόθηλυ. Valer. Soran. ap. August., *De civ. Dei*, VII, 9.

Jupiter omnipotens, regum rex ipse Deusque
Progenitor genitrixque deum, Deus unus et omnia.
Cf. Eusèb., *Præpar. ev.*, III, 9.

(3) Πῦρ τεχνικὸν ὁδῷ βαδίζον εἰς γένεσιν. Diog., VII, 137, 148, 156. Plut., *de Pl. ph.*, I, 7. Cic., *de nat. deor.*, II, 11, 15, 22, 32.

(4) Ravaisson, *ibid.*, p. 150.

(5) Σύμπνοια. Diog., *id.*

toutes les autres. Le Dieu des Stoïciens n'est que l'âme du monde, à laquelle Platon n'avait pu s'arrêter dans sa marche dialectique parce qu'il n'y avait point trouvé la perfection suprême.

L'âme du monde, d'ailleurs, ne fait qu'un avec la nature elle-même dans la doctrine des Stoïciens (1) : mêlée au vaste corps qu'elle anime, elle se meut en lui, et en relie tous les membres par le lien indissoluble de la nécessité. *Causa pendet ex causa; privata ac publica longus ordo rerum trahit* (2). Tout découle de l'enchaînement infini des causes, au sein de la cause universelle.

Le Destin est en même temps une providence, parce qu'au fond il est la raison immanente à l'univers, mais une raison qui s'ignore elle-même, une pensée qui ne se pense pas, un artiste qui crée le beau par un instinct aveugle, sans avoir devant les yeux le modèle des Idées. Dans Platon, il y a deux causes qui concourent à la formation du monde : l'Intelligence contemplatrice de l'Intelligible, et la Nécessité, qui n'est que la série des causes motrices. Les Stoïciens identifient ces deux principes, mais toujours dans le principe inférieur de la nature, et non dans la pensée divine. Au delà de la nature il n'y a rien.

Cependant, sous l'erreur des Stoïciens se cachait l'intuition incomplète d'une grande vérité : c'est que Dieu, qui est l'activité éternelle, doit avoir un éternel objet d'action auquel s'applique son activité même. Mais ils crurent que l'objet immédiat et unique de cette activité est le monde, dans sa réalité sensible. Dès lors, l'activité divine, tout entière appliquée au monde

---

(1) Sén., *Quæst. nat.*, II, 45. Diog., VII, 148.
(2) Sén., *De provid.*, 5.

fini et imparfait, se borne elle-même par les effets qu'elle produit, devient passive en eux et par eux, lutte et se tend avec effort dans la matière dont elle ne peut s'affranchir, se nie en s'affirmant, se détruit en se posant, et tout en paraissant d'abord infinie, absolue, nécessaire, n'est au fond que le fini lui-même, dont l'existence contingente et relative demeure sans explication. C'est pour cela que Platon, s'élevant au-dessus de l'Héraclitéisme et le subordonnant sans le détruire à une conception plus haute, avait placé en Dieu même l'éternel objet de l'activité divine, le monde des perfections intelligibles ou des Idées. Dès lors c'est sur elle-même que l'activité de Dieu agit, sans pour cela se rendre elle-même passive : la passivité réelle demeure tout entière en dehors de Dieu, inhérente au monde imparfait. Pourtant, le principe même de cette passivité, l'Idée de *l'autre* ou de la dyade réside au plus profond de l'essence divine, dans le Bien-un, dont elle n'est que la puissance communicable et la fécondité. Tout se ramène ainsi à une perfection radicale sans mélange d'imperfection, Bien pur, Pensée pure, Activité pure. L'imperfection ne commence qu'avec les êtres autres que Dieu, dont l'existence, quoique finie et incomplète, est cependant meilleure que la non-existence et accroît pour ainsi dire la somme du bien participé, sans accroître le Bien participable éternellement en possession de sa plénitude. Les Stoïciens n'ont connu que le dieu engendré dont parle le *Timée*, et l'ont confondu avec le *Dieu générateur*.

III. Dans le grand monde est un monde plus petit, l'humanité ; et dans l'humanité se retrouvent les deux éléments universels, matière et force, passion et action. Or, la raison ou volonté, luttant et se tendant contre la passion, c'est la vertu. Ici va reparaître l'Idée de Platon avec la morale qui en découle, mais toujours renfermée dans l'horizon de la nature et de l'humanité.

Comme les Épicuriens, les Stoïciens adoptent pour maxime qu'il faut vivre conformément à la nature. Cette maxime vague était alors dans la bouche de tous les moralistes, qui l'interprétaient différemment. Zénon réfute ceux qui font du plaisir le premier objet de nos tendances naturelles, le premier bien que l'âme poursuit. Le plaisir n'est qu'un phénomène ultérieur, qui résulte de la satisfaction des tendances naturelles ; mais ces tendances préexistent au plaisir, et vont spontanément à leur but : la curiosité, par exemple, poursuit le vrai avant de savoir qu'un plaisir est attaché à la découverte du vrai. Il ne faut pas confondre le moyen accessoire (ἐπιγέννημα) qu'emploie la nature avec sa véritable fin, qui est le maintien de la *constitution essentielle* (σύστασις) par des actes *convenables* (καθήκοντα) (1). La nature a pour ainsi dire confié et recommandé chaque être à lui-même ; aussi l'enfant, avant de connaître le plaisir, recherche ce qui lui est salutaire (2) : ce qu'il aime, c'est la conservation et le développement de son être.

On reconnaît la théorie de Platon, qui mettait le plaisir au nombre des choses relatives, des phénomènes tendant à une fin. Le plaisir, qui *devient* sans cesse et n'*est* jamais, ne peut être bon par lui-même. « Quand l'harmonie, disait Platon, vient à se dis- » soudre dans les animaux, à ce moment la nature se

---

(1) Diog., VII, 85-86. Cic., *De finibus*, III, 5.
(2) Animas sibi commendari et conciliari...Antequam voluptas attigerit, salutaria appetunt parvi... Cic., *ib.*

» dissout aussi, et la douleur naît... Lorsque l'har-
» monie se rétablit et rentre dans son état naturel,
» le plaisir prend alors naissance (1). » Enfin, quand
l'harmonie est stable, il n'y a ni plaisir ni douleur,
mais un genre d'existence plus voisin de la vie divine.

Platon avait distingué les plaisirs mêlés de peine, résultat de la satisfaction d'un besoin, des plaisirs purs, comme ceux de la vue ou de la contemplation intellectuelle. Les Stoïciens distinguent aussi la *volupté* (ἡδονή) de la *joie* de l'âme (χαρά), compatible avec la vertu et la sagesse (2). Mais cette joie n'est encore qu'un effet du bien, et non le bien même. Sous aucune de ses formes le plaisir ne peut donc être considéré comme la fin dernière de nos actes; telle est la conclusion à laquelle arrivent également Platon et les Stoïciens.

Une fois parvenu à l'usage de sa raison, l'homme aperçoit entre les fonctions naturelles un ordre qui résulte de la convenance et de l'accord des parties les unes avec les autres. Quand toutes nos facultés agissent simultanément, et résonnent pour ainsi dire à l'unisson comme les cordes d'une lyre, l'âme offre le spectacle de la beauté morale. Cette beauté, c'est-à-dire cet ordre, cette harmonie, ὁμολογία, les Stoïciens, à l'exemple de Platon, la jugent plus estimable que les choses mêmes dans lesquelles ils la voient régner (3). Eux aussi, ils font consister le bien moral dans la beauté de l'âme (4).

Le bien ou le beau, avait dit Platon, est pour

---

(1) *Phileb.*, 211.
(2) Diog., VII, 116. Cic., *Tuscul.*, IV, 6. Sén., *Ep.* 56.
(3) Cic., *De fin.*, III, 6.
(4) Cic., *De offic.*, I, 4, 28, 40.

chaque être la perfection de sa nature : τελειότης ἐστὶ τῆς ἑκάστου φύσεως. Les Stoïciens considèrent aussi le bien comme ce qui est achevé de sa nature, qui a toutes ses parties, tous ses nombres, « *quod omnes numeros habet,* » en d'autres termes le parfait (1).

La beauté et la perfection d'un être résultent de la conformité de cet être à sa loi, à son type, à son Idée. Et comme c'est la raison qui conçoit l'Idée, avec laquelle elle s'identifie, bien vivre, d'après Platon et d'après les Stoïciens, c'est vivre conformément à la raison. Seulement, tandis que Platon élevait la loi de l'être au-dessus de l'être même et transportait l'Idée dans un monde à part, les Stoïciens ne placent la loi qu'au fond même de l'être, comme sa raison séminale.

Cette raison qui est en nous, qui est nous-mêmes, est aussi autre chose que nous-mêmes. La raison, en effet, est commune à tous les hommes, égale chez tous, une et identique dans la diversité des personnes. Il suit de là que l'action conforme à la raison acquiert un caractère universel : elle dépasse de l'infini la sphère de l'égoïsme particulier, et se confond avec l'intérêt de tous. En obéissant à sa véritable nature, le sage obéit donc par là même à la nature universelle, καὶ τῇ αὐτοῦ φύσει καὶ τῇ τῶν ὅλων (2); car notre propre nature est une partie de la grande nature, μέρη γὰρ εἰσὶν αἱ ἡμέτεραι φύσεις τῆς τοῦ ὅλου (3). Ainsi se trouvent identifiés, par l'intermédiaire de la raison, l'intérêt de chacun et l'intérêt de tous.

Le Stoïcisme s'éleva de bonne heure à ce point de

---

(1) Καλὸν δὲ λέγουσι τὸ τέλειον ἀγαθὸν, παρὰ τὸ πάντας ἔχειν τοὺς ἐπιζητουμένους ἀριθμοὺς ὑπὸ τῆς φύσεως. Diog., VII; 100. Illud autem quod rectum iidem appellant, perfectum est, et ut iidem dicunt, omnes numeros habet. *De offic.*, I.
(2) Diog., *ib.*
(3) Diog., *ib.*

vue platonicien. Chrysippe entendait par la nature « *et la nature commune et en particulier celle de l'homme.* » Cléanthe va plus loin, et efface entièrement l'individu devant l'universel (1).

De là résulte la doctrine de la fraternité humaine, déjà en germe dans Platon. La raison est la même chez les différents hommes; tous en ont leur part, et tous l'ont tout entière. A ce titre, il n'y a point de distinction parmi eux : ils sont hommes par la raison, ils sont égaux comme hommes. L'identité du bien et de la raison, plaçant l'homme au-dessus des événements extérieurs, mettant toute sa félicité et sa valeur en lui-même, fait disparaître les différences de race, de nationalité, de condition sociale, et consacre, avec l'unité du genre humain, l'égalité de tous les hommes devant la loi morale. La bienveillance, complétant la justice, relie les membres de la société par ce grand et noble amour que Cicéron, s'inspirant du Stoïcisme, appelait déjà *charité*, *caritas generis humani*. La notion du bien reçoit une extension sans cesse croissante : ce n'est plus ni l'intérêt particulier ni l'intérêt national; c'est l'intérêt de l'humanité et de la république universelle.

Mais l'humanité n'est pas tout dans le monde ; au-dessus d'elle est le monde lui-même, et c'est encore ce que les Stoïciens ont compris. Non-seulement tous les hommes, mais encore tous les êtres, forment une même famille et comme les membres d'un même corps. La raison n'est pas seulement humaine, quelle que soit la généralité qu'on donne à ce mot; elle circule dans l'univers. De là un troisième sens de la

---

(1) Φύσιν Χρύσιππος ἐξακούει τὴν τε κοινήν, καὶ ἰδίως τὴν ἀνθρωπίνην, ὁ δὲ Κλεάνθης τὴν κοινὴν μόνον ἐνδέχεται φύσιν, οὐκέτι δὲ καὶ τὴν ἐπὶ μέρους. (*Ibid.*)

maxime stoïcienne : Agis conformément à la nature tout entière, et que ta vie soit mêlée à celle du tout, *toti mundo te insere* (1). « O monde, disait Marc Aurèle, j'aime ce que tu aimes. Donne-moi ce que tu veux ; reprends-moi ce que tu veux. Tout ce qui t'accommode m'accommode moi-même. Tout vient de toi ; tout est en toi ; tout rentre en toi. Un personnage de théâtre dit : Bien-aimée cité de Cécrops ! et moi, ne dirai-je point : Bien-aimée cité de Jupiter ! »

C'est ainsi que le Stoïcisme gravit, avec Platon, l'échelle dialectique des divers degrés du bien ; et à mesure qu'il s'élève ; à mesure aussi s'accroît l'extension de cette idée, du bien particulier au bien général, du bien général au bien universel.

Mais le Stoïcisme, nous le savons, refuse de suivre Platon jusqu'au bout. Le bien universel de Zénon n'est que le bien immanent à l'univers visible, bien concret, mêlé au monde qu'il organise ; ce n'est plus le bien séparé du monde, le Bien en soi. Aristote, s'inspirant de Platon, avait écrit ces belles paroles : « Le bien d'une armée est dans son ordre, et surtout dans son chef. » Pour les Stoïciens, le bien est seulement dans l'ordre du monde. Dès lors, il est entièrement identique à la *proportion* et à la *beauté* (2) ; car la beauté est le bien conçu comme l'unité d'une pluralité, comme le lien et la convenance de plusieurs parties, comme la forme d'une matière ; et on sait que, pour les Stoïciens, forme et matière étaient inséparables. Telle n'était pas la pensée de Platon, qui

---

(1) Cf. Platon, *Lois*, X. « L'univers n'existe pas pour toi, mais tu existes pour l'univers... Ton bien propre se rapporte et à toi-même et au tout, selon les lois de l'existence universelle. »

(2) C'est ce que remarque M. Ravaisson, *ibid.*, 192 ; mais, quand il attribue la même doctrine à Platon, il nous semble dans l'erreur.

regardait la proportion, la beauté, la vérité même, comme de simples manifestations du bien, inférieures au bien véritable quoiqu'elles en soient voisines. Dans le Platonisme, le beau dérive du bien, dont il est la splendeur et le reflet visible au sein de l'univers ; dans le Stoïcisme, le beau est absolument identique au bien, et il l'engendre plutôt qu'il n'en est engendré.

Cependant Platon, lui aussi, avait identifié le beau et le bien ; mais c'est qu'alors il entendait le *bien moral*, le bien concret qui réside dans la volonté et dans la raison humaine, l'ordre introduit dans toutes les parties de l'âme par leur conformité à l'Idée. Le bien moral était subordonné par Platon au bien en soi. Or, les Stoïciens ayant supprimé ce bien supérieur à l'humanité et à la nature, il en résulte que le plus haut degré du bien, à leurs yeux, c'est le bien moral ou la vertu.

Alors se déroulent dans leur enchaînement logique toutes les particularités de la morale des Stoïciens, si paradoxale à première vue, mais réellement conséquente à leur métaphysique.

La première conclusion des principes stoïciens, c'est que la vertu a son unique fin en elle-même. Dans Platon, la vertu n'est qu'un moyen pour arriver à un bien supérieur qui enveloppe, avec la perfection morale, le bonheur parfait. Au-dessus du bien moral est le bien en soi, le souverain bien ; et telle est l'infinité de ce principe suprême qu'il déborde toutes nos définitions et toutes nos imparfaites formules. Le souverain bien, dit Platon dans le *Philèbe*, n'est pas seulement le bonheur, ni seulement l'intelligence ; il n'est pas l'ordre, ni la proportion, ni la beauté, ni la vérité, ni l'essence même ; à plus forte raison n'est-il pas la vertu. Zénon, faisant redescendre le bien dans le monde sensible, croit que la vertu se suffit à elle-même. L'âme universelle se meut pour se mouvoir, et tout son acte est dans sa tension éternellement parfaite ; de même l'homme de bien agit pour agir, lutte pour lutter, et la vertu, cette tension de l'âme raisonnable et active, trouve en elle-même sa propre satisfaction. *Gratuita est virtus, virtutis præmium ipsa virtus.*

Il y a sans doute quelque chose de noble et d'élevé dans ce désintéressement stoïque, dans cette sagesse autonome qui est à elle-même sa fin en même temps que sa loi. Mais sous l'héroïsme du moraliste apparaît l'erreur du métaphysicien. Cette nature qui se meut pour se mouvoir, sans but supérieur à atteindre ; cette humanité qui combat pour la seule gloire de combattre, mourant et renaissant, tombant et se relevant, sans repos et sans fin, c'est là un drame émouvant et héroïque dans ses péripéties ; mais enfin, quel en est le dénoûment ?

Non-seulement la loi morale n'a plus de but ni de sanction ; mais, ainsi réduite à la beauté et à l'ordre ou au bien immanent, son caractère d'obligation absolue devient inexplicable pour le métaphysicien, quoiqu'il subsiste toujours pour le moraliste. Le *beau moral* des Stoïciens, en effet, ne peut être que deux choses : un ordre concret au sein d'une matière, et alors il n'a plus un caractère absolu ; ou un ordre abstrait sans aucune réalité, analogue à l'ordre mathématique ; et dans ce cas il est difficile d'expliquer métaphysiquement le caractère obligatoire, *impératif* et transcendant du bien par rapport à la volonté.

Si la vertu a sa fin en elle-même, le sage qui la possède ne peut plus rien demander au delà : se reposant dans la possession du bien parfait, il se suffit à lui-même, et non-seulement il faut dire qu'il est le seul libre, le seul savant, le seul riche, le seul roi, le seul maître de toutes choses ; mais encore il marche de pair avec Dieu (1). S'élevant comme Hercule au-dessus de l'humanité, il s'assimile et s'identifie à la Raison universelle. Sa perfection ne peut plus ni croître ni déchoir ; toutes ses vertus n'en font qu'une, non plus seulement en ce sens qu'elles sont inséparables, comme l'avait pensé Platon, par leur rapport nécessaire à l'Idée unique, mais parce qu'elles se confondent réellement dans une unité absolue de nature et de degré (2). En un mot, tout ce qu'entraîne avec elle la perfection doit être affirmé du sage stoïcien, qui n'est que l'homme divinisé.

Mais, alors même qu'on le divinise, l'homme ne conserve-t-il pas cette possibilité de jouir et de souffrir inséparable de la condition humaine ? n'est-il pas affecté, du sein même de sa sagesse et de sa perfection, par l'imperfection des autres, par les vices et les injustices de la société ? — Les Stoïciens, ne pouvant nier que le sage est encore accessible à la souffrance et exposé aux coups de la fortune, n'avaient plus qu'une ressource pour conserver à la vertu son caractère de souverain bien, c'était de placer au nombre des choses indifférentes la douleur et le plaisir, la bonne et la mauvaise fortune.

Cette doctrine que la vertu a sa fin en elle-même conduisait ainsi logiquement à retirer le titre de bien à tout ce qui n'est pas la vertu.

Par là le Stoïcisme s'écartait complétement de la

---

(1) Chrys., *ap. Stob. Ecl.*, II, 198. Plut., *adv. Stoïc.*, 33; *de Stoïc. Rep.*, 13.
(2) Diog. Laert., VII, 125. Plut., *de Stoïc. Rep.*, 7. Cic., *Tuscul.*, II. Simplic., *in Cat.* ξ′, f° 3.

théorie platonicienne, et enlevait à l'idée du bien son universalité. D'après Platon, la vertu n'est qu'une espèce du bien; la plus noble sans doute et la plus belle que l'homme puisse ici-bas réaliser dans son âme; mais, en dehors du bien moral, n'y a-t-il pas d'autres formes du bien? Tout ce qui est, tout ce qui a une existence déterminée, tout ce qui possède des qualités positives et intelligibles, contient par là même quelque chose de bon. Rien n'existe donc que par la communication et la participation du bien, et en ce sens, le bien est toutes choses, loin d'être seulement la vertu. Comment donc la vertu suffirait-elle à combler les désirs de l'âme, elle qui n'est qu'un moyen pour parvenir à la félicité divine de la vie à venir? Le Stoïcisme méconnaît la grandeur de cette conception platonicienne. Ayant fait redescendre le bien dans la sphère de la nature, il le personnifie, l'actualise, le réalise, non plus en Dieu, mais dans le sage. Or le sage est homme, et l'homme contient en lui un principe passif qui s'oppose à l'impassibilité de la perfection et de la vertu. De là la nécessité de détruire en soi toute sensibilité, toute passion, même celles qui semblent les plus généreuses. La pitié, par exemple, en nous faisant partager la souffrance d'autrui, l'indignation, en nous faisant éprouver le contre-coup de l'injustice, l'admiration, en nous abaissant devant quelque chose de supérieur à nous-mêmes, altéreraient le calme intérieur de la sagesse et compromettraient la divinité de l'homme vertueux. Soyons donc indifférents à tout ce qui n'est pas notre sagesse, et retirons-nous à part de l'humanité, de la patrie, de la famille, dans la tranquille jouissance de notre vertu solitaire.

Ainsi, par une sorte d'évolution logique, la doctrine qui proclamait d'abord la fraternité des hommes au sein de la famille universelle finit par concentrer le sage dans une impassibilité prétendue divine, qui touche de bien près à l'égoïsme. C'est que, tout en regardant l'Idée platonicienne du bien comme une pure abstraction, le stoïcien éprouve le besoin de la réaliser quelque part, et il ne trouve rien de mieux que de diviniser la vertu. Il ne s'aperçoit pas qu'en voulant agrandir la vertu humaine, il la rabaisse en réalité : une fois séparée du principe supérieur auquel Platon l'avait suspendue, notre fragile sagesse, loin de gagner en indépendance, ne peut plus se soutenir elle-même, et retombe de toute sa hauteur.

En résumé, Épicure et Zénon se posent également à eux-mêmes, dans une époque de trouble et de corruption croissante, le grand problème qui devait effacer alors tous les autres : « Où est le bien ? » Mais, détournant leurs regards de la région immatérielle où Platon voyait reluire ce bien suprême et où Aristote l'avait trouvé après lui, ils cherchent vainement le bien parfait dans l'horizon de la nature, et le confondant avec ses imparfaites images, ils le placent dans le repos indifférent de la volupté, ou dans l'énergie inquiète de la vertu terrestre. Épicure s'abandonne pour ainsi dire lui-même, cède aux circonstances pour n'être point accablé, fléchit pour n'être point brisé ; Zénon se raidit contre les choses extérieures, — menaces de la fortune ou tyrannie des hommes, — et il leur oppose l'effort d'une volonté qui, dans les tourments et la mort même, se sent plus noble que ce qui la tue et semble triompher en succombant.

Platon et Aristote avaient élevé au-dessus de la nature et de l'homme la cause première et dernière de laquelle tout dérive et à laquelle tout revient. Mais Platon avait surtout mis en lumière le caractère universel du Principe, et Aristote, son caractère individuel. L'universalité du Principe expliquait le possible, la *puissance*; l'individualité expliquait le réel et l'*actuel*. Ni Platon ni Aristote n'avaient exactement déterminé le rapport de ces deux termes ; cependant Platon avait entrevu l'unité suprême qui les concilie, le Bien supérieur à la pensée et à l'essence, qui contient les Idées comme des perfections réelles en lui et virtuelles pour autrui, ou *participables*. Mais cette conception était à la fois trop vague et trop profonde pour être comprise et acceptée tout d'abord. Épicure supprime, par une négation radicale, l'objet de la dialectique et de la métaphysique, l'Intelligible, qu'il s'appelle l'Idée ou l'Acte, l'absolue universalité ou l'absolue individualité. Le Stoïcisme n'accepte pas cette négation ; au lieu de supprimer un des termes du problème, il comprend la nécessité de les unir tous deux dans un terme moyen. Mais où est cette unité de la puissance et de l'acte, de l'universel et de l'individuel ? faut-il la chercher au-dessus ou au-dessous des Idées platoniciennes et de l'Acte péripatéticien ? — Au lieu de remonter l'échelle dialectique, les Stoïciens la redescendent : ce n'est pas dans le Bien parfait ni dans l'Intelligence immatérielle, c'est dans l'Ame du monde, dans la nature, qu'ils espèrent trouver l'unité de la puissance universelle et de l'acte individuel. Mais, à la place de l'unité véritable, ils ne trouvent qu'une imparfaite union dans le terme intermédiaire de la force concrète ou raison séminale. L'Idée, en effet, une fois descendue dans la nature, n'est plus qu'une puissance en voie de développement, une loi interne qui projette au dehors la multiplicité des formes visibles sans parvenir jamais à s'y réaliser entièrement. Déplaçant pour ainsi dire l'absolu, les Stoïciens veulent le renfermer dans la nature : dès lors, l'absolu de la métaphysique n'est plus l'Idée du Bien, fin immuable du mouvement, mais la tension de la force motrice et mobile tout à la fois ; l'absolu de la logique n'est plus l'Idée de la science pure, mais la tension de la perception naturelle, seule règle du savoir, seul criterium de la certitude; l'absolu de la morale n'est plus l'Idée du juste à laquelle tend la volonté, mais la tension de la volonté même dans la vertu. Cependant, comme la notion du Bien en soi, du souverain bien, est indestructible dans la pensée humaine et nécessaire d'ailleurs à la morale, les Stoïciens sont réduits à identifier le Bien en soi avec le bien moral; d'où résultent ces graves conséquences, contraires au Platonisme, qu'en dehors de la vertu il n'y a aucun bien véritable, et que la vertu, se suffisant à elle-même, doit se prendre elle-même pour unique fin. Le sage est donc un dieu. Les Stoïciens, ayant refusé de s'élever dans le monde intelligible de Platon, sont forcés de diviniser les puissances de la nature et les actions de l'homme. Leur Dieu, c'est encore l'éternel devenir d'Héraclite, qu'ils érigent en principe inconditionnel, toujours en acte comme mouvement, virtuel seulement dans les effets passagers qu'il produit et détruit; devenir absolu qui se résout dans une relativité absolue, c'est-à-dire dans une contradiction immanente aux choses. L'unité supra-intelligible et la multiplicité intelligible, objets des deux premières thèses du *Parménide*, ne sont plus que des abstractions; la seule réalité concrète est dans l'éternelle génération de la vie universelle. Le monde et l'homme travaillent sans cesse à réaliser en eux cette abstraction sublime de l'Idée; le sage va même jusqu'à se sacrifier pour elle. Travail stérile, vain sacrifice! tout passe, tout s'écoule; et l'Idée, que Platon appelait l'être, ne sera jamais autre chose que la plus haute fiction de la pensée.

# LIVRE QUATRIÈME.

## LE NÉOPLATONISME.

## CHAPITRE I.

LES NÉOPLATONICIENS GRECS ET JUIFS. L'IDÉE, MÉDIATRICE ENTRE L'ORIENT ET L'OCCIDENT.

I. Les Néoplatoniciens grecs ; Modératus, Alcinoüs, Plutarque. Modifications que subit la théorie des Idées. — II. Le Verbe chez les Grecs. — III. Le Verbe chez les Perses ; les Idées et les Férouërs. — IV. Le Verbe chez les Hébreux. — V. Le Platonisme dans l'école juive d'Alexandrie ; la théorie des Idées dans Philon. — Numénius. — VI. Progrès accomplis dans la théorie de la participation. Comparaison de la *participation* et de la *procession*.

I. Le Bien, unité infinie, enveloppant la pluralité éminente des perfections et puissances ou des Idées ; l'Intelligence, par laquelle le Bien prend conscience de lui-même et transforme ses perfections en pensées ; l'Ame, sans laquelle il n'y a point d'intelligence, principe de vie et de mouvement qui change les puissances communicables en une communication réelle ; enfin la matière, au sein de laquelle descendent les Idées, et qui a elle-même son principe ou son type dans l'Idée de la dyade, matière intelligible, condition de la matière sensible : tels sont les principaux degrés dialectiques du Platonisme. La matière, déjà abstraite dans Platon, toute mathématique dans Speusippe et dans Xénocrate, s'était réduite pour Aristote à une pure possibilité, sans qu'Aristote voulût, comme Platon, faire rentrer en Dieu cette possibilité même. Dès lors toute la philosophie roule sur les rapports de la puissance et de l'acte, de la matière et de Dieu, qu'on sent le besoin de ramener à l'unité. Le Stoïcisme cherche vainement la solution dans le panthéisme; mais il fait sentir plus que jamais la nécessité d'un rapprochement entre ces deux termes extrêmes : matière et Idées, puissance et acte, imparfaitement identifiés par Platon et trop séparés par Aristote.

Cette tendance à la synthèse des deux principes se montre avec netteté dans un pythagoricien du premier siècle de l'ère chrétienne, Modératus de Gadès, qui essaya de rattacher la matière à la raison divine (1). « La raison universelle, comme dit Platon, voulant
» faire naître d'elle-même les êtres, a séparé d'elle la
» quantité en s'en retirant, en la privant de toutes les
» formes et Idées qui lui appartiennent. Cette quan-
» tité, cette Idée détachée par privation de la Raison
» universelle, qui contient en elle-même les raisons
» de tous les êtres, voilà le modèle de la matière cor-
» porelle. Les Pythagoriciens et Platon l'appelaient
» déjà la quantité, entendant par là non la quantité
» dans son Idée incorporelle, mais la quantité divisée,
» privée, détachée, dispersée et comme éloignée de
» l'être; ce qui fait que la matière, s'écartant pour
» ainsi dire du bien, semble devenir le mal lui-
» même (2). » La matière n'est donc autre chose que la quantité idéale détachée de l'Unité divine, et devenant par cette séparation une quantité réelle. Le monde, c'est la multiplicité intelligible sortant de l'Unité divine, et se réalisant par une sorte de pri-

---

(1) C'est ce que M. Ravaisson a fort bien montré (*ibid.*, II, 331). Cf. Vacherot, *École d'Alex.*, I.

(2) Simpl., *in Phys.*, f° 50, b.

vation mystérieuse que Dieu accomplit dans son être.

Outre la matière, Modératus de Gadès comptait trois principes des choses : « La première unité est » supérieure à l'être et à toute essence ; la seconde » unité, qui est le véritable être, est l'intelligible, » c'est-à-dire les Idées ; la troisième, qui est l'âme, » participe de l'Unité et des Idées (1). » On voit que Modératus entrait profondément dans la pensée de Platon, d'abord par les quatre éléments métaphysiques dans lesquels il résumait sa doctrine, puis par le rapport de participation mutuelle qu'il établissait entre ces éléments, de manière à les faire provenir l'un de l'autre. Le Bien, enveloppant tout dans son unité, se séparait pour ainsi dire des principes divers qu'il contenait en lui-même, et produisait par cette sorte d'analyse les Idées et l'âme, puis la matière. Ainsi la multiplicité sortait de l'Unité même.

Alcinoüs, contemporain de Modératus, essaye de concilier Platon et Aristote. Moins profond que Modératus en ce qui concerne le rapport des Idées à la matière, il jette une clarté nouvelle sur le rapport des Idées à Dieu. Il conserve le dualisme d'Aristote, mais il place les Idées dans l'Intelligence divine, d'où Aristote les avait exclues. Selon lui, la matière est coéternelle à Dieu et possède même une âme, comme le *Timée* semble le dire (2) ; mais c'est une âme entièrement passive, incapable de se suffire véritablement à elle-même, et que Dieu a de toute éternité assujettie à sa loi. Tandis que Modératus, préoccupé surtout de concilier le Platonisme avec le Pythagorisme, découvrait l'unité qui se cache sous le dua-

---

(1) *Ibid.*
(2) *Intr. in Plat.*, ch. 14. Καὶ τὴν ψυχήν.

lisme du *Timée* et que le *Parménide* laisse entrevoir, Alcinoüs, s'efforçant de concilier Platon et Aristote, n'attribue au premier que le dualisme péripatéticien, et méconnaît la tendance de Platon à idéaliser la matière. Mais l'introduction dans le Platonisme du point de vue aristotélique sur l'Intelligence divine devait donner à la théorie des Idées une forme nouvelle. Pour Platon, les Idées sont surtout des essences, des puissances, des formes de perfection, et par conséquent des *objets* de la pensée divine. Mais Aristote ayant montré, mieux encore que Platon lui-même, l'essentielle identité de l'objet et du sujet dans l'Intelligence, il en résulte que les Idées ne peuvent être des objets de la pensée sans être des *pensées*. Alcinoüs, réunissant ces deux conceptions, insiste sur le caractère en quelque sorte subjectif des Idées. Déjà, nous le savons, les Stoïciens avaient donné au terme d'*idée* le sens nouveau et tout psychologique qu'il a conservé jusqu'à nos jours. D'accord sur ce point avec les Stoïciens, Alcinoüs appelle les Idées des pensées; mais ce ne sont pas seulement les pensées de la raison humaine, comme l'avaient soutenu Aristote et les Stoïciens ; ce sont les pensées éternelles, les actes de la raison divine. « L'Idée, par rapport à Dieu, est sa pen-
» sée ; par rapport à nous, le premier intelligible...
» Si Dieu est intelligence ou intelligent, il a des pen-
» sées, et ces pensées sont éternelles et immuables.
» Or, s'il en est ainsi, il y a des Idées (1). Au-dessus
» de l'âme du monde, qui n'a l'intelligence qu'en puis-
» sance, est l'intelligence en acte, lieu des Idées (2). »
Mais il y a un principe supérieur encore. « Sans être

---

(1) *Intr.*, ch. 9.
(2) Ch. 10.

» la pensée, Dieu donne à l'intelligence de penser, et
» aux intelligibles d'être pensés, en éclairant la vé-
» rité de sa lumière (1). » Au-dessus de l'acte se trouve
donc la cause même de l'acte, et cette cause est Dieu (2).
Dieu est ainsi considéré comme un principe qui domine à la fois l'acte et la puissance. Cependant, ce principe n'est pas encore l'Unité alexandrine. Tout en s'élevant au-dessus d'Aristote, Alcinoüs appelle encore le premier Dieu la *première Intelligence* (3). Le second principe est l'acte de la pensée (νόησις) ; le premier est l'être pensant, l'Intelligence même (νοῦς). Alcinoüs ne peut se contenter d'admettre avec Aristote cet acte de pensée qui serait à lui-même sa propre substance (4), et sans sortir du point de vue de l'intelligence, il est amené à poser trois termes distincts :

1° La puissance de penser (ὁ νοῦς ἐν δυνάμει), ou âme du monde, dont le développement constitue le mouvement ; cette âme du monde se confond avec la matière même, qui est la *puissance* nue d'Aristote ;

2° L'acte de la pensée (ἡ νόησις), identique à l'Idée de Platon et au Dieu d'Aristote ;

3° L'Intelligence (ὁ πρῶτος νοῦς), supérieure tout à la fois à la pensée en acte et à la pensée en puissance, dont elle est la commune origine.

C'est ainsi que le dualisme d'Alcinoüs finit par se résoudre en une trinité, qui elle-même se résout dans l'unité. Mais c'est l'unité de l'Intelligence, et par là Alcinoüs demeure fidèle à la pensée hellénique, sans mélange de tendances orientales. Il va moins

---

(1) *Id.*, ch. 14.
(2) *Id.*, ch. 10.
(3) *Id.* Οὗτος ὁ νοῦς, ὁ πρῶτος νοῦς. — Cependant, Plotin emploiera aussi ce terme de *première intelligence* pour désigner l'intuition ineffable que l'Un a de lui-même. Voir plus loin, Ecole d'Alexandrie.
(4) V. Ravaisson, *ibid.*, 338.

loin que Platon lui-même, qui avait placé l'Unité ineffable au-dessus de l'Intelligence et de l'Essence.

Plutarque explique les mystères égyptiens par la doctrine de Platon. Osiris est le principe du Bien, la monade ; Typhon est le principe du mal, la dyade, la matière ; Isis est l'âme du monde. Entre Osiris et Isis, « dans le ciel et dans les astres, subsistent les formes » éternelles et les Idées, émanations de Dieu. Disper- » sées dans la matière passive, l'âme les rassemble en » elle, comme Isis recueillait les membres épars de son » divin époux (1). » « L'Idée, dit ailleurs Plutarque, » est une essence incorporelle dans les pensées et les » représentations de Dieu (2). » Mais ce Dieu qui conçoit les Idées n'est encore qu'un principe secondaire ; il y a un *premier Dieu* dont l'essence est absolument impénétrable, et qui voit tout sans pouvoir être vu (3) : ce Dieu est Osiris. Le second, Isis, est la Sagesse et la Justice, révélatrice des choses divines (4). La notion du Verbe révélateur semble clairement indiquée dans cette interprétation ingénieuse des mystères égyptiens.

C'est ainsi que le Platonisme arrivait à reconnaître dans les doctrines orientales quelque chose d'analogue à lui-même. Il y retrouvait la notion d'une intelligence par laquelle Dieu est mis en rapport avec le monde.

C'était en effet dans la conception de la raison divine ou du Verbe que l'Orient et l'Occident devaient se rencontrer. La philosophie grecque, cherchant à re-

---

(1) Οἱ μὲν γὰρ ἐν οὐρανῷ καὶ ἄστροις λόγοι καὶ εἴδη καὶ ἀπόρροαι τοῦ Θεοῦ μένουσι, τὰ δὲ τοῖς παθητικοῖς διεσπαρμένα, etc. *Is. et Os.*, 59.
(2) *De Plat. ph.*, I, 3. Ἰδέα δ' οὐσία ἀσώματος ἐν τοῖς νοήμασι καὶ ταῖς φαντασίαις τοῦ Θεοῦ.
(3) *De Pyth. orac.*, t. VII, p. 591. *Is. et Os.*, t. VII, p. 498.
(4) *Id.*, 387.

monter de la nature visible au Dieu invisible, trouvait un intermédiaire dans les Idées et dans l'Intelligence. Les religions orientales, cherchant à descendre du Dieu ineffable à la nature, concevaient de leur côté la Sagesse ou Raison divine comme un intermédiaire entre Dieu et le monde. La théorie des Idées était donc particulièrement propre à rapprocher et à concilier l'esprit hellénique et l'esprit asiatique. C'est dans ce rôle nouveau que nous devons l'étudier (1).

II. La doctrine du Verbe ou de la Raison médiatrice était la conclusion inévitable du Platonisme, et il importe de remarquer que la philosophie grecque s'était élevée par ses propres forces, sans le secours de doctrines étrangères, à cette haute conception de l'Intelligence divine. Déjà les mythes religieux contenaient toute une métaphysique, ainsi que Platon, dans le *Cratyle*, essaya de le montrer. Au règne de l'Espace immense ou du Ciel avait succédé l'empire du Temps, auquel la Force aveugle ou Titan avait vendu son droit d'aînesse, à la condition de lui voir dévorer tous ses enfants. La Génération ou Rhéa, épouse du Temps, lui laisse alors dévorer la pierre inerte ou la matière, mais dérobe à son avidité l'Intelligence ou Jupiter. L'Intelligence détrône le Temps, et renverse les derniers rejetons de la force brutale, les titans révoltés, fils de la Terre, qui voulaient escalader le ciel. C'est de l'Intelligence qu'est née la Pensée ou la Sagesse : Minerve est sortie tout armée du cerveau de Jupiter.

---

(1) M. Ravaisson, *ibid.*, t. II, a très-remarquablement décrit le mouvement qui entraînait la Grèce et l'Orient « l'une au-devant de l'autre »; mais le sujet particulier de son livre ne lui a pas permis d'insister sur le rôle médiateur de l'Idée platonicienne. — Cf. Vacherot, *École d'Alex.*, t. I.

A la Pensée appartient l'avenir. L'homme lui-même, fils de la terre, par sa pensée prévoyante (προ-μήθεια), étincelle ravie du foyer de la Pensée divine, invente les sciences et les arts; mais, clouée par les liens du corps au rocher de la matière, et rongée par le vautour du désir, la pensée de l'homme aspire à l'infini sans pouvoir l'atteindre. Un jour cependant, la force mise au service de la justice, Hercule vainqueur de la nature, délivrera la pensée captive, et lèvera la malédiction que l'Intelligence divine, comme jalouse de ses richesses, semblait avoir lancée contre l'intelligence humaine : alors Dieu et l'homme seront réconciliés. — L'école ionienne, après avoir voulu se renfermer dans le cercle de la nature et comme dans l'empire du Ciel et du Temps indéfinis, l'avait franchi avec Anaxagore et Héraclite lui-même, en proclamant la souveraineté de l'Intelligence ordonnatrice. Le νοῦς d'Anaxagore, le λόγος d'Héraclite, devint dans Platon la Raison contemplatrice des types et des Idées; et cette Raison n'est plus, comme l'avaient cru les Anciens, la fille de l'Espace, du Temps et de la Génération, principes imparfaits et par eux-mêmes stériles : elle est la fille (ἔκγονον) de la Perfection éternelle, du *Bien* qui *est*. Ainsi est renversé l'ordre établi par la mythologie : la perfection n'est plus seulement à la fin des choses; elle en est aussi le commencement. — C'est encore la Raison, le Verbe, qu'on retrouve au sommet de la doctrine aristotélique; mais une Raison tout entière absorbée dans la conscience de sa perfection, un Verbe qui ne se révèle qu'à lui-même, quoique la nature entière le poursuive de son amour. Le Stoïcisme arrache pour ainsi dire l'Intelligence divine à la contemplation d'elle-même, et la fait redescendre dans le monde, où elle circule comme un esprit de feu ; ses *pensées* sont encore des raisons et des *idées*, mais des raisons séminales et des idées vivantes. La philosophie se trouve de nouveau ramenée au point de vue naturaliste de l'école ionienne, et comprenant l'insuffisance de cette doctrine, elle se voit contrainte de remonter à un Dieu plus digne de ce nom, exempt de toutes les imperfections de la nature. Alors se présente de nouveau, comme le seul intermédiaire au moyen duquel on puisse franchir l'intervalle de Dieu et du monde, cette notion de la Raison universelle embrassant les types et les raisons de toutes choses, que Platon avait conçue comme un moyen terme entre l'Unité absolue de Parménide et la multiplicité indéfinie des Ioniens. Or, cette Raison n'est autre chose que le Verbe, dont le nom même est dans Platon ; le Verbe, première révélation de Dieu à lui-même et première manifestation de Dieu au monde, principe ordonnateur et cause de l'univers, qui n'est cependant pas encore le principe suprême : car, « au-dessus de la cause du monde, s'élève son » Père et son Seigneur, que la véritable philosophie » fait connaître (1). »

Tel est le développement original de la philosophie grecque jusqu'à l'époque où nous sommes parvenus, et où les croyances de l'Orient vont se fondre avec les spéculations helléniques.

III. Nous retrouvons la doctrine du Verbe et presque celle des Idées dans les livres religieux de la Perse.

---

(1) *Ep.* 9, p. 323, d. Τοῦ τέ ἡγέμονος καὶ αἰτίου πάτερα κύριον ἐπομνύντας. Les lettres attribuées à Platon font voir que la doctrine du Verbe était déjà constituée, sous une forme très-précise, dans la première Académie et probablement dans l'enseignement ésotérique de Platon lui-même, sans qu'on puisse y reconnaître l'influence de l'Orient.

« Au commencement Ormuzd, élevé au-dessus de tout,
» était avec la science souveraine, avec la pureté,
» dans la lumière du monde. Ce trône de lumière, ce
» lieu habité par Ormuzd, est ce qu'on appelle la lu-
» mière première ; et cette science souveraine, cette
» pureté, production d'Ormuzd, est ce qu'on appelle
» la Loi (1). » Ormuzd n'a pas produit directement
les êtres matériels et spirituels dont l'univers se compose : il les a produits par l'intermédiaire de la parole,
du Verbe divin, du saint *Honover*. « Le pur, le saint,
» le prompt Honover, je vous le dis clairement, ô
» sapetman Zoroastre, était avant le ciel, avant l'eau,
» avant la terre, avant les troupeaux, avant les arbres,
» avant le feu, fils d'Ormuzd, avant l'homme pur,
» avant les dews, avant les kharfesters (les animaux
» utiles ou innocents), avant tout le monde existant,
» avant tous les biens, avant tous les purs germes
» donnés d'Ormuzd (2). » Les puissances intelligibles
ou *férouërs*, personnifiées et réalisées, ne sont pas
sans analogie avec les Idées, malgré leur caractère
plus mythologique que métaphysique. Les férouërs
sont les formes divines, les types immortels des différents êtres. Il y a les férouërs des anges, de la loi
d'Ormuzd et du verbe d'Ormuzd ; ce dernier férouër,
où sont contenus tous les autres, est la substance intelligible du Honover. Il n'y a point de férouërs pour
Ahrimane et les démons, ni pour le temps sans bornes,
ni pour tout ce qui est négatif et indéfini, sans forme
déterminée (3). Les férouërs ont d'abord existé dans
le ciel à l'état de séparation, puis, réunis aux différents
êtres dont ils sont les modèles et l'essence, ils font

---

(1) *Zend-Avesta*, 1771, in-4°, t. III, p. 343.
(2) *Ibid.*
(3) *Yaçna* (h. 19).

partie de la nature pendant la vie terrestre. Ormuzd, en les exilant de leur première patrie, leur adressa ces mots : « Quel avantage ne retirerez-vous pas de » ce que, dans le monde, je vous donnerai d'être en » des corps! Combattez les daroudj (créatures d'Ahri- » mane); faites-les disparaître! A la fin, je vous réta- » blirai dans votre premier état, et vous serez heu- » reux (1). » Ainsi la préexistence et l'immortalité sont les conséquences de cette théorie mythologique des Idées ou substances intelligibles, âmes et raisons de toutes choses.

IV. Dans les livres hébreux composés après la captivité de Babylone, qui mit en rapport les Juifs et les Perses, la doctrine de la Sagesse devient de plus en plus précise. Quoique la religion juive se plût à creuser un abîme entre la cause libre du monde et sa création imparfaite, elle avait dû admettre en Dieu des puissances transitives par lesquelles il agit sur le monde (2). Ces puissances communicables se réunirent à la fin sous une seule et même idée, qui devint comme une personne : la Sagesse ou Intelligence. Le premier livre où cette Sagesse soit représentée nettement comme un principe à la fois distinct et inséparable de Dieu, c'est le livre des Proverbes, que plusieurs critiques croient postérieur à la captivité de Babylone. « Le Seigneur, » dit la Sagesse, m'a possédée au commencement de

---

(1) *Zend-Avesta*, II, 350.
(2) Les Elohim (*Genèse*, I, 2), le souffle ou *esprit* de Dieu, flottant sur les eaux (*Genèse*, ib. Exode, III, 2), la *gloire* visible ou manifestation de Dieu, les anges ou messagers, etc. (*Ex.*, XXIV, 16, 17; XXXIII, 18; XL, 34. *Reg.*, VIII, 11. *Sam.*, IV, 21. *Is.*, VI. *Job*, I, 14; XII, 47, 55. *Rom.*, IX, 4. *Saint Jean*, I. *Ps.* 92, 1; 103, 2. *Ex.*, XXIX, 42. *Levit.*, XXVI, 11. *Genèse*, XI, 7; III, 22. V. Ravaisson, II, 349.)

» ses voies ; avant ses œuvres, j'étais. J'ai été ordon-
» née dès l'éternité, dès le commencement, et avant
» que la terre fût ; les abîmes n'étaient pas, et j'étais
» engendrée... Lorsqu'il étendait les cieux, j'étais là ;
» lorsqu'il entourait l'abîme d'une digue ; lorsqu'il
» suspendait les nuées ; lorsqu'il fermait les sources
» de l'abîme ; lorsqu'il donnait à la mer des limites
» que les eaux ne dépasseront pas ; lorsqu'il posait les
» fondements de la terre ; alors j'étais auprès de lui,
» nourrie par lui ; j'étais tous les jours ses délices, me
» jouant sans cesse devant lui, me jouant dans l'uni-
» vers ; et mes délices sont d'être avec les enfants des
» hommes (1). » La Sagesse est aussi représentée
comme le souffle qui sort de la bouche de Dieu (2) ; c'est
donc déjà l'idée complète du Verbe créateur. Dans le
livre de Job, où les bons et les mauvais anges jouent un
très-grand rôle, analogue à celui des *amschaspands* (3),
la Sagesse divine est expressément mentionnée : « Où
» trouver la sagesse, où est le séjour de l'intelligence?...
» L'homme ignore son prix ; elle n'habite pas la terre
» des vivants. L'abîme dit : elle n'est pas en moi ; et
» la mer : je ne la connais pas... Elle est cachée aux
» yeux des mortels, elle est inconnue aux oiseaux de
» l'air. L'enfer et la mort ont dit : nous en avons ouï
» parler. Dieu connaît ses voies ; et seul il sait où elle
» habite, lui qui voit jusqu'aux extrémités de la terre,
» qui contemple tout ce qui est sous les cieux. Quand
» il pesait les forces des vents, et qu'il mesurait les
» eaux de l'abîme ; quand il donnait des lois à la pluie,
» et qu'il marquait leur route à la foudre et aux tem-

---

(1) *Proverbes*, ch. 8.
(2) *Ib.*, II, 6.
(3) Job, 34, et passim.

» pêtes ; alors il vit la Sagesse, alors il la manifesta ;
» il la renfermait en lui, et il en sondait les profon-
» deurs (1). »

Après être entrée en communication intime avec la Perse par la captivité de Babylone, la Judée fut mise en rapport avec la Grèce par la conquête d'Alexandre et la fondation d'Alexandrie (2). L'influence du Platonisme et du Stoïcisme est manifeste dans le livre de la Sagesse, qui date du temps des Ptolémées (3). La Sagesse y est représentée tout à la fois comme l'esprit de feu qui circule dans le monde et le *pénètre* (διήκει), suivant l'expression stoïcienne (4), et comme le Verbe divin qui a présidé à la formation du monde. « La Sagesse est belle, et d'une beauté qui ne se flétrit
» point ; elle est plus active que les choses les plus
» agissantes, et elle pénètre partout à cause de sa pu-
» reté (5). Elle est la vapeur de la vertu de Dieu et
» l'effusion toute pure de la clarté du Tout-Puis-
» sant (6)... Dieu de mes pères,.. avec vous est la Sa-
» gesse, qui connaît vos ouvrages, qui était présente
» lorsque vous formiez le monde (7). » « Toute sagesse
» vient de Dieu, dit à son tour Jésus de Sirach (8) ; et
» elle a toujours été avec Dieu. Elle a été créée avant
» tout, et la lumière de l'intelligence est dès le com-
» mencement. Le Verbe de Dieu au plus haut des

---

(1) Job, 28, 12, et sqq.
(2) Ptolémée Philadelphe fit transporter des Juifs, au nombre de cent mille, dans la nouvelle capitale de l'Égypte, et bientôt ils y formèrent les deux cinquièmes de la population (Phil., *Opp.*, éd. Mangey, II, 523).
(3) V. les savantes recherches de M. Ad. Franck sur la Kabbale, p. 337 ; Brucker, *Miscell. hist. philos.*, 187-225 ; Aug. Vindel, 1748, in-8°.
(4) Ravaisson, II, 355 et ss.
(5) *Sapientia*, VII, 23, 24.
(6) *Ibid.*
(7) Ch. 9.
(8) *Eccles.*, ch. I.

» cieux est la source de la Sagesse. » Ici, le second principe des choses reçoit son véritable nom, celui qu'il gardera dans la théologie chrétienne et que Platon lui avait déjà donné.

V. L'école juive d'Alexandrie, avec Aristobule et Philon, consomme l'union de la philosophie grecque et de la théologie hébraïque, et prépare par là l'école néoplatonicienne.

Dieu, dit Philon, est inintelligible dans son existence suprême, comme Platon l'avait compris. Nulle parole et nulle pensée humaine ne peuvent l'atteindre (1). L'âme ne sait point ce qu'est Dieu ; elle sait seulement qu'il est et ce qu'il n'est pas. Il est absolument simple et ineffable (2) ; il est au-dessus de toute forme et de toute qualité (3). Il est supérieur au Bien même dont parle Platon, et plus pur que l'Unité (4). Voilà pourquoi Dieu se définit lui-même : « Je suis celui qui » suis, » comme s'il eût dit : « Ma nature est d'être, » non d'être nommé (5). »

Cependant Dieu n'est pas demeuré entièrement inaccessible dans les profondeurs impénétrables de son essence. Il y a un médiateur entre Dieu et la créature, *premier-né du Père* (6) et *Dieu lui-même* (7) ; c'est le Verbe, qui est d'abord intérieur (λόγος ἐνδιάθετος), puis prononcé au dehors (προφορικός). Le Verbe est l'ensemble ou l'unité des anges et des puissances

---

(1) *De Cherub.*, 115 (Paris, 1640).
(2) *Quod Deus sit immut.*, p. 301.
(3) *Ib.* Ἐπιβιβάσαντες αὐτὸ πάσης ποιότητος.
(4) *De Vit. contempl.*, 890. Ὅ καὶ ἀγαθοῦ κρεῖττόν ἐστι, καὶ ἑνὸς εἰλικρινέστερον.
(5) *De nomin. mutat.*, 1045. Εἶναι πέφυκα, οὐ λέγεσθαι.
(6) *De conf. ling.*, 414.
(7) *Leg. alleg.*, 128.

divines (1); il est le monde intelligible de Platon, et les puissances ou raisons qu'il contient sont les Idées (2). Le Verbe étant à la fois *intérieur* et *proféré*, immanent à Dieu et émanant dans le monde, les Idées offrent dans Philon un double caractère. Elles sont d'abord, comme dans Platon, des types intelligibles, des principes d'essence, et alors elles résident dans le Verbe intérieur de Dieu; mais en même temps elles sont des principes de vie, des paroles animées, formes du Verbe extérieur. Elles sont donc raisons idéales et raisons séminales tout ensemble; c'est le Platonisme s'ajoutant au Stoïcisme. Le Verbe intérieur est le Dieu de Platon; le Verbe proféré, qui parcourt et anime l'univers, est le Dieu des Stoïciens, analogue à l'âme motrice de Platon. Ce dernier principe s'appelle encore l'Esprit saint (πνεῦμα ἅγιον), qui *tend* ses puissances à travers la matière (3); il est l'âme du monde, et en un sens le monde même (4). Il y a donc trois principes : le Père, le Verbe et l'Esprit saint, tous de même substance, mais inégaux en dignité. Ainsi la trinité, contenue en germe d'une part dans Platon et dans la succession des écoles grecques, d'autre part dans les livres sacrés de l'Orient et de la Judée, se formule avec une netteté croissante chez les Grecs et chez les Hébreux (5).

Mais ce que la théologie de Philon contient de particulièrement remarquable, c'est moins sa doctrine des trois principes divins que la manière dont il conçoit leur dérivation et leur communication. Le grand

---

(1) *De Cherub.*, 9; *De Proph.*, 19.
(2) Ταῖς ἀσωμάτοις δυνάμεσιν, ὧν ἔτυμον ὄνομα αἱ ἰδέαι. *De Sacr.*, II, 261.
(3) *De Conf. ling.*, 1, 425. *De Mundi in corr.*, II, 511.
(4) *Leg. all.*, I, 62.
(5) On trouvera des détails fort intéressants sur ce sujet dans M. Ravaisson, *Essai sur la Mét. d'Arist.*, t. II, p. 362 et suiv.

problème qui avait causé tant d'inquiétude à la pensée de Platon, le problème de la participation à l'Unité, va recevoir dans Philon et dans ses successeurs une solution nouvelle.

Il semble que, dans cette mystérieuse question des rapports de l'un et du multiple, la raison humaine ait toujours besoin de s'appuyer sur quelque image, sur quelque analogie empruntée au monde matériel. Le sensible exprime nécessairement l'intelligible; l'imagination contient nécessairement quelque chose de rationnel, et sous une simple métaphore de la poésie peut se cacher une conception profonde de la métaphysique. Dans Platon, on le sait, le rapport de la multiplicité à l'unité est tantôt une *imitation*, comme celle de l'artiste qui copie un modèle; tantôt une *participation* proprement dite, c'est-à-dire une communication partielle; tantôt un *mélange* et une combinaison, comme celle des nombres ou des éléments matériels. Philon se représente d'une autre manière la communication du divin. « Quand l'Exode dit que
» Dieu, après avoir communiqué son esprit à Moïse,
» en reprit pour en donner à soixante-dix vieillards...,
» gardons-nous de croire que reprendre signifie
» ici retrancher et séparer; c'est ainsi que le feu,
» après avoir allumé des milliers de flambeaux, de-
» meure tel qu'il était, et sans être en rien diminué.
» Telle est, en effet, la nature de la science. Pour
» avoir rendu habiles tel nombre que ce soit de dis-
» ciples, elle n'est pas diminuée le moins du monde.
» Si l'esprit propre de Moïse ou de toute autre créa-
» ture devait être distribué entre tant de monde, assu-
» rément, divisé en un si grand nombre de parties, il
» se trouverait diminué. Mais l'esprit dont il est dit
» ici qu'il reposait sur Moïse, c'est l'Esprit sage, divin,

» insécable, indivisible, l'Esprit de science qui remplit
» toutes choses, qui sert à autrui sans en recevoir
» aucun préjudice, qui se communique sans être en
» rien diminué dans son intelligence, sa science et sa
» sagesse (1). » — « Notre âme vient de l'âme divine
» et bienheureuse... sans en être retranchée. Car rien
» ne se sépare du divin par voie de retranchement,
» mais seulement par voie d'extension (2). » — On reconnaît la conception et les images sur lesquelles repose la théorie de la trinité, dans le Christianisme comme dans le Néoplatonisme (3). Semblable à la lumière, *lumen de lumine*, Dieu communique sa nature sans rien en perdre; il donne ce qu'il a, et il a ce qu'il a donné. De même encore la parole, une en elle-même, est entendue de plusieurs; et qu'est-ce que le Verbe, sinon la parole proférée par Dieu et qui se répand en toutes choses (4)?

Déjà dans le livre de la Sagesse, où l'*esprit* de Dieu est représenté comme *tendu* dans l'univers, un élément nouveau s'ajoute à la conception stoïcienne. Quoique *pénétrant* toutes choses, la Sagesse ne s'y perd pas, ainsi que les Stoïciens avaient semblé le croire. Le philosophe juif auteur du livre de la Sagesse ne pouvait admettre une semblable absorption de Dieu dans le monde; il dit donc : « La Sagesse peut tout, quoi-
» que unique; et elle renouvelle tout, en demeurant

---

(1) Phil., *De Gigantib.*, I, 266... Οἷα γένοιτ' ἄν ἀπὸ πυρός. L'importance de ce passage a déjà été mise en lumière par le savant théologien Petau (*Dogm. theol.*, I, 1. LIV, c. 10) et par M. Ravaisson (*Ibid.*, t. II, p. 365).

(2) *Quod det. pot. insid. sol.*, I, 208. Τῆς θείας καὶ εὐδαίμονος ψυχῆς ἐκείνης ἀπόσπασμα... οὐ διαιρετόν.

(3) Sur cette image célèbre, voir M. Ravaisson, II, 367. — Symbole de Nicée : φῶς ἐκ φωτός, *lumen de lumine*. Saint Justin, *Dialog.*, p. 221. Tertull., *Apol.*, c. 31. Tatien, *Contra gentes*, p. 145.

(4) Cf. Tatien, *ib.*

» en elle-même (1). » C'est cette vague idée qu'on retrouve dans Philon sous des formes beaucoup plus précises. Elle se transmit ensuite de Philon aux Néoplatoniciens, probablement par l'intermédiaire de Numénius (2).

Ce dernier admettait trois dieux : le Père, ou le Bien supérieur à l'être et à l'Idée ; le Fils, identique à l'être et à l'Idée, et cause de la génération ; le Petit-Fils ou âme du monde, identique au monde lui-même (3). Il expliquait le rapport du principe supérieur au principe inférieur presque dans les mêmes termes que Philon : « Toutes les
» choses qui passent à celui qui les reçoit en quittant
» tant celui qui les donne, ne sont qu'une monnaie
» creuse : ce sont des choses périssables et humaines.
» Les choses divines sont celles qui, lorsqu'on les
» donne, restent là d'où elles proviennent ; qui, en
» servant à l'un, ne font souffrir nul préjudice à l'autre ;
» qui, au contraire, servent à celui-là même qui
» les donne, en le faisant ressouvenir de ce qu'il ou-
» bliait [allusion à la réminiscence platonicienne].
» C'est là la vraie richesse, la belle science, qui sert
» à qui la reçoit sans abandonner qui la donne. De
» même vous voyez un flambeau allumé à un autre
» flambeau, recevant la lumière sans que celui-ci la
» perde, mais seulement parce que la matière du

---

(1) VII, 27.
(2) Numénius d'Apamée était contemporain d'Apollonius de Tyane, comme le prouve parfaitement M. Ravaisson, *ibid.*, II, 341. Né en Syrie, où il y avait beaucoup de Juifs, il avait lu la Bible, dont il trouvait les dogmes identiques à ceux de Platon. (Porph., *De antro nymph.*, 10 ; Clém. d'Alex., *Strom.*, 342.) Il devait connaître le plus célèbre des Juifs hellénistes, Philon. Voir les fragments de Numénius dans le *Plotin* de M. Bouillet.
(3) Procl., *in Tim.*, p. 93 : Πάππον, ἔκγονον, ἀπόγονον. Euseb., *Præp.* XI, 22, 18, 28.

» premier s'est embrasée au feu du second. Telle est
» encore la science, qui reste à celui qui la donne,
» et pourtant passe identique à celui qui la reçoit.
» La cause d'un tel phénomène n'a rien d'humain.
» Elle consiste en ce que l'essence qui possède le sa-
» voir est la même en Dieu qui la donne, et en toi et
» moi qui la recevons (1). » — Cette idée d'un principe qui se communique sans diminuer sera la pensée fondamentale du Néoplatonisme alexandrin.

VI. En résumé, c'est à l'école juive et hellénique de Philon que revient l'honneur d'avoir exprimé pour la première fois avec quelque clarté l'idée métaphysique qui devait jouer un si grand rôle dans le Néoplatonisme et dans le Christianisme : — la *procession*, ce caractère de la nature divine qui s'étend et se communique tout en demeurant en elle-même, sans avoir besoin de matière préexistante, et qui fait ainsi sortir la multiplicité du sein même de l'unité. Cette notion est la plus compréhensive et la plus conciliante à laquelle les esprits pussent s'arrêter, dans une époque de fusion entre tous les systèmes de la Grèce et tous les dogmes de l'Orient; car elle a le privilége de résumer en elle toutes les autres conceptions métaphysiques.

D'abord, elle mérite véritablement d'être appelée néoplatonicienne : loin d'être, comme on l'a cru (2), une altération du Platonisme au contact de l'Orient, elle est au contraire le triomphe du Platonisme le plus pur, auquel le contact de l'Orient n'a fait que rendre la conscience de lui-même. Tout le *Parménide* a pour

---

(1) Numen. ap. Euseb., *Præp. ev.* XI, 18.
(2) Voir M. Vacherot, *École d'Alexandrie* ; M. Ravaisson, *Essai sur la Métaphys. d'Arist.*, ibid., et M. Jules Simon, *École d'Alexandrie*.

but de faire comprendre la nécessité d'un Dieu un par essence et multiple dans ce qu'il engendre. Il faut que l'Idée soit hors des choses et dans les choses, en dehors par son essence, en dedans par la participation. Platon prévoit toutes les objections que pourraient lui faire ceux qui assimilent les Idées à des objets corporels, incapables d'être en plusieurs lieux et de subsister tout à la fois en eux-mêmes et hors d'eux-mêmes. Mais les conditions toutes sensibles de l'imagination ne peuvent rien, selon lui, contre les nécessités intelligibles de la raison. En fait, il y a de l'unité et il y a de la multiplicité; donc le premier Principe doit être un, et en même temps il doit contenir une multiplicité éminente qui rende le monde possible, une matière intelligible, une dyade idéale, qui soit la condition de la matière visible. Par conséquent l'unité, tout en restant une, devient plusieurs; elle demeure immuable en elle-même, et cependant elle se communique; elle reste séparée des choses, et cependant elle y descend de quelque manière, puisque toute réalité provient de l'intelligible, et qu'il n'y a en dehors de l'intelligible que le *non-être*. Encore ce non-être, n'étant point un néant absolu, est-il intelligible lui-même et se ramène-t-il à une Idée.—Ainsi, le premier Principe de Platon était au-dessus du monde par l'Unité et l'Intelligence, et il était dans le monde par l'Ame; l'Idée servait d'intermédiaire entre ces deux conceptions réconciliées.

De ce Principe, Aristote ne conserva que la *transcendance*, le Stoïcisme que l'*immanence*. De là la nécessité d'un nouveau rapprochement, d'une synthèse réfléchie succédant à l'analyse des Péripatéticiens et des Stoïciens, et correspondant à la synthèse encore confuse de Platon. Réunissez en une seule notion, dans la notion du Bien infiniment fécond, les idées de l'Intelligence immobile et de l'Ame mobile et motrice, la première conservée par Aristote, la seconde par les Stoïciens : n'obtiendrez-vous pas la notion synthétique de la *procession*, de l'acte séparé s'unissant à l'activité séminale, de l'Intelligible transcendant s'unissant à l'Ame immanente? Et cette unité, une en elle-même, multiple dans ses manifestations, n'est-ce pas toujours l'*Idée* vivante et féconde que Platon opposait aux formes immobiles des Mégariques? Cette procession de l'un au multiple, du multiple à l'un, n'est-ce pas la dialectique platonicienne (1)?

De même que la conception synthétique de l'Idée avait été inspirée à Platon par le contraste du Dieu-un des Eléates et du Dieu-multiple des Ioniens, de même un contraste nouveau et plus frappant que jamais entre ces deux notions était nécessaire pour faire jaillir une solution nouvelle du problème. Ce contraste n'existait plus dans la philosophie grecque : le Stoïcisme y régnait presque sans rival, avec son Dieu-Nature, cause immanente qui se perd dans ses effets, idée concrète et raison séminale. L'Orient, au contraire, et principalement la Judée, avait un sentiment profond de l'unité du Dieu supérieur au monde, saint, pur, sans mélange, seul être véritablement digne de ce nom, qui se définit lui-même : Je suis celui qui suis. C'était le Bien-un de Platon, qui lui aussi s'appelle l'*Être*. Maintenant, que la Grèce et la Judée se rencontrent à Alexandrie,

---

(1) M. Ravaisson, *ibid.*, t. II, a parfaitement reconnu le caractère synthétique de la procession, par rapport au Péripatétisme et au Stoïcisme; mais il n'y reconnaît pas l'Idée platonicienne, que le *Parménide* a pourtant montrée transcendante en soi et immanente par la participation. — Voir notre analyse de ce dialogue (t. I, livre III et IV).

que le Stoïcisme et le Judaïsme soient mis en présence : que sortira-t-il de ce contraste (1) ? Comment les deux conceptions opposées ne se réuniraient-elles pas dans un terme plus compréhensif, où la Grèce et la Judée reconnaîtront à la fois le Dieu de Platon, se manifestant par le Verbe et par l'Ame ?

La philosophie grecque et la théologie hébraïque ne se sont pas fourni l'une à l'autre des éléments nouveaux et originaux, mais elles ont excité mutuellement ce que Platon eût appelé leurs *réminiscences*. Il suffit d'ailleurs de la plus simple observation psychologique pour apercevoir en soi-même la *vie* avec son activité mobile, la *pensée* avec ses règles immuables, et ce fond de *l'être*, cette unité intime qui se développe sans se diviser. Cette observation est familière à toutes les théologies et philosophies d'une certaine profondeur. La *trinité* et la *procession* étaient en germe dans la philosophie grecque et dans la théologie juive (2) : les Grecs et les Juifs n'ont eu qu'à se souvenir. Peut-on nier que le *Bien* ou le *Père* de Platon corresponde au Jéhovah des Hébreux, les Idées au Verbe, l'Ame à l'Esprit ? La Bible, dans ses plus anciennes parties, ne doit rien à Platon, et Platon ne doit rien à la Bible ; mais la vérité est une, et l'esprit humain est un : voilà l'explication de ces ressemblances. N'exagérons donc pas, suivant l'habitude de certains critiques, les différences de races et de peuples : avant d'être juif ou grec, on est homme, et il suffit d'être homme pour participer à l'universelle vérité. Chez

---

(1) Sur ce contraste, voir M. Ravaisson, *ibid.*, t. II, 363.
(2) Comme dans les symboles de la Perse et de l'Inde. Voir principalement le Bhagavad-Gita, dans Schlegel, *Bonnæ*, 1823, p. 142 : « Sensus pollentes, sensibus pollentior animus, animâ autem pollentior » mens ; qui vero præ mente pollet, is est. »

les races les plus différentes, qu'il apparaisse des génies supérieurs, et vous verrez ces génies se répondre et se rencontrer à travers les espaces et les siècles.

L'Hellénisme, provoqué par son contact avec le Judaïsme à développer les germes qu'il contenait, produira la philosophie alexandrine. Et d'autre part le Judaïsme, provoqué également à la réminiscence par son contact avec les idées grecques, engendrera la théologie chrétienne. Dans l'une et dans l'autre nous retrouverons le Platonisme subsistant, avec un mélange d'erreurs dans la première, avec toutes ses vérités dans la seconde.

# CHAPITRE II.

### ÉCOLE NÉOPLATONICIENNE D'ALEXANDRIE.

Ammonius Saccas. Comment il applique la théorie de la participation aux rapports de l'âme et du corps.
Plotin. — I. *Méthode de Plotin*. — Synthèse de la dialectique platonicienne et de l'analyse aristotélique dans la procession. — Conception de l'Idée dans Plotin comme à la fois immanente et transcendante. — II. *Doctrine de Plotin*. — *Ascension dialectique vers Dieu. Premier degré : la matière*. Puissance passive et puissance active. — III. *L'âme*. — IV. *L'intelligence et les Idées*. Comment l'Idée est tout à la fois acte et puissance, ou puissance active. — De quoi y a-t-il Idée. Y a-t-il une Idée de l'individu. Y a-t-il une Idée du laid et du mauvais. — Unité des Idées. Description du monde intelligible. — Comment l'Idée, objet de la pensée, est aussi une pensée. — V. *Le Bien-un*. Pourquoi et en quel sens le Bien est supérieur à la pensée et à l'être, qu'il produit. Que Dieu n'est pas la pensée, parce que sa perfection est supérieure à la pensée. Qu'il n'est pas l'être, parce qu'il est supérieur à ce que nous appelons l'existence. Que Dieu a cependant une *supra-intellection* de lui-même, et une existence transcendante qui est la plénitude de l'être. Conciliation en Dieu de la puissance et de l'acte. Fausseté des préjugés répandus au sujet de la doctrine de Plotin.

### AMMONIUS SACCAS.

Le problème général de la participation, si admirablement posé par Platon dans le *Parménide*, se retrouve sous une forme plus particulière dans la question des rapports de l'âme, analogue aux Idées, avec le corps, principe matériel. Voici comment Ammonius Saccas, fondateur de l'École d'Alexandrie, résolvait cette difficulté. « L'intelligible est de telle nature qu'il
» s'unit à ce qui peut le recevoir aussi intimement
» que s'unissent les choses qui s'altèrent mutuelle-
» ment en s'unissant (de manière à former une com-
» binaison ou *mixtion*), et qu'en même temps dans
» cette union il demeure pur et incorruptible, comme

» le font les choses qui ne sont que juxtaposées.
» En effet, pour les corps, l'union altère les parties
» qui se rapprochent, puisqu'elles forment d'autres
» corps : c'est ainsi que les éléments se changent en
» corps composés, la nourriture en sang, le sang en
» chair et en d'autres parties du corps. Mais, pour
» l'intelligible, l'union se fait sans qu'il y ait d'alté-
» ration, car il répugne à la nature de l'intelligible
» de subir une altération dans son essence... L'âme
» modifie selon sa vie propre ce à quoi elle est unie,
» et elle n'en est pas modifiée. De même que le soleil,
» par sa présence, rend tout l'air lumineux sans chan-
» ger lui-même en rien, et de la sorte s'y mêle pour
» ainsi dire sans s'y mêler; de même l'âme étant unie
» au corps en demeure tout à fait distincte (1). » On
reconnaît dans ce passage la tradition de Philon,
et on pourrait aussi y reconnaître celle de Platon lui-
même. La comparaison avec la lumière du soleil, qui
se communique en restant une, se trouve dans le
*Parménide*. Et on sait l'objection que Platon se fait à
lui-même : La lumière est dans plusieurs lieux ; en est-
il donc ainsi de l'Idée ? — La réponse fournie dans
le *Timée*, c'est que l'intelligible n'est pas répandu
substantiellement dans l'espace, pas plus qu'il n'est
répandu dans le temps.

Cette propriété de l'intelligible, Ammonius Saccas
la présente comme l'explication des rapports de l'incorporel et du corporel. « Il y a, dit-il, cette diffé-
» rence entre l'intelligible et le soleil que ce dernier,
» étant un corps, et par conséquent circonscrit dans
» un certain espace, n'est pas partout où est sa lumiè-
» re... Mais l'âme, étant incorporelle et ne souffrant

(1) Apud Nemesium, *De nat. hom.*, c. 3, ed. Matthæi, Hal. Magd., 1802, in-8°, p. 129.

» pas de circonscription locale, est tout entière par-
» tout où est sa lumière, et il n'est pas de partie du
» corps illuminé par elle dans laquelle elle ne soit
» présente tout entière.... L'intelligible ne saurait
» être renfermé dans un lieu ; car, en vertu de sa
» nature, il réside dans le monde intelligible ; il n'a
» point de lieu que lui-même, ou qu'un intelligible
» placé encore plus haut. C'est ainsi que l'âme est
» en elle-même quand elle raisonne, et dans l'intel-
» ligence lorsqu'elle se livre à la contemplation. Lors
» donc qu'on affirme que l'âme est dans le corps, on
» ne veut pas dire qu'elle y soit comme dans un
» lieu ; on entend seulement qu'elle est en rapport
» habituel avec lui, et qu'elle s'y trouve présente,
» comme nous disons que Dieu est en nous.... Quand
» il faudrait dire : C'est là que l'âme agit ; nous
» disons : Elle est là (1). » — Ne pourrait-on pas considérer ce beau passage d'Ammonius comme un commentaire du *Parménide*, comme une réponse profondément platonicienne aux objections d'Aristote sur
la participation, prévues et exprimées par Platon lui-
même ? Le mérite propre d'Ammonius, c'est d'avoir
appuyé sur un fondement psychologique l'idée métaphysique de la communication de l'intelligible. La
nature divine, disaient Philon et Numénius, se communique sans rien perdre et est *participée* sans être
diminuée. Par là ils entraient admirablement dans la
pensée intime de Platon. Mais l'explication psychologique manquait encore. Ammonius la donne. La participation de l'intelligible, dit-il, est une suite nécessaire de son *incorporéité*, dans laquelle Platon faisait
consister l'essence des Idées. L'incorporel, étant sans

(1) *Ibid.*

étendue et sans parties, peut être présent à la matière sans être divisé par elle. Un en lui-même, il est multiple dans ses effets visibles. — Ainsi se trouvaient réconciliés Platon, Aristote et les Stoïciens, dont Ammonius s'efforçait de combiner les doctrines.

Quant à la théologie d'Ammonius, nous ne la connaissons que d'une manière indirecte, par les *Ennéades* de Plotin. Nous savons seulement qu'Ammonius admettait la trinité et plaçait le Bien au-dessus de l'Intelligence, rapportant ainsi toute multiplicité à un principe supérieur dont elle procède sans lui rien enlever de sa propre nature.

## PLOTIN.

I. La méthode. — La méthode de Plotin est la synthèse de la dialectique platonicienne et des procédés aristotéliques, synthèse obtenue par l'idée de la *procession*.

Platon a fait comprendre, dans le *Parménide*, la nécessité de rendre l'Idée présente aux êtres (ἐνοῦσα), tout en lui conservant son existence séparée. Où Aristote crut voir une contradiction grossière, Plotin découvre la plus haute des conceptions philosophiques, la conception d'un principe qui se communique et procède sans se diminuer. Toutefois, c'était la doctrine de l'*Idée séparée* (τὸ χωριστόν) qui avait dominé dans la philosophie de Platon, comme plus claire et plus importante pour la science. De là le caractère habituel de la méthode platonicienne. Si l'Idée est en dehors des êtres, s'il n'y a dans les êtres qu'une image de l'Idée et de l'Unité, cette image doit être, non le particulier, mais le général ; car ce qui représente le mieux un modèle, c'est ce qu'il y a de commun dans les diverses copies. Une fois la *participation* conçue comme l'imitation au sein du sensible d'un type transcendant et séparé, le principal procédé de la méthode doit être la généralisation ou la division par espèces. Pour Aristote, au contraire, l'essence étant *intime*, la méthode devait consister dans l'analyse de l'individu, bien différente de la division par genres. D'après la doctrine synthétique de Plotin, l'unité est d'abord dans l'être, puis au-dessus de l'être. Plotin croit donc qu'il faut premièrement, avec Aristote, se renfermer dans l'individu, et par l'analyse y découvrir l'*acte*, qui est au fond la même chose que l'*Idée*; en second lieu, une fois l'Idée découverte, on doit s'élever par la méthode de Platon d'Idée en Idée, d'unité en unité, jusqu'à l'Unité suprême, simple comme l'individu, infinie comme l'universel.

En un mot, chercher l'Idée dans l'individu où elle procède, puis au-dessus de l'individu même, dans l'universel d'où elle procède, — telle est la méthode de Plotin.

Le principe métaphysique d'où part et auquel revient cette méthode, c'est que chaque individu a son Idée, qui lui est immanente par la procession, quoique transcendante en elle-même; — principe plus contraire à la lettre qu'à l'esprit des Dialogues. — Une fois admise cette immanence des Idées dans les individus, il en résultait que la méthode d'Aristote devait trouver sa place dans la dialectique platonicienne et en former comme la première partie. Aussi est-ce en poursuivant dans l'analyse de l'être l'unité intime et indivise, que Plotin remonte du corps aux raisons séminales et aux âmes qui les comprennent, des âmes aux Idées pures, des Idées à l'Intelligence, de l'Intelligence à l'unité absolue du Bien. A chaque degré de cette dialectique, l'*acte* s'accroît, se simplifie, se purifie, comme dans l'analyse d'Aristote; mais en même temps l'universalité s'accroît, comme dans l'induction platonicienne.

L'intelligence, par exemple, est plus *actuelle* et plus individuelle que l'âme; mais n'est-elle point aussi plus universelle? — C'est ici qu'il faut bien saisir la pensée de Plotin, généralement peu comprise (1). Entendez-vous par *universel* ce qui se retrouve comme caractère commun dans un ensemble d'êtres? Alors l'intelligence sera moins universelle que l'âme, parce que les êtres simplement animés sont supérieurs en nombre aux êtres intelligents. Mais ce n'est point cette généralité logique que Platon et Plotin entendent par l'universel. Pour eux, l'intelligence est plus universelle que l'âme, parce que les effets et les manifestations de l'intelligence s'étendent plus loin que ceux de l'âme. Dans le minéral, par exemple, on peut ne pas apercevoir la manifestation de l'âme; mais on y aperçoit les traces de l'intelligence par l'ordre et la symétrie qui y règnent. L'âme ne semble pas présente aux objets de la géométrie; l'intelligence y est présente, non comme *qualité* appartenant au cercle ou au triangle, mais comme *principe* révélé par les qualités géométriques. Supprimez l'âme, et vous supprimerez tous les êtres vivants; supprimez l'intelligence, et vous supprimerez beaucoup plus que les êtres vivants, car aucun être ne peut exister sans la *participation* ou la *procession* de l'intelligence. Plotin a donc le droit de conclure que l'intelligence est un principe plus universel que l'âme, au point de vue de sa présence dans les êtres;

(1) M. Ravaisson, principalement, ne nous semble pas avoir saisi le vrai procédé de Plotin. Voir *ibid.*, t. II, p. 422 et ss.

et en même temps ce principe, considéré en lui-même, est plus individuel que l'âme. Platon et Aristote sont réconciliés, et leurs méthodes se confondent en une seule.

II. LE SYSTÈME. — *La matière.* Le plus bas degré de la dialectique est la matière. D'après Plotin, la matière est toutes choses en puissance, comme Platon l'avait compris et comme Aristote l'a clairement exprimé (1). C'est ce dont on ne doit jamais dire qu'il est, mais seulement qu'il sera (2). Ce n'est pas une substance indépendante de Dieu, livrée sous l'influence d'une âme naturellement mauvaise à un mouvement irrégulier. Le chaos du *Timée* est idéal, et la vraie pensée de Platon est que la matière est l'*infini*, l'*indéterminé*, le *non-être*, en un mot le possible (3). Or le possible n'a pas sa raison en lui-même; il ne se suffit pas et ne se constitue pas sans avoir besoin d'un principe supérieur. L'universelle *puissance* dont parle Aristote doit donc cacher quelque chose de réel, qui en est le fondement. Ce principe, par lequel tout est possible, on peut dire qu'il *peut*, qu'il a la *puissance;* mais ce mot prend alors un sens tout nouveau : il n'indique plus la passivité absolue, mais l'absolue activité. Déjà donc, sous cette matière première, sous cette puissance infinie qui est le premier degré de la dialectique, nous entrevoyons obscurément quelque chose d'auguste et d'adorable, qui n'est la *puissance éternelle de toutes choses* que parce qu'il est l'acte éternel (4). La dialectique semble monter en ligne

---

(1) *Enn.*, II, v, 2, 4.
(2) *Ibid.*, 5.
(3) *Ibid.*, 15.
(4) *Ibid.*, V, iv, 2 ; VI, vii, 20.

droite de la puissance infinie à l'acte simple et un ; qui sait si elle ne parcourt pas plutôt une ligne circulaire, dans laquelle le point d'arrivée se confond avec le point de départ ?

III. *L'Ame.* — La puissance nue, en s'actualisant, produit le mouvement. Tout mouvement suppose une puissance active et concrète, un acte imparfait encore qui tend au développement. C'est ce qu'Aristote appelait *nature* et *habitude*, principe d'unité analogue à l'âme et, dans le fond, de même essence. Or, ce principe qui actualise et informe la matière ne peut être qu'une Idée. Seulement, c'est une idée immanente aux choses, la *raison séminale* des Stoïciens (1). Tout corps a une raison séminale ; et de même que les Idées rentrent l'une dans l'autre tout en demeurant distinctes, de même les *raisons* ou *âmes* ont leur unité dans l'âme universelle. Platon l'avait dit déjà : si nous possédons une âme, il faut bien que l'univers en ait une ; car, où aurions-nous pris la nôtre ? Dans Plotin comme dans Platon, les âmes particulières sont des émanations de l'âme universelle, vivant dans le Tout, et cependant ayant une vie propre. L'âme étant le principe du mouvement, tout ce qui se meut participe à l'âme. Tout vit, dit Plotin, quoique à des degrés différents (2) ; l'âme, la force motrice, la raison séminale en tension dans la matière, se cache sous l'inertie apparente des corps. Elle y produit dans chaque être l'attraction mutuelle et la sympathie des parties et des organes (3). Et cette sympathie se retrouve entre tous les êtres que l'univers renferme : ils exercent les

---

(1) *Enn.*, II, vi, 2.
(2) *Ibid*, IV, iv, 36.
(3) *Ibid.*, IV, v, 8 ; IV, iv, 32.

uns sur les autres des attractions plus ou moins fortes, de même que les vibrations d'une corde sonore ébranlent toutes les cordes voisines, qui alors vibrent à l'unisson (1). La magie véritable a pour principe l'unité de la vie universelle (2).

Dans Platon, l'âme semblait tout entière en dehors du corps qu'elle anime : recueillie en elle-même, elle n'agissait sur lui que pour le mouvoir. Les Stoïciens, au contraire, avaient mis l'âme tout entière dans le corps; ils l'avaient tellement engagée dans la matière qu'ils avaient fini par l'y absorber. L'originalité des Alexandrins consiste à réunir ces deux conceptions : l'âme, d'après Plotin comme d'après Ammonius, est dans le corps qu'elle pénètre, parcourt et *administre;* mais elle ne perd point pour cela sa pureté et son indépendance. En même temps qu'elle est partout, elle n'est nulle part ; présente à tout lieu, elle n'est en aucun. Elle *procède* dans le corps et demeure tout entière en elle-même; elle se donne et ne se donne pas (3). L'âme universelle ne fait point obstacle aux âmes particulières, ni celles-ci à l'âme universelle. L'unité ici n'empêche point la multitude, ni la multitude l'unité (4). L'âme universelle est un centre où existent déjà les rayons, et qui se multiplie en eux sans cesser d'être un (5). « L'âme est à la fois di-
» visée et indivise; ou plutôt elle n'est jamais divisée
» réellement, elle ne se divise jamais ; car elle de-
» meure tout entière en elle-même. Si elle semble se
» diviser, ce n'est que par rapport aux corps, qui, en
» vertu de leur propre divisibilité, ne peuvent la re-

(1) *Enn.*, IV, IV, 41.
(2) *Ibid.*
(3) *Ibid.*, IV, IX, 5.
(4) Οὔτε μάχεται τὸ πλῆθος ἐκεῖ τῷ ἑνί. *Enn.*, VI, IV, 4.
(5) Μενούσης ὅθεν ἤρξαντο.

» cevoir d'une manière indivisible (1)... Toutes les
» choses qui peuvent participer à l'âme en participent
» en effet, mais chacune reçoit d'un seul et même prin-
» cipe une puissance différente... Quoique l'âme uni-
» verselle soit présente tout entière au corps de
» l'homme, elle ne lui devient pas propre tout entière.
» C'est ainsi que les plantes et les animaux autres que
» l'homme n'ont également de l'âme universelle que
» ce qu'ils sont capables de recevoir d'elle. De même,
» lorsqu'une voix se fait entendre, tel ne perçoit que
» le son, tel autre perçoit aussi le sens (2). » C'est le
mode de participation dont Platon concevait la nécessité sans pouvoir en trouver l'explication. Il n'avait
qu'à regarder en lui-même, et il aurait senti son âme
présente à la multiplicité des organes sans perdre
pour cela son unité. Si nous ne comprenons point une
puissance aussi étrange, c'est que l'imagination, se
représentant toutes choses sous les formes du temps
et de l'espace, vient troubler notre raison.

IV. *L'Intelligence et les Idées.* — Les idées séminales ont leur raison dans les Idées pures, les formes sensibles dans les formes intelligibles, l'âme
mobile dans l'immobile intelligence. Au fond, c'est
toujours le même principe, mais considéré sous deux
aspects différents : ici comme en rapport avec la
multiplicité corporelle, là comme exempt de tout
commerce avec ce qui lui est inférieur.

Platon considérait l'Idée comme une réalité intelligible, modèle du monde sensible; Aristote, comme
une simple possibilité, qui n'a d'existence actuelle

---

(1) *Enn.*, IV, ii, 1.
(2) *Ibid.*, VI, iv, 12 et 15.

que dans les individus. Comment l'Idée, demande Aristote, pourrait-elle exister tout à la fois en elle-même et dans les choses? Si les choses sont actuelles, il en résulte que les Idées ne peuvent l'être; elles sont donc de simples *puissances*. — Mais, répond Plotin, de ce que les Idées sont des puissances, faut-il en conclure qu'elles ne peuvent être des actes? Aristote établit une opposition radicale entre ces deux choses, et ne s'aperçoit pas que, par là même, il introduit dans la métaphysique un dualisme invincible; il a merveilleusement compris la nature de l'*acte*, mais il n'a pas assez approfondi la nature de la *puissance*. Le possible n'a point sa raison dans le pur possible, mais dans le réel. Sous ce *je ne sais quoi* de passif et d'inerte qu'Aristote appelle la puissance, une réflexion plus profonde découvre l'activité même. Appelons donc les Idées des puissances (1); soit, mais ce sont des puissances *actives*, puisqu'elles se manifestent par de réels effets, et qu'elles soumettent à leurs lois le monde visible. En elles-mêmes, elles sont des actes et des réalités, comme le soutenait Platon; et par rapport à la matière, elles sont des puissances communicables. Mais ce qu'il importe surtout de comprendre, c'est qu'elles ne sont des puissances qu'à la condition d'être d'abord des actualités; le point de vue de Platon est donc supérieur à celui d'Aristote, et les Idées sont essentiellement des réalités immatérielles et intelligibles.

C'est ainsi que Plotin réconcilie le Platonisme et l'Aristotélisme dans la notion de *puissance active*, où la possibilité est en raison directe de la réalité même, où l'universalité et l'individualité, loin de s'exclure,

---

(1) *Enn.*, V, vii, 9; V, iii, 10; VI, vii, 3.

se supposent réciproquement. La puissance active, l'Idée, n'est autre chose que l'existence parfaite en son genre, *procédant* dans des existences inférieures sans s'y absorber. Il ne faut pas confondre cette puissance avec la raison séminale des Stoïciens, où la puissance et l'acte s'opposent et se bornent mutuellement, au lieu d'être ramenés à l'unité. L'opposition de la puissance et de l'acte tient à l'imperfection de l'être en voie de développement. Or, l'Idée de Platon et de Plotin ne se développe pas elle-même : elle n'a pas besoin d'acquérir des perfections nouvelles, car elle est déjà parfaite, elle est complétement en acte. C'est précisément cette perfection de l'acte qui a pour résultat la puissance productrice, l'activité expansive, capable de communiquer le bien et l'être à ce qui n'existait pas d'abord.

Ainsi donc, par rapport au monde sensible, les Idées sont à la fois des *essences* et des *puissances* (1). Comme essences, elles sont les *modèles*, παραδείγματα, les archétypes, ἀρχέτυπα, les formes intelligibles des choses, εἴδη, μορφαί (2). Comme puissances, elles contiennent la *raison d'être*, le *pourquoi* des choses, τὸ διότι; elles sont les *formes premières et créatrices*, πρῶτα τὰ ποιοῦντα (3), les *raisons* (λόγοι), que l'intelligence transmet par procession à l'âme universelle et qui y deviennent raisons séminales, raisons immanentes, sans cesser d'être transcendantes (4). « Ici-bas, » de même que chaque partie est séparée des autres, » de même la raison d'être est séparée de l'essence. » Là-haut, au contraire, toutes choses sont dans l'u-

(1) *Enn.*, VI, vii, 3 et ss.
(2) V, viii, 7, 11.
(3) V, viii, 7.
(4) V, ix, 3.

» nité, et chacune d'elles est identique à sa raison
» d'être (1)... L'essence d'un être renferme en elle-
» même la cause, qui, si elle est distincte de l'essence,
» en est cependant inséparable... Ainsi l'*essence* d'un
» être (οὐσία), son *caractère propre* (sa *quiddité*, τὸ τί ἦν
» εἶναι) et sa raison d'être (τὸ διότι) ne font qu'un (2). »
Et l'unité de ces trois choses est l'Idée platonicienne.

De quoi y a-t-il Idée? — Est-ce seulement des *genres*, ou encore des *individus*? Platon eut le tort de n'établir des Idées, au moins dans ses Dialogues, que pour les universaux. Il dédaigne l'individu, qu'il semble parfois représenter comme un phénomène, et il compromet par là sa théorie des Idées. Aristote n'aura pas de peine à démontrer que la matière n'explique point la différence qui constitue l'individualité des êtres, et qu'il y a dans chacun d'eux un principe propre d'unité, comme le dit Platon lui-même dans le *Théétète*. Plotin reconnaît la justesse de cette critique, et sur ce point encore il concilie Aristote et Platon, en mettant dans le monde intelligible non-seulement les principes de l'identité générique, mais encore ceux de la différence individuelle. C'est une erreur, dit-il, de croire qu'une multitude d'individus qui portent le même nom et rentrent dans une même définition ne doivent avoir qu'un seul type dans le monde intelligible. Pythagore, Socrate, etc., seraient alors les copies d'un même exemplaire. Mais
« il est impossible que des choses différentes aient
» une même raison. Il ne suffit donc pas de l'homme
» en soi pour être le modèle d'hommes qui diffèrent
» les uns des autres non-seulement par la matière,

---

(1) *Enn.*, VI, vii, 3.
(2) *Ibid.*, 4.

» mais encore par des différences essentielles (εἰδικαῖς
» διαφοραῖς) (1). » Il y a donc dans le monde intelligible
autant d'Idées que le monde sensible renferme d'individus (2). Ou plutôt il y en a bien davantage, car le
monde des Idées embrasse le possible comme le réel.
Ce monde contient à la fois les Idées qui se réaliseront
successivement en individus dans le monde sensible,
et celles qui ne s'y réaliseront pas faute d'une matière
convenable. « N'y aura-t-il point alors dans le monde
» intelligible l'infinité du monde sensible? Nullement;
» car la multitude des Idées est contenue dans une
» indivisible unité, et arrive à l'existence par son ac-
» tion (3). » Ici reparaît la conception néoplatonicienne d'un principe où l'*infinité* ne nuit pas à l'*unité*,
la souveraine puissance à l'acte parfait : l'infinité
même du monde sensible doit avoir sa raison dans
l'unité infinie du monde intelligible.

Platon, rapportant d'ordinaire tous les individus
d'une même classe à une seule Idée, semblait alors
expliquer les différences par la matière, source de
désordre et de mal. De là son dédain pour l'individuel,
ou au moins pour le singulier. Pourtant il avait
reconnu lui-même, dans le *Théétète* et dans le *Phédon*, que le principe d'unité individuelle est l'âme,
centre indivisible et permanent des sensations, analogue aux Idées. Par là, il préparait la doctrine d'Aristote. Ce dernier, à son tour, avait trop relevé la
notion de l'individualité pour que le Néoplatonisme
la négligeât. « La variété des individus dans l'espèce,
» dit Plotin s'inspirant d'Aristote, est un principe
» de beauté et de perfection; il n'y a que la laideur

---

(1) *Enn.*, V, vii, 1.
(2) V, vii, 1.
(3) *Ibid.* Cf. Jamblique, *De l'âme*, X. Alcinoüs, *De doct. pl.*, ch. ix,
p. 474.

» qu'il faille rapporter à la prédominance de la ma-
» tière (1). » La différence individuelle doit être rapportée à l'Idée, source unique de toute beauté.

En modifiant ainsi la théorie des Idées, Plotin n'est vraiment pas infidèle à Platon. Si toute chose est l'image des Idées et du Bien, et si le Bien, dans son principe suprême, est l'absolue individualité en même temps qu'il est l'universel, ne faut-il pas en conclure que la réalité sensible, pour être l'image exacte de la réalité intelligible, doit être individuelle comme Dieu même? — Telle est la grande vérité que Plotin introduit dans la philosophie, afin de compléter la pensée de Platon par celle d'Aristote.

Y a-t-il aussi des Idées des corps eux-mêmes et de tous les objets physiques? — Oui, car le monde intelligible comprend le monde sensible tout entier ; il le comprend avec tous ses individus et avec toutes ses catégories, essence, qualité, quantité, nombre, lieu, temps, repos, mouvement, etc. ; seulement tout y est sous la forme éminente de l'Idée (2). « S'il est
» dit dans le *Timée* que le ciel n'a pas dédaigné de
» recevoir aucune des formes des animaux, dont on
» voit un si grand nombre, c'est que cet univers devait
» renfermer l'universalité des choses. Or, d'où tient-
» il toutes les choses qu'il renferme? Les a-t-il reçues
» de là-haut? Oui, il en a reçu toutes les choses qui ont
» été produites par la raison et d'après une forme in-
» telligible (3). » Le feu, le soleil, la terre, l'eau, tous les éléments, tous les corps, existent en Idée.

Le monde intelligible comprend-il donc les Idées des choses les plus viles et les plus laides? — Toute

(1) *Enn.* V, vii, 2.
(2) *Enn.*, V, ix, 10.
(3) *Enn.*, VI, vii, 11.

chose matérielle a une forme, qui n'est que la raison séminale engagée dans la matière (1); et cette raison séminale ne peut provenir que du monde intelligible. D'ailleurs, d'où vient la laideur des objets que l'on méprise? De la matière (2), qui entrave et étouffe le développement des raisons séminales. Dans un monde pur de toute influence matérielle, il n'y a rien de vil ni de laid (3). « Toutes les choses que l'In-
» telligence universelle reçoit du premier principe
» sont parfaites. » Faisons donc ici une distinction nécessaire. Il y a des Idées des choses viles et laides en ce sens que, dans les plus humbles détails du monde sensible, on retrouve encore un reflet de la lumière intelligible; mais il n'y a point d'Idées des choses viles et laides en tant que viles et laides; car le vil et le laid, loin d'avoir une Idée, a pour principe le contraire de l'Idée, la matière (4).

Ainsi, ce qui est laid ici-bas est beau dans le monde intelligible, ce qui est ici-bas inanimé et sans vie est vivant dans les Idées. Tout a plus de force et d'intensité dans le monde intelligible qu'ici-bas, comme la lumière est plus vive à son foyer qu'à l'extrémité de ses rayons. Plus une chose, en s'étendant, se sépare et s'éloigne d'elle-même, plus elle devient faible; mais elle est d'autant plus forte qu'elle demeure davantage dans son unité (5). Ne croyons donc pas que le monde intelligible soit un ensemble de formes sans substance et sans vie. Ici-bas, la vie ne se révèle que par le mouvement; mais le mouvement n'est point la vraie

---

(1) *Enn.*, VI, vii, 2.
(2) V, ix, 14.
(3) *Ib.* Ὅσα κομίζεται νοῦς ἀπὸ τοῦ πρώτου, πάντα ἄριστα.
(4) *Ib.* Cf. VI, vii. — Vacherot, *Hist. de l'Éc. d'Al.*, I, 129.
(5) V, viii, 1. Ὅσῳ ἂν εἰς τὴν ὕλην ἐκτέταται, τόσῳ ἀσθενέστερον τοῦ ἐν ἑνὶ μένοντος.

vie : c'est l'effet d'une nature imparfaite qui s'agite pour y parvenir. La vraie vie, comme l'a compris Aristote, est l'acte pur et parfait. Là-haut, la vie n'est point un travail, mais une énergie pure. « Là-haut, la terre
» même n'est pas une chose morte ; elle est vivante,
» et contient dans son sein tous les animaux... Là-haut
» existent aussi la mer et l'eau sous la forme de l'uni-
» versel, ayant pour essence une fluidité et une vie
» permanente. Comment se pourrait-il que les choses
» contenues dans un être vivant ne fussent pas elles-
» mêmes vivantes ? Aussi le sont-elles même ici-
» bas (1). »

Cette variété de la vie intelligible n'exclut pas l'unité des Idées, dont le rapport mutuel est une pénétration et une communication réciproque. Dans le monde sensible, la distinction des choses entre elles est extérieure, et entraîne la séparation dans l'espace ; mais au sein du monde intelligible la distinction est intérieure, et n'empêche point l'union des Idées. Ici-bas, c'est la distance qui distingue ; dans le monde des Idées, c'est l'essence seulement (2). « Dans cette
» sphère intelligible, tout est transparent : nulle
» ombre n'y borne la vue, toutes les essences s'y
» voient et s'y pénètrent dans la profondeur la plus
» intime de leur nature. La lumière y rencontre
» de tous côtés la lumière. Chaque être comprend
» en lui-même le monde intelligible tout entier.
» Toutes choses y sont partout, chaque chose y est
» tout, et tout y est chaque chose ; il y brille une
» splendeur infinie. Chaque chose y est grande,
» parce que le petit même y est grand. Ce monde
» a son soleil et ses étoiles ; chacune d'elles, en même

---

(1) *Enn.*, VI, vii, 12.
(2) V, vii, 4.

» temps qu'elle brille d'un éclat qui lui est propre,
» réfléchit la lumière des autres (1). » Platon avait
déjà dit que dans chaque Idée on pourrait apercevoir
toutes les autres Idées. L'Idée est donc, comme le
sera la monade de Leibnitz, un miroir vivant, représentatif de l'univers suivant son point de vue (2).
Toutes les Idées ne sont que des faces diverses qui
réfléchissent la même image, l'image du Bien. L'Intelligence est tout entière dans chacune; c'est pourquoi, quelle que soit l'Idée que l'âme contemple,
elle voit l'Intelligence elle-même (3). « Imaginez une
» sphère transparente, placée en dehors du spectateur,
» et dans laquelle on puisse voir, en y plongeant le
» regard, tout ce qu'elle renferme : le soleil, les étoiles,
» la terre, la mer, les animaux... Tout en conservant
» la forme de cette sphère, faites-en peu à peu disparaître l'étendue (4) ; » tout, en demeurant ce qu'il
est, viendra coïncider avec tout : c'est l'image du
monde intelligible des Idées.

C'est que, comme l'avait dit Platon, les Idées sont
toutes comprises dans une Idée universelle, qui ramène la variété la plus riche à l'unité la plus parfaite.
Et cette Idée qui résume toutes les autres, ce n'est pas
seulement un *intelligible*, c'est une *intelligence*.

Ici est mis en lumière un côté de la doctrine des
Idées que Platon avait laissé dans l'ombre : le rapport
d'identité entre les objets de l'Intelligence et l'Intelligence même. L'Idée était avant tout pour Platon un
objet de la pensée; pour Plotin, elle est une *pensée*. Dans
le monde intelligible, non-seulement tout vit, mais

---

(1) *Enn.*, V, VIII, 4.
(2) Leibnitz, *Principes de la nat. et de la grâce*, § 3.
(3) *Enn.*, VI, VII, 15.
(4) V, VIII, 9.

tout pense ; tout y est intelligent autant qu'intelligible : l'existence y est science et sagesse (1). Les Idées sont plus que des âmes ; ce sont des intelligences, ou plutôt ce sont les formes vivantes de l'Intelligence divine. « Chaque Idée n'est pas autre que la pensée ; chacune est la pensée même (2). »

« La pensée et l'être sont donc une même chose (3). » D'une part, si l'intelligible ne se connaissait pas, il serait chose morte, abstraction sans réalité ; d'autre part, si l'intelligence différait de son objet, elle en serait dépendante et ne serait jamais sûre de le posséder entièrement : elle pourrait le voir et ne pas le voir, et n'aurait point cette certitude absolue qui réside dans la pensée consciente d'elle-même, dans la pensée de la pensée (4). Ainsi, le sujet et l'objet sont identiques dans l'absolu.

Parvenu à cette hauteur de la contemplation intellectuelle où s'était arrêté Aristote, Plotin s'efforce de monter, avec Platon, à une région supérieure.

V. *Le Bien-un.* — L'intelligence et l'intelligible sont identiques dans la pensée ; néanmoins la distinction de ces deux termes y subsiste toujours. Distinction purement logique, dira-t-on. Mais toute distinction logique, n'a-t-elle pas quelque fondement dans la réalité des choses ? Qui dit pensée, dit sujet et objet ; l'unité absolue de ces deux termes n'est donc plus la pensée : c'est quelque chose de distinct d'elle et de supérieur, que le nom d'intelligence désigne incomplétement et avec inexactitude. En effet, « qu'on » réduise la chose pensante, la chose pensée et la

---

(1) *Enn.*, V, VIII, 4. Καὶ ἡ οὐσία ἡ ἐκεῖ σοφία.
(2) V, IX, 8. Οὐχ ἑτέρα τοῦ νοῦ ἑκάστη ἰδέα, ἀλλ' ἑκάστη νοῦς.
(3) Μία οὖν φύσις τό τε ὂν ὅ τε νοῦς.
(4) V, III, 5. Ἓν ἅμα πάντα ἔσται, νοῦς, νόησις, τὸ νοητόν.

» pensée même à l'absolue unité, elles s'évanouis-
» sent les unes dans les autres (1), » et il n'y a plus
de pensée proprement dite. Si l'identité est la loi de
la pensée, la différence en est aussi une condition
nécessaire, comme l'a montré Platon (2). Les Idées
qui subsistent dans l'Intelligence ne sont-elles pas
un principe de différence en même temps que d'i-
dentité? ne sont-elles pas le fondement réel de nos
distinctions rationnelles? Elles forment donc une multitude et supposent une matière intelligible : où est
la multiplicité, est aussi la matière.

Non-seulement l'Intelligence n'est pas d'une simplicité absolue; mais elle ne possède pas non plus
l'absolue indépendance. Cette pensée qu'Aristote
nous représente absorbée dans la contemplation
d'elle-même, que pense-t-elle en définitive? Pour
qu'elle se pense, il faut qu'elle existe, et pour
exister, elle a besoin d'un objet. Cet objet est en
elle-même, soit; mais enfin il n'est pas l'acte même
de la pensée. Cet acte sans substance, cette pensée
sans chose pensante dont parle Aristote, ressemble
à une abstraction. Quoi que fasse notre raison, elle
ne peut s'empêcher de considérer la pensée comme
une manifestation, une forme d'existence, par delà
et avant laquelle se trouve toujours l'être. « Si l'on
» dit que, dans ce qui est immatériel, la connais-
» sance et la chose connue ne sont qu'un, il ne faut
» pas entendre que c'est la connaissance de la chose
» qui est la chose même, ni que la raison qui con-
» temple un objet est cet objet même, mais plutôt,

---

(1) Εἰ δὲ ταὐτὸν νοῦς, νόησις, νοητόν, πάντη ἓν γενομένα, ἀφανιεῖ αὐτὰ ἐν αὑτοῖς. *Enn.*, VI, vii, 42.
(2) V, i, 4; iii, 10; VI, vii, 39. Ἀεὶ γὰρ τὸν νοῦν ἀεὶ ἑτερότητα καὶ ταυτότητα λαμβάνειν, εἴπερ νοήσει.

» en sens inverse, que c'est la chose qui, étant sans
» matière, est purement intelligible et intellection...
» Ce n'est pas la pensée du mouvement, par exem-
» ple, qui a produit le mouvement en soi, mais le
» mouvement en soi qui a produit la pensée (1), de
» telle sorte que la pensée se pense et comme mou-
» vement [l'objet, premier terme] et comme pensée
» [le sujet, second terme] (2). »

Platon, cherchant le rapport de la chose intelligible à l'intelligence, avait donné à la première la supériorité sur la seconde, au Bien intelligible l'antériorité sur l'intelligence. Aristote, au contraire, avait conçu l'acte de la pensée comme un acte qui se suffit entièrement à lui-même, sans avoir besoin d'un bien intelligible auquel il s'applique. Plotin, revenant à la doctrine de Platon, fait procéder l'Intelligence de la perfection suprême, et considère le Bien comme la substance, la base, l'immobile sujet du mouvement idéal de la pensée. Le Bien est le père, et le Verbe est le fils.

Qu'est-ce donc que ce Bien, supérieur à toute forme, à tout acte, à toute intelligence ? — C'est ici qu'il importe de saisir la vraie pensée de Plotin, en l'éclairant par celle de Platon. Est-il vrai, comme on le répète chaque jour depuis M. Cousin, que le Dieu de Plotin soit un Dieu abstrait, indéterminé, impersonnel, simple puissance qui se développe dans le monde ; ou est-il le Dieu véritable, l'Être parfait, que Platon appelait le Bien ?

Toute l'école d'Alexandrie distinguait, avec Platon,

---

(1) C'est-à-dire : La possibilité du mouvement, avant d'être pensée par Dieu, doit avoir son principe dans quelque perfection réelle de Dieu, perfection qu'on peut appeler le mouvement en soi.

(2) *Enn.*, VI, vi, 6.

la théologie affirmative et la théologie négative : la première qui affirme du suprême principe, sous la forme éminente de l'Idée, tout ce qu'il y a de positif dans ses effets ; la seconde qui nie de Dieu tout ce qui convient aux autres êtres, comme inférieur et inadéquat à sa perfection. Les thèses et les antithèses du *Parménide* aboutissaient toujours à une double synthèse, l'une affirmative, l'autre négative (ἀμφότερον, οὐδέτερον) ; la raison suprême de toutes choses, en effet, doit être et n'être pas toutes choses. Les Alexandrins admettent aussi ce grand principe, et considèrent même le point de vue de la négation comme supérieur à celui de l'affirmation, parce qu'il exprime mieux l'infinie distance qui sépare la cause première de ses effets. C'était là aussi la pensée de Platon, qui place au premier rang, dans le *Parménide*, l'Unité supra-intelligible et ineffable, non par manque, mais par excès de perfection. Pure illusion d'optique, suivant Platon, que de confondre cette plénitude absolue du Bien avec le vide absolu de la matière (1). Plotin, sous cette illusion d'optique, reconnaît une vision profonde des choses : la vraie matière, en effet, la vraie puissance est en Dieu, elle est Dieu même. C'est l'acte suprême qui est la puissance de toutes choses, parce que le moins ne peut venir que du plus ; le prétendu vide absolu n'est donc autre chose que la plénitude absolue, la prétendue matière n'est autre chose que Dieu. Il en résulte qu'aucun attribut compréhensible pour notre intelligence ne peut convenir à Dieu rigoureusement. Le *Parménide* l'a déjà montré : la

---

(1) Voir le *Sophiste* et la *République*, loc. cit., sur la confusion de la pleine lumière avec la pleine obscurité.

perfection d'une chose se confond avec la perfection de toutes les autres choses; donc, bien qu'elle soit cette chose au plus haut degré, elle ne peut cependant plus être appelée proprement cette chose, puisqu'elle est tout aussi bien autre chose. Par exemple, la perfection de la pensée se confond avec la perfection de l'amour; donc vous ne pouvez plus l'appeler proprement la pensée, ce qui semblerait l'opposer aux autres choses, telles que l'amour; donc encore la pensée, en demeurant elle-même au plus haut degré, cesse d'être elle-même et s'évanouit par plénitude dans l'infinie perfection. Suprême antinomie qui est aussi la suprême harmonie.

Plotin n'a pas su exposer cette doctrine avec une précision suffisante; mais, on va le voir, cette doctrine n'en est pas moins la sienne.

« L'Un est toutes choses, dit Plotin, et n'est aucune
» de ces choses (1). Le principe de toutes choses ne
» peut être toutes choses; il est toutes choses seule-
» ment en ce sens que toutes choses coexistent en
» lui; mais en lui, elles ne sont pas encore, elles se-
» ront (2). » « Quand vous avez eu l'intuition du Pre-
» mier, ne dites pas qu'il est ou n'est pas *cela*; sinon
» vous le ferez descendre au nombre des choses dont
» on dit qu'elles sont *ceci* ou *cela*; or le Premier est
» au-dessus de toutes ces choses. Quand vous aurez
» vu celui qui est *infini* (ἀόριστον), vous pourrez nom-

---

(1) Par *toutes choses*, il n'entend pas une *somme*, un total, comme il le dit lui-même.

(2) M. Ravaisson n'interprète pas exactement ce passage en disant : « Considéré en lui-même, et avant qu'il prenne dans l'intelligence une forme déterminée, tout ce qu'on peut dire de lui, c'est ce qu'on peut dire de la matière : c'est qu'il sera. » II, 424. — Ce n'est nullement du Bien-un que Plotin dit : il sera; mais des choses qui existent en lui et qu'il doit produire. Il y a une énorme distance entre les deux propositions.

» mer les choses qui sont après lui ; mais ne le met-
» tez pas au nombre de ces choses. Regardez-le comme
» la *puissance universelle véritablement maîtresse*
» *d'elle-même* (δύναμις πᾶσα αὐτῆς ὄντως κύρια). »

Plotin est conséquent à ces principes quand il déclare le Bien-un supérieur à l'intelligence, ἐπέκεινα τοῦ νοῦ. On veut en conclure que le Dieu de Plotin est une chose morte, sans pensée, sans conscience, sans vie. Ce n'est point là la théorie de Plotin. Si Dieu n'est point la pensée, c'est parce qu'il est *plus que la pensée* (1), non parce qu'il lui est inférieur. Vouloir établir, comme Aristote, une équation absolue entre le premier principe et la pensée, c'est négliger une infinité d'autres perfections que son unité enveloppe, pour le réduire à une détermination particulière qu'il contient sans doute éminemment, mais qu'il ne contient pas seule. Par cela même que Dieu est l'absolue détermination, il en résulte que l'homme ne peut jamais le déterminer d'une manière adéquate ; car toujours nos affirmations sont mêlées de négation et d'indétermination. Qu'appelons-nous pensée, dans le sens propre du mot? L'acte d'un sujet qui saisit un objet et le réfléchit pour ainsi dire. Dans la conscience, le sujet affirme son identité avec l'objet, mais en même temps il s'en distingue. Cette conscience existe en Dieu; Plotin l'admet; mais elle est le fils, non le père; elle est engendrée, et non première; elle suppose une substance, objet de la conscience, qui lui est logiquement antérieure et où la conscience existe éminemment, identifiée avec toutes les autres perfections. Que servirait, dit Plotin, la pensée au premier principe? La pensée est donnée à ce qui a

(1) *Enn.*, VI, VIII, 16.

besoin de se retrouver soi-même par la conscience de soi ; « mais quel besoin l'œil aurait-il de voir la lu-
» mière, s'il était lui-même la lumière (1) ? » Et de même, que servirait la conscience, la réflexion sur soi, à ce qui est toujours indivisiblement en soi et avec soi ? Le précepte « Connais-toi toi-même, » c'est-à-dire « Réfléchis sur toi-même, » ne s'adresse pas à l'Un. L'Un n'a que faire de se connaître et de se contempler. Il a plus que la connaissance, plus que la contemplation. « N'allez pas croire, en effet, que, parce que l'Un
» ne se pense pas, il y ait pour cela ignorance en lui.
» L'ignorance suppose un rapport ; elle consiste en ce
» qu'une chose n'en connaît pas une autre. Mais l'Un,
» étant seul, ne peut ni rien connaître ni rien igno-
» rer ; étant avec soi, il n'a pas besoin de la connais-
» sance de soi. » Profonde pensée qui doit, pour être bien comprise, être comparée à ce passage du *Parménide* où Platon élève l'unité absolue du Bien ou du Parfait au-dessus de toute relation, même celles d'identité et de différence. On ne peut dire de l'Un, d'après Platon, qu'il est identique à soi-même ou aux autres choses, ni qu'il est différent de soi-même ou des autres choses. Ce serait faire subir à l'absolu une relation nécessaire soit avec lui-même soit avec les autres êtres ; ce serait imposer une loi à sa suprême indépendance. Partout où il y a identité, il y a aussi différence, et réciproquement. Dire que Dieu est identique à soi-même, c'est le diviser artificiellement en deux termes, qu'on ramène ensuite à l'unité. Mais, s'il est absolument un, qu'avez-vous besoin de dire qu'il est identique à soi-même ? Vaines paroles qui introduisent la relation dans l'absolu et la retirent en même

---

(1) *Enn.*, VI, vii, 41.

temps! Dieu lui-même, qu'a-t-il besoin de se dire qu'il est identique à soi? Qu'a-t-il besoin de se poser, soit en face de lui-même, soit en face d'autre chose, et de dire : Moi! Il est posé éternellement, il est éternellement en possession de lui-même ; il n'a pas besoin des relations de notre conscience et de notre pensée, parce qu'il a plus que la pensée, parce qu'il a la perfection absolue et qu'il est *un* dans sa perfection. Ne lui imposez pas davantage la relation de la différence; qu'il la produise, soit; qu'il la subisse, non. Si donc toute opération de la conscience consiste à affirmer, d'une part son identité avec soi-même et sa différence avec les autres choses, d'autre part sa différence comme sujet d'avec soi-même comme objet, — et par cela même son identité avec quelque chose dont on se distingue cependant, — un tel ensemble de relations, quoique produit par Dieu, dépendant de lui et constitué par lui, ne peut être regardé comme le constituant lui-même, dans l'absolu de son existence souverainement une, indépendante, parfaite et solitaire.

Dieu n'est pas pour cela une abstraction et un néant. Ce sont les relations de notre pensée qui sont abstraites et impuissantes à formuler la réalité infinie, le *plérôme* du Bien. S'il est inexact de dire que Dieu se pense, il est encore plus faux de dire purement et simplement qu'il ne se connaît pas. Car il possède une *supra-intellection* éternelle (ὑπερνόησις ἀεὶ οὖσα) (1). « Il
» a une *intuition simple de lui-même par rapport à lui-*
» *même* (ἁπλῆ τις ἐπιβολὴ αὐτῷ πρὸς αὐτόν); mais, comme
» il n'y a aucune distance, aucune différence dans
» cette intuition qu'il a de lui-même, que peut être
» cette intuition, sinon Lui (2)? » « L'Intelligible de-

(1) *Enn.*, VI, ix, 6. VI, viii, 16.
(2) VI, vii, 38.

» meure en lui-même, et n'a pas besoin d'autre chose,
» comme en a besoin ce qui voit et ce qui pense. Je
» dis que ce qui pense a besoin d'autre chose, en ce
» sens qu'il a besoin de contempler l'Intelligible.
» Mais, en demeurant en lui-même, l'Intelligible n'est
» pas privé de sentiment. Toutes choses lui appar-
» tiennent, sont en lui et avec lui ; il a donc le dis-
» cernement de lui-même, et il possède la vie, parce
» que toutes choses sont en lui ; par conséquent, il a
» la *conception de lui-même* (κατανόησις αὐτοῦ), concep-
» tion qui implique conscience, et consiste dans un
» repos éternel et dans une pensée, *mais dans une*
» *pensée différente de celle de l'Intelligence* (1). »
Faut-il voir dans ces affirmations diverses autant de
contradictions? — Nullement. Ce sont les thèses et
les antithèses où le *Parménide* a montré les moments nécessaires de la théologie, et qui se ramènent à une synthèse harmonieuse. Plotin veut seulement dire que, d'une part, toute détermination,
toute relation conçue par l'intelligence humaine, est
au-dessous du premier principe et ne lui est pas adéquate ; et que, d'autre part, elle n'est pas entièrement
inexacte, parce que Dieu est *éminemment* toutes choses
sous une forme *supérieure* : par exemple, il est la
supra-intellection plutôt que l'intellection même.
« Il faut avoir de l'indulgence pour notre langage :
» en parlant de Dieu on est obligé, pour se faire com-
» prendre, de se servir de mots qu'une *rigoureuse*
» *exactitude* ne permettrait pas d'employer. Avec
» chacun d'eux, il faut sous-entendre *en quelque*
» *sorte* (οἷον) (2). En définitive, comme l'acte et la pen-
» sée sont le complément ou l'*hypostase consubstan-*

(1) *Enn.*, V, IV, 2.
(2) VI, VIII, 13.

» *tielle* d'un autre sujet, la pensée suppose au-dessus
» d'elle une autre nature à laquelle elle doit le pou-
» voir de penser : car, pour que la pensée pense quel-
» que chose, il faut qu'elle ait quelque chose au-
» dessus d'elle. Quand elle se connaît elle-même, elle
» connaît ce qu'elle a reçu par la contemplation de
» cette autre nature. Quant à celui qui n'a rien au-
» dessus de lui, qui ne tient rien d'un autre principe,
» que pourrait-il penser, et comment pourrait-il se
» penser lui-même [dans le sens *rigoureux* dont on
» vient de parler]? Que chercherait-il et que souhai-
» terait-il? Voudrait-il connaître la grandeur de sa
» puissance? Mais elle lui serait extérieure par cela
» même qu'il la penserait : je dis extérieure, si la puis-
» sance qui connaîtrait en lui différait de celle qui
» serait connue; si au contraire les deux ne font qu'un,
» qu'a-t-il à chercher (1)? » On voit pourquoi Plotin
déclare Dieu supra-intelligent : c'est qu'il attache à
l'idée précise et distincte d'intelligence une notion de
mouvement idéal et de multiplicité logique. Et en effet,
si vous supprimez toute distinction, tout mouvement idéal dans la pensée, il est clair que vous arrivez
à quelque chose qui n'est plus *rigoureusement* la pensée. Quand donc Aristote appelle Dieu la pensée, il est
inexact aux yeux de Plotin, soit dans sa doctrine, soit
dans son langage : dans sa doctrine, s'il prend le mot
de pensée au sens propre; dans son langage, s'il croit
donner une expression adéquate du principe absolument simple en l'appelant la pensée de la pensée.
Voilà pourquoi Plotin préfère au terme d'intellection
celui de supra-intellection ou d'intellection transcendante; mais dans le fond il est d'accord avec Aristote,

(1) *Enn.*, VI, vii, 40.

puisqu'il admet en Dieu une ineffable intuition sans distinction de sujet ni d'objet.

Ce n'est donc pas par l'absence de pensée que Dieu ne pense pas, mais, comme le dit avec raison Proclus, par l'éminence de la pensée (1). Telle est la vraie doctrine de Plotin. Son Dieu n'est pas inintelligent et mort, et il n'est pas non plus intelligent et vivant d'une manière *univoque* avec notre intelligence et notre vie. L'essence absolue de Dieu échappe à la pensée humaine : elle ne se révèle à nous qu'en se cachant; on n'essaie de la comprendre qu'en la limitant, de la nommer qu'en nommant autre chose et en la rabaissant.

Mais, dira-t-on, Plotin n'a pas seulement élevé Dieu au-dessus de l'intelligence : il l'a élevé au-dessus de l'être; donc Dieu n'est pas. — Ici encore il faut comprendre Plotin. Le Dieu supérieur à l'être n'est pas pour cela un néant. Plotin prend le mot *être* dans le même sens que le mot *essence*, et il ne veut pas dire autre chose que ce qu'avait dit Platon lui-même dans la *République*. Tout platonicien entend par être l'*essence* ; par essence, l'Idée ; et par l'Idée, une unité multiple, un principe d'*identité* et de *différence* tout à la fois. L'Idée exprime toujours un rapport de la réalité divine avec le pur possible, avec la matière indéterminée. De même l'*essence* (οὐσία) indique une unité introduite dans la multiplicité in-

---

(1) « Le manque d'une chose en Dieu n'est pas signe de privation, mais de supériorité. Τὸ γὰρ δέον οὐκ ἔστι στερήσεως, ἀλλ᾽ ὑπεροχῆς σημαντικόν. » (*Comm. Parm.*, VI, 87.) — « De pareilles négations ne sont donc pas privatives des qualités auxquelles elles s'appliquent, mais comme génératrices de leurs opposés. Οὐκ εἰσὶ στερητικαὶ τῶν ὑποκειμένων, ἀλλὰ γεννητικαὶ τῶν οἷον ἀντικειμένων. » (*Ibid.*) — Cf. Saint Thomas : Hæc non removentur ab eo propter ejus defectum, sed quia superexcedit. (*Summ. Theol.*, 1ᵃ quæst. XII, art. XII.)

définie, l'acte d'une puissance, la réalisation d'une possibilité, la forme d'une matière. « Les anciens ont
» dit, mais en termes énigmatiques, que Dieu est
» supérieur à l'essence. Voici dans quel sens il faut
» interpréter cette assertion. Dieu est au-dessus de
» l'essence, non-seulement parce qu'il engendre l'es-
» sence, mais encore parce qu'il n'est point dans la
» dépendance de l'essence ni de lui-même. Il n'a
» même point pour principe sa propre essence; il est
» au contraire lui-même le principe de l'essence. Or
» il ne l'a point faite pour lui-même ; mais, l'ayant
» faite, il l'a laissée hors de lui, par la raison qu'il n'a
» pas besoin de l'*être*, puisqu'il est celui qui l'a fait.
» Ainsi, même EN TANT QU'IL EST, *il ne comporte point*
» *ce qu'on exprime par le verbe* IL EST (τὸ ἐστί) (1). »
« Nous n'approuvons même pas cette expression : *Il*
» *est le Bien*; nous ne croyons pas qu'on doive énon-
» cer quoi que ce soit avant ce terme de *Bien*; d'ail-
» leurs, comme nous ne pouvons exprimer le Bien
» complétement, nous retranchons tout afin de ne
» pas introduire en lui quelque diversité, et comme il
» n'y a plus même besoin qu'on dise : *Il est*, nous
» l'appelons simplement *le Bien* (2). » Ces passages prouvent que c'est la forme du jugement proprement dit qui paraît à Plotin inexacte, comme exprimant une fausse relation de l'absolu. Dire de Dieu qu'il est le bien semble faire de l'être une substance, et du bien un attribut. Mais l'idée du bien, étant plus complète que celle de l'être, mériterait plutôt d'être considérée comme la substance ; l'être n'en est qu'un attribut, un dérivé et un produit. C'est toujours la grande pensée platonicienne qui ne veut pas que

(1) *Enn.*, VI, viii, 19.
(2) VI, vii, 38.

la perfection soit un attribut de l'être, mais l'être un des attributs de la perfection; attribut qui, se confondant avec tous les autres dans l'unité absolue du Bien, n'est même plus l'être proprement dit. Dieu n'en est pas moins la réalité suprême et transcendante. « *Que le Premier existe, dans le sens où* » *nous disons qu'il existe, nous le voyons par les êtres* » *qui sont après lui* (1). » « Si vous contemplez l'unité » des choses qui existent véritablement, c'est-à-dire » leur principe, leur source, leur puissance [produc- » trice (2)], *pouvez-vous douter de sa réalité, et croire* » *que ce principe ne soit* RIEN ? Sans doute ce principe » n'est aucune des choses dont il est le principe : il » est tel qu'on ne saurait en affirmer rien, ni l'être, » ni l'essence, ni la vie; mais c'est qu'il est supérieur » à tout cela (3). »

En d'autres termes, rien ne convient à Dieu comme *forme*, tout lui convient comme *principe*; et par cela même qu'il est principe d'une chose, il est évident qu'il ne peut être cette chose même. Or, Dieu est principe de l'être : il donne aux choses l'existence, l'essence et la substance; donc il n'est lui-même ni essence, ni substance, ni même existence, si ce n'est d'une manière transcendante; son être même n'est point univoque avec l'être et la substance des choses qu'il engendre.

C'est donc mal interpréter Plotin que de représenter l'Unité comme une pure *puissance* indéterminée, qui devient tout et qui elle-même n'est rien. — « Cet élément de l'être en puissance », dit-on, « ou de la simple possibilité, placé par Aristote au-dessous du véritable

---

(1) *Enn.*, VI, VIII, 11.
(2) Voir *Enn.* VI, VIII, 16.
(3) *Enn.*, III, VIII, 10.

être, comme la matière qui en reçoit la forme, le Platonisme le rétablit, avec les caractères de l'infinité et de l'indétermination, non pas seulement dans l'être, comme le Stoïcisme avait fait, mais encore au-dessus de l'être (1). » — Sans doute, Plotin appelle l'Unité la *puissance universelle*; mais il l'appelle aussi l'*acte premier*, l'*acte immanent*. Ou plutôt, il la conçoit comme supérieure tout à la fois à la puissance et à l'acte, comme enveloppant la puissance dans l'acte même, et par conséquent la puissance active et productrice. Là est l'originalité du Platonisme alexandrin. Cette conciliation de l'acte et de la puissance, séparés par Aristote, est le point culminant de la théodicée néoplatonicienne. « On ne saurait dire
» qu'en lui autre chose est la *puissance*, autre chose
» est l'*acte* : car il serait ridicule de vouloir appliquer
» à des principes, qui sont immatériels et qui sont en
» acte, la distinction de l'acte et de la puissance (2). »
« Regardez l'Un comme la *toute-puissance vérita-*
» *blement maîtresse d'elle-même* (δύναμις πᾶσα αὐτῆς ὄν-
» τως κυρία), qui est ce qu'elle veut, ou plutôt qui a
» projeté sur les êtres ce qu'elle veut (ὃ θέλει ἀπορ-
» ρίψασα εἰς τὰ ὄντα), mais qui est plus grande que
» toute volonté, et qui place le vouloir au-dessous
» d'elle ; elle n'a donc pas même voulu [à propre-
» ment parler] être ce qu'elle est [elle ne s'est pas
» dit : Je serai *cela*], et aucun autre principe ne l'a
» fait être ce qu'elle est (3). » « Dieu se porte en
» quelque sorte vers les profondeurs les plus intimes
» de lui-même, s'aimant lui-même, aimant la pure
» clarté qui le constitue, étant lui-même ce qu'il

(1) Ravaisson, *ibid.*, t. II, 424, 429.
(2) *Enn.*, II, IX, 1.
(3) VI, VIII, 9.

» aime, c'est-à-dire se donnant la substance à lui-
» même (ὑποστήσας ἑαυτόν), parce qu'il est un *acte im-
» manent* (ἐνέργεια μένουσα)... On peut dire qu'il existe,
» parce qu'il est à lui-même son propre fondement;..
» il est l'auteur de lui-même (1). L'acte par lequel il
» s'est créé est absolu (ἀπόλυτος ποίησις); car l'acte de
» Dieu (ἐνέργεια αὐτοῦ) n'aboutit pas à la production
» d'un autre être : il ne produit rien que lui-même,
» il est lui tout entier. Il n'y a pas là deux choses,
» mais une seule. Il ne faut pas craindre d'admettre
» que l'acte premier (ἐνέργεια ἡ πρώτη) n'a point d'es-
» sence, mais il faut considérer l'acte de Dieu comme
» étant sa substance même (ὑπόστασις) (2). » Le point
de vue d'Aristote se retrouve donc dans Plotin;
mais l'actualité éternelle du premier principe, au
lieu d'être considérée comme suppressive de toute
puissance, est au contraire la puissance universelle.
C'est parce que Dieu possède en lui la perfection de
la réalité et qu'il est éminemment toutes choses, qu'il
rend toutes choses possibles. Ainsi sont ramenées à
l'identité absolue, au sein de la cause transcendante
(τὸ αἰτιώτατον) (3), les deux notions fondamentales de
la métaphysique, séparées dans l'expérience et inséparables pour la raison. Sous ce principe obscur et
mystérieux de la puissance que Platon et Aristote
appelaient la matière, et qui semblait s'opposer à
Dieu, Plotin reconnaît Dieu même dans son actualité
la plus parfaite. Dès lors le mot de puissance prend
un sens nouveau, qu'il gardera toujours : il désigne
la puissance active de l'être qui peut tout parce
qu'il est lui-même la perfection de toutes choses. « Le

---

(1) *Ib.*, 16.
(2) *Ib.*, 20.
(3) *Ib.*, 18.

» Premier, dit expressément Plotin, est la puissance
» de toutes choses, non dans le sens où l'on dit que la
» matière est en puissance, pour indiquer qu'elle *re-*
» *çoit*, qu'elle pâtit; mais dans le sens opposé, pour
» dire que l'Un produit (1). »

(1) *Enn.*, V, III, 15.

A propos de ce chapitre et des suivants, le rapport fait au nom de la section de philosophie sur le concours Bordin contient les objections suivantes : « L'auteur du mémoire semble hésiter et varier quand il apprécie la ten-
» tative alexandrine. D'abord, Plotin l'éblouit et obtient de cet esprit si
» clairvoyant d'ordinaire des éloges presque sans restriction. Il trouve
» que les *Ennéades* contiennent *une philosophie le plus souvent admira-*
» *ble, dont la valeur ne lui semble pas avoir été justement appréciée*. Il a
» des excuses et même des louanges pour des opinions de Plotin regardées
» jusqu'ici comme des erreurs. Il dit, par exemple, que si le Dieu de
» Plotin ne pense pas, ce n'est pas parce que la pensée lui manque, mais
» au contraire à cause de l'éminence même de sa pensée. — Mais, ré-
» pondra-t-on, comment l'éminence de la pensée consisterait-elle à ne
» pas penser? La philosophie de Plotin, comme celle de Proclus, a des
» enivrements redoutables auxquels l'historien des systèmes doit savoir
» résister. Dans un autre endroit, l'auteur subit encore la fascination
» dangereuse de cette métaphysique ardue et subtile à la fois..... Dans
» cette méthode d'interprétation qui conduirait non-seulement à l'appro-
» bation, mais à l'admiration du Néoplatonisme, il y a un péril sérieux. »

On nous reproche d'abord « d'avoir des excuses et même des louanges pour des opinions de Plotin regardées jusqu'ici comme des erreurs. » Les traditions reçues ne nous sembleraient pas une raison suffisante pour condamner Plotin ; mais, loin de rompre avec la véritable tradition en ce qui concerne les Alexandrins, nous croyons au contraire l'avoir rétablie et justifiée. C'est seulement dans ces derniers temps, et depuis M. Cousin, qu'on a imaginé d'attribuer à Plotin la doctrine du Dieu abstrait identique au non-être. On verra, dans notre chapitre sur le Christianisme, que la théorie de Plotin a été admirée et presque entièrement acceptée (sauf les points que nous déterminerons) par tous les Pères de l'Église, par la plupart des docteurs du moyen âge, tels que Saint Anselme, et, dans les temps modernes, par Petau, Thomassin et Bossuet lui-même. Thomassin, en particulier, admire presque sans réserve la théologie de Plotin, et ne rejette que l'inégalité des personnes divines. Il est à croire que les docteurs chrétiens n'auraient pas montré une admiration semblable pour un Dieu-néant. C'est M. Cousin qui, dans une réaction exagérée contre tout ce qui lui paraissait suspect de *mysticisme*, a prêté cette doctrine aux Alexandrins en dépit des textes.
« C'est, dit-il, une unité qui *s'ignore* et qui nous est incompréhensible,
» une *abstraction* indéfinissable, innommable, un pur *néant*. » (*Hist. gén. de la Phil.*, éd. in-18, 1864, p. 169.) Plotin a cependant assez répété combien il est faux de dire que Dieu s'ignore, ou qu'il est une abs-

traction, ou qu'il est un néant. « La vraie unité absolue, dit encore
» M. Cousin, doit être quelque chose d'*absolument indéterminé*, qui
» n'est pas, à proprement parler, qui ne peut même se nommer, l'*innom-*
» *mable*, comme dit Plotin. Ce principe, qui n'est pas, à plus forte raison
» ne peut pas penser, car toute pensée est encore bien plus une détermi-
» nation, une manière d'être. Ainsi l'être et la pensée sont exclus de
» l'unité absolue. Si l'Alexandrinisme les admet, ce n'est que comme
» une déchéance, une dégradation de l'unité. » (*Ibid.*, p. 176.) M. Cousin,
ce semble, n'a point saisi le sens nouveau que prend, chez Plotin comme
chez les Chrétiens, le mot d'*infini* (ἄπειρος, ἀόριστος), qui exprime comme
aujourd'hui l'absence de bornes, de délimitation, de *dé-termination*
(d'après l'étymologie du mot). Même évolution dans le mot de *puissance*,
qui prend chez Plotin et gardera désormais le sens actif. Reprocher à Plotin
d'avoir fait rentrer la matière en Dieu, l'infinité dans la perfection même,
et d'avoir ainsi mis fin à tout dualisme, c'est méconnaître ce qui est la
gloire même de Plotin. Quant à la prétendue déchéance ou chute qui
produirait la pensée et la vie, c'est encore une erreur qui ne se trouve
pas dans Plotin, mais seulement chez les Gnostiques et chez des disciples
infidèles à leur maître. Nous allons en voir tout à l'heure la réfutation
par Plotin lui-même. L'idée fondamentale de la procession est précisément que le principe producteur engendre sans déchoir et sans changer,
« en demeurant dans son état propre. » — M. Vacherot, dans sa belle
histoire de l'École d'Alexandrie, semble demeurer ambigu dans l'interprétation de la vraie pensée de Plotin, et comme il penche lui-même du
côté de l'hégélianisme, tel qu'on l'entendait alors, il s'efforce à son tour
de retrouver dans Plotin le Dieu non-être attribué plus ou moins exactement à Hégel. — M. Jules Simon, tout en admirant la théorie de l'in-
compréhensibilité divine, reproduit aussi en grande partie les critiques
de M. Cousin. — M. Ravaisson, si peu favorable à Platon lui-même,
attribue à Plotin toutes les erreurs qu'il a cru trouver déjà dans Platon.
A ses yeux le Dieu de Plotin, comme celui de Platon, est « le com-
» mencement informe d'où l'être s'est élevé graduellement à ce qu'il
» est;... l'unité vague, indéfinie en étendue, par cela même qu'elle est
» nulle en compréhension et en intensité, être pur identique avec le pur
» néant;... l'absolu Universel, matière intelligible, chaos où tout se con-
» fond, néant où tout vient cesser d'être. » (*Essai sur la Mét. d'Arist.*,
t. II, p. 566.) On le voit, M. Ravaisson paraît confondre le principe
du Bien et la matière informe décrite dans le *Timée*, c'est-à-dire les
deux extrémités de la dialectique. Il est vrai que Plotin a ramené à l'u-
nité ces deux extrêmes; mais, parce qu'il a placé la matière dans le
Bien même, est-il juste d'attribuer à son Dieu tous les caractères de la
matière indéfinie et de la puissance passive sans les compléter par les
caractères du Bien et de la puissance active? Ce serait prendre seulement la moitié des assertions de Plotin, et le juger sans tenir compte de
l'autre moitié. La thèse et l'antithèse sont inséparables dans Plotin. —
M. Lévêque, quoique profondément platonicien, s'est montré parfois très-
sévère pour l'École d'Alexandrie, par exemple dans son morceau sur le
Dieu de Proclus. Dans son rapport à l'Académie des Sciences morales,
il nous reproche, au nom de la section de philosophie, de nous être laissé

fasciner et séduire par Plotin. Nous l'avouons, c'est à nos yeux un procédé de méthode, dans l'exposition des hautes doctrines philosophiques, de suivre aussi loin que possible la pensée des grands génies et d'y céder comme par un entraînement réfléchi. Cette sorte de séduction méthodique doit d'ailleurs être suivie du doute méthodique, comme la thèse est suivie de son antithèse. Ce qui paraît une indulgence excessive n'est que justice : car les livres des grands philosophes expriment toujours incomplétement leur pensée; la parole trahit souvent l'idée, surtout dans les détails; nous croyons donc que, si l'interprète ne met pas le plus de bonne volonté possible à comprendre et à suivre son auteur, il arrive à être injuste à son égard. Après tout, quand c'est un grand génie qui parle, ne devons-nous pas être disposés à prendre les choses dans le meilleur sens, quoique en réservant à notre jugement propre la plus entière liberté? Tout travail sincère d'un grand génie ou même d'un esprit modeste doit être pour nous précieux. « Il n'y a rien d'absolument vil ni de méprisable, » dit Platon dans le *Parménide*; toutes les pensées de l'homme, toutes les doctrines des philosophes, même les plus étranges, reflètent l'Idée, ou, comme la monade de Leibnitz, sont représentatives de la vérité universelle. — Venons maintenant au reproche de contradiction qui nous est adressé : « D'après l'auteur du mémoire, si le Dieu de » Plotin ne pense pas, ce n'est pas parce que la pensée lui manque, mais » à cause de l'éminence même de sa pensée. — Mais, répondra-t-on, » comment l'éminence de la pensée consisterait-elle à ne pas penser? » En premier lieu, les expressions qui nous sont ici reprochées sont, comme on l'a vu, de Proclus. Notre tâche étant en ce moment d'exposer les doctrines de Plotin, et non de les juger d'une manière définitive, nous ne pouvions trouver de formule qui exprimât plus fidèlement la pensée alexandrine et qui fût appuyée d'une meilleure autorité. Ne vaut-il pas mieux interpréter Plotin par Proclus que par M. Cousin? Quant à l'objection : « Comment l'éminence de la pensée consisterait-elle à ne pas penser, » elle nous semble dénaturer la doctrine de Plotin; M. Cousin disait également : « L'être au-dessus de l'intelligence, c'est l'être sans intelligence. » (*Ibid.*, p. 82.) Mais Plotin ne prétend pas du tout que l'éminence de la pensée consiste à ne point penser; il répète, au contraire, qu'il est inexact d'attribuer à Dieu l'absence de pensée et l'ignorance de soi-même. Dire purement et simplement que Dieu ne pense pas, c'est exprimer la thèse négative sans la compléter par la thèse affirmative. L'éminence de la pensée consiste dans une pensée tellement parfaite qu'elle ne fasse plus qu'un avec toutes les autres perfections, et ne puisse plus être appelée proprement et spécialement la pensée. Il y a une grande différence entre cette proposition et la précédente. En général la perfection d'une chose consiste, d'après Plotin, à ne plus être spécialement cette chose, et à s'identifier avec tout le reste dans l'unité infinie du Bien. Les exagérations et les erreurs de Plotin sont ici dans les mots plutôt que dans les choses. Il ne faut pas le juger sur quelques expressions malheureuses et pour lesquelles il réclame l'indulgence (*Enn.*, VI, VIII, 13), mais sur l'ensemble de sa doctrine. Il distingue lui-même sa théorie de celle des Gnostiques, qui, comprenant mal le principe supérieur à la pensée, ne faisaient que « tomber en dehors de l'intelligence en voulant » s'élever au-dessus : Τὸ δὲ ὑπὲρ νοῦν ἤδη ἐστὶν ἔξω νοῦ πεσεῖν.» *Enn.*, II, IX, 9.

# CHAPITRE III.

### PLOTIN (suite).

RAPPORTS DE L'UN AU MULTIPLE. — I. LA PROCESSION. — Pourquoi Dieu procède et engendre. — Que le Bien n'engendre pas par nécessité ou par besoin, ni par hasard, ni par une liberté indifférente, ni par un amour proprement dit, mêlé de désir, mais par son être même et parce qu'il est le Bien. Comment il produit à la fois la possibilité et la réalité du monde. — II. LA PROCESSION EN DIEU. LA TRINITÉ. — 1° Procession de l'intelligence : le Fils. — 2° Procession de l'âme. — III. PROCESSION DANS LE MONDE. La descente des âmes. — IV. LE RETOUR A L'UNITÉ. LA CONNAISSANCE, L'AMOUR, L'EXTASE. — 1° *La connaissance.* Les opérations discursives et la vie pratique. L'intelligence intuitive et la vie contemplative. Le Beau, objet de la contemplation ; *théorie du Beau.* Comparaison avec Platon. Rapport du Beau et du Bien. — 2° *L'amour*; le Bien, son objet. Que l'amour poursuit, au delà des Idées, le Bien-un. — 3° *L'extase,* retour à l'unité. Qu'elle n'est pas l'absorption dans le néant, mais dans la plénitude de l'être.

I. « Dieu n'a pas besoin des choses qu'il a engen-
» drées : car c'est lui qui leur a donné tout ce qui se
» trouve en elles; il n'avait pas besoin, d'ailleurs,
» d'engendrer; il est encore tel qu'il était aupara-
» vant; rien ne serait changé pour lui s'il n'avait pas
» engendré. S'il eût été possible que d'autres choses
» reçussent l'existence, il ne la leur aurait pas refu-
» sée par jalousie. Maintenant, il n'est plus possible
» que rien soit engendré. Dieu a engendré tout ce
» qu'il pouvait engendrer. *Il n'est point d'ailleurs*
» *l'universalité des choses* : il aurait ainsi besoin d'el-
» les. Elevé au-dessus de toutes, il a pu les engendrer
» et leur permettre d'exister pour elles-mêmes en les

» dominant toutes (1). » — On attribue à tort aux Néoplatoniciens l'opinion d'après laquelle le monde serait nécessaire à Dieu, comme Dieu est nécessaire au monde ; rien n'est plus opposé à leur doctrine sur l'absolue indépendance du Bien, qui n'a pas même besoin de l'essence et de l'intelligence. Dieu, sans le monde, est complet, parfait, réel et actuel. Ce sont les Stoïciens, et non Plotin, qui ont dit que Dieu existe par le monde, et le monde par Dieu, parce que le monde et Dieu ne font qu'un. L'univers, dans le Néoplatonisme, est si peu nécessaire à Dieu que toute la difficulté est de comprendre comme le Premier Principe, qui n'avait besoin de rien, a pu devenir producteur.

Cependant, l'ambition de Plotin est de démontrer à la fois deux choses : d'une part, que le monde n'est pas nécessaire à Dieu, puisque Dieu existe par lui-même et est par lui-même le Bien ; d'autre part, que, Dieu existant et étant le Bien, l'existence du monde devient nécessaire, non d'une nécessité primitive et absolue, mais d'une nécessité dérivée et relative à la perfection divine. Ces deux points de vue, qui semblent se contredire, se concilient parfaitement aux yeux de Plotin : la nécessité de Dieu est absolue et a son fondement en elle-même, la nécessité du monde est relative et a son fondement dans le caractère communicable du Bien.

Plotin écarte avec soin tout mode de génération qui rabaisserait la majesté divine. Dieu n'engendre pas par besoin, car il se suffit à lui-même. Il n'engendre pas par désir, ni par un amour qui enveloppe le désir. « Il ne faut pas croire, en effet, que l'Un ait désiré d'abord

(1) *Enn.*, V, v, 12.

» engendrer l'Intelligence, et l'ait engendrée ensuite,
» de telle sorte que ce désir ait été un intermédiaire
» entre le principe générateur et la chose engendrée.
» L'Un n'a pu rien désirer; s'il eût désiré, il eût été
» imparfait, puisqu'il n'eût pas possédé encore ce
» qu'il désirait. On ne saurait d'ailleurs supposer qu'il
» manquât quelque chose à l'Un : car il n'y avait au-
» cune chose vers laquelle il pût se porter. Il est donc
» évident que l'hypostase qui lui est inférieure a reçu
» de lui l'existence sans qu'il ait cessé de demeurer
» dans son état propre. Donc, pour qu'il y ait une
» hypostase inférieure à l'Un, il faut qu'il demeure
» parfaitement tranquille en lui-même; autrement, il
» entrera en mouvement; on imaginera en lui un
» mouvement avant le premier mouvement, une pen-
» sée avant la première pensée; son premier acte sera
» imparfait, et ne consistera que dans une simple
» tendance (1). » Ainsi ce n'est pas en se développant,
en passant de la puissance à l'acte, que le Bien engendre. Il est éternellement actuel, et enferme le possible
non pour lui, mais pour les autres êtres. Par là, il est à
la fois *acte immanent* et *puissance transitive*. L'affirmation simultanée de ces deux choses est le fond même
de l'idée de la procession, car la procession a pour
but d'attribuer à Dieu un mode de fécondité qui lui
permette de produire le mouvement et le progrès
tout en demeurant lui-même immuable dans sa perfection. Plotin repousse donc toute explication du
mouvement et du multiple qui transporterait le mouvement et la multiplicité dans l'être parfait. Voilà
pourquoi Plotin dit : « L'hypostase inférieure a reçu de
» lui l'existence sans qu'il ait cessé de demeurer dans

(1) *Enn.*, V, III, 12.

» son état propre. Donc, pour qu'il y ait une hypos-
» tase inférieure à l'Un, il faut qu'il demeure parfai-
» tement tranquille en lui-même. » On ne peut nier ce
principe sans introduire de nouveau dans la philosophie le panthéisme stoïcien (1).

Si ce n'est pas par besoin, est-ce donc par hasard que Dieu engendre? « Mais le Principe de tous les êtres
» bannit de l'univers le hasard en donnant à chacun
» une *Idée*, une *détermination* et une forme (εἶδος καὶ
» πέρας, καὶ μορφὴν διδοῦσα), et il est impossible d'attri-
» buer au hasard la production des êtres ainsi engen-
» drés d'une manière conforme à la raison (2). »

Dirons-nous alors que Dieu engendre par nécessité? Mais, nous l'avons déjà vu, le monde n'est nullement nécessaire à Dieu. De plus, « Dieu n'est pas soumis à
» la nécessité, mais il est lui-même pour les autres
» êtres la Nécessité et la Loi (3). »

Reste à dire que Dieu a engendré librement. — Oui, sans doute, il y a liberté en Dieu, si on entend par là l'indépendance absolue d'une nature au-dessus de laquelle il n'y a rien et qui est le principe de toutes choses, y compris la nécessité même. Mais, si on en-

---

(1) M. Cousin (*Ibid.*, p. 176 et ss.) attribue à Plotin la doctrine qui fait de l'acte créateur une chute ou une déchéance de Dieu. Comme on le voit, la procession consiste, au contraire, en ce que l'infériorité de l'effet par rapport à la cause ne change rien à la perfection même de la cause. Dieu produit l'imparfait-perfectible sans se perfectionner lui-même, puisqu'il est déjà parfait. Ce n'est pas le principe générateur qui *tombe* en engendrant ; il *reste*, au contraire : c'est le principe engendré qui *tombe* du principe générateur, où il n'était d'abord qu'une diminution purement possible d'une perfection *actuelle* et complète. Cette diminution ne se produit pas dans la perfection même, « qui reste parfaitement tranquille, » mais en dehors d'elle. En un mot, le produit doit être inférieur dans son existence actuelle à la perfection actuelle du producteur, et adéquat à cette perfection seulement dans sa virtualité et ses progrès à venir.

(2) *Enn.*, VI, VIII, 10.
(3) *Ib.*, 10.

tend par liberté le pouvoir de choisir après délibération entre deux contraires, entre le bien et le mal, comment attribuer à Dieu cette prétendue puissance, qui n'est qu'une puissance défaillante? « Vous dites
» que Dieu n'est pas libre de faire le bien, et n'est pas
» tout-puissant, parce qu'il ne saurait faire le mal!
» Mais, en Dieu, la puissance ne consiste pas à pouvoir
» les contraires; c'est une puissance constante et im-
» muable, dont la perfection consiste précisément à
» ne pas s'écarter de ce qui est bon : car pouvoir les
» contraires est le caractère propre de l'être incapa-
» ble de se tenir toujours au meilleur... Qu'est-ce que
» la volonté de Dieu, si l'on ne reconnaît pas qu'il
» veut par cela seul qu'il subsiste? D'où lui est donc
» alors venue sa volonté? Serait-ce de son essence?...
» Mais sa volonté était déjà dans son essence; car il
» n'y a en Dieu rien qui diffère de l'essence... Donc,
» dès le principe, la volonté était Dieu même; par
» suite, Dieu est comme il a voulu être et tel qu'il l'a
» voulu (1). » Cette volonté de Dieu n'est pas indifférente, mais éternellement déterminée au bien, qui est Dieu même, qui est la volonté même. De sorte que son acte est tout à la fois libre et nécessaire ; ou plutôt il n'est ni libre ni nécessaire, au sens humain de ces expressions. Si la volonté de Dieu est *déterminée*, et déterminée d'une *manière unique*, « ce n'est pas
» par l'effet de la nécessité ; car la nécessité n'existait
» pas avant lui (2). » « C'est par lui-même que le
» Premier est d'une manière unique. Il ne saurait être
» autre qu'il est : il est ce qu'il fallait qu'il fût; il ne
» l'est point par accident, il l'est parce qu'il devait
» l'être; or celui qui est ce qu'il devait être est le

---

(1) *Enn.*, VI, VIII, 10.
(2) *Ib.*, 9.

» *principe des choses qui devaient exister*. Il n'est
» donc pas ce qu'il est par accident, ni d'une manière
» contingente : *il est ce qu'il fallait qu'il fût*; encore
» *le terme il fallait est-il impropre* (1). » En effet,
ce terme semble indiquer une nécessité supérieure à
Dieu, tandis que Dieu est à lui-même sa propre nécessité ; — ce qui n'exclut pas, mais appelle au contraire
la suprême liberté.

Dieu a donc engendré par une volonté souverainement indépendante, qui est sa substance même ; car
les qualités en lui ne sont pas distinctes de la substance. Aussi est-ce dans la nature la plus intime de
Dieu qu'est le secret de la génération. Secret ineffable,
que nous devons cependant nous efforcer de concevoir et d'exprimer par une voie indirecte.

Premièrement, le monde n'est possible que si Dieu
est et n'est pas tout à la fois toutes choses. Dieu étant
infiniment déterminé, contient toutes les déterminations dans une réelle unité : il est la « raison une qui
embrasse tout (εἰς πάντα λόγος) (2). » Mais par là même
il ne contient aucune détermination particulière :
« L'Un est toutes choses, et n'est aucune de ces
» choses (3). » Or, « c'est parce qu'il n'y a rien dans
» l'Un que tout peut en venir (4). » *Il n'y a rien*,
c'est-à-dire : Il n'y a en lui aucune des choses dérivées qui en doivent provenir.

Secondement, la réalité du monde repose également sur la réalité et la perfection de Dieu. Le
monde étant possible, pourquoi Dieu ne le produirait-il pas? Sans doute il n'a pas besoin du monde;

---

(1) *Ibid.*
(2) *Enn.*, 17.
(3) V, ii, 1.
(4) *Ibid.*

mais il n'a pas non plus besoin d'être unique et solitaire. Il n'a aucune raison de ne pas créer, et il a au contraire une raison de créer ; raison qui n'est point une nécessité supérieure au Bien, mais une nécessité identique au Bien même. Le Bien produit parce qu'il est le Bien. « Nous voyons que tout ce
» qui arrive à la perfection ne peut se reposer sté-
» rilement en soi-même, mais engendre et produit.
» Non-seulement les êtres capables de choix, mais en-
» core ceux qui sont privés de réflexion et même
» d'âme, font participer, autant qu'ils le peuvent, les
» autres êtres à ce qui est en eux : ainsi le feu émet de
» la chaleur, et la neige, du froid ; les sucs des plantes
» tendent à communiquer leurs propriétés. Toutes
» choses dans la nature imitent le Principe premier
» en engendrant, pour arriver à la perpétuité et ma-
» nifester leur bonté. Comment donc celui qui est
» souverainement parfait, qui est le Bien suprême, res-
» terait-il renfermé en lui-même, comme si un senti-
» ment de jalousie l'empêchait de faire part de lui-
» même, ou comme s'il était impuissant, lui qui est
» la puissance de toutes choses. Comment alors serait-
» il encore principe ? Il faut donc qu'il engendre quel-
» que chose, comme ce qu'il engendre doit engen-
» drer à son tour. Il est, en effet, nécessaire qu'il y ait
» quelque chose au-dessous du Premier (1). » Cela est nécessaire, non en soi, mais par la nature du Principe, qui est à lui-même sa nécessité et sa liberté, et qui rend les choses nécessaires par l'acte absolu de son indépendance.

Ainsi Plotin, comme Platon, trouve la raison du monde dans la bonté de Dieu ; mais dans une bonté qui semble encore trop intrinsèque, identique à la

(1) Enn., V, 1, 6, 7.

perfection, et qui n'est pas, à proprement parler, la bienveillance, l'amour. Plotin s'approche parfois très-près de cette idée d'une bonté bienveillante et aimante. S'il exclut de Dieu l'amour, c'est qu'il entend par l'amour un désir et un besoin ; mais il admet en Dieu l'*absence d'envie*. Dieu ne veut pas le mal d'autrui, dit-il avec Platon. Donc il veut le bien des autres êtres. C'est là une idée voisine de la première. Cependant, encore une fois, ce n'est pas la *bienveillance* que Plotin aperçoit surtout en Dieu, mais plutôt le Bien intrinsèque : il ne s'élève pas jusqu'à une idée claire de l'identité en Dieu de la Perfection et de l'Amour (1).

Il en résulte que la *procession* néoplatonicienne semble se confondre avec l'émanation orientale. Le Dieu des Chrétiens engendre et crée par amour et par liberté ; le Dieu de Plotin engendre par nature, et par quelque chose de supérieur à la liberté comme à la nécessité : il produit par son *existence* même. Néanmoins on a beaucoup exagéré la différence des deux doctrines. Toutes les expressions dont se sert Plotin par rapport à Dieu ont un sens relatif, et chaque affirmation a besoin d'être complétée par l'affirmation contraire. Nul n'a mieux compris que Plotin l'insuffisance de nos conceptions et de nos représentations quand il s'agit du Premier Principe. Les mots d'amour, de liberté, de nécessité, lui paraissent tous aussi inexacts l'un que l'autre, et également suspects d'anthropomorphisme. Le fond de sa pensée, c'est que Dieu a engendré par une raison suprême, qui est à la fois *amour*, *liberté*, *nécessité*, qui par conséquent n'est aucune de ces choses, et qui ne diffère pas de Dieu même.

Cette pensée, il est vrai, demeure vague dans les *Ennéades*; et quand il s'agit de choisir une expression

(1) V. Ravaisson, II, 434.

précise pour déterminer l'acte divin, Plotin semble choisir de préférence tout ce qui entraîne l'idée de nécessité. Sans cesse préoccupé du caractère absolu de Dieu, il s'attache surtout à exclure de sa perfection la contingence, le hasard, la relation et la multiplicité. C'est aux êtres inintelligents qu'il emprunte de préférence des analogies pour expliquer la génération. Le feu qui rayonne, la source qui s'épanche, la séve qui surabonde, voilà les images de la procession éternelle. La métaphore platonicienne du Démiurge, de l'artiste qui délibère et contemple un modèle, semble à Plotin indigne de Dieu, ou du moins de la première hypostase. Comme si les extrêmes se touchaient, ce sont les objets matériels, et non l'âme, qui lui fournissent la représentation du Principe suprême.

II. Maintenant, qu'engendre Dieu immédiatement? Là est le point délicat dans la doctrine de Plotin, là est la transition difficile. Plotin a conçu le Bien-un comme absolument parfait, comme se suffisant à lui-même, comme ayant de lui-même une ineffable intuition et un ineffable amour, qui rendent pour lui inutiles l'intelligence et l'essence proprement dites. Il en résulte qu'en dehors de cette perfection suprême le moins parfait seul peut exister. Dieu, enveloppant dans sa réalité tout le bien possible et réalisable, va le communiquer par degrés à des êtres qui ne pourront l'égaler : voilà le principe incontestable d'où part Plotin. Mais cette communication va-t-elle se faire en commençant par l'inférieur pour produire ensuite le supérieur, ou va-t-elle commencer par le supérieur pour descendre peu à peu à l'inférieur? Dans le premier cas, Dieu produirait im-

médiatement la matière première, puis la matière seconde, puis l'âme, l'intelligence et l'amour, toutes choses dont l'évolution constitue le développement historique du monde, la réalisation progressive du divin dans la nature et l'humanité. Ce progrès de la matière à Dieu se trouve bien dans Plotin, sous le nom de conversion ou retour; mais pourquoi Plotin ne se contente-t-il pas de poser ainsi, dans la région de l'éternité, le Bien-un ou le Parfait, et dans la région du temps, le bien multiple, l'imparfait qui se perfectionne?
— C'est que, d'après Plotin, un moyen terme est nécessaire. Comment le premier objet de la pensée et de l'activité divine, le premier produit de Dieu, serait-il l'imperfection radicale? Dieu serait donc réduit à commencer par le plus imparfait? Il semble à Plotin que le premier effet de la fécondité divine doit être aussi parfait qu'il est possible, et par conséquent aussi près de Dieu qu'une chose peut l'être. S'il en est ainsi, le Bien-un devra engendrer, du sein de son inaltérable perfection, un être qui ne différera de lui qu'infiniment peu, qui sera seulement distinct de lui sans en être séparé. Cet être est le Fils. Mais, outre le Bien et son fils, on peut concevoir encore un degré de perfection immédiatement inférieur aux deux premiers. Ce degré peut être réalisé sans que les deux premiers y perdent rien; il vaut donc mieux qu'il le soit, et il le sera. Cet être qui diffère infiniment peu du premier-né, sans pourtant se confondre avec lui, engendrera à son tour; et ainsi de suite, jusqu'aux dernières limites du bien communicable, jusqu'au degré le plus infime de l'être et de la perfection. Est-ce tout, et le possible est-il épuisé? — Pas encore. Ce dernier degré, ce minimum de perfection auquel nous sommes arrivés, ne restera pas tel qu'il est; car il y a au-dessus

de lui un degré de perfection réalisable pour lui-même et déjà réalisé dans le principe immédiatement supérieur. Le dernier des êtres va donc se tourner vers celui qui l'engendre et le précède, se rendre semblable à lui, se suspendre à lui, s'unir à lui. Par là il se perfectionnera, et, remontant de degré en degré, se convertira vers le Bien-un. Ce mouvement de conversion et d'amour se retrouve à tous les degrés de l'être. Dès le premier degré, le Fils, à peine engendré, se retourne vers le Père et rentre dans son sein ; en même temps il engendre l'Ame, qui se retourne aussitôt vers son principe générateur. Ainsi descendent et montent tous les biens engendrés, sortant et ne sortant pas du Bien générateur, existant en lui, vivant en lui, toujours portés par son sein fécond. Considéré dans cette descente infinie, qui s'annule elle-même à tous les degrés par une ascension infinie, le produit de Dieu est digne de son producteur : tout le bien possible est épuisé, le mieux se réalise dans tous les sens, et le mal n'est plus qu'une ombre fugitive qui s'évanouit aussitôt dans la pure lumière du bien.

Ainsi, à vrai dire, Plotin croit devoir admettre deux mondes produits par Dieu : l'un déjà réalisé, le monde céleste des hypostases, l'autre se réalisant sans cesse dans la nature et l'humanité ; l'un descendant et l'autre ascendant.

Mais, en admettant cette conception d'une descente suivie de retour, il reste toujours à savoir en quoi consiste précisément ce premier-né de Dieu qui diffère infiniment peu de son père. Plotin, ne trouvant rien de plus beau dans l'homme que l'âme, dans l'âme, que l'intelligence, dans l'intelligence, que l'unité en possession de soi et jouissant de soi, transporte dans la région transcendante la même hiérarchie.

Souverainement incompréhensible pour nous, le Bien-un n'en est pas moins en lui-même le suprême Intelligible; c'est en tant qu'Intelligible qu'il engendre la seconde hypostase, l'Intelligence. « L'Intelligible de-
» meure en lui-même, et n'a pas besoin d'autre chose,
» comme en a besoin ce qui voit et ce qui pense ; car
» ce qui pense a besoin de contempler l'Intelligible...
» Or, si Dieu engendre quelque chose en demeurant
» en lui-même, il l'*engendre précisément quand il est*
» *au plus haut point ce qu'il est*. C'est donc en de-
» meurant dans son état propre qu'il engendre ce
» qu'il engendre ; c'est *en demeurant*, dis-je, qu'il
» *engendre*. Or, puisqu'il demeure l'*Intelligible*, ce
» qu'il engendre ne peut être que l'*Intelligence* ;
» alors l'Intelligence, en existant et en pensant le
» principe dont elle vient (car elle ne saurait penser
» à un autre objet), devient à la fois intelligence et
» intelligible ; mais ce second intelligible diffère du
» premier Intelligible dont il procède, et n'en est que
» l'image et le reflet (1). »

« Puisque l'Un est immobile, c'est sans consente-
» ment [au sens propre de ce mot], sans volonté, sans
» aucune espèce de mouvement, qu'il produit l'hy-
» postase qui tient le second rang.... C'est le rayon-
» nement d'une lumière qui s'en échappe, sans trou-
» bler sa quiétude, semblable à la splendeur qui émane
» perpétuellement du soleil sans qu'il sorte de son
» repos, et qui l'environne sans le quitter (2). »

« De même que la vue du ciel et de l'éclat des as-
» tres fait chercher et concevoir leur auteur, de
» même la contemplation du monde intelligible et
» l'admiration qu'elle inspire conduisent à en cher-

---

(1) *Enn.*, V, iv, 2.
(2) V, i, 6.

» cher le Père. On se dit alors : Quel est celui qui
» a donné l'existence au monde intelligible? Où et
» comment a-t-il engendré cet Intellect si pur, ce
» FILS si beau, qui tient de son PÈRE toute sa pléni-
» tude? Ce principe suprême n'est lui-même ni in-
» tellect, ni *fils;* il est supérieur à l'Intellect, qui est
» *son fils.* L'Intellect, son fils, est après lui, parce
» qu'il a besoin de recevoir de lui son intellection et
» la plénitude qui est sa nourriture ; il tient le pre-
» mier rang après Celui qui n'a besoin de rien, pas
» même d'intellection (1). »

L'Intelligence est une et multiple ; elle voit donc en elle-même tous les êtres possibles, toutes les Idées. A son tour, elle déborde, elle se déploie dans une multiplicité nouvelle ; car pourquoi ne réaliserait elle pas le possible qu'elle enveloppe dans son actualité? Elle procède donc et engendre l'Ame. L'Ame, enfin, projette l'étendue, le temps et le mouvement, conditions nécessaires de cette sorte d'analyse sensible qui succède à la synthèse intelligible. « L'Ame
» est le *verbe* et l'*acte* de l'Intelligence, comme l'In-
» telligence est le verbe et l'acte de l'Un (2). Mais
» l'Ame est un verbe obscur. Étant l'image de l'Intel-
» ligence, elle doit contempler l'Intelligence, comme
» celle-ci doit, pour subsister, contempler l'Un. Si

---

(1) *Enn.*, III, VIII, 10. On a dit que, quand Plotin appelait la première hypostase le Père, il entendait seulement comme Platon le père du monde. On voit par ce passage combien cette opinion est erronée. L'Un est le Père ; le Verbe, l'Intellect, le λόγος, est le Fils, comme dans la théologie chrétienne.

(2) M. Ravaisson (II, 441) fait remarquer que, selon Saint Grégoire le Thaumaturge, Saint Basile, Saint Athanase, Saint Cyrille d'Alexandrie, Saint Jean Damascène, Saint Augustin, etc., ces diverses qualifications ne conviennent pas moins au Saint-Esprit à l'égard du Fils, qu'au Fils à l'égard du Père. Voyez Denys Petau, *Dogm. theol.*, II, 679, 681. Le Fils est aussi appelé l'*interprète*, l'*image* du Père (ἑρμηνευτική, εἰκών). IV, III, 11.

» l'Intelligence contemple l'Un, ce n'est pas qu'elle
» s'en trouve séparée, c'est seulement parce qu'elle
» est après lui. Il n'y a nul intermédiaire entre l'Un
» et l'Intelligence, non plus qu'entre l'Intelligence et
» l'Ame. Tout être engendré désire s'unir au principe
» qui l'engendre, et il l'aime, surtout quand Celui
» qui engendre et Celui qui est engendré sont seuls.
» Or, quand Celui qui engendre est souverainement
» parfait, Celui qui est engendré doit lui être si étroi-
» tement uni, qu'il *n'en soit séparé que sous ce rap-*
» *port qu'il en est distinct* (1). »

Telle est la Trinité alexandrine, dans laquelle les trois termes sont essentiellement inégaux sous le rapport de l'antériorité métaphysique, bien qu'ils soient tous trois éternels. Le premier est le Dieu de Platon ; le second, le Dieu d'Aristote ; le troisième, le Dieu des Stoïciens. Mais il n'y a pas là trois Dieux (2). Le Bien seul est Dieu, au sens moderne de ce mot ; l'Intelligence et l'Ame ne sont que divines ; elles sont les expansions immédiates, éternelles, libres et nécessaires de la puissance de Dieu ; elles sont les hypostases que projette naturellement le principe hyperhypostatique, le monde céleste intermédiaire entre la nature et Dieu. « Qu'on s'imagine un centre ; autour
» de ce centre un cercle lumineux qui en rayonne ;
» puis autour de ce cercle un second cercle lumineux
» aussi, mais *lumière de lumière* (φῶς ἐκ φωτός) (3). »
Le centre est l'Un ; le premier cercle, inséparable du centre, est l'Intelligence ; le second, inséparable du précédent, est l'Ame. Dans ces trois termes se retrouvent, — outre l'éternité, — l'immensité, l'universalité,

---

(1) *Enn.*, V, I, 6.
(2) IV, III, 13.
(3) Cette expression se retrouvera dans le Symbole de Nicée.

l'*infinité* (1). Mais, malgré ces caractères supra-naturels, les deux hypostases engendrées demeurent toujours inférieures au principe hyperhypostatique; car, si ce dernier a pu leur communiquer l'éternité, l'immensité et l'infinité, il n'a pu leur communiquer l'unité absolue ou l'absolue perfection, qui n'est pas seulement divine, mais est Dieu même.

La formule définitive de la Trinité alexandrine n'est donc pas : — Un seul Dieu en trois hypostases égales —; mais : — Un seul Dieu hyperhypostatique, absolument parfait, qui engendre dans l'éternité deux hypostases divines relativement parfaites, lesquelles, à leur tour, engendrent dans le temps et dans l'espace les êtres imparfaits.

III. En passant de l'Ame divine au monde, on passe de l'infini au fini, de l'universel au particulier. Plotin s'efforce de séparer profondément de la *procession* des deux hypostases la *descente* des âmes et la production du monde. L'Un est un foyer de lumière ; l'Intelligence et l'Ame sont les deux cercles lumineux qui en sont inséparables ; mais le monde sensible est un cercle obscur par lui-même, qui emprunte toute sa clarté au rayonnement de l'Ame (2). La procession et le retour des trois principes universels, — l'Un, l'Intelligence et l'Ame, — s'accomplit sans mouvement dans l'éternité ; la descente et l'ascension des âmes particulières dont se compose le monde s'accomplit avec une réelle mobilité dans l'espace et le temps.

(1) On le sait, ce terme d'*infini*, que Platon réservait à la matière, Plotin l'applique à Dieu même, pour désigner une puissance sans limites et par là même sans détermination particulière ; les termes d'*infini* et de *défini*, qui s'opposaient avant Plotin, sont ramenés à l'unité, comme l'acte et la puissance : désormais on dira l'*infinité de Dieu.*
(2) *Enn.*, IV, III, 17.

Mais, bien que la procession de l'Un dans l'Intelligence et l'Ame engendre des hypostases universelles et infinies, tandis que la procession de l'Ame dans le monde engendre des êtres particuliers et finis, c'est toujours au fond le même principe qui explique la génération intelligible et la génération sensible. Comme Platon, l'auteur des *Ennéades* croit que le secret de la participation du sensible aux Idées est dans la participation des Idées elles-mêmes à l'unité du Bien.

Or, la procession repose sur une expansion des *puissances* qui n'exclut point l'immobilité de l'*essence*, mais l'appelle au contraire; sur une fécondité naturelle de l'être par laquelle il réalise le possible jusqu'à ce qu'il l'ait épuisé. Tout être parfait engendre; l'Ame divine engendre donc en elle-même les âmes particulières, qui y demeurent d'abord confondues. Chacune de ces âmes, étant de même nature que l'Ame universelle, tend aussi à sortir d'elle-même et à se répandre sans se diviser, pour produire une forme et une vie qui lui soient propres. De là ce qu'on nomme la descente des âmes, qui n'est autre chose que la production du monde. Cette descente des âmes n'est ni volontaire ni fatale(1): elle est la conséquence de la loi universelle de la procession. En engendrant l'Intelligence, l'Un préparait la génération de l'Ame et celle du monde : il répandait le bien qui est en lui, sans envie et sans désir, par un acte supérieur à ce que conçoit la pensée humaine; et dès lors tout ce qu'enveloppe la puissance infinie de l'Un ne pouvait manquer de se développer. La génération de l'Ame épuise le possible en fait de choses divines et éternelles; mais il reste le

---

(1) *Enn.*, IV, III, 13.

monde sensible, que renferme la puissance de l'Ame. Comment donc l'Ame universelle serait-elle demeurée immobile dans son unité? Comment l'âme particulière serait-elle restée dans son existence incorporelle, de manière à ignorer éternellement ce qu'elle *pouvait?* C'est l'action qui révèle la puissance ; c'est la production et la formation du corps qui donne aux âmes particulières la conscience d'elles-mêmes et l'individualité actuelle. De là leur descente dans les corps, qui est sans doute une sorte de passage à l'imperfection, mais qui est aussi, sous un autre rapport, un perfectionnement. L'âme, en perdant l'universalité, gagne l'individualité (1).

La chute des âmes, pour Plotin comme pour Platon, n'est qu'un symbole. L'âme ne sort pas d'elle-même pour venir dans le corps : « elle continue » d'exister en elle-même, quoiqu'elle paraisse être » descendue ici-bas ; elle manifeste seulement sa » présence actuelle (2). » C'est plutôt le corps qui vient dans l'âme (3). Disons mieux encore, il n'y a point là de changement de lieu : quand l'âme projette son corps, lui donne l'être et la forme, elle agit au fond même des choses et non pas seulement à la surface. L'art de la nature ne consiste pas à modifier des formes préexistantes, mais à projeter ces formes du fond même de l'être (4). En d'autres termes, l'âme produit le corps tout entier, dans sa matière comme dans sa forme.

Plotin repousse avec vigueur l'opinion des Gnostiques, qui prenaient au pied de la lettre le symbole de la chute. D'après eux, l'Ame se serait brisé les

---

(1) *Enn.*, IV, viii, 5.
(2) VI, iv, 12.
(3) *Ibid.*
(4) IV, iii, 18.

ailes en tombant du monde intelligible. Mais pourquoi est-elle tombée? Si c'est par hasard, ce n'est point là une explication; si c'est le résultat d'une faute, comment l'Ame a-t-elle pu faillir? D'ailleurs, si ce monde est l'effet d'une chute, l'Ame doit se repentir; et alors pourquoi tarde-t-elle à faire rentrer dans le néant son œuvre de folie et de malheur (1)? L'Ame, dit-on, a *incliné* vers la matière et a illuminé les ténèbres. Oui, sans doute, elle les a illuminées, mais sans changer de nature et de position, sans *incliner*, sans tomber, sans faillir. Demeurant en elle-même, elle a répandu la vie dans le sein du possible; faut-il pour cela l'accuser de déchoir et de descendre? La production du monde est due, non à une chute réelle de l'Ame divine, mais à la fécondité bienfaisante de tout ce qui est divin. Seules, les âmes particulières sont tombées du monde intelligible; et encore est-ce là une simple métaphore, car elles sont présentes aux corps sans cesser de vivre dans l'Ame universelle, et même dans l'Intelligence, et même dans l'Unité (2).

Le monde existe donc parce que cela est naturel et bon, parce que cela est conforme à la puissance productrice de Dieu. L'Ame divine l'engendre par son existence seule, non par un acte de volonté ou d'amour proprement dit, ou de liberté capricieuse, et encore moins par une défaillance et une chute. Toute doctrine qui attribue la fécondité divine, première origine du monde, à un acte de Dieu différent de son existence même, oublie qu'il n'y a aucune distinction entre l'essence et l'acte dans l'Unité absolue. Une telle doctrine, nous l'avons vu, introduit en Dieu

(1) *Enn.*, II, IX, 4.
(2) II, IX, 4.

un mouvement incompréhensible avant le premier mouvement (1), une action contingente avant la première contingence, ou une action nécessaire avant la première nécessité; en un mot, une relation avant la première relation. Voilà pourquoi, selon Plotin, il est faux de dire que l'œuvre de Dieu soit une œuvre d'amour, ou de liberté, ou de fatalité. C'est l'œuvre du Bien, cela suffit.

Pourtant, si c'est la thèse fondamentale de Plotin que le Bien produit toutes choses, y compris le monde, par son existence même, il y a place aussi dans sa doctrine pour l'antithèse : la production immédiate par l'existence n'empêche pas la production médiate par une série de moyens termes. En effet, ce que le Bien produit immédiatement par son existence, c'est-à-dire la Pensée, est précisément un moyen terme; ce moyen terme produit immédiatement l'Ame, nouveau moyen terme qui, à son tour, produit immédiatement le monde. On peut donc dire que le Bien produit le monde par l'intermédiaire de la Pensée et de l'Ame; mais il n'en produit pas moins immédiatement ce qui est nécessaire pour que toutes choses soient, ce dont l'existence entraîne l'existence de tout le reste (y compris le monde), je veux dire la Pensée : car, la Pensée étant immédiatement produite, tout le reste s'ensuit naturellement. En résumé, le Bien produit immédiatement la Pensée, qui produit immédiatement l'Ame, qui produit immédiatement le monde; or, tout étant immédiat, les termes ne sont point séparés, et, comme des points contigus, se confondent; donc on peut dire en ce sens que le Bien produit immédiatement toutes choses. Mais il est peut-être

---

(1) *Enn.*, V, III, 12.

plus exact de dire que Dieu produit immédiatement la Pensée; puis, par une médiation du premier ordre, l'Ame éternelle; puis, par une médiation du second ordre, le monde en mouvement dans le temps et dans l'espace. En dernière analyse, ce que le Bien produit immédiatement, c'est le médiateur universel, le moyen terme qui enveloppe tous les autres, la Pensée qui enveloppe toutes les Idées.

Telle est la doctrine toute platonicienne des *Ennéades* sur la production du monde. Parfois Plotin semble revenir, comme on l'a remarqué (1), à la théorie d'Aristote d'après laquelle la nature inférieure, déjà préexistante, vient se suspendre à la nature supérieure, qui reste immuable; mais ce n'est là pour Plotin que la *conversion*, l'ἐπιστροφή, qui suppose toujours la *procession*, négligée par Aristote. Sans doute Plotin parle souvent de la matière comme d'un sujet qui reçoit les Idées; mais ce sujet est pour lui un « *véritable non-être*, » une pure *possibilité* (2). « Il n'y a pas d'un côté
» les Idées séparées de la matière, de l'autre la ma-
» tière placée loin d'elles, puis une irradiation (ἔλ-
» λαμψις) descendant d'en haut sur la matière. Une pa-
» reille conception n'aurait point de sens. Que signi-
» fieraient, en effet, cette séparation des Idées et cet
» éloignement de la matière? Ne serait-il pas fort dif-
» ficile d'expliquer et de comprendre ce qu'on appelle
» la participation aux Idées (3)? » La matière a son origine dans le principe qui explique à la fois l'acte et

---

(1) « Dégagée de l'appareil des figures poétiques, la doctrine fondamentale des *Ennéades* se trouve n'être autre chose que celle de la *Métaphysique*... Ainsi se retrouve encore au fond de ce système, où tout paraissait s'expliquer par un principe unique, le dualisme métaphysique d'Aristote. » Ravaisson, II, 459.
(2) *Enn.*, III, vi, 7.
(3) VI, v, 8.

la puissance. L'Un contient tout à la fois en lui-même l'élément de l'infinité et de l'indétermination, la *matière*, et l'acte déterminant, l'*Intelligence*. En *procédant*, il fait apparaître dans l'hypostase de la Pensée ces deux éléments qu'embrassait sa perfection : la matière intelligible et les Idées. Et cette procession résulte de la nature même du Bien ; on peut dire qu'elle est le Bien même. L'acte créateur se confond en définitive avec l'Unité absolue, comme l'avait soupçonné Platon.

IV. Il en est de même de l'acte conservateur, de la Providence. La Providence, c'est encore le Bien, qu'on retrouve au fond de toutes choses, non comme substance, mais comme principe.

La Providence, quoiqu'elle ne raisonne point, étant bien au-dessus du raisonnement et de ses opérations discursives, surpasse tout ce que le raisonnement pourrait produire. Quoiqu'elle ne se soit pas proposé un but par une prévision analogue à celle de l'artiste, elle surpasse toutes les merveilles de l'art. Quoiqu'elle n'agisse pas en vertu d'une tendance à une fin, étant elle-même la fin, il n'y a rien dans le monde qui n'ait sa cause finale et sa raison d'être (1). Le bien est partout dans l'univers, non que la Providence ait *cherché* le bien, mais parce qu'elle est le Bien même. Sur la Providence et l'optimisme, Platon et Plotin sont d'accord.

Le mal n'est autre chose que la condition nécessaire de l'existence du monde ; il est l'effet de la *matière*, c'est-à-dire de cette nécessité métaphysique qui veut que le monde, *simplement possible avant d'être*, passe de la puissance à l'actualité par le développement (2). La réponse originale de Plotin

(1) *Enn.*, V, viii, 7 ; IV, iv, 10, 11, 12 ; III, ii, 8, 9, 10.
(2) III, ii, 9, 10, 11.

au problème du mal, c'est que, étant donné un être imparfait dont nous regrettons l'imperfection, il suffit de regarder avant lui et après lui pour voir réalisée la perfection que nous voudrions trouver en lui. En premier lieu, la procession fait que tout être imparfait sort d'un être plus parfait, qui a réalisé déjà l'idéal du genre. En second lieu, tout être imparfait, par la conversion, tend à devenir et deviendra aussi parfait que l'idéal-réel dont il est le produit; il deviendra même plus parfait encore, sans autres limites que la perfection absolue. Ainsi, dans les deux sens, derrière lui et devant lui, l'idéal de cet être est réalisé; regretter l'imperfection de cet être, ce serait regretter son existence présente, et de plus, empêcher sa perfection à venir. L'optimisme de Plotin s'étend par là dans deux directions : il remplit de tout le bien possible la ligne descendante de la procession qui fait sortir les uns des autres tous les degrés de perfection, et la ligne ascendante du retour qui fait remonter l'imparfait au parfait. A voir l'univers dans son ensemble, — dans son passé, son présent et son avenir, — il redevient l'image aussi parfaite que possible du monde idéal. Si le mal y subsiste actuellement et comme transition, il diminue sans cesse par la loi universelle du *progrès* ou de l'amour.

« Possédant le rang suprême, ou plutôt étant lui-
» même suprême, le Bien domine toutes choses. Il
» n'est pas contingent pour elles; ce sont elles qui
» sont contingentes pour lui, ou plutôt qui se rappor-
» tent à lui : car lui, il ne les regarde pas; ce sont elles
» qui le regardent. Quant à Lui, il se porte, pour ainsi
» dire, vers les profondeurs les plus intimes de lui-
» même, s'aimant lui-même, aimant la pure clarté

» qui le constitue, étant lui-même ce qu'il aime,
» et se donnant par là l'existence à lui-même (1). »
C'est cet amour du Bien pour lui-même qui est le principe de l'amour dans les autres êtres. Mû par le désir, l'être engendré se tourne vers son principe générateur pour en recevoir la forme qui le détermine et qui constitue sa perfection. Dans ce *retour à l'Un* (2), la matière s'organise en recevant la forme de l'Ame; l'Ame reçoit la forme de l'Intelligence; et l'Intelligence, celle du Principe suprême. On reconnaît dans cette progression ascendante la doctrine d'Aristote, dont le germe était dans Platon. Mais, encore une fois, Aristote n'avait vu dans le monde que la *conversion* vers Dieu, et n'avait pas su voir la *procession* qui fait sortir le monde de Dieu même; tandis que Plotin, conciliant la doctrine du *Parménide* avec celle de la *Métaphysique*, conçoit l'Unité comme la raison du double mouvement de la nature.

C'est surtout dans l'homme que la loi du retour se manifeste, par le progrès dialectique de la connaissance et de l'amour, et par le terme commun où ils viennent se résumer, l'*extase*. A la vie pratique succède la vie contemplative, et à celle-ci la vie divine.

Toutes les opérations discursives de l'intelligence et de la volonté constituent la vie pratique, comme l'avaient compris Platon et Aristote. La sensation, l'opinion, le raisonnement, sont l'effort de l'âme pour revenir à l'Intelligence, le mouvement de conversion par lequel la pensée tend au repos (3). Il en est de même des efforts de la volonté luttant contre les obstacles extérieurs ou contre l'obstacle intérieur des

---

(1) *Enn.*, VI, viii, 16.
(2) III, viii, 9.
(3) IV, iii, 18; iv, 7, 9, 12.

passions. Cette liberté qui consiste à pouvoir faire le mal ou le bien n'est point la liberté véritable et la véritable indépendance (1) : la vraie liberté est l'état de l'âme qui va spontanément vers le bien, sans effort et sans défaillance (2). Le but de la vie pratique et des vertus *purificatives* est d'affranchir l'âme des liens du corps et de la convertir vers la pure Intelligence.

Pour que cette conversion s'accomplisse, il n'est pas nécessaire que l'âme sorte d'elle-même, mais plutôt qu'elle rentre en elle-même. Car, en venant dans le corps, notre âme ne s'est pas détachée de l'Ame universelle et n'a pas cessé d'y habiter. Elle ne s'est même pas détachée de l'Intelligence : par sa partie supérieure, elle vit toujours de la vie pure de la contemplation (3). Platon a eu raison de le dire : un dieu habite dans notre âme, et par notre commerce avec le monde intelligible nous sommes un fruit du ciel, non de la terre. « Puisque l'âme raisonnable porte
» des jugements sur le juste et le beau, il doit y avoir
» une justice et une beauté immuable d'où la raison
» discursive tire ses principes; sinon, comment pour-
» rait-elle raisonner?... Il faut donc que nous ayons
» en nous l'Intelligence qui, au lieu de raisonner, pos-
» sède toujours la justice et la beauté; enfin, il faut
» que nous ayons en nous la cause et le principe de
» l'Intelligence, Dieu... C'est ainsi que nous-mêmes,
» par une des parties de nous-mêmes, nous touchons
» à Dieu, nous nous y unissons, nous y sommes en
» quelque sorte suspendus (ἐφαπτόμεθα, σύνεσμεν, ἀνερ-
» τήμεθα); nous sommes édifiés en lui (ἐνιδρύμεθα) (4),

---

(1) *Enn.*, VI, viii, 4, 1, 6, 5.
(2) VI, viii, 4 ; 1, ii, 3.
(3) V, vii, 13 ; viii, 2. Ἔστιν ἀεὶ πρὸς ἐκείνοις. I, xi, 12.
(4) Cette métaphore jouera un très-grand rôle dans la théologie chrétienne.

» quand nous nous tournons vers lui (1). » — « L'in-
» telligence est nôtre d'une certaine manière, et elle
» n'est pas nôtre d'une autre manière : c'est que tan-
» tôt nous nous en servons, tantôt nous ne nous en
» servons pas, tandis que nous nous servons toujours
» de la raison discursive... C'est celle-ci qui nous
» constitue essentiellement. Les actes de l'intelligence
» nous sont supérieurs; ceux de la sensibilité, infé-
» rieurs... La sensation est notre messager, et l'intel-
» ligence notre roi (2). » Cependant « l'intelligence
est *nôtre*, » quoique n'étant pas nous-mêmes (3).
Une autre preuve de notre union constante avec l'Intelligence pure, c'est la conscience que nous avons de
tous nos actes et de tous nos jugements. « La raison
» discursive ne sait-elle pas qu'elle juge quand elle
» juge? Ne sait-elle pas qu'elle juge au moyen des
» règles qu'elle a en elle-même et qu'elle tient de
» l'Intelligence (4)? » Or, c'est seulement dans ce qui
peut se connaître soi-même, dans l'Intelligence, que
nous avons la conscience de notre propre pensée.
« L'homme devient intelligent quand, abandonnant
» ses autres facultés, il voit l'intelligence par l'intelli-
» gence ; et il se voit lui-même de la même manière
» que l'Intelligence se voit (5). » Cet acte merveilleux
de la conscience, qu'Aristote considérait comme le signe même de la divinité, est pour Plotin la preuve de
notre union avec Dieu. Dans cette pensée qui se pense
elle-même est le principe de toute certitude, de toute
science et de toute conscience. En elle nous vivons de
la vie de l'universel sans perdre pour cela notre indi-

(1) *Enn.*, V, I, 11.
(2) V, III, 3.
(3) *Ibid.*
(4) V, III, 4.
(5) *Ibid.*

vidualité propre, car il n'y a aucune opposition entre ces deux choses ; en elle nous possédons, suivant la pensée de Platon et d'Aristote, non-seulement l'immortalité, mais même l'éternité (1).

Si l'âme habite toujours dans l'Intelligence, si elle pense et se pense en elle, comment ne s'en aperçoit-elle pas toujours? comment possède-t-elle à son insu le monde des Idées et la vérité intelligible? C'est que l'homme est sans cesse arraché par les impressions extérieures au sentiment des choses divines qui sont en lui (2). La vie humaine est un concert de voix diverses qui s'élèvent en même temps ; l'âme ne distingue pas toujours les accents des voix célestes, qui retentissent dans les profondeurs de son être sans pénétrer jusqu'à sa conscience (3). La voix de l'Intelligence est comme un son uniforme et continu qui nous échappe par sa continuité même. Fermons l'oreille aux bruits de l'extérieur, si nous voulons entendre les sons d'en haut ; délivrons-nous des passions et des inclinations corporelles ; mourons à la vie du corps, suivant le précepte de Platon, pour vivre de la vie de l'Intelligence. Cette purification, cette séparation du corps et de l'âme, est l'œuvre des vertus morales et pratiques, que les Stoïciens eurent le tort de prendre pour le souverain bien. Avec Platon et Aristote, Plotin élève la fin de la vertu au-dessus de la vertu même : si l'entendement et la volonté se meuvent et font effort, c'est pour parvenir au repos de la contemplation intellectuelle.

Quel est l'objet propre de cette contemplation?—Platon et Aristote l'ont dit : c'est la vérité, c'est la beauté,

---

(1) *Enn.*, IV, III, 26-30 ; VII, 6-13.
(2) V, I, 11.
(3) V, I, 12.

deux choses identiques. Le beau, que les Stoïciens eurent le tort de confondre avec le bien, est la forme dominant la matière et l'assujettissant à sa propre unité : c'est le reflet de l'âme dans le corps, de l'intelligence dans l'âme (1). Pourquoi la lumière est-elle belle? Parce qu'elle est ce qu'il y a de plus incorporel dans les corps, et comme l'âme de la matière (2). Dans toute beauté sensible, l'âme reconnaît quelque chose d'intime et de sympathique à sa propre essence; elle l'accueille et se l'assimile (3). Etant d'une nature supérieure aux êtres sensibles, sitôt qu'elle aperçoit au dehors un être identique ou du moins analogue à son essence, elle se réjouit et s'exalte; elle se replie sur elle-même et sur son essence intime; il semble qu'elle se reconnaît et se retrouve dans les objets extérieurs, et qu'elle prend par là conscience de tout ce qu'elle contient. Les harmonies que font les voix donnent à l'âme le sentiment des harmonies qui sont en elle; en entendant ces harmonies au dehors, la beauté lui en devient plus sensible (4). « L'objet extérieur n'est autre chose que la
» forme intérieure, divisée sans doute dans l'étendue
» de la matière, mais toujours une, quoique se mani-
» festant dans le multiple. Quand les sens aperçoivent
» dans un objet la forme qui enchaîne, unit et maî-
» trise une substance sans forme et par conséquent
» d'une nature contraire à la sienne, alors l'âme, réu-
» nissant ces éléments multiples, les rapproche, les
» compare à la forme indivisible qu'elle porte en elle-
» même, et prononce leur accord, leur affinité, leur

(1) *Enn.*, I, vi, 1, 2.
(2) *Ib.*, 3.
(3) *Ib.*, 2.
(4) *Ib.*, 3.

» sympathie avec ce type intérieur (1). » La forme étant le principe de la beauté, le corps est beau par la forme de l'âme, et l'âme par la forme de l'intelligence ; et l'intelligence, qui est la forme même (2), est la beauté même. Au-dessus, ce n'est plus le beau, mais le principe du beau, c'est-à-dire le bien.

Dans cette théorie de Plotin sur l'identité du beau avec la forme ou l'Idée, on reconnaît la doctrine de Platon, mais développée et agrandie par l'influence d'Aristote. L'Idée, pour Platon, étant plutôt une forme de l'intelligible que de l'intelligence, avait un caractère d'immobilité et une apparence d'abstraction ; elle ne semblait pas quelque chose de vivant. La beauté, étant l'image de l'Idée, avait elle-même cette régularité mathématique : elle résultait de l'ordre et de la proportion plutôt que de la vie et de la puissance. L'idéal de l'artiste, l'universel, s'exprimait par le caractère général et abstrait de l'œuvre d'art, non par l'individualité et la réalité des formes. De là quelque chose d'oriental et d'hiératique dans l'esthétique de Platon. Il n'en est point ainsi de celle de Plotin. Les *Ennéades* représentent l'Idée comme une forme de la pensée et de l'être, comme un principe intelligent et intelligible dans lequel la réalité et la vie individuelle s'unissent à l'idéal et à l'universalité. Les formes vivantes du monde supra-sensible sont la beauté même, puisqu'elles en réunissent tous les caractères ; et un objet n'est beau qu'à la condition d'être comme elles à la fois réel et idéal.

En dernière analyse, la beauté est l'intelligible vivant, et par conséquent pensant. Elle est donc l'in-

---

(1) *Ib.*, 3.
(2) *Ib.*, 9.

telligence même. Ne peut-on remonter encore plus haut?

Le beau ne s'adresse pas seulement à l'intelligence. « On éprouve à sa vue un sentiment d'admiration, un » doux saisissement, un transport de désir et d'a-» mour. Tels sont les sentiments que doivent éprou-» ver et qu'éprouvent en effet pour les beautés invisi-» bles presque toutes les âmes, mais celles surtout qui » sont naturellement les plus aimantes (1). » C'est cette émotion de l'amour que Platon a décrite dans le *Phèdre* avec un enthousiasme inspiré, et dont il nous montre dans le *Banquet*, par une initiation dialectique, la nature et l'origine. Mais, parvenue en présence du beau intelligible, la raison est-elle entièrement satisfaite et ne demande-t-elle rien de plus? Est-ce par elle-même, est-ce par elle seule que la beauté a le pouvoir d'exciter l'amour? Ou plutôt, par delà la lumière de la beauté n'apercevons-nous pas le foyer dont elle émane? La beauté est dans la forme, elle est la forme même; mais, tandis que le regard de l'intelligence embrasse cette forme de la beauté, l'âme franchit ces limites et aspire à un principe supérieur; car partout où l'âme voit encore une forme, elle sent qu'il y a quelque chose au delà à désirer (2) : sous le fini elle devine et entrevoit l'infini. L'objet de l'intelligence est le beau; l'objet de l'amour est le *bien*. Le beau, nous voulons le contempler; le bien, nous voulons nous unir à lui. « L'objet suprême du désir est le » plus désiré et le plus aimé, précisément parce qu'il » n'a aucune figure ni aucune forme; l'amour qu'il » inspire est sans mesure et sans bornes, parce que

---

(1) *Enn.*, I, vi, 4.
(2) VI, vii, 32.

» son objet lui-même n'en a pas; il est infini, parce
» que la beauté de son objet dépasse toute beauté...
» Puissance génératrice de tout ce qui est beau, c'est
» le bien qui donne à la beauté sa fleur (1). » Déjà Platon avait compris que la beauté véritable est pure et sans mélange, non revêtue de chairs et de couleurs humaines, sans tous ces vains agréments condamnés à périr. Mais ce n'est pas assez de lui retirer toute forme sensible : il faut l'élever au-dessus des formes intelligibles elles-mêmes, des essences et des Idées. Seul, l'infini peut suffire à cet amour infini qui inquiète nos âmes; or, l'infini est sans forme, « non
» qu'il en manque, mais parce qu'il est le principe
» d'où les formes intelligibles dérivent (2). » « Chaque
» intelligible est par lui-même ce qu'il est; mais il ne
» devient désirable que quand le Bien l'illumine et le
» colore pour ainsi dire, donnant à ce qui est désiré
» les grâces et à ce qui désire les amours. Avant de
» ressentir l'influence du Bien, l'âme n'éprouve aucun
» transport devant la beauté de l'Intelligence : car
» cette beauté est morte tant qu'elle n'est pas illumi-
» née par le Bien. Mais, dès qu'elle ressent la douce
» chaleur du Bien, elle prend des forces, elle s'éveille
» et elle ouvre ses ailes ; et, au lieu de s'arrêter à ad-
» mirer l'Intelligence, qui est devant elle, elle s'élève à
» l'aide de la réminiscence à un principe plus haut
» encore. Car, tant qu'il y a quelque chose de supé-
» rieur à ce qu'elle possède, elle monte, entraînée par
» l'attrait naturel qu'a pour elle celui qui inspire l'a-
» mour; elle franchit la région de l'Intelligence, et
» elle s'arrête au Bien, parce qu'il n'y a plus rien au-

(1) *Enn.*, VI, vii, 32.
(2) *Ibid.*

» delà (1). Tant qu'elle contemple l'Intelligence, elle
» jouit assurément d'un noble et magnifique specta-
» cle, mais elle ne possède pas encore pleinement ce
» qu'elle cherche. Tel est un visage qui ne peut atti-
» rer les regards malgré sa beauté, parce qu'il y man-
» que le charme de la grâce. Le beau est en effet plutôt
» ce quelque chose qui resplendit dans la proportion
» que la proportion même, et c'est là proprement ce
» qui se fait aimer. Pourquoi la beauté brille-t-elle de
» tout son éclat sur la face d'un vivant, et n'en voit-on
» après la mort que le vestige, alors même que les
» chairs et les traits ne sont pas encore altérés ? Pour-
» quoi, entre plusieurs statues, les plus vivantes pa-
» raissent-elles plus belles que d'autres mieux pro-
» portionnées ? Pourquoi un animal vivant est-il plus
» beau qu'un animal en peinture, ce dernier eût-il
» d'ailleurs une forme plus parfaite ? C'est que la
» forme vivante nous paraît plus désirable, c'est qu'elle
» a une âme, c'est qu'elle est plus conforme au Bien ;
» c'est enfin que l'âme est colorée par la lumière du
» Bien, qu'éclairée par lui elle en est comme plus
» éveillée et plus légère, et qu'à son tour elle allége,
» elle éveille et fait participer du Bien, autant qu'il en
» est capable, le corps dans lequel elle réside (2). »

Ces grands mystères de l'amour que nous laissait entrevoir dans Platon l'étrangère de Mantinée, Plotin les révèle entièrement, et nous introduit par là au plus profond du Platonisme. N'était-ce pas la pensée intime de Platon qu'il y a un principe d'amour qui rend les choses aimables et les âmes aimantes,

---

(1) Thomassin cite ce passage avec une admiration sans réserve. « *Quo non video quid pulchrius, quid magnificentius dici possit ad summi boni laudem.* » (*Dogm. theol.*, I, 167, 168.)

(2) *Enn.*, VI, vii, 22.

donnant aux unes les grâces et aux autres les désirs? que ce principe réside au delà de la vérité même, et que la vérité nous laisserait froids devant elle si elle ne recevait du Bien le charme qui fait aimer? Et si aucune forme ne satisfait notre amour, si l'élan dialectique de l'âme nous entraîne d'Idée en Idée jusqu'au Bien universel, c'est qu'il reste dans toute forme, dans toute Idée particulière, quelque chose de fini et de borné, ou, pour parler comme Platon, d'indéfini et d'inachevé. Rien d'incomplet ne peut nous suffire : unis en partie au Bien, nous voulons le tout. Aussi, au-dessus des joies tranquilles que procuré la contemplation du beau, il y a cette inquiétude de l'âme, ce sentiment de l'infini et du sublime, qui nous arrache à nous-mêmes, au monde extérieur, et jusqu'au monde intelligible. Notre vraie patrie est l'unité suprême ou la plénitude du Bien. « Fuyons, fuyons dans cette chère patrie! Mais com-
» ment fuir? comment échapper? se demande Ulysse
» dans cette admirable allégorie qui nous le repré-
» sente échappant à tout prix à l'empire magique de
» Circé ou de Calypso, sans que le plaisir des yeux
» ni le spectacle des beautés corporelles puisse le re-
» tenir sur ces bords enchantés. Notre patrie, notre
» père à nous sont aux lieux que nous avons quittés.
» Comment y revenir? Nos pieds sont impuissants
» pour nous y conduire; ils ne sauraient que nous
» transporter d'un coin de la terre à l'autre. Pour re-
» voir cette chère patrie, il n'est besoin que d'ouvrir
» les yeux de l'âme en fermant les yeux du corps (1). »

Le Bien, en effet, est présent à l'âme; nous ne « sommes point séparés de lui, nous n'en sommes

---

(1) *Enn.*, I, vi, 8.

» point distants... Mais c'est en l'Un que nous res-
» pirons, c'est en lui que nous subsistons (1). » Il
est au fond de notre pensée comme un principe supérieur à la pensée même. Demande-t-on par quelle intuition on peut saisir ce qui dépasse l'intelligence? Nous le saisissons, répondrons-nous, par ce qui lui ressemble en nous-mêmes (2) : car il y a en nous quelque chose de lui, ou plutôt il est dans toutes les choses qui participent de lui. Supposez qu'une voix remplisse l'immensité ; en quelque endroit que vous prêtiez l'oreille à cette voix, vous la saisirez tout entière sous un rapport, non tout entière sous l'autre rapport (3). Parce que Dieu échappe à notre connaissance, il ne nous échappe pas complétement. Nous l'embrassons assez pour énoncer quelque chose de lui sans l'énoncer lui-même, semblables aux hommes qui, transportés par l'enthousiasme, sentent qu'ils ont en eux quelque chose de supérieur à toute parole et même à toute pensée (4).

Comment parvenir à cet état d'enthousiasme qui nous unit au Bien? Pour cela, il faut que l'intelligence retourne en arrière, se retranche toute opération intellectuelle, non par manque, mais par plénitude d'intelligence, et se réduise ainsi à l'absolue simplicité. Et comme il y a toujours dualité en elle, il faut qu'elle se *dépasse elle-même* (5). D'ailleurs, aucun

---

(1) Ἐμπνέομεν καὶ σωζόμεθα. *Enn.*, VI, ix. Cf. Saint Paul : « Il n'est pas loin de chacun de nous, puisque c'est en lui que nous vivons, que nous sommes mûs et que nous sommes, puisqu'il nous donne à tous la vie, la respiration et toutes choses. » (*Actes*, xvii, 2.)

(2) *Enn.*, III, viii, 8.

(3) *Ibid.*

(4) V, iii, 14.

(5) III, viii, 8. Cf. Saint Augustin : « Ipsa sibi anima sileat, et transeat se non cogitando. » (*Confess.*, IX, 10.)

effort de la pensée ne saurait nous donner la vision de Dieu. « Il ne faut donc pas chercher la lumière divine, mais attendre en repos qu'elle nous apparaisse, et nous préparer à la contempler, de même que l'œil attend, tourné vers l'horizon, le soleil qui va se lever au-dessus de l'Océan (1). » La pensée ne sert, par ses opérations imparfaites, qu'à nous élever peu à peu à la hauteur d'où il est possible de découvrir Dieu. « Alors, soulevés comme par le flot de l'intelligence, et emportés par la vague qui se gonfle, de sa cime tout à coup nous voyons (2). »

« Mais ce n'est pas hors d'elle-même que l'intelligence contemple la lumière intelligible. Elle ressemble plutôt à l'œil qui, sans considérer une lumière extérieure et étrangère, est soudainement frappé par une clarté qui lui est propre, ou par un rayon qui jaillit de lui-même et lui apparaît au milieu des ténèbres. » — « Le mot même de vision ne paraît pas convenir ici; c'est plutôt une extase, une simplification, un abandon de soi, un désir de contact (3), une parfaite quiétude, enfin un souhait de se confondre avec ce que l'on contemple dans le sanctuaire (4). » Le but de l'amour, en effet, ce

---

(1) *Enn.*, V, v, 8.

(2) VI, vii, 36. Cf. Platon, *Banquet* : « Celui qui, dans les mystères de l'amour, s'est avancé jusqu'au point où nous en sommes par une contemplation progressive et bien conduite, parvenu au dernier degré de l'initiation, verra tout à coup apparaître une beauté merveilleuse, celle qui est la fin de tous ses travaux précédents. » (Cousin, 316.)

(3) L'union avec le Bien est *une sorte de toucher silencieux*, ἐν ἡσυχῇ τῇ πρὸς ἐκεῖνο ἐπαφῇ. VI, ix, 11, 9. Cette comparaison est d'Aristote : Θιγγάνων καὶ νοῶν. *Mét.*, XII, 7, ii, 1. Mais elle est parfaitement conforme à la doctrine de Platon, bien que celui-ci emploie ordinairement la comparaison de l'œil et de la lumière. Cf. Thomassin, *Dogm. th.*, I, 335. *Tactu quodam arcano et intestino Deum contrectamus.*

(4) Ἔκστασις, καὶ ἁπλωσις, καὶ ἐπίδοσις αὐτοῦ, καὶ ἔφεσις πρὸς ἀφήν, καὶ στάσις, καὶ περινόησις πρὸς ἐφαρμογήν, εἴπερ τις τὸ ἐν τῷ ἀδύτῳ θεάσεται. VI, ix, 12.

n'est pas seulement la vision, mais l'union. L'âme se contente de voir le beau ; mais, pour le bien, elle en veut être remplie, elle veut faire un avec lui, elle veut devenir le bien même (1). Cette union avec Dieu supprime la pensée, non par défaut et anéantissement, mais par plénitude et infinité. Nous faisons mieux que penser : nous aimons ; nous faisons mieux qu'aimer : nous possédons le bien et en jouissons. Ou, si l'on veut, nous pensons, nous aimons, nous jouissons, mais à un tel degré que ce n'est pas plus pensée qu'amour, pas plus amour que jouissance : ce n'est rien de tout cela, et c'est tout cela. « L'âme ne voit » Dieu qu'en confondant, en faisant évanouir l'intelli-
» gence qui réside en elle ; ou plutôt *c'est son intelli-*
» *gence première qui voit* (2). » Plotin a donc soin de nous le dire lui-même : si l'âme en extase ne pense plus, ce n'est pas par manque, mais par surcroît de pensée, et comme par le *premier* degré de la pensée. « L'intelligence a deux puissances : par l'une, qui est » la *puissance propre de penser*, elle voit ce qui est en » elle ; par l'autre, elle aperçoit ce qui est au-dessus » d'elle, à l'aide d'*une sorte d'intuition* et de perception. » Par cette intuition, elle voyait d'abord simplement ; » puis, en voyant, elle a reçu l'intellection et elle s'est » identifiée à l'Un. Le premier mode de contempla-

(1) *Enn.*, VI, vii, 34. Cf. Bossuet, *Élévations à Dieu* : « Alors nous se-
» rons réduits à la parfaite unité et simplicité….. Dieu, uni au fond de
» notre être et se manifestant lui-même, produira en nous la vision bien-
» heureuse *qui sera en un sens Dieu même*, lui seul en étant l'objet comme
» la cause ; et par cette vision bienheureuse il produira un éternel et in-
» satiable amour, qui ne sera encore autre chose en un certain sens que
» Dieu même vu et possédé ; et Dieu sera tout en tous, et tout en nous-
» mêmes, un seul Dieu uni à notre fond, se produisant en nous par la vi-
» sion, et se consommant en un avec nous par un éternel et parfait amour.
» Alors s'accomplira notre parfaite unité en nous-mêmes et avec tout ce
» qui possédera Dieu avec nous. »
(2) VI, vii, 35.

» tion est propre à l'intelligence qui possède encore
» la raison, le second est l'intelligence transportée
» d'amour. Or, c'est quand le nectar l'enivre et lui
» ôte la raison que l'âme est transportée d'amour et
» qu'elle s'épanouit dans une félicité qui comble tous
» ses vœux. Mieux vaut alors pour elle s'abandonner
» à cette ivresse que de demeurer plus sage (1). »

Déjà Platon, dans le *Phèdre* et dans le *Banquet*, avait élevé l'apparente folie de l'enthousiasme au-dessus de la sagesse vulgaire ; mais il n'avait fait qu'entrevoir l'union qui consomme l'amour, et s'en était tenu à la dualité de la contemplation. Plotin ne fait que suivre jusqu'au bout la voie dialectique ouverte par son maître, et le but idéal auquel il tend n'est pas, comme on l'a prétendu, « un néant mystique dans lequel s'évanouit toute pensée et tout être (2). » Si ces termes de pensée et d'être ne conviennent plus dans leur sens ordinaire quand on les applique à la perfection de l'âme et à la possession de Dieu, ils redeviennent légitimes dans un sens en quelque sorte transcendant, accepté par Plotin lui-même. Est-ce l'absorption dans le néant que l'auteur des *Ennéades* aurait pu décrire avec tant d'éloquence comme la suprême béatitude ? « Quand l'âme obtient ce bonheur, dit-il,
» et que Dieu vient à elle, ou plutôt qu'il manifeste
» sa présence, parce que l'âme s'est détachée des
» autres choses présentes, qu'elle s'est embellie le
» plus possible, qu'elle est devenue semblable à lui
» par les moyens connus de ceux-là seuls qui sont ini-
» tiés, elle le voit tout à coup apparaître en elle : plus
» d'intervalle, plus de dualité, tous deux ne font

---

(1) *Ibid.*
(2) Ravaisson, *Essai sur la Mét. d'Arist.*, t. II, p. 465, 467 et ss.

» qu'un ; impossible de distinguer l'âme d'avec Dieu,
» tant qu'elle jouit de sa présence ; c'est l'intimité de
» cette union qu'imitent ici-bas ceux qui aiment et
» qui sont aimés en cherchant à se fondre en un seul
» être. Dans cet état, l'âme ne sent plus son corps ;
» elle ne sent plus si elle vit, si elle est homme, si elle
» est essence, être universel ou quoi que ce soit au
» monde ; car ce serait déchoir que de considérer ces
» choses, et l'âme n'a pas alors le temps ni la volonté
» de s'en occuper : quand, après avoir cherché Dieu,
» elle se trouve en sa présence, elle s'élance vers lui et
» *elle le contemple au lieu de se contempler elle-même...*
» Quelle félicité est alors la sienne, c'est ce dont ceux
» qui ne l'ont pas goûtée peuvent juger jusqu'à un
» certain point par les amours terrestres, en voyant
» la joie qu'éprouve celui qui aime et qui obtient ce
» qu'il aime. Mais ces amours mortelles et trompeuses
» ne s'adressent qu'à des fantômes ; ce ne sont pas
» ces apparences sensibles que nous aimons vérita-
» blement ; elles ne sont pas le bien que nous cher-
» chons (1). Là-haut seulement est l'objet véritable
» de l'amour, le seul auquel nous puissions nous unir
» et nous identifier, parce qu'il n'est point séparé de
» notre âme par l'enveloppe de la chair... Telle est
» la vie des dieux ; telle est aussi celle des hommes
» divins et bienheureux : détachement de toutes les
» choses d'ici-bas, dédain des voluptés terrestres, fuite
» de l'âme vers Dieu, qu'elle voit seule à seul (2). »

En s'absorbant ainsi dans la perfection, l'âme ne
se perd pas elle-même ; au contraire, elle se retrouve :
car, en renonçant à ce mode inférieur de la conscience
où la pensée s'oppose à son objet, elle acquiert le sen-

---

(1) On reconnaît la théorie de l'amour platonique.
(2) *Enn.*, VI, vii, 38 ; ix, 9, 11.

timent le plus profond de son essence, et par conséquent d'elle-même (1). Aux deux extrémités du monde intelligible sont le non-être absolu et le principe absolu de l'être : l'âme, en s'abaissant vers le premier, tombe dans le mal, et par conséquent dans le non-être, mais non dans le néant absolu; « si, au contraire, elle
» suit l'autre route, elle arrivera en dernier lieu, non à
» elle-même, mais à une chose différente d'elle-même;
» et celui qui est en soi, sans être dans l'essence, est né-
» cessairement en Dieu (2). » Malgré cela, notre âme est encore si imparfaite et si esclave du monde sensible, qu'elle craint, en allant à Dieu, d'aller vers le non-être. « Toutes les fois que l'âme s'avance vers celui
» qui est sans forme, ne pouvant le comprendre
» parce qu'il n'est point déterminé [c'est-à-dire déli-
» mité et fini] et n'a point reçu pour ainsi dire l'em-
» preinte d'un type distinctif, elle s'en écarte parce
» qu'*elle craint de n'avoir devant elle que le néant.*
» Aussi se trouble-t-elle (3) et se hâte-t-elle de redes-
» cendre, se laissant en quelque sorte tomber, jusqu'à
» ce qu'elle rencontre un objet sensible sur lequel
» elle s'arrête et s'affermit (4). » Aussi la félicité de l'extase continuelle n'est point de ce monde (5). Le séjour permanent de l'âme en Dieu est la destinée des âmes pures qui n'ont rien gardé du corps : « Essences libres et incorporelles, elles résident là
» où est l'essence, l'être et le divin, c'est-à-dire en
» Dieu (6). »

(1) *Enn.*, IV, IV, 2, 3.
(2) VI, IX, 11.
(3) C'est ce qui arrive aussi aux interprètes lorsque, en dépit de toutes ces assertions de Plotin, ils confondent l'Unité absolue avec le néant.
(4) VI, IX, 3.
(5) VI, IX, 10.
(6) IV, III, 24.

Ainsi s'accomplit, par un mouvement inverse de la *procession*, le retour à l'Unité. Ou plutôt, ce retour n'est autre chose que le terme de la procession elle-même. Sortie de l'Unité comme une puissance infiniment perfectible, l'âme, en s'actualisant de plus en plus, se rapproche indéfiniment de l'acte pur, et retourne ainsi à son point de départ; car le Bien est tout à la fois la puissance d'où provient l'âme et l'acte auquel elle aboutit (1).

(1) Le rapport à l'Académie des Sciences morales déjà cité contient l'objection suivante : « L'auteur subit encore ici la fascination dange- » reuse de cette métaphysique ardue et subtile à la fois. Pour justifier » l'extase, où l'âme perd absolument le sentiment d'elle-même et ne se » distingue plus de l'unité divine, il propose résolûment l'explication que » voici : *Cette union avec Dieu supprime la pensée, non par défaut et » anéantissement, mais par plénitude et infinité.* Dans cette méthode » d'interprétation qui conduirait non-seulement à l'approbation, mais à » l'admiration du Néoplatonisme, il y a un péril sérieux. » — Quel péril y a-t-il donc à rendre justice aux Néoplatoniciens ? Ce chapitre, d'ailleurs, n'est pas l'éloge, mais l'exposé de leur doctrine. La vraie question, en ce moment, est de savoir si cet exposé est fidèle ; or, les textes de Plotin que nous avons cités sont formels. Plotin ne dit point que l'âme perde *absolument* le sentiment d'elle-même et la pensée, mais au contraire qu'elle a le sentiment le plus profond d'elle-même et de son principe, qu'elle voit ce principe par une pensée éminente qui est la première intelligence, et qu'elle ne se perd pas dans le non-être; que, si elle ne s'oppose pas à l'objet de son amour, c'est qu'elle ne songe plus à elle, mais à lui; qu'elle ne fait aucun retour sur elle-même, qu'elle se perd dans l'objet aimé, et que cependant elle n'est jamais mieux en elle-même que quand elle est en lui, en lui où elle a l'être, la respiration et la vie. Nous voyons des propositions identiques chez les génies les plus divers, depuis Saint Augustin jusqu'à Bossuet. Pourquoi prendre en mauvaise part ce que disent les Néoplatoniciens, ou s'en tenir à la moitié de leurs assertions, en négligeant le reste ? La synthèse seule exprime complétement et fidèlement leur pensée. Si notre méthode d'interprétation aboutissait à justifier et même à faire admirer le Néoplatonisme, nous ne pourrions qu'être heureux d'avoir montré par un exemple de plus comment toutes les grandes intelligences ont reflété, chacune à sa manière, la même lumière de la vérité et de l'Idée. — Nous aurons cependant plus d'une réserve à faire dans notre conclusion critique.

# CHAPITRE IV.

### ÉCOLE D'ATHÈNES. PROCLUS.

Décadence du Néoplatonisme dans l'école d'Alexandrie. — L'école d'Athènes. — I. Syrianus. Sa doctrine sur les Idées. — II. Proclus. Démonstration de l'existence des Idées : 1° par la nécessité d'un principe qui, produisant par son être même, soit la plénitude des formes de l'être ; 2° par la nécessité d'un principe qui, produisant par sa pensée même, soit la plénitude des formes de la pensée ; 3° par la nécessité d'une cause finale qui ramène sciemment l'être et la pensée à l'unité du bien ; 4° par la cause génératrice des individus ; 5° par la cause exemplaire des espèces ; 6° par les premiers principes de toute démonstration. — Nature des Idées. — III. De quoi y a-t-il Idée ? Suppression des Idées des individus. — IV. Participation aux Idées. Moyen terme métaphysique introduit par Proclus : l'unité-multiple. Rôle de ce moyen terme aux divers degrés de l'être. Première origine de ce moyen terme dans les hénades ou unités divines. — V. Théologie négative. L'Un. — VI. Théologie affirmative. Les unités ou hénades. — VII. La providence ; sa première origine dans l'Unité suprême où reposent les unités. — VIII. Les triades ; les trois éléments constitutifs de l'être. Triades divine, intellectuelle et psychique. Rapport avec les nombres idéaux. — IX. Damascius.

La théorie des Idées ne semble pas avoir été notablement modifiée par Porphyre, non plus que les autres doctrines platoniciennes (1). Avec Jamblique, l'esprit du véritable Platonisme se perd. A la métaphysique chrétienne on avait opposé la métaphysique de Platon ; à la religion chrétienne on voulut opposer la théurgie. Dès lors, les théories les plus profondes donnèrent lieu à des extravagances ; principalement

(1) V. Jules Simon, *Ec. d'Alex.*, II, ii. Vacherot, *Ec. d'Alex.*, II, 1.

celle de l'Unité divine et celle de la multiplicité idéale en Dieu.

L'Unité divine, qui n'était nullement abstraite dans Platon et dans Plotin, parut se changer en abstraction chez les Néoplatoniciens dégénérés, comme chez Speusippe et Xénocrate. L'extase, qui n'était autre chose en elle-même que l'acte le plus élevé de la raison revenant à son origine, ou de *l'intelligence première*, — état réservé aux âmes pures dans une autre vie et plus idéal que réel, — se changea en une pratique superstitieuse et mensongère dont le résultat était la stupeur et la folie. Le Platonisme n'est pas plus responsable de ces excès, motivés par la lutte des deux religions, que le Christianisme n'est responsable de toutes les extravagances des faux mystiques. On peut seulement dire que Platon, par son sentiment profond de l'Unité ineffable, génératrice des Idées, mais supérieure à l'essence et à la pensée, prêtait plus que tout autre philosophe, plus qu'Aristote en particulier, aux interprétations superstitieuses des mystiques alexandrins. C'est parce que la théorie platonicienne de l'Unité était très-grande et très-vraie qu'elle pouvait plus facilement, détournée de son sens légitime, aboutir à l'absurdité : comme le sublime est près du ridicule, le mysticisme rationnel est près du mysticisme chimérique.

Il en fut de même de la théorie des Idées et de la *procession* qui s'y rattache. La multiplicité des Idées était pour Platon comme une dialectique idéale, comme une idéale procession éternellement accomplie en Dieu et recouvrant une réelle unité, mais une unité féconde et génératrice du multiple. C'était par amour des mythes et des symboles, et dans un esprit de conciliation avec le polythéisme, que le plus grand monothéiste de l'antiquité appelait les perfections divines ou Idées des dieux. Il comprenait d'ailleurs que, tout étant réel dans le Bien suprême, le polythéisme, qui réalise les abstractions et les idéaux, mêle à ses erreurs une grande vérité. — Plotin, par sa doctrine de la procession descendante, en faisant sortir les uns des autres les divers degrés de perfection, sembla leur prêter une existence plus qu'idéale, une réalité vraiment actuelle et vraiment distincte de la réalité suprême. C'était un monde supérieur au nôtre et dans lequel le parfait descend à l'imparfait, tandis que le nôtre remonte en sens inverse. Sous la région de l'Unité et du monothéisme s'étend donc, d'après Plotin, une première œuvre de Dieu, une première et divine série d'êtres, analogue au polythéisme; et au-dessous, une seconde production de Dieu, la série d'êtres dont nous faisons partie et qui est la nature proprement dite. Ainsi se superposent dans cette théorie originale le naturalisme, le polythéisme et le monothéisme (1). Dès lors les Idées

(1) Ces considérations sont peut-être propres à répandre quelques lumières sur le développement des religions antiques, où Plotin lui-même s'efforçait de retrouver ses propres doctrines. L'idée synthétique de la procession (soit par émanation, soit par création), et de la conversion qui la suit, semble avoir été le fond plus ou moins obscur des religions antiques. Ces religions se sont partagé les divers points de vue du monothéisme, du polythéisme et du naturalisme, insistant sur l'un sans jamais exclure l'autre complétement. Le judaïsme, tout en adorant un seul Dieu, fait procéder de son sein la sagesse, l'esprit, les anges, créés avant la nature et l'homme et voisins de Dieu ; c'est une procession descendante qui n'est pas sans quelques traits communs avec l'olympe. De même la religion hindoue et persane subordonne à l'unité primitive des trinités et des émanations de toutes sortes : anges, férouërs, anchaspands. Enfin, la religion grecque, frappée surtout du côté naturaliste et polythéiste du culte aryen, ne méconnait cependant pas l'unité suprême, qui demeure pour elle un principe transcendant et incompréhensible, mais tout-puissant. D'autre part, l'idée de la conversion, du progrès, de la rédemption, se retrouvent sous mille formes dans toutes les religions. — Il est donc difficile d'admettre la dissidence extrême supposée par certains critiques,

de Platon ne pouvaient manquer de devenir pour les Néoplatoniciens des dieux, non plus au sens symbolique du *Timée* que le *Parménide* corrige, mais dans un sens plus véritable et plus favorable au polythéisme païen. De là aux extravagances des derniers Alexandrins, la voie était ouverte. Les formes réelles de l'essence et de la pensée divine pouvaient devenir des individualités distinctes, et se changer en un olympe mythologique.

I. Les théories alexandrines sont mises dans une lumière nouvelle et parfois régénérées par l'école d'Athènes. La conciliation de Platon et d'Aristote, que Plotin avait entreprise, Syrianus et Proclus prétendent la consommer. Le premier a défendu le système des Idées dans son commentaire sur la *Métaphysique*, le second dans son commentaire sur le *Parménide* de Platon.

Syrianus démontre que les Idées ne sont pas des mots, comme le disaient Chrysippe et la plupart des Stoïciens; ni de simples conceptions de l'esprit, comme l'avaient pensé Cléanthe et même Longin; ni des universaux séparés par l'abstraction des individus et qui n'en diffèrent que par l'éternité(1), suivant la doctrine d'Aristote, de Boéthus le péripatéticien, et du stoïcien Cornutus; ni enfin des pensées de l'Ame universelle, comme le soutenaient Atticus et

---

tels que M. Renan, entre les diverses races au sein de l'humanité. Toutes les théologies, comme toutes les philosophies, se ressemblent beaucoup plus qu'on ne le croit, et manifestent l'unité de l'esprit humain encore plus que sa variété.

(1) Syrian., *in Arist. Met.*, cod. ms. Bibl. reg. Paris., 1595, in-fol., 17 : Οὐ γὰρ ἐπειδὴ ἄνθρωπος τῇδε κἀκεῖ ὁ αὐτὸς ἄνθρωπος ἀϊδιότητι μόνῃ διαφέρειν. Trad. Bagolini, 17.

Plutarque (1). Il est même inexact de les appeler des conceptions de l'Intelligence divine. Sans doute, l'Intelligence conçoit les Idées ; mais, par cela même, les Idées sont plutôt les objets de la conception que la conception proprement dite. Or, ces objets ne sont pas séparés de l'Intelligence : « Édifiées en elle, les Idées » ne diffèrent pas d'elle et de sa substance ; elles con- » stituent son être (2). » On peut même dire que, d'une certaine manière, les Idées sont antérieures à l'Intelligence, puisqu'elles sont l'Intelligible : elles existent dans l'être avant d'exister dans la pensée (3). Elles sont donc avant tout des formes essentielles. En outre, comme causes finales, elles attirent à elles les choses et les amènent à la perfection. Enfin, comme causes efficientes et génératrices, elles donnent à toutes choses l'existence (4). Les points de vue divers de Platon et d'Aristote se concilient ainsi dans l'Idée, d'après Syrianus.

II. Toutes les doctrines de Syrianus se retrouvent dans Proclus sous une forme plus rigoureuse. D'après Proclus, la recherche des Idées comprend quatre problèmes : 1° Y a-t-il des Idées ? 2° de quels objets ? 3° nature des Idées ; 4° participation.

Dans les preuves de l'existence des Idées, Proclus emprunte des arguments non-seulement à Platon, mais à Aristote lui-même ; car l'Idée est cause à tous les

---

(1) *Ib.*, f° 51, b.
(2) *Ib.*, 52, a. Ἱδρύει ἀεὶ τὰ εἴδη ἐν αὐτῷ, οὐχ ἕτερα ὄντα παρ' αὐτὸν καὶ τὴν οὐσίαν αὐτοῦ, ἀλλὰ συμπληροῦντα αὐτοῦ τὸ εἶναι. Cf. Procl., *in Parm.*, t. V, p. 8.
(3) *Ibid.* Πῶς οὖν καθ' αὑτοὺς ὑφέστηκε τὰ εἴδη τοὺς τῆς ἀληθείας φιλοθεάμονας ; νοητῶς μὲν καὶ τετραδικῶς ἐν τῷ αὐτῷ ζῴῳ, νοερῶς δὲ καὶ δεκαχῶς ἐν δημιουργῷ νῷ. Cf. Procl., *in Tim.*, 98, 136.
(4) *Ibid.*, 53, a. Αἴτιαι γὰρ οὖσαι γεννητικαὶ καὶ τελεσιουργικαὶ πάντων αἱ ἰδέαι, καὶ ὑφίστασι τὰς οὐσίας, ἃς τελειοῦσι πρὸς ἑαυτὰς ἀποστρεφούσαι.

titres : cause exemplaire, cause formelle, cause efficiente, cause finale.

En premier lieu, l'Idée est cause d'*existence* et d'*action* pour le monde. — Le monde, en effet, ne peut subsister par lui-même (αὐθυπόστατόν) (1). « Tout ce qui
» agit et engendre est entièrement incorporel ; car les
» corps eux-mêmes n'agissent que par des puissances
» incorporelles, le feu par la chaleur, la neige par le
» froid. Si donc tout producteur est incorporel, l'être
» qui existe par soi, étant à la fois producteur et produit, cause et effet, doit être complétement indivisible et incorporel. Or le monde ne l'est pas, car tout
» corps est divisible en tout sens ; il ne subsiste donc
» pas par lui-même. D'autre part, tout ce qui a en soi
» le principe de son existence a aussi en soi le principe de son action. Car, avant de se produire, il a
» dû agir sur lui-même, puisque produire et engendrer, c'est agir. Or ce monde, étant corporel, ne se
» meut point lui-même. Aucun corps ne peut à la fois
» mouvoir et être mû ; il ne peut tout à la fois et tout
» entier donner et recevoir la chaleur : car, s'il la
» reçoit, il ne l'a pas ; et s'il la donne, il l'a déjà ; ainsi
» la même chose serait chaude et ne le serait pas...
» Si donc le monde est corporel, il ne se meut pas lui-
» même. D'autre part, il ne subsiste pas par lui-même.
» Donc il dépend d'une autre cause.

» Maintenant, ce qui n'est pas subsistant en soi est
» de deux sortes : supérieur à la cause ou inférieur à
» elle. Le principe supérieur à la cause (2) a au-dessous de lui l'être subsistant en soi ; quant à l'être
» inférieur, il est suspendu à la cause qui subsiste en

---

(1) Nous traduisons nous-même les citations de Proclus qui suivent.

(2) Il s'agit de l'Unité supérieure à la substance, ὑπερυπόστατικόν, et qui par conséquent n'est pas proprement αὐθυπόστατόν.

» elle-même. Il faut donc que le monde dérive d'une
» cause plus parfaite que lui...

» Mais cette cause agit-elle avec choix et raisonne-
» ment, ou produit-elle (παράγει) le Tout par son être
» même (αὐτῷ τῷ εἶναι)?

» Si c'est par choix, son œuvre est instable, incon-
» stante et changeante, et le monde sera corruptible ;
» car tout produit d'une cause qui se porte tantôt d'un
» côté, tantôt d'un autre, est lui-même changeant et
» corruptible. Mais le monde est éternel; c'est donc
» par son être même que la cause produit. D'ailleurs,
» même dans toute cause qui agit par choix, il y a
» quelque acte qu'elle produit par son être même.
» Ainsi notre âme, qui agit souvent par choix,
» donne cependant la vie au corps par son être même ;
» et tant que le sujet matériel s'y prête, elle persévère
» dans la vie sans que cette vie s'épuise et se répande.
» Si la vie dépendait de notre volonté, l'animal se dis-
» soudrait facilement dans toute occasion, car l'âme
» pourrait se déterminer à ne plus être unie avec le
» corps. Mais tout être qui produit par son être ne
» possède pas en outre le pouvoir de produire volon-
» tairement : ainsi le feu échauffe par sa présence seu-
» lement et ne fait rien avec choix ; de même pour la
» neige, et pour tous les corps, en tant que corps. Si
» donc le pouvoir de produire par son être s'étend
» plus loin que la production volontaire, il dérive évi-
» demment d'une cause plus vénérable et plus élevée.
» Et cela est vraisemblable : car la cause qui produit
» par son être produit sans effort. Mais l'absence d'ef-
» fort doit être principalement le partage des choses
» divines, puisque nous-mêmes nous vivons d'une vie
» plus facile et plus exempte d'effort, lorsque notre
» vie est divine et conforme à la vertu.

» Si donc la cause universelle produit par son être
» même, et si ce qui produit par son être produit de
» sa propre substance, cette cause doit être *au pre-*
» *mier degré* et éminemment (πρώτως) tout ce que son
» effet est *à un degré inférieur* (δευτέρως). Ce qu'elle
» est éminemment, elle le communique au second de-
» gré à son produit. Ainsi le feu communique la cha-
» leur à un objet, et il est chaud lui-même ; l'âme
» donne la vie, et elle possède la vie ; et cela est vrai
» de tout ce qui produit par son être. La cause de
» l'univers, produisant de cette manière, est donc au
» premier degré ce qu'est le monde au second. Mais le
» monde est la *plénitude des formes de tout genre* (πλή-
» ρωμα εἰδῶν παντοίων) ; ces formes doivent donc se
» trouver éminemment dans la cause du monde. Car
» c'est la même cause qui a créé le soleil, la lune,
» l'homme, le cheval, et généralement toutes les es-
» pèces de l'univers. Ces espèces sont donc éminem-
» ment dans la cause universelle ; il y a un autre so-
» leil outre le soleil visible, et aussi un autre homme ;
» et de même pour chaque Idée. Les Idées sont donc
» avant les choses sensibles, et elles en sont les causes
» démiurgiques ; car, comme nous l'avons dit, elles
» préexistent dans la cause unique de l'univers.

» Direz-vous que le monde a une cause, mais
» une cause finale et non efficiente, suivant la-
» quelle tout s'ordonne ? Vous avez raison de dire que
» le Bien est la cause qui préexiste à tout ; mais, dites-
» moi, le monde, dans son désir, reçoit-il quelque
» chose de ce principe, ou n'en reçoit-il rien ? S'il n'en
» reçoit rien, quoi de plus vain qu'un désir qui ne
» jouit en rien de son objet ? Si, au contraire, le monde
» reçoit quelque chose de son principe, ce principe
» est au degré le plus éminent tout ce qu'il donne

» de bon au monde ; et non-seulement il lui donne le
» bien, mais il le lui donne *par essence* (κατ' οὐσίαν).
» S'il en est ainsi, l'univers doit au principe sa sub-
» stance, car il faut bien que ce principe ait d'abord été
» une cause d'existence pour le monde, afin de pou-
» voir lui donner par essence le bien. Nous voilà donc
» revenus au point de départ, et la cause universelle
» doit être non-seulement finale, mais efficiente (1). »

Ces quelques pages, dans leur riche brièveté, résument toute la philosophie de Proclus : sa méthode dialectique, sa conception des Idées, sa doctrine de la participation. Par sa méthode, il s'élève du particulier au général et mesure la *dignité* d'une cause à la généralité de ses manifestations; cette méthode montre que les lois générales du monde sensible sont la manifestation des causes universelles dans le monde intelligible; enfin, ces causes se communiquent à leurs effets tout en demeurant en elles-mêmes, et le premier Principe produit, non par une volonté ou une délibération au sens propre de ces mots, mais par son *être* même : car il n'y a rien en lui qui diffère de son être, et cet être est la plénitude ou le *plérôme* du bien.

Est-ce à dire que le principe où subsistent les Idées soit un bien aveugle et une force fatale ? — Telle n'est pas la pensée de Proclus. Après avoir appuyé l'existence des Idées sur ce que toute chose visible doit avoir sa raison dans l'*être* même du principe invisible, il a soin de démontrer, par un second argument, que tout a sa raison dans la *pensée*. La pensée et l'être, en effet, sont identiques; l'*intelligible* où coexistent les Idées doit être une *intelligence*. Dans les objets sensi-

---

(1) *Comm. Parm.*, t. V, 5, 6, 7, 8, 9.

bles, dit Proclus s'inspirant de Platon, toute forme est imparfaite : toute similitude et toute bonté est mêlée de différence et d'imperfection ; les corps célestes eux-mêmes ne sont point d'une parfaite régularité. « Notre
» âme conçoit et enfante des formes bien plus régu-
» lières et plus pures que les formes sensibles. Par
» exemple, elle corrige le cercle visible, et juge ce qui
» lui manque, en le comparant au cercle parfait : elle
» aperçoit donc une forme supérieure en beauté et en
» perfection (1). » Mais si l'âme particulière peut concevoir le plus pur et le plus parfait, comment l'Ame universelle ne s'éleverait-elle pas jusque-là ? « L'auteur
» du monde peut donc engendrer et contempler des
» formes idéales plus grandes, plus régulières, plus
» parfaites que les formes sensibles. Mais où les en-
» gendre-t-il ? où les contemple-t-il ? Evidemment en
» lui-même ; car c'est lui-même qu'il contemple. En
» se contemplant et en s'engendrant lui-même tout à
» la fois, il engendre et constitue en soi des formes
» idéales plus exactes et plus dégagées de matière
» que les formes sensibles (2). »

En troisième lieu, l'ordre de l'univers manifeste une cause ordonnatrice. « Si cette cause s'ignore elle-
» même, elle supposera avant elle une autre cause
» qui se connaît et à laquelle la première devra d'être
» cause. Sinon la cause qui s'ignore serait tout à la
» fois inférieure à ceux des êtres qui se connaissent
» eux-mêmes, et cependant supérieure à eux [parce
» qu'elle les produit] ; ce qui est impossible. Si donc la
» cause se connaît, elle se connaît évidemment comme
» cause, et par là même elle connaît les choses dont

(1) *Comm. Parm.*, p. 9, 10.
(2) *Ibid.*

» elle est cause. Elle contient aussi tout ce qu'elle
» connaît (1). » Cette argumentation de Proclus
est une réfutation d'Aristote par Aristote lui-même.
La pensée, dit le disciple de Platon, se pense elle-
même. Soit ; mais cette pensée, de votre propre aveu,
n'est-elle pas cause efficiente, ou au moins cause finale? S'il en est ainsi, elle doit se penser comme telle,
et par là elle pense ce dont elle est cause. « En se con-
» templant, elle se connaît ; en se connaissant, elle
» connaît aussi son essence, qui est d'être la cause
» immobile, objet de l'universel désir ; donc elle con-
» naît aussi les choses pour lesquelles elle est désira-
» ble. Car ce n'est pas seulement par accident qu'elle
» est désirable, mais par essence. Ou bien donc elle
» ignorera ce qu'elle est par essence ; ou, si elle le
» connaît, elle connaîtra aussi qu'elle est désirable.
» En même temps elle connaîtra que toutes choses
» la désirent, et quelles sont toutes ces choses. Car,
» parmi les choses relatives, avoir une connaissance
» déterminée des unes, indéterminée des autres, n'est
» pas le propre de la science, et encore moins de la
» pensée intuitive. Celle-ci, ayant une connaissance
» déterminée des choses qui la désirent, connaît leurs
» causes, et cela en se regardant elle-même, non en
» regardant ce qui vient après elle. Mais, si elle ne
» possède pas en vain les causes de toutes choses,
» il est nécessaire que par elle soit déterminé l'ordre
» universel. De cette manière, elle est la cause immo-
» bile de tout, puisqu'elle détermine l'ordre univer-
» sel par son être même. Mais quoi? est-ce parce
» qu'elle devait tout faire qu'elle a tout conçu, ou
» est-ce parce qu'elle a tout conçu d'avance qu'elle

---

(1) *Comm. Parm.*, 10, 11.

» fait tout? Si elle ne connaissait toutes choses que
» parce qu'elle doit les faire, son énergie intérieure
» et sa conversion vers elle-même serait au-dessous
» de son activité transitive et externe ; elle devrait aux
» autres choses la connaissance des êtres, et elle ne les
» connaîtrait que grâce aux choses qui lui sont posté-
» rieures. Cela est impossible. C'est donc parce qu'elle
» se pense que la cause produit tout. S'il en est ainsi,
» elle fera les choses extérieures semblables à ce qui
» est en elle; car, dans l'ordre naturel des choses,
» l'activité transitive dépend de l'activité intérieure, le
» monde entier de l'unité absolue des Idées, et les
» diverses parties du monde des diverses *unités* (1). »

Après cette belle réfutation d'Aristote, Proclus fait allusion, dans sa quatrième preuve des Idées, à une nouvelle objection des Péripatéticiens. L'homme engendre l'homme, et chaque être engendre son semblable. D'où vient cette constance des espèces? — De la semence, direz-vous; car l'homme provient d'une semence humaine. « Mais, répond
» Proclus, je ne demandais pas d'où provient *tel*
» homme particulier; car ce qui naît de la semence
» n'est pas simplement *l'homme*, mais *un certain*
» homme. L'homme subsiste toujours, et c'est de
» l'homme que provient la semence elle-même. Et
» quand on admettrait que l'homme vient du germe,
» tout germe contient la puissance, les raisons de son
» développement; car, étant un corps, il ne peut con-
» tenir ces raisons indivisiblement et en acte. Quel est
» donc le principe qui les contient en acte? Car par-
» tout l'acte précède la puissance, et ce qui est impar-
» fait a besoin du parfait qui le perfectionne (2). »

(1) *C. Parm.*, 11, 12.
(2) 14.

Aristote est de nouveau réfuté par ses propres principes. — Voici maintenant la réponse de Proclus aux Stoïciens. D'après eux, c'est la nature qui contient toutes les raisons des choses sensibles et les puissances spermatiques qui leur donnent l'être et le mouvement. Mais, demande Proclus, comment la nature travaille-t-elle? Est-ce avec raison ou sans raison? « Tandis » que l'art, qui ne fait qu'imiter la nature, agit selon » des raisons, peut-on supposer que la nature elle-» même agisse sans raison et sans mesure intérieure? » Au-dessus de la nature, qui renferme les *raisons* » *spermatiques*, il faut reconnaître un principe qui » embrasse les *Idées* (1). » La nature fait sur les corps ce que fait l'ouvrier sur le bois qu'il creuse, perce, arrondit. Toute la différence entre la nature et l'ouvrier, c'est que celui-ci va dans son travail de l'extérieur à l'intérieur, tandis que celle-là va du dedans au dehors, « soufflant pour ainsi dire aux êtres les raisons et le » mouvement (2). » Cette cause immanente suppose une cause transcendante : « Il faut que la plus émi-» nente des causes soit séparée de ce qu'elle produit,.. » et dans cette cause se trouvera une connaissance bien » supérieure à la nôtre; car, non-seulement la cause » du monde connaît, mais elle fait toutes choses, et » nous, nous connaissons seulement (3). »

La cinquième preuve des Idées est tirée de l'immutabilité des espèces sensibles, qui doit avoir sa raison dans des causes immobiles. Ces causes ne peuvent habiter ni dans les corps ni dans la nature, mais seulement dans l'Intelligence.

Enfin, en sixième lieu, toute démonstration est

---

(1) *C. Parm.*, 15.
(2) *Ibid.*
(3) *Ibid.*

fondée sur un principe antérieur et supérieur, qui ne peut être que l'*universel*. Quand l'astronome dit que les cercles du ciel se coupent mutuellement en deux, il ne peut le démontrer qu'en parlant de l'universel; car ce n'est point dans les corps sensibles qu'il trouve la cause de la section en deux des cercles célestes : le monde sensible ne peut contenir la raison de ce qui se passe dans le ciel. « Aux phénomènes préexis-
» tent les Idées, causes de leur être, qui les surpassent
» en universalité et en puissance (1). »

Tels sont les divers arguments par lesquels Proclus démontre l'existence des Idées et que lui fournissent à la fois Platon, Aristote et Plotin. La conclusion synthétique à laquelle il arrive, c'est que l'Unité, plérôme des Idées, engendre le multiple par son être même, ou, si on préfère cette expression, par sa pensée même, ou mieux encore, par son unité même, supérieure tout à la fois à la pensée et à l'être. Dans l'absolue Unité on ne peut distinguer une chose d'une autre, et le mieux est de dire que l'Un produit parce qu'il est l'Un, que le Bien est fécond parce qu'il est le Bien.

Après avoir démontré l'existence des Idées et leur unité transcendante dans le Bien, dont elles constituent la fécondité, Proclus s'efforce de déterminer quelle est la nature des Idées. Pour cela il faut, selon lui, réunir les déterminations les plus diverses, afin de corriger l'insuffisance de nos conceptions en les complétant l'une par l'autre. « Pour définir la pro-
» priété caractéristique des Idées par les choses les
» plus faciles à connaître, empruntons à la nature la
» notion d'une puissance qui produit par son être

---

(1) *C. Parm.*, 19.

» même, et à l'art celle d'une puissance qui connaît ce
» qu'elle produit, quoique l'art exclue la production
» par l'être même ; ramenons ensuite ces deux no-
» tions à l'unité : nous avons l'Idée (1). » L'Idée est
donc comme une conception artistique qui aurait par
elle-même et en elle-même le pouvoir de réaliser une
œuvre à sa ressemblance. Elle est à la fois le modèle
et la cause, et Xénocrate avait raison de la définir
la *cause* et l'*exemplaire* des choses toujours subsistantes dans la nature (2). Ainsi se concilient dans
l'Idée la puissance active et l'immobilité intelligible,
le point de vue d'Aristote et celui de Platon.

III. Maintenant, de quelles choses y a-t-il des Idées,
et de quelles choses n'y en a-t-il pas?—Le principe de
Proclus est celui-ci : De tout ce qui subsiste toujours, il
y a des Idées ; de tout ce qui est contingent et mortel,
il n'y en a pas (3). Cela revient à dire qu'il n'y a
d'Idée que de l'universel. Telle semblait être, en effet,
la doctrine de Platon ; mais Plotin, infidèle à la lettre
de certains dialogues, n'en demeurait pas moins fidèle
à l'esprit du *Parménide* et de la *République*, peut-
être à l'enseignement oral, lorsqu'il admettait des
Idées pour les individus : par là il conciliait Platon et
Aristote. Proclus prétend revenir à un platonisme
plus pur, et considère la généralité comme le signe nécessaire de l'Idée. Il n'y a donc point d'Idée de l'individu, par exemple de Socrate ; autrement, l'Idée
étant une cause immobile, l'individu devrait être immuable et éternel (4). S'il y avait une Idée de l'indi-

(1) *C. Parm.*, IV, 153.
(2) V, 136.
(3) V, 239.
(4) V, 52.

vidu, que deviendrait cette Idée quand l'individu aurait cessé d'être? Elle ne pourrait disparaître, puisque toute Idée est éternelle; elle ne pourrait subsister, puisque toute Idée est un modèle, et qu'il n'y a pas de modèle sans image. L'Idée, produisant par son être même, doit toujours produire : il ne peut y avoir en elle rien d'accidentel (1); elle ne peut être cause exemplaire pendant un court espace de temps, et ne pas l'être pendant une infinité (2). — Proclus parle comme si la production de l'individu n'était soumise à aucune condition, comme s'il lui suffisait d'être *possible* pour se *réaliser* immédiatement, comme si l'éternelle possibilité de tel individu, résidant toujours dans la Pensée divine, entraînait l'éternelle réalisation de ce même individu dans le monde sensible. De plus, l'individualité consistant dans l'*âme*, et les Platoniciens admettant, outre l'immortalité, l'éternité des âmes, l'objection de Proclus à Plotin perd beaucoup de sa valeur. Proclus ne peut soutenir sa doctrine qu'en ramenant l'*individuel* au *phénoménal*. Aussi dit-il que les individus ont simplement des causes, non des Idées; que la cause de leur unité est l'ordre de l'univers, et la cause de leur variété, le mouvement du ciel, la diversité des natures, des semences particulières, des climats, des circonstances extérieures (3). Car toute Idée est cause, mais toute cause n'est pas Idée (4).

IV. Comment les êtres participent-ils aux Idées? Faut-il se représenter un miroir qui reçoit l'image des

---

(1) *C. Parm.*, 53.
(2) 53. *Comm. Tim.*, 309.
(3) *C. Parm.*, 54.
(4) *Ib.* Τὸ γὰρ παράδειγμα αἰτία. Πολλαχῶς οὖν τὴν αἰτίαν λέγειν εἰώθαμεν, μιᾶς τῶν πολλῶν παραδειγματικῆς αἰτίας οὔσης.

objets, ou les êtres tournés vers le Démiurge, aspirant à lui et remplis de ses reflets (ἐμφάσεις), ou enfin l'empreinte du cachet sur la cire? Chacune de ces images prise à part est inexacte. La comparaison du miroir et des reflets suppose des dispositions physiques étrangères à la participation; l'empreinte (τύπωσις) des Stoïciens n'est qu'une action extérieure de l'agent, et ne représente pas l'action tout intérieure de l'Idée (1). Il y a seulement dans ces images quelque chose qui ressemble à l'action de l'Idée sur la matière; c'est ce qu'il faut conserver, en écartant ce qui pourrait assimiler la participation à une action corporelle (2).

Platon avait parfaitement compris où réside la difficulté de la participation : l'Idée doit être à la fois en elle-même et dans les choses, séparée et présente. Pour Aristote, l'Intelligence divine est toute séparée; pour les Stoïciens, tout immanente. Les Alexandrins, comprenant de nouveau la nécessité de concilier la séparation avec l'union, trouvent dans l'âme humaine, à la fois présente au corps et distincte du corps, l'exemple d'un principe qui se communique sans se diminuer, d'une flamme intellectuelle qui se propage sans s'éteindre. Par là, les Néoplatoniciens font un pas nouveau dans cette voie de l'expérience intérieure où la philosophie, depuis son origine, était toujours entrée de plus en plus; et sous l'abstraction de leur métaphysique, comme sous les images sensibles de leur symbolisme, on retrouve un fait psychologique.

(1) *Comm. Parm.*, 81, 73, 75, 122.
(2) V, 174. Ἡ γοῦν τῶν ὅλων ἑνότητος αἰτία τήν τε δραστήριον δύναμιν τῶν εἰδῶν, καὶ τὴν ἐπιτηδειότητα τῶν τῇδε συνάγει πρὸς τὴν μίαν τῆς δημιουργίας ἀποπλήρωσιν.

Malgré cela, ce fait reste toujours à expliquer. Que ce soit une propriété de l'incorporel d'être en tout et en soi, partout et nulle part, c'est ce que notre conscience nous atteste. Mais, si ce fait psychologique est admirablement propre à éclairer les obscurités de la théologie, ne repose-t-il pas, à son tour, sur quelque fondement métaphysique? — C'est ce fondement que recherche Proclus, et il croit le trouver en approfondissant plus que ses prédécesseurs la théorie platonicienne de la participation.

Un principe incorporel qui demeure en lui-même, un objet qui participe à ce principe et en reçoit la forme avec la substance, tels sont les deux termes du problème, entre lesquels il faut trouver un lien. Mais, si le principe incorporel demeure réellement en soi, si sa simplicité ne peut communiquer aucune partie d'elle-même, comment nier que ce principe ne soit réellement *imparticipable*, dans le sens propre de ce mot (1)? Et pourtant l'objet sensible participe de quelque manière à ce principe imparticipable. Comment lever cette contradiction?

Il faut, dit Proclus, un moyen terme (2). Il faut qu'il y ait dans le principe intelligible quelque chose de communicable et de participable qui le relie au sujet sensible : ce terme moyen est nécessaire pour unir entre elles des natures aussi dissemblables (3). Ne confondons donc pas ces trois choses différentes : le sujet *participant*, la forme *participée*, et le principe *imparticipable* (4). Le sujet participant est une *multiplicité*

---

(1) *Elem. theol.*, pr. 23.
(2) *Theol. Plat.*, p. 123.
(3) *Ibid.* Οὐδὲ γὰρ τῷ ἐξῃρημένῳ τοῦ πλήθους αἰτίῳ δυνατὸν ἀμέσως ἐνοῦσθαι τὰ ἀνόμοια γένη τῶν δευτέρων.
(4) *Inst. theol.*, 63.

*une* (1) ; l'imparticipable est l'*unité simple* ou monade (2) ; et le terme moyen est l'*unité multiple* (3).

Or, qu'est-ce que cette unité multiple, intermédiaire entre le principe suprême et le monde sensible, sinon l'Idée de Platon ? L'Idée, en effet, est ce qu'il y a de multiple au sein même de l'Unité ; elle est une perfection particulière de Celui qui embrasse toutes les perfections.

Partout où se trouve ce moyen terme de l'unité multiple, il y a Idée, malgré la diversité des noms et même des choses. Proclus réserve ordinairement le nom d'Idées aux pensées de l'Intelligence divine, et c'est là, en effet, le sens le plus précis de ce mot. Mais, en réalité, au-dessous comme au-dessus des Idées de l'Intelligence, on trouve des unités dérivées ou des unités primitives, qui ne sont encore autre chose que les Idées : ici, les Idées conçues dans leurs principes les plus élevés ; là, les Idées descendues dans les effets où elles procèdent.

Entre la matière et la Nature universelle se trouvent les *idées séminales* ou raisons spermatiques des Stoïciens, qu'Aristote appelait les *natures* des êtres. La matière est le sujet participant; les *natures* sont les formes participées, présentes à la matière quoique demeurant ailleurs par leur origine ; et la Nature universelle est la monade imparticipable.

De même, c'est par les âmes particulières, desquelles elles procèdent, que les natures se rattachent à l'Ame universelle, monade imparticipable dans son ordre (4). Et qu'est-ce qu'une âme particulière, si ce

---

(1) *Elem. theol.*, prop. 23. Οὐχ ἓν ἅμα καὶ ἕν.
(2) *Ibid.* Τὸ ἕν. *Inst. theol.*, 64 : Ἀρχικὴ μονάς, ἀμέθεκτὸς μονάς.
(3) Ἓν ἅμα καὶ οὐχ ἕν. *Ibid.*
(4) *In Parm.*, VI, 40. Déjà Jamblique avait séparé de l'âme qui ha-

n'est une Idée vivante, descendue du domaine de l'Intelligence dans celui de l'Ame? — Les âmes, à leur tour, se rattachent par les intelligences particulières à l'universelle Intelligence ; et les intelligences particulières ne sont autre chose que des *intelligibles*, des *Idées* ayant conscience de soi. Enfin, les intelligences particulières sont en communication avec l'Unité absolue et imparticipable, mais par l'intermédiaire d'*unités* participables, qui ne sont encore au fond que les Idées dans leur principe le plus élevé.

L'Idée est donc, au plus bas degré de l'échelle dialectique, nature particulière, puis âme particulière, puis intelligence particulière, identique à son intelligible ; et au plus haut degré de l'échelle, *unité* particulière et déterminée, coexistant avec toutes les autres dans l'Unité universelle (1). A tous ces degrés, elle sert également de moyen terme. Entre le sujet participant et la monade imparticipable, les Idées jouent le rôle de monades participables (2).

bite le monde et se communique à toutes ses parties une âme supérieure qui subsiste indépendante et détachée du monde. Procl., *Theol. plat.*, 21, 22. Proclus étend à tous les principes la même division.

(1) Le tableau suivant résume la doctrine de Proclus.

| SUJET PARTICIPANT. | MONADES PARTICIPABLES ou *Idées* particulières. | MONADE IMPARTICIPABLE. |
|---|---|---|
| | *Le Monde :* | |
| Matière indéterminée. | Natures particulières. | Nature universelle. |
| | *Le Divin. L'Ame.* | |
| Natures particulières. | Ames particulières. | Ame universelle. |
| | *L'Intelligence.* | |
| Ames particulières. | Intelligences particulières. | Intelligence universelle. |
| | *Le Bien.* | |
| Intelligences particulières. | Unités divines ou Hénades. | Unité universelle. |

(2) *In Parm.*, VI, 40. Καὶ τῶν πολλῶν ἄρα ψυχῶν... ἡγεῖται κατ' οὐσίαν ἡ ἀμέθεκτος ψυχή... καὶ τῶν πολλῶν νέων ἀμέθεκτος νοῦς, ὁ χωριστὸς καὶ ἐν ἑαυτῷ

S'il en est ainsi, l'idée générale de la participation par *procession*, que Plotin n'avait point décomposée, doit se diviser pour Proclus en deux moments distincts : passage de l'imparticipable au participable, et passage du participable au participant. Le terme de *procession* ne convient qu'à ce second moment ; car, de la monade imparticipable à la multitude des monades participables, objets de la procession proprement dite, il n'y a point changement d'essence ou de nature ; c'est un simple changement de l'universel au particulier, que Proclus appelle l'*abaissement* (ὑπόβασις, ὕφεσις) (1). « Toutes les mo-
» nades, dit-il, de quelque ordre qu'elles soient, pro-
» duisent de deux manières : tantôt par l'abaissement
» de leur universalité à des choses particulières, de
» telle sorte que leur caractère propre reste le même
» tout en se particularisant ; tantôt par changement
» d'essence, et par procession des modèles aux ima-
» ges (2). » L'image diffère essentiellement du modèle, tandis que dans l'abaissement la nature du principe ne change pas. Aussi ne faut-il pas croire que ce terme d'*abaissement* désigne pour Proclus une sorte de chute et de décadence. Il désigne simplement un passage du point de vue supérieur à un point de vue logiquement inférieur, dans le sein d'un seul et même principe, « dont le caractère propre reste le même. »

διαιωνίως ἱδρυμένος, καὶ συνέχων ἄνωθεν πᾶσαν τὴν νοερὰν οὐσίαν... Καὶ τῶν πολλῶν ἄρα καὶ μετεχομένων ἑνάδων ἐπέκεινα τὸ ἀμέθεκτόν ἐστιν ἕν, πάντων, ὥσπερ εἴρηται, τῶν θείων διακόσμων ἐξηρημένον.

(1) Διὸ καὶ μία σειρὰ καὶ μία τάξις ἡ ὅλη παρὰ τῆς μονάδος ἔχει τὴν εἰς τὸ πλῆθος ὑπόβασιν. *Inst. theol.*, 175. — Αἱ μὲν γὰρ πρόοδοι δι' ὑφέσεως γινόμεναι τὰ πρῶτα πανταχοῦ πως πληθύνουσιν εἰς τὰς τῶν δευτέρων ὑποβάσεις. *Ib.*, 125.

(2) Πᾶσαι τῶν ὁπωσοῦν εἶναι λεγομένων αἱ μονάδες τὰ μὲν παράγουσιν ὡς ἀπὸ ὁλικῶν ἑαυτῶν κατ' ὑπόβασιν μερικώτερα, τῆς ἰδιότητος τῆς αὐτῆς μενούσης, μερικωτέρας δὲ τούτων γιγνομένης, τὰ δὲ κατ' οὐσίας ἐξαλλαγῇ, ὡς ἀπὸ παραδειγμάτων εἰκόνων προόδους.

Toute *unité*, d'après Proclus, enveloppe des *unités*, c'est-à-dire des Idées; et l'abaissement n'est que le premier degré de la dialectique descendante, qui manifeste les perfections particulières dans la perfection universelle.

Déjà Platon avait distingué de l'Un absolu et de la multiplicité absolue les unités-multiples qui remplissent l'intervalle; c'est ce terme moyen dont Proclus approfondit de nouveau la nature. Pour cela, il n'a besoin que de pousser jusqu'à sa dernière conséquence le principe de la dialectique platonicienne. Quel est en effet ce principe? C'est que tout a sa raison dans l'absolu, la multiplicité comme l'unité; d'où il résulte, d'après le *Parménide*, que le multiple même se trouve dans l'Un, d'une manière qui ne le détruit pas, mais qui au contraire le réalise et le constitue. C'est le même principe qui inspire à Proclus sa théorie des unités divines.

Les Idées proprement dites sont les *intelligibles* conscients et intelligents, en d'autres termes les pensées divines. Mais la multiplicité de ces pensées doit correspondre à quelque multiplicité transcendante dans le Principe premier, de telle sorte que ce Principe réconcilie tout à la fois le multiple et l'un dans les profondeurs de sa nature supra-essentielle. De même que Platon s'était efforcé de maintenir également en Dieu le caractère incommunicable de l'unité et le caractère communicable des perfections multiples jusqu'à l'infini, de même Proclus considère le Premier Principe comme supérieur à toute contradiction et à toute opposition de simplicité et de pluralité, d'unité et d'infini, d'idéalité et de réalité, parce qu'il enveloppe toutes choses dans sa perfection suprême.

Il faut donc considérer successivement en Dieu l'Unité et les unités, afin de comprendre avec Platon comment Dieu n'est aucune chose et comment il est toutes choses, comment il se suffit à lui-même dans son unité incommunicable et comment il se communique par ses unités.

V. Proclus distingue dans la théologie deux parties, l'une négative, qui a pour objet l'Un ; l'autre affirmative, qui a pour objet les unités (1). Il semble au premier coup d'œil que l'affirmation, étant plus expressive que la négation, soit plus convenable à l'expression de ce qu'il y a de plus élevé et de plus vénérable. Qu'on y prenne garde : pour tous les êtres finis l'affirmation est sans doute le mode qui représente le mieux l'essence des choses ; mais l'Un n'est pas essence (2). Platon l'a dit dans ses Lettres : la cause de toutes les erreurs pour l'âme, c'est de se représenter le Premier comme une essence et de chercher à le définir (3). Au fond, les négations appliquées à l'Un ne sont pas réellement négatives : « elles sont,
» sous la seule forme possible, les véritables affirma-
» tions des qualités contraires aux choses imparfaites
» qu'elles nient (4). » Parce que la nature de Dieu ne se prête à aucune qualification et à aucune définition, n'en concluons pas qu'il soit un pur néant. « Pour mieux distinguer son existence mystérieuse
» de l'existence des êtres, nous affirmons de lui qu'il
» n'est pas (μὴ ὄν); mais il importe de remarquer

---

(1) *Theol. s. Plat.*, II, 5, 10. *Comm. Parm.*, VI, 45. *Comm. Rep.*, 430.
(2) *C. Parm.*, VI, 53, 54.
(3) *Theol. Plat.*, II, 8.
(4) *Ibid.*, II, 10.

» que nous ne voulons pas par là le réduire à rien
» (οὐδέν) (1). Nous ne sacrifions pas la réalité divine
» pour n'en conserver que le nom, et rendre à une
» parole creuse, à un symbole vain, les hommages
» dus au producteur et au conservateur de l'uni-
» vers (2). » « Le manque d'une chose en Dieu n'est
» pas signe de privation, mais de supériorité (3). »
« C'est parce que Dieu n'est pas multiple que le
» multiple procède de lui; c'est parce qu'il n'est
» pas un tout qu'il engendre le tout, et ainsi du
» reste (4). » « De pareilles négations ne sont donc
» pas privatives des qualités auxquelles elles s'appli-
» quent, mais comme génératrices de leurs oppo-
» sés (5). » Il faut d'ailleurs remarquer que chaque
degré supérieur, dans la hiérarchie dialectique des
êtres, nie la qualité distinctive du degré inférieur. Au-
dessus des corps est l'essence incorporelle ; au-dessus
des êtres engendrés, l'âme inengendrée; au-dessus des
mobiles, l'intelligence immobile (6). Pour parvenir
au Premier Principe, il faut donc nier tout ce qui est
au-dessous. Ce serait rabaisser l'Un et lui porter
atteinte, que de lui attribuer par affirmation telle ou
telle faculté dont nous avons la notion certaine et
complète : « Ajouter à l'Un, c'est lui retrancher ; ce
» n'est plus exprimer l'Unité, mais quelque chose qui

---

(1) Τὸ δὲ αὖ πρὸ τοῦ ὄντος ἕν, μὴ οὐ μέν ἐστιν, οὐ μέντοι καὶ οὐδέν. *C. Parm.*, VI, 54.

(2) *Ibid.*, 59. — Tous ces passages sont assez explicites; ce qui n'empêche pas les interprètes de répéter que le Dieu des Alexandrins est un
pur non-être.

(3) Τὸ γὰρ δέον οὐκ ἔστι στερήσεως, ἀλλ' ὑπεροχῆς σημαντικόν. *Comm. Parm.*, VI, 87.

(4) *Plat. Theol.*, II, 11.

(5) *Ibid.* Οὔκ εἰσι στερητικαὶ τῶν ὑποκειμένων, ἀλλὰ γεννητικαὶ τῶν οἷον ἀντικειμένων.

(6) *Ibid.*, II, 4.

» comporte l'unité (1). » — C'est ainsi que Proclus reproduit, sous une forme plus claire, la théorie de Plotin concernant le Bien supérieur à l'être; et s'il appelle parfois Dieu un non-être, c'est encore, nous dit-il, pour exprimer sa réalité absolue. Le Dieu de Plotin et de Proclus n'est abstrait et indéterminé que par rapport à nous.

Dans l'Un du *Parménide*, qui forme la première hypothèse de la discussion, Proclus reconnaît le Dieu ineffable, duquel on peut tout nier, parce qu'il est l'affirmation suprême et qu'aucune de nos affirmations incomplètes ne convient à sa majesté. Cet Un n'est ni l'Ame, ni l'Intelligence, ni la Vie, ni même l'Etre (2). Il est encore moins l'universalité des êtres; car alors il serait l'un résultant de la multiplicité, tandis qu'il est l'Un préexistant au multiple (οὐκ ἓν τῶν πολλῶν ὄν, ἀλλ' ἓν πρὸ πολλῶν) (3). Enfin, il n'est pas même l'un-être (τὸ ἓν ὄν, deuxième hypothèse du *Parménide*), c'est-à-dire l'unité qui se communique à l'être et persiste dans cette alliance (4). Un grand nombre de philosophes n'ont rien voulu voir au delà. Parménide lui-même n'entendait pas autrement cette unité qu'il opposait comme principe des choses aux partisans de la multiplicité primordiale et du changement perpétuel (5). C'est Platon qui, épurant cette doctrine et l'élevant à son expression dernière, est parvenu jusqu'à la conception de l'Un absolument distinct des êtres. Telle est l'ineffable immutabilité de ce principe qu'il ne faut pas même l'appeler le

---

(1) *Plat. Theol.*, II, 11. Ὅ τι γὰρ ἂν προσθῇς, ἐλαττοῖς τὸ ἕν, καὶ οὐχ ἓν αὐτὸ λοιπὸν ἀποφαίνεις, ἀλλὰ πεπονθὸς τὸ ἕν.
(2) *Plat. Theol.*, II, 4.
(3) *C. Tim.*, 52.
(4) *Theol. Plat.*, I, c. 27.
(5) *C. Parm.*, IV, 17, 27.

plus inébranlable des êtres en repos; telle est son activité qu'il ne faut pas même le nommer le plus infatigable des êtres en mouvement (1). Il est actif et immobile, sans être en mouvement ni en repos. Et de même, telle est en lui l'intelligence qu'il ne faut pas l'appeler le plus intelligent des êtres, et encore moins le plus inintelligent. Il domine tous les contraires. Les seuls noms qui lui conviennent sont : l'Unité, si nous le considérons comme cause génératrice (πρόοδος), et le Bien, si nous le considérons comme cause finale (ἐπιστροφή) (2).

VI. Sommes-nous donc réduits au silence sur Dieu ? La théologie est-elle toute négative ? — Non, car une évolution nécessaire de la pensée fait sortir de l'universelle négation l'universelle affirmation. Comme principe et fin de tout ce qui existe, Dieu, sous cet aspect déterminé, peut devenir l'objet de notre étude (3). Tout effet n'existe que par une cause, et subsiste en elle d'une certaine manière (4); toute cause ne produit que certains effets conformes à sa nature (5); toute série possède les qualités propres à l'unité qui la fonde (6). Au travers des êtres créés nous pourrons donc démêler « quelques-unes des puissances de la divinité créatrice (7); » sans connaître Dieu tel qu'il est, nous le connaîtrons tel qu'il se manifeste.

Non-seulement Dieu est le Bien en soi, mais il est

---

(1) *C. Parm.*, VI, 165.
(2) *C. Parm.*, IV, 86; V, 16.
(3) *Elem. theol.*, pr. 162.
(4) *Theol. Plat.*, V, c. 31; VI, 4. *Elem. theol.*, pr. 35.
(5) *C. Parm.*, VI, 223. *Elem. theol.*, pr. 96, 135.
(6) *C. Parm.*, VI, 10, 19.
(7) *C. Alcib.*, II, 217, 218. *C. Parm.*, VI, 3; V, 305.

encore la Bonté (1); c'est-à-dire qu'il est bon nonseulement pour lui-même, mais pour les autres : il est le Bien se communiquant et se répandant au dehors. C'était la pensée intime de Platon que Dieu est fécond par sa perfection même, et que la bonté expansive a sa raison dernière dans la bonté intrinsèque et immanente. Telle est aussi la pensée de Proclus. Mais, s'il en est ainsi, ne faut-il pas que l'Un, d'une manière mystérieuse, contienne la multiplicité? que l'Unité enveloppe l'infinité, qui lui est opposée d'ordinaire?
— Le soupçon du *Parménide* devient dans Proclus une idée claire, grâce aux progrès du Néoplatonisme. Les Alexandrins avaient rattaché la matière à Dieu, et par conséquent l'infinité à l'unité, la puissance à l'acte; le moyen terme de cette union était l'idée d'une détermination tellement absolue qu'elle est équivalente pour nous à une indétermination. L'être parfait est celui qui enveloppe toutes les déterminations positives, et par conséquent toutes les perfections. On peut donc dire que dans l'unité du Parfait coexiste l'*infinité* des *perfections*. Ce sont ces perfections distinctes, quoique inséparables, que Proclus appelle les unités divines (αἱ ἑνάδες).

« Que cette expression, *les* unités, ne nous fasse pas
» croire à notre insu que de l'Un suprême, et sans tran-
» sition, l'on arrive à la multitude. Il ne saurait être
» question de la multiplicité; nous n'en sommes pas à
» l'être (2). » Les unités ne font qu'un (3). Comme l'Un, elles sont ineffables (4). Seulement, l'Un est imparticipable en lui-même; les unités peuvent ou plutôt

(1) *Elem. theol.*, pr. 119, 121. *C. Alcib.*, III, 201. *C. Tim.*, 109. *C. Rep.*, 355-6.
(2) *Theol. Plat.*, III, 4.
(3) *C. Parm.*, VI, 14.
(4) *Ibid.*, IV, 111.

doivent nécessairement se communiquer (1). Elles constituent la possibilité du monde ; elles sont la puissance qu'enveloppe l'acte divin, l'infinité que contient son unité. L'Un absolu de Plotin pouvait sembler à un regard superficiel un abîme mystique, identique au vide absolu, quoique Plotin l'appelle la plénitude ou le plérôme ; Proclus comble et remplit cette apparente inanité par l'infinité des perfections divines. Par elles le monde est possible, par elles il est réel ; car elles sont la bonté expansive résidant dans le Bien en soi (2). Elles communiquent au Bien le caractère de *cause*.

Dieu, étant absolument parfait (τέλειος), comme l'a dit Platon dans le *Philèbe*, a une vertu productrice ; sans quoi l'on pourrait, en la lui supposant, ajouter à l'idée de sa prétendue perfection (3). Par cela même qu'il est l'être en acte, il a la puissance parfaite, il est souverainement puissant (4).

Toute puissance, d'après Proclus, est imparfaite ou parfaite. La puissance qui a besoin d'un autre être en acte auquel elle participe pour être une puissance quelconque, est imparfaite. La puissance qui fait passer à l'acte parce qu'elle est elle-même acte, est parfaite. En effet, par sa propre action, elle perfectionne d'autres êtres ; or, ce qui perfectionne a en soi-même le principe de perfection. En d'autres termes, la puissance parfaite est celle de l'être en acte ; la puissance imparfaite est celle de l'être en puissance. Tout est engendré par ces deux puissances, dont la seconde n'existe que par la première (5). Dieu

---

(1) *Elem. theol.*, 116. *Theol. Plat.*, II, 4.
(2) *Elem. theol.*, 25, 27.
(3) *Elem. theol.*, pr. 27.
(4) *Elem. theol.*, pr. 78.
(5) V. *ib.*, 79.

*peut* donc produire, s'il le veut; et comment supposer que la Bonté, envieuse de ses dons, refuse de se répandre (1)?

On donne le nom de *cause* aux substances qui commencent d'elles-mêmes le mouvement qui leur est propre; on distingue ensuite leur opération ou *action*; et le résultat, c'est l'*effet* (2); mais tout ceci ne saurait convenir à la cause première. Dégageons-la de toute idée d'*action* (3). On ne recourt à l'action que par défaut de puissance (4). Nous n'avons, il est vrai, aucun autre terme à substituer à celui que nous condamnons : l'opération divine, comme la nature même de Dieu, est ineffable (5). Mais ici encore la négation est féconde (6). Si Dieu, pour produire, n'entre pas en action, il en résulte qu'il produit par cela même qu'il *est* (7); et comme l'essence de Dieu (si l'on veut nous permettre cette expression inexacte) est la bonté même (8), cela revient à dire que la notion de bonté implique celle de cause, que l'Unité enveloppe nécessairement les unités, et que la cause première n'est autre que la Bonté qui s'épanche par cela seul qu'elle est la Bonté (9).

Telle est la forme à laquelle aboutit la théorie des Idées dans Proclus. Les *unités* ou hénades ne sont au fond autre chose que les Idées dans leur principe absolu ; ce sont ces perfections divines qui deviendront

(1) *C. Tim.*, 110. *Theol. Plat.*, I, c. 5.
(2) *De la Prov.*, c. V.
(3) *C. Parm.*, VI, 159.
(4) Κινδυνεύει ἄρα τὸ τῷ ἐνεργεῖν τι παράγον δι' ἔλλειψιν τοῦτο πάσχειν δυνάμεως, κρεῖττον δὲ εἶναι τὸ τῷ εἶναι μόνῳ παράγειν · τοῦτο οὖν ἀπράγμον ἐστὶ ποιήσεως. *C. Parm.*, VI, 159.
(5) *Ibid.*, 161.
(6) *Ibid.*, 210.
(7) *C. Tim.*, 119. *C. Parm.*, VI, 159.
(8) *C. Tim.*, 109. *Theol. Plat.*, I, c. 15.
(9) *Theol. Plat.*, III, ch. 7, p. 132.

des intelligibles intelligents dans la seconde hypostase trinitaire, et qui alors seront appelées plus proprement du nom d'Idées (1). Dans le Bien-un, l'Idée-unité est l'intermédiaire indispensable entre Dieu et le monde.

Dans cette théorie des hénades, on reconnaît également la dernière forme de la théorie des nombres, que Plotin avait considérés comme supérieurs aux Idées elles-mêmes, ou comme les premières Idées. Le produit pur et immédiat de l'Unité ne peut être qu'un nombre (2), et le nombre est au-dessus de toute autre Idée, comme l'Un est au-dessus de l'Intelligence et de l'Ame (3). Cette priorité des nombres est admise de tous les Alexandrins. « Quiconque s'appliquera, dit
» Syrianus, à connaître les doctrines théologiques des
» Pythagoriciens et le *Parménide* de Platon, verra
» clairement qu'avant les *Idées* sont les *nombres*,
» lesquels brillent à part parmi tous les ordres des
» choses divines. Les Idées sont les principes de la
» formation des choses; elles ne sont pas absolument
» les premières essences, car elles ne précèdent point
» les premiers genres de l'être, mais seulement les
» genres qui comprennent le monde sensible. Les
» choses sensibles ont pour principes immédiats, non
» la première unité, ni la première dualité, dont pro-
» cède le mystérieux ternaire, mais simplement les
» essences qui résident dans l'intelligence la plus
» simple du Démiurge (les Idées) (4). » De cette prio-

---

(1.) On voit que nous ne confondons pas les hénades avec les Idées, comme on nous l'a reproché ; mais nous maintenons que les hénades, distinctes pour Proclus des Idées proprement dites, sont au fond les Idées mêmes de Platon.
(2) *Enn.*, VI, vi, 9.
(3) *Ibid.*, 9, 6, 15.
(4) Syr., *Comm. Met.*, vers. Bagol., 73.

rité du nombre sur les intelligibles et les intelligences, Proclus tira naturellement sa doctrine des unités divines. Quand l'Un passe à l'être, il tombe dans le multiple; mais de l'Un aux unités, il y a nombre, sans multiplicité réelle. Chaque Idée, ou μονάς, est donc primitivement, par son unité originelle, ἑνάς ; et en même temps elle est Dieu (1). Dans le Dieu suprême s'identifient tous les dieux du Panthéon antique (2). L'un et le multiple sont ainsi définitivement réconciliés.

Par sa doctrine des unités, Proclus n'a fait que revenir à la pensée primitive de Platon. Pour celui-ci, en effet, les Idées n'étaient pas essentiellement des pensées de l'Intelligence, mais des formes objectives de perfection, ramenées à l'unité dans la substance divine. Qu'est-ce autre chose que les hénades, qui sont comme les sommets et la fleur des intelligences (3)?

VII. De même que Proclus, complétant la pensée de ses prédécesseurs, avait ramené l'Idée à son premier principe, au delà de l'intelligence et de l'être ; de même, reculant la source de cette Providence universelle qu'on attribuait d'ordinaire à l'intelligence, il en trouve le dernier fondement dans l'Unité suprême où reposent les unités.

D'après Proclus, les Péripatéticiens et les Stoïciens n'ont pas compris la vraie nature de la Providence, parce qu'ils ont rejeté la théorie des Idées et des unités divines. Supprimez cet intermédiaire, qui permet

---

(1) Il ne faut pas confondre la monade, μονάς, avec l'hénade, ἑνάς ; les monades participables, qui sont Idées proprement dites dans l'Intelligence, raisons séminales dans la nature, etc , sont *unités* dans l'Un, qui est la Monade suprême et imparticipable.
(2) Πᾶσα ἰδέα θεός. *De Rep.*, p. 357.
(3) *Ibid.*

à Dieu de connaître les choses dans leurs principes éminents et supra-essentiels, il en résultera nécessairement, ou que Dieu ne connaît pas les choses, ou qu'il les connaît de la même manière qu'elles sont, par un acte de même ordre que leur manière d'être, les choses sensibles par les sens, les intelligibles par l'intelligence. L'impossibilité de connaître l'imparfait d'une manière parfaite, au moyen des Idées, entraîne les deux erreurs contraires des Péripatéticiens et des Stoïciens (1). « D'après les uns, il est faux que Dieu
» connaisse toutes choses d'une manière déterminée;
» et pour sauver le contingent, ils prétendent qu'aux
» choses qui se produisent d'une manière indétermi-
» née correspond en Dieu même l'indétermination
» (c'est-à-dire que Dieu ne les connaît pas). Les autres,
» attribuant à Dieu la connaissance déterminée, ont
» admis la nécessité dans tout ce qui se produit (2)...
» Ceux-ci, accordant que la Providence existe, ont
» exclu toute contingence des êtres; les autres, ne pou-
» vant contredire l'évidence de l'être contingent, ont
» nié que la Providence atteignît jusque-là (3)... Ainsi
» les Péripatéticiens ont enlevé à Dieu la connaissance
» des choses sensibles et la providence, non par la fai-
» blesse, mais par la supériorité de son énergie intellec-
» tuelle... Les Stoïciens, au contraire, donnant à Dieu
» la connaissance du sensible pour pouvoir conserver
» la providence, ont tourné sa conception vers l'exté-
» rieur, l'ont fait descendre dans les choses sensibles,
» toucher les objets qu'il gouverne, ou mouvoir tout
» par impulsion, pénétrer tout par une présence lo-

---

(1) *C. Parm.* VI, 16. Ὑπερούσιαι γὰρ αἱ ἑνάδες αὐταί, καὶ ὥς φησί τις, ἄνθος καὶ ἀκρότητες.
(2) *De Prov. opp.*, I, 71.
(3) *De dec. disput. circ. Prov.*, ib., p. 98.

» cale (1). » Platon n'est point tombé dans ces erreurs : il admettait les Idées. Le monde sensible existant éminemment dans son Idée, Dieu peut connaître le corporel par une pensée incorporelle, l'imparfait par une pensée parfaite. Il voit chaque chose dans son principe. Mais le principe véritable, nous le savons, n'est pas l'Idée intellectuelle, l'Idée proprement dite ; c'est l'unité d'où procède l'Idée. Chaque chose est produite par l'être même de son principe, et par conséquent elle existe dans son principe d'une manière plus relevée qu'elle n'existe en elle-même ; et comme elle y existe, ainsi elle y est connue (2). Car produire par son être ou produire par sa pensée sont choses identiques. L'Un connaît donc toutes choses d'une connaissance supra-intellectuelle dans l'unité d'où elles dérivent, c'est-à-dire en lui-même. Ainsi, ce qui est divisé et multiple existe et est entendu dans son principe d'une façon indivisible et simple, sous la forme de l'unité ; ce qui est indéterminé et incertain y est connu d'une manière certaine et déterminée (3). Nos actes libres eux-mêmes, sans cesser d'être libres, sont soumis dans l'Unité à une prévision ineffable. Il y a donc dans l'Un une prédétermination antérieure à la vision de l'intelligence proprement dite : c'est ce qu'exprime le mot de *Pro-vidence* (4).

Ainsi la puissance créatrice et la puissance conservatrice ne font qu'un en Dieu. La bonté produit les choses, la sagesse les conserve, la beauté les ramène à leur principe par l'amour ; mais ces noms divers n'expriment

---

(1) *C. Parm.*, V, 222. Ἔτρεψαν αὐτοῦ τὴν ἀντίληψιν εἰς τὸ ἐκτὸς, καὶ ἐποίησαν διὰ τῶν αἰσθητῶν διήκειν, καὶ ἅπτεσθαι τῶν διοικουμένων, καὶ ὠθεῖν ἕκαστα, καὶ παρεῖναι πᾶσι τοπικῶς.
(2) *De dec. dub.*, 99.
(3) *Ib.* Cf. *C. Parm.*, VI, 47.
(4) *De Prov.* 1, 15.

qu'un même acte divin, identique à l'être même de Dieu. Ces trois points de vue sont la triade intelligible, qui se résout dans l'absolue unité. Création et providence s'expliquent donc également par le grand principe de la théorie platonicienne des Idées : existence et connaissance éminente de toutes choses sous une forme parfaite dans l'Universalité divine.

VIII. Puisque toutes choses sont primitivement subsistantes et entendues dans le Principe, on doit y retrouver les éléments constitutifs de tout être ramenés à l'unité. Ces éléments sont au nombre de trois, comme Platon l'a montré dans le *Philèbe* : le fini, l'infini et le mixte (1). Le fini en soi est le principe de toute détermination; l'infini en soi, de toute indétermination; le mixte est l'essence (2). Par le fini, l'être se pose; par l'infini, il se distingue et se détache de son principe; dans le mixte, il y revient. L'existence propre et indépendante, la séparation, la conversion (ὕπαρξις, πρόοδος, ἐπιστροφή), ou bien encore l'unité, l'expansion, la concentration : tels sont les trois moments de la loi universelle. L'Un est la *cause* dont parle le *Philèbe*, qui domine les autres termes et les produit (3).

Immédiatement au-dessous de l'Un en soi ou du Bien est la triade intelligible de la Bonté, dans laquelle le fini est l'acte, l'infini la puissance, et le mixte les unités divines (4). La seconde hypostase de

(1) *Comm. Parm.*, VI, 98, 101, 102.
(2) Τὸ αὐτόπερας. *C. Parm.*, VI, 102. *Theol. Plat.*, III, 9.
(3) *Theol. Plat.*, III, c. 8. *C. Tim.*, p. 15. *C. Parm.*, V, 31, 199.
(4) *Elem. theol.*, 159. Πᾶσα τάξις θεῶν ἐκ τῶν πρώτων ἐστὶν ἀρχῶν, πέρατος καὶ ἀπειρίας. *Plat. Theol.*, III, 25, 26, 27 : Τοῦ μὲν πέρατος τὴν ὕπαρξιν τὴν θείαν, τῆς δὲ ἀπειρίας τὴν γεννητικὴν δύναμιν, τοῦ δὲ μικτοῦ, τὴν οὐσίαν τὴν ἀπ' αὐτῆς ἐνδεικνυμένην.

la Trinité donne également naissance à une triade, dont chaque terme engendre à son tour une triade secondaire. Mais quels sont ces termes, et dans quel ordre convient-il de les placer? C'est sur ce point que Proclus introduit dans le Néoplatonisme un changement d'une grande importance.

Plotin, dans sa dialectique, avait fait prédominer le principe d'Aristote, qui mesure la dignité d'un être à sa simplicité individuelle. Proclus veut revenir à la doctrine platonicienne, qui classe les êtres d'après leur degré d'universalité (1). A ses yeux, l'universalité et la puissance sont en raison directe; et d'autre part, nous l'avons vu, la puissance parfaite est identique à la parfaite actualité; ce qui concilie de nouveau Platon et Aristote. L'universel, en effet, n'est point pour Proclus le caractère logique qui se retrouve dans toute une classe d'objets; il est la *puissance* qui produit ces objets et qui, conséquemment, est présente en eux par son action. L'universalité logique n'en est pas moins le signe de l'universalité métaphysique, et on peut mesurer sur elle la dignité des causes, en se rappelant toutefois que ces causes sont, non les genres eux-mêmes, mais leur principe éminent (2).

S'il en est ainsi, si le degré de causalité et de perfection correspond à la généralité des effets, la Pensée proprement dite ne peut plus occuper dans la hiérarchie des causes le second rang que lui attribuait Plotin. Car il y a moins d'êtres participant à la Pensée que d'êtres participant à la Vie (3). Et la vie même est moins générale que l'être; elle suppose donc un prin-

(1) *In Parm.*, V, 7.
(2) *Ibid.*
(3) *Inst. theol.*, 101. Πᾶσι γὰρ εἰς νοῦ μέτεστι, καὶ ζωῆς μέτεστιν, οὐκ ἔμπαλιν δέ.

cipe d'une puissance plus étendue, qui ne peut être appelé que l'Être en soi. Et par cet *Être*, Proclus n'entend pas le caractère commun à toutes les choses qui *sont*, mais le principe transcendant de ce caractère commun : ce n'est pas le genre *être*, mais la cause du genre (1). Par là Proclus est fidèle à la vraie pensée de Platon (2).

« Si donc l'Être est *cause* d'un plus grand nombre
» d'effets, la Vie d'un nombre moindre, l'Intelligence
» d'un nombre moindre encore, l'Être est au premier
» rang, la Vie au second, la Pensée au troisième (3)...
» Car ce qui est plus universel et cause d'un plus grand
» nombre d'effets est plus rapproché de l'Un (4). »
D'ailleurs, la pensée est évidemment une synthèse qui suppose l'être comme objet et la vie comme sujet. L'être fait le fond de l'intelligence, la vie en est le centre, la pensée en est le terme (5). L'être est le principe de l'unité et de l'identité ; la vie, par sa puissance expansive, est le principe de la variété ; la pensée est le retour de la variété à l'unité, de la vie à l'être (6). En même temps, cette triplicité est unité, et constitue l'Intelligence. Les trois termes ne sont point séparés : ils existent dans tous les trois, et néanmoins chacun existe en lui-même. L'être est vie et intelligence, mais *essentiellement* (οὐσίως) ; la vie est essence et intelligence, mais *vitalement* (ζωτικῶς) ; l'intelligence est essence et vie, mais *intellectuellement* (νοερῶς). L'être est l'élément intelligible, la vie est à la fois intelligible

---

(1) *In Parm.*, V, 7 et ss.
(2) C'est ce que ne nous semble pas avoir compris M. Ravaisson, *Mét. d'Arist.*, II, 518.
(3) *Inst. theol.*, ibid. Εἰ οὖν πλειόνων αἴτιον τὸ ὄν...
(4) Τὸ γὰρ ὁλικώτερον καὶ πλειόνων αἴτιον ἐγγυτέρω πως τοῦ ἑνός ἐστιν.
(5) *Theol. Plat.*, III, 9.
(6) *Ibid.*, III, 9 ; IV, 1. C. *Tim.*, 267.

et intellectuelle, la pensée est purement intellectuelle. Toutes ces distinctions, que Proclus multiplie comme à plaisir, n'empêchent pas l'unité fondamentale des différents termes ; et cette multiplicité même des triades en diminue l'importance objective, non sans profit pour la doctrine de Proclus.

Au-dessous de la triade intellectuelle, Proclus maintient avec Plotin l'Ame universelle, dont il emprunte à Platon la subdivision ternaire : λόγος, θυμὸς, ἐπιθυμία (1). Il semble, au premier abord, qu'il y ait contradiction à placer l'âme au-dessous de la pensée, quand on a placé la vie au-dessus. L'âme n'est-elle pas le principe de la vie, comme l'avaient définie Platon, Plotin et Proclus lui-même (2) ? — La contradiction n'est qu'apparente, et la théorie d'Aristote nous fournit le moyen de la résoudre. Aristote n'a-t-il pas représenté la pensée en soi comme identique à l'être et à la vie ? N'a-t-il pas élevé la vie immobile de l'intelligence au-dessus de cette vie mobile qui est le propre de l'âme ? Pour Proclus aussi il y a équation entre la vie en soi et l'acte éternel (3), entre l'âme et le mouvement dans le temps (4).

Telles sont les trois triades, psychique, intellectuelle et divine, que couronne l'Unité absolue. Le tout reproduit la décade de Pythagore et de Platon, nombre sacré qui embrasse tous les autres. C'est le système complet des *nombres idéaux*, que Platon regar-

---

(1) *C. Rep.*, 415, ss.
(2) *Inst. theol.*, 188. Πᾶσα ψυχὴ αὐτοζωός ἐστιν... τὸ ἄρα εἶναι αὐτῆς ταὐτὸν τῷ ζῆν.
(3) *C. Parm.*, VI, 142. *C. Tim.*, 169, 217. *Theol. plat.*, III, 16. *Elem. theol.*, pr. 162.
(4) *C. Tim.*, 178, 179. Τὸ αὐτὸ ἑαυτὸ κινοῦν, τῶν μὲν ἑτεροκινήτων δέσποζον, τῶν δὲ ἀκινήτων ὑφειμένον... τὸ αὐτοζῶν... θειότερον ὂν τῶν κατὰ μέθεξιν μόνον ζώντων, καταδεέστερον δὲ τῶν πρώτως ἐχόντων τὸ ζῆν. Cf. *Theol. plat.*, 123.

dait comme les principes universels de l'être et comme le terme de la pensée.

IX. Le système de Proclus est le dernier effort original du Néoplatonisme pour concilier Dieu et le monde, et pour élever au-dessus du dualisme antique la conception d'une unité d'où la multiplicité puisse sortir. Pour Damascius, l'Unité semble devenir un principe indéterminé et indéterminable, voisin de l'abstraction. D'après lui, il n'est pas même possible de savoir si l'Un peut ou ne peut pas être connu (1) ; le nom même d'imparticipable est inexact, comme celui de participable (2) ; le silence seul l'honore (3) ; c'est un abîme où il faut se perdre (4).

Le faux mysticisme apparaît dans les successeurs de Proclus, et déjà il s'était annoncé dans Proclus lui-même. Par réaction, l'Aristotélisme est peu à peu restauré, dans le sein même de l'école platonicienne, par Ammonius, Simplicius, Philopon, David d'Arménie. Est-ce donc que le Platonisme, contenant un vice caché, arrive fatalement à se condamner et à se détruire lui-même; ou ne disparaît-il dans les écoles païennes que parce qu'il revit ailleurs d'une vie désormais immortelle?

(1) Ἀγνοεῖν δὲ καὶ εἰ ἄγνωστον. Damasc., *De Princ.*, p. 20; *ib.*, 9.
(2) Οὔτε μετεχόμενόν ἐστιν οὔτε ἀμέθεκτον, p. 99.
(3) Σιγῆς ἀμηχάνου καὶ ὁμολογίας τοῦ μηδὲν γινώσκειν, p. 23.
(4) *Ibid.*, 332, 351, 383.

# LIVRE CINQUIÈME.

## LE PLATONISME DANS LE CHRISTIANISME.

## CHAPITRE I.

### LA TRINITÉ, LA PROCESSION ET LA CRÉATION.

I. Le bien-un et le Père. Identité du Bien supérieur à l'essence et à l'intelligence avec le Père. Caractère incompréhensible et ineffable du Père. Méthode d'élimination employée par les chrétiens dans la théologie négative dont l'objet est le Père. Analogie de cette méthode avec celle de Platon dans la première thèse du *Parménide*. Comment, d'après les chrétiens, Dieu est non-essence par la plénitude de l'essence, non-intelligence par la plénitude de l'intelligence, etc. — Témoignages de Saint Justin, Tertullien, Clément d'Alexandrie, Origène, Grégoire de Nazianze, Athanase, Saint Augustin, Denys, Saint Thomas, Petau, Thomassin, etc.

II. Les Idées et le Verbe. Méthode d'induction platonicienne adoptée par les chrétiens. Germe des théories trinitaires dans Platon et dans Aristote. La doctrine des Idées chez les Pères de l'Église, dans Saint Anselme et dans Saint Thomas.

III. Rapport de l'Intelligence au Bien, du Fils au Père. Est-ce un rapport d'infériorité ou d'égalité? Comparaison de Platon, d'Aristote et des alexandrins avec les chrétiens.

IV. L'ame divine et l'esprit. Comparaison de la doctrine platonicienne et de la doctrine chrétienne. 1° L'Esprit, intermédiaire entre Dieu et le monde, principe de grâce et d'amour. 2° L'amour en Dieu. Originalité de la conception chrétienne, fondée sur la doctrine de l'Esprit. Comment cette doctrine exclut le panthéisme. 3° Double conséquence relativement à Dieu et au monde. La bonté immanente en Dieu. La bonté expansive et créatrice en Dieu. Théorie de la création par liberté et par amour. Comparaison du platonisme, des doctrines orientales et du christianisme.

Tous les grands principes de la philosophie platonicienne se retrouvent dans le christianisme, élevés à une puissance nouvelle et conciliés avec les autres doctrines grecques ou orientales. La théorie des Idées, le Bien-un qui la couronne, l'âme universelle qui réalise les Idées dans le monde, et enfin la participation des choses aux Idées, tout est résumé, sous des formes plus pures et plus vraies, dans les dogmes de la trinité et de la création.

Les livres saints, Philon, Plotin et Platon, sont les principales sources de la métaphysique chrétienne. Soit directement, soit indirectement et par l'intermédiaire de Philon ou de Plotin, l'auteur de la théorie des Idées exerça sur le christianisme l'influence la plus incontestable. Les Pères grecs l'avouent eux-mêmes, et, regardant le christianisme comme identique à la vérité universelle, ils placent au nombre des chrétiens ceux qui ont connu le Verbe avant même qu'il s'incarnât dans le Christ. « Tout ce qui a été
» enseigné de bon par tous les philosophes nous ap-
» partient, à nous chrétiens (1)... Tous les hommes
» participent au Verbe divin, dont la semence est
» implantée dans leur âme... C'est en vertu de cette
» raison séminale, dérivant du Verbe, que les anciens
» sages ont pu, de temps à autre, enseigner de belles
» vérités... Car tout ce que les philosophes ou les
» législateurs ont dit ou trouvé de bon, ils le devaient
» à une vue ou connaissance partielle du Verbe. So-
» crate, par exemple, connaissait le Christ d'une cer-
» taine manière, parce que le Verbe pénètre toute
» chose de son influence... Voilà pourquoi les doc-
» trines de Platon ne sont pas tout à fait contraires à
» celles du Christ, bien qu'elles ne soient pas absolu-
» ment semblables... Tous ceux qui ont vécu selon le

---

(1) Saint Justin, *Apol.*, I, 51. Ὅσα οὖν ὦ ἄρα πᾶσι καλῶς εἴρηται, ἡμῶν τῶν χριστιανῶν ἐστί.

» Verbe sont chrétiens, bien qu'ils aient été regardés
» comme athées : tels étaient Socrate et Héraclite
» chez les Grecs, et parmi les barbares, Abraham,
» Ananias, Azarias, Misaël, Elie, ainsi que beaucoup
» d'autres (1). » Ce christianisme compréhensif des premiers Pères, vraiment universel ou catholique (καθολικός), s'attachait à fondre en une même doctrine toutes les vérités éparses chez les anciens philosophes et surtout dans Platon.

I. LE BIEN-UN ET LE PÈRE.

Le point culminant de la théorie des Idées est la conception du Bien identique à l'Unité, supérieur à l'essence et à l'intelligence; telle est aussi la conception la plus élevée du christianisme.

Dieu, considéré dans l'absolu de son être, est incompréhensible et ineffable. Aucun nom, dit Saint Justin, ne convient au principe suprême de l'univers (2). *Dieu*, le *Père*, le *Créateur*, le *Seigneur*, ne sont pas des noms qui définissent son essence, mais de simples qualifications tirées de ses bienfaits et de ses œuvres (3). De même, pour Tertullien, Dieu en soi est caché et inaccessible; mais il s'est révélé par le Verbe, comme le soleil, trop éclatant pour être

---

(1) Cf. Clément d'Alex., *Strom.* I, c. IX, p. 348 : « Semblables aux
» bacchantes qui ont dispersé les membres de Penthée, les diverses sectes
» de philosophie, soit grecques, soit barbares, éparpillent en fragments
» l'indivisible lumière du Verbe divin. »

(2) Saint Justin, *Apol.*, I, 46; II, 8, 10, 13, 14. Saint Justin était platonicien avant sa conversion au christianisme, et il garda son manteau de philosophe. (*Dial. c. Tryphon.*, 217.) « La théorie des Idées, dit-il,
» donnait des ailes à ma pensée (ἡ θεωρία τῶν ἰδέων ἀνεπτέρου μοι τὴν φρό-
» νησιν, *ib.*, 103). » Outre Platon, il cite perpétuellement Philon.

(3) Ἐκ τῶν εὐποιϊῶν καὶ τῶν ἔργων προσρήσεις. — Τὸ Θεὸς προσαγόρευμα οὐκ ὄνομά ἐστιν, ἀλλὰ πράγματος δυσεξηγήτου ἔμφυτος τῇ φύσει τῶν ἀνθρώπων δόξα. *Apol.*, I, 44; II, 94.

vu dans sa substance même, se laisse apercevoir dans ses rayons (1). C'est la célèbre comparaison du VI° livre de la *République*. — « Dieu, dit à son tour » Saint Clément d'Alexandrie, étant indémontrable, » n'est point objet de science (2). » On n'arrive à concevoir cet abîme que par abstraction, c'est-à-dire par l'élimination complète de tous les attributs des êtres créés, et particulièrement des attributs physiques (3). De cette façon, si on ne peut dire ce qu'il est, on peut savoir ce qu'il n'est pas. Le nom qui lui convient le mieux, l'Un, ne définit pas son essence, mais exprime seulement la simplicité absolue de sa nature. Les autres dénominations sont toutes empruntées aux rapports que Dieu soutient avec les choses. Lorsqu'on en vient à considérer Dieu sous ce point de vue, on lui attribue la bonté (4). — Pour Origène, comme pour Saint Clément, le principe suprême est l'Unité absolue, incommunicable, incompréhensible, supérieure à toute intelligence, à toute vie, à la vérité, à la sagesse, à l'essence même et à l'être défini (5). En même temps cette Unité est le Bien. Le Bien n'est pas pour Dieu, comme pour la créature, un simple attribut; il est la nature même de Dieu. Or, si Dieu est le Bien, il *est*, mais dans un

---

(1) Tertull., *adv. Prax.*, p. 14. *Ut invisibilem patrem intelligamus pro plenitudine majestatis, visibilem vero filium agnoscamus pro modulo derivationis; sicut nec solem nobis contemplari licet, quantum ad ipsam substantiam summam, quæ est in cœlis, radium ejus toleramus oculis.*

(2) Clem. Alex., *Strom.*, IV, p. 635.

(3) Ch. V, p. 582. Ἀφελόντες μὲν τοῦ σώματος τὰς φυσικὰς ποιότητας, περιελόντες δὲ τὴν εἰς τὸ βάθος διάστασιν.

(4) *Ibid.*, I, xvii, 369.

(5) *C. Cels.*, VII, 38. *In sanct. Joh.*, II, 18. *De princ.*, I, 3, 5. Thomasius, 271 et sqq., veut entendre par οὐσία l'essence corporelle. Cette opinion est inadmissible. Les mots νοῦς et οὐσία sont tout platoniciens dans Origène.

sens supérieur à l'être des créatures; car le bien et l'être véritable sont identiques, et le mal est la même chose que le néant (1). La créature participe de l'être au même degré que du bien. On reconnaît là le principe fondamental du platonisme. — « Dieu, dit aussi
» Saint Athanase, est au-dessus de toute essence et
» de la conception humaine, parce qu'il est la bonté
» et la beauté transcendante. Il est bon, ou plutôt il
» est la source de la bonté (2). » « Fin de toute chose,
» s'écrie Saint Grégoire de Nazianze, tu es un, tu es
» tout, et tu n'es aucun, n'étant ni un ni tout (3). »
— Saint Augustin, nourri de la pensée de Platon et des platoniciens, conçoit l'Unité identique au Bien comme le terme de la pensée. Par cette force intérieure et secrète qui s'appelle la raison, nous discernons, nous réunissons pour connaître. Mais pourquoi discerner? Pour juger ce qui paraît un et ne l'est pas, ou du moins ce qui est moins un qu'il ne paraît. Et pourquoi réunir, sinon pour recomposer l'unité? « Ainsi, soit que je divise ou que je réunisse, c'est
» l'unité que j'aime et que je veux. Quand je divise,
» c'est pour avoir l'unité pure, et quand je réunis,
» c'est pour l'avoir totale (4). » Il y a donc une Unité, principe de l'unité en toutes choses et objet suprême de la raison (5); car les deux procédés de la dialec-

(1) *In sanct. Joh.*, c. II, p. 7. Οὐκοῦν ὁ ἀγαθὸς τῷ ὄντι ὁ αὐτός ἐστιν· ἐνάντιον δὲ τῷ ἀγαθῷ τὸ κακὸν ἢ τὸ πονηρὸν καὶ τῷ ὄντι τὸ οὐκ ὄν· οἷς ἀκολουθεῖ, ὅτι τὸ πονηρὸν καὶ κακὸν οὐκ ὄν. — Dieu, que Platon appelait τὸ ἀγαθόν, est appelé ici ἀγαθός, ce qui marque mieux la personnalité.

(2) Ὁ ἐπέκεινα πάσης οὐσίας καὶ ἀνθρωπίνης ἐπινοίας ὑπερέχων, ἅτε δὴ ἀγαθὸς καὶ ὑπερκαλὸς ὤν. *C. Gent.*, 2. — Ἀγαθός ἐστι, μᾶλλον δὲ πηγὴ τῆς ἀγαθότητος ὑπάρχει. *De incarn. Verbi*, 3.

(3) Καὶ πάντων τέλος ἐσσί, καὶ πάντα, καὶ οὐδείς, Οὐχ ἓν ἐών, οὐ πάντα.

(4) *De ordine*, I, p. 581 (édit. Gaume).

(5) *A quo principio unum est quidquid est, ad cujus similitudinem quidquid nititur naturaliter approbamus..., esse aliquid quod illius*

tique ne sont autre chose que la recherche de l'unité. L'Un et le Bien sont un seul et même principe. « En- levez tel ou tel bien particulier, et voyez le Bien même si vous pouvez; ainsi vous verrez Dieu, qui n'est pas bon par un autre bien, mais qui est le *bien de tout ce qui est bon.* Nous ne dirions pas qu'une chose est meilleure qu'une autre, en ju- geant avec vérité, si nous n'avions pas la notion du Bien en soi imprimée dans nos âmes, sur la- quelle nous réglons nos approbations et nos pré- férences. Ainsi il faut aimer Dieu, non tel ou tel bien, mais le Bien même. Il faut chercher pour l'âme un bien autour duquel elle ne voltige pas pour ainsi dire par la pensée, mais auquel elle s'attache par l'amour... Ce bien n'est pas loin de chacun de nous : en lui nous vivons, nous nous mouvons et nous sommes (1). » — Dans les livres du faux Denys l'Aréopagite, l'influence platoni- cienne et même néoplatonicienne est plus évidente que partout ailleurs. Il n'est aucun des termes les plus hardis de Plotin qui ne soit accepté par Denys, et même exagéré encore. La doctrine de Denys n'en est pas moins orthodoxe, et ses livres ont toujours fait autorité en théologie. D'après lui, Dieu n'est pas seulement ineffable et inintelligible; il est encore

*Unius solius, a quo principio unum est quidquid aliquo modo unum est, ita simile sit ut hoc omnino impleat ac sit id ipsum. De ver. relig.,* 35, 36.

(1) *Tolle hoc et illud bonum, et vide ipsum Bonum si potes; ita deum videbis, non alio bono bonum, sed bonum omnis boni. Neque enim... diceremus aliud alio melius, quum vere judicamus, nisi esset nobis im- pressa notio ipsius Boni, secundum quod et probaremus aliquid et aliud aliis praeponeremus. Sic amandus est Deus, non hoc et illud bonum, sed ipsum Bonum. Quaerendum enim bonum animae, non cui supervolitet judicando, sed cui haereat amando. De Trinit.,* VIII, 3. *Bonum ipsum,* τὸ ἀγαθὸν αὐτό.

supra-ineffable et supra-inintelligible (1). Il n'est pas parfait, mais supra-parfait (2); il n'est pas Dieu, mais archi-Dieu (3). Il n'est ni puissance, ni vie, ni lumière, ni essence; il n'est même, à proprement parler, ni unité, ni divinité, ni bonté (4). L'être n'est pas Dieu, mais sa première production (5). Dieu n'est ni la vérité ni l'erreur, rien de ce qui est, rien de ce qui n'est pas. On pourrait le nommer *ce qui échappe à toute opposition*, si on pouvait lui donner un nom (6). Dieu est supérieur à toutes les contradictions de la pensée humaine; aussi peut-on l'appeler l'essence inessentielle, l'intelligence inintelligible, la parole ineffable. Il est l'indétermination supra-essentielle (7), l'absence de raison, de pensée, de nom (ἀλογία, καὶ ἀνοησία, καὶ ἀνωνυμία) (8). « De là vient que les théologiens
» ont préféré s'élever à Dieu par la voie des locutions
» négatives (9). » — « Ces négations ne signifient nullement qu'il y ait en Dieu privation de ce qu'elles
» nient, mais au contraire excès et plénitude. En Dieu
» seul l'absence de substance est la substance infinie,
» l'absence de vie est la vie suprême, l'absence de
» pensée est la suprême sagesse (10). » — « Comme si

(1) *De div. nom.*, II, 4.
(2) *Ibid.*, XIII, 1.
(3) *Ibid.*, II, 10; XIII, 3.
(4) Οὔτε ψυχή ἐστιν, οὔτε νοῦς... *Theol. myst.*, V, 7. Οὐδὲ ἕν, οὐδὲ ἑνότης, οὐδὲ θεότης ἢ ἀγαθότης, *ib*.
(5) Πρώτην οὖν τὴν τοῦ αὐτὸ εἶναι δωρεὰν ἢ αὐτοπεραγαθότης προβαλλομένη.
(6) *De myst. theol.*, 5; *Ep.*, 1.
(7) Ὑπερκεῖται τῶν οὐσιῶν ἡ ὑπερούσιος ἀοριστία, καὶ τῶν νόων ἡ ὑπὲρ νοῦν ἑνότης... ὑπερούσιος οὐσία, καὶ νοῦς ἀνόητος, καὶ λόγος ἄρρητος, ἀλογία καὶ ἀνοησία καὶ ἀνωνυμία, κατὰ μηδὲν τῶν ὄντων οὖσα. *De div. nom.*, I.
(8) *Ibid*.
(9) *De div. nom.*, XIII. C'était aussi la pensée de Proclus. V. plus haut.
(10) Ἐν αὐτῷ μόνῳ καὶ τὸ ἀνούσιον οὐσίας ὑπερβολή, καὶ τὸ ἄζωον ὑπερέχουσα ζωὴ καὶ τὸ ἀνοῦν ὑπερέχουσα σοφία. *De div. nom.*, IV. — Phrase que nous avons retrouvée presque textuellement dans Proclus.

» le marbre renfermait des statues innées : la main
» de l'artiste n'aurait qu'à enlever ce qui les cache,
» et dévoilerait ces beautés cachées en ôtant ce qui
» n'est pas elles (1). » — « Il faut poser en Dieu toutes
» les affirmations qui sont vraies de toutes choses, car
» il est cause de tout ; mais ensuite il les faut nier,
» avec plus de propriété encore, parce qu'il est au-
» dessus de tout ; et il ne faut pas croire que ces né-
» gations soient contraires à ces affirmations : la
» cause première est bien au-dessus des privations,
» elle qui est au-dessus de toute négation comme de
» toute affirmation (2). » On reconnaît la pensée qui
ressort des thèses et des antithèses du *Parménide*,
et qui avait inspiré à Plotin et à Proclus leur distinction de la théologie négative et de la théologie affirmative. Cette distinction deviendra fondamentale
dans la métaphysique chrétienne.

C'est dans les plus grands docteurs du christianisme, à toutes les époques, qu'on peut chercher
la justification du platonisme et du néoplatonisme,
et de cette dialectique négative qu'on accuse encore d'aboutir à un Dieu abstrait. Le savant Petau
reconnaît parfaitement la conformité de la méthode
chrétienne avec celle des platoniciens lorsqu'il dit :
« Le procédé de l'élimination théologique était re-
» gardé par Plotin comme universel, parce qu'en gé-
» néral *on connaît la nature d'un être si on lui ôte ce*

---

(1) Ὥσπερ οἱ αὐτόφυες ἄγαλμα ποιοῦντες, ἐξαιροῦντες πάντα τὰ ἐπιπροσθοῦντα
τῇ καθαρᾷ τοῦ κρυφίου θέᾳ κωλύματα, καὶ αὐτὸ ἐφ' ἑαυτοῦ τῇ ἀφαιρέσει μόνῃ
τὸ ἀποκεκρυμμένον ἀναφαίνοντες κάλλος. *De div. nom.*, IV.

(2) Δέον ἐπ' αὐτῇ πάσας τὰς τῶν ὄντων τιθέναι καὶ καταφάσκειν θέσεις, ὡς
πάντων αἰτίᾳ, καὶ πάσας αὐτὰς κυριώτερον ἀποφάσκειν, ὡς ὑπὲρ πάντα ὑπερούσῃ·
καὶ μὴ οἴεσθαι τὰς ἀποφάσεις ἀντικειμένας εἶναι ταῖς καταφάσεσιν, ἀλλὰ πολὺ
πρότερον αὐτὴν ὑπὲρ τὰς στερήσεις εἶναι, τὴν ὑπὲρ πᾶσαν καὶ ἀφαίρεσιν, καὶ
θέσιν. *Ibid.*

» *qui lui vient de l'accident* (1). » C'est en effet le principe même du platonisme. Petau cite ensuite ce passage de Plotin : « Pour connaître une nature » quelconque, il faut la voir dans sa pureté : la science » est empêchée par l'accident qui s'ajoute à l'être. » Poursuivez donc l'essence par l'élimination de l'ac- » cident (2). » « Tout ceci, ajoute Petau, rentre aussi » dans la pensée d'Aristote, qui fait connaître sa pre- » mière catégorie, non par une définition positive, » mais par une définition négative. Ammonius le » discute et l'entend ainsi. Alcinoüs, de son côté, » compare ce procédé, qui s'élève à Dieu par néga- » tion et élimination, au procédé géométrique qui » s'élève à la notion du point par l'élimination des » formes sensibles de l'étendue, passant d'un corps » solide à la surface, de la surface à la ligne, de la » ligne au point. En effet, ce procédé est surtout ap- » plicable à la notion de Dieu. Car, comme le re- » marque un platonicien, Hérennius, dans un livre » inédit, les affirmations définissent et circonscri- » vent ; les négations seules ont une étendue in- » finie... Seule la négation a la puissance de s'élever » des êtres bornés dans leurs limites à l'être illimité » que rien ne circonscrit (3). » — Thomassin, fidèle à la tradition platonicienne et chrétienne, professe la même doctrine. Il laisse parler Pachymère, qui s'écrie : « Eh bien, s'il faut oser, Dieu n'est ni beau ni bon (4) ; »

---

(1) *Theol. dogm.*, I, v.
(2) Δεῖ δὲ τὴν φύσιν ἑκάστου σκοπεῖσθαι εἰς τὸ καθαρὸν αὐτοῦ ἀφορῶντα, ἐπείπερ τὸ προσθετὸν ἐμποδὼν ἀεὶ πρὸς γνῶσιν τοῦ, ᾧ προσετέθη, γίγνεται σκοπεῖ δὴ ἀφελών. Plot., *Enn.*, I, vii, 9.
(3) *Theol. dogm.*, ib. *Affirmationes definitum aliquid et circumscriptum significant, et negationes vim habent infinitam...*
(4) *Dogm. th.*, II, vi, 4. *Quin et, si audendum sit, neque pulchrum, neque bonum est.*

et Victorinus Afer, qui déclare que Dieu n'est pas même l'unité, qu'il peut être dit sans existence, sans substance, sans intelligence, sans vie (1). « Mais, ajoute
» Thomassin, ces négations ne signifient qu'une chose,
» la transcendance, l'excellence ineffable de Dieu et de
» ses qualités. Ces négations ne sont donc en quelque
» sorte que les affirmations mêmes, élevées au super-
» latif (2). » Aussi Thomassin approuve-t-il presque entièrement la théologie de Plotin, qu'il cite à chaque instant, et il en rétablit le sens véritable par la doctrine traditionnelle de la supériorité des négations sur les affirmations en ce qui concerne Dieu. « Com-
» ment le souverain Bien et le Premier Principe peut-
» il être destitué de la connaissance et de l'intelli-
» gence de soi-même? On pourrait peut-être dénouer
» ce nœud par cet axiome si familier aux platoni-
» ciens : *On parle plus prudemment et plus sûrement*
» *de Dieu par les négations que par les affirmations.*
» Les négations de ce genre n'ont pas pour effet d'en-
» lever à Dieu quelque ornement de sa perfection ;
» mais, pendant qu'elles lui enlèvent les attributs
» tels qu'ils peuvent convenir aux natures et aux
» âmes créées, elles les appliquent à Dieu de nou-
» veau dans un autre sens éminent et incompréhen-
» sible (3). » Petau et Thomassin ne doivent point être suspects ici d'un platonisme exagéré, car Saint Tho-

---

(1) Ἀνυπαρκτὸς, ἀνούσιος, ἄνους, ἄζων. *Ibid.*

(2) *Ita sane ut hæ negationes traducantur tandem ad ineffabilem quamdam excellentiam et superlationem...,* etc. Dogm. theol., I, 74.

(3) Dogm. theol., I, 74. *Qui possit summum Bonum primumque Principium sui cognitione et intelligentia destitui? Extricari forsan poterat hic nodus axiomate illo his philosophis perquam familiari : de Deo cautius certiusque per negationes quam per affirmationes sermonem fieri... eidem rursus alio ac eminentissimo et incomprehensibili modo competere intelligantur.*

mas lui-même, l'esprit le plus rigoureux de la théologie chrétienne, avait déjà dit en parlant de la méthode négative : « Ces négations ne signifient pas
» qu'il manque à Dieu ce qu'on nie de lui, mais qu'il
» le possède en excès (1). »

Concluons que la méthode d'élimination dont le *Parménide* offre un si remarquable exemple, et qui aboutit dans la *République* à la conception d'un Dieu supérieur à la pensée et à l'essence, se retrouve tout entière dans la théologie chrétienne, et y aboutit à la conception de Dieu le Père, principe ineffable et incompréhensible.

II. LES IDÉES ET LE VERBE.

La dialectique, on le sait, n'est pas une méthode purement négative : en même temps qu'elle conçoit Dieu comme la perfection inaccessible en soi, elle le conçoit aussi comme la perfection communicable, où sont éternellement subsistantes et éternellement entendues les raisons de toutes choses. Sous ce rapport, la dialectique a pour terme la Raison universelle, au sens à la fois subjectif et objectif de ce mot, c'est-à-dire le Verbe, le Λόγος. Tel est aussi, dans la théologie chrétienne, le second aspect sous lequel Dieu apparaît à notre intelligence.

Sans doute, Platon n'avait point conçu le Λόγος comme une sorte de manifestation substantielle de la divinité, constituant dans le sein du Premier Principe une hypostase particulière. Cependant, il avait élevé le Bien au-dessus de l'Intelligence, comme un modèle

---

(1) *Summ. theol.*, 1ª, quæst. XII, art. XII. *Hæc non removentur ab eo propter ejus defectum, sed quia superexcedit.*

que celle-ci contemple et dont elle est logiquement dépendante; de là à distinguer Dieu, en tant que Bien, de Dieu en tant qu'Intelligence, il n'y avait pas un grand intervalle à franchir. Aussi, immédiatement après Platon, on distinguait déjà trois rois, présidant à des ordres de choses différents : le Bien présidait sans doute à l'ordre intelligible ou plutôt supra-intelligible, et l'Intelligence à l'ordre intellectuel. Mais, si Platon semble avoir pensé que le Bien en soi, supérieur à l'Intelligence, produit l'Intelligence comme sa manifestation la plus immédiate, il faut reconnaître que les Dialogues ne contiennent cependant rien de précis sur ce sujet. Est-ce une raison pour nier que le germe des émanations trinitaires se trouvait confusément enveloppé dans le platonisme? Aristote lui-même conçoit Dieu sous trois aspects différents, qu'il ramène d'ailleurs à l'identité absolue. D'après le XII⁰ livre de la *Métaphysique*, le Bien en soi, se pensant éternellement lui-même, est intelligence, et pour la même raison il est la vie en soi, l'acte de la vie (1). Ne reconnaît-on pas là le Bien, l'Intelligence et l'Ame de Platon? Seulement, le rapport de subordination que Platon semblait avoir établi entre ces trois *rois*, Aristote le remplace par un rapport d'identité absolue. Pour lui, le Bien n'est pas supérieur à l'Intelligence: il est l'Intelligence même; la Vie n'est pas un principe mobile inférieur à l'Intelligence et au Bien : elle est l'acte pur, identique au Bien et à la Pensée. La Pensée en soi, dit-il en propres termes, c'est la pensée du Bien en soi (ἡ δὲ νόησις ἡ καθ' αὐτὴν τοῦ καθ' αὑτὸ ἀρίστου) (2); et la pensée et son objet, le Bien,

---

(1) *Mét.*, XII, 7. Τὸ καθ' αὑτὸ ἄριστον. — Νόησις ἡ καθ' αὐτήν. — Ἐνέργεια δὲ ἡ καθ' αὐτὴν ἐκείνου ζωή.

(2) *Ibid.*

sont une seule et même chose (ὥστε ταὐτὸν νοῦς καὶ νοητόν). Mais cette possession mutuelle de la Pensée et de son objet, c'est son acte (ἐνεργεῖ δὲ ἔχων); cet acte en soi est la vie de Dieu (ἐκείνου ζωή); et cette vie excellente, éternelle, c'est Dieu même (τοῦτο γὰρ ὁ Θεός) (1). De sorte que le Bien, la Pensée et la Vie, qui se possèdent mutuellement, sont une même chose; et tout cela est Dieu. Ne semble-t-il pas, d'après ces passages, qu'une des différences de la théodicée platonicienne et de la théodicée d'Aristote soit la suppression, chez ce dernier, de la hiérarchie dialectique (Ame, Intelligence et Bien), et la substitution de l'identité absolue à cette triade de termes, peut-être inégaux pour Platon en dignité logique, sinon ontologique?

Ces deux points de vue divers devaient se partager plus tard les esprits, et on devait s'efforcer de les concilier dans les théories trinitaires. La doctrine du Λόγος se précisa, comme nous l'avons vu, dans Alcinoüs, dans Plutarque, dans les autres platoniciens, et surtout dans Philon, où se trouve pour la première fois sous des formes très-nettes la théorie chrétienne du Verbe (2). Chez Philon, le Verbe hébraïque devient ce qu'était l'Intelligence pour Platon, le *lieu* des Idées (τόπος τῶν εἰδῶν). Les gnostiques ont une doctrine analogue, mélange des conceptions orientales avec les conceptions grecques (3). Peut-être doivent-ils beaucoup à Philon. Les traces du platonisme se retrouvent chez les plus anciens gnostiques, ceux du premier et du deuxième siècle, par exemple Carpocrate, qui plaçait l'image de Jésus à côté de

---

(1) *Ibid.*
(2) Voir plus haut, Ecole juive d'Alexandrie.
(3) Saint Irénée, *adv. Hæres.*, 1, 20, 23. Saint Epiphane, *Hæres.*, II; t. III, p. 619. Origène, *C. Cels.*, V, viii; VI, iii.

celles de Pythagore, de Platon et d'Aristote (1). C'est contre les premiers gnostiques qu'est dirigé l'évangile de Saint Jean. Saint Irénée nous apprend que cet évangile fut écrit pour être opposé aux hérésies de Cérinthe, d'Ebion et des autres gnostiques (2). La Gnose préoccupait alors les apôtres : Saint Paul y

(1) Le pythagorisme se révèle dans les Syzygies de Valentin et dans ses doctrines numériques. Le platonisme semble d'abord avoir inspiré la distinction familière aux gnostiques des trois principes de la nature humaine (sensible, animique, spirituel) (Irén., I, 7, 5). Dans la doctrine de la chute de l'âme du monde, Plotin reconnaît une fausse interprétation de la pensée de Platon (*Enn.*, II, ix, 6). Le témoignage de Plotin prouve que les gnostiques fréquentaient les écoles grecques d'Alexandrie, et s'attachaient à expliquer la philosophie de Platon d'après leurs idées orientales. Plotin fit un livre contre eux pour montrer combien ils dénaturaient la doctrine de Platon. D'après Tertullien, Valentin était platonicien : *Inde et Æones, et formæ nescio quæ, et trinitas hominis apud Valentinum : Platonicus enim fuerat.* (*De Præscript.*, 6.) Les hérésies, d'après ce même Père, dériveraient de Platon : « *Vult Plato esse quasdam substantias invisibiles..... quas appellat ideas... Relucentne jam hæretica semina Gnosticorum et Valentinianorum? Hinc enim arripiunt differentiam corporalium sensuum et intellectualium virium... Inde hæreticarum idearum sacramenta : hoc enim sunt et Æones et genealogiæ eorum.* » (*De anima*, 17.) — « Les doctrines dominantes dans le platonisme, dit M. Matter, se retrouvent dans le gnosticisme. Emanation des intelligences du sein de la divinité ; égarement et souffrance des esprits, aussi longtemps qu'ils sont éloignés de Dieu et emprisonnés dans la matière ; vains et longs efforts pour parvenir à la connaissance de la vérité et pour rentrer dans leur primitive union avec l'Être suprême ; alliance d'une âme pure et divine avec une âme irraisonnable qui est le siège des mauvais désirs ; anges ou démons qui habitent ou gouvernent les planètes, n'ayant qu'une connaissance imparfaite des idées qui ont présidé à la création ; régénération de tous les êtres par leur retour vers le monde intelligible et son chef, l'Être suprême, seule voie possible pour le rétablissement de cette primitive harmonie de la création dont la musique sphérique de Pythagore fut une image : voilà les analogies des deux systèmes. Ce qu'il y a peut-être de plus frappant dans ce curieux parallélisme, c'est la ressemblance qu'offre l'état de l'âme dans ce monde, d'après le *Phèdre*, et la situation de la Sophia (Achamoth) détachée du Plérôme par suite de ses égarements, d'après la doctrine gnostique. » (*Hist. du Gnosticisme*, I, 52.) Cependant les fondateurs du gnosticisme, Simon, Cérinthe, etc., ont dû s'inspirer plutôt des Perses, des Kabbalistes et de Philon que de Platon lui-même. (V. le savant livre de M. Franck sur la kabbale, iii$^e$ partie, 3.)

(2) Irénée, I, 25, 1, 6. Matter, *Hist. du Gnost.*, II, 183.

fait allusion en plusieurs endroits, et l'appelle fausse sagesse (ψευδονυμῶς γνῶσις) (1). Il recommande de ne point s'amuser à des mythes et à des généalogies sans fin (2). Ailleurs, il dit qu'on a vu le plérôme de la divinité habiter en Jésus-Christ.

Les premières pages de l'évangile selon Saint Jean ont pour but de montrer, contrairement aux gnostiques, que Jésus est véritablement le Verbe fait chair. Il n'est pas invraisemblable que l'auteur connût Philon, soit directement, soit par les gnostiques; il connaissait certainement les kabbalistes. En tout cas, sa théorie du Λόγος rappelle celle de Philon : « Au commen-
» cement était le Verbe, et le Verbe était en Dieu, et le
» Verbe était Dieu. Il était avec Dieu dès le commence-
» ment. Toutes choses ont été faites par lui, et rien de
» tout ce qui a été fait ne l'a été sans lui. En lui était la
» vie, et cette vie était la lumière des hommes ; elle luit
» dans les ténèbres, et les ténèbres ne l'ont point com-
» prise... C'était la vraie lumière qui éclaire tout homme
» venant en ce monde. Il était dans le monde, le monde
» a été fait par lui, et le monde ne l'a point connu ; il est
» venu parmi les siens, et ils ne l'ont point reçu. » Sauf la personnification du Λόγος, si conforme aux habitudes orientales, y a-t-il une grande différence entre cette doctrine et celle de Platon? Les *ténèbres* sont la matière; la *lumière* est la Raison divine qui la pénètre et lui imprime une forme sur le modèle des Idées ; par là elle est l'auteur, le démiurge du monde; et rien ne peut exister sans elle. En même temps, cette lumière du soleil intelligible éclaire tout homme venant en ce monde ; elle est la raison immanente à l'homme, qui habite en lui et cependant le dépasse de l'infini. Le

---

(1) III, xi.
(2) *Ep. ad Tim.*, 1.

monde et l'humanité, quoique pleins de l'Intelligence, n'ont cependant point su la reconnaître et l'adorer. Il a fallu que l'Intelligence prît un corps, et parlât la parole humaine par la bouche du Christ. Ainsi le Verbe éternel et immanent à Dieu (ἐνδιάθετός) est devenu le Verbe proféré (προφορικός), d'abord par la création, puis par l'incarnation. Dans cette grande doctrine de Saint Jean, le platonisme revit tout entier, concilié avec l'esprit hébraïque et avec les traditions de la Perse. Est-ce à dire pour cela que Saint Jean ait connu Platon? Sans doute il ne l'a pas connu directement; mais, en admettant même qu'il ne l'ait connu d'aucune manière, il n'en est pas moins vrai que le quatrième évangile est d'accord avec le principe fondamental de Platon.

Si la trace du platonisme est encore douteuse dans Saint Jean, elle ne l'est point dans les Pères de l'Eglise, comme nous l'a déjà montré leur doctrine du Bien supérieur à l'intelligence. Les Idées platoniciennes sont explicitement dans Clément d'Alexandrie. D'après lui, la nature propre du Verbe est d'être le type de toutes les Idées, la raison suprême de toutes les vérités, le centre d'union de toutes les puissances (1). Le Père est l'unité absolue, le Fils est l'unité dans la pluralité; cette pluralité intelligible le rend accessible à la démonstration, tandis que le Père est ineffable (2). Même doctrine dans Origène. Le Verbe est la pluralité du bien, tandis que Dieu en est l'unité (3). Il est l'Idée des Idées et l'essence des essences (4). « Tu » chercheras si, dans un certain sens, le premier-né

---

(1) *Strom.*, c. IV, p. 635.
(2) *Ibid.*
(3) *Comm. sanct. Johan.*, c. VI, p. 22.
(4) *C. Cels.*, V, 22.

» de la création n'est pas le monde intelligible, en ce
» sens surtout que la sagesse est un système de pen-
» sées. Ce qui le prouverait, c'est l'existence des rai-
» sons de toutes choses, selon lesquelles tout se fait
» par Dieu dans la sagesse, comme dit le prophète.
» En sorte qu'en Dieu résiderait un monde d'autant
» supérieur en variété et en beauté au monde sen-
» sible, que la raison de l'univers, pure de toute
» matière, l'emporte sur le monde matériel (1). »
« L'image archétype des autres images est le Verbe,
» qui existe primitivement en Dieu, Dieu lui-même
» en tant qu'il réside auprès de Dieu, et qui n'y res-
» terait pas s'il n'était fixé à la contemplation inces-
» sante de l'abîme de son Père (2). » Saint Augustin
dit, dans ses *Confessions*, qu'il ne comprit l'évangile
de Saint Jean qu'après avoir lu quelques ouvrages des
platoniciens. « J'y trouvai toutes ces grandes vérités,
» que dès le commencement était le Verbe, que le
» Verbe était en Dieu et que le Verbe était Dieu....
» qu'en lui est la vie; que cette vie est la lumière des
» hommes, mais que les ténèbres ne l'ont point
» comprise; qu'encore que l'âme de l'homme rende
» témoignage à la lumière, ce n'est point elle qui
» est la lumière, mais le Verbe de Dieu ; que ce
» Verbe de Dieu, Dieu lui-même, est la véritable lu-
» mière qui éclaire tous les hommes venant en ce
» monde : qu'il était dans le monde, que le monde a
» été fait par lui, et que le monde ne l'a point con-
» nu.... Quoique cette doctrine ne soit pas en pro-
» pres termes dans ces livres-là, elle y est dans le
» même sens et appuyée de plusieurs sortes de

(1) *Comm. sanct. Johan.*, XIX, 5.
(2) *Ibid.*, II, 2. Τῶν πλατόνων εἰκόνων ἡ ἀρχίτυπος εἰκὼν ὁ πρὸς τὸν Θεόν ἐστι λέγος...

» preuves (1). » La théorie du Verbe est identique, pour Saint Augustin, à celle des Idées. Aussi, sans la doctrine des Idées, il ne conçoit point de sagesse. Ce dont Platon doutait est pour lui hors de doute : il admet des Idées des choses particulières, des modes de la vie, des relations, et en général de toutes choses (2). « Les Idées sont les raisons immuables
» et invisibles des choses, même des choses visibles
» et muables, qui ont été faites par elles. Car Dieu
» n'a rien fait en l'ignorant... Si donc il a fait
» toutes choses avec science, il a fait nécessairement
» ce qu'il connaissait (3). »

Si nous suivions la pensée de Platon à travers le moyen âge et les temps modernes, nous retrouverions chez les plus grands théologiens la théorie des Idées identifiée avec celle du Verbe. Nous n'en citerons que deux exemples. « Lorsque l'esprit suprême
» se parle lui-même, dit Saint Anselme, il parle en
» même temps tout ce qui a été fait. Car, avant
» qu'elles soient faites, depuis qu'elles le sont, et

---

(1) *Conf.*, VII, 9. Cf. Amelius ap. Euseb., *Præp. ev.*, II, 19 : « Ce
» principe était le Verbe, selon lequel toutes choses ont été faites de
» toute éternité, comme le pensait Héraclite, et c'était en ce sens que
» le Barbare (Saint Jean) a pu dire que le Verbe occupe auprès de
» Dieu le rang et la dignité d'un principe, et qu'il est Dieu lui-même.
» Ajoutons que c'est par lui que tout se fait, et que c'est en lui que sub-
» siste et vit toute créature ; qu'il tombe dans les corps, et qu'en revêtant
» une chair il prend la forme humaine, de manière pourtant à laisser
» entrevoir la majesté de sa nature; puis, après s'être délivré de cette
» enveloppe corporelle, il reprend sa nature divine dans toute sa pureté
» et redevient Dieu, comme il était avant d'être descendu dans le corps,
» dans la chair et dans l'homme. »

(2) *De Div.*, qu. 83, qu. 26, 2. *Ep.* 120, 18.

(3) *Invisibiles atque incommutabiles rationes rerum, etiam visibilium et mutabilium, quæ per ipsam factæ sunt. Quoniam Deus non aliquid nesciens fecit... porro sciens fecit omnia, ea utique fecit quæ noverat.* De Civ. Dei, XI, 22, 10, 3 ; VIII, 6, 7. Voir, dans la traduction des *Ennéades* par M. Bouillet, une foule de passages imités ou traduits de Plotin par Saint Augustin. *Table générale*, t. III.

» même lorsqu'elles périssent ou s'altèrent, toutes
» choses sont toujours en lui, non ce qu'elles sont
» en elles-mêmes, mais ce qu'il est lui-même. En
» elles-mêmes, en effet, elles sont une essence sujette
» au changement, créée en vertu d'une raison im-
» muable ; en lui, au contraire, elles sont l'*essence*
» *première*, et le *principe vrai* de l'existence (1). »
D'après Saint Anselme, une qualité quelconque ne
peut appartenir à un sujet que parce qu'elle est *en
elle-même* quelque part, d'où elle découle en lui, et où
il l'a puisée. Un être n'est juste que par la justice ; et
le premier être, étant par lui-même tout ce qu'il est,
doit être la justice elle-même, considérée d'une manière absolue (2). Cette induction, répétée sur chacune
des qualités que nous connaissons, donne cette conclusion que Dieu est *en essence* ce que les autres sont
*en qualité* (3). Mais l'être divin n'est point composé ;
car, s'il l'était, il serait par là même inférieur à ses
diverses parties. La justice, la sagesse, la bonté, etc.,
ne sont point réunies en lui de manière à former un
*tout* harmonique. Il est identiquement toutes ces
choses, elles ne sont qu'*une* en lui ; et si nous ne pouvons les résoudre toutes les unes dans les autres, c'est
à la faiblesse de nos conceptions, non à la nature
des choses, que nous devons nous en prendre (4). En
un mot, tout ce qui se dit des autres êtres quant à la
qualité se dit en Dieu quant à l'essence (5). Dieu n'est
donc pas seulement *bon* ; il est le Bien (6). — N'est-ce
pas là le platonisme le plus pur?

(1) *Monol.*, ch. xxxiv.
(2) *Ibid.*, xvi.
(3) *Ibid.*
(4) *Ibid.*, ch. xvii.
(5) *Ibid.*
(6) *Ibid.*

De même, comment méconnaître le principe de la théorie des Idées dans ces paroles de Saint Thomas : « La quatrième preuve de l'existence de Dieu est celle » des degrés de perfection. On trouve du plus et du » moins et des degrés dans la bonté, la vérité, la no- » blesse et toutes les autres qualités des choses. Mais » le plus et le moins ne s'appliquent qu'à des êtres » divers qui se rapprochent diversement d'un type » souverain : comme, par exemple, le chaud est ce » qui participe plus ou moins de la chaleur absolue. » Il y a donc aussi un être qui est souverainement » bon, souverainement vrai, souverainement noble, » et qui dès lors est l'être souverain…. Ce qui est » souverainement doué de perfection, en quelque » genre que ce soit, est cause de tous les degrés de » perfection du même genre, comme le feu est cause » de toute chaleur. Il y a donc un être cause de » l'être, de la bonté, de la perfection de tout être, » et cet être est appelé Dieu (1). » Ailleurs, Saint Thomas concilie Aristote et Platon dans la question des Idées. « Le mot *idée*, dit-il, en grec ἰδέα, en latin » *forma*, signifie les formes des choses qui existent » en dehors des choses elles-mêmes. Or la forme, » ainsi conçue, peut être considérée sous un double » rapport. On peut l'envisager, ou comme l'exem- » plaire de la *chose* même dont elle est la forme, » ou comme le principe de la *connaissance* qu'on a » de cette chose, puisque les formes des objets que » l'on connaît existent dans l'esprit qui les connaît. » Suivant cette double acception du mot, il est néces- » saire d'admettre l'existence des Idées; ce qui peut » se démontrer ainsi. Dans tout ce qui n'est pas l'œu-

---

(1) *Sum. Theol.*, I, q. II, ar'. 3.

» vre du hasard, la forme est nécessairement la fin
» de la génération de l'être. Or nul agent ne peut
» agir en vue d'une forme qu'autant qu'il a cette
» forme ou son image en lui-même. Et il peut l'avoir
» de deux manières. Certains agents trouvent dans
» leur constitution propre la forme de leurs actes:
» tous les êtres, par exemple, qui agissent d'après les
» lois de la nature physique; c'est ainsi que l'homme
» engendre l'homme, que le feu produit le feu. Pour
» d'autres agents qui agissent avec connaissance, la
» forme existe dans leur entendement : c'est ainsi
» que l'image d'une maison préexiste dans l'esprit
» de l'architecte. Et on dit avec raison que cette
» image est l'idée de la maison, parce que l'archi-
» tecte a l'intention de faire une maison semblable à
» la forme qu'il a conçue. Or, le monde n'étant pas
» l'effet du hasard, mais l'œuvre d'une cause intelli-
» gente qui est Dieu, il s'ensuit nécessairement que
» la forme qui a servi de modèle au monde créé se re-
» trouve dans l'entendement divin, c'est-à-dire que
» les idées existent, puisque c'est dans cette forme que
» consiste la nature de l'idée (1). »

Concluons que la théorie des Idées, absorbée dans celle du Λόγος, fait partie intégrante de la tradition chrétienne. Le Démiurge de Platon devient la Parole créatrice. La distinction même de l'Intelligence et du Bien, son modèle, se retrouve dans la distinction des hypostases chrétiennes. D'après le *Timée*, l'Intelligence contemple le Bien, principe d'être et de pensée; d'après le christianisme, le Verbe contemple son

---

(1) *Sum. theol.*, I, q. xv, art. 1. Cf. *Ibid.*, q. xliv, art. 3. *In magn.*, sent. I, dist. xxxvi, q. ii, art. 2. *De verit.*, q. iii, art. 1. — *Comm. Pet. Lombard.*, I, dist. xxxvi, q. ii, art. 1 : *Plato ponens ideas ad hoc tendebat... scilicet eas esse in intellectu divino.*

Père. Il y a là, dans le platonisme comme dans le christianisme, une multiplicité idéale dont il est impossible de déterminer exactement la nature, et qui recouvre la réelle unité de Dieu. Ce qui semble être dans Platon une distinction plutôt logique qu'essentielle devient, chez les Alexandrins et les Pères d'Orient, une distinction d'*hypostases ;* chez les Pères d'Occident, une distinction de *personnes*. Quant à ces termes d'hypostases et de personnes, ils n'expriment pas, ni dans Plotin ni chez les Pères, une chose intelligible et positive. « On dit trois *personnes*, d'après Saint Augustin, non pour dire quelque chose, mais pour ne pas demeurer muet (1). » L'idée chrétienne et alexandrine de la pluralité des personnes se réduit donc philosophiquement à la doctrine suivante : il doit y avoir en Dieu une multiplicité éminente, principe de la multiplicité sensible ; et comme tout est substantiel en Dieu, comme tout ce qui est *qualité* dans le fini est *essence* dans l'infini, la multiplicité éminente contenue en Dieu doit être *essentielle*. C'est, sous un symbole nouveau, la doctrine même de Platon.

### III. RAPPORT DE L'INTELLIGENCE AU BIEN, DU FILS AU PÈRE.

Considérons maintenant le rapport des deux premières hypostases, leur génération et leur dignité relative.

D'après Platon, l'Intelligence participe au Bien comme sa manifestation la plus immédiate, et si le Bien est le soleil, l'Intelligence est la lumière. L'Intelligence dépend donc du Bien ; la Vérité, l'Essence, l'Intelligence, ne sont pas ce qu'il y a de plus élevé

---

(1) *De Trin.*, V, 9.

en dignité (1). Si donc Platon avait personnifié le Bien et l'Intelligence dans des hypostases distinctes, il les eût probablement considérées comme inégales. Le premier Roi eût présidé aux choses du *premier* ordre ; le second aux choses du *second* ordre. — Philon ne fut pas infidèle à Platon en faisant procéder le Verbe de l'Unité par un rayonnement ; la célèbre image du flambeau allumé à un autre flambeau est conforme à la doctrine du *Parménide ;* et l'infériorité dialectique du Verbe par rapport au Bien absolu, son père, est la conséquence logique de cet état de dépendance dans lequel Platon a représenté l'Intelligence relativement au modèle qu'elle contemple. — Même doctrine et mêmes images chez les alexandrins. Selon eux, tout ce qui procède d'un principe lui est inférieur ; le Fils, lumière de lumière, est donc inférieur au Père. Ce n'est plus Dieu, mais le premier des mondes, le monde intelligible.

Chez les chrétiens, c'est aussi par procession, et non par création, que le Fils sort du Père (2). Les exemples tirés du feu, de la lumière et de la science, sont empruntés à Philon par les premiers docteurs chrétiens, Saint Justin (3), Tertullien (4), Origène (5), Tatien (6), Saint Hilaire ; l'expression de Plotin, φῶς ἐκ φωτός, reçoit la consécration la plus éclatante

---

(1) *Rep.*, VI, loc. cit.
(2) Petav. *Dogm. theol.* I, 294 : *Sciri illud oportet, quam latini theologi emanationem appellant, eam ab illis nominari* πρόοδον, *quæ et ab nostris processio dicitur.* — Les théologiens grecs emploient aussi très-souvent le mot προβολή, qui indique plus d'activité. Saint Just., *Dialog.*, p. 221. Beausobre, *Hist. crit. du Manich.*, I, 548.
(3) *Dial.*, 221 : Ὁποῖον ἐπὶ πυρὸς ἀλλὸ γινόμενον, οὐκ ἐλαττουμένου ἐκείνου ἐξ οὗ ἡ ἀναψις γέγονεν.
(4) *Apol.*, c. 31.
(5) *Hom.*, VI, *in Num.*, et *Contra Cels.*, l. VI, p. 323.
(6) *Contra gentes*, 145.

au concile de Nicée, qui l'admet dans le Symbole de la foi. Ces exemples ont pour but de montrer que Dieu le Père produit son Fils de sa substance même sans que cette substance soit modifiée ou diminuée. « Le Père, dit Athanase dans son symbole, n'a point » été fait, ni créé, ni engendré. Le Fils est du Père » seul, qui ne l'a pas créé, ni fait, mais *engendré.* » Cette génération n'est pas un acte libre de Dieu, qu'il aurait pu ne pas produire, mais un acte nécessaire de l'entendement divin : c'est pour cela que le Fils est co-éternel au Père. Les Ariens se servaient de la formule que le Fils est par la volonté du Père suprême; mais Athanase rejette cette formule, et pour se justifier contre ses adversaires de soumettre Dieu à la nécessité, il distingue ce qui est opposé à la volonté et ce qui est au-dessus de la volonté (1). C'est de la nature de Dieu que le Fils a été engendré; « or, ce qui est » selon la nature domine et précède la volonté (2). » — Ce sont les expressions mêmes de Plotin. — Le Fils de Dieu n'a donc pas été produit par le Père pour le besoin de la création, comme un moyen pour une fin supérieure ; Dieu n'avait pas besoin d'un semblable instrument : le Fils est une émanation nécessaire de la substance divine (3).

Jusqu'ici il semble y avoir accord entre les chrétiens et les alexandrins. La réelle différence des deux doctrines se montre quand il s'agit de déterminer la dignité relative du Père et du Fils. La pensée des premiers Pères de l'Église est encore flottante sur ce point; ils fournissent des textes susceptibles d'inter-

---

(1) C'est ainsi que Plotin distingue ce qui est sans intelligence ou opposé à l'intelligence de ce qui est au-dessus de l'intelligence.

(2) *C. Arian.*, III, 62. Ὑπέρκειται καὶ προηγεῖται τοῦ βουλεύεσθαι τὸ κατὰ φύσιν.

(3) *Ibid.*, II, 29, sqq.; 71.

prétations contradictoires, et. ils ne semblent pas s'être formé encore une théorie nette et définitive du rapport des deux premières hypostases. Mais, dès le commencement, la notion d'égalité consubstantielle entre les personnes apparaît chez les Pères, et peu à peu se formule avec une précision croissante. Par là, tout en platonisant, les Pères s'écartent bientôt de Platon. Pourtant ils aboutissent, sans le savoir, à un nouvel essai de conciliation entre Platon et Aristote. Platon, en effet, semble subordonner l'Intelligence à l'objet qu'elle contemple, sans qu'on sache assez s'il s'agit de l'Intelligence divine ou d'une intelligence engendrée par le Bien. Aristote ne peut admettre cette subordination de la Pensée à quelque chose qui la dépasse; il insiste donc sur l'identité du sujet et de l'objet, de la Pensée et du Bien, et pousse cette identité jusqu'à l'exclusion absolue de toute multiplicité en Dieu, même idéale. Les Pères alexandrins comprirent que la pensée divine doit être l'expression adéquate de la substance divine : la parole éternelle et nécessaire doit exprimer Dieu tout entier. Mais, au lieu d'en conclure que la pensée en Dieu est absolument identique à la perfection et ne se distingue de l'être que dans les choses finies, ils voulurent maintenir tout à la fois la différence et l'identité, différence de personnes et identité de substance. Ils admirent, premièrement, la nécessité d'un Dieu actif et vivant par essence, qui est le sujet; secondement, la nécessité d'un objet d'activité adéquat à cette activité même. Si donc l'*agent* suppose l'*agi* (pour emprunter l'expression de Malebranche), et qu'en Dieu l'agi doive être égal à l'agent, il en résulte que le Fils engendré est égal et coéternel au Père.

Il ne reste plus entre ces deux principes qu'une dépendance purement logique et jusqu'à un certain point réciproque. Si le Fils dépend du Père en tant qu'engendré, le Père, à son tour, a besoin de son Fils. Sans son Fils, il serait inactif; il ne serait pas éternellement *cause*. Il serait encore Dieu, mais Dieu en puissance, non en acte. Aussi les théologiens représentent-ils le Père comme la puissance ; non pas seulement la puissance créatrice du monde, mais la puissance intime et immanente qui s'actualise éternellement, se pense, se profère, se parle elle-même par la génération du Verbe.

Telle est la conception que le christianisme substitue aux doctrines des platoniciens et des péripatéticiens. La querelle de l'ὁμοιούσιον roulait sur un des plus grands problèmes de la métaphysique. L'idée aristotélique de l'identité substantielle du sujet et de l'objet fut combinée avec la distinction personnelle du Bien contemplé et de l'Intelligence contemplatrice; et cette combinaison fut déclarée un mystère.

Cette première différence entre la trinité néoplatonicienne et la trinité chrétienne devait entraîner des différences non moins importantes au sujet de la troisième hypostase.

### IV. L'ÂME DIVINE ET L'ESPRIT.

Platon, pensant qu'une intelligence ne peut subsister ailleurs que dans une âme, avait attribué à Dieu une intelligence royale et une âme royale. L'âme était essentiellement pour lui un principe de vie, ou plutôt la vie même. La vie se traduit par un mouvement réel ou idéal; aussi Platon définissait-il l'âme un moteur qui se meut lui-même. Aristote insista au contraire sur l'immobilité nécessaire du premier moteur, auquel il retrancha même cette espèce de mouvement idéal et intelligible qui résulte de la présence des Idées multiples dans l'Unité première. Les stoïciens revinrent à la conception d'une âme universelle en mouvement et en tension dans la matière. Ainsi se fractionnait en quelque sorte, chez les successeurs de Platon, l'idée compréhensive que celui-ci s'était formée de la divinité. — Philon, les gnostiques et les alexandrins établirent l'Ame comme intermédiaire entre le Verbe et le monde, et la firent sortir de l'Intelligence par une émanation absolument semblable à la procession du Père dans le Fils. Par là ils n'avaient d'autre but que de ménager la transition de Dieu au monde, en comblant l'intervalle.

Telle ne devait pas être la doctrine définitive du christianisme. Mais ce n'est pas du premier coup que les Pères chrétiens arrivèrent à prendre conscience de leur croyance nouvelle. La troisième hypostase de la trinité fut d'abord considérée presque exclusivement dans son rapport avec les créatures; et alors elle apparut comme un intermédiaire entre le monde et Dieu, ou même entre le monde et le Verbe de Dieu; on attribua à l'Esprit tout ce que les philosophes platoniciens attribuaient à l'Ame. Souffle de vie ($\pi\nu\epsilon\tilde{\upsilon}\mu\alpha\ \psi\upsilon\chi\tilde{\eta}\varsigma$), l'esprit de Dieu est par rapport au monde la puissance qui anime, conserve, perfectionne et sanctifie. L'Ancien Testament avait représenté l'esprit de Dieu flottant sur les eaux qu'il féconde (1), conservant la nature matérielle (2)

---

(1) *Genèse*, I.
(2) *Psalm.*, CIII, 30. *Sap.*, I, 7.

qu'il contient et pénètre (1), inspirant les prophètes par le souffle qu'il leur communique (2). Les Evangélistes nous montrent l'esprit saint remplissant le fils de Zacharie (3), la Vierge (4) et Jésus-Christ (5). « L'esprit du Seigneur est sur moi, » dit Jésus (6). C'est par l'*eau* et l'*esprit* que s'opère la régénération spirituelle de l'homme (7). C'est par l'esprit que le Christ opère ses miracles (8). Tout péché, tout blasphème *commis contre le fils de l'homme sera remis*; *mais le blasphème contre l'esprit ne sera remis ni en ce monde ni en l'autre* (9). L'Esprit est le *consolateur* (10) que le Père envoie au nom du Fils, et le Fils au nom du Père (11). Le corps de l'homme pur est le temple du Saint-Esprit, dit saint Paul (12). — L'Esprit est donc le principe de la vie *spirituelle* plutôt que de la vie animale; quoique d'ailleurs il soit à la fois le principe de ces deux vies, l'une et l'autre étant un *don* de Dieu. L'*âme* des platoniciens, au contraire, semble uniquement le principe de la vie naturelle.

Telle est la conception transmise par les apôtres aux Pères des églises d'Orient. Ceux-ci la développèrent d'abord dans le sens de la philosophie platonicienne, et insistèrent sur la communication de la vie naturelle par l'Esprit saint. Justin croyait que la lecture

(1) *Sap.*, ib.
(2) *Is.*, XI, 2; LXI, 1; XLIII, 16.
(3) *Luc*, I, 15.
(4) *Ibid.*, I, 35. *Math.*, I, 20.
(5) *Math.*, III, 16, 11. *Marc*, I, 10, 8. *Luc*, III, 16, 22. *Johan.*, I, 32, 33.
(6) *Luc*, IV, 18.
(7) *Johan.*, III, 5.
(8) *Math.*, XII, 28.
(9) *Math.*, XII, 31, 32.
(10) *Marc*, XIV, 16.
(11) *Ibid.*, 16, 26; XV, 26; XIV, 16, 17; XVI, 15.
(12) *I ad Cor.*, VI, 19, 20; III, 16. *Rom.*, VIII, 11. *II ad Tim.*, I, 14.

de la *Genèse* avait donné à Platon l'idée de son troisième principe (1). Théophile considère l'esprit qui flottait sur les eaux comme le principe vital donné à la création tout entière et analogue à l'âme (2); Origène y reconnaît le Saint-Esprit (3). Tatien distingue, avec plus de profondeur, deux sortes d'esprit, l'un qui s'appelle l'âme, l'autre plus excellent que l'âme; le premier répandu partout, le second qui n'est pas en tous les hommes, mais seulement dans les justes (4). « Dieu est esprit, dit-il, non qu'il soit
» l'esprit répandu dans la matière; mais il est le créa-
» teur des esprits et des figures qui sont dans la ma-
» tière… Cet esprit qui pénètre dans la matière est bien
» inférieur à l'esprit divin, et parce qu'il est assimilé à
» l'âme, il ne doit pas être adoré comme le Dieu par-
» fait (5). » Tatien, qui connaissait les doctrines néoplatoniciennes, semble vouloir distinguer ici l'âme du monde de l'Ame supérieure au monde, ψυχὴ ὑπερκόσμιος, qui est Dieu même. Le *Timée* suppose en effet deux âmes, l'une qui est dans la matière, et qui est la nourrice éternelle de la génération, l'autre qui sert de base à l'Intelligence démiurgique; car « toute intelligence est dans une âme. » Les docteurs chrétiens, généralement moins précis que Tatien, n'en continuèrent pas moins d'attribuer à l'Esprit la présence universelle dans le monde, ce qui n'a d'ailleurs rien de contraire à l'opinion des platoniciens sur l'Ame hypercosmique.

Mais, lorsque l'hérésie de Macédonius eut porté

---

(1) *Apol.*, I, n° 60. Cf. n° 64.
(2) Πνεῦμα δὲ τὸ ἐπιφερόμενον ἐπάνω τοῦ ὕδατος· ὃ ἔδωκεν ὁ θεὸς εἰς ζωογόνησιν τῇ κτίσει καθάπερ ἀνθρώπῳ ψυχήν. LII, *ad Autol.*, n° 13. Cf. I, 7, 12.
(3) *De princ.*, I, c. III, n° 3. *In Isaï. hom.* IX, n° 1.
(4) Τὸ δὲ μεῖζόν μὲν τῆς ψυχῆς, θεοῦ δὲ εἰκὼν καὶ ὁμοίωσις. *Orat.*, n° 12, 13.
(5) *Orat.*, 4.

l'attention des Pères sur la nature de l'Esprit, comme l'hérésie d'Arius l'avait portée sur la nature du Verbe, le germe contenu dans l'idée chrétienne de la troisième hypostase ne tarda pas à se développer. L'Esprit sanctifiant et vivifiant est le dispensateur de la grâce céleste; il est la *grâce* même; or, comment expliquer un don gratuit de Dieu, sinon par l'amour? L'acte vivifiant de Dieu est donc un acte d'amour, et l'Esprit est l'amour même.

Déjà Platon avait conçu l'amour comme un médiateur entre les dieux et les hommes; mais il semblait n'y avoir vu qu'un mouvement de l'imparfait vers le parfait, sans s'élever à l'idée claire d'une réciprocité d'amour entre Dieu et la créature. Une religion fondée sur la croyance au sacrifice volontaire d'un Dieu ne pouvait s'arrêter à ce point de vue inférieur de l'hellénisme. Au lieu d'être un simple *démon*, l'esprit d'amour fut Dieu même dans sa troisième hypostase.

Ce n'est pas tout. Dieu ne peut aimer son œuvre que s'il aime préalablement le modèle idéal d'après lequel il l'a exécutée; il n'aime la copie que par l'amour même qu'il porte à l'exemplaire éternel. L'esprit d'amour n'est donc pas seulement le lien du créateur et de la créature; il est, avant tout, le lien du Principe suprême et de son Verbe : le Père aime le Fils, le Fils aime le Père; et ce mutuel amour, procédant de l'un et de l'autre, constitue l'Esprit.

C'est surtout dans Saint Augustin que cette idée de l'Esprit se précise. Par la réflexion psychologique, Saint Augustin trouve en lui-même une image de la trinité : l'âme existe, elle se connaît, elle s'aime; ainsi Dieu est, se pense, et relie son être à sa pensée par l'amour. L'Esprit, source de la *charité* dans nos âmes, est lui-même la *charité* divine : c'est en s'aimant que Dieu aime le monde, et c'est en aimant le monde que Dieu lui communique la vie, qui n'est autre chose dans son fond que l'amour.

Cette théorie, Platon l'eût admise, et peut-être l'avait-il entrevue; en tout cas, il ne sut point la formuler. Les néoplatoniciens aussi parurent se faire une idée trop obscure de l'amour en Dieu. Ne distinguant pas assez l'amour du désir, qui n'en est que la borne et l'imperfection, ils élevèrent le premier principe au-dessus de l'amour comme ils l'avaient élevé au-dessus de la pensée, et ils insistèrent à l'excès sur cette thèse, en n'accordant qu'une faible part à l'antithèse. L'amour proprement dit n'est pour eux que la *conversion* du principe inférieur vers le principe supérieur : le Verbe aime le Père; l'Ame, à son tour, aime le Verbe. Mais l'amour semble remonter vers le Bien sans en descendre; le Bien, à proprement parler, n'*aime* pas ce qu'il produit par l'écoulement spontané de sa nature ineffable et par une opération supérieure à tout ce que peut concevoir l'intelligence humaine. Plotin dit bien que Dieu s'aime lui-même, et que c'est en s'aimant qu'il se donne l'être (1); mais il ne va pas jusqu'à dire que Dieu aime ce qu'il produit et lui donne l'être en l'aimant; il se borne à dire que Dieu n'est ni envieux ni avare du bien qu'il possède. C'est s'arrêter au côté négatif de la question; car, que Dieu ne soit point avare et ne veuille point le mal, cela ne suffit pas : il faut encore, pour produire, qu'il veuille le bien. Si, par exemple, j'ai les mains pleines des semences d'une foule de fleurs, et que je sois seul au monde, sans avoir besoin de ces fleurs, j'aurai beau n'être ni avare ni jaloux, pourquoi ma main répan-

---

(1) *Enn.*, VI, vIII, 16.

drait-elle les germes de la vie ? Il faut nécessairement, qu'à l'absence de raisons négatives s'ajoute une raison positive, et que quelque sentiment d'amour ou de pitié me porte à semer ces germes et à les faire produire. Les alexandrins le comprirent sans doute ; mais ils préférèrent, pour ne pas rabaisser Dieu, laisser dans l'indétermination la raison suprême de l'acte divin, qu'ils considéraient d'ailleurs comme identique à l'être même de Dieu ou au Bien. C'est la double négation (οὐδέτερον), préférée par les alexandrins à la double affirmation, mais peu compréhensible pour le vulgaire. Ayant voulu ainsi purifier entièrement la nature divine, les alexandrins se firent accuser de l'avoir réduite, par leur méthode d'élimination, à une existence vide de pensée et d'amour. En outre, on sait qu'ils admettaient l'infériorité de la Pensée engendrée par rapport au Bien générateur, et de l'Ame par rapport à la Pensée. Dieu projette sa puissance en êtres qui le représentent de plus en plus imparfaitement, et la succession des hypostases dans la trinité alexandrine forme une série linéaire qui descend directement du Père au Fils, du Fils à l'Ame, pour se continuer dans la nature. La nature, ainsi rattachée au Bien par une série continue de moyens termes, pouvait sembler au vulgaire un prolongement, sinon de Dieu (l'Unité seule mérite proprement ce nom, étant seule parfaite), du moins du divin et des dieux engendrés ; on avait peine à la distinguer de l'hypostase dont elle s'écoule, tant est continue la série de la procession. Pourtant cette théorie avait son principe dans une grande idée de la fécondité et de la générosité divine, ainsi que de la continuité universelle. Les alexandrins auraient pu dire aux chrétiens : « Pourquoi établir un abîme entre Dieu et le monde? Si, au lieu de cet abîme, il peut y avoir des dieux et du divin, de manière à le combler tout entier, pourquoi n'y en aurait-il pas? Pourquoi Dieu n'a-t-il pas rempli d'être cet intervalle qui le sépare du monde ? Pourquoi voudrait-il seul occuper les hautes régions de l'être? Est-ce afin de pouvoir se poser plus royalement en face du monde et de ses infimes habitants? Mais, plus la bonté de Dieu élève les êtres jusqu'à lui, plus cette bonté même le place au-dessus d'eux. Votre Créateur aime ses créatures, et cependant, par une inconséquence singulière, il étend entre lui et elles un vide immense d'où l'être est absent. La vraie Bonté doit élever jusqu'auprès d'elle ses créatures ; et par cet acte même elle s'élève bien au-dessus d'elles. Le Dieu qui établit un abîme entre le monde et lui est plus près du monde et des êtres imparfaits par cet acte d'envie, que le Dieu infiniment bon qui remplit d'être cet abîme. »

D'autre part, la conception des chrétiens était plus pratique, plus accessible à tous par sa netteté : la discontinuité dans les choses empêche toute confusion ; et ce qu'on voulait éviter avant tout, c'était la confusion de Dieu et du monde. La doctrine néoplatonicienne semblait trop se rapprocher de ces religions orientales dans lesquelles le monde et Dieu paraissent consubstantiels, sans qu'on puisse déterminer exactement où finit le divin et où commence le naturel.

La trinité chrétienne forme un cercle qui revient sur lui-même, et qui subsiste en dehors du monde dans l'indépendance la plus absolue. Entre Dieu et le monde; aucune continuité. Le Père projette le Fils, le Fils *revient* au Père ; et c'est l'amour qui, unissant les deux principes, ferme éternellement le cercle de la trinité. L'activité de Dieu demeure ainsi plus évidemment immanente, et la vie divine est parfaite dans son immanence, sans qu'on puisse croire qu'elle a besoin de passer dans le monde pour s'y développer. Sans doute, ce dernier point était admis aussi des alexandrins, qui faisaient tout sortir du parfait et non d'un germe imparfait. Mais, encore une fois, leurs deux hypostases, distinctes de l'Unité et du monde, — transition ménagée en vue de l'optimisme universel, — pouvaient paraître un retour au panthéisme. Les chrétiens le craignirent; ils crurent voir dans la procession de Dieu au monde un trait d'union capable de faire confondre les deux extrêmes. En conséquence, sans rejeter entièrement l'idée âryenne et grecque d'une évolution multiple dans la vie divine, ils la subordonnèrent, sous le nom de distinction des personnes, au dogme hébraïque de l'Unité monothéiste. Il y a bien, d'après eux, procession dans le divin, mais de l'égal à l'égal, non du supérieur à l'inférieur. Dès lors, plus de continuité dans le passage de Dieu au monde. Les chrétiens font rentrer dans l'unité de Dieu tout l'Olympe, déjà réduit par les alexandrins aux deux hypostases de l'Intelligence et de l'Ame. Pour cela, il faut que les hypostases soient égalées en perfection au Père lui-même, et, en définitive, identifiées à lui. Mais les chrétiens ne se contentent pas de dire simplement que puissance, pensée et amour ne font qu'un en Dieu; au lieu de réduire la distinction de ces trois attributs à une conception relative de notre pensée humaine, qui est obligée de morceler Dieu pour le comprendre, ils la laissent subsister sous la forme de l'absolu, et unifient la substance en triplant la personne. De là, par un mystère qui confond toutes nos notions logiques et mathématiques, un seul Dieu procédant en trois hypostases, métaphysiquement un et moralement multiple. De là aussi l'égalité consubstantielle des trois hypostases. Le christianisme, revenant à la doctrine d'Aristote sur l'identité sans abandonner celle de Platon sur la différence, conçoit le sujet pensant et l'objet pensé comme nécessairement égaux, quoique distincts; de même l'aimant et l'aimé ne peuvent être inégaux, et l'Esprit d'amour qui unit le Père au Fils est lui-même égal au Père, égal au Fils. L'être parfait se pense par une pensée adéquate à sa nature, et s'aime par un amour adéquat à sa pensée comme à son être. Telle est la pluralité contenue dans la simplicité divine; par elle Dieu vit et se suffit à lui-même; et, sans avoir besoin du monde, la Trinité repose immobile dans l'Unité.

On le voit, la doctrine de l'Esprit est fondamentale dans le christianisme, qu'elle distingue profondément du platonisme alexandrin. C'est dans cette doctrine de l'Esprit que réside, d'après les docteurs chrétiens, la conciliation de Platon et d'Aristote, tentée par l'école d'Alexandrie.

Il en résulte une double conséquence, soit que l'on considère Dieu en lui-même, soit qu'on cherche à déterminer le rapport de Dieu au monde.

En premier lieu, le caractère de la personnalité divine devient plus précis dans la conception chrétienne. Toute notion neutre, comme le τὸ ἀγαθόν des Grecs, disparaît pour faire place à la dénomination personnelle : ὁ ἀγαθός, l'être bon.

En second lieu, la relation de Dieu au monde n'est plus conçue par le christianisme de la même manière que par les alexandrins. Pour ces derniers, tout est produit par *procession;* non-seulement les hypostases supra-naturelles, mais même la nature. Chez les chrétiens, la trinité étant un cercle fermé éternellement, la procession n'a lieu que du Père au Fils et à l'Esprit ; la naissance du monde doit être expliquée par un mode de production tout différent : il faut recourir à la création proprement dite.

Les Hébreux avaient conçu Dieu comme créant par un acte de pure liberté. Les Indiens et les Perses l'avaient conçu comme engendrant par amour, mais par un amour qui semble mêlé de désir; selon eux, l'Etre, retiré d'abord en lui-même, vivant d'une vie immanente, « respirant et ne respirant pas », s'écrie enfin du fond de son Unité : « Si j'étais plusieurs ! » et, par la puissance de son dévouement ou de sa dévotion, il engendre le monde (1). Les chrétiens,

---

(1) Voici quelques passages du Rig-véda et du Védanta sur la procession, la conversion et la personnalité divine :

« Alors rien n'existait, ni le non-être, ni l'être, ni monde, ni air, ni région supérieure. Quelle était donc l'enveloppe de toutes choses? Où était, quel était le réceptacle de l'eau? Où était la profondeur impénétrable de l'air? Il n'y avait point de mort, point d'immortalité, pas de flambeaux du jour et de la nuit. Mais lui seul respirait sans respirer, absorbé dans la Svadha, dans sa propre pensée. Il n'entendait rien, absolument rien autre que lui. Les ténèbres étaient au commencement enveloppées de ténèbres; l'eau était sans éclat. Mais l'être reposait dans le vide qui le portait, et cet univers fut enfin produit par la force de sa dévotion. D'abord son désir se forma dans son esprit, et ce fut là la première semence. C'est ainsi que les sages méditant dans leur cœur ont expliqué le lien de l'être au non-être dans lequel il est. Le rayon lumineux de ces sages s'est étendu partout; il a été en bas, il a été en haut. C'est qu'ils étaient pleins d'une semence féconde, c'est qu'ils avaient une grande pensée. La Svadha de l'être survivra à tout, comme elle a tout précédé. Mais qui connaît exactement ces choses? Qui pourra les dire? Ces êtres, d'où viennent-ils? Cette création, d'où vient-elle? Les dieux ont été produits parce qu'il a bien voulu les produire. Mais lui, qui peut savoir d'où il vient lui-même? Qui peut savoir d'où est sortie cette création si diverse? Peut-elle, ne peut-elle pas se soutenir elle-même? Celui qui du haut du ciel a les yeux sur ce monde qu'il domine, peut seul savoir si cela est, ou savoir si cela n'est pas. » « Eternel, concombinant la liberté pure du Jéhovah hébraïque avec le désir et le *dévouement* du Dieu persan et indien, s'élèvent à l'idée plus compréhensive et plus vraie de l'amour exempt de besoin, de l'amour parfaitement libre.

Le Verbe contient en lui-même, d'une manière d'ailleurs incompréhensible, l'éternelle possibilité du monde. Dieu, aimant son Verbe, ne peut demeurer indifférent à ce monde, image de lui-même; et comme il est l'amour substantiel, la substantielle bonté, il communique au monde, par son souffle ou son *esprit*, la réalité et la vie. C'est la pensée du *Ti-*

---

naissant tout, pénétrant tout, toujours plein de joie, toujours pur, plein de raison, *affranchi*, Brahma est l'intelligence et la félicité.... A l'origine, l'être était unique... Il était seul au commencement, sans second. Il éprouva un désir : Plût à Dieu, dit-il, que je fusse plusieurs et que j'engendrasse! Et il créa la lumière. La lumière éprouva le même désir et créa les eaux. Les eaux désirèrent également, et elles dirent : Plût au ciel que nous soyons multipliées et fécondes! Et elles créèrent la terre. » « L'esprit était seul à l'origine, et nulle autre chose avec lui. Il désirait. Je créerai des mondes, dit-il, et il a créé des mondes. » « Le feu, l'eau et la terre procèdent immédiatement de Brahma, étant développés successivement l'un de l'autre. » « C'est par la propre volonté de Brahma, non par l'acte propre des éléments, qu'ils sont ainsi développés ; et ils pénètrent réciproquement l'un dans l'autre dans un ordre inverse, et sont réabsorbés à la dissolution générale des mondes, qui précède la rénovation des choses. » « La cause toute-puissante, omnisciente et percevante de l'univers est essentiellement heureuse. Elle est la personne brillante, dorée, vue dans l'orbe solaire et dans l'œil humain. Cet être est l'élément éthéré dont toutes choses procèdent, et auquel elles retournent toutes. Il est le souffle dans lequel se plongent tous les êtres, au sein duquel ils naissent tous. Il est la lumière qui brille dans le ciel et dans tous les lieux hauts et bas, partout, à travers ce monde et dans la personne humaine. Il est le souffle et la personnalité intelligente, immortelle, impérissable et heureuse, avec laquelle India s'identifie. » « Comme l'araignée projette et retire son fil, comme les plantes sortent du sol et y retournent, comme les cheveux de la tête et les poils du corps croissent sur un homme vivant, ainsi l'univers sort de l'*inaltérable*. » « Lui, l'invincible, le sage, se contemple comme la source ou la cause de tous les êtres. » — On trouve aussi dans le *Bhagavad-Gita* : « Enfin qu'est-il besoin d'accumuler tant de preuves de ma puissance? Un seul atome émané de moi a produit l'univers, *et je suis encore moi tout entier*. »

*mée*, mais avec un sens plus profond : la *bonté* intrinsèque du premier principe est devenue une bonté affectueuse et expansive comme l'amour. La puissance du Père et les idées du Verbe n'expliquent que l'éternelle possibilité du monde ; c'est l'amour, c'est l'Esprit, qui en explique la réalité actuelle. Lien du Père et du Fils, il est aussi le lien de Dieu et du monde.

Supprimez cette notion d'une bonté aimante, il ne restera plus, pour expliquer le monde, que la *puissance* et la *pensée*. Or, il semble n'y avoir dans ces deux choses rien que de fatal. Dieu sera alors considéré comme une puissance qui se développe ou une pensée qui se profère par une sorte de nécessité intérieure. Il n'en est pas ainsi lorsque l'on considère la production du monde comme un acte de bonté et d'amour. La bonté est essentiellement libre ; les bienfaits de l'amour n'excitent la reconnaissance que parce qu'ils n'ont point un caractère de fatalité. Le soleil échauffe sans aimer, et nous recevons sa chaleur sans y répondre par l'amour. Si le monde sortait de Dieu absolument comme la chaleur émane du soleil (1), où seraient cette bonté et cette fécondité paternelles qui font de Dieu un être aimant et aimable ? Non, s'il y a encore dans l'amour divin quelque caractère de nécessité, ce n'est pas du moins une nécessité métaphysique, et conséquemment fatale ; mais c'est une nécessité purement morale, qui n'exclut ni la liberté dans le créateur ni la reconnaissance dans la créature.

Telle fut la conception, encore vague chez les premiers Pères, surtout chez les Pères alexandrins, que le christianisme opposa à la doctrine païenne de la produc-

---

(1) Ce qui n'est pas d'ailleurs, comme on l'a vu plus haut, la vraie pensée des alexandrins.

tion par l'être. Malheureusement, dans leur réaction, les chrétiens finirent par dépasser eux-mêmes la mesure. Tandis que les alexandrins s'efforçaient de rapprocher Dieu et le monde, et d'établir entre ces deux extrêmes une série de termes moyens, les chrétiens agrandissaient de plus en plus l'intervalle, et séparaient trop le créateur de la création. L'idée même de l'amour finit par s'effacer derrière celle de la volonté libre. Dieu crée parce qu'il le veut, et sa volonté n'a d'autre raison qu'elle-même : il semble sortir de son repos par un acte arbitraire et inintelligible; le caprice de la puissance paraît se substituer à l'expansion de l'amour. Pour marquer encore davantage l'indépendance suprême de la volonté divine, on fait naitre le monde à un moment déterminé de la durée, sans qu'il y ait de raison pour choisir ce moment plutôt que tout autre dans l'infinie succession des siècles. Borné dans le temps, le monde est aussi borné dans l'espace : ce n'est plus qu'un atome perdu dans l'immensité. La création ne semble plus alors qu'un jouet entre les mains du créateur. L'homme, en particulier, est soumis à une puissance qui veut être adorée sans être comprise. La *grâce*, don universel de l'amour, devient un don arbitraire réservé à quelques prédestinés, et la liberté divine semble absorber la liberté humaine. Celle-ci n'a d'autre idéal que la plus passive obéissance; la foi aveugle est au-dessus de la raison qui veut voir et comprendre. La raison même devient de plus en plus suspecte et se confond avec l'orgueil, qui fut la perte des anges rebelles et du premier homme. Pour humilier cet orgueil, on multiplie les prescriptions de la discipline, les pratiques de la dévotion extérieure, les formes sensibles du culte, et on sanctionne les lois de simple discipline par des châtiments éternels. A tous ces traits, il est facile de reconnaître l'esprit judaïque qui envahit le christianisme et qui, par une réaction excessive, oppose aux conceptions des philosophes le Dieu tout-puissant et terrible de la théologie israélite.

Le vrai principe du christianisme, souvent altéré par l'esprit théocratique, mais destiné à triompher tôt ou tard, c'était l'amour. A la grande question de l'existence du monde, trois réponses étaient possibles. — Nécessité! avait dit l'antiquité païenne; seulement, pour la religion grecque, c'était une nécessité aveugle; pour la philosophie grecque, une nécessité intelligente. Ne l'oublions pas cependant, les théologiens et les poëtes avaient déjà appelé l'Amour le premier et le plus puissant des dieux; Platon et Aristote avaient fait aussi de l'amour l'essence de la nature. Mais l'amour n'était point encore considéré comme l'essence de Dieu même, et l'immuable nécessité semblait toujours le premier caractère de la perfection divine. — Par contraste, la théologie hébraïque donnait pour dernier mot des choses la liberté toute-puissante du Créateur, et presque une liberté arbitraire et indifférente, malgré les grandes pensées de charité et d'amour qui se mêlaient à ses dogmes comme à ceux de Zoroastre, de Confucius et de Boudha. Au-dessus de la nécessité, au-dessus de la liberté, toutes les religions, toutes les philosophies, entrevoyaient en Dieu quelque perfection essentielle et suprême qui concilie ces deux contraires, en rendant la nécessité toute morale et en purifiant la liberté de tout arbitraire. Le christianisme porte dans cette notion confuse la lumière et la chaleur, et il la fait vivre. Complétant par là la grande pensée du *Timée* sur la fécondité essentielle de Dieu, ou pour ainsi dire sur la bonté du Bien, il répond à toutes les questions par ce seul mot qui le résume en entier : *Amour*.

Le paganisme fut, en général, la religion de la fatalité physique ou intellectuelle; le judaïsme fut la religion du Dieu souverainement libre; le vrai christianisme est la religion de l'amour. Les Hébreux adorèrent surtout le Père tout-puissant; les philosophes grecs adorèrent surtout la Pensée; le christianisme adore la Puissance et la Pensée unies dans l'Amour. Mais, s'il est dans l'antiquité une intelligence qui se soit approchée du christianisme au point d'en concevoir à l'avance les vérités fondamentales, y compris même l'idée de la Bonté créatrice, c'est assurément Platon.

# ESSAIS
## DE
# PHILOSOPHIE PLATONICIENNE
## ET
## CONCLUSION CRITIQUE

# LIVRE PREMIER

LES LOIS DE LA CONNAISSANCE, DE L'EXISTENCE
ET DE L'AMOUR.
LOGIQUE ET PSYCHOLOGIE PLATONICIENNES

## CHAPITRE I.

LA RAISON ET LE PRINCIPE DE L'UNIVERSELLE INTELLIGIBILITÉ.

I. Du principe de l'universelle intelligibilité ou de l'Idée. Nécessité de réduire le nombre des axiomes. Distinction de la raison intelligible ou Idée et de la cause efficiente. Le principe de l'universelle intelligibilité est-il synthétique et *à priori*.
II. Rapport du principe d'identité au principe de l'intelligibilité. Réduction du premier au second. — La raison intelligible doit être absolue et parfaite. Le Bien.
III. Certitude propre au principe de l'universelle intelligibilité. Divers degrés de la certitude : la certitude sensible, la certitude logique, la certitude métaphysique et morale; part de l'amour et de la liberté dans la foi à l'intelligible. Que cette foi est le fondement de la religion naturelle. Réponse à l'idéalisme transcendantal de Kant. Réponse aux objections d'Hamilton contre la conception de l'absolu. En quoi consiste véritablement cette conception.

Quelle que soit la variété des croyances et des systèmes qui, à notre époque comme à celle de Socrate et de Platon, divisent les esprits et troublent les âmes, on doit se demander s'il n'existe point un principe très-général sur lequel il y ait accord, une idée large et compréhensive qui ramène les oppositions à l'harmonie et la multiplicité à l'unité. Cette idée conciliatrice, qu'il y aurait intérêt et profit à mettre en lumière, peut être dégagée par les procédés de simplification et de généralisation progressives auxquels la dialectique platonicienne avait si souvent recours.

Toutes les doctrines rentrent nécessairement dans le domaine de la religion, de la métaphysique ou de la science. Les diverses religions s'accordent à proposer leurs dogmes, et même leurs mystères, comme des vérités qui, fussent-elles pour nous incompréhensibles, n'en sont pas moins en elles-mêmes parfaitement intelligibles et renferment la dernière raison des choses. Si donc les religions refusent de tout expliquer, c'est en reconnaissant que, dans le fond, tout est explicable. De son côté, la métaphysique, — plus générale et moins variable que les dogmes religieux, qui y trouvent en dernière analyse leur fondement rationnel, — est la recherche des raisons les plus universelles auxquelles toutes choses empruntent leur intelligibilité. Enfin la science, s'efforçant d'atteindre à quelque chose de plus immuable encore et de plus incontestable que ne semblent l'être au premier abord les doctrines métaphysiques, modère sa marche pour la rendre plus sûre et se borne à chercher les raisons les plus immédiates des choses; mais elle espère bien étendre de proche en proche et prolonger à l'infini la série de ses explications, de manière à envelopper peu à peu toutes choses dans les liens indissolubles de la pensée. La foi commune, plus ou moins consciente d'elle-même, mais présente chez tous, est donc la foi à la raison des choses et à l'universelle intelligibilité. Nous croyons tous que ce qui existe est réductible, sinon pour nous, du moins en soi, aux lois essentielles de la pensée. Lorsque nous doutons, notre doute ne porte pas, à vrai dire, sur l'intelligibilité de l'objet, mais sur l'intelligence du sujet et sur la puissance plus ou moins grande de nos moyens de connaître. Il y a de toutes parts des mystères qui nous échappent et que tous nos systèmes n'ont pu encore éclaircir; mais notre impuissance à comprendre ne nous empêche pas d'affirmer que chaque chose est intelligible, en soi. Quand tout s'obscurcirait à nos yeux, quand la nature entière, ne nous offrant plus que confusion et chaos, semblerait un spectacle incompréhensible et un drame sans unité, dans ce bouleversement universel la Raison s'affirmerait encore elle-même; elle croirait que le spectacle a un sens, mais un sens caché; elle serait sûre, en cherchant son image dans ce désordre apparent du monde, de l'y retrouver enfin, fût-ce après des milliers de siècles. Si le monde brisé s'écroulait, on verrait sans doute quelque Pline nouveau, attentif au phénomène, en rechercher l'explication, et soumettre aux lois de la pensée l'univers qui va l'écraser sous ses ruines.

Ce principe de la raison des choses, qui survit à tous les systèmes, qui engendre leur variété même du sein de son unité, qui subsiste malgré notre impuissance à expliquer les plus difficiles problèmes, et qui constitue comme une métaphysique universelle supérieure aux diverses métaphysiques, comme une science innée que ne peuvent détruire toutes nos ignorances, qu'est-ce autre chose que le principe même du platonisme? Dire que tout a une raison intelligible, que l'être soutient un rapport nécessaire avec la pensée, c'est dire, au sens le plus large des termes, que chaque chose a une *Idée*. Par là nous sommes tous à notre époque, malgré nos dissidences, platoniciens en esprit et en vérité.

C'est ce principe de l'intelligibilité universelle que la philosophie contemporaine doit soumettre de nouveau à l'analyse, afin de voir s'il ne contient pas en germe, comme Platon le croyait, la vraie théorie de la connaissance et la vraie théorie de l'existence.

I. Les philosophes modernes ont trop souvent compromis la théorie platonicienne de la raison, en multipliant les idées innées et les principes à priori sans les réduire ensuite à l'unité. Ils ont fait « d'un plusieurs, » sans faire « de plusieurs un. » Par exemple, quoi de plus opposé aux règles de la dialectique que cette longue liste d'idées innées et d'axiomes qu'on trouve, non-seulement dans la logique de Port-Royal, mais dans Reid et dans Stewart? Ainsi énumérées dans une confusion qui n'a rien de scientifique, ces *présomptions du sens commun* ne ressemblent-elles pas trop à des *préjugés?* Leibnitz, plus fidèle à la vraie tradition platonicienne, avait cru les vérités rationnelles réductibles à un petit nombre, peut-être à deux, peut-être à une seule. « Il faut chercher, disait-il, les
» preuves des vérités qui peuvent en recevoir, sans
» distinguer si elles sont innées ou non; et l'opinion
» des vérités innées, de la manière que je la prends,
» n'en doit détourner personne; car, outre qu'on fait
» bien de chercher la raison des instincts, c'est une
» de mes grandes maximes qu'*il est bon de chercher*
» *les démonstrations des axiomes mêmes...* Pour ce
» qui est du principe de ceux qui disent qu'il ne faut
» point disputer contre celui qui nie les principes, il
» n'a lieu entièrement qu'à l'égard de ces principes
» qui ne sauraient recevoir ni doute ni preuve. Il est
» vrai que pour éviter les scandales et les désordres
» on peut faire des règlements, à l'égard des disputes
» publiques et de quelques autres conférences, en
» vertu desquels il soit défendu de mettre en contes-
» tation certaines vérités établies; mais *c'est plutôt un*
» *point de police que de philosophie.* » — Tout en sui-

vant le conseil de critique universelle donné par Leibnitz, Kant a multiplié outre mesure ces *principes synthétiques à priori* dans lesquels l'attribut n'est point tiré du sujet par analyse, mais ajouté au sujet par la force propre de la raison. Ne pouvant ensuite parvenir à expliquer tant de conceptions innées, Kant a fini par les regarder comme de simples formes de l'esprit sans valeur en dehors de nous. Plus tard, par une réaction extrême, on s'est efforcé de réduire toutes ces prétendues *synthèses* à des *identités* logiques. D'où on a voulu conclure que la raison n'est point une faculté spéciale, ayant un objet propre, et capable d'atteindre des réalités (1), mais une sorte de démiurge ordonnateur, non créateur, occupé à combiner les matériaux de l'expérience sans rien produire lui-même. Théorie aussi impuissante à expliquer la production et même la simple combinaison de nos idées, que le démiurge du *Timée*, abandonné par Platon dans le *Parménide*, était impuissant à expliquer la production du monde. Au moins Platon donnait-il à son démiurge un modèle. Et en effet, pour combiner ou mettre en ordre, encore faut-il des règles, des mesures, des types et des unités, des moyens, des fins et une activité propre ; il faut, en un mot, une idée sur laquelle on se règle, qu'on trouve en soi ou au-dessus de soi, et qu'on saisit par une intuition spéciale. Une faculté stérile, qui ne ferait que mettre en ordre, ne serait rien, et ne pourrait même pas distinguer l'ordre du désordre. Aussi le sensualisme s'est-il montré plus conséquent, chez Stuart-Mill, en supprimant la raison discursive avec la raison intuitive, la διάνοια avec la νόησις, et en réduisant de nouveau toutes nos connaissances à la série de sen-

---

(1) Voir par exemple M. Vacherot, *La métaphysique et la science*, et M. Taine, *Les philosophes français au* XIXe *siècle*.

sations où Protagoras voyait la seule mesure des choses. Ce qui revient à dire, au fond, qu'il n'y a point de mesure, point de vérité fixe, point d'Idée.

Les sensualistes ont triomphé sur plusieurs points dans leur critique de la Raison; mais ils ont précisément négligé la conception fondamentale du platonisme, reproduite plus tard par Leibnitz avec une clarté nouvelle. Les philosophes anciens appelaient souvent les Idées les *raisons* immuables des choses. C'est cette notion d'une *raison* des choses, d'une *raison suffisante*, que nos contemporains ont ou négligée ou confondue avec la notion de *cause*, mais sur laquelle cependant nous avons déjà trouvé un accord tacite et unanime.

Le terme de *raison* a un sens très-large, qui n'en est pas moins précis. La raison d'une chose, c'est tout ce qui l'explique, tout ce qui la rend intelligible, tout ce qui en fait comprendre la possibilité ou la réalité; en un mot, c'est tout ce qui met l'être en harmonie avec la pensée. Le mot « Pourquoi? » qui revient sans cesse sur la bouche des enfants, contient en germe toute la science et toute la métaphysique; il est le premier acte de foi à l'Idée; il signifie : « Pour quelle raison? » Que l'enfant ait déjà dans l'esprit, sous une forme explicite, les notions d'immensité, d'éternité, de cause première, de substance infinie; c'est ce que le sensualisme peut à bon droit contester. Mais contestera-t-on que l'homme, dès qu'il pense, conçoit et cherche l'explication des choses, c'est-à-dire la nécessaire union de l'être avec la pensée? Avant même de savoir parler, l'enfant affirme cette union en brisant son jouet pour en examiner le mécanisme: dans les rouages visibles il veut découvrir les raisons invisibles; il sait donc déjà, non sous une forme abstraite, mais par la vive intuition de son intelligence à peine éveillée, que tout est intelligible, que tout a une Idée. — L'animal lui-même, « avec cette ombre de la raison qui lui a été départie, » semble entrevoir l'Idée quand il attend un phénomène semblable dans une circonstance semblable, comme s'il comprenait vaguement qu'un changement sans raison est impossible. Dans cette âme prétendue inintelligente, dans cette *monade* encore brute, miroir terne et obscur des choses, on entrevoit cependant un reflet de l'ordre universel, une lueur de l'universelle raison.

La *raison* n'est pas proprement la *cause* efficiente, au sens ordinaire de ce mot : c'est quelque chose de plus général. Le principe est la raison de sa conséquence, sans en être la cause efficiente. L'essence du triangle *explique* les diverses propriétés de cette figure, sans les *produire*. La cause active est une espèce de raison : c'est la raison de cette chose concrète et réelle qu'on nomme le changement. La fin d'une chose est aussi une espèce de raison ; de même la substance est la raison de ses modes, la loi est la raison des phénomènes.

C'est donc à tort, ce semble, que la plupart des philosophes contemporains font rentrer l'idée de raison ou d'intelligibilité dans celle de cause efficiente, et voient dans l'axiome platonicien et leibnitzien une simple application du principe de causalité. La notion de cause contient un élément *sui generis* emprunté à la conscience de notre activité, et sur lequel on discute encore. L'idée de l'enchaînement des raisons, ou de l'ordre intelligible, est toute rationnelle et très-claire. Nous concevons sans doute la raison intelligible à propos de la cause, parce que toute cause est une raison ; mais la réciproque, vraie peut-être, n'est pas immédiatement évidente : la proposition que tout a une cause efficiente, ne se confond pas dès le premier abord avec cette autre, beaucoup plus incontestée, que tout ce qui est, est intelligible. La première exprime le rapport des choses à l'activité ; la seconde, le rapport des choses à la pensée.

Le principe de l'intelligibilité ou de l'Idée a des caractères dont Platon a le premier compris et démontré l'importance métaphysique.

Platon a d'abord compris que, dans ce jugement : « Tout ce qui est, est intelligible », nous n'allons pas du sujet à l'attribut par la voie descendante de l'analyse et de la déduction, mais par la voie ascendante de la synthèse. Nous lions la pensée à l'être en affirmant leur rapport essentiel ; nous unissons les deux termes dans un terme supérieur, dont il conviendra de rechercher plus tard la nature ; mais nous ne déduisons pas logiquement ou mathématiquement l'intelligibilité de l'existence, comme la conséquence du principe ou la partie du tout. En effet, les efforts de la plus subtile analyse ne trouveront pas dans l'idée d'*être* celle de *raison d'être*. De ce qu'une chose est, l'analyse ne tire rien, sinon qu'elle est. Aussi le type des jugements analytiques est-il l'axiome : *Ce qui est, est ;* comme le type des jugements synthétiques est l'axiome : *Ce qui est, est intelligible,* ou *a une raison d'être.*

Platon a compris aussi que le principe de l'intelligibilité est absolu, nécessaire, universel. Nous affirmons que tout est intelligible en soi-même, n'y eût-il aucune intelligence humaine capable de le saisir ; ce n'est donc point l'intelligibilité *relative* à nous et aux autres que nous affirmons : c'est l'intelligibilité *absolue* et intrinsèque. De plus, on ne peut supposer le contraire de cet axiome sans donner une raison pour laquelle les choses seraient sans raison. Cela reviendrait à dire : Il est intelligible que certaines choses existent sans être intelligibles; il est possible que certaines choses existent sans être possibles. Qu'est-ce qui constitue, en effet, la possibilité des choses, sinon leur intelligibilité? Ce qui n'est pas concevable, explicable, réductible en quelque manière à la pensée, — sinon à la nôtre, du moins à une pensée supérieure, — ne peut pas exister; en tout cas, une pareille existence équivaudrait, comme Platon l'a vu, à la non-existence, puisqu'elle serait absolument indéterminée pour elle-même et pour nous. On pourrait lui appliquer la triple thèse de Gorgias : Un pareil être est identique au non-être; cet être existât-il, il ne pourrait être conçu; fût-il conçu, il ne pourrait être exprimé.

Le principe de l'universelle intelligibilité, ayant de tels caractères, ne peut être une simple induction appuyée sur l'expérience. Si je raisonnais par induction, comme il y a fort peu de choses qui aient des raisons à moi connues et une infinité qui n'en ont pas, j'arriverais à cette loi générale : « Les choses n'ont pas de raison, hormis dans de rares circonstances. » Nous savons donc, avant d'induire, que les raisons existent; nous ne les affirmons pas parce que nous les cherchons, mais nous les cherchons parce que nous les avons d'abord affirmées. D'ailleurs, l'induction n'a de valeur que dans les limites de notre monde; cependant, demandez si tout a une raison, même dans ces étoiles qui nous envoient à travers l'infini un rayon de lumière; l'expérience dit : je l'ignore; mais une autre faculté dit : je l'affirme.

Ainsi, il y a en nous une faculté métaphysique

sans laquelle la science même serait impossible, puisque la science est la recherche de la raison des choses. En notre siècle, nous croyons tous à la science ; il y a même des esprits, nous l'avons vu, qui ne veulent croire qu'à elle ; ils ne s'aperçoivent pas que leur foi à la science et à l'intelligibilité des choses est déjà toute métaphysique.

Nous sommes en possession d'un principe qui n'est pas moins *à priori* que l'axiome d'identité, et qui de plus est synthétique, tandis que l'axiome d'identité est analytique. Ces deux axiomes, l'un relatif à la pensée, l'autre relatif à l'être, sont le type des deux fonctions essentielles de l'intelligence : faire d'un plusieurs et de plusieurs un. Quel est le rapport qui les unit? Leur dualité ne recouvre-t-elle point, comme la dialectique nous invite à le croire, quelque unité fondamentale?

II. Ce jugement synthétique : « Tout ce qui est a une raison », implique la vérité de l'axiome identique : « Ce qui est, est » ; car on ne peut l'affirmer sans affirmer en même temps cet axiome.

D'un autre côté, pourquoi affirmons-nous avec la plus absolue certitude que ce qui est, est? N'est-ce pas parce qu'il n'y a aucune raison pour que ce qui est ne soit pas? Dire d'une part qu'une chose est, et dire d'autre part qu'elle n'est pas sous le même rapport, c'est passer de l'affirmation à la négation sans que ce changement ait la moindre raison intelligible, sans que la chose elle-même ait changé. Si donc tout a une raison, vous ne pouvez changer l'affirmation en négation lorsque toutes les conditions demeurent identiques. C'est ce changement d'affirmation en négation sur le même point que Platon reproche tant

de fois aux sophistes. « Tu dis toujours les mêmes
» choses, dit Calliclès à Socrate dans le *Gorgias*. —
» Oui, répond Socrate, non-seulement les *mêmes*
» *choses*, mais encore *sur les mêmes objets*..... Moi,
» au contraire, je me plains de ce que tu ne parles ja-
» mais d'une manière uniforme sur les mêmes objets. »
Platon oppose ainsi l'unité de la vraie science, pour
laquelle ce qui est est toujours, tant que les mêmes
raisons subsistent, à cette science multiple et changeante des sophistes qui ne demeure fixée ni dans
l'être ni dans l'intelligible (1).

Il y a donc une sorte de rapport réciproque entre
l'axiome de l'*être* et l'axiome de l'*intelligibilité*. Le
premier a sa raison dans le second; le second a sa
raison dans le premier. L'identité de l'être s'explique
par le caractère intelligible de l'être, et d'autre part
l'intelligibilité de l'être en suppose l'identité.

Qu'est-ce à dire? Est-ce là un cercle vicieux, ou l'expression du plus élevé des principes métaphysiques
et la formule suprême de la science telle que l'a conçue Platon?

Ce qui est, est intelligible; ce qui est vraiment
intelligible, est. Il y a là deux choses distinctes,
l'être et la raison d'être, ou l'être et la pensée; et

(1) Quand Platon lui-même, devançant Schelling et Hegel, identifie
les contraires, ce n'est jamais absolument sous les mêmes rapports; et
il introduit une différence dans les raisons pour aboutir à la différence
d'affirmations. Toutes les discussions relatives aux contraires et aux
contradictoires, à la possibilité ou à l'impossibilité d'un moyen terme
(principium exclusi tertii aut non exclusi), n'atteignent jamais l'axiome
de la raison suffisante. Ce sont toujours des *raisons* qu'on cherche pour
expliquer comment une chose tout ensemble serait et ne serait pas ; et
si on peut, à la rigueur, se persuader qu'une absence d'identité dans
les choses a lieu sous quelque rapport *et pour quelque raison*, on ne
peut du moins jamais supposer une absence de raisons et d'intelligibilité.
— Nous reviendrons dans le chapitre suivant sur le principe d'identité.
Voir la *Théorie du jugement*.

cependant nous croyons que ces deux choses ne font qu'un. Qui dit *être*, dit *Idée;* qui dit *Idée*, dit *être*. L'unité se développe en dualité, la dualité se ramène à l'unité. L'axiome de l'identité exprime l'unité absolue; l'axiome de raison suffisante, en distinguant l'être et la pensée, l'objet et le sujet, nous fait apercevoir une multiplicité éminente, une distinction idéale au sein même de l'unité. Si l'être était seul, séparé de la raison d'être, séparé de la pensée, comment pourrait-il exister? Ne se réduirait-il pas à une abstraction incompréhensible? D'autre part, si la raison d'être, si l'intelligible, si la pensée était séparée de l'être, ne serait-ce pas là encore une abstraction vide, ou plutôt un néant? Il faut donc qu'il y ait unité dans l'absolu entre la raison d'être et l'être, entre la pensée et son objet, entre l'intelligence et l'intelligible. Voilà la vérité unique qui s'exprime sous deux formes différentes dans les deux grands axiomes de la raison.

L'intelligence est belle, dit Platon, et la vérité intelligible n'est pas moins belle; cependant la raison conçoit quelque chose de plus auguste encore, d'où émanent à la fois l'intelligible et l'intelligence, la lumière et la puissance de voir la lumière. Affirmer l'éternelle identité de l'être et de la raison d'être, c'est réellement affirmer le Bien, qui a pour double caractère d'être *absolu* dans son existence, « de quelque manière qu'on se la représente, » et *parfait* dans son essence.

Le principe suprême de la pensée (ἀρχή) est d'abord absolu et inconditionnel (ἀνυπόθετον), ou suffisant (ἱκανόν). Leibnitz dit au fond la même chose que Platon en affirmant que tout a une raison *suffisante*. En effet, une raison qui ne suffit pas, qui n'explique pas tout et ne rend pas tout intelligible, ou qui n'est pas elle-même totalement intelligible, n'est point une vraie et définitive raison; c'est seulement un point d'appui provisoire que la pensée franchit pour s'élancer vers l'absolu (ἐπιβάσεις τε καὶ ὁρμάς). En d'autres termes, rien d'intelligible s'il n'y a pas un suprême intelligible, quelque chose qui donne à la pensée une satisfaction sans bornes. N'ayant qu'une partie de l'intelligible, nous voulons avoir le reste; nous croyons donc au tout, et ce tout est infini. Il ne peut y avoir de raison pour que la raison cesse à telle limite sans s'étendre au reste; car, ou ce reste ne serait pas, ou il serait sans raison. Nous arrivons par là à l'unité de l'universel, plénitude de l'intelligibilité et de l'être. La raison des choses déborde de toutes parts les choses particulières qu'elle explique, et les embrasse de son universalité. C'est ce que Platon voulait dire en donnant le nom d'Unité à l'être absolu et à l'absolu intelligible.

Il ajoutait, en s'élevant à un point de vue supérieur encore : « Qu'y a-t-il d'absolu et de suffisant, sinon la perfection ou le Bien? » Ce qui n'est point parfait, est inachevé, incomplet, limité par quelque condition dont il dépend, incapable de se suffire à soi-même et incapable aussi de suffire à l'intelligence. Ce n'est ni la complète intelligibilité ni la complète existence; ce ne peut donc être qu'une raison relative, et non la raison suffisante, dans toute la simplicité et l'étendue de ce mot.

A cette hauteur, l'affirmation du principe premier de la logique et de la métaphysique devient aussi l'affirmation du principe moral. Dans l'Idée des Idées, dans la raison des raisons, Platon ne voyait pas seulement le « suprême intelligible, » mais aussi le « suprême aimable. » La raison universelle, en effet, mériterait-elle ce nom, si elle n'était pas la raison de l'amour ? serait-elle le parfait intelligible, si elle ne donnait pas à l'amour, comme à tout le reste, son intelligibilité et son être ? En affirmant la raison suffisante, nous l'affirmons donc à la fois comme raison de l'être, raison de la pensée et raison de l'amour. C'est l'ordre universel, c'est l'universelle harmonie, c'est l'unité de toutes les perfections, c'est le suprême idéal, c'est le Bien en un mot que nous affirmons. Quand une chose nous apparaît comme imparfaite, nous empruntons pour ainsi dire à cette « richesse » du Bien de quoi la compléter, la remplir, et par là la rendre intelligible. L'Idée d'une chose en est la perfection.

Les deux principes intellectuels d'identité et de raison suffisante, inséparables l'un de l'autre, se ramènent ainsi à un principe métaphysique et moral par lequel nous affirmons que tout a un rapport avec l'absolu et le parfait, ou avec ce Bien dont la vérité même et la beauté ne sont, suivant la *République*, que des dépendances.

III. L'axiome de la raison suffisante possède une certitude d'un caractère particulier, dont il convient de faire ressortir, en s'inspirant de Platon, toute l'originalité.

La certitude ou la science, — dont l'axiome de la raison suffisante affirme la possibilité sans limites et exprime la loi essentielle, — était représentée par Platon comme une heureuse union de l'intelligence avec l'intelligible, comme « un hymen divin de la pensée avec l'être. » En nous, cet hymen n'est pas l'absolue unité, mais seulement l'union du sujet et de l'objet. Mais, bien que toute union laisse subsister la différence des deux termes, ce n'en est pas moins l'identité qui la constitue. La loi de la connaissance et la condition de la certitude sera donc l'assimilation du sujet à l'objet.

Or, l'axiome de la raison a pour objet l'unité absolue de l'être et de la pensée dans le Bien. Cet objet, « quelle que soit toujours la manière dont on se représente son existence, » est conçu comme étant à la fois le principe de l'ordre physique, de l'ordre logique, de l'ordre métaphysique et moral. A ces différents ordres de choses correspondent différentes sortes d'évidence. L'axiome de la raison suffisante ne doit-il pas les transformer toutes et n'est-il point propre à en montrer le lien ou même l'essentielle unité?

Chez les êtres imparfaits comme nous, la certitude purement sensible ou physique est pour ainsi dire l'évidence de l'être sans l'évidence de la pensée : quand nous sentons l'être physiquement, nous ne le comprenons pas toujours logiquement ; nous ne le saisissons pas comme pensée en même temps que comme être. Telle est l'incomplète certitude des sens et de l'expérience; dont l'empirisme voudrait faire la certitude totale, tandis qu'elle n'est qu'une réalisation partielle de l'idéal absolu ; c'est l'être sensible sans la pensée intelligible. De là, dans cette espèce de certitude, un caractère de fatalité plus manifeste que partout ailleurs. Quand la lumière frappe les yeux, quand un corps résistant frappe ou repousse le toucher, c'est comme la violence de l'être sur l'être, et, par l'être, sur la pensée. Le doute et la négation sont physiquement impossibles. C'est une force qui s'impose au sens, mais qui ne se fait point comprendre à l'intelligence, et qui semble nous dire : « Intelli-

gible ou non, je suis. » C'est un état d'opposition
entre deux forces, entre l'être et l'être, entre l'être et
la pensée. Il en résulte une limitation mutuelle, une
activité réciproque sans doute, mais aussi une mutuelle passivité : chaque terme demeure extérieur à
l'autre, et l'objet se pose comme étranger au sujet.
L'union des deux termes n'est qu'une rencontre extérieure, et qui n'existe qu'à la surface : dans leur fond,
ils s'opposent plutôt qu'ils ne s'unissent. Victoire incomplète de l'être sur la pensée, parce qu'elle est la
victoire de la force physique, non celle de la convic-
tion logique, et encore bien moins de la persuasion
morale. Ce n'est pas cette certitude sensible, assurément, qu'on peut attribuer au principe de l'universelle intelligibilité. Pourtant, lui aussi, ce principe est
invincible à notre âme; mais c'est par une autre victoire qu'il la domine. Ne croyons pas pour cela que la
certitude sensible et expérimentale lui fasse défaut ou
opposition. Plus notre expérience s'accroît, plus elle
confirme l'axiome de l'intelligibilité universelle. Mais
enfin, ce n'est jamais qu'une confirmation partielle
et même infiniment petite : nous ne pouvons pas dire
après tout que nous sentons, que nous éprouvons
l'universelle intelligibilité. Sentir l'universel est même
contradictoire. Dans les sens externes, la limitation mutuelle laisse une partie de l'objet en dehors
du sujet, et détruit l'universalité de la connaissance;
nous ne pourrions donc sentir complétement l'universelle intelligibilité que si nous l'embrassions par le
sens intime ou la conscience. Pour cela il faudrait
que l'intelligible fût nous, et il n'est pas nous. Nous
en avons bien comme une conscience partielle quand
nous le saisissons par notre intelligence; mais, notre
intelligence étant bornée et faillible, ce n'est point

en nous que nous pouvons voir et sentir cette complète unité de la pensée et de l'être. Nous n'en voyons en nous-mêmes qu'un exemple et une réalisation particulière, qui est comme l'antécédent psychologique et la cause occasionnelle de notre conception métaphysique. Concluons que nous pouvons bien rendre de plus en plus sensible pour nous l'universelle intelligibilité, mais, qu'en l'affirmant tout entière, nous dépassons de l'infini la certitude de l'expérience extérieure ou intérieure.

Serait-ce donc l'évidence logique ou mathématique qui serait propre à l'axiome de la raison? — Il n'y a d'évidence logique ou mathématique que là où la pensée embrasse et *comprend* entièrement l'objet, de manière à se mouvoir entre certaines limites (par exemple, celles d'une définition) sans jamais en sortir : οὐ δυναμένη ἀνωτέρω ἐκβαίνειν. Ce travail de la raison discursive et analytique, de la διάνοια, a pour loi propre l'axiome d'identité. Or, nous l'avons vu, le principe d'universelle intelligibilité ne peut se ramener à une identité logique. Son objet n'est point une chose que l'intelligence embrasse et comprenne entièrement, et qu'elle puisse réduire par l'analyse à quelque identité immédiate. Aussi ne peut-on dire que nous soyons certains mathématiquement ou même logiquement de l'universelle intelligibilité. Ici encore, ne croyons pas que cette certitude *manque* au principe de la raison des choses : il n'en est pas privé, mais il lui est supérieur. Nous l'avons vu, s'il y avait des choses sans raison, nos affirmations logiques perdraient toute leur valeur, y compris l'axiome d'identité lui-même. Après avoir énoncé ou démontré l'identité de deux termes, nous pourrions changer sans raison l'identité en contradiction, ou croire que ce changement se fait, sinon en nous, du moins dans les choses. Ainsi, point d'évidence logique ou mathématique sans ce principe plus que logique, plus que mathématique, de l'universelle intelligibilité, de l'universelle harmonie entre la pensée et l'être. Sans ce lien synthétique par lequel nous attribuons une valeur objective au travail de l'intelligence, notre logique et nos mathématiques demeureraient toutes subjectives : elles ne seraient plus que l'identité de la pensée avec elle-même, non l'identité de la pensée avec l'être ; en excluant de son propre sein toute contradiction, l'intelligence ne saurait pas si elle ne demeure point encore en contradiction avec l'être même ; elle se verrait isolée, réduite à être la pensée de la pensée, sans savoir si elle est aussi la pensée de l'être. Si donc l'évidence purement physique est celle de l'être sans celle de la pensée, l'évidence purement logique est celle de la pensée sans celle de l'être.

Nous comprenons de nouveau la nécessité d'une synthèse entre les deux termes ; et cette synthèse ne peut être cherchée ni dans l'impression aveugle de l'être sur l'être, qui constitue le sens, ni dans le travail solitaire de la pensée sur la pensée, qui constitue l'analyse logique ou mathématique. Un lien métaphysique doit unir les deux termes essentiels de la connaissance, pour nous permettre de passer du sujet à l'objet.

Ici disparaît le caractère de fatalité physique ou de nécessité logique propre à la certitude des sens ou de l'entendement. Ce lien éternel et universel de la pensée et de l'être, je ne le vois pas d'une vision sensible, je ne l'embrasse pas d'une compréhension logique ; et pourtant je déclare qu'il existe. A proprement parler, je ne sais pas et je ne vois pas, mais je crois. Ou plutôt, je vois, je sais, je crois; mais je ne vois que quelques flots de l'océan de lumière, je ne sais que quelques vérités perdues dans l'infinie vérité; et cependant, je crois que tout est lumière, que tout est vérité, ordre, harmonie, proportion, unité de la pensée et de l'être. Pour dépasser ainsi les limites de ce que je vois et de ce que je sais, j'ai en moi une puissance qui n'est point contenue entre les bornes des sens ou de l'entendement. Cette puissance, qui est la raison même et par conséquent exclut tout arbitraire, est aussi, suivant une pensée de Descartes trop peu comprise, spontanéité, volonté, liberté. L'affirmation de l'universel intelligible n'est donc pas seulement un acte d'expérience limité, ni un acte de science également limité; c'est un acte de foi illimité comme l'objet même auquel je m'unis volontairement. Sans doute il serait beau de voir et de savoir tout l'intelligible et tout l'être, et d'y croire comme on croit à soi-même; mais, pour qui n'est point l'universel intelligible, pour qui n'en voit ou n'en sait qu'une partie, le tout peut-il être autre chose que l'objet de la croyance la plus raisonnable et en même temps la plus libre? Voilà l'acte de foi unique, mais nécessaire, de la religion naturelle; acte qui ne nous est pas imposé par une autorité extérieure, mais qui surgit naturellement du plus profond de notre âme, comme la plus immédiate manifestation de notre spontanéité raisonnable; croyance qui n'a pas pour objet l'obscurité ou le mystère, mais la suprême clarté, et qui nous fait même affirmer que dans le fond de l'être il n'y a point de mystère. Sans cette croyance métaphysique, point de science logique ; et c'est là le caractère le plus étonnant de notre science, qu'elle a pour fondement une croyance, mais une croyance qui donne à notre pensée une satisfaction infinie parce qu'elle a pour objet l'infini intelligible.

Demande-t-on maintenant ce qui excite notre volonté raisonnable à compléter par une affirmation sans limites la liaison de la pensée avec l'être, toujours incomplète pour les sens et l'entendement? On reconnaîtra que la parfaite unité de l'être et de la pensée est, relativement à nous, un idéal qui nous apparaît avec les caractères de la suprême beauté et de la suprême bonté. La possession infinie de la pensée par l'être et de l'être par la pensée n'est-elle pas un bien, et même le premier des biens? L'intelligible n'est-il pas *meilleur* et plus aimable que l'inintelligible? Non-seulement il est meilleur en soi et pour soi, mais encore il est meilleur pour nous. Car, si tout n'était pas intelligible, il y aurait un point où notre raison, privée de son objet, ne pourrait plus s'exercer, et renoncerait à elle-même. Plus d'intelligibilité dans les choses, plus d'intelligence pour nous. C'est donc pour ainsi dire l'*intérêt* de la raison que tout soit raisonnable ; son affirmation de l'universel intelligible est à la fois la plus désintéressée et la plus intéressée de toutes : si nous préférons infiniment l'intelligible à l'inintelligible, c'est à la fois pour lui-même et pour nous-mêmes. A ce point de vue, l'éternelle unité de la pensée et de l'être devient le premier Aimable. Nous ne pouvons donc la concevoir sans l'aimer d'un amour qui exclut toutes limites ; nous ne pouvons l'aimer sans la vouloir, la vouloir sans l'affirmer comme possible, l'affirmer comme possible pour nous sans l'affirmer comme déjà réelle en soi. L'unité de l'être et de la pensée est, comme le disait Platon, « le bien que toute âme désire ; » et ce philosophe semble avoir compris que notre acte de foi métaphysique à l'Idée des idées est dans le fond un acte moral d'amour. Aristote, à son tour, vit que le bien produit toutes choses par persuasion, en se faisant aimer. Le bien, en effet, n'a qu'à se montrer ou même à se laisser entrevoir : dès que le moindre rayon de sa beauté a lui dans notre âme, nous allons vers lui d'un libre élan pour mieux jouir de sa lumière. Notre croyance au suprême intelligible et au suprême désirable est, comme tout le reste, une œuvre de persuasion : nous ne sommes convaincus que parce que nous sommes touchés et charmés. J'affirme l'universel intelligible parce que je l'aime et le préfère, parce que je le veux ; je ne fais pas seulement acte de science, mais acte de *bonne volonté* et d'amour. Uni à une partie du Bien, riche et pauvre tout ensemble comme Eros, je m'unis au reste par ma libre croyance, avant même de le sentir et de le posséder par la jouissance ; j'y mets la bonne volonté de celui qui aime et qui, sans preuves, est plus sûr de ce qu'il aime que tout autre ne le serait avec des preuves sans amour.

Ainsi, comme Platon l'a vu, l'ordre physique, l'ordre logique, l'ordre métaphysique, ont leur dernière explication dans l'ordre moral. Ce premier élan de l'âme qui va de l'intelligible qu'elle voit à celui qu'elle ne voit pas encore, cet élan naturel à l'enfant même et qui est comme le mouvement essentiel de toute pensée, est aussi le premier développement de la moralité et de la volonté droite, le premier tressaillement de l'amour divin. Croire au Bien n'est pas seulement raisonnable et vrai ; cela est encore bon. Dans cette croyance, l'analogie du sujet et de l'objet est consommée : l'objet est bon, la croyance est bonne ; il est vrai, elle est vraie ; il est libre, elle est libre ; en même temps il est au-dessus de tout arbitraire, et elle n'a rien non plus d'arbitraire ; il est raison, elle est aussi raison. Les diverses sortes d'évidences sont ramenées à l'unité dans le sujet, de même que tous les contraires s'identifient dans l'objet.

Nos facultés mêmes ne font plus qu'un dans cet acte fondamental et indéfectible de l'âme qui en contient d'avance toutes les opérations, et sans lequel, on le verra plus loin, nous ne pourrions avoir, non-seulement aucune croyance ni aucune science, mais même aucune perception sensible. Chose digne d'attention, ce premier acte de la vie intellectuelle, ce *punctum saliens* de l'âme, est un acte moral et religieux ; aussi y avons-nous retrouvé les deux premiers actes de la religion naturelle et de toute religion : l'acte de foi et l'acte d'amour.

On y trouve aussi l'acte d'espérance inséparable des deux premiers. Nous ne croyons pas seulement que tout est intelligible en soi et éternellement ; nous espérons que tout deviendra intelligible pour nous avec le temps, ici-bas ou ailleurs. Une intelligibilité qui n'existerait qu'en soi sans exister aussi pour nous, est dialectiquement inférieure à celle qui serait intelligible sans restriction. Nous préférons donc cette dernière par l'intelligence et par le cœur ; et, la préférant, nous l'affirmons.

Cet espoir que notre intelligence fonde sur sa propre force en même temps que sur son objet, vient de ce qu'elle se sent déjà par la foi et par l'amour en intimité avec l'intelligible. Pour affirmer que l'universalité de l'être est objet de science, il faut bien être en rapport de quelque manière avec l'universel. Il faut posséder d'une certaine façon cette science dont on affirme la *possibilité*, et conséquemment avoir une science virtuelle dont les choses particulières nous font prendre conscience. Sans cela, notre âme saurait-elle que la science est possible, éternellement possible en soi, et possible pour nous-mêmes par un progrès sans limites? A la conscience claire de chaque connaissance actuelle se joint la conscience vague d'une puissance de connaître indéfinie; et plus nos actes de connaissance sont nombreux, plus la conscience de cette virtualité augmente. C'est ce qui fait que le sentiment de notre ignorance croît avec notre science, comme Socrate et Platon l'avaient remarqué; mais en même temps s'accroît la persuasion que ce qui échappe aujourd'hui à notre pensée est cependant concevable pour nous.

Pourtant, les positivistes prétendent borner notre espérance à la simple constatation des faits et de leur suite; ils nous interdisent à jamais l'accès des causes et des principes. Cette apparente modestie cache un singulier orgueil; car, pour déclarer un problème insoluble, il faut l'avoir résolu; pour limiter l'esprit humain, il faut en avoir atteint les limites; pour déclarer la métaphysique impossible, il faut en avoir épuisé toutes les ressources et les méthodes, ou croire que l'humanité, depuis quelques mille ans, a fait tout ce qu'elle peut faire. Affirmation qui n'a rien de positif assurément, et qui dépasse de beaucoup les prémisses. C'est là au fond s'accorder avec les théologiens pour admettre des mystères essentiels à l'intelligence, sinon aux choses. Mais, tant qu'on n'aura pas déterminé avec certitude les limites de notre science, l'humanité ne pourra se soustraire à cette persuasion que le champ de la science est absolument illimité, même pour nous.

> Une immense espérance a traversé la terre ;
> Malgré nous vers le ciel il faut lever les yeux.

Si pourtant, dans la vie présente, notre science rencontrait des limites infranchissables, nous reporterions alors notre invincible espoir sur la vie à venir. C'était même cet espoir de connaître la vérité tout entière qui semblait à Platon la meilleure preuve de notre immortalité individuelle. En concevant et en voulant l'éternel intelligible, nous arrivons à nous concevoir nous-mêmes sous la forme de l'éternité : car nous n'apercevons pas de raison pour que celui qui a trouvé en partie la raison des choses voie sa connaissance bornée à tel point plutôt qu'à tel autre, dans un domaine naturellement infini. Notre espérance est donc raisonnable comme son objet même, qui est l'universelle raison. L'acte primitif et essentiel d'adhésion au suprême intelligible, qui était notre première adoration et notre premier amour, devient ainsi notre première prière. Qui croit, aime ; qui aime, prie ; qui prie, espère ; qui espère, agit ; qui agit, triomphe à la fin des obstacles et possède tôt ou tard l'objet de son amour.

En un mot, notre vie tout entière, présent, passé et avenir, est déjà résumée dans la primitive adhésion de notre raison, de notre cœur et de notre volonté, à l'Idée du Bien conçu comme unité de la pensée et de l'être.

Telle est la certitude à la fois expérimentale, logique, métaphysique, morale et religieuse, qui appartient en propre à l'affirmation du suprême intelligible et du suprême désirable. On opposera peut-être à cette certitude l'idéalisme transcendantal de Kant ou la loi d'universelle relativité par laquelle Hamilton et ses disciples ont renouvelé la doctrine de Protagoras.

Pour faire la critique de notre intelligence, Kant montre partout en elle dualité et opposition. Et en effet, le doute, comme l'erreur, est fils « de la dualité ou de la dyade. »

En premier lieu, notre pensée n'étant point l'être même, nous pouvons toujours nous demander si les choses sont en soi telles que nous les pensons, si nous atteignons l'objectif et l'absolu. Que ce doute suprême soit pour toute intelligence imparfaite logiquement irréfutable et moralement insoutenable, il ne faut ni s'en étonner ni s'en plaindre. Au fond, c'est de nous-mêmes que nous doutons en opposant ainsi notre imperfection à l'idéal de la perfection. Nous faisons alors l'acte de foi et même d'amour, sans oser faire l'acte d'espérance. Il est bon, il est nécessaire, que ce doute nous empêche de nous confondre avec l'absolu, ou d'être absolument satisfaits de nos systèmes et de nos dogmes. Quoi qu'on en ait dit, il faut faire au scepticisme sa part, qui est en même temps la part de la foi, de l'amour et de la liberté. Mais, une fois cette part faite, constatons que le doute a pour condition une croyance qui le domine et le dépasse, et qu'on ne peut supprimer sans supprimer le doute lui-même. Cette croyance est la foi à l'Idée. En effet, pour pouvoir douter de notre intelligence multiple et changeante, il faut nécessairement croire que l'intelligibilité parfaite consiste dans l'absolue unité de la pensée et de l'être. Cette unité est le modèle original sur lequel les sceptiques et les dogmatiques ont également les yeux fixés, et auquel ils comparent d'imparfaites copies. Les uns disent : « Il y a ressemblance » ; les autres : « Il n'y a point ressemblance. » Nous ne croyons et nous ne doutons, d'après le *Parménide*, que par l'Idée de la science en soi, commune mesure à laquelle nous nous rapportons tous, sceptiques ou dogmatiques.

Demande-t-on si cet idéal de la pensée ou de la certitude absolue n'est point chimérique, s'il n'est point une simple forme subjective de notre raison? — Mais d'abord, au moment où je conçois l'idéal de la pensée, l'acte de ma pensée propre qui le conçoit m'apparaît avec une entière évidence. Si donc je ne suis pas certain que cet idéal existe, je suis au moins certain de le concevoir. Or, par cela même, il y a en moi une réalisation actuelle de l'idéal de la pensée; car, puisque je suis absolument certain de concevoir l'absolue certitude, cette certitude existe, ne fût-ce que dans ma conception. — Soit, dira-t-on peut-être, admettons la réalisation et l'immanence dans notre pensée de quelque chose d'absolu, ou de l'Idée ; reste à savoir si l'absolu existe aussi en dehors de notre pensée et si, comme le croyait Platon, il lui est transcendant; peut-être sommes-nous l'absolu lui-même, se saisissant et se retrouvant au sortir d'un long sommeil. — On peut répondre que le doute a précisément pour utilité de nous montrer l'absolu comme transcendant en même temps qu'immanent. D'une part, en effet, nous ne pouvons douter sans concevoir l'absolu et sans le réaliser d'une certaine manière en nous par notre conception même; de là l'immanence de l'Idée. Mais, d'autre part, nous ne pouvons douter sans nous opposer à l'absolu comme à quelque chose qui n'est point nous-mêmes, et dont l'union partielle avec nous n'empêche pas l'existence transcendante, « de quelque manière qu'on se représente cette existence. » Si donc nous pouvons, dans une sorte d'orgueil métaphysique, nous persuader quelques instants que nous sommes l'absolu, bientôt le doute, l'erreur, la faute ou la souffrance, nous rendront à nous-mêmes et nous arracheront ce cri que poussa, dit-on, Alexandre blessé : « Je vois bien maintenant que je ne suis point un Dieu. »

Ainsi, union nécessaire de notre pensée avec l'absolu, mais aussi distinction nécessaire de notre pensée et de l'absolu : telle est la double condition du doute, et la double conséquence de tout scepticisme comme de tout dogmatisme.

Ce n'est point cette nécessaire opposition de notre pensée finie avec son objet qui fait la principale force du système de Kant. Le vrai motif de douter, pour Kant, est dans les oppositions de notre pensée avec notre pensée même, qu'il nomme antinomies. Selon lui, les antinomies prouvent qu'il y a dans la constitution de l'esprit humain des causes perturbatrices, propres à introduire le trouble dans la connaissance, des illusions naturelles et irrésistibles comme celles des prisonniers de la caverne. Supposez un homme astreint à ne voir les objets qu'à travers un prisme : il ne les verra pas tels qu'ils sont. Nous aussi, nous avons peut-être, pour certaines choses, un prisme devant les yeux, et les antinomies semblent le prouver. Tel est le système de Kant.

Or, ce doute n'atteint pas la raison telle que nous l'avons décrite ; il n'atteint que les conceptions faussement attribuées par quelques écoles et par Kant lui-même à la raison pure. Mais, essayez de mettre en doute l'axiome de l'universelle intelligibilité : ou bien vous doutez sans dire pourquoi, et votre doute est gratuit, frivole, sans caractère scientifique ; ou bien vous apportez des raisons, — les plus scientifiques possible, — pour me persuader de ne pas croire à la valeur des raisons. C'est là, nous l'avons vu, essayer de rendre intelligible l'existence de l'inintelligible.

Les antinomies, en admettant qu'elles existent, ne peuvent donc porter sur l'axiome fondamental de la raison, mais sur des applications plus ou moins particulières et aussi plus ou moins exactes de cet axiome. Que la notion d'*espace*, par exemple, donne lieu à de réelles contradictions, nous en conclurons seulement que le problème est mal posé, ou qu'il y a un élément de la question qui nous échappe, ou même que nous sommes jouets de quelque illusion naturelle, produite par un vice de notre constitution ; en un mot, qu'il y a une *raison* intelligible, jusqu'ici inconnue, qui expliquerait tout si nous parvenions à la découvrir. Et ainsi des autres antinomies.

L'idéalisme de Kant n'est donc point vraiment opposé au platonisme ; son doute porte moins sur l'existence intrinsèque des noumènes que sur notre puissance à nous en former une notion adéquate, engagés que nous sommes dans le temps et dans l'espace ou dans la multiplicité phénoménale. Or, comme l'a dit Schopenhauer, cette doctrine de Kant revient, en définitive, à celle de Platon. Tous deux nous enseignent que les choses ne sont point telles qu'elles nous paraissent dans l'espace et dans le temps ; qu'elles ont en elles-mêmes une existence absolue, intelligible (νοούμενον), supérieure à nos conceptions. Tous deux croient que l'absolu est élevé au-dessus même des opérations logiques, et réside dans une unité complète de sujet et d'objet. Tous deux enfin croient que, cet absolu étant le Bien, c'est le côté moral des choses qui le représente le plus fidèlement. Mais Platon, moins exclusif que Kant, ne rejette pas les autres moyens de connaître, et ne condamne pas à une éternelle impuissance les procédés de la spéculation métaphysique. Il croit l'illusion accidentelle pour nous, et non essentielle. Ces divergences incontestables n'empêchent pas Platon et Kant d'avoir, dans le fond, la même foi *morale* à l'Idée. Le vrai lui-même se ramenant au bien, Kant est demeuré fidèle au grand principe de Platon en croyant que la certitude physique et logique a pour dernier fondement une certitude morale.

On peut faire une réponse analogue aux partisans d'Hamilton, qui nient, comme Protagoras, la possibilité même de concevoir l'absolu. D'abord, une telle négation « loge son ennemi avec elle. » La première intuition de la raison a le même privilége que la première intuition de la conscience, qui, en voulant se nier, s'affirme. Dire : « Je ne me pense pas », c'est dire : « Je me pense » ; et de même dire : « Je ne pense pas l'absolu », c'est dire : « Je le pense. » Si vous n'aviez réellement aucune notion, aucune conception, aucune connaissance de l'absolu, vous ne pourriez pas même dire que vous ne le connaissez point ; vous ne pourriez pas, en parcourant tous les systèmes philosophiques, vous écrier comme vous le faites : « Ceci n'est pas l'absolu ; il n'est point ici, il n'est point là ; je ne le *reconnais* nulle part. » Pour ne pas *reconnaître*, comme pour *reconnaître*, il faut préalablement *connaître* en quelque manière.

La conception de l'absolu est donc un fait, et puisqu'elle existe, elle est possible. Comment est-elle possible ? On ne prétend pas l'expliquer entièrement ; mais on peut démontrer qu'elle n'est point, comme le dit Hamilton, contradictoire et impossible.

Hamilton soutient que penser l'absolu ou l'Idée transcendante, c'est détruire et l'objet de sa pensée et sa pensée même. Penser, en effet, c'est conditionner, comparer, établir une relation. C'est donc se mouvoir dans le relatif. Or, l'absolu est inconditionnel et exclut toute relation ; donc il ne peut être saisi par la pensée et en relation avec elle. Je le détruis en le pensant, et en voulant poser ma notion, je la supprime. — Objection qui rappelle certaines pages du *Sophiste* et du *Parménide*.

Mais, peut-on répondre, si penser est conditionner, conditionner, c'est rapporter une chose à une mesure, à un absolu provisoire qu'on déclare ensuite relatif à son tour ; or, une telle opération implique l'idée toujours présente du véritable absolu et de l'inconditionnel. Par cela même que nous conditionnons toutes les choses particulières, nous les déclarons toutes inadéquates à notre idée de l'universel et de l'inconditionné. Toute raison qui n'est pas complétement intelligible ne nous suffit point, et nous passons à une raison supérieure ; le ferions-nous si nous ne portions en nous-mêmes la notion de l'intelligible complet, de la pure lumière, de la raison suffisante et absolue, ou de l'Idée ? — De même pour la causalité. D'après Hamilton, nous ne pouvons comprendre un commencement absolu, et nous rapportons ce qui semble commencer à une existence antérieure ; donc nous n'admettons rien sans condition, rien d'absolu. — C'est au contraire la croyance à l'absolu qui nous empêche d'admettre un commencement absolu, parce que nous voyons une contradiction évidente entre ces deux termes. Une chose qui commence n'a pas sa raison absolue en soi, puisqu'elle n'a pu paraître que dans certaines conditions de temps et d'espace. Voilà pourquoi le commencement suppose ce qui ne commence point, le devenir suppose l'être. Penser, en un mot, c'est conditionner tout ce que nous ne reconnaissons pas comme absolu ; c'est donc avoir quelque connaissance de l'absolu.

Mais penser l'absolu, dit Hamilton, c'est toujours établir une relation entre notre pensée et lui, entre notre être et lui ; c'est donc le rendre relatif. — Cette objection semble résulter d'une notion fausse et incomplète de l'absolu, que Platon avait déjà réfutée dans le *Parménide*. L'absolu n'est pas ce avec quoi rien ne peut entrer en relation et qui rend toute relation impossible, mais ce qui est *en soi-même* exempt de relation, quoique tout le reste s'y rapporte. Le véritable absolu, loin de rendre le relatif impossible, le rend au contraire possible. Qu'on y songe, ce n'est pas nous qui détruisons l'absolu en lui attribuant l'absolue puissance de se faire concevoir à des êtres complétement relatifs ; c'est au contraire Hamilton qui détruit l'absolu en lui imposant la condition de ne pouvoir être pensé par nous. Platon se montrait plus profond dialecticien, lorsqu'il maintenait avec une égale force les deux premières thèses du *Parménide* : l'une qui élève l'absolu, considéré en soi, au-dessus de toute relation ; l'autre qui en fait dériver toutes les relations possibles, parce que sa parfaite indépendance elle-même le rend capable de produire tout ce qui est dépendant et relatif. En pensant la suprême perfection, nous rapportons à elle notre pensée et notre être, et par là nous nous déclarons relatifs; mais elle, nous ne la rapportons pas à nous-mêmes, et par là nous la déclarons absolue; notre dépendance par rapport à elle n'implique donc nullement la sienne par rapport à nous.

Toutes les objections d'Hamilton reposent sur cette fausse mutualité établie entre l'absolu et le relatif, par laquelle on pose les deux termes sur le même plan. Ainsi, dans l'objection du troisième homme, on prétendait établir, au-dessus d'un terme absolu et d'un terme relatif, un terme qui les aurait embrassés tous les deux; et on ne s'apercevait pas que le second est déjà contenu dans le premier. Mais que dirait-on d'un naturaliste qui, au-dessus des hommes et des Français, prétendrait établir un genre supérieur contenant à la fois les hommes et les Français, comme si les Français n'étaient pas déjà contenus parmi les hommes? L'absolu d'Hamilton est ce terme chimérique dont l'unité entièrement vide exclurait toute détermination, toute relation possible d'autre chose avec lui-même, toute dépendance des autres choses par rapport à lui. Un tel absolu, qui ne serait rien en lui-même et auquel rien ne serait relatif, est un fantôme que notre pensée produit pour avoir ensuite le plaisir de le détruire. Par l'absolu véritable, on ne doit pas entendre, avec Hamilton, l'absolu de l'indétermination ou le *minimum* de la réalité, mais, avec Platon, l'absolu de toutes les déterminations qui sont en nous relatives : être, pensée, amour. Soutiendra-t-on que l'absolu de l'être, — par exemple une vie éternelle, — est une conception purement négative; qu'une science absolue qui saurait littéralement toutes choses est aussi une conception négative et dénuée de tout sens; qu'un amour jouissant absolument de son objet est inintelligible? S'il est vrai que notre notion de ces choses est inadéquate à ce qu'elles sont en réalité, la différence est grande pourtant entre une notion réelle, bien qu'inadéquate, et l'impossibilité de toute notion.

La dernière objection d'Hamilton rappelle encore le *Sophiste* et le *Parménide*. Toute connaissance, dit-il, implique une pluralité de termes, une diversité : une chose ne peut être connue qu'à la condition d'être différente de nous et des autres choses; donc l'absolu, étant un, ne peut faire plusieurs avec nous, et ne peut être connu de nous. — Quoi donc? parce que nous nous distinguons de l'unité et déclarons faire deux avec elle, est-ce une raison pour qu'elle-même soit deux? L'absolu, d'ailleurs, n'est pas une unité suppressive de toute pluralité, mais au contraire capable de produire la pluralité sans la subir. C'est encore ce que Platon a montré dans les deux premières thèses du *Parménide*. Le suprême principe, étant l'unité absolue par plénitude d'être et non par manque, est par cela même pluralité absolue ; il est le tout parfait qui comprend toutes les déterminations, l'infini relativement auquel tout est limité, sans que pour cela il soit limité lui-même.

L'absolu d'Hamilton est une chimère analogue au noumène de Kant, qui ne comporte aucune relation de notre pensée avec lui-même. Un pareil être ne nous intéresse pas et n'est pour nous qu'un néant. Platon nous a appris à ne pas confondre cette stérilité absolue de la matière avec la fécondité absolue du Bien ou de la perfection. Une chose absolument indéterminée en soi ne peut pas sans doute être déterminée par notre pensée, et conséquemment ne peut pas être pensée : Platon l'a démontré dans le *Sophiste ;* mais il n'est pas contradictoire de dire que nous pouvons penser et déterminer, quoique d'une manière inadéquate, une chose absolument déterminée en soi.

Qu'on passe en revue toutes les difficultés élevées contre la conception de l'absolu, et l'on comprendra qu'elles tiennent réellement à ce faux rapport de dépendance *mutuelle* entre l'infini et le fini que Platon avait rejeté comme inexact dans le *Parménide.* Toutes reviennent à cette proposition : — Le second terme dépend du premier, donc le premier dépend du second ; le fils est né du père, donc le père est né du fils. — Si on veut dire simplement que le père doit être conçu de manière à rendre le fils possible, et que, sous ce rapport, il contient le fils d'une certaine manière, — à la bonne heure; mais n'est-ce pas là le principe même de la théorie des Idées, qui transporte toutes choses éminemment en Dieu ?

Platon avait compris, lui aussi, la difficulté qu'éprouve l'entendement à expliquer la connaissance de l'Idée, la conscience d'une chose qui est en nous sans être nous. « Comment l'Idée peut-elle être à la fois en elle-même et en plusieurs ? » — C'est une des faces du problème de la participation. Platon n'a pas seulement essayé de montrer, comme nous venons de le faire, que cette conscience de l'Idée est un fait, et un fait qui n'a rien d'impossible ; il a vu dans ce fait une nécessité rationnelle, contre laquelle on n'objecte que des raisons empruntées aux conditions inférieures de la connaissance finie.

En effet, dans la connaissance extérieure, nous pensons les objets comme nous limitant et comme limités par nous. Là le moi ne se pose qu'en se séparant du non-moi. C'est, nous l'avons vu, le domaine de l'exclusion mutuelle et de la limitation réciproque. Telles, dans l'espace et dans le temps, les parties sont hors des parties, et ce qui est affirmé comme étant ici ou là est exclu de tous les autres points. Mais nous ne devons pas transporter à l'intuition de l'absolu ce rapport de limitation réciproque; nous ne pensons pas l'absolu comme une chose extérieure à nous, limitée par nous, et à laquelle on pourrait nous ajouter pour former un ensemble et une collection. Nous nous pensons comme existant et vivant dans l'absolu sans être lui; nous pensons l'absolu comme existant en nous sans être nous. L'Idée, dit Platon dans le *Parménide*, est dans chaque objet qui en participe, sans être aucun de ces objets; elle est immanente et transcendante. Quelque insaisissable que soit ce rapport pour l'imagination, la raison conçoit comme nécessaire que les objets finis se limitent entre eux sans limiter l'infini dans lequel ils subsistent.

La connaissance sensible présuppose elle-même ce rapport qui la dépasse. N'étant point les objets extérieurs et existant en dehors d'eux, nous ne pourrions, dans cet état d'exclusion réciproque et complète, rien affirmer d'eux, ni sortir de nous-mêmes. Il faut donc, pour autoriser le passage du moi fini au non-moi fini, que nous trouvions en nous-mêmes et au-dessus de nous-mêmes quelque chose de très-réel qui soit aussi dans les autres objets, qui ne soit pas en nous exclusivement, mais en toutes choses, sans se confondre d'ailleurs avec aucune, sans cesser d'être éternellement en soi et en possession de soi. Ce principe qui jouit d'une sorte d'ubiquité métaphysique ne peut être que l'infini vivant et conscient. Son ubiquité ne nous paraît contradictoire que par les termes mathématiques qui nous servent à l'exprimer: ces termes relatifs se détruisent eux-mêmes, et c'est ce qu'il faut, puisque nous voulons élever l'absolu au-dessus de toute relation. Il est mathématiquement contradictoire de dire que le même principe qui est en nous est aussi en dehors de nous ; mais c'est si peu une contradiction métaphysique que toutes les propositions géométriques supposent elles-mêmes cette idée de l'absolu, supérieure à toutes les relations de dedans et de dehors. Chaque fois, en effet, qu'il y a passage de sujet à objet, comme dans toutes les propositions physiques et géométriques, nous présupposons quelque chose qui soit en même temps, pour imiter les formules du *Parménide*, moi et non-moi, ni moi ni non-moi. Cette chose que nous considérons comme intérieure à chacun et supérieure à tous par son absolue indépendance, c'est l'être identique à la vérité, ou l'Idée.

# CHAPITRE II.

## LA RAISON DISCURSIVE ET SES OPÉRATIONS.

I. *L'Idée dans les opérations logiques.* Réduction de ces opérations à l'unité. Théorie du jugement. Triple affirmation contenue dans tout jugement. Véritable valeur de l'axiome d'identité. Sens du verbe dans le jugement. — Abstraction. Généralisation. Induction. Déduction. Comparaison. Rapport de ces opérations avec le principe de l'universelle intelligibilité. — II. *L'Idée dans les opérations mathématiques.* Les quatre éléments du *Philèbe* : l'indéterminé, le déterminé, le mixte et l'activité déterminante. Importance du quatrième élément dans les mathématiques. La notion de l'infini spirituel est essentielle aux opérations les plus élémentaires des mathématiques. Demandes, axiomes, définitions et démonstrations des géomètres. Rapport du calcul infinitésimal avec la dialectique platonicienne. L'Idée du Bien principe des mathématiques comme de toutes les autres sciences. Relativité essentielle de la notion de l'espace par rapport à celle du Bien. — III. *L'Idée dans les opérations des sciences physiques et naturelles.* Loi de l'universelle différence et principe des indiscernables. Loi de l'universelle analogie et principe de continuité. L'induction et l'analogie dans les sciences physiques. Rapport avec la dialectique platonicienne. Spiritualisme essentiel à la physique. Comment le matérialisme travaille à se détruire lui-même.

La philosophie contemporaine, s'inspirant surtout des Ecossais dans sa partie psychologique et logique, semble avoir pris à tâche de multiplier, non-seulement les facultés, mais les diverses opérations de ces facultés. C'est ainsi qu'on a imaginé une longue liste d'opérations intellectuelles dont le lien et l'unité ne sont guère visibles. A force de diviser et de subdiviser les actes de ce qu'on appelle l'*entendement*, on a parfois rendu méconnaissable la *raison*, qui en est le fond commun. Aller ainsi de préférence vers le multiple, sans revenir ensuite à l'un, c'est aller vers le phénomène et la quantité, vers la matière, région de la discorde; au contraire, aller avec Platon vers l'unité, c'est aller vers l'esprit, vers la pensée et vers l'être, région de l'amour. La doctrine écossaise a paru en effet aboutir au phénoménisme et presque au matérialisme. S'inspirant de cette école dans la théorie de la connaissance, les plus récents défenseurs du sensualisme ont cru pouvoir dire : « Donnez-nous la sensation et les opérations logiques, telles que l'abstraction et la généralisation, et nous expliquerons toutes les connaissances sans avoir besoin de la raison. » Ce qui revient à dire : « Donnez-nous la sensation et les opérations de la raison, et nous nous passerons de la raison. » — Ainsi, les psychologues écossais et français avaient introduit une telle variété et un tel désordre dans les opérations rationnelles qu'on finissait par n'y plus reconnaître l'ordre et l'unité de la raison ; on s'imaginait que, pour comparer, abstraire, généraliser, déduire, il n'est pas besoin d'une faculté ayant pour objet spécial l'infini et le parfait ; on croyait la logique indépendante de la métaphysique et l'esprit capable de concevoir sans connaître. Est-ce à bon droit que l'on rompait ainsi avec la grande tradition platonicienne, qui fait reposer la logique sur l'ontologie, et qui, dans la raison discursive, voit encore la raison ? Passons en revue toutes ces opérations logiques qui constituent la méthode des sciences *positives*, et cherchons si elles peuvent s'exercer sans un élément à priori, sans une idée directrice que toute méthode scientifique suppose, mais ne peut elle-même fournir.

I. Platon n'admettait pas un nombre indéfini d'opérations intellectuelles ; il les ramenait toutes à deux : faire d'un plusieurs, et de plusieurs un. Ces deux opérations, à leur tour, consistent également à concevoir l'un et le multiple sous une même raison ou Idée, par le moyen du jugement.

Nous ne pensons jamais sans affirmer quelque chose, et par conséquent sans juger ; en d'autres termes, notre pensée ne se sent jamais dans le vide ni en dehors de l'être ; ce qu'on appelle pure conception enveloppe encore un jugement, fût-ce la simple affirmation du possible.

Tout jugement contient une analyse et une synthèse à la fois psychologiques, métaphysiques et logiques. Cette analyse et cette synthèse sont soumises aux règles suivantes qui dominent toute la dialectique platonicienne : « Les mêmes choses ont les mêmes raisons, et les choses différentes ont des raisons différentes. » En d'autres termes, ce qui a même existence a même intelligibilité, et ce qui diffère par l'existence diffère aussi par l'intelligibilité. En effet, si nous concevions par exemple deux choses d'existence différente comme ayant cependant même raison, leur différence serait elle-même sans raison : il n'y aurait rien dans l'intelligible qui expliquât la diversité dans l'être. Nous laisserions donc exister quelque chose en dehors de l'intelligible ; nous briserions le lien rationnel de l'être et de la pensée. Aussi la proposition réciproque est-elle également vraie. Si les mêmes choses impliquent les mêmes raisons, les mêmes raisons impliquent aussi les mêmes choses ; nous sommes certains que ce qui est intelligible de la même manière existera de la même manière, puisque toute différence serait sans explication. — On reconnaît les principes mêmes de la théorie des Idées :

Platon, en effet, pose la même Idée ou la même raison intelligible pour les choses semblables, en tant qu'elles sont semblables, et des Idées différentes pour les choses différentes, en tant qu'elles diffèrent.

La première application de ces principes est la distinction du moi et du non-moi dans tout jugement. Entre nos plus diverses pensées et sensations, notre conscience aperçoit toujours ce caractère commun qu'elles sont également nôtres, et elle en voit la raison dans l'unité du moi. C'est la synthèse psychologique que tout jugement renferme. Mais la diversité de nos idées doit avoir aussi sa raison, ou plutôt ses raisons. Conçues par opposition avec nous-mêmes, ces raisons constituent le non-moi. Dira-t-on qu'il est des cas où la pensée se saisit elle-même et où le moi est seul sans le non-moi? Avant de se réfléchir ainsi, notre pensée imparfaite s'est portée en avant et attachée à la sensation. Pour se redoubler et s'apercevoir, il faut d'abord qu'elle existe comme pensée, et elle ne peut exister que comme pensée d'un objet; elle a donc dû à l'origine s'opposer autre chose qu'elle. Depuis, elle ne cesse de faire la même opposition.

En même temps, elle résout cette opposition en harmonie par une synthèse toute métaphysique. Quoique je distingue mon être des autres êtres, j'identifie ce qui est dans ma pensée avec ce qui est dans les choses. Pour cela il faut évidemment que je réduise à une commune mesure mes pensées et leurs objets. Est-ce moi, comme le soutenait Protagoras, qui suis cette mesure des choses? — Oui et non. En un sens, il est juste de dire que je mesure tout à moi-même, ou du moins à quelque chose qui est en moi. C'est ce que Platon accordait à Protagoras. Fidèle à l'esprit socratique, Platon croyait que, pour comprendre les choses extérieures, il faut regarder dans son intérieur et se connaître soi-même. Mais enfin, puisque nous ne sommes point les autres choses et que nous n'en sommes pas non plus les auteurs, puisque nous ne sommes ni leur être ni leur raison d'être, comment-pourrions-nous les mesurer à nos pensées si nous ne mesurions pas nos pensées mêmes à quelque unité supérieure, qui est la mesure des choses en même temps que la nôtre? C'est cette mesure commune, conséquemment universelle malgré sa présence dans l'individu, que Platon appelait l'Idée.

De ce premier degré, la dialectique platonicienne nous conduit plus haut encore. Le terme métaphysique qui, dans tout jugement, fonde l'union de ma pensée avec l'être des choses, est-il lui-même une simple union de deux termes, qui demeureraient au fond opposés? Dès lors, un troisième terme serait de nouveau nécessaire pour opérer cette union. La dialectique ne peut se reposer que dans l'unité absolue. Pour que l'union de la pensée et de l'être existe en moi et dans les choses, il faut qu'au-dessus de moi et au-dessus des choses ces deux termes ne soient pas seulement unis, mais ne fassent qu'un. Cette unité parfaite de la pensée et de l'être, de l'intelligence et de l'essence, est ce que Platon et Aristote appelaient le Bien.

Ainsi, je ne puis rien affirmer, 1° si je ne m'affirme pas moi-même, 2° si je n'affirme pas quelque chose d'autre que moi qui me limite et que je limite, 3° si je n'affirme pas quelque chose d'illimité, qui est la commune mesure des choses et l'absolue unité où tout a sa raison.

On dit que le jugement est une affirmation; ce n'est pas assez dire : chaque jugement est une triple affirmation, qui dans le fond embrasse tout. Telle est, suivant le *Ménon*, l'essentielle harmonie des choses qu'on ne peut affirmer l'une d'elles sans affirmer implicitement les autres.

Des trois affirmations constitutives de tout jugement, la plus importante est celle qui a pour objet l'unité absolue de la pensée et de l'être, ou la raison universelle. En effet, c'est par là seulement que nous sortons de nous-mêmes et du pur subjectif. Or, tant que je ne sors pas de moi, il peut bien y avoir sensation, sentiment; il n'y a pas jugement. Juger, c'est essentiellement donner à une chose une valeur objective; c'est dire qu'elle *est*, sans restriction ; conséquemment que, tout en étant vraie pour nous qui la pensons, elle est vraie aussi pour toute autre pensée, vraie indépendamment de nous, vraie en elle-même. Affirmer, c'est donc *objectiver* ; et objectiver, c'est universaliser, c'est concevoir une chose comme ayant une existence intelligible pour toute intelligence. Par là je conçois, si je puis m'exprimer ainsi, mon intelligence comme commensurable avec toutes les autres intelligences, et de plus, avec les existences qu'elle affirme; je réduis donc tout à une commune mesure ou raison, à l'unité d'où procèdent la pensée et l'être. Si on donne à cette unité, terme de la dialectique, le nom de Dieu, on comprendra ce qu'il y a de profondément platonicien et aussi de profondément vrai dans cette maxime de Leibnitz : « Toute pensée, toute parole, est un acte de foi implicite en Dieu. »

En d'autres termes, juger, c'est affirmer l'universel et y subordonner l'individuel. La formule métaphysique de tout jugement est la suivante: l'individuel a sa raison dans l'universel.

L'universel, essence du jugement, s'exprime dans la proposition par le verbe. Tandis que les autres termes ont toujours un caractère plus ou moins particulier, le verbe exprime l'universalité de l'être et de l'intelligible. On croit rabaisser le verbe en disant qu'il n'exprime qu'un rapport ; mais qu'est-ce qu'un rapport, sinon une union rationnelle de deux choses, qui supposent au-dessus d'elles une réelle unité comme leur commune raison? Cette unité, véritable objet du verbe, ne peut plus être elle-même un simple rapport, une pure relation ; elle doit être quelque chose d'absolu. Quand nous disons qu'une chose *est*, nous la dégageons de ce qu'elle renferme de particulier, de variable, de relatif, pour la placer dans l'universel et dans l'absolu, dans la sphère infinie de la raison. Elle est, disons-nous ; et en même temps nous n'admettons pas qu'elle ne soit point pour quelque autre intelligence : « Ce qui est, est. » Cet axiome revient à dire que ce qui est, fût-ce une chose particulière et bornée, est cependant l'objet d'une affirmation universelle, et conséquemment participe de quelque façon à l'existence universelle. On ne voit ordinairement qu'une tautologie dans cette formule suprême de tout jugement : ce qui est, est. Mais il y a dans cet axiome plus de profondeur que les mots ne semblent l'indiquer. L'identité n'est que verbale ; dans le fond, l'attribut est universel, tandis que le sujet est particulier. — *Ce qui est* (à savoir ceci, cela, une chose particulière, une chose quelconque, ayant son existence propre et individuelle) *est* (c'est-à-dire, est l'objet d'une affirmation universelle). — *Ce qui est* n'est qu'un sujet particulier ; le verbe *est* a l'universalité du vrai et de l'intelligible. Par cet axiome, nous repoussons toute contradiction, et conséquemment toute borne apportée à notre affirmation ; nous ne voulons pas que notre affirmation cesse ici ou là, qu'elle soit pour nous et ne soit pas pour vous. Exclure toute contradiction, c'est exclure toute limite, toute opposition, toute dualité : c'est affirmer l'universalité infinie et l'unité de l'intelligible. Aussi, comme nous l'avons déjà vu, il n'y a point de différence dans le fond entre : « Ce qui est, est, » et : « Ce qui est, est intelligible. » Que nous voilà loin de cette tautologie vide et de cette vaine identité, puisque nous avons pour sujet le particulier, et pour attribut l'universel !

Juger, on le voit, c'est appliquer à des cas déterminés ce principe de la raison : Toute existence particulière a une raison universelle d'être et d'intelligibilité ; d'où résulte que toute existence particulière a aussi une existence universelle, une Idée. La tautologie même, la pure et simple identité, quand elle existe, n'est possible que par cette synthèse de deux termes différents ; nous y introduisons la synthèse malgré nous par notre affirmation même, par le verbe *est*. — « A (chose particulière) est A (chose particulière). » — Oui, mais elle l'est *réellement* et *intelligiblement* ; elle l'est *véritablement* ; elle l'est *universellement*. Nous ne pouvons pas plus juger en dehors de l'universel que nous mouvoir en dehors de l'immensité.

Le verbe est donc bien l'essence du jugement : il est la parole (*verbum*), et non pas seulement la parole extérieure, mais la parole intérieure que Platon, dans le *Sophiste*, déclarait identique à la pensée. Il n'y a vérité, disait encore Platon, que là où il y a verbe, c'est-à-dire synthèse de la pensée et de l'être ; et ce n'est pas sans motif que ce philosophe appelait, avec toute l'antiquité, d'un seul et même nom (λόγος) la raison, le verbe et la parole.

Dans toute proposition, disait Leibnitz en s'inspirant de Platon, on trouve l'être ; pour être complet, il faut ajouter qu'on y trouve aussi la pensée, et surtout l'unité de l'être et de la pensée.

Telles sont l'analyse et la synthèse psychologiques et métaphysiques qu'on retrouve en tout jugement. Au point de vue psychologique, nous affirmons l'unité de l'être et de la pensée en nous ; au point de vue métaphysique, nous affirmons l'unité de l'être et de la pensée en soi.

Les éléments logiques du jugement ne sont qu'une déduction de ceux qui précèdent, une application de ce qui est en nous et au-dessus de nous à ce qui est hors de nous.

Quand nous portons un jugement sur une chose, nous prenons toujours pour sujet le particulier, pour attribut le général. Par exemple : « Cette rose est belle. » Cela veut dire d'abord que je conçois la rose comme unité individuelle ; ne le fût-elle point réellement, je suis forcé de la poser comme telle afin d'en faire un sujet. Pour cela, je transporte en elle quelque chose de mon unité de conscience : le sujet logique est toujours une image et un emprunt du sujet psychologique « *Je* ou *moi.* » D'autre part, je subordonne cette unité individuelle à l'unité universelle de la raison : je conçois une raison de beauté qui, présente à la rose, ne s'y épuise pas tout entière, qui peut se retrouver ailleurs, se reproduire, se manifester de la même manière ou d'une manière analogue dans des conditions identiques ou analogues. Le sujet représente donc l'être, et l'attribut la raison d'être.

Ici encore, je distingue et j'unis : je dis que le sujet

n'est point l'attribut, et que cependant il l'est en quelque manière ; que la beauté et la rose, sans se confondre, sont cependant liées; que l'individuel est l'universel, en tant qu'il en participe par sa compréhension, mais qu'il n'est point l'universel, en tant qu'il n'en renferme point toute l'extension. De même, en moi, l'individualité de la conscience et l'universalité de la raison s'unissent sans se confondre.

Juger, c'est toujours abstraire : car, pour qu'il y ait sujet et attribut, il faut bien que je considère une même chose sous des aspects différents ; sinon il n'y aurait pas deux termes, mais un seul. Même lorsque l'attribut est le sujet répété, comme dans les propositions identiques, nous avons trouvé encore une différence qui semble avoir trop échappé aux logiciens : le sujet est la chose considérée comme existante ; l'attribut, uni au sujet par le verbe *être*, est cette même chose considérée comme objet d'une affirmation universelle, comme objet intelligible, comme objet de raison. Si je ne différenciais pas le sujet au moyen du verbe et de l'attribut, il n'y aurait pas de jugement. C'est ce que Platon avait fort bien compris.

Abstraire n'est autre chose qu'attribuer à des raisons diverses ce qui est divers dans la conscience. Par exemple, en présence de la rose, j'ai conscience de plusieurs sensations différentes, et même séparables : je les attribue à des raisons distinctes que j'appelle qualités, comme l'odeur et la couleur.

Généraliser, c'est attribuer à des raisons semblables ce qui est semblable dans notre conscience. Ici encore, je m'appuie sur ce que tout ce qui est a une raison d'être. Si tous les individus de l'espèce humaine se ressemblent, il faut bien qu'il y ait une raison de cette ressemblance, quelque chose de constant dans l'être et dans l'intelligible, qui soit supérieur à *chaque* individu et à *tous* les individus. Ce n'est point Simmias, disait Platon, qui est cause de sa ressemblance avec Cébès; ce n'est pas non plus Simmias et Cébès réunis, ni la réunion de tous les hommes, laquelle n'a d'existence que par ses parties et n'est rien en elle-même; donc il y a dans la nature de l'être et dans la nature de l'intelligible quelque chose qui fait que les hommes existent d'une existence semblable et sont conçus d'une conception semblable.

Généraliser, c'est induire. Quand nous avons attribué les mêmes choses aux mêmes raisons,—ce qui est proprement la généralisation, — nous concevons aussitôt la réciproque, et nous jugeons que les mêmes raisons produisent les mêmes choses, c'est-à-dire entraînent les mêmes affirmations dans notre esprit et les mêmes existences dans la réalité;—ce qui est proprement l'induction.

Induire, c'est déduire. Dire que les mêmes raisons entraînent les mêmes affirmations dans notre esprit et les mêmes existences dans la réalité, n'est-ce pas dire que les mêmes principes ont les mêmes conséquences, que des mêmes prémisses on ne peut pas tirer deux conclusions contraires, parce que, tout demeurant identique, rien n'expliquerait le changement d'affirmation? Dans l'induction comme dans la déduction, la raison maintient son identité avec elle-même, son universalité sans exception et sans contradiction.

Déduire, c'est comparer, c'est juger le rapport des extrêmes par leur comparaison avec le moyen.

Comparer, c'est réduire plusieurs choses à l'unité de la conscience pour en trouver l'unité rationnelle. Il est évident qu'une commune mesure est alors nécessaire. Aussi prenons-nous toujours une unité de mesure pour comparer. Cette unité peut être artificielle et multiple en elle-même; mais alors elle apparaîtra, à son tour, comme relative à une unité supérieure; et ainsi de suite jusqu'à la suprême unité. Platon nous l'a montré, la comparaison suppose, non-seulement deux termes relatifs que la pensée rapproche, mais encore un terme supérieur et absolu qui sert de mesure invariable pour déterminer le rapport des deux autres. C'est dans une même lumière que nos yeux aperçoivent la diversité des nuances; c'est dans une même splendeur de beauté infinie que notre esprit aperçoit les degrés multiples de la beauté finie; c'est dans une même Idée de grandeur absolue et d'immensité que nous saisissons les rapports variables des étendues bornées; c'est dans une même Idée de justice immuable que nous trouvons la commune mesure qui nous sert à comparer les actions humaines. Et ainsi de toutes les autres qualités dans lesquelles entrent *le plus* et *le moins* : elles supposent toutes l'unité de l'absolu. Comparer Simmias et Phédon, ce n'est pas seulement les comparer *entre eux*, suivant la doctrine des logiciens vulgaires; c'est encore les comparer *tous les deux* à un terme supérieur, jusqu'à ce qu'on ait atteint l'Unité.

Comparer, c'est donc mesurer sur l'absolu; et mesurer sur l'absolu, c'est juger. Nous revenons ainsi à notre point de départ. Au fond, dans toutes les opérations de l'esprit, c'est le même acte de raison affirmant son identité à l'occasion de tous les objets, semblables ou divers; c'est la raison raisonnant toutes choses. Penser ou juger, en dernière analyse, c'est toujours raisonner.

II. Les mathématiques sont l'application de la logique à la quantité.

Platon définissait la quantité la « variabilité sans limites du plus et du moins », ou ce qui est par soi-même indifférent à toutes les déterminations et capable de les recevoir toutes. On trouve en chaque chose un *mélange* d'indétermination et de détermination, de quantité et d'essence; il existe donc une « cause déterminante », une activité capable de donner une forme à l'informe passivité. Cette cause qui détermine la quantité et lui impose des limites, est nécessairement elle-même sans limites. D'une part, elle ne peut rencontrer d'obstacles dans la quantité purement passive, qui se prête à toute augmentation comme à toute diminution; d'autre part, elle ne rencontre en elle-même aucune limite, car cette limite devrait se retrouver dans l'objet de son action, et alors nous n'aurions plus le droit de dire que la quantité peut toujours être augmentée ou diminuée. La passivité illimitée implique donc l'activité illimitée; l'indéfini de la quantité ne se conçoit que relativement à l'infini véritable; le plus et le moins, disait Platon, supposent l'un.

C'est cette notion d'une activité sans limites, inépuisable et absolue, qui est comme l'âme de toute opération mathématique. En concevant l'activité infinie, au sens moderne du mot, nous en réalisons une image en nous-mêmes; nous nous donnons à nous-mêmes un pouvoir sans limites sur la quantité représentée par notre imagination. Les mathématiques sont l'exercice de ce pouvoir tout rationnel, impliqué dans les *demandes*, dans les axiomes, dans les démontrations de la géométrie (1).

(1) Les quatre notions de l'indétermination, de la détermination, du mixte et de la cause déterminante, sont les vraies *demandes* de la géométrie. On peut y ramener toutes les demandes qu'inscrivaient en tête de leurs livres les anciens géomètres, — plus soucieux de la rigueur logique que ne le sont parfois les modernes. — Par exemple, Euclide demande à pouvoir prolonger ou diminuer indéfiniment une droite quelconque. Cela revient à dire : Accordez-moi que l'espace est une quantité indifférente et passive par elle-même ; que cette quantité peut recevoir des déterminations ; qu'il existe par conséquent un pouvoir de faire varier sans limites la quantité, pouvoir réellement illimité, dont vous avez en vous la conception et la participation.

Ce pouvoir n'est autre chose que la raison se proclamant supérieure à toute quantité. D'où vient, en effet, que je puis prolonger indéfiniment une ligne droite? C'est que, après avoir déterminé par ma pensée une chose indéterminée en elle-même, après avoir posé par exemple telle ou telle longueur, je ne vois aucune raison qui m'empêche de recommencer. Cette raison n'existe pas dans la nature même de l'espace, que je conçois comme absolument indéterminé; elle n'existe pas non plus en moi-même, car ma raison se reconnaît une et identique dans tous ses actes : ce que j'ai fait une fois, je puis le refaire si les mêmes raisons subsistent. Or, ayant éliminé par la pensée tous les obstacles matériels qui pourraient m'empêcher d'exécuter physiquement l'opération, ayant réduit l'objet à la simple forme de l'espace sans aucune détermination étrangère, je ne rencontre dans l'objet rien qui m'arrête. D'autre part, ma raison maintient son identité avec elle-même comme sujet, de manière à exclure de son sein tout changement sans raison ; et c'est par là qu'elle acquiert une puissance sans limites.

Les autres demandes des géomètres se ramènent aux mêmes éléments. On demande de pouvoir joindre deux points *quelconques* par une ligne droite, de pouvoir tracer une circonférence avec un rayon *quelconque* et un point *quelconque* pour centre, etc. Ce mot si simple et si familier : *quelconque*, que les mathématiciens emploient presque à chaque instant, n'enveloppe rien moins que l'idée de l'infini ; un point quelconque, une ligne quelconque, supposent que la quantité est naturellement indéterminée et que le pouvoir de la déterminer ou de la faire varier est absolument sans limites. Le *quelconque* est le καθόλου de Platon, qui exprime l'indépendance de l'intelligible par rapport aux conditions de quantité.

L'idée d'une activité sans limites et d'une raison infinie se retrouve également dans les définitions des géomètres. La notion du point implique le pouvoir de faire décroître indéfiniment l'étendue, et exprime la limite de cette variation ; la ligne suppose le pouvoir de faire décroître indéfiniment la largeur, etc. Les pythagoriciens et Platon avaient déjà montré que la géométrie tout entière roule sur des limites, qu'elle n'est pas la science du milieu, qui reste indéterminé, mais la science des déterminations idéales ou réelles. Hégel et les géomètres de son école ont mis

Toutes les opérations mathématiques supposent que la quantité pure n'est point une cause ni un principe, par exemple que l'espace pur n'est rien en soi et à lui seul, qu'il n'entre nulle part comme élément actif. C'est ce qui permet de généraliser tous les théorèmes de la géométrie. Les mêmes raisons subsistant, les mêmes affirmations subsistent. — Mais, si je change la figure de place, les mêmes raisons subsistent-elles? — Le géomètre est forcé de dire oui. Or ce oui est la négation de toute valeur propre attribuée à l'espace; il est l'aveu que tout ce qui est raison intelligible ou activité efficace est en soi-même indépendant de l'espace et absolu. Nos démonstrations géométriques sont donc comme un acte de perpétuel dédain relativement à l'espace. Par là, la raison et l'activité se proclament indépendantes de cette complète passivité, de cette indétermination et de cette indifférence que Platon appelait « un songe, » une « notion bâtarde. » Les géomètres sont spiritualistes et même idéalistes sans le savoir (1).

Si l'espace n'est point l'objet de la géométrie, quel

---

hors de doute cette vérité : la géométrie n'est pas proprement la science de l'espace, mais la science des déterminations et des limites que l'activité de la raison impose à l'espace avec la plus parfaite liberté. Or, partout où il y a limite, c'est-à-dire dans toute la géométrie, il y a aussi possibilité de reculer ou d'avancer indéfiniment cette limite, il y a variabilité indéfinie, et conséquemment conception d'un pouvoir sans limites s'exerçant sur l'absolue passivité de l'espace. Là réside le véritable infini. La considération des limites n'est donc point particulière à la géométrie la plus élevée : elle constitue le fondement de toute géométrie. Au lieu de l'exclure des éléments par de perpétuels sous-entendus, ne devrait-on pas plutôt familiariser de bonne heure les esprits avec la grande idée de l'infini?

(1) Du même principe dérive l'invariabilité des figures dans l'espace, que présupposent toutes les démonstrations. On croit qu'une ligne fixe et déterminée par deux points est toujours la même quelque transport qu'on lui fasse subir; sans cela, point de mesure ; car si mon unité de mesure changeait en se transportant, quelle confiance pourrais-je

est donc son objet véritable? — Comme celui de toute autre science, il se ramène à des déterminations de la pensée et de l'activité; c'est quelque chose de rationnel et de dynamique, irréductible à la quantité pure. Le géomètre étudie des raisons et des forces, des modes de la pensée et de l'activité, tout aussi bien que le mécanicien ou le physicien, avec cette différence que l'élément logique ou rationnel domine sur l'élément dynamique. On pourrait dire que la géométrie est la première application de la logique, cette dynamique intelligible, à la dynamique sensible.

La conception des variables et des limites, déjà présente aux éléments de la géométrie, constitue, en devenant prédominante, la partie la plus élevée de cette science. Cette partie est en même temps, si on peut parler ainsi, la plus dynamique, par l'idée de mouvement continu qu'elle suppose et qui est l'expression d'une activité continue. On retrouve là, avec une évidence plus parfaite encore, les quatre éléments du *Philèbe*, et surtout l'idée d'une activité déterminante s'exerçant sur la quantité avec un pouvoir réellement infini. Les limites des variables, que considèrent les géomètres, ne font qu'exprimer le plein effet de ce pouvoir tout spirituel et rationnel (1).

avoir en elle? Ce principe de l'invariabilité des figures, qui a tourmenté plus d'un géomètre, suppose que nos affirmations et les relations numériques qui en sont l'objet sont absolument indépendantes de l'espace, qu'un simple changement de lieu n'introduit aucun changement dans les conditions d'un problème. Cela revient toujours à dire que l'espace n'est point une cause ni une réalité capable de modifier une résultante.

(1) Concevoir le cercle comme la limite d'une série indéfiniment variable de polygones, dont les côtés croissent en nombre et diminuent en largeur, c'est le concevoir comme le plein effet du pouvoir que possède l'esprit de faire varier la quantité, sous des conditions déterminées. C'est

Cette sorte de méthode offre nécessairement, comme on l'a remarqué bien des fois, des analogies avec la dialectique platonicienne. Celle-ci dégage aussi du variable et du relatif le constant et l'absolu, pour le transporter sous une forme éminente dans l'Être suprême, limite d'où partent toutes choses et vers laquelle tendent toutes les variations. Mais il faut se garder de considérer la dialectique et les Idées comme une imitation des mathématiques dans la métaphysique. Ce sont les mathématiques, au contraire, qui offrent l'image et le symbole des lois de l'essence appliquées à la quantité. Comme l'infini mathématique ou extensif

ce pouvoir, ou du moins l'Idée à laquelle il participe, qui est le véritable infini de perfection dont les autres ne sont que des dérivés, des images et des symboles. Voir, sur ce sujet, un très-remarquable opuscule de M. Lefranc : *Réflexions sur les sciences morales dans leurs rapports aux sciences exactes*. — Ce qu'il importe d'ajouter, c'est que ce pouvoir sans limites s'explique lui-même par une identité de raisons intelligibles, qui permet à l'esprit de continuer ce qu'il a commencé, de répéter sur la quantité indifférente l'acte qu'il a déjà accompli. Si l'esprit s'arrêtait, son arrêt serait sans raison. C'est donc l'impossibilité d'une chose sans raison, ou, en d'autres termes, l'absolue universalité de l'intelligible, de l'Idée, qui fonde le pouvoir sans limites que l'esprit applique à la quantité.
De là dérive, dans le calcul infinitésimal, la loi de continuité à laquelle Leibnitz attachait une si juste importance, et qui exprime encore la supériorité des raisons intelligibles, des Idées, par rapport à la quantité. Si je trouve une relation constante entre deux quantités, dont l'une varie avec l'autre suivant une loi, j'en conclus nécessairement que la raison intelligible de la relation constante n'est point dans les variations des quantités, ni dans le plus ou le moins qu'elles peuvent recevoir. La même raison subsistant toujours, je continue toujours comme j'ai commencé. Cette raison m'apparaît ainsi avec un caractère d'absolu et d'unité par rapport au plus et au moins de la multiplicité relative. Si donc je suppose réalisé le plein effet du pouvoir que j'ai de porter les variables vers leurs limites, je reconnais qu'entre ces deux limites doit exister toujours ou la même relation ou une relation infiniment peu différente. Cette différence sera donc ou quelque chose de nul ou quelque chose d'indivisible, mais en tout cas, rien de fini, de divisible, rien qui comporte le plus et le moins, rien qui offre les caractères de la quantité mesurable et calculable, conséquemment rien qui puisse modifier nos calculs et nos mesures.

est seulement l'image de la véritable infinité ou de la perfection intensive, le calcul des géomètres n'est qu'une application à la quantité des lois de l'activité raisonnable.

Aussi l'infini des mathématiques, comme l'infini de la logique, consistant dans le général, garde toujours un caractère de relativité, de multiplicité, de variabilité. Il demeure toujours fini sous quelque rapport. Il n'est donc qu'une image mobile et imparfaite de l'infini spirituel, immobile et parfait; c'est un intermédiaire, dirait Platon, entre le sensible et l'intelligible. Parmi les philosophes, les uns refusent à l'infini de quantité la valeur objective; les autres, plus platoniciens, comme Pascal, Malebranche et Leibnitz, la lui accordent et croient que l'infini de quantité, réalisé partout dans les œuvres divines, est la digne expression de l'infini de qualité qui est propre au Bien. Le plein effet d'une activité parfaite, irréalisable pour nous, peut et doit être réalisable pour Dieu. Mais, quelle que soit la valeur objective des infinis mathématiques comme des genres logiques, il est certain que ces infinis ne sont point infinis sous tous les rapports et absolument, de même que les genres ne sont point universels sous tous les rapports. De là divers degrés d'infinité mathématique ou logique qu'on obtient par des intégrations et généralisations successives. Dans la géométrie, une chose qui est infiniment grande par rapport à une autre peut être finie ou même infiniment petite par rapport à une troisième (1). De même, dans la logique, l'individu joue

---

(1) On s'étonne de ces infinis plus grands les uns que les autres. Mais l'infini mathématique n'est pas du tout, comme l'admet la définition vulgaire, ce qui ne peut être augmenté ni diminué. C'est ce qui est plus grand que toute pluralité finie de choses finies; c'est ce à quoi un nombre fini de choses finies ne sera jamais adéquat. Il n'en résulte pas

par rapport au genre le rôle d'élément infinitésimal, puisque le genre enveloppe une infinité d'individus

qu'une quantité de ce genre ne puisse encore être augmentée. Supposez qu'à votre droite, et à partir de votre main, s'étende une rangée d'étoiles ; cette rangée peut parfaitement être illimitée : car rien ne force la puissance créatrice à s'arrêter ici plutôt que là et à ne pas s'exercer simultanément à tous les points de l'espace qui lui plaisent. Dès lors, cette série d'étoiles sera illimitée ou infinie, supérieure à tout nombre fini d'étoiles. Malgré cela, elle sera finie par une extrémité ; aussi pourrez-vous encore la prolonger sans limites à votre gauche, et vous aurez alors un diamètre du monde qui sera évidemment plus grand que le rayon considéré tout à l'heure, et contiendra une plus grande quantité d'étoiles. Ce n'est pas tout : entre chaque étoile et la suivante, on peut en intercaler une autre, ou deux, ou trois ; et la rangée, déjà supérieure précédemment à tout nombre fini, pourra s'accroître encore ; il y aura plus d'étoiles qu'auparavant, bien que les étoiles fussent déjà innombrables. Ce n'est pas tout encore : à partir de votre main comme centre, vous pouvez tracer des rayons dans tous les sens, mais dans un même plan, et vous aurez un cercle contenant une infinité de rangées infinies d'étoiles. Enfin, autour de votre main comme centre peut exister une infinité de ces cercles ; ce sera la sphère infinimentes fois infinie. Ainsi, à un ensemble de choses déjà inépuisable par voie d'addition finie peuvent s'ajouter encore d'autres choses à l'infini. Prétendre que cela est impossible, c'est borner arbitrairement la puissance absolue. Inversement, je puis, dans la sphère infinie d'étoiles, en supprimer une, deux, trois et une infinité, sans que le reste cesse d'être plus grand que tout nombre fini. On dit que cela ne se comprend pas ; pourtant il n'y a là aucune contradiction. La contradiction n'existe que quand on définit faussement l'infini mathématique : Ce à quoi on ne peut rien ajouter ni rien retrancher. Cette dernière définition ne convient qu'à la perfection absolue de Dieu, qui est infiniment infinie sous tous les rapports et sans aucune restriction.

On dit souvent qu'un nombre fini ajouté à l'infini ne l'augmente pas ; mais il faut s'entendre. Une chose déjà supérieure à toute quantité finie, si on l'augmente encore, est pour nous, comme auparavant, supérieure à toute quantité. Un calcul de choses finies n'épuiserait pas plus l'une que l'autre. On peut dire que relativement à nous, et à considérer les choses d'un point de vue abstrait, le résultat n'a pas changé. Mais, à considérer les choses en elles-mêmes, dans leur réalité concrète, il est certain qu'il y a plus d'être, plus de réalité, plus de choses qu'auparavant. Pour Dieu, les deux résultats ne sont pas du tout identiques.— On dit également, contre l'opinion de Pascal, qu'il n'y a pas de nombre infini. Tout dépend du sens attaché au mot *nombre*. Si on entend par là une chose que l'on puisse calculer par une addition finie de choses finies, il est certain alors qu'il n'y a pas de nombre infini ; mais, qu'on les appelle nombres ou autrement, il existe des infinités, des pluralités ou multiplicités plus multiples que nos nombres ou multiplicités finies. Remarquons-le bien,

possibles. Le genre, à son tour, — par exemple le
genre humain, — n'est qu'une infinité relative et bornée prise dans un certain ordre de choses. Le genre
humain n'est qu'une grandeur finie par rapport à la
totalité des animaux, et un infiniment petit par rap-

en effet, nos nombres ne sont ni des unités réelles et complètes, ni des
multiplicités complètes. Ils n'expriment ni l'unité absolue ni la multiplicité absolue. La vraie unité et la vraie multiplicité, loin d'être des abstractions et des symboles, sont au contraire la réalité même. Ce sont nos
nombres discrets, imparfaitement uns et imparfaitement multiples, qui
sont artificiels, symboliques, toujours inadéquats à la réalité des choses.
Aussi le calcul infinitésimal est-il le seul qui approche de cette réalité,
tandis que le calcul ordinaire demeure subjectif. Platon avait raison
de dire que la monade et la dyade sont les éléments de toutes choses,
c'est-à-dire que Dieu a su réaliser dans l'univers de vraies unités et de
vraies multiplicités, des éléments indivisibles comme les âmes, et des
collections divisibles à l'infini par cela même que leurs éléments, étant
indivisibles, peuvent être multipliés indéfiniment. En un mot, loin d'être
subjectives, l'unité et l'infinité sont au contraire l'objectif, et on les retrouve partout dans la nature ou dans l'âme.
  Les choses imparfaites sont toujours infinies en un sens et finies dans
l'autre. Rien n'est absolument et uniquement fini, sauf le non-être. Entre
les limites d'une chose s'étend toujours, selon Philolaüs et Platon, un
milieu illimité ; et si ce milieu est rempli, comblé par Dieu, il en résulte
un infini réel. La continuité étant partout dans la nature, l'infinité mathématique est partout. Leibnitz, qui le répète à chaque instant, s'est
contredit par une sorte de pusillanimité, dans ses *Essais sur l'entendement*, en rejetant les infinis mathématiques parmi les choses imaginaires.
M. Ravaisson, dans son *Rapport sur la Philosophie en France*, s'appuie
sur ce passage de Leibnitz pour nier les infinis actuels. M. Lefranc et
M. Th. H. Martin ne voient également dans les infinis que des symboles.
Nous reviendrons peut-être un jour sur cette question. Contentons-nous
de répéter ici la définition très-exacte que les mathématiciens donnent de
l'infini mathématique : ce qui est plus grand que toute quantité finie. De
cette définition ne résulte pas du tout l'impossibilité d'accroître ou de
diminuer une chose déjà plus grande que toute collection finie. Nos nombres finis et discrets ne sont que des limites, par lesquelles nous soumettons les choses à des bornes pour pouvoir les embrasser ; mais ces limites n'empêchent point l'illimité de subsister au-dessous d'elles, en deçà,
au-delà et au-dessus. Cet illimité, cet ἄπειρον de Philolaüs et de Platon,
indéterminé d'abord en lui-même et par lui-même, ou simplement virtuel
à l'origine, peut être déterminé, comblé, rempli par la puissance parfaite de Dieu, à laquelle il ne peut opposer aucune résistance ; et par là
il devient un infini actuel, qui est le plein effet de la parfaite puissance
dans la quantité, mais qui demeure toujours imparfait et borné sous le
rapport de l'essence et du bien.

port à la totalité des êtres. Nous n'avons point là l'infinité absolument infinie de l'universel ou du parfait, en qui sont réunies toutes les déterminations positives. « L'Idée des Idées, une en soi, se multiplie dans son rapport au sensible. » Pour rétablir son unité, nous allons de l'individuel au général et du général à l'universel ; il y a là comme une *intégration* à deux degrés qui nous est familière. Généraliser, c'est retrouver l'infini au-dessus du fini, l'universel au-dessus de l'individuel, τὸ ἓν ἐν πολλοῖς. On ne peut donc pas plus généraliser une qualité qu'intégrer une quantité sans l'idée du véritable infini, ou « de la cause déterminante, » qui imprime à l'indéterminé des déterminations toujours susceptibles de plus et de moins.

VI. Qu'est-ce enfin que cette cause déterminante dont la notion domine et justifie toutes les opérations logiques et mathématiques, et avec quels caractères la concevons-nous nécessairement ?

Platon l'a conçue d'abord comme *cause*, αἴτιον, ou comme activité déterminante, capable de se mouvoir elle-même et de mouvoir toutes choses avec liberté. Il l'a conçue ensuite comme *raison*, λόγος, νοῦς ; et en effet, nous l'avons vu, c'est l'identité des raisons, c'est l'immutabilité de l'intelligible qui permet à toute activité intellectuelle de continuer, de répéter, d'étendre sans limites ses affirmations et ses actes. Mais Platon s'est élevé plus haut encore, au-delà du point de vue dynamique et du point de vue logique. L'activité rationnelle par laquelle toute quantité est déterminable offre nécessairement des caractères opposés à ceux de la quantité passive et indifférente. Celle-ci n'a en elle-même aucun principe d'élection et de préférence, rien qui puisse servir de motif à une activité raisonnable. Le motif d'une telle activité ne peut être, selon Platon, que le bien; une chose n'est préférable à une autre que par quelque caractère de bonté qu'elle porte en elle. Seule l'idée du bien est incompatible avec celle de l'indifférence; seule elle exclut tout reste d'indéfini; seule elle s'explique par elle-même. Qui dit raison intelligible et suffisante, dit quelque *bonne* raison, quelque raison de convenance, d'ordre, de préférence, de bien : Ἱκανὸν τἀγαθόν; Πῶς γὰρ οὔ; La *cause* active n'est donc *raison* intelligible que parce qu'elle est en elle-même le *bien*. Elle n'est pouvoir déterminant que parce qu'elle contient en soi la détermination même, c'est-à-dire toutes les formes de bien, toutes les Idées. Étant elle-même ce qui est absolument préférable à tout le reste, elle donne à la quantité les déterminations qui introduisent en elle le meilleur, le préférable, et par cela même l'intelligible.

Ainsi les mathématiques, comme toute autre science, supposent un certain ordre intelligible, une certaine convenance, une symétrie, une proportion, une beauté plus ou moins élémentaire, un certain degré de bien sans lequel les choses n'auraient ni intelligibilité ni existence. Platon disait avec profondeur dans le *Banquet*, en s'inspirant d'Empédocle, que toute science a pour dernier objet l'amour. L'intelligible, même dans les mathématiques, c'est ce qui est meilleur, ce qu'on aime mieux, ou le bien. Aristote objecte à Platon que le bien n'a rien à voir dans les nombres et les figures; il lui reproche d'avoir dit que les nombres désirent l'unité comme étant leur bien; mais il se réfute lui-même ailleurs en disant : « On prétend que les » mathématiques n'ont rien de commun avec l'idée » du bien; l'ordre, la proportion, la symétrie, ne

» sont-ce pas de très-grandes formes de beauté? »

C'était aussi, dans le fond, la pensée de Leibnitz : « Il y a du mathématique dans le moral et du moral dans le mathématique. » Mais ce grand platonicien rendit sa doctrine obscure par la distinction trop tranchée qu'il établit entre le principe d'identité, auquel il rapporte la logique et les mathématiques, et le principe de raison suffisante ou de convenance, dont il fait dépendre les sciences physiques et les sciences morales. Nous l'avons vu, l'identité des affirmations repose elle-même sur la raison suffisante et la convenance, qui veut qu'un principe raisonnable ne change rien en soi ni hors de soi sans motif, c'est-à-dire, au fond, sans une raison de préférence. En outre, avec la pure identité, dont on a vu plus haut la stérilité et le vide, on ne pourrait faire un seul pas dans les mathématiques. Le signe qui exprime l'identité des termes d'une équation n'indique qu'une identité de résultats, et ne veut pas dire qu'il n'y ait rien de plus dans le second terme que dans le premier. L'esprit n'a pu passer d'un terme à l'autre que par une série d'opérations qui ne consistent pas à demeurer immobile ou à tourner sur soi-même, mais à avancer d'une idée à l'autre, à relier des notions et des opérations diverses. Loin d'être une série de pures analyses et de tautologies, les mathématiques sont une série de synthèses et de constructions dans lesquelles se déploie toute l'activité de l'esprit. La seule identité qui soit imposée à l'esprit est de demeurer identique à lui-même et toujours raisonnable. Mais, avant de demeurer identique à soi-même, il faut que la raison soit, et ce n'est absolument rien dire que de dire : la raison est l'identité. Identité de quoi, et avec quoi? C'est là une notion vide qu'il faut remplir. Or,

on ne peut la remplir que par l'idée d'une puissance
qui agit avec intelligence en vue du bien. L'axiome
d'identité et de contradiction, dont les mathématiciens et les logiciens ont fait leur idole et qu'ils ont
érigé parfois en une sorte de *fatum*, n'offre de sens
que par l'axiome de la raison suffisante ou de la convenance, qui exprime lui-même la subordination de
toutes choses au bien, et, pour ainsi dire, l'universel
amour du bien.

Toutes les déductions et inductions mathématiques
reposent sur ce sentiment de la convenance, de l'ordre,
de la proportion, de l'unité dans la variété, c'est-à-dire
de la beauté élémentaire ou des premières conditions
de l'aimable. Presque toutes les grandes découvertes
mathématiques sont résultées d'un sentiment esthétique qui faisait dire aux géomètres et aux calculateurs :
— Cela serait mieux ainsi qu'autrement, plus simple
et cependant plus riche en conséquences, plus un
et plus varié, plus beau et plus grand. Je l'aimerais mieux ainsi. — Jamais la déduction mathématique n'a manqué de confirmer cette induction
esthétique. Les découvertes les plus récentes des
géomètres tendent à faire dominer de plus en plus
les idées d'ordre et de beauté, conséquemment de
bonté. On a fait voir que presque tout pourrait se
démontrer, dans les sciences mathématiques, par des
raisons de symétrie, c'est-à-dire d'unité dans la variété. Les figures les plus compliquées se ramènent à
des éléments d'une simplicité extrême, tels que le
triangle, et ne sont que les variations d'un seul et
même type, d'une seule et même Idée. Si la théorie
des nombres, sur laquelle Fermat avait déjà porté
toute son attention, n'était pas injustement négligée,
on y retrouverait sans doute ces belles harmonies qui

enchantaient autrefois les Pythagoriciens et les Platoniciens. A mesure que l'idée du beau et du bien prédomine dans la géométrie, tout est mieux lié et d'une manière plus intelligible; mais ce lien se confond de moins en moins avec la nécessité brute imaginée par Spinoza : la part de la pensée et de l'activité va dominant sur celle de la quantité et de la passivité. Le caractère absolu qu'on avait voulu attribuer à l'espace, empire de la Nécessité, diminue ou se déplace pour passer du côté de l'Intelligence, identique, selon le *Banquet*, à l'Amour (1).

Tout se raisonne, tout se prouve et s'explique ; mais, loin que tout le reste se déduise des mathématiques et de l'inerte quantité, les mathématiques elles-mêmes sont les déductions plus ou moins lointaines des

(1) Les corps que nous connaissons ont trois dimensions, et les Écossais avaient voulu ériger ce fait en vérité nécessaire; mais d'illustres savants ont construit une géométrie à quatre ou cinq dimensions, et enfin on vient d'écrire en Allemagne la géométrie à $n$ dimensions. Ainsi au nombre 3, prétendu nécessaire, se substitue le nombre indéfini, expression de quelque absolue indépendance dans la cause déterminante. S'il n'y a pourtant en fait que trois dimensions, au moins dans notre monde, ce ne peut être que pour quelque raison d'ordre et par quelque choix raisonnable. D'autres vérités prétendues évidentes ou nécessaires semblent aussi dépouillées par les récents géomètres de leurs prétentions à l'absolu. Gauss, Lobatschewski, Bolyai, ont construit une géométrie idéale dans laquelle on suppose que les angles de tout triangle ne valent pas deux droits, et ces géomètres ont poussé fort loin en ce sens leurs déductions, sans jamais rencontrer rien de contradictoire ni d'absurde. Il y a ainsi deux géométries qui, rationnellement, paraissent possibles l'une comme l'autre : la géométrie euclidienne, fondée sur le célèbre postulat d'où dérive immédiatement l'égalité des angles du triangle à deux droits, et la géométrie dans laquelle une oblique et une perpendiculaire pourraient ne pas se rencontrer. En fait, c'est la géométrie euclidienne qui est réalisée autour de nous ; mais le postulat d'Euclide, dont on a vainement cherché la démonstration mathématique, ne semble exprimer aujourd'hui qu'un fait dont le contraire est géométriquement possible. Si pourtant tout fait a une raison, il est à croire que la raison de celui-là est encore un motif de convenance, de symétrie, de proportion et de beauté. Tout fait est démontrable, mais non toujours par des nécessités brutes, en supposant qu'il existe de ces nécessités. Les autres

lois fondamentales de l'âme, de l'intelligence et du bien; et la quantité n'est que la région voisine du non-être, dans les profondeurs de laquelle descend encore la lumière de l'être, de l'activité intelligente et bonne (1).

VI. Les méthodes employées dans les sciences physiques et naturelles, nouvelle application de la raison discursive, ne diffèrent point essentiellement des méthodes logiques et mathématiques, que nous avons ramenées elles-mêmes à la dialectique de Platon.

La première opération de la dialectique consiste à donner aux choses diverses des raisons diverses. De là une première loi qui domine les sciences physiques, celle de l'universelle variété ou de l'universelle différence, que Leibnitz appelait principe des indiscernables. Deux choses réelles ne peuvent être indiscernables; car quelle raison aurions-nous alors pour dire qu'elles sont deux? par quelle Idée leur dualité serait-elle intelligible? Leibnitz demeurait fidèle à l'esprit de Platon en ajoutant : Une simple distinction d'espace, de temps, de nombre, en un mot de quantité, ne peut pas fonder une distinction réelle et physique; en d'autres termes, deux êtres,

---

postulats de la géométrie euclidienne paraissent également indémontrables géométriquement et par l'axiome de contradiction; mais on entrevoit dans l'axiome de la raison suffisante le principe d'ordre et d'harmonie qui en contient sans doute les raisons *supra-mathématiques*.

(1) C'est ce que semblait comprendre le grand géomètre Descartes lorsqu'il fondait sur un principe moral, sur la liberté de Dieu, la vérité des axiomes et des théorèmes mathématiques. Seulement, il ne faut pas entendre par là une liberté indifférente; il faut entendre avec Platon une liberté qui, par cela même qu'elle ne dépend de rien, exclut toute indifférence, toute mutabilité, toute indétermination, et n'a rien qui l'empêche de faire le meilleur. C'est la Bonté libre, qui, prenant pour fin l'universelle béatitude, subordonne les moyens à cette fin. Les vérités géométriques sont, comme tout le reste, des moyens de progrès.

deux individus, ne peuvent pas différer seulement par le point qu'ils occupent dans l'espace et dans le temps. En effet, l'espace et le temps sont des choses indéterminées qui ne peuvent fournir par elles-mêmes une raison déterminante et suffisante pour mettre une chose ici plutôt que là. C'est ce qui fait, d'après la *Monadologie* ainsi que d'après le *Parménide*, l'absurdité de ces atomes flottant dans le vide comme des grains de poussière indiscernables : au-dessus d'eux, aucune raison qui explique pourquoi ces particules identiques et indéterminées par elles-mêmes sont cependant déterminées à exister ici plutôt que là, en tel temps plutôt qu'en tel autre. L'Idée différentielle disparaissant, la science se perd dans une indétermination antiscientifique.

Mais l'universelle différence n'est que le premier degré de la dialectique, qui n'exclut pas l'universelle analogie, image de la suprême unité. Il y a en toutes choses des caractères communs qui appellent une Idée commune, et l'unité prédomine sur la variété.

Non-seulement tout est différent et semblable dans l'état actuel des choses, mais on retrouve dans leur progrès la même loi : toutes, en se développant, se différencient et s'unissent. C'est ce qu'Aristote et Leibnitz ont appelé la loi de continuité, et on ne peut s'empêcher d'y reconnaître une dialectique vivante qui fait sans cesse d'un plusieurs et de plusieurs un. D'une chose à une autre, point de vide, point d'hiatus : le vide serait sans raison suffisante, sans intelligibilité et sans Idée. Si le vide existait, il n'y aurait plus un seul monde, mais plusieurs. Tel monde finirait ici brusquement, sans que l'on pût comprendre pourquoi ; et plus loin, un autre monde commencerait, tout différent peut-être du premier.

Il n'y a qu'un seul monde, dit Platon, qui contient en soi toutes les formes d'être, de même qu'il y a une unité qui contient toutes les Idées. Donc, au fond, ce qui semble séparé se relie, ce qui est divers est en même temps semblable. La distinction universelle se ramène à l'universelle analogie, et ce qu'avait dit un prédécesseur de Platon, Anaxagore, dans un sens encore trop matériel, aurait pu être répété par Platon dans un sens plus idéal et plus spirituel : « Tout est dans tout. » Platon n'a-t-il pas dit lui-même que dans une seule Idée la dialectique pourrait retrouver toutes les autres; et si les différents êtres sont les images de l'Idée, n'est-ce pas demeurer platonicien que de dire avec Leibnitz : « Chaque être est un miroir représentatif de l'univers » ?

C'est cette croyance à la continuité intelligible et à la dialectique universelle qui est le fondement de l'induction et de l'analogie. Pourquoi étendez-vous la loi d'un fait au fait voisin, les caractères d'un individu au genre, et les caractères d'un genre au genre le plus rapproché ? Vous ne pouvez étendre vos affirmations au-delà de vos observations que si la nature, comme la dialectique, est une et ne fait point de sauts. En cela, comme dans tout le reste, la pensée et la nature offrent une merveilleuse conformité. Au lieu de s'arrêter brusquement à la limite de l'observation immédiate, la pensée poursuit sa route, prolonge la ligne décrite, cède, pour ainsi dire, pendant quelque temps encore à la loi du mouvement qu'elle s'était imprimée, et n'arrive que par degrés au repos.

Dans l'induction proprement dite, on conclut que des raisons semblables entraînent des affirmations et des manières d'être semblables, malgré la différence de temps et de lieu; dans l'analogie, on affirme que les ressemblances subsistent malgré une différence dans les raisons ou les causes, et non plus seulement dans l'espace et dans le temps. C'est que, dans le fond, nous croyons à la persistance de certaines raisons semblables au sein des différences qui se produisent. En d'autres termes, nous croyons que la variété se subordonne de plus ou moins loin à une unité supérieure; ou, comme disait Platon, qu'au-dessus de deux Idées différentes on trouvera toujours une Idée plus ou moins éloignée qui les relie. C'est là, en définitive, une déduction du principe de l'universelle intelligibilité; seulement les moyens termes de cette déduction, toujours plus ou moins hypothétiques à l'origine, sont subordonnés à la confirmation de l'expérience; l'expérience seule peut nous apprendre le *comment* et donner une valeur objective aux moyens que nous avons supposés pour relier les différences.

Les sciences physiques et naturelles n'ont donc d'autre but que de retrouver dans la nature les lois de la dialectique, les lois de la raison. Il y a deux logiques parallèles, l'une en nous, l'autre dans les choses; et nous sommes sûrs, quand nous avons bien raisonné, que les choses seront du même avis que nous. Les fautes de calcul et d'observation ne sont que des fautes de raisonnement; lorsque le physicien les a évitées, il sait qu'il est maître des choses et que les choses se soumettront à sa formule et à sa loi. Il peut dire au phénomène qui est encore à venir ce que Dieu, dans la Bible, dit à Cyrus : « Je t'ai nommé dans ma pensée avant que tu ne fusses : tu t'appelleras de tel nom. » — La physique est donc une logique; bien plus, elle est une métaphysique, une esthétique, une morale. C'est encore la pensée, c'est l'ordre et le beau, c'est le bien qu'elle cherche dans les choses. Elle se croit science de la matière, comme la géométrie se croit science de l'espace, et elle est toujours science de l'Idée. C'est donc au triomphe de l'esprit qu'elle travaille en croyant souvent travailler pour la matière. Les platoniciens disaient que la matière, c'est l'*autre*, ce qui est ou paraît autre que l'esprit. Cela revient à dire que la matière est l'inconnu. La science est le progrès par lequel l'esprit s'efforce de se retrouver et de se reconnaître en toutes choses. Savoir, c'est rendre les choses intelligibles ; c'est donc ramener ce qui paraissait d'abord autre que l'esprit aux lois essentielles de l'esprit même, conséquemment à ce qui fait son essence, à ce qui le constitue, à ce qui est par excellence l'esprit. Si le matérialisme parvenait à tout expliquer, son triomphe serait sa propre défaite, car, en rendant tout intelligible, il aurait tout ramené à l'intelligence ; et la matière, — ce je ne sais quoi qui n'est point l'esprit, — se serait évanouie avec l'inconnu dans la pure lumière de la pensée identique à l'être, ou du Bien.

## CHAPITRE III.

### LA CONSCIENCE.

*I.* Toute science est conscience en même temps que raison. — II. Union de la conscience et de la raison dans l'intuition de notre être. La notion du moi un et identique, inséparable de l'Idée. Se connaître, c'est se voir dans son Idée. — III. Il existe une Idée du moi. La substance individuelle est la réalisation de cette Idée. — IV. Comment l'axiome de l'universelle intelligibilité, par l'introduction des éléments empruntés à la conscience, devient principe de causalité et de substantialité. De la cause active et de son rapport à l'Idée. De la substance individuelle et de son rapport à l'Idée. Avons-nous conscience de notre substance, et que faut-il entendre par cette substance. Tout est âme ou est par l'âme. — V. De la quantité, comme produit de l'âme et objet de conscience. Le nombre. Le temps. L'espace. Leurs rapports avec l'Idée et avec l'âme.

I. Toute connaissance, en même temps qu'elle est un acte de raison, est un acte de conscience. L'âme ne sait et ne comprend que ce dont elle trouve en soi l'analogue, ou plutôt le principe et la raison, ou, mieux encore, l'Idée présente à son être même. Le semblable se connaît par le semblable, disait Platon. En d'autres termes, point de science sans conscience, et point de conscience si l'objet pensé ne se trouve pas en quelque manière dans le sujet pensant, s'il ne surgit pas pour ainsi dire du fond de l'âme, comme une puissance qui se développe, comme un souvenir ou un pressentiment. Aristote admettait le même principe: connaître, selon lui, c'est agir et réaliser en soi un acte qui soit en même temps l'acte de la chose connue; c'est avoir conscience d'un acte commun au sujet et à l'objet, d'une forme qui constitue également la pensée et l'être. Dans cette identité du sujet pensant et de la forme pensée, Aristote trouve l'explication de la conscience, par laquelle nous pensons que nous pensons : puisque l'acte du sujet est le même que l'acte de l'objet, en pensant l'objet, il se pense nécessairement lui-même (1). Telle est en nous l'imparfaite image de cette suprême unité du sujet et de l'objet qui, selon Aristote comme selon Platon, est l'essence même du savoir, et qui fait de l'éternelle science une éternelle conscience.

II. Si la raison, pour s'exercer, a besoin de la conscience, celle-ci, à son tour, ne peut s'exercer sans la raison ; et la claire notion du moi suppose la notion de l'Idée. D'après Platon, il existe dans une région supérieure au temps et à l'espace une intuition primitive et indéfectible, par laquelle notre pensée prend possession tout ensemble de notre être et de l'être en soi. Là, selon le *Phédon*, notre âme se reconnaît analogue à l'Idée en saisissant l'Idée, une en saisissant l'unité, identique et immortelle en saisissant l'éternité. C'est l'indéfectible fond de notre connaissance, comme de notre existence.

De quel droit en effet puis-je dire, dans toute l'étendue et la simplicité du mot, que « je suis » ? Quelques-uns répondent avec Condillac : « Je suis parce que je sens. » Ce qui revient à dire : « Je change, donc je suis. » Or, Platon nous a montré dans tous ses dialogues, principalement dans le *Parménide*, que changer n'est pas être. Ce qui change est et n'est pas tout ensemble. Suivant la commune doctrine d'Héraclite, de Parménide et de Platon, le devenir renferme dans son sein une contradiction et un germe de mort

(1) Voir même volume, p. 149.

qui fait que la pensée ne peut le fixer dans l'être : il se nie en s'affirmant et se détruit en se posant ; on croit le saisir, et déjà il n'est plus. Si donc il n'y a en moi que le devenir des sensations, je n'ai pas plus le droit de dire : « Je suis », que de dire : « Je ne suis pas. » D'ailleurs, nous l'avons vu dans le *Théétète*, la sensation réduite à elle-même n'est plus sentie, n'est plus sensation. Au moins faut-il que je la pense. Suis-je donc parce que je pense, comme l'a dit Descartes? — Peut-être ; mais s'il n'y avait en moi que la pensée des sensations, la pensée tournée vers le dehors, vers le temps et vers l'espace, la pensée que Platon appelait un cercle mobile, je devrais plutôt dire encore : « Je deviens », que : « Je suis. » — Au-dessus des sensations et des pensées mobiles, est la tendance constante à passer d'une sensation à une autre et d'une perception à une autre, à « se mouvoir ainsi soi-même », tendance que Platon appelait vie, Aristote nature, Leibnitz force et activité, Maine de Biran effort et volonté. A en croire ce dernier, je ne suis que parce que je veux. Mais ce que Maine de Biran semble voir surtout dans cette volonté dont il fait l'être, c'est l'effort, qui suppose obstacle, limitation, et se ramène au désir. Or, « Je désire, donc je suis » revient encore à : « Je change, donc je suis. » On ne désire, dit Platon dans le *Banquet*, que ce qu'on n'est pas ; ce qui constitue l'effort, c'est la limite de l'être, et la limite de l'être, c'est le non-être. Désir, selon le *Philèbe*, c'est toujours phénomène ; et réciproquement tout phénomène est un désir, une aspiration à l'être. Ce n'est donc pas l'effort qui est le fond positif de mon existence ; ce n'est point ce que je m'efforce de posséder, mais ce que je possède qui constitue mon être. Je désire, donc je ne suis pas sous quelque rapport. D'autre part, on ne désire que ce qu'on pense en quelque manière, et que ce qu'on possède déjà imparfaitement. Qu'est-ce donc que vous *voulez* et connaissez avant de le vouloir? — C'est, selon le *Banquet*, l'être même et la persévérance dans l'être ; ce que vous voulez, c'est l'être dans toute son étendue et son infinité, ou le Bien. Votre volonté présuppose donc l'intuition de l'être sans limites et sans négations, de l'être éternel qui ne devient pas, mais est véritablement ; et ce que vous voulez, c'est être comme lui. Ainsi, pour vouloir l'être il faut le penser ; et d'autre part, pour le penser il faut déjà le sentir et lui être uni. Il y a un centre où sentiment, pensée et volonté ne font absolument qu'un. Ce fond de mon être n'est pas plus sentiment que pensée, pensée que volonté ; il est tout cela éminemment et dans l'unité. Toutes nos facultés s'impliquent, et aucune d'elles, dans ce qu'elle a de mobile et de multiple ou de tourné vers la matière, ne constitue notre être. Notre être est au point où, par notre âme tout entière, nous touchons l'absolu. C'est en Dieu seul que nous sommes, et c'est aussi en lui seul que nous pouvons voir notre être comme réel et durable, et en avoir la claire notion au lieu d'un sentiment confus. On ne doit pas dire simplement : « Je pense, je sens, je veux, donc je suis » ; mais plutôt : « Je sens l'Etre, je pense l'Etre, je veux l'Etre, donc je suis. »

Ainsi, la pensée claire de l'existence en nous est indissolublement unie à la pensée de l'existence en soi, l'intuition consciente de l'âme à l'intuition rationnelle. Tant que je ne regarde pas vers l'Idée, je ne puis me voir par le côté où réellement je suis.

En même temps que, par un acte de conscience et

de raison tout ensemble, je vois mon être dans l'Être absolu, je vois aussi mon intelligibilité relative dans l'intelligibilité absolue. Je ne puis me concevoir comme vraiment existant et persévérant dans l'être, que si je me conçois en même temps dans ma raison d'être ou mon Idée. Dire que je suis, n'est-ce pas en quelque sorte ériger mon être au rang d'une vérité, d'une chose intelligible en même temps que réelle, d'une chose ayant sa raison d'exister et sa raison d'être affirmée? Si je ne concevais pas mon être comme ayant quelque fondement éternel dans le monde intelligible, je ne pourrais même pas affirmer mon existence présente comme une existence vraie; à plus forte raison ne pourrais-je m'étendre ni dans le passé ni dans l'avenir. Mais quand je me conçois comme ayant une raison d'être, je ne crois plus seulement que je suis, je crois que je serai, et que j'ai déjà été de quelque manière. En d'autres termes, je ne conçois la persévérance de mon être qu'en concevant la persévérance de ma raison d'être. Ce qui est ne peut commencer ni cesser d'être sans raison, et d'autre part la raison ou la vérité ne commence ni ne cesse. C'est donc, comme l'enseigne le *Phédon*, dans ma raison d'être, dans mon Idée, que je me vois éternel. En concevant ma raison intelligible, je me conçois comme supérieur en elle au temps et à l'espace; c'est sur elle que sont fondés l'intuition de mon existence présente, l'espoir de mon existence à venir, et même la croyance à mon existence passée.

Mais, pour achever cette conscience de mon existence comme *réelle* et *vraie*, conséquemment comme capable d'une durée indéfinie, il faut un élément supérieur encore aux deux précédents. Si la notion de l'être que je *sens* en moi est incomplète sans celle de l'intelligibilité que je *pense*, cette notion, à son tour, est incomplète sans celle du Bien que j'*aime*. Je ne conçois mon être comme absolument intelligible qu'en le concevant comme préférable au non-être, comme meilleur que le néant, et par conséquent comme bon à quelque chose et de quelque manière. Pour avoir le droit de dire sans restriction que je suis, et que je suis intelligible, il faut que je puisse dire: « Je suis bon »; en d'autres termes, je ne participe à l'être et à l'intelligibilité qu'en participant au Bien. Alors, et alors seulement, je conçois mon existence comme ayant un fondement assez solide pour que je puisse l'affirmer d'une manière absolue, sans crainte d'affirmer une chose insaisissable et fugitive; là seulement est la vraie raison d'être, la raison suffisante, la bonne raison : c'est à ce point de vue supérieur du bien, où commence à m'apparaître, non plus le côté sensible et logique de mon être, mais le côté moral et aimable, c'est à ce point de vue que je dois m'élever pour me voir vraiment dans mon Idée, au-dessus de l'espace et du temps, non plus seulement capable, mais certain d'en triompher. Je suis, et je suis intelligible, donc je puis exister toujours; mais de plus, je suis bon, donc je dois exister toujours.

En un mot, je sens en moi l'être, je pense en moi l'intelligibilité, j'aime et je veux en moi la bonté, et par là je me sens, je me pense, je m'aime et je me veux. En me voyant réel et intelligible, je me vois préférable au non-être, aimable, bon; et puisque j'existe effectivement, je ne suis pas seulement préférable, mais préféré; aimable, mais aimé; je ne suis pas seulement intelligible et en quelque sorte *pensable*, je suis pensé; enfin, je ne suis pas seulement réalisable, mais réalisé. Par là, je participe à l'existence absolue et éternelle. Ce principe auquel je dois tout et dont l'intuition ne peut se séparer de la conscience claire du moi, c'est l'Idée suprême, qui n'est autre que le Bien ou la Bonté.

III. Platon n'a pas seulement vu qu'on ne peut penser l'être individuel ailleurs que dans l'Être universel. Il semble aussi avoir compris que chaque âme individuelle suppose, outre l'Idée des Idées, commune à toutes, une Idée spéciale qui fonde son éternelle possibilité. N'y a-t-il pas en nous, selon le *Théétète*, deux choses à la fois distinctes et inséparables : mes modes multiples, et l'unité du moi? D'autre part, n'est-ce pas la doctrine constante de Platon que tout rapport s'explique par une Idée? Contester ce point, ce serait dire que, malgré mon imperfection, je suis quelque chose d'absolu et qui s'explique par soi-même.

La réalisation de l'Idée dans l'individu est la substance active, la *cause*, l'être à la fois un et multiple, moteur et mobile, qui se meut lui-même, et que Platon appelait l'âme. De purs phénomènes ne pourraient pas être la *réalisation* d'une Idée, car il leur manquerait la réalité même; ils participeraient à ce que l'Idée renferme de multiple, sans participer à son unité. Aussi, d'après Platon, entre le sensible et l'intelligible, entre le phénomène entièrement passager et l'Être entièrement immuable, il existe un moyen terme qui n'est ni purement phénoménal ni purement intelligible, « parent de l'Idée, » et cependant engagé dans la matière, « réunissant dans une essence intermédiaire la nature du même et la nature du divers. » Ce « fruit du ciel » que la terre porte, vit dans le monde intelligible par la raison, dans la matière par la sensation, et saisit par la conscience son essence mixte où tout est en germe, où il y a quelque chose de tout, où il peut tout retrouver « en se connaissant soi-même. » Telle est l'âme, telle est la vie, par l'intermédiaire de laquelle la matière participe à l'Idée, le multiple à l'un.

IV. Quand on se place ainsi au point de vue de la conscience, le principe suprême de la raison : « Tout est intelligible, » reçoit une application nouvelle et prend une forme plus concrète. Non-seulement tout a une raison intelligible, mais tout a une cause et une substance active ; ce qui revient à dire que tout est vivant et animé.

Nous avons plus haut distingué la notion de raison intelligible et la notion de cause active : la première en effet est l'objet propre de la raison, la seconde est l'objet propre de la conscience. Mais, si nous avons dû faire d'abord cette distinction, nous pouvons maintenant ramener la pluralité à l'unité, et dire que dans le fond toute raison est une cause, conséquemment une âme. Cependant ce n'est pas là un axiome primitif et irréductible ; c'est une induction, ou, si l'on veut, une déduction, dont on peut et dont on doit déterminer les moyens termes.

Dans l'axiome de causalité : « Tout changement a une cause, » les deux termes extrêmes, changement et cause, sont dus à la conscience. Entre ces deux termes j'aperçois en moi un lien réel et rationnel tout ensemble. La raison de *mes* actes est *moi* ; et par là je n'entends pas une chose inconnue et problématique, conçue par l'entendement sans être aperçue par la conscience, ainsi que Kant le prétendait. Le moi n'est pas une abstraction logique, simple collection ou résultante des sensations : il n'est pas, dit Platon, l'harmonie de la lyre ni la lyre même; c'est l'invisible musicien qui la fait résonner. Tel est le moyen terme psychologique auquel la raison va donner une portée universelle et métaphysique.

Quand j'ai agi un certain nombre de fois, quand j'ai vu mes effets se multiplier ou changer, mais en conservant toujours la même relation avec leur cause, une dialectique naturelle me fait concevoir ce rapport comme pouvant rester le même avec des termes différents, comme pouvant être conçu sous une raison générale et même universelle. En effet, les changements ont, comme tout le reste, des raisons; en outre, je conçois tous les changements comme plus ou moins semblables à ceux que je produis; je conçois donc aussi leurs raisons comme plus ou moins semblables à cette raison de mes actes qui est moi-même et que j'appelle cause. De là je déduis que tout changement a une cause. Et par cause j'entends, au fond, quelque chose d'analogue à l'âme ou aux actes de l'âme.

On fait le plus souvent honneur à Aristote d'avoir éclairci la notion de puissance active et de cause; mais il est juste de faire remonter la première théorie de la causalité à Platon, qui a le premier compris le dynamisme ou animisme universel. N'est-ce pas lui qui a réfuté tout à la fois l'idéalisme abstrait des Mégariques, d'après lesquels il n'existe que l'être immobile avec ses formes également immobiles, et le phénoménisme non moins abstrait d'Héraclite, selon lequel tout change et devient sans être? Entre ces deux contraires, Platon n'a-t-il pas conçu la puissance active qui les réunit, et où la troisième thèse du *Parménide* montre une harmonie d'oppositions? Dans le *Sophiste*, Platon a représenté les Idées mêmes comme n'étant pas seulement des raisons intelligibles et immobiles, mais des causes actives et vivantes, puissances d'une âme intelligente et bonne qui contient dans son unité le germe de la multiplicité. Toute raison, en effet, pour être une raison réelle et concrète, par cela même suffisante et absolue, doit renfermer la puissance de la cause; sans cela elle serait une abstraction insuffisante et relative à quelque raison supérieure. Voilà pourquoi le sens commun a toujours établi un lien si intime entre la notion de raison et celle de cause, qui pourtant ne doivent être identifiées que dans l'absolu.

V. Si la conscience, en saisissant l'âme, atteint une cause, peut-on dire qu'elle aperçoive aussi la substance, οὐσία? — On se rappelle ce que l'ambiguïté de ce mot a produit de discussions entre Platon et Aristote, l'un concevant l'οὐσία comme supérieure à nous et objet de raison, l'autre comme intérieure et objet de conscience. C'est une ambiguïté analogue qui a produit tant de divergences parmi les modernes. Si on entend par substance la raison absolue de notre être, l'acte créateur qui nous donne l'existence et qui, pour ainsi dire, nous soutient dans l'être, il est clair alors que nous n'apercevons point notre substance. N'étant point l'absolu, nous chercherions vainement l'absolu en nous : nous aurions beau descendre dans les profondeurs de notre conscience, nous n'y trouverions rien qui se suffise à soi-même et subsiste par soi. C'est pour cela que Platon élevait au-dessus de nous le principe de notre être, ou l'Idée. En ce sens, on peut très-bien admettre avec Spinoza l'unité de substance absolue, ou dire avec les Alexandrins que notre substance est l'Unité.

Mais, si on entend par substance notre être individuel, — absolu seulement par rapport à ses manières d'être, et relatif par rapport à sa cause, — le sujet qui subsiste en soi et pour soi, sinon par soi, il faut dire alors avec Aristote et Leibnitz que la conscience atteint le sujet ou la substance, qui ne diffère point d'elle-même. Comment, en effet, pourrais-je dire : *mes* actes, *mes* modifications, si je ne les apercevais pas comme faisant un avec l'être individuel qui est moi? Réduit à la raison pure, je ne pourrais pas plus attribuer mes actes à moi-même qu'à une autre cause ou substance. Le moi serait ce que prétendait Kant, un X indéterminé et indéterminable. Jamais je ne pourrais passer de la substance universelle à la substance individuelle, ni de la cause absolue à la cause relative. Par conséquent, nulle cause ne pourrait être conçue comme libre, nulle substance comme individuelle, sinon par hypothèse.

D'après Maine de Biran et Jouffroy, la substance serait le passif de notre être; et comme la conscience a pour objet essentiel l'activité, il serait contradictoire de dire que notre être, dans ce qu'il a de purement passif, se connaît lui-même : car, s'il se connaît, il agit; et s'il agit, il cesse d'être passif. — Sans doute; mais ce substratum entièrement passif, ce soutien inerte des facultés, est-il autre chose qu'une abstraction mal à propos réalisée par l'imagination, un reste de matérialisme mêlé à la conscience que l'esprit a de lui-même? Cette prétendue substance passive n'est autre que l'acte même de Dieu qui nous produit; et Dieu ne nous produit qu'en nous faisant accomplir à nous-mêmes un premier acte, qui est comme notre première réponse à l'appel de son amour. En tout cela, rien de passif. La substance dont parle Maine de Biran n'est qu'une possibilité abstraite, une notion de notre entendement, symbole détourné d'une puissance réellement active en Dieu, ou d'une Idée divine.

Qu'est-ce aussi que ce *moi objectif* opposé par Kant au *moi empirique*, ce moi dont je n'ai pas la conscience, ce moi supérieur à moi, qui, par une étrange conception, serait *en soi* sans être *pour moi*? — Ce n'est point mon âme; ce ne peut être que mon Idée, ou ce qui, dans l'absolu de l'Etre et de la Pensée, est la raison de ma possibilité et de ma réalité. C'est l'analogue du Socrate en soi dont parlait Aristote; et Aristote avait bien raison de dire que ce Socrate intelligible n'est point la substance individuelle du Socrate réel. Le Socrate en soi, c'est Dieu en tant que concevant, aimant et réalisant Socrate. Si c'est là l'âme en soi, Kant déclare justement que c'est un noumène, objet de raison, non de conscience. Ce noumène n'en est pas moins une réalité; car l'axiome de la raison suffisante veut que, tout ayant son éternelle raison et son éternelle Idée, mon individualité ait aussi sa raison et son Idée dans l'absolu. Ce moi intelligible, je le conçois nécessairement par ma raison en même temps que je me conçois par ma conscience; mais les deux conceptions doivent toujours demeurer distinctes.

Il est vrai qu'on peut et qu'on doit rapprocher indéfiniment ces deux conceptions. D'une part, en effet, mon Idée intelligible est ce qu'il y a en Dieu de plus voisin de moi: c'est l'acte de pensée et d'amour dont je procède immédiatement; d'autre part, ma substance individuelle est ce qu'il y a en moi de plus voisin de Dieu. Ces deux termes, l'un divin, l'autre humain, sont pour ainsi dire contigus. On peut donc, en partant de points opposés, tendre indéfiniment vers la limite commune où ils semblent se confondre. C'est près de cette limite que Platon et Aristote s'étaient placés. On comprend alors qu'ils aient pu dire, l'un que notre essence nous est supérieure, qu'elle est en Dieu, qu'elle est l'Idée universelle ; l'autre, que notre essence nous est intérieure et exclusivement propre, qu'elle est notre premier acte et notre première pensée. A vrai dire, tous les deux voyaient un côté réel des choses. Platon, arrivé comme à la limite de nous-mêmes, et se tournant vers l'intelligible, apercevait le divin, qui commence là où le moi finit ; Aristote, à la même limite, mais se tournant en sens opposé, apercevait le moi qui commence là où finit le divin. Il y a pourtant entre eux une importante différence : Aristote, supprimant les Idées, laisse comme une discontinuité entre le naturel et le divin ; Platon, cédant jusqu'au bout à la loi de continuité, transporte en Dieu sous une forme éminente ce qui est dans la nature et dans l'homme; de telle sorte qu'il y a un point où nous sommes tout ensemble en nous-mêmes et en Dieu.

Pour maintenir à la fois ce qu'il y a de vrai dans Platon et dans Aristote, il faut dire que le moi (ou la substance individuelle) et l'Idée du moi (ou son essence intelligible et divine) sont toujours distincts, mais aussi toujours unis; et que leur différence peut être diminuée autant qu'on le voudra, réduite si on veut à l'infiniment petit, mais jamais à zéro. De même pour la différence de la conscience et de la raison, qui, à la limite, sont à la fois distinctes et inséparables. Il ne faut donc pas s'étonner que les philosophes se contredisent, suivant qu'ils parlent du moi-sujet ou du moi-objet, du moi de la raison ou du moi de la conscience.

Outre ces difficultés métaphysiques, les lois psychologiques de l'aperception viennent compliquer encore le problème; car, d'après ces lois, la conscience que nous avons de notre substance individuelle doit être à la fois très-claire et peu distincte. Et il en est de même pour l'intuition de la raison.

D'abord, l'aperception du moi est claire, puisque je sais avec l'évidence la plus complète que *je* suis la cause de *mon* acte, le sujet de *ma* modification. Cette aperception est même très-distincte quand je compare mon individualité avec les autres : je distingue parfaitement mon être du vôtre ou de l'être des choses extérieures. Je le distingue aussi de l'être divin, quoique je sois uni à cet être par le lien le plus intime; mais déjà cette distinction, très-nette au début, devient confuse à la limite où je touche Dieu. Si maintenant j'établis la comparaison, non plus entre moi et les autres, ou entre moi et Dieu, mais entre ma substance et mes modes, entre moi et ce qui est mien, la distinction ne pourra plus être aussi tranchée. Ma substance n'existe point sans mes modes, ni mes modes sans ma substance. En voulant faire cette séparation, j'abstrais; or, l'idée de substance n'est *réelle* qu'à la condition d'être synthétique et concrète, et en ce sens confuse. Ma substance est unité, sans doute; mais elle est aussi une multiplicité infinie, comme l'ont vu Platon et Leibnitz. Pour avoir l'idée complète de moi-même, je devrais apercevoir à la fois mon unité substantielle et la multiplicité infinie de mes actes ou de mes modifications dans le temps et dans l'espace. Et si j'apercevais tout cela, j'apercevrais aussi en moi tout le reste de l'univers, avec lequel je suis dans une universelle solidarité. Bien plus, je verrais en moi l'image de Dieu même. Cette parfaite conscience est donc pour moi impossible. La vraie et complète notion de moi-même ne se trouve qu'en Dieu : elle est mon Idée ou mon principe. Mais moi, je ne puis avoir de moi-même une notion distincte qu'à la condition d'avoir une notion incomplète. Telle est, par exemple, la notion que je me forme de ma substance en essayant de l'opposer à mes modes. Pour cela je suis forcé de détruire tout ensemble ma réelle unité et ma réelle infinité ; je n'arrive alors qu'à des abstractions insuffisantes. Je suis donc incompréhensible et confus pour moi-même, bien que mon existence individuelle et concrète soit pour moi la chose la plus évidente et la plus claire ; je ne puis m'analyser distinctement, bien que je me voie clairement.

De plus, remarquons-le, l'entendement ne comprend sous une notion distincte que ce qui offre des distinctions dans le temps, et mieux encore dans l'espace. Une modification, par exemple, n'est conçue distinctement que par son contraste avec la modification précédente : un son uniforme et continu ne serait pas distingué par nous. Or, la substance, par opposition à l'infinité des modes, est une et identique ; c'est l'acte uniforme et invariable par lequel je réponds à l'acte éternel qui me donne l'être. La conscience que j'en ai doit être aussi uniforme et invariable.

Enfin, la substance n'est pas plus pensée que sentiment et amour ; c'est le centre indivisible en soi d'où rayonne une division indéfinie. La conscience continue que j'ai de ce centre ne peut donc être aussi distincte et différenciée que celle de mes modes, rayons divers par lesquels je m'unis à toutes choses. Elle n'a pas pour cela moins d'évidence, de clarté et de certitude ; car, encore une fois, j'affirme absolument que mes modes sont les miens ; je ne les vois jamais sans les ramener à leur centre ; je sais que ce centre existe, qu'il est moi-même, qu'il ne s'épuise dans aucun de ses rayons, que les rayons se divisent et passent sans qu'il cesse d'être un et immobile. Comment s'accomplit ce mystère? Je l'ignore ; mais il se réalise incessamment en moi, et c'est moi-même qui le réalise. Par là, je suis vraiment l'image de l'Idée, une et infinie tout ensemble, monade et dyade, dans laquelle un est plusieurs, plusieurs sont un (ἓν ἐν πολλοῖς).

Les motifs qui expliquent pourquoi l'intuition continue de la conscience est tout ensemble très-certaine et peu distincte, s'appliquent également à l'intuition continue de la raison, qui est inséparable de la précédente. Cette intuition initiale de l'absolu, cette sorte d'expérience intellectuelle du divin, nous ne pouvons la comprendre par l'entendement discursif ni la distinguer par un acte de conscience spécial : nous savons pourtant qu'elle est le fond invariable de notre pensée. Si la conscience permanente du moi est comme le son que nous rendons continuellement sous la puissance divine qui nous fait vibrer, l'intuition permanente de l'absolu est comme la voix de Dieu en nous, son éternel, uniforme, sans différences, sans consonances ni dissonances, et qui cependant enveloppe dans son unité la variété de toutes les symphonies. Comment donc expliquer ce qui est à la fois simple et infini? comment définir et développer ce qui est un? comment déterminer par des différences l'unité indivisible où s'évanouissent toutes les oppositions? L'entendement discursif, par sa dialectique réfléchie, ne peut que se rapprocher à l'infini de cette spontanéité sublime, comme la courbe se rapproche de son asymptote sans l'atteindre. L'intuition immobile de la raison n'en est pas pour cela moins certaine, puisque nous sommes aussi convaincus de l'universelle intelligibilité que de notre existence individuelle.

VI. Une fois mis en possession par la conscience de ces deux termes extrêmes, substance et mode, et du rapport invariable qui les relie en nous, notre raison donne à ce rapport une extension universelle, comme à celui de la cause et de l'effet. Partout où nous verrons des modes changeants et multiples, nous concevrons nécessairement leur raison une et invariable, qui fait qu'ils ont tous l'être en commun; et l'analogie de ces modifications avec les nôtres nous portera à concevoir l'analogie des substances, à mettre en toutes choses l'âme ou un principe semblable à elle.

L'axiome de causalité et celui des substances, qui se ramènent l'un à l'autre, peuvent donc se résumer dans ce principe : Tout ce qui est a une raison analogue à l'âme; — non pas seulement une raison abstraite et qui serait intelligible sans être intelligente, mais une raison vivante et raisonnable.

VII. Si tout dérive de l'âme, la quantité même doit avoir en elle son principe, et les diverses formes sous lesquelles nous concevons la quantité doivent être en définitive abstraites de la conscience.

La quantité est d'abord nombre. La notion de multiplicité a évidemment son origine dans la conscience de nos modes et de nos actes. Nous subissons et nous produisons continuellement la multiplicité; nous réalisons en nous le nombre. Notre âme, sous ce rapport, peut être appelée un nombre, et un nombre qui se meut lui-même. C'est de ce nombre vivant qu'est abstrait le nombre mathématique. *Unité* numérique, c'est le moi dans sa substance; *multiplicité* numérique, c'est encore le moi dans ses modes; *infinité* numérique, c'est le moi se reconnaissant supérieur à tout nombre fini de modifications, parce qu'il se reconnaît toujours le même dans son activité après cent actes qu'après dix, après mille qu'après cent. La même raison, la même cause subsistant toujours, la série de mes actes m'apparaît nécessairement comme illimitée. Dès lors, pour que ma multiplicité phénoménale soit l'image complète et adéquate de mon unité substantielle, je suis obligé de concevoir cette multiplicité comme *infinie* : je suis, relativement à elle, comme l'intégrale par rapport à la différentielle. Ainsi, toutes les conceptions mathématiques sont des modes de conscience, des images de l'âme. Quant aux opérations mathématiques, addition, soustraction, multiplication, division, elles sont la raison appliquée aux formes les plus abstraites de la conscience; les mathématiques sont une dynamique en même temps qu'une logique. Les nombres, disait Plotin, sont le produit de l'âme.

Platon a dit la même chose du temps, une des formes du nombre, qu'il représente dans le *Timée* comme engendré par l'âme. Or, si l'âme engendre le temps, c'est sans doute qu'elle le domine et lui est métaphysiquement antérieure.

Platon définit le temps l'image mobile de l'être immobile, l'imitation par l'existence successive de ce qui est simultané et complet dans l'existence divine, l'effort de ce qui est inachevé pour égaler, en se répétant soi-même et en se multipliant, la perfection une et achevée. Par là, Platon a montré le caractère relatif du temps, et il en a donné une définition autrement profonde que Newton, Clarke et les Ecossais. N'est-ce pas une sorte de matérialisme que de concevoir le temps comme une chose absolue, de le transporter en Dieu, de l'élever ainsi au-dessus même de l'âme, dont il n'est que le mode d'action et le produit? Le temps est la forme des phénomènes, et dans l'âme elle-même tout n'est pas phénomène. L'idée du temps est tellement relative qu'elle ne se comprend que par rapport à quelque chose de supérieur. Qui dit *temps* dit *répétition, continuation, multiplication;* et nous ne comprenons pas la répétition sans la chose répétée, la multiplication sans l'unité multipliée, la continuité de l'être sans l'être, le temps sans l'âme. Si tout changeait en moi, si tout était successif dans mon existence, ainsi que le croyait Héraclite, je ne pourrais même pas dire comme lui que je deviens et que je change : tout terme de comparaison me manquerait, toute unité de mesure m'échapperait; tout s'évanouirait, comme l'a montré le *Théétète*, dans une multiplicité et dans une indétermination absolues. Il n'y aurait pas même de devenir, il n'y aurait rien. Il existe donc en moi quelque chose de fixe et de permanent d'où je contemple immobile la mobilité de mes sensations. C'est ce point de la conscience et de la raison que Platon a représenté comme contigu à l'Idée et fixé en elle, tandis que le reste de l'âme, tourné vers la quantité, se multiplie avec elle et se divise indéfiniment. Par là, selon le *Parménide*, l'âme se reconnaît perpétuellement différente d'elle-même et identique à elle-même, différente dans ses modes et ses actes, identique dans sa substance et dans sa causalité; en un mot, une et multiple à la fois comme toute image de l'Idée. Descartes exprimait avec profondeur la même conception, la même relativité du temps, lorsqu'il disait : « Juger qu'une chose

commence ou qu'elle change, c'est une intellection
ou pensée que les sens n'expliquent pas : c'est une intellection pure. » En effet, un tel jugement est une
comparaison implicite du devenir avec l'être, de ce qui
n'est pas, puis est, puis n'est plus, avec cette existence
éternelle dont Parménide et Platon disaient : ἐστί, et
dont notre permanence substantielle offre l'imparfaite image. Juger qu'une chose change et commence,
c'est la mesurer à notre identité ou à notre permanence, que nous mesurons elle-même à l'éternité de
l'être. L'idée de succession dans le temps, loin d'être
absolue, est donc, comme dirait Platon, éloignée de
deux degrés au moins du véritable absolu ; nous concevons notre raison d'être ou notre Idée comme éternelle, notre être comme permanent, nos actes comme
successifs ; et le changement dans le temps ne commence qu'au-dessous de notre substance individuelle.
Que l'âme impose donc la condition du temps à tout
ce qui provient d'elle et est au-dessous d'elle, c'est
chose légitime ; mais elle ne peut l'imposer à ce qui la
surpasse, et elle trouve même dans son propre sein
quelque chose qu'elle ne peut abaisser entièrement à
la condition du temps. Ici encore, l'âme apparaît
comme un intermédiaire entre le phénomène et l'Idée,
se divisant dans son rapport avec le devenir, retrouvant son unité dans son rapport avec l'être.

Si le temps est la forme commune à tous les modes
de la conscience, la raison, elle, ne connaît pas le
temps ; c'est ce que Platon s'est toujours attaché à
faire voir. De nos jours on a fait du temps une idée
de la raison pure, tandis que la raison, au contraire,
semble le mépriser et refuse d'en tenir compte.
L'induction la plus élémentaire ne suppose-t-elle
pas que l'intelligibilité et même l'activité, les raisons

et même les causes, sont dans leur essence indépendantes du temps? Platon élevait à bon droit l'Idée intelligible au-dessus de toute succession, et il faisait coïncider dans son présent immobile ces deux contraires si opposés dans notre monde : le passé et l'avenir.

L'élément du temps, le moment actuel est l'image lointaine de l'Idée, et réunit comme elle les opposés. On se rappelle l'analyse déliée à laquelle le *Parménide* soumet « cette chose merveilleuse : l'instant. » Limite commune de deux contraires, l'un qui cesse d'exister, l'autre qui commence d'exister, l'instant est l'infiniment petit de l'être placé entre deux abîmes de non-être, entre ce qui n'est plus et ce qui n'est pas encore. L'instant présent n'est vraiment présent qu'à la condition d'être indivisible dans sa petitesse ; car, si vous lui supposez une durée d'une longueur quelconque, ce n'est plus un instant présent, mais une suite d'instants dans laquelle se retrouvent un passé, un présent et un avenir. Je réalise donc en moi l'infiniment petit ; car mes modes durent réellement, et l'instant présent s'appelle avec raison l'instant *actuel* ; ce qui suppose, ce semble, un infiniment petit *actuel*. Par là même, je réalise aussi cette infinité d'instants infiniment petits, que Zénon d'Elée croyait impossible ; car il n'en faut pas moins pour former une année, un jour, une heure, une minute, une seconde même. Il y a donc en moi, d'une part, l'unité indivisible du présent, et, d'autre part, la multiplicité infinie des instants passés et des instants à venir, qui deviendrait une multitude infiniment infinie si ma durée était sans commencement et sans fin. Voilà le « labyrinthe de la quantité continue, » où ce qui est déjà plus grand que tout nombre fini s'accroît cependant encore infiniment. Dans l'obscurité du problème, on entrevoit la lueur de l'Idée. Si les différences coïncident dans l'instant, ainsi que Platon l'a montré avant Hégel, c'est qu'elles sont éternellement conciliées dans l'Idée, dans l'infiniment grand de perfection, dont l'infiniment petit de quantité offre l'image la plus lointaine, et par cela même la moins intelligible.

L'instant, au fond, c'est le phénomène : riche et pauvre, naissant et mourant à la fois, immobile et mobile, il ne fait qu'un avec le désir, que rien ne peut fixer dans son élan vers l'être auquel il aspire. Il existe deux choses bien différentes, dit Platon dans le *Philèbe* : ce qui désire l'être, et l'être. Le domaine du premier est l'instant, celui du second est l'éternité; entre les deux, on peut placer l'existence continue de l'âme, qui n'est pas bornée à l'instant comme le phénomène, et qui n'est pas non plus immuable comme l'Idée.

Les Néoplatoniciens considéraient l'étendue comme un produit de l'âme, aussi bien que le temps et le nombre. Loin de leur paraître absolu, l'espace était pour eux la forme même de la relativité. Il ne faut pas croire, dit Plotin, que la quantité, le temps et l'espace, préexistent à la procession de l'âme; c'est avec cette procession même qu'ils commencent d'être; « c'est l'âme qui veut tout par sa puissance, et, vou-
» lant développer en actes cette multitude de puis-
» sances, se crée elle-même son lieu, et aussi son
» corps (1). » Platon, sans faire ainsi provenir l'espace de l'âme, l'avait cependant considéré comme voisin de la multiplicité absolue, comme presque

(1) *Enn.*, III, iv, 9.

identique à la relativité même, à la dyade indéfinie du plus et du moins. Par là il réduisait l'espace à une véritable abstraction, qui n'exprime que la possibilité indéfinie de la multitude.

Or, suivant la remarque de Leibnitz, nous ne comprendrions pas ce que c'est que multitude, répétition de substances ou de forces, si nous n'apprenions pas d'abord par la conscience ce qu'est force ou substance, ce qu'est répétition, multiplicité, et enfin ce qu'est ordre, unité dans le multiple, similitude dans la dissimilitude. Tous les éléments scientifiques et intelligibles de l'idée d'espace paraissent donc venir de nous-mêmes. Comment, d'ailleurs, concevrions-nous l'espace si nous n'en contenions pas en nous-mêmes le positif? On ne peut penser, suivant Platon et Aristote, que ce qu'on est en quelque manière, puisque penser, c'est avoir conscience. Il doit donc y avoir en nous une certaine conscience de ce que l'espace contient de positif; et ce positif, c'est toujours l'unité et son rapport avec la multiplicité. Quoique l'âme, dans la conception de l'espace, semble sortir d'elle-même, elle ne fait encore sans doute que se concevoir ; et, en se portant comme à sa propre circonférence, elle ne cesse de ramener tout à son centre.

Est-ce à dire que l'espace soit une pure illusion? — Non, puisqu'il exprime des rapports intelligibles et réels entre les choses coexistantes ; de plus, il est la forme expérimentale de toute passivité, de toute sensation ; il est ce qu'il y a de réellement commun dans nos sensations, et il doit correspondre à quelque chose de réellement commun aux existences extérieures. Enfin, l'espace abstrait est une possibilité abstraite, indéfinie et sans limites, correspondant d'abord à quelque puissance positive dans l'Ame suprême qui produit le monde; puis à quelque puissance également positive dans notre âme, qui peut se mouvoir elle-même et mouvoir son corps, agir par là sur l'extérieur et produire des relations d'espace sans les subir elle-même en son essence. Mais ce qui est sans doute une illusion, c'est de se représenter l'espace comme un trou immense, vide, noir, silencieux, impalpable, qui aurait la propriété de subsister par lui-même comme un absolu, indépendamment de toute sensation, de toute pensée, de toute existence. C'est là ce qu'il faut appeler avec Platon une sorte de songe. Dans cette conception, on croit avoir éliminé toute sensation et toute image; au fond, c'est encore une sensation qu'on se représente par l'imagination : c'est la sensation de l'obscurité, du vide, du silence, de l'impalpable. Se représenter un trou et un abîme, n'est-ce pas encore se représenter quelque chose et imaginer? Ce trou, nous le parcourons par la pensée, nous nous y plongeons par l'imagination, nous mesurons en nous-mêmes l'activité que nous aurions à déployer pour le parcourir, et le temps nécessaire à cette activité. Par là, nous y mettons des éléments de conscience en même temps que de sensation; dans cette scène nous croyons avoir supprimé tout acteur; nous en laissons un, qui est nous-mêmes. Essayons-nous de nous supprimer par la pensée; nous nous concevons toujours comme possibles, sinon comme réels : nous concevons des possibilités de sentir, d'agir, d'avoir conscience. Nous concevons même ces possibilités comme sans limites, parce qu'en réduisant tout à l'abstraction la plus vide que nous puissions concevoir, nous avons supprimé toute condition de différence; et dans cette uniformité de la forme la plus élémentaire que l'imagination puisse se représenter, nous ne voyons aucune raison de changement. Rien n'empêche donc plus l'activité idéale de se déployer sans limites. Les mêmes raisons subsistant, nous prolongeons sans fin la possibilité de penser, d'agir et de mouvoir. Au fond, nous raisonnons encore, et ce qui reste d'intelligible dans cette conception étrange vient de la raison même. La raison demeure pour ainsi dire seule en face de soi ; et, en croyant concevoir une possibilité purement abstraite et indéfinie, elle entrevoit de bien loin je ne sais quelle puissance infinie et réelle, qui résiste seule à son effort pour tout anéantir. Ce n'est point l'espace qui est absolu, mais cette puissance active de l'être et de la pensée que nous concevons comme illimitée. Voilà ce qui a produit chez certains philosophes une sorte d'illusion d'optique. Ils ont compris vaguement que, dans cette conception de l'espace illimité, ils se trouvaient en présence de quelque attribut divin ; mais, confondant des extrêmes qui, en une certaine façon, se touchent, ils ont pris l'espace même pour un attribut de Dieu, le cadre vide de l'imagination pour une intuition rationnelle, la possibilité indéfinie du relatif pour la puissance infinie de l'absolu. Quand nous croyons concevoir l'espace ainsi dépourvu de toute forme, c'est au fond quelque chose de supérieur à l'espace que nous concevons. Nous répandons dans l'espace les attributs de la raison suprême, unité et infinité ; nous les dispersons pour ainsi dire en toutes choses. Si on parvenait à faire abstraction de la raison même, comme on a essayé déjà d'abstraire la conscience et l'imagination, il ne resterait pas la notion de l'espace, mais la notion « bâtarde » de l'inintelligible et du néant, dont on ne peut rien dire, et qui n'est pas plus espace

qu'autre chose. Aussi ne pouvons-nous concevoir l'espace qu'en lui donnant une forme. « L'âme, disait
» Plotin, est comme une lumière brillant sur une
» hauteur : au terme où son rayonnement semble
» s'arrêter, il n'y a plus que les ténèbres; mais c'est
» encore la lumière, c'est encore le regard de l'âme
» qui détermine leur forme. Tel le soleil dore le nuage
» qui arrête ses rayons, et par là le rend visible (1). »
En un mot, nous aurons beau vouloir abstraire l'âme
devant l'espace, ce que nous concevrons, si nous concevons quelque chose, ce sera encore possibilité,
puissance, activité, unité et infinité, ordre, raison,
toujours l'âme, toujours la pensée, toujours l'être,
toujours l'Idée.

(1) *Enn.*, IV, III, 9.

## CHAPITRE IV.

### DE LA SENSATION.

I. Nécessité de l'Idée pour passer de la notion du moi à celle du non-moi. Rôle de la sensation. Existe-t-il une faculté spéciale appelée perception extérieure. Lois générales de la perception distincte. Leur rapport avec le principe d'universelle intelligibilité ou de causalité. — II. Part du subjectif et de l'objectif dans la connaissance sensible. Examen et conciliation, par l'intermédiaire de l'Idée, des différents systèmes sur ce sujet. Point de vue du sens commun, de la science et de la métaphysique.

L'âme enveloppe toutes choses dans sa puissance, et contient en elle toutes les Idées ; mais elle ne peut embrasser à la fois par la conscience tout ce qu'elle est ou peut être, comme la pensée parfaite et éternellement en possession d'elle-même. Elle a donc besoin de se diviser, de se fractionner, de se porter vers la multiplicité des choses extérieures pour en recevoir l'influence et par là prendre conscience à la fois d'elle-même et des autres choses. Une loi de solidarité universelle ne veut pas qu'un être fini puisse se développer par lui seul ; car alors il serait semblable à Dieu même qui, n'ayant besoin que de soi pour se développer, est éternellement développé en soi, par soi et pour soi. Tous les êtres autres que Dieu, contenant dans leur puissance la perfection infinie, mais n'en offrant qu'une réalisation incomplète, ont besoin les uns des autres pour se communiquer ce qu'ils ont acquis et acquérir le reste. Cette loi, fondement de la charité, n'existe pas seulement dans la société des hommes entre eux ; elle établit aussi un lien entre l'unité de l'âme et la multiplicité matérielle. Les platoniciens, tout en regardant ce qu'ils appelaient la chute des âmes dans les corps comme une nécessité fatale et une imperfection, y voyaient aussi le moyen nécessaire du perfectionnement : car la sensation éveille la réminiscence.

Ce n'est pas que nous devions réellement nos connaissances au monde extérieur. Selon Platon, il n'y a point de connaissances *adventices*, point de notions qui nous arrivent toutes faites du dehors ; nous faisons nous-mêmes nos idées, qui ne sont point des perceptions, mais des actions. De nos jours on se contente, pour réfuter le sensualisme, de montrer que toutes nos idées ne viennent pas des sens; Platon faisait mieux : il montrait qu'aucune idée ne vient des sens, pas plus celles de la matière et de ses qualités que celles de l'âme et de Dieu. Par là le sensualisme est chassé de son propre domaine.

Pour juger la valeur de cette doctrine radicale, examinons en premier lieu comment nous connaissons l'existence objective du monde extérieur, et en second lieu comment nous connaissons ses qualités objectives.

I. On a voulu attribuer à certains sens particuliers, principalement au tact et à la vue, le privilége de nous révéler le monde extérieur. En réalité, toute sensation, quelle qu'elle soit, principalement si elle est douloureuse, suffit pour nous fournir, non l'idée de l'extérieur, mais l'occasion de la former. La sensation est la conscience d'une passivité, soit douloureuse, soit agréable, soit indifférente. Que j'éprouve une vive douleur, par exemple une violente migraine, aurai-je donc besoin du tact pour arriver à reconnaître qu'il existe autre chose que moi? Il me suffira d'avoir la conscience et la raison. La conscience étant la connaissance immédiate que mon activité a d'elle-même et de ses différents états, il n'est pas étonnant que je distingue par la conscience ce qui est en moi action et ce qui est passion. Il se produit évidemment en moi des choses dont je ne me vois pas cause, à tel point que, si je pouvais les faire cesser, je m'empresserais de le faire. Mes actes me sont intelligibles à moi-même et par moi-même : je vois en moi leur raison d'être. Quant à ma passivité, ma raison, toujours présente et prête à agir, l'attribue nécessairement à quelque raison différente de moi.— Mais, dira-t-on, il faut pour cela que vous ayez déjà l'idée de différence. — Cela est vrai ; aussi l'ai-je à ma disposition ; seulement ce n'est pas non plus du dehors qu'elle m'est venue. Il me suffit d'avoir conscience d'une suite de modifications différentes pour en abstraire par la raison l'idée même de différence. Une fois en possession de cette idée, il ne m'est pas difficile de l'appliquer à la distinction des raisons de ma passivité et de mon activité. La raison de mes actes est moi ; ma douleur a une raison, et une raison différente de moi, mais analogue à moi-même en ce qu'elle est comme moi capable d'action ; c'est là un raisonnement qu'il n'est pas difficile de faire, surtout après de nombreuses expériences et après toutes les sensations de douleur ou de plaisir qui ne manquent jamais à l'enfant.

La véritable difficulté consiste à expliquer, non pas la notion du non-moi, mais celle d'un non-moi *étendu* et extérieur dans l'espace. Mais, remarquons-le, il serait également impossible d'expliquer, dans l'état actuel de la science, pourquoi la sensation du rouge diffère de celle du bleu, ou pourquoi la sensation des couleurs diffère de celle des sons. En conclut-on que nous ayons une faculté particulière pour le rouge, une autre pour le bleu, une autre pour les sons? Nos sensations sont des résultats très-complexes, dont nous sommes loin de connaître toutes les causes. Leur forme la plus simple, la plus élémentaire et la plus générale est l'étendue à deux ou à trois dimensions, comme le temps est la forme générale des phénomènes de conscience. Mais cette notion d'étendue, quelque simple qu'elle paraisse, est encore fort complexe : elle contient, comme nous l'avons vu, un mélange d'éléments dus à la sensation, à la conscience et à la raison ; et ce mélange suppose un travail complexe de l'esprit plutôt qu'une faculté simple et primitive. Ce qui paraît probable, c'est que la notion de l'espace vient plutôt de notre activité que de nos sensations. Purement passifs, nous n'aurions pas cette notion ; nous l'acquérons en agissant dans des directions diverses, en imprimant des mouvements à nos organes, à nos mains, à nos yeux, à notre bouche, etc. Nous mesurons l'espace par la durée et par le nombre de nos efforts, par notre activité. On trouvera donc l'origine de cette notion bien plutôt dans la faculté de se mouvoir soi-même que dans les sens.

En définitive, la prétendue perception immédiate de Reid et d'Hamilton peut être rayée de la liste des facultés. Pour que cette perception fût réellement immédiate, il faudrait que l'âme sortît d'elle-même, entrât dans les corps, devînt les corps eux-mêmes et par là prît conscience de leur être. En supprimant cette faculté inutile et impossible, on aura satisfait à ce qu'Hamilton lui-même appelait la loi d'économie, qui défend d'invoquer un principe nouveau là où les précédents suffisent. Cette loi, sous un autre nom, n'est que la loi de raison suffisante : inutile de mettre deux idées ou raisons dans l'intelligible et deux idées ou raisons dans l'intelligence, là où une seule suffit. C'est simplement par une application immédiate du principe de l'universelle intelligibilité que je passe du moi au non-moi ; c'est la croyance à l'intelligible, à l'Idée, à l'universalité de la raison, qui me fait sortir de moi-même pour affirmer des raisons et des causes autres que moi. Je m'appuie donc sur la notion d'intelligibilité ou de vérité pour concevoir l'existence de la matière; et si l'on songe que la vérité suprême n'est pas une abstraction, mais une personne, on comprendra que Descartes ait pu substituer à l'expression platonicienne de vérité celle de véracité divine.

Outre le fait même de la connaissance externe, les lois générales de cette connaissance s'expliquent également par le principe d'intelligibilité et de causalité universelle. Ces lois expriment toutes le rapport rationnel de deux activités, leur opposition et leur harmonie. En premier lieu, plus nous déployons d'activité consciente et raisonnable, mieux nous distinguons nos actions de nos passions, la raison ou cause qui est nous des raisons ou causes qui ne sont pas nous. C'est à notre activité consciente que nous mesurons l'activité extérieure, de même qu'on soulève un poids à plusieurs reprises pour l'apprécier. En prenant ainsi conscience de notre énergie propre et de toutes les raisons intérieures qui concourent à la production d'un phénomène, nous rendons facile la détermination de ce qui est extérieur et objectif.

Connaissant bien la part que nous avons apportée dans le phénomène total, nous n'avons plus besoin, pour déterminer la part de l'extérieur, que d'une soustraction ou d'une abstraction, c'est-à-dire d'une déduction fondée sur la raison suffisante. Aussi la seule chose qui explique la supériorité relative des sens, c'est le plus ou moins d'activité que nous y déployons : les sens sont pour ainsi dire d'autant plus parfaits qu'ils sont moins sens, moins passifs. Preuve nouvelle que nos connaissances sont des actions, et non des perceptions.

Cependant la passivité a une part nécessaire et rationnelle dans le phénomène. Si notre activité imparfaite ne rencontrait rien qui la modifiât, nous n'aurions pas de raison pour nous former une notion nouvelle, puisqu'il n'y aurait rien de nouveau. Aussi Platon considérait-il la sensation passive comme l'occasion nécessaire ou comme l'indispensable moyen de l'activité rationnelle. De là vient également l'utilité de l'effort dans la connaissance externe, utilité que Maine de Biran a si bien mise en évidence. L'effort suppose à la fois une grande part d'action et une grande part de passion ; il produit donc une opposition évidente entre les deux causes qui se font équilibre, et par conséquent une distinction très-nette entre le moi et le non-moi. Il ne faudrait pas croire pourtant que l'effort fût l'essence même de toute connaissance, et que l'opposition du sujet et de l'objet fût le plus haut degré de la pensée. C'en est au contraire, selon Platon, le degré inférieur. Il y a dans l'effort une exclusion mutuelle des deux termes, incompatible avec la vraie connaissance, qui est la pénétration réciproque ou l'intime union du sujet et de l'objet. C'est ce qu'ont bien vu Platon et Aristote.

L'effort, auquel Maine de Biran attache tant d'importance, tient à notre imperfection comme le désir, et s'évanouit comme lui dans la pure pensée, identique au pur amour ou à la pure activité. Nous ne pouvons, il est vrai, atteindre à cet idéal de la connaissance parfaite, et nous sommes réduits à nous abstraire en quelque sorte de nos sensations pour avoir la part de l'extérieur. Le sujet pensant, quand il est fini et borné, doit s'éliminer lui-même, au moins provisoirement, devant l'objet pensé. C'est là un nouvel exemple de cette grande loi d'élimination (selon les platoniciens) ou de sacrifice (selon les boudhistes et les chrétiens) qui régit les opérations de la pensée comme celles du cœur chez les êtres imparfaits. Si nous étions l'unité absolue de l'intelligence et de l'essence, ou le Bien, nous n'aurions pas besoin d'abstraire le sujet pour avoir l'objet, ou l'objet pour avoir le sujet; nous aurions la conscience sans effort, comme l'amour sans désir.

Outre cette première opposition du sujet et de l'objet sous le rapport de l'activité, la connaissance distincte du non-moi exige encore les oppositions de temps et d'espace. Une chose continue et identique dans le temps et dans l'espace, ne produirait point en nous de différences appréciables, et ne donnerait pas lieu à un acte particulier de conscience et de raison; notre être se trouvant toujours dans le même état, notre intelligence y resterait de même, faute de raison suffisante pour s'exercer. Voilà pourquoi, selon Platon, la pure lumière serait aussi indiscernable à nos yeux que la pure obscurité. Cette loi tient sans doute, comme les précédentes, à la nécessité d'une opposition entre le sujet et l'objet. L'âme étant, en elle-même et dans son activité essentielle, supérieure à l'espace et à la succession du temps, les choses qui offrent sous ces deux rapports multiplicité et diversité forment avec elle une multiplicité ou diversité plus évidente. C'est par cette raison sans doute que les images sensibles sont si souvent utiles à l'entendement pour distinguer, classer et fixer les notions. Non qu'on ne puisse penser sans images, c'est-à-dire sans une sensation ou un souvenir de sensation, comme Aristote semble l'avoir cru ; mais les images sont des signes utiles pour toute pensée dans laquelle entre division et multiplicité. L'intelligence finie de l'homme est le vrai démiurge qui a besoin d'une matière préexistante pour exercer son action organisatrice sur le modèle de l'Idée.

II. Quel est le résultat de cette méthode d'élimination scientifique par laquelle le sujet pensant s'abstrait lui-même pour faire la part des objets extérieurs; en d'autres termes, qu'y a-t-il d'objectif dans les données de nos différents sens?

Sur cette question, deux doctrines opposées sont en présence. Le sens commun est porté à regarder toutes les sensations comme exprimant les qualités des objets eux-mêmes, indépendamment de nous. Au contraire, les philosophes et les savants réduisent et simplifient la part de l'objet, et attribuent à notre constitution subjective la nature spéciale des diverses sensations. Par là, ils commentent, sans parfois s'en douter, l'allégorie de la caverne. Les sensations, selon Platon, sont les ombres projetées en nous par des objets qu'il nous est impossible de voir en eux-mêmes. Nous pouvons cependant, en acquérant une certaine science des ombres, acquérir aussi une certaine science des choses. C'est qu'il y a les mêmes rapports de succession dans le temps et dans l'espace entre les ombres qu'entre les objets, entre les signes qu'entre les choses signifiées. Les prisonniers de la caverne, dit Platon, apprennent ainsi à reconnaître les ombres qui se suivent d'ordinaire, les apparences ou phénomènes qui se succèdent selon des rapports constants. D'après cette allégorie, les rapports intelligibles seraient la seule chose objective dans nos sensations ou plutôt en dehors d'elles. De même les mots d'une langue, sans ressembler aux objets, représentent par leurs rapports mutuels le rapport même des choses. Comme Platon, Descartes a ramené notre connaissance extérieure à de simples rapports dans le temps et dans l'espace, c'est-à-dire à des mouvements. Tout se réduit selon lui, si on fait abstraction de la pensée, à des mouvements et à des relations mécaniques ou mathématiques. Aussi, Descartes ne voit-il pas plus de ressemblance entre la vibration de la lumière et la sensation de couleur qu'entre la pointe d'une aiguille et la sensation de piqûre, ou entre la plume qui chatouille et la sensation de chatouillement. Par une voie différente, Kant arrive aussi à opposer le phénomène subjectif de la sensation aux objets sensibles et aux noumènes intelligibles. — De leur côté, les savants réduisent tout l'objectif de la sensibilité à des rapports dans l'espace. Suivant Newton, c'est nous qui parons la nature de ses belles couleurs, et nous faisons ensuite honneur à la matière des formes de notre âme. Selon le physiologiste Müller, des causes différentes produisent des sensations analogues par les mêmes nerfs, et les mêmes causes, des sensations différentes par les différents nerfs ; ce qui prouve combien nos sensations dépendent de notre constitution physiologique. Et comme les fonctions physiologiques se ramènent elles-mêmes à des mouvements mécaniques, on en revient toujours à dire que les mouvements extérieurs produisent, on ne sait pourquoi, des sensations intérieures qui ne paraissent leur ressembler que par leur succession et leur liaison. Telle est aussi la doctrine finale des positivistes, qui réduisent la connaissance matérielle à une suite de rapports entre des termes inconnus. C'est bien là, en effet, tout ce que les sciences physiologiques, physiques, mécaniques et mathématiques peuvent nous apprendre sur la matière ; et la théorie positiviste semble n'être ici que la reproduction d'une vérité devenue banale depuis Platon. Comment, en effet, des sciences qui n'étudient que l'extérieur des choses indépendamment du fond, les relations indépendamment des termes, pourraient-elles trouver par leurs procédés propres autre chose que des rapports dans l'espace et dans le temps, par conséquent du mécanique et du mathématique ? Car des relations extrinsèques seront toujours, en définitive, des relations géométriques ou arithmétiques. Aussi le mécanisme de Descartes, dont on trouve déjà des exemples dans le *Timée*, était-il considéré par Leibnitz lui-même comme la vérité sur la face extérieure des choses. Cela n'empêche point la face intérieure d'exister ; seulement nous ne connaissons qu'un intérieur, qui est le nôtre, et c'est le seul type d'après lequel nous puissions nous figurer les autres intérieurs. Le physicien n'a donc pas le même point de vue que le métaphysicien, et il y a entre eux sous ce rapport indépendance mutuelle ; ainsi, dans un Etat bien réglé, la division et l'indépendance des pouvoirs est essentielle à l'harmonie, pourvu qu'elle n'aille point jusqu'à l'hostilité.

Après avoir distingué ces deux aspects de la question, plaçons-nous d'abord au point de vue du physicien, pour lequel nos sensations ne sont que des traductions en langue psychologique de mouvements physiques ou physiologiques. Quel que soit le sens que nous considérions, il ne nous paraîtra fournir par lui-même que des sensations subjectives, qui toutes, semble-t-il, pourraient être changées en gardant les mêmes rapports, sans que la science physique ou même physiologique changeât. Cette modification, indifférente au naturaliste, qui n'étudie que les relations, intéresserait seulement le psychologue et le métaphysicien, qui étudient les termes. Elle n'est pas d'ailleurs une simple hypothèse, et la nature la réalise en partie : les mêmes choses ne produisent pas sur tous les hommes des sensations absolument identiques. En outre, nos sens peuvent parfois se suppléer mutuellement, avec plus ou moins d'avantage. Enfin, il en est dont la suppression ne modifierait pas notablement l'état de la science. On ne peut donc admettre la maxime avancée par Aristote, dans une réaction exagérée contre la critique platonicienne de la sensation : « Un sens de moins, une science de moins (1). »

---

(1) En premier lieu, le goût et l'odorat ne nous instruisent qu'indirectement, comme réactifs; leurs données sont toutes relatives à notre constitution, et leur suppression ne détruirait aucune science, ni même aucune connaissance importante. Notre activité n'ayant qu'une influence médiocre sur les organes de ces sens, ils sont par cela même peu utiles à notre instruction. Malgré cela, ils suffiraient toujours pour nous fournir l'occasion de concevoir le non-moi, pourvu qu'ils fussent accompagnés de conscience et de raison. Sans doute la statue de Condillac, en respirant une rose, ne serait qu'odeur de rose; mais c'est qu'on la suppose sans activité consciente et raisonnable; d'où il résulte qu'elle n'a pas même la sensibilité. Platon l'a montré dans le *Théétète*, la sensation, réduite à elle seule et séparée de toute intelligence, n'est plus sentie et n'est plus sensation; il y aurait donc, dans l'hypothèse de Con-

Toutes nos sensations, en tant que sensations, sont également subjectives, variables, relatives à la cons-

dillac, odeur de rose sans rien de plus, et Condillac ne croyait pas si bien dire.

L'ouïe a donné lieu à une science : l'acoustique. Mais, remarquons-le, la sensation du son offre encore un caractère subjectif et entièrement relatif à notre organisation. Qu'est-ce que le son, indépendamment de nous? Un simple mouvement. — Privés de l'ouïe, nous continuerions d'être avertis par la vue et le tact des vibrations de certains corps; nous pourrions même, au moyen de l'expérimentation et du calcul, en trouver les formules mathématiques. Tout ce qu'il y a de physiquement objectif dans l'idée de son subsisterait. Le sourd-muet peut avoir la même connaissance scientifique que nous des vibrations moléculaires ; mais il n'attache à cette connaissance aucune image, aucun souvenir de sensation. Nous-mêmes, ne comprenons-nous pas, dans nos théories d'acoustique, les vibrations trop lentes ou trop rapides qui sont imperceptibles à l'oreille? La science de l'acoustique ne tient donc nullement à la sensation, qui pourrait varier sans que la science changeât. Elle ne tient qu'aux rapports intelligibles des choses, dont parle Platon.

De même, la vision dépend de conditions et de lois purement géométriques, non de la nature même des sensations visuelles. Supposez que ce qui vous paraît bleu me paraisse rouge, nous ne sentirons pas tous les deux de la même manière, mais nous verrons également. L'optique est la science de lois purement intelligibles, et un aveugle-né, comme Saunderson, peut la comprendre et l'enseigner.

Il est cependant des sensations auxquelles on a voulu accorder un privilége de réalité objective : celles du toucher. Mais d'abord, les sensations de dureté, de rudesse, de mou, de poli, etc., sont évidemment subjectives. De même pour la sensation de continuité, puisque la partie palpable des corps est réellement discontinue et poreuse. — La plus importante des sensations du tact est celle de la résistance ; néanmoins, en tant que sensation, elle est encore toute subjective. La résistance, en effet, n'est point quelque chose d'absolu, mais de relatif et de variable. Elle varie, par exemple, suivant la vigueur de nos muscles. Ce qu'il y a d'objectif, c'est la notion d'*activité*, que suscite en nous la sensation de résistance, et qu'on ne peut confondre avec cette sensation même. Mais la résistance d'un corps n'est pas, comme Maine de Biran semble le croire, la seule manifestation possible de l'activité extérieure. Que les objets matériels agissent sur nous en repoussant nos muscles, ou en produisant un changement quelconque dans l'âme, surtout un changement douloureux, l'âme sera passive de ce côté, et par conséquent l'activité extérieure se manifestera. Supposons, au contraire, que l'âme éprouve continuellement et uniformément cette sensation particulière attachée à l'effort des muscles, elle ne percevra pas plus cette résistance qu'elle ne perçoit la pression de l'atmosphère en repos. Où il n'y a pas changement, modification de l'âme, il n'y a point de perception. Le seul titution physiologique et psychologique du sujet sentant ; elles sont les moyens dont se sert la science, mais elles n'entrent jamais elles-mêmes dans la science, et le physicien, après s'en être servi, doit en faire abstraction. Nous ne recevons donc pas du dehors nos connaissances physiques, comme le croient les sensualistes ; nous les faisons de toutes pièces avec notre activité et notre raison. Ces prétendues perceptions immédiates dont parlent les Écossais sont le plus souvent le résultat de nombreux raisonnements et de nombreuses observations que l'habitude nous dissimule aujourd'hui. Nous nous imaginons, par exemple, qu'il suffit d'ouvrir les yeux pour voir ; et pourtant nous avons alors tout un travail, même physique, à accomplir : diriger l'œil, le

privilége de la sensation de résistance est de modifier plus directement que les autres notre activité motrice ; par là elle éveille en nous la notion, non-seulement de quelque chose d'actif répandu dans l'espace, mais encore d'une force motrice analogue à la nôtre puisqu'elle s'y oppose. Mais ce n'est pas la sensation même qui nous donne la notion de force ; le tact ne doit sa supériorité qu'à la volonté libre et motrice dont il est le docile instrument. Ce n'est pas lui, à vrai dire, qui nous révèle les trois dimensions des corps ; c'est nous qui, en réalisant par notre activité motrice des mouvements de la main ou des doigts dans toutes les directions, apprenons par là à les distinguer.

Un dernier sens, — le sens intérieur et vital, — justement remis en honneur par les contemporains, nous rend sensibles aux modifications internes de notre organisme, par exemple le froid et le chaud, la faim, la soif, etc. C'est grâce à ce sens intérieur que nous *localisons* nos sensations. Or, ce phénomène important de la localisation implique une notion plus ou moins vague de l'*activité* et de l'*étendue* de notre organisme, puisque nous attribuons à telle partie, et non à telle autre, la *cause* de notre sensation. Il n'en est pas moins vrai que la sensation interne est par elle-même un signe entièrement subjectif. Seulement, comme toute autre sensation, elle provoque en nous la conscience de notre passivité, et par conséquent d'une activité qui n'est pas la nôtre. De plus, nous établissons entre nos sensations intérieures des rapports dans l'espace, comme cela a lieu pour les sensations visuelles ou tactiles ; mais la notion de l'espace ne dépend point des sensations mêmes, et celles-ci sont les termes essentiellement variables d'un rapport identique, qui est seul intelligible suivant la doctrine de Platon et de Kant.

mettre au point, agrandir ou rapetisser la pupille suivant qu'on veut voir de loin ou de près, faire coïncider les deux images fournies par les deux yeux, et, comme elles ne coïncident réellement pas, y suppléer par l'imagination, de manière à corriger le dessin des choses. Tout cela fait, l'œil n'embrasse encore qu'un champ très-limité : il reste à parcourir l'objet en tous sens, à en dessiner le contour par le mouvement de nos yeux, à le suivre dans son mouvement s'il se meut lui-même. Il faut pour cela se souvenir, juger, comparer, déployer toutes les ressources de la méthode. Puis nous faisons honneur à nos sens de tout ce travail ! Nous disons par exemple : — J'ai vu ce mouvement. — Mais peut-on réellement voir un mouvement ? Nous ne pouvons pas dans un même instant voir un objet en plusieurs points ; donc, pendant qu'il est ici, nous nous souvenons qu'il a été là ; nous jugeons, nous raisonnons ; nous avons conscience du mouvement que nous avons dû imprimer à nos yeux pour suivre l'objet. Toutes ces opérations sont si rapides, que nous nous croyons passifs là où nous sommes actifs : nous croyons sentir le mouvement quand nous le concevons et, qui plus est, le réalisons.

La perception du son exige aussi une certaine durée et conséquemment une série de comparaisons. Peut-être Leibnitz a-t-il eu raison de dire que nous calculons en gros et par à peu près le nombre des vibrations. L'appréciation du timbre, comme celle de l'acuité, suppose l'analyse et la synthèse rapides d'une collection très-complexe. D'après des découvertes récentes, le son qui paraît le plus simple est toujours un concert, dans lequel nous saisissons des consonnances et des dissonances. Nous apprécions le timbre d'un son d'après la symphonie qu'il enveloppe, et qui elle-même est tout un monde en raccourci. Quand nous avons ainsi pris l'habitude de mettre à profit des instruments devenus dociles, nous oublions tout le travail de l'enfance, confus et presque inconscient à force de complexité. Nous ressemblons à un joueur d'instrument qui aurait perdu la mémoire de son travail passé, et qui, ne vivant qu'au milieu de musiciens atteints du même oubli, ferait honneur à son instrument et à ses mains de la bonne musique qu'il en saurait tirer. Ceux qui disent que nos idées viennent des sens, totalement ou en partie, attribuent la mélodie à la lyre, en oubliant le musicien dont parle Platon, et qui est l'âme.

On le voit, nos perceptions ne sont pas plus simples que les sons qui nous paraissent uniques; et, de même que ceux-ci contiennent un concert de voix extérieures, nos moindres perceptions contiennent un concert de voix intelligibles. Identité, différence, unité, multiplicité, nombre, ordre de coexistence dans l'espace, ordre de succession dans le temps, — voilà l'objectif de la connaissance externe, et ces prétendues données sensibles sont des noumènes ou des Idées tirées de notre propre fond. Nous les objectivons en les transportant de nous-mêmes aux causes qui ont agi sur nous et sur lesquelles nous avons réagi. Nous savons en effet, par le principe de la raison suffisante, non-seulement que ces causes existent, mais encore qu'elles doivent être soumises dans leurs rapports aux mêmes lois intelligibles que notre pensée. Nous rattachons par là les choses et nous-mêmes à un principe unique de vérité et d'être; nous nous reconnaissons pour ainsi dire issus d'un même Père céleste. La foi instinctive au Bien, qui nous avait permis d'abord de passer du sujet à l'objet, nous fait ainsi trouver les *rapports* mutuels des objets extérieurs, indépendamment de ce que sont les *termes* en eux-mêmes.

Quant à la nature intime de ces termes, c'est encore la foi à l'Idée qui va nous permettre de la déterminer. Nous compléterons de cette manière le point de vue psychologique et le point de vue physique par le point de vue métaphysique, en prenant toujours l'Idée pour centre de perspective.

III. L'antithèse du subjectif et de l'objectif est insoluble pour le physicien, puisque la physique a pour objet propre des rapports extérieurs et que le subjectif des sensations est quelque chose d'intérieur. Mais, répétons-le, le dehors n'empêche point le dedans et le suppose au contraire; le mécanisme universel, face extrinsèque des choses, n'empêche point le dynamisme ou l'animisme universel, qui en est la face intérieure. Platon lui-même, dans le *Timée*, malgré une inexpérience inévitable, mêle continuellement avec raison le mécanisme et l'animisme, mettant en toutes choses du mathématique, et en toutes choses aussi des âmes.

A ce nouveau point de vue, le système de nos sensations ne peut plus paraître aussi arbitraire et aussi subjectif que tout à l'heure. Le platonisme, après nous avoir appris à dédaigner la sensation, va nous apprendre à l'estimer. Si tout a une Idée, une raison intelligible, il ne doit rien y avoir d'arbitraire dans le fond des choses; comment donc croire que nos sensations seraient sans ressemblance avec les objets sentis? Les rapports extrinsèques dépendent, après tout, de la nature intrinsèque des termes; or, le principe de raison suffisante et de causalité nous force à concevoir ces termes comme des activités plus ou moins semblables à la nôtre, comme des âmes plus ou moins développées. De plus, chaque âme, chaque force, étant la réalisation d'une Idée qui enveloppe tout l'intelligible, doit réfléchir elle-même tout l'univers sensible; et l'ensemble de ces âmes doit représenter dans sa variété l'âme infiniment parfaite et infiniment une: Dieu. N'y a-t-il pas par là même une harmonie nécessaire et universelle entre les forces ou les âmes? Chacune est un miroir fait par Dieu même : comment ce miroir serait-il infidèle? La sensibilité est un système représentatif, une langue dont les mots sont les sensations ; cette langue dont Dieu est l'auteur peut-elle ressembler à nos langues souvent artificielles et toujours imparfaites? Si nos sensations sont des ombres projetées en nous par les objets, c'est Dieu qui est la lumière, et c'est lui aussi qui fait que les ombres ont telles et telles formes. S'il est lumière, il est aussi vérité et véracité, Bien et Bonté. Il ne faut donc pas exagérer le caractère subjectif de nos sensations. Leibnitz n'avait pas tort de reprocher à Descartes sa comparaison tirée de l'aiguille et de la piqûre: sous l'universel mécanisme, Descartes n'a pas vu l'universel dynamisme; il a laissé entre la matière sensible et la pensée sentante un abîme infranchissable. De même, Newton parle en physicien et non en métaphysicien : ce n'est pas nous seuls, comme il le prétend, qui pouvons parer la nature de couleurs brillantes et de sons harmonieux. Nos sensations mêmes doivent se retrouver, ainsi que tout le reste, dans l'absolu de la pensée divine, mais ramenées à la perfection et à l'unité. Les idées de Dieu, en effet, ne sont point abstraites comme nos notions ou incomplétement concrètes comme nos sensations:

elles réunissent l'universalité à la particularité, l'unité à la différence. Nos sensations sont l'image, imparfaite sans doute, mais néanmoins divine, de quelque perfection réelle qui se trouve en Dieu, et de quelque réalité qui se trouve dans le monde extérieur. Le sensible n'est donc pas une sorte de néant, comme Platon semble parfois le soutenir; mais il a pour fond quelque chose d'intelligible et de vrai, et Platon l'a soupçonné lui-même. En un mot, jusque dans la sensation il faut reconnaître l'*Idée*.

Pour découvrir ce point de vue supérieur, propre à la métaphysique, nous n'avons pas besoin, on le voit, de sortir du platonisme; il suffit au contraire d'entrer plus profondément dans cette doctrine, qui est celle de l'universelle harmonie, de l'universelle unité. L'opposition de la sensation avec la science, quoique très-réelle chez l'homme, tient à l'imperfection de notre nature, et ne peut être une contradiction radicale. Ces deux termes opposés se rapprochent peu à peu sous le regard du philosophe, et nous entrevoyons au sommet de l'échelle dialectique un degré où ils coïncident dans l'absolue perfection. Dès lors, la sensation et la notion scientifique, si on les isole l'une de l'autre, ne peuvent plus être considérées que comme représentations incomplètes de la réalité; mais, en les unissant le plus possible, nous obtenons une image de cette connaissance supérieure, tout à la fois aux opérations des sens et de l'entendement, qu'enveloppe l'infinie unité de l'intelligence divine.

L'art, ici, peut venir au secours de la métaphysique, par la synthèse qu'il opère entre le type abstrait des choses et leur image sensible. L'artiste voit souvent mieux l'intérieur des choses que le savant. Celui-ci s'en tient aux surfaces et aux rapports, et il confond son mécanisme ou ses mathématiques abstraites avec la réalité. Les vrais adorateurs des nombres et des abstractions ne sont pas les pythagoriciens ni les platoniciens ; ce sont ces savants modernes qui veulent tout réduire à des rapports, y compris le terme pensant lui-même, c'est-à-dire l'âme ; comme si des rapports pouvaient exister sans termes ! L'animisme, au contraire, est le fond même de l'art, qui vivifie et spiritualise toutes choses, en introduisant partout la puissance de l'âme, la splendeur de l'Idée intelligible et le charme du Bien.

La nature même veut qu'un reste d'art et d'imagination se mêle toujours à nos conceptions les plus scientifiques. Le sensible se joint toujours pour nous à l'intelligible, soit sous la forme de sensations, soit sous la forme d'images ou de mots. Notre pensée une et simple se crée continuellement à elle-même un verbe intérieur, aux formes multiples et changeantes, qui traduit ses idées en images. Même quand le moi s'étudie, il adresse encore la parole à un interlocuteur invisible, et cet interlocuteur est lui-même. Pour se dédoubler ainsi, le moi emploie les images et les signes, et traduit les idées de la conscience en langue sensible. Si cette nécessité de notre nature marque une imperfection, peut-être aussi répond-elle à quelque côté de la perfection infinie ; peut-être ne faut-il pas se plaindre que l'art et le beau se mêlent, même malgré nous, à la science et au vrai, ou que le sentiment accompagne toujours l'Idée. Ce qui est pour nous sensible et ce qui est pour nous intelligible, se séparent et s'opposent ; mais, dans le fond, la nature et l'âme sont sœurs : il y a analogie, harmonie, parenté entre le matériel et le spirituel, entre la multiplicité et les unités, qui sortent également de l'Unité infiniment multiple, ou du Bien.

En résumé, le sens commun admet spontanément la valeur objective des sens ; et il a raison. Le savant montre ensuite que la notion logique d'un objet contraste avec l'impression qu'il produit sur nos sens ; et il a raison à son point de vue. Enfin le métaphysicien, à l'école de Platon et de Leibnitz, apprend à découvrir l'harmonie fondamentale de la sensation et de la science, qui ont également leur origine et leur fin dans la pensée de Dieu ; et le métaphysicien a doublement raison, car sa doctrine compréhensive réunit à la sûreté du sens commun les clartés de la science. Ainsi s'ouvre et se referme le cercle de la pensée humaine.

## CHAPITRE V.

### DE L'AMOUR.

I. Théorie de l'amour platonique. Appréciation de cette théorie. Est-ce l'universel ou l'individuel que nous aimons. Conciliation des diverses doctrines sur ce sujet, telle que le platonisme même la fournit. Conséquences en psychologie et en métaphysique. — II. Conciliation de la théorie du pur amour avec celle de l'amour intéressé. — III. L'amour, origine du principe des causes finales. L'axiome du Bien ou de la Bonté. Comment les autres axiomes s'y ramènent. Comment la doctrine de Platon n'est pas une métaphysique purement intellectuelle, mais morale. — Identité des principes de l'être avec ceux de l'amour. — Identité des principes de la connaissance avec ceux de l'amour. Pourquoi toute science, selon Platon, a l'amour pour objet.

I. De même que, sans l'intuition de l'universel, aucune connaissance particulière ne peut se développer, de même, sans l'amour du Bien en général, aucun amour particulier n'est possible. Tous les métaphysiciens, depuis Platon, ont accepté ce grand principe. Mais, en interprétant la doctrine de Platon dans un sens trop étroit, on a parfois ouvert la voie à un idéalisme abstrait qui ne peut rendre compte de la réalité.

D'après certains platoniciens, ce que nous aimons dans une chose, ce sont les *qualités* de cette chose et non son être individuel. — Pourquoi, disent-ils, aimons-nous les belles choses? Parce qu'elles sont belles. Et les bonnes? Parce qu'elles sont bonnes. C'est donc la beauté, c'est la bonté que nous aimons en elles. Est-ce la beauté et la bonté finies? Non, puisque notre amour est d'autant plus grand que ces qualités atteignent un degré plus haut. Ce ne peut être la li-

mite de la beauté et de la bonté que nous aimons ; ce sont ces perfections dans leur essence et leur plénitude. Nous aimons donc dans les choses, non ce qu'elles sont en elles-mêmes, mais ce qu'elles représentent ou s'efforcent de représenter ; non leur *individualité*, mais leur *genre*. — Pascal a exprimé cette théorie sous une forme originale : « Un homme
» qui se met à la fenêtre pour voir les passants, si je
» passe par là, puis-je dire qu'il s'est mis là pour me
» voir ? Non ; car il ne pense pas à moi en particulier.
» Mais celui qui aime une personne à cause de sa
» beauté l'aime-t-il ? Non ; car la petite vérole, qui
» ôtera la beauté sans tuer la personne, fera qu'il
» ne l'aimera plus. Et si on m'aime pour mon juge-
» ment, pour ma mémoire, m'aime-t-on, moi ? Non ;
» car je puis perdre ces qualités sans me perdre,
» moi. Où est donc ce moi, s'il n'est ni dans le corps
» ni dans l'âme ? Et comment aimer le corps ou
» l'âme, sinon pour ces qualités, qui ne sont point
» ce qui fait le moi, puisqu'elles sont périssables ? Car
» aimerait-on la substance de l'âme d'une personne
» abstraitement, et quelques qualités qui y fussent ?
» Cela ne se peut, et serait injuste. On n'aime donc
» jamais personne, mais seulement des qualités. »

Par l'argumentation qui précède, les disciples de Platon montrent admirablement la raison *universelle* de l'amour, qui est Dieu. Mais leur théorie n'est que la moitié de la vérité, et c'est contre elle qu'on pourrait reproduire toutes les objections d'Aristote. Il n'est pas vrai que nous aimions seulement les *qualités* d'un individu, et que ces qualités, abstraites de l'être individuel, puissent exciter l'amour. Nous n'aimons rien en tant que *genre*, rien de général, rien d'abstrait. Qu'un individu nous apparaisse comme n'ayant aucune qualité, comme ne réalisant aucun *genre* de perfection, aucune Idée, j'accorde que nous ne pourrons pas l'aimer. Mais, d'autre part, une qualité séparée de tout être individuel ne pourra attirer notre amour ; elle nous laissera froids, tant que nous ne la placerons pas par la pensée dans quelque être, soit en Dieu, soit dans l'humanité. Aussi l'Idée n'était-elle point pour Platon un genre abstrait mais une réalité vivante ; et c'est pour cela que l'Idée est aimable. Le vrai principe de Platon est le suivant : — Je ne puis aimer l'être qu'en tant que *bon ;* mais, d'autre part, je ne puis aimer le bien qu'en tant qu'il *est*. — Cela revient à dire : Je ne puis aimer l'être individuel qu'en tant qu'il participe à l'universel ; mais je ne puis aussi aimer l'universel qu'en tant qu'être individuel.

La psychologie constate la vérité de ce principe, et la métaphysique peut en tirer les plus graves conséquences.

Que le psychologue rentre en lui-même et y observe l'amour ; il reconnaîtra que cet amour s'adresse toujours à des individus ou à des choses qu'on individualise et qu'on personnifie, fût-ce par une simple illusion d'optique. Il y a une profondeur admirable dans ces paroles de Montaigne, qui sont le contre-pied de la pensée de Pascal : « Si l'on m'eût demandé
» pourquoi je l'aimais, j'aurais répondu : — Parce que
» c'était lui ; — et si on lui eût demandé pourquoi il
» m'aimait, il aurait répondu : — Parce que c'était
» moi. » — Et cela est vrai ; quand vous aurez énuméré toutes les qualités de la personne aimée, ce qui suppose une généralisation et une abstraction nécessaires, vous n'aurez pas encore dit la dernière raison de l'amour ; ou plutôt, vous aurez énuméré les conditions rationnelles, mais vous n'aurez pas montré la cause

réelle et vivante, la *personne* même dans l'unité de son être, supérieure à toutes les abstractions logiques.

Pascal n'a pas tort de le dire : si je n'aime une personne que pour sa beauté physique, je n'aime pas cette personne. Fragile amour que celui qu'emporterait une maladie! La beauté extérieure n'est aimable que par la beauté intérieure qu'elle me laisse entrevoir. Sous l'enveloppe matérielle, mon âme cherche l'âme : séduite surtout par le regard, où plus qu'ailleurs l'âme brille et se fait visible, elle monte comme dans un rayon de lumière vers l'invisible foyer qui l'attire. Mais, dans l'âme même, est-ce à la mémoire, est-ce au jugement, est-ce à la pure intelligence que s'attache mon amour? Non, dit Pascal, et il a raison. Ces qualités, il est aussi des maladies qui les enlèvent. Votre mobile amour disparaîtra-t-il donc avec elles? Ou n'est-il pas allé plus loin et plus haut se fixer dans quelque centre indestructible où rien ne peut l'atteindre? Ce centre, qui n'est pas la pure intelligence, n'est pas non plus la pure puissance; car cette dernière, par elle-même, peut aussi bien être terrible qu'aimable. Même quand elle s'unit à l'intelligence, quand elle est ordre et harmonie, la puissance semble encore une manifestation extérieure de quelque principe plus intime et plus divin. Quel est donc enfin ce principe dans lequel seul se repose l'amour? Platon l'appelle le bien ; mais ce n'est pas encore assez dire : pour qu'en aimant le bien en vous, je vous aime, il faut que ce bien puisse vous être attribué et qu'en définitive il soit vous ; il faut donc qu'il soit un bien volontaire et libre, un bien qui se veuille lui-même, et qui ne se veuille pas seulement pour soi, mais pour les autres, et surtout pour moi. Ce que j'aime en vous, c'est la volonté du bien, dont le vrai nom est la bonté.

Là réside la personne, là réside l'unité vivante où le bien devient vous-même et où vous-même devenez le bien. Je ne pourrais aimer en vous la liberté pure, abstraction faite du bien, la pure volonté ou la pure puissance ; je ne pourrais non plus aimer en vous un bien abstrait et neutre, passif et fatal, non voulu par vous, non accepté pas vous, un bien qui ne serait pas vous-même. C'est donc réellement la volonté du bien ou le bien voulu qui est aimable. Mais la volonté du bien, où s'unissent les deux termes dans une vivante unité, qu'est-ce autre chose que l'amour ? Donc, en dernière analyse, ce qui est aimable, c'est ce qui est aimant ; ce que mon amour cherche par delà le corps, et, dans l'âme elle-même, par delà la pure puissance, par delà la pure intelligence, c'est le foyer d'amour où le bien s'unissant à la volonté libre devient bonté. Moi aussi je veux être voulu par cette bonté, pour le bien que je puis avoir en moi-même ; je veux être aimé d'elle comme je la veux et comme je l'aime. Je veux qu'elle soit, non-seulement volonté du bien, mais volonté de mon bien. Il y a ainsi trois termes dans l'amour : vous, moi, et Celui qui est l'amour même. Dans ce triple échange de l'amour, je n'aperçois ni la fatalité physique, ni la nécessité logique ou mathématique, ni la liberté d'indifférence et d'indétermination ; c'est ce qu'il y a à la fois de moins indifférent et de plus libre. En me reposant dans la volonté du bien, je me repose dans la plus parfaite certitude ; et cependant, c'est ce qu'il y a de plus éloigné de la fatalité physique ou logique. J'aime, je suis aimé ; c'est pour la bonté que j'aime, et c'est pour ma bonté que je suis aimé ; dès lors je ne crains plus rien de la matière, ni du temps, ni de l'espace, ni de la mort, et je me repose avec bonheur dans l'éternité de l'amour.

Ainsi le véritable amour ne peut s'adresser qu'à des *personnes*. C'est la liberté de la personne qui fait à nos yeux tout le prix de l'amour; en aimant, nous désirons être aimé, et dans ce retour de bienveillance de la part d'un être libre, nous voyons un don qu'il nous fait et comme une grâce. La liberté, quoi qu'on en ait dit, est toujours présente dans l'amour; elle donne son consentement, et sans un consentement plus ou moins complet et continu il n'y a point d'amour véritable. Plus la liberté est grande, plus l'amour est vrai et sincère. Aussi est-ce une grave erreur que de confondre l'amour avec le désir et le besoin. Si je n'aimais que par besoin et que ce dont j'ai besoin, je n'aimerais que moi-même; mon prétendu amour ne serait qu'égoïsme, mon désintéressement ne serait qu'intérêt. Pour que je vous aime, vous, et non pas seulement moi, il faut que je n'aie pas absolument besoin de vous, et que je ne sois pas poussé fatalement vers vous par un intérêt comme celui que je prends à ma nourriture et à ma santé. Quel gré pourriez-vous me savoir pour cette affection prétendue? Aurais-je le droit de dire que je suis un être aimant, que je vous aime, que je vous donne mon amour. Le don qu'arrache la nécessité est un don qu'on se fait à soi-même ; et s'il en était toujours ainsi, loin d'être aimants, nous ne pourrions jamais aimer. L'amour vrai ne commence que là où cesse la fatalité du besoin ; il se montre avec la liberté d'une nature qui donne parce qu'elle est riche, et non parce qu'elle est pauvre. Si le désir est fils de la Pauvreté et de la Richesse, l'amour pur est la Richesse même. Aussi l'être le meilleur en soi et qui a le moins besoin d'autrui, est cependant le meilleur pour les autres : c'est celui qui donne le plus et qui demande le moins. En nous, à mesure que le besoin et le désir diminuent, l'amour grandit ; avec la liberté croît la libéralité. Le besoin n'est donc que le point de départ et la condition première dont l'amour va se dégageant de plus en plus comme d'un obstacle. L'enfant n'aime d'abord sa mère que par besoin ; mais déjà, avec son premier sourire apparaît le premier don d'un amour désintéressé, la première grâce d'une âme libre et bonne. C'est ce qui fait la beauté et le charme du sourire, aurore de l'intelligence, de la volonté et de l'amour ; c'est ce qui en fait aussi l'irrésistible puissance. Le sourire est le symbole de la parfaite Bonté, souverainement libre de tout besoin et par cela même souverainement libérale, qui, pour appeler toutes choses à l'existence et à la vie, n'a qu'à laisser entrevoir à travers l'infini sa grâce radieuse. On peut dire, que, si Dieu crée le monde, c'est par son éternel sourire.

Cette grâce libre de l'amour, nous aimons nous-mêmes à la faire, et si nous parvenons à nous la faire rendre, nous sommes ainsi tout à la fois auteurs de l'amour donné et de l'amour rendu. Par là, nous sommes plus actifs, et par là aussi plus heureux : créer l'amour en soi et hors de soi, c'est ressembler à la bonté suprême ; c'est comme elle créer ce qui seul a une valeur infinie et un prix inestimable : le libre amour. Aussi la première et la plus précieuse des qualités chez l'être aimé, c'est qu'il nous aime. Que ne pardonne-t-on pas à celui qui est aimant ? Une foule de petits défauts qui choqueraient dans un inconnu, peuvent sembler charmants dans la personne aimée et aimante. Si on n'aimait dans cette personne que les qualités abstraites et l'esthétique, non la bonté libre, ces défauts devraient sembler tout aussi laids chez elle que chez d'autres. Quand même quelqu'un que nous aimons perdrait toutes ses qualités intellectuelles, en conservant cette qualité morale de nous aimer, ne l'aimerions-nous pas encore? Peut-être même l'aimerions-nous davantage, parce que nous espérerions le ramener à la raison : car on semble aimer davantage quelqu'un lorsqu'il a besoin de vous, et l'amour préfère donner que recevoir. Enfin, un être incorrigible aussi bien moralement qu'intellectuellement, mais qui nous aimerait, serait encore aimable, au moins pour nous. Telle une mère aime le fils qui lui cause de la tristesse et même du désespoir. Il n'est point de laideur matérielle ni même spirituelle que ne transfigure le sourire divin de l'amour. Donc, en résumé, non-seulement je puis aimer un être qui veut le bien, mais encore qui l'a voulu, qui le voudra peut-être, et même ne le veut pas, s'il m'aime. Mon amour cherche l'amour, et non pas tant un amour qui veuille seulement le bien en général qu'un amour qui me veuille, moi. Ce n'est pas là de l'égoïsme : c'est la conscience du prix inestimable qui appartient à l'amour et qui lui vient principalement du libre don de soi-même. Nous comprenons vaguement que la vraie substance de l'être, c'est la volonté aimante, et que ce qui est le plus nous-mêmes est aussi ce que nous pouvons le plus donner à autrui. Pascal a beau dire qu'il serait *injuste* d'aimer la personne quelques qualités qui y fussent, l'être aimant a toujours quelque chose d'aimable ; et s'il m'aime, moi, c'est surtout pour moi qu'il est aimable. C'est en ne l'aimant pas que je serais injuste, non en l'aimant, car toute grâce appelle gratitude.

Supprimez cette part de la liberté et comme de la *grâce* dans l'amour ; ramenez tout à une *nécessité brute*, à une fatalité soit matérielle, soit idéale : vous ne pourrez plus rien comprendre aux mystères du cœur. Quelle reconnaissance aurais-je pour un automate dont l'amour serait la résultante d'un mécanisme, et même pour l'automate spirituel de Spinoza? Cet automate aurait beau me suivre partout et graviter autour de moi, je ne lui en saurais aucun gré et je ne le paierais d'aucun retour. Je ne pourrais pas non plus l'aimer le premier, faire vers lui les premiers pas. Dans cette machine, rien, absolument rien ne m'attirerait. Elle pourrait avoir toutes les qualités géométriques, mécaniques, physiques; il lui manquerait toujours la vie, l'activité, une certaine liberté, une personnalité plus ou moins ébauchée, un *moi* enfin auquel mon amour puisse se prendre, et dont il puisse recevoir un retour qui ne soit pas purement fatal.

Quand l'objet de mon amour n'est pas une personne libre et raisonnable, il faut au moins qu'il soit un individu simple et actif. J'aime dans l'animal une personnalité encore incomplète, mais qui fait effort pour se développer; une personnalité à demi virtuelle, à demi réelle. Le chien que j'aime et qui m'aime n'est pas un automate; en l'aimant, je lui fais une grâce, quoique ses qualités motivent en partie mon amour; et en m'aimant, il me fait aussi une grâce, quelque étrange que la chose paraisse. Il y a en lui spontanéité, presque liberté; il *sait* qu'il m'aime et il *veut* m'aimer; science et volonté qui n'ont pas besoin de se formuler nettement pour être réelles. De même, dans la plante, je vois une individualité qui fait effort pour se développer, une ébauche de l'animal, qui est lui-même une ébauche de l'homme. Je m'intéresse à cet être qui veut vivre, qui veut agir, qui semble chercher à sentir et à penser, qui paraît même quelquefois sensible. Je l'aime parce qu'il est *lui*, parce qu'il possède un *moi* en puissance, sinon en acte. Je ne puis demeurer complétement indifférent à son sort. S'il dépendait de moi de le faire arriver à cette vie plus complète, à cette sensibilité, à cette pensée, à ce bien qu'il désire d'un désir vague et inconscient, je le ferais. C'est donc encore la volonté du bien que j'aime en lui. Quand j'ai donné mes soins à la plante, et que je l'ai aidée dans son développement, quand elle a donné ses fruits et ses fleurs comme un retour à mes soins, je l'aime d'un véritable amour. Que les esprits superficiels sourient, je vois dans les fleurs qu'elle m'a données une certaine grâce qu'elle m'a faite. Le matérialiste aura beau me dire : — fatalité, pur mécanisme, pur automate, — mon cœur et ma raison se révoltent. Non, il y a là autre chose que votre nécessité brute ; non, il y a là un principe qui enveloppe dans ses puissances une pensée et une volonté ; il y a là une dialectique en action, un enfantement laborieux qui semble vouloir produire la personnalité. Aussi, j'aime la fleur ; et le poëte qui lui prête une âme est plus profond métaphysicien que vous ; la femme qui s'éprend, comme le poëte, pour une fleur, a une idée plus vraie, dans l'intuition de son cœur, de l'œuvre divine. Combinez, savants, vos molécules, et démontrez vos théorèmes ; votre science prétendue démonstrative roule sur des abstractions et se joue autour des choses ; c'est à vous, à vous, dis-je, et non au poëte, qu'il faut demander : Qu'est-ce que cela prouve ?

Si donc ma sympathie peut s'étendre à tous les êtres, c'est que tous les êtres sont des âmes, au moins en puissance, des *monades* enveloppant l'infini, grosses de la vie, de la pensée, de la liberté et de l'amour, en un mot, de la bonté. — Mysticisme, dira-t-on. Qu'importe? L'humanité tout entière est mystique, à ce compte. Est-ce que le bon sens, le sens commun, dont la vraie poésie n'est que l'expression sublime, a jamais vu en toutes choses des automates ou des théorèmes? C'est vous, savants, qui choquez le bon sens; ce n'est pas le poëte ni le philosophe.

De même, ce que nous aimons en Dieu, ce n'est pas seulement une collection abstraite de qualités et de perfections. Tant que je concevrai Dieu de cette manière, comme une abstraction idéale, je ne l'aimerai pas; ou, si je l'aime, c'est que je concevrai cette perfection comme une virtualité réalisable et en voie de réalisation dans le monde : le panthéiste aimera le Dieu qui se développe dans le temps et dans l'espace vers l'idéal inaccessible; il aimera le Dieu vivant, qui sera pour lui le monde. S'il aime l'idéal lui-même, cela prouve que ce qu'il croit purement idéal est effectivement une réalité, et que, sans le vouloir, il place l'existence, la vie et la volonté dans l'ensemble de ces perfections qu'il conçoit. L'amour que nous avons tous pour l'idéal est une preuve de la réalité de Dieu. Nous n'aimerions pas Dieu s'il n'était pas lui-même une âme vivante, une individualité, une personne. Quand cet amour pour Dieu atteint-il son plus haut degré? N'est-ce pas lorsque nous concevons Dieu comme la liberté souveraine et souverainement aimante, qui nous a donné l'être sans y être forcée, qui nous a accordé la *grâce* de l'existence, et qui se donne perpétuellement à tous? C'est le *bien libre*, en un mot, que nous aimons en Dieu; ce qui ne veut pas dire le bien arbitraire, agissant avec indifférence, sans raison intelligible et bonne pour prendre un

parti plutôt qu'un autre. Non, c'est le bien libre et
raisonnable tout ensemble que nous aimons; c'est
l'unité où se confondent l'absolue individualité de la
personne active et l'absolue universalité de la raison. Platon adore en Dieu l'*universel;* et en effet,
l'universalité infinie suffit pour produire et motiver
l'amour; mais c'est que, ainsi élevée à l'infini, elle se
confond avec l'individualité même : le Bien en soi doit
être bon pour soi et par soi, conscient et libre. Platon
l'a compris parfaitement; mais le terme de *Bien* qu'il
employait, τὸ ἀγαθὸν, n'indiquait pas assez le côté personnel de la perfection, dont le vrai nom est Bonté.

Toute théorie qui méconnaît cette identité en Dieu
de l'universel et de l'individuel, supprime logiquement l'amour de l'homme pour Dieu. Si le panthéiste
me représente Dieu comme l'*être* pur sans qualités,
comme l'absolue indétermination identique au non-
être, je ne puis aimer cette vide abstraction; si au
contraire, par un faux platonisme, que tous les textes
contredisent, on me représente Dieu comme un pur
idéal de *qualités* sans être, comme une sorte de formule que le monde s'efforce de réaliser, je n'aimerai
pas non plus cette autre abstraction logique; ou, si
je l'aime, encore une fois, c'est que je ne la concevrai
pas comme aussi abstraite qu'on le prétend. Je la
réaliserai par la pensée quelque part, dans le monde,
dans l'humanité ou en moi-même.

La théorie platonicienne de l'amour est donc la réfutation de tous ceux qui séparent l'*être* divin de ses *manières d'être,* c'est-à-dire de tout panthéisme et de tout
matérialisme, comme aussi de tout idéalisme abstrait.

II. La vraie doctrine de Platon fournit la solution
d'une autre antinomie, analogue à la précédente, et

où se retrouvent en présence l'individu et l'universel : c'est l'antinomie de l'intérêt personnel et du désintéressement dans l'amour.

J'aime le bien pour lui-même, dit Fénelon ; j'aime le bien pour moi, dit Larochefoucauld. Platon pourrait dire d'abord à Fénelon : — Noble défenseur du pur amour, quel est ce bien que vous voulez avec raison aimer pour lui-même? Le vrai bien, sans doute, le bien complet et absolu? C'est à l'objet le plus élevé et le meilleur qu'on puisse concevoir que vous voulez adresser votre amour. Or, ce bien au-dessus duquel il n'y a rien peut-il être seulement bon en lui-même et pour lui-même? — Non, car je pourrais alors concevoir un bien supérieur, qui serait bon aussi pour les autres êtres, et bon pour moi-même. Ce second bien seul est le bien absolument *universel* auquel s'arrête la dialectique. C'est donc ce bien qu'il faut aimer ; et pour l'aimer tel qu'il est, il faut, encore une fois, que vous aperceviez en lui, outre le bien en soi et pour soi, le bien pour les autres et pour vous. Si vous supprimez ce second élément, vous mutilez le bien, vous le rabaissez, vous le rendez fini, vous lui enlevez la bonté expansive et extrinsèque pour ne lui laisser que la bonté intrinsèque et solitaire ; ce n'est plus le vrai Dieu, ce n'est plus le vrai bien. Donc votre amour ne s'adresse plus à l'objet le plus élevé de la raison ; donc il n'est plus aussi pur que vous le prétendez ; car aimer le bien *purement* et *simplement*, c'est aimer tout le bien, sans restriction, et en y plaçant notre bien à nous-mêmes. Donc encore, il n'y a point opposition entre votre intérêt et votre désintéressement. J'admire celui qui aime le bien absolu même quand il le conçoit comme n'enveloppant pas son bien personnel et son bonheur final ; mais celui-là est dupe d'une illusion, et son idée du bien est incomplète. J'admire donc davantage encore celui qui conçoit le bien comme assez universellement bon pour faire notre bonheur en même temps que le bonheur des autres. Celui-là glorifie davantage Dieu et lui fait plus d'honneur; son amour est plus éclairé et plus vrai. « O mon Dieu, dites-vous, je vous aime, quand même vous me damneriez. » — Il faudrait dire : « O mon Dieu, je vous aime pour toutes vos perfections, et aussi parce que vous êtes trop bon pour ne pas me sauver. » Donc l'amour pur du bien concilie le désintéressement et le véritable intérêt ; mon devoir est d'aimer Dieu comme bien en soi et comme bien pour moi tout ensemble.

Quant à Larochefoucauld, Platon, qui était subtil au besoin, surtout avec les sophistes, aurait pu lui dire : — Vous prétendez aimer le bien pour vous seul et en vous seul ; mais au moins devez-vous aimer ce bien conçu comme aussi grand que possible ; vous devez aimer pour vous et en vous un bien aussi parfait qu'il peut l'être. Donc ce ne sont pas les bornes de vos qualités que vous aimez, mais ces qualités aussi grandes que possible ; donc vous aimez en vous et vous voulez pour vous le bien dans toute sa plénitude, l'universalité du bien. D'autre part, plus un être est bon en soi, et plus il est bon pour les autres, plus il désire leur bien. Si vous voulez jouir en vous-même d'un bien réel, il faut donc que ce bien soit aimant. D'ailleurs, si votre bien n'est bien que pour vous, si votre bonheur n'est que votre bonheur, il n'est pas aussi grand qu'il peut l'être ; car, si vous étiez heureux du bonheur d'autrui en même temps que du vôtre, votre bonheur en serait augmenté. Donc, plus votre amour sera universel, plus votre bonheur sera grand. Dussiez-vous acheter ce bonheur par quelques peines, cela vaudrait mieux encore qu'un repos égoïste qui aboutit au dégoût de soi-même. Ici encore les divers biens sont inséparables; élevez l'un à sa plénitude, et vous verrez que les autres y sont contenus.

Ainsi, il suffit de pousser dialectiquement à leurs limites extrêmes les termes de l'antinomie pour en voir l'harmonie. C'est qu'en Dieu tout se concilie: Dieu aime le bien pour le bien, et il l'aime pour soi comme pour les autres, puisqu'il est lui-même le bien. Il est l'identité du désintéressement et de l'amour de soi. Plus les hommes se rapprochent de Dieu par leurs perfections, plus on voit se réaliser en eux et entre eux ces divines harmonies; plus leur bonté intime devient bonté expansive; plus ils s'aiment les uns les autres: car le bien unit toujours, comme le pensait Platon, et seul le mal divise. L'union des individus comme l'union des idées doit être cherchée dans le Bien, principe de l'amour.

III. Phénomène, sensation et désir sont identiques entre eux, selon le *Banquet* et le *Philèbe*; et d'autre part, être, connaissance et amour ne font qu'un.

L'amour se retrouve dans tous les êtres, puisque tous aspirent au Bien et que le phénomène lui-même est un désir. Dès lors, aux deux premiers principes mis en évidence par le platonisme : — « Ce qui est, est intelligible, » et : « Ce qui est, est actif, » — on peut ajouter le principe suivant: « Ce qui est, est bon, » en tant qu'aimant le Bien, le possédant en partie et aspirant à le posséder tout entier. C'est le principe de finalité, complément nécessaire des principes de causalité et d'intelligibilité.

A cet axiome du bien se ramènent en dernière analyse celui des causes et celui des raisons d'être. Toute cause est un être actif qui doit avoir une raison d'être et d'agir; et sous ce rapport la cause ne fait qu'un avec la raison, l'existence active avec l'intelligibilité. D'autre part, une chose n'est rationnelle et intelligible que dans la mesure où elle est bonne. Causalité et intelligibilité se ramènent donc à la bonté.

Le platonisme n'est point, comme on l'en a accusé, un idéalisme pur et abstrait. Si Platon s'élève du point de vue de la puissance à celui de la pensée, et explique l'universel dynamisme par l'universelle logique, il ne s'arrête pas là, et place le premier principe de l'être au-dessus de l'intelligence comme au-dessus de la puissance. Platon n'a point relié toutes choses par le lien de la fatalité dynamique ou de la puissance physique. Il n'a pas non plus relié toutes choses par le lien de la pure identité logique, qui exclut du sein des êtres la contradiction sans nous apprendre quelle est au fond leur nature. Quand Platon dit que tout est intelligible et a une Idée, il n'entend pas seulement par là que tout est soumis à la loi de l'identité et d'accord avec soi-même. Sa pensée est au fond celle de Leibnitz, qui place l'intelligibilité véritable non dans l'absence de contradiction, mais dans la présence d'une raison suffisante. Or, le principe de la raison suffisante ne semble établir l'idéalisme universel que pour s'élever immédiatement au-dessus. Toute raison suffisante, ne l'oublions pas, n'est pas seulement une raison qui ne se contredit point elle-même (qualité secondaire et dérivée), mais une raison meilleure que son contraire, une raison de convenance, un motif de préférence et d'élection, une raison qui incline sans nécessiter, qui a la certitude sans la fatalité, qui se fait aimer infailliblement par l'absence même de toute contrainte, en un mot, une raison aimable et bonne, une raison finale d'amour et de bonté. Par là, la sphère de la pure intelligence est dépassée, et on entre dans la sphère du bien. Voilà pourquoi les platoniciens ont toujours cherché le premier principe des choses au-dessus même de l'intelligence, au-dessus du Dieu d'Aristote. Ce principe suprême, Platon l'appelle l'Unité, mais il l'appelle aussi le Bien, et dans ce Bien qui n'est point jaloux de ses dons, il aperçoit déjà le Bien aimant ou la Bonté.

Si tel est le principe de l'existence, tel aussi doit être le principe de la science. La dialectique représente à la fois la marche de la pensée et celle de l'amour ; la méthode intellectuelle est dans le fond une méthode morale. C'est la conception que nous avons en effet trouvée dans Platon, et que nous avons confirmée par l'analyse des opérations de la pensée. Toute opération intellectuelle présuppose une attention et une direction de la volonté, par conséquent désir et amour. L'acte intellectuel lui-même est toujours un jugement ; et juger, c'est préférer ; affirmer, c'est adhérer au vrai et l'aimer. L'ignorance et l'erreur ne sont que des obstacles à l'élan non moins libre qu'infaillible de l'âme vers la lumière qu'elle aime ; la certitude est l'union sans obstacle, la jouissance consciente de l'amour (1). Point de certitude si nous ne préférions pas d'abord et une fois pour toutes l'intelligible à l'inintelligible, comme meilleur en soi et pour nous. C'est le postulat universel de toute

---

(1) Voir la théorie de la certitude et des opérations intellectuelles, chap. I et II.

science. Le principe premier de la certitude n'est point, comme l'admet la doctrine vulgaire, une perception passive, qui ne nous informerait que de notre état propre sans nous permettre de passer hors de nous. La vraie certitude est une action, et même une action volontaire, par laquelle nous donnons notre consentement, notre approbation, notre amour. La certitude passive et fatale ne nous révèle que les choses fatales elles-mêmes et passives, c'est-à-dire le dehors. Mais le dedans de l'être et de la vérité, le principe divin de l'essence et de l'intelligence, est autre chose qu'une nécessité mathématique, physique ou logique. Ce principe ne peut donc se révéler par la perception passive et fatale, car alors il se révélerait autre qu'il n'est, c'est-à-dire qu'il ne se révélerait pas. Libre, il doit se révéler libre; aimant, il doit se révéler aimant; prévenant, il nous appelle sans nous contraindre, et veut que nous le préférions sans y être forcés. Ainsi, toute notre science logique ou mathématique est suspendue à une préférence volontaire pour la bonté suprême et la suprême intelligibilité. Ce n'est pas tout : une fois admis ce premier principe de la science, nous ne mesurons nullement l'intelligibilité des choses particulières à leur simple identité logique avec elles-mêmes. Cette identité n'a pour nous de valeur que si elle se ramène à celle du bien avec lui-même, que si elle exprime la libre immutabilité d'une volonté qui veut le bien, ou d'une bonté qui se veut à la fois pour soi et pour les autres. La science de la pensée devient ainsi identique dans ses principes avec celle de l'amour. La logique et les mathématiques, tant qu'elles n'invoquent que le principe d'identité, travaillent sur l'extérieur des choses, et laissent échapper l'intérieur, où pénètre seul l'amour. « Nul n'entre ici, s'il n'est géomètre; » soit; mais on peut ajouter : « Nul n'entre ici s'il n'est que géomètre. » Aussi Platon a fait dire à Socrate : « Je ne sais qu'une petite science, l'amour. » Et cette petite science est tout, parce qu'elle atteint seule le fond des choses. Pour l'amour seul disparaît cette loi de l'impénétrabilité qui régit la matière et qui exclut les êtres les uns des autres. Le principe suprême de la connaissance, comme de l'existence, ne peut être que la pénétrabilité absolue. Il doit avoir cette ubiquité que Platon attribuait à l'Idée en dépit des objections mathématiques et logiques d'Aristote: l'Idée est à la fois en elle-même et hors d'elle-même, parce qu'elle est en définitive le bien qui unit, et qui unit par l'amour. S'il n'y avait pas en nous quelque chose d'analogue, comment pourrions-nous penser et connaître d'une pensée vraiment objective, d'une connaissance vraiment pénétrante et profonde ? La bonté seule est pénétrante et pénétrable : c'est donc la bonté des choses qui en est le fond, accessible à la seule bonté. Il faut, pour consommer la science, arriver à cette mutuelle pénétration de l'amour, à cette union spirituelle où les deux termes sont un sans cesser d'être deux (1). Les platoniciens, et surtout les néoplatoniciens, ont bien compris cette supériorité du moral sur le pur logique, même dans le domaine du savoir. Pour eux, le lien de la connaissance comme celui de l'existence n'est point la chaîne brutale d'une prétendue nécessité logique ou physique ; c'est le lien doux et fort qui sait retenir sans contraindre, le libre lien de l'aimante et aimable Bonté.

(1) Pour le développement de ce point, voir plus loin la théorie de la participation et de la création.

# DEUXIÈME PARTIE

LA BONTÉ DIVINE, PRINCIPE SUPRÊME DE L'EXISTENCE, DE LA CONNAISSANCE ET DE L'AMOUR. — THÉODICÉE PLATONICIENNE.

## CHAPITRE I.

### OBJET ET NATURE DES PREUVES DE L'EXISTENCE DE DIEU.

I. Point de départ des preuves de l'existence de Dieu. — II. Objet de ces preuves. Dieu est-il proprement l'Être nécessaire ? — Est-il simplement l'Être absolu ? — Est-il l'Être parfait ? — III. Procédés par lesquels on peut affirmer Dieu. Nature essentielle de cette affirmation. Insuffisance de la nécessité physique et de l'expérience externe ou interne. Insuffisance de la nécessité logique et mathématique, ou de la raison discursive. Insuffisance de la nécessité morale ou de l'acte moral purement obligatoire. Acte suprême de l'âme par lequel elle adhère au suprême Intelligible et au suprême Aimable.

I. Le point de départ des preuves platoniciennes de l'existence de Dieu est l'idée même de Dieu ou du Bien, sous une forme vague et très-pauvre en compréhension. Si on n'avait pas dès le premier abord la notion de quelque chose de parfait, « quelle que soit la manière dont on s'en représente l'existence, » aucun artifice de logique ne pourrait nous la fournir. Prouver l'existence de Dieu, ce n'est donc pas donner, mais déterminer la notion de Dieu ; c'est soumettre à tous les procédés de l'analyse et de la synthèse l'idée de perfection, en éclaircir le contenu, rechercher les idées qu'il faut en exclure comme négatives et celles qu'il y faut introduire comme positives ; c'est, en particulier, voir si l'existence réelle, l'individualité et la personnalité, conviennent au parfait, ou impliquent des conditions et des négations incompatibles avec sa nature.

Cette détermination dialectique du contenu de l'idée de Dieu est assurément progressive, et l'histoire montre qu'elle a fait de réels progrès. Si on conteste encore aujourd'hui l'existence propre de Dieu en dehors de la pensée et du monde, on comprend du moins de mieux en mieux ce que Dieu *devrait être s'il existait*. L'idée de la perfection divine s'est donc élevée et purifiée; et tout ce qu'on en a éliminé par voie de négation, — comme la haine, la vengeance, le caprice et l'arbitraire, — prouve qu'on en a au fond une idée très-positive. En analysant de plus en plus l'Idéal suprême dont dépendent la pensée et la nature, ne finira-t-on pas par comprendre qu'il est en même temps la suprême Réalité?

II. Le but final des preuves de l'existence de Dieu, n'est pas seulement, selon Platon, d'établir l'existence d'un être nécessaire (ἡ ἀνάγκη), ni même simplement d'un être absolu (τὸ ἱκανὸν, τὸ ἀνυπόθετον), mais d'un être parfait ou bon (τὸ ἀγαθόν). Tant qu'on n'est pas remonté jusqu'au Bien, on n'a pas atteint le Dieu véritable.

Platon n'appelait jamais Dieu l'être nécessaire; il considérait la Nécessité, identique à la matière, comme une chose tout à fait inférieure, plutôt opposée au divin que divine. En cela, il semble plus profond que la plupart des philosophes modernes, qui se plaisent à nommer Dieu l'être nécessaire. Par cette expression, veut-on dire que Dieu est nécessaire pour nous, ou nécessaire en soi? La première hypothèse ne peut être considérée comme une véritable définition de Dieu, car il reste à savoir quelle est la na-

-ture intrinsèque de cet être nécessaire pour nous. Dira-t-on qu'il est l'être nécessaire en soi et pour soi? Ces expressions, examinées de près, n'offrent pas de sens. La perfection absolue ne peut être primitivement et en elle-même nécessité, mais un principe très-supérieur, qui serait désigné d'une manière plus exacte, quoique insuffisante encore, par le nom de suprême liberté ou de suprême indépendance. La nécessité, en effet, indique un rapport subi ou imposé. La perfection absolue ne peut être un rapport subi; de plus, si elle se manifeste par les rapports qu'elle impose, elle n'est cependant pas elle-même un rapport. Elle n'est pas nécessitée, mais tout au plus nécessitante; et pour cela il faut qu'elle soit en elle-même quelque chose de supérieur aux nécessités qui en dérivent. En d'autres termes, la raison intrinsèque de l'existence de Dieu, qui est tout active, n'est pas une raison fatale et physique, une raison de *nature*.

La raison de l'existence divine n'est pas non plus purement et exclusivement *logique*. Dieu n'existe pas comme un axiome ou comme une identité, ce qui supposerait relation de deux termes subie par eux de la part d'un troisième, seul vraiment absolu. Il n'y a de nécessité logique que celle qui est fondée sur le principe de contradiction ou d'identité avec soi; or, établir ce principe au sommet de l'univers, c'est y établir une idole. Dire que l'explication universelle se trouve dans la nécessité où est le principe des choses d'être identique à soi, c'est répondre par la question, ou par une chose non démontrée. — Si A existe, dites-vous, il faut qu'il soit identique à A. — Oui, *s'il* existe; mais pourquoi existe-t-il, et qu'est-il en lui-même? Répondre qu'il est identique à soi, est-ce me dire ce qu'il est? C'est établir artificiellement une relation entre un être et lui-même, et déclarer ensuite que cette relation est nécessairement une identité. Tout cela est vide, exotérique, relatif. Le principe d'identité et de contradiction, dont on veut faire le fond absolu des choses, n'est qu'une forme superficielle et une relation qui présuppose au moins un terme : A. On comprend que Platon, Schelling et Hégel aient remis à sa place cet axiome usurpateur, qui, étant la forme même de la relativité, s'érige en absolu. Étant donnés des termes, ils seront identiques à eux-mêmes, ils ne seront pas contradictoires avec eux-mêmes ni entre eux ; — mais au moins faut-il que les termes soient donnés et posés. On ne doit pas prendre la relation des termes entre eux pour l'absolu. Bien plus, cette relation même est contestable. Il n'est pas évident de prime-abord que les contraires ne puissent co-exister, que la différence et même la contradiction ne soient pas une loi des choses. Pour l'absolu, en particulier, Platon n'aurait-il point raison de dire qu'on ne peut lui imposer la loi d'être identique à soi-même? L'identité est si peu l'absolu, qu'elle est elle-même relative à son contraire, la différence. Vous ne pouvez déclarer identiques que les choses entre lesquelles vous établissez une différence, ne fût-ce qu'en les concevant par deux actes de pensée successifs et différents dans le temps. Identité et différence sont donc des relations dérivées qui présupposent quelque chose de supérieur. Or, toute nécessité logique se ramène aux relations d'identité et de différence. Donc, toute nécessité logique est une relation dérivée, qui implique deux termes posés par un troisième ; et il reste toujours à savoir si ces termes sont posés nécessairement ou volontairement. Tout terme nécessaire est un terme posé, qui doit avoir au-dessus de lui un terme posant, et ce dernier doit enfin se poser lui-même par un acte absolu.

L'idée de l'absolu, supérieure à celle de la nécessité, est-elle elle-même la plus élevée de toutes? — Par l'absolu, nous entendons ce qui est dégagé de toute condition et conséquemment de toute nécessité, ce qui est intelligible par soi ou raison de soi, ce qui est réel par soi ou cause de soi. Pour emprunter à la conscience une notion positive quoique inadéquate, l'absolu est ce qui est entièrement libre. C'est donc ce qui se suffit à soi et suffit à tout le reste.

Il reste à savoir ce qu'est cette raison suffisante, cette cause inconditionnelle. Cela revient à demander: Qu'est-ce que doit être le principe absolument libre et indépendant, l'être auquel rien ne peut faire obstacle, et pourquoi est-il absolu? — C'est, répondez-vous, ce qu'aucune raison n'empêche d'exister. — Cela ne suffit pas. Il faut encore une raison positive pour laquelle il existe. En disant qu'il existe parce que rien ne l'empêche d'exister, vous présupposez son existence; car, si premièrement il n'est rien, et que secondement rien ne l'empêche d'exister, en dernière analyse rien n'existera. L'idée d'absolu, quand elle demeure indéterminée, ne se suffit donc pas à elle-même.

Cette notion encore vide ne peut être remplie, selon Platon, que par l'idée du Bien; l'être absolu n'est tel que parce qu'il est parfaitement bon, et que nous ne concevons rien de supérieur au Bien suprême qui puisse l'empêcher d'exister. Par ce Bien, Platon entend quelque chose de complet, d'achevé (τὸ πέρας) ou de parfait (τέλειον), une existence à laquelle rien ne manque et qui n'a aucun besoin, une existence qui n'a rien à perdre ou à acquérir, comme aussi rien à envier ni à refuser, en un mot, la plénitude du bien et de la félicité. L'Idée des Idées, dans laquelle seule se repose l'esprit et qui seule peut nous satisfaire, n'est donc, d'après Platon, ni la pure nécessité ni la liberté absolue ; mais cette chose supérieure tout à la fois à la nécessité et à la liberté, à l'intelligence nécessairement déterminée et à la puissance absolument déterminante, qui est la Bonté. Tels sont les trois degrés que franchit la raison : — Qu'est-ce qui est nécessité pour tout le reste? — Ce qui en soi-même n'est nécessité par rien, ou l'absolu. — Et qu'est-ce qui est absolu, suffisant pour soi et pour autrui? — Le Bien (Τί δὲ ἱκανόν ; — Τἀγαθόν). On ne nous satisfait pas en disant : Cela est, parce que cela est nécessaire, ou parce que cela est arbitraire. Mais on nous satisfait en disant : parce que cela est bon. En un mot, ce qui nous apparaît comme nécessaire, c'est ce qui est volontairement *bon*. La suprême intelligibilité est la suprême activité ; la suprême activité est le suprême aimable.

Aussi avons-nous ramené, dans l'analyse de l'intelligence, l'axiome de la raison suffisante et l'axiome de la causalité à l'axiome du bien. Croire aux raisons et aux causes, c'est croire à l'universelle intelligibilité et à l'universelle activité ; ce qui présuppose la croyance au bien universel. Si nous ajoutons à un effet sa cause, c'est pour le compléter, pour l'achever, et le rendre par là intelligible. L'existence qui commence ou qui finit, étant incomplète, exige pour expliquer ce qu'elle a de limité une action limitante, pour expliquer ce qu'elle a de négatif une raison positive et même une cause. Cette raison, cette cause, comblent le vide qui enveloppe l'existence ; et si elles ne le comblent pas encore entièrement, elles exigeront à leur tour quelque chose qui les achève. De même que la réalité des choses, leur intelligibilité a besoin d'être complète, achevée, égale à l'idée du parfait. Une raison intelligible qui laisserait en dehors d'elle quelque chose d'inintelligible, ne serait point l'absolue raison ; nous préférons donc l'intelligible à l'inintelligible, et l'intelligible complet à l'intelligible partiel, comme plus achevé et plus parfait, ou comme meilleur.

On le voit, c'est l'idée du mieux qui nous fait en toutes choses franchir les limites : nous ne cherchons le *plus*, sous le rapport de la quantité, que parce que nous cherchons le *mieux*, sous le rapport de la qualité. L'idée du superlatif étant la condition de l'idée de comparatif, la notion du mieux se rapporte à celle du bien. L'idée du bien apparaît ainsi comme l'idée fondamentale de la raison, seule notion vraiment innée, à laquelle se ramènent la notion de raison suffisante ou d'intelligibilité avec toutes les opérations intellectuelles qui en dépendent. Seule l'idée du bien, comme par un ressort intérieur, nous fait toujours dépasser toute chose, parce qu'elle-même dépasse tout de sa compréhension et de son extension. Ne trouvant jamais rien d'adéquat à l'idée même sur laquelle nous mesurons chaque chose, nous nous élançons toujours au delà, comme l'amant qui cherche parmi les ombres l'objet de son amour; et qui ne peut jamais embrasser que des images fugitives : par cela même qu'il veut les voir et les saisir, elles lui échappent ; seule, au fond de sa pensée, reste l'idée ineffaçable de ce qu'il aime.

Si l'objectivité de la raison a paru contestable, c'est qu'on n'a pas toujours bien compris quel est le véritable objet de cette faculté. Représenter la raison comme une simple faculté de concevoir le nécessaire, c'est la renfermer dans le relatif, dans ce qui est subi et passif, et c'est l'exposer à toutes les objections de Kant. Cela est nécessaire, dites-vous, donc cela est. Kant répondra : Précisément parce que cela est nécessaire pour moi, je crains que cela ne soit pas nécessaire en soi ; je crains que cela ne se réduise à une condition subie par ma nature, à une relation avec moi-même. Il est nécessaire pour les prisonniers de la caverne de prendre des apparences pour des réalités, ce qui ne prouve pas que les apparences soient des réalités. D'autre part, représenter la raison comme la faculté de concevoir le pur absolu, un absolu indéterminé, une liberté arbitraire, une puissance nue, c'est l'exposer aux objections d'Hamilton. Tant qu'on en reste là, on ne peut rien dire de cet absolu ; son indétermination le soustrait à toute affirmation. Comment donc saurais-je s'il est Dieu, plutôt que matière, atome ou toute autre chose? S'il n'est pas le bien parfait, il ne sera pas encore le vrai Dieu. Je ne veux pas plus un Dieu arbitraire qu'un Dieu nécessaire : je veux un Dieu bon, celui que l'enfant appelle comme le philosophe : le bon Dieu.

En résumé, la voie du pur nécessaire, physique ou logique, ne conduit pas nécessairement à Dieu ; la voie du pur absolu, de la pure liberté, ne conduit que librement à Dieu, et laisse l'esprit dans une alternative. Dès lors, il faut choisir. L'idée du Bien, c'est-à-dire d'une perfection parfaitement parfaite, détermine seule notre liberté sans la nécessiter ; elle seule satisfait et suffit, parce qu'elle seule a pour objet ce qui est souverainement intelligible et souverainement aimable.

Cela tient, en dernière analyse, à ce que l'idée du

parfait offre seule le caractère d'unité qui doit, selon Platon, appartenir au premier principe. Il ne faut pas que l'on conçoive ce principe comme pouvant exister de plusieurs manières et en plusieurs choses. On peut se demander s'il n'y a point plusieurs façons d'être la nécessité : c'est peut-être Dieu, c'est peut-être aussi la matière. Il y a peut-être aussi plusieurs façons d'être la puissance pure ou la liberté pure, et on peut encore se demander au premier abord si cet abîme insondable est Dieu ou la matière nue ; on reste donc, ici encore, dans la dualité. Mais il ne peut y avoir qu'une seule façon d'être la bonté parfaitement bonne ou la perfection parfaitement parfaite. Nous ne voulons pas dire par là que tous les esprits déterminent de la même manière l'idée de la perfection, qui est la détermination suprême. Mais l'objet de cette idée n'en est pas moins conçu par tous comme ne pouvant exister que d'une seule manière, s'il existe. Quand nous nous représentons différemment son existence et ses attributs, nous nous en prenons à la diversité des esprits, et non à l'objet même ; nous nous accordons tous à croire qu'il ne peut y avoir plusieurs existences parfaitement parfaites sous tous les rapports. Au contraire, dans toutes les autres idées, ce qui reste d'indétermination et de dualité est conçu comme pouvant tout aussi bien exister dans l'objet même que dans notre pensée. Aussi, tant que les religions et les philosophies antiques ont adoré le nécessaire ou l'arbitraire, le destin ou le hasard, elles ne sont point sorties complétement du polythéisme. Leur prétendue nécessité impliquait l'action mutuelle de deux principes arbitrairement présupposés ; et d'autre part leur prétendu arbitraire supposait un principe indéterminé d'abord, puis déterminé et conséquemment nécessité par quelque autre principe inconnu. La nécessité, au fond, appelle l'arbitraire, et l'arbitraire appelle la nécessité. Platon a compris que le premier principe, soustrait à tout reste d'indétermination et de multiplicité, ne peut être que l'unité infiniment compréhensive du Parfait. Et cette unité ne consiste pas à n'être qu'une chose, ou à être la totalité des choses, ou à n'être aucune chose, mais à être le Bien auquel rien ne fait défaut. Il est clair que cette perfection, si on l'accepte comme objective, ne pourra plus être ni la matière, ni les atomes, ni le monde, ni une simple abstraction, ni un idéal vide, ni une loi de logique ou de mathématique ; la perfection parfaitement parfaite ne pourra être que le vrai Dieu, le bon Dieu.

III. Les preuves de l'existence de Dieu reviennent à montrer que la condition suprême de toute objectivité doit être acceptée elle-même comme objective, que nous n'avons aucune raison suffisante pour lui refuser la réalité, et que nous avons au contraire pour la lui accorder des raisons très-diverses, bonnes à différents degrés, et dont l'une au moins est absolument bonne. Mais il ne faut pas prendre le change sur ce que ces raisons peuvent et doivent être, et sur les procédés par lesquels, de l'idée vague du Parfait, nous aboutissons à une affirmation consciente et déterminée de son existence personnelle.

Ici s'applique de nouveau le grand principe de Platon sur l'indispensable analogie du sujet avec l'objet dans tout acte de connaissance. La raison de notre affirmation doit avoir de l'analogie avec la raison de l'objet même.

Il en résulte d'abord que nous ne pouvons imposer l'existence réelle à la perfection absolue par aucune nécessité, soit physique, soit logique ; car alors nous nierions le premier caractère de l'absolu, qui consiste à se faire lui-même ce qu'il est, à se donner à lui-même sa propre existence, sa propre perfection, avec une suprême indépendance. Conséquemment, Dieu ne peut être l'objet d'une sensation passive ; il ne peut se révéler physiquement par une modification particulière et bornée, qui s'opposerait à tout le reste par ses différences et ses limites, comme la couleur bleue s'oppose au rouge. De pareilles sensations, nous l'avons vu, ne sont même pas des perceptions ni de vraies connaissances ; elles ne deviennent connaissances que quand nous leur attribuons une valeur objective par un jugement synthétique. Dès lors aussi, elles perdent leur passivité : le lien synthétique par lequel nous unissons nos sensations ou nos modifications subjectives à des causes objectives, est un acte venant de nous, et qui, bien que naturel et spontané, n'en implique pas moins volonté. Pour affirmer ainsi l'extérieur, même matériel, il faut sortir de soi, se dépasser soi-même, ajouter quelque chose à ce qu'on éprouvait passivement et fatalement. Cette addition, cette synthèse, est déjà un mouvement volontaire en même temps que raisonnable : elle implique adhésion à la valeur de notre sensibilité et de notre raison ; elle présuppose les idées mêmes d'activité universelle, d'universelle intelligibilité et de suprême perfection. Qu'on ne demande donc pas aux philosophes une sensation, une perception, ou même une intuition de Dieu analogue à ce qu'on appelle l'expérience. Dans ce dernier mode de connaissance, le sujet et l'objet ne sont unis que d'une manière transitoire et bornée. Car la sensation est un état particulier, et l'affirmation qui la suit est un acte également particulier. En d'autres termes, l'être parfait ou l'*esprit* absolu ne peut être connu comme une *chose*. Du reste, cette réalité des choses, que le sensualisme tient seule pour vraie, n'est qu'une réalité empruntée, reflet d'une réalité toute spirituelle. L'idée de l'activité est plus élevée et plus primitive que celle de la chose, puisqu'on ne peut concevoir les choses elles-mêmes que comme les modifications d'une activité diversement déterminée. Les choses, assurément, n'existent pas par l'inaction; toute chose n'est qu'un degré déterminé de quelque action. Aussi ne pouvons-nous pas apercevoir réellement et en elles-mêmes des choses existant hors de nous; nous ne voyons dans le monde objectif, suivant la pensée de Fichte et de Schelling, que la limitation intérieure de notre propre activité spontanée; en un mot, l'être matériel n'est pour nous que la manifestation des limites de la volonté. S'il en est ainsi pour le monde extérieur lui-même, que sera-ce pour Dieu? Sentir ou percevoir fatalement l'activité parfaitement libre qui est Dieu, sont des expressions qui n'ont pas de sens. Si Platon avait entendu quelque chose d'analogue par son *intuition* du soleil intelligible, ce serait de sa part une complète erreur; mais on ne peut guère prendre au pied de la lettre une comparaison, et dans cette comparaison même il y a quelque chose d'exact. Dieu est effectivement comme la lumière qui ne donne lieu à une perception discernable et particulière que dans les objets limités qui la réfléchissent; d'où personne ne conclura que la lumière n'existe pas en elle-même ou soit en elle-même invisible.

Il ne faut pas non plus se représenter l'affirmation de Dieu comme une conscience, ainsi qu'ont semblé le faire les Allemands et plusieurs philosophes français (1). Sans doute, comme nous l'avons vu déjà, nous ne pouvons prendre de nous-mêmes une conscience réfléchie que par l'idée de l'absolu et du parfait, en plaçant pour ainsi dire notre être dans le domaine infini de la vérité intelligible et de la bonté. C'est là une chose merveilleuse, mais réelle : nous ne pouvons nous affirmer nous-mêmes sans sortir de nous-mêmes, sans nous dépasser, sans nous rattacher à quelque chose de supérieur, sans nous relier au vrai et au bien infini. La grande identité : *moi = moi*, ou : *je suis*, n'est point si identique qu'elle le semble. Pour relier le moi-sujet au moi-objet, ce qui est une vraie synthèse, il faut user du principe universel d'objectivité et adhérer volontairement à l'universel intelligible. Mais nous n'avons pas véritablement conscience de cette universelle intelligibilité qui n'est point nous et qui nous déborde de toutes parts.

Si la synthèse empirique, soit des sens, soit de la conscience, ne peut nous unir à l'absolu, dira-t-on que la raison discursive, que la simple analyse logique, fondée sur le principe d'identité et de contradiction, en est capable? Ce serait une inconséquence. L'analyse ne trouve jamais que ce qui existait déjà dans le principe : Platon l'a compris avant Kant. Sans doute nous avons toutes les raisons logiques d'affirmer Dieu; mais ces raisons ne sont pas tout, et présupposent toujours quelque postulat, parce que notre logique ne peut être l'absolu même. Elle ne le serait que si elle était science absolue, que si elle était unité suprême du sujet et de l'objet, conscience éternelle et

---

(1) Il semble que M. Ravaisson ait adopté cette manière de voir dans son *Rapport sur la Philosophie en France au XIX<sup>e</sup> siècle*.

parfaite, c'est-à-dire Dieu même. Or, nous venons de le voir, nous ne pouvons pas avoir la conscience d'une perfection que nous ne sommes pas. Donc, d'une part, nous ne pouvons pas prétendre à embrasser Dieu d'une science absolue ; d'autre part, Dieu ne peut être l'objet purement logique d'une science relative et bornée : s'il n'était que cela et si nous pouvions le saisir par ce moyen seul, il deviendrait sans doute un objet de démonstration logique et une conclusion nécessaire, mais en perdant son caractère d'absolu et de parfait. Il faut donc, pour atteindre Dieu, sortir de la science purement logique, comme de la sensation et de la conscience; non que la connaissance de Dieu soit inférieure à ces états ou à ces actes, mais parce qu'elle leur est supérieure. La synthèse empirique et l'analyse rationnelle sont toujours particulières et bornées; leur prétendue nécessité ne s'étend qu'entre des limites au delà desquelles est l'inconnu, et cet inconnu demeure l'arbitraire tant qu'on ne l'éclaire pas d'une lumière supérieure.

Si la synthèse empirique et l'analyse rationnelle ne suffisent pas pour atteindre Dieu, comment donc pourrons-nous l'atteindre ? Ne sont-ce pas là nos seuls moyens de connaître ? — Parler ainsi, c'est oublier qu'il existe un troisième procédé sans lequel les deux autres seraient eux-mêmes impossibles : je veux dire la synthèse supérieure de la raison sans laquelle aucune opération de l'esprit, empirique ou logique, ne peut avoir lieu. Nous l'avons vu, cette synthèse plus qu'empirique est nécessaire pour aller empiriquement du subjectif à l'objectif, du moi à l'extérieur. Cette synthèse plus que logique n'est pas moins nécessaire pour aller logiquement du même au même ou pour analyser les notions. Les logiciens parlent sans cesser d'aller du même au même, sans s'apercevoir que cette expression est contradictoire. Si vous alliez du même au même dans toute la force du mot, vous n'iriez pas du tout, et vous resteriez parfaitement immobile. Penser, n'est-ce pas marcher et avancer, par cela même relier et unir? L'analyse même est donc une synthèse : on ne peut aller du principe à la conséquence, ou du tout à la partie, sans quelque chose qui les relie et les unisse.

Dans cette synthèse supérieure qui domine toute connaissance particulière, la raison apparaît en premier lieu comme essentiellement active. En second lieu, cette activité n'est pas aveugle et sans but : nous n'unissons pas les notions au hasard ; nous cherchons à les unir intelligiblement, nous cherchons l'intelligible absolu. En troisième lieu, nous ne trouvons l'intelligibilité absolue que dans le complet et le parfait. La synthèse sans laquelle aucune connaissance n'est possible est donc, en définitive, un *acte* de la raison par lequel nous rendons les choses *intelligibles* en les unissant de plus ou moins loin à l'idée du parfait ou du *Bien*.

Maintenant dira-t-on, avec Kant, que l'acte essentiel de la raison peut être purement subjectif? Refusera-t-on une existence objective à cette perfection, à cette Idée des Idées, par laquelle nous objectivons tout le reste? — A la rigueur, on le peut si on le veut ; et comme nous sommes ici au-dessus de la sensation, au-dessus de la conscience individuelle, au-dessus de la logique pure, aucune fatalité sensible et aucune nécessité logique ne pourront faire violence à ce doute transcendental. C'est au fond, remarquons-le, l'objectivité de l'intelligence même qui est ici en cause; or, admettre l'autorité de la raison est nécessaire en un sens, parce que nous y sommes forcés pratiquement et que nous ne pouvons nous passer de la raison ; mais cela est libre aussi en un autre sens et spéculativement, parce que après tout la raison ne se prouve pas, et que, sous peine de cercle vicieux, il faut l'accepter volontairement pour pouvoir s'en servir. Cependant, s'il n'y avait là que liberté pure, cette liberté ressemblerait trop à l'arbitraire et au hasard. Comment donc sortir de là, comment éviter à la fois la nécessité fatale et la liberté arbitraire? — On ne le peut sans l'idée du bien.

Il n'est pas seulement nécessaire ou libre d'accepter la raison ; mais cela est bon, bon en soi, bon pour nous, bon pour les autres, parce que l'objet même de la raison est le bien universel dont le nôtre dépend, et qu'il est bon d'adhérer au bien. Cette adhésion, sans détruire toutes les raisons inférieures, y ajoute la dernière raison, la raison suffisante et bonne. La raison *suffisante* n'est-elle pas celle qui est absolue et se fait elle-même, celle qui vient d'une liberté persuadée et non contrainte? Et en même temps la *bonne* raison n'est-elle pas celle qui repose sur le bien même, sur le parfait? Quoique n'étant pas Dieu, nous devons nous unir à lui dans un acte analogue à celui par lequel il s'affirme lui-même ; notre affirmation doit donc être à la fois raisonnable, libre et bonne, non pas arbitrairement libre ou indéterminée, mais déterminée par soi et par sa bonté propre. Dans cette affirmation, nous devons nous mettre tout entiers et nous donner tout entiers au Bien, sans que nous puissions, nous, le recevoir, le voir et le savoir tout entier. On comprend sans doute cette généreuse impatience par laquelle nous voudrions tout de suite voir, savoir et posséder ; mais nous oublions que, plus Dieu fera et agira à notre place, moins nous ferons et agirons nous-mêmes, moins au fond il fera lui-même pour nous. Notre condition, et en même temps notre grandeur, consiste dans notre moralité raisonnable et libre ; nous ne pouvons donc pas faire entièrement abstraction de notre bonté personnelle dans une science qui a pour objet le Bien suprême : la métaphysique.

Platon avait entrevu cette part inévitable du moral dans la métaphysique, qui ne saurait devenir de la logique pure sans se détruire elle-même. Kant a mis la chose hors de doute ; seulement il a considéré l'acte de bonté volontaire et raisonnable par lequel nous adhérons au bien en soi comme une simple soumission au bien moral, à la loi du devoir ou à l'impératif catégorique. Voyons si ce n'est point encore faire dépendre la raison d'une nécessité.

Sans doute, Kant veut parler d'une nécessité morale, d'une obligation qui commande sans contraindre. Pourtant, une loi qui n'apparaîtrait que comme impérative, sans rien de plus, semblerait une règle négative et limitative, un joug propre à nous imposer une mesure et des bornes, propre à réaliser un ordre mathématique ou logique plutôt qu'un ordre vraiment spirituel ou moral. Le côté par lequel la perfection se manifeste comme règle ou loi n'est donc pas la vraie infinité, qui pénètre en toutes choses sans les limiter et sans être limitée par elles.

En conséquence, pour que je conçoive et accepte sans réserve le Bien infini, il faut qu'il m'apparaisse, non-seulement comme impératif, mais comme persuasif ; il doit être non-seulement suprême loi ou justice, mais suprême amour ou charité. Si je ne voyais rien de positivement bon et d'aimable dans le bien, je n'y verrais rien non plus de respectable ni d'obligatoire. Respecter, c'est encore aimer; et commander, c'est encore persuader. Ce qu'on n'aime absolument pas, ce en quoi on ne trouve pas l'attrait de quelque bien positif, le respecte-t-on? Et ce qui, tout en commandant, ne persuade point, ne demeure-t-il pas extérieur, étranger, comme une nécessité gênante et inintelligible? Une obligation doit être d'abord acceptée comme obligation; c'est là son essence, méconnue par Kant et transformée en nécessité. Or, je n'accepte une obligation que parce que j'y reconnais un bien positif et absolument aimable. Il n'y a donc pas plus de *nécessité* morale dans l'idée du Bien suprême que de nécessité physique ou logique. Le Bien est le premier intelligible et le premier aimable dont parle Platon, et l'acte d'adhésion à sa réalité est plus qu'un acte de vertu stoïque: c'est un acte d'amour, de divine charité, de bonté. Ainsi, Kant a bien compris que la raison de notre croyance en Dieu doit contenir un élément moral; mais il l'a restreinte à une forme rationnelle encore extérieure et logique; il en a fait un lien de nécessité obligatoire, et ne s'est pas élevé avec Platon jusqu'à l'essence même du bien, qui est de se faire aimer des êtres bons. Dieu n'est pas essentiellement la limite morale qui défend à mon intérêt d'aller plus loin; c'est l'illimité qui m'invite à franchir toute limite, y compris celle du moi, par mon intelligence, par ma volonté et mon amour.

En résumé, quoique je sois d'abord amené à la croyance en Dieu par une sorte de nécessité naturelle de ma constitution, ce premier penchant ne suffit pas. J'y suis ensuite amené par une multitude de nécessités logiques, mais il faut que j'y ajoute encore quelque chose par moi-même; et cette chose, je suis obligé par vertu à l'ajouter volontairement. Mais, en définitive, pourquoi suis-je obligé?—Parce que la perfection parfaitement bonne est aussi parfaitement intelligible et parfaitement aimable. Elle est l'Unité suprême vers laquelle tendent toutes les puissances de mon âme, et où leur ascension dialectique trouve le repos.

Dieu semble s'adresser non-seulement à notre intelligence, à notre volonté, à notre moralité, mais aussi à notre amour et à notre âme tout entière, pour nous poser cette question : « Aimes-tu mieux que je sois, ou que je ne sois pas? » A nous de choisir, non d'un choix aveugle, mais d'un choix à la fois très-éclairé et très-volontaire. Par cet acte, fondement de la religion naturelle, nous nous relions tout entiers, non à un idéal abstrait qui ne serait qu'un mode de nous-mêmes, mais à une réalité objective qui est notre principe et notre fin ; nous reconnaissons une valeur absolue à l'objet suprême de notre raison, de notre volonté et de notre amour ; nous acceptons et élevons au-dessus du monde sensible, comme infiniment plus vrai et plus réel, le monde intelligible, moral et divin, le monde des Idées et du Bien. Le monde divin s'accepte et ne s'impose pas. Voulons-nous qu'il soit notre patrie? A nous de dire si nous préférons rester les sujets de la Nécessité matérielle ou devenir les libres citoyens de la Cité céleste.

On se plaint parfois de cet acte d'amour intelligent, de *bonne volonté* morale, ou plutôt de charité religieuse, sans lequel l'existence objective de Dieu, ou, ce qui revient au même, l'objectivité de notre raison, ne peut être admise. Etrange idolâtrie, par laquelle on préfère la violence de la fatalité physique, mathématique ou logique, à la persuasion de l'amour. Quoi! vous aimez mieux être violentés et comme brutalisés par le Bien ! Vous voulez que Dieu soit une force matérielle, ou un théorème mathématique, ou un axiome logique, c'est-à-dire que Dieu ne soit pas! Ou vous voulez qu'il se révèle à vous autre qu'il n'est, c'est-à-dire qu'il ne se révèle pas! Mais, par une contradiction étrange, si Dieu se révélait de cette manière, vous seriez le premier à repousser ce que vous aviez d'abord demandé. — Quoi! diriez-vous, Dieu n'est qu'une puissance invincible et brutale! Dieu n'est qu'un théorème de géométrie enfermé dans les limites d'$a + b = c$! Dieu n'est qu'un axiome ou un syllogisme logique! Mais alors j'ai en moi-même quelque chose de supérieur à lui; j'ai en moi une volonté libre, aimante et bonne, plus absolue, plus infinie et plus parfaite que cette prétendue perfection; je domine votre Dieu de ma pensée et de mon amour; et, du haut de ma moralité, je ne puis qu'abaisser un regard dédaigneux sur votre nécessité physique ou logique. Elle pourra m'écraser, comme le monde écrase le roseau de Pascal; mais le roseau pensant, aimant et libre, sera toujours plus noble que ce qui le tue. — Telles seraient vos paroles, et vous seriez alors dans le vrai. Ne demandez donc pas que Dieu s'impose à vous en despote au lieu de laisser la dernière et la meilleure part à votre volonté raisonnable et bonne, sans préjudice de toutes les autres raisons. L'affirmation de Dieu ne pourrait être physiquement et logiquement nécessaire que pour lui-même, grâce à la conscience qu'il a de lui; et encore n'est-elle point pour lui une vraie nécessité. Nous, ne pouvant avoir la conscience de l'absolu et par là la science absolue, nous avons, outre toutes les preuves logiques, le mérite moral d'accepter volontairement l'objet suprême de notre logique et de notre raison; par là aussi nous nous acceptons nous-mêmes comme êtres raisonnables et libres, comme êtres moraux. Ce n'est pas tout ; nous ne sommes pas seulement par là vertueux, mais heureux ; car la loi de la volonté est un lien d'amour, et ce qui au premier abord semblait un ordre, est au fond une grâce, tout au moins une promesse. Ne ressemblons donc pas aux peuples enfants qui admirent chez leur souverain la violence despotique, et qui placent dans le ciel, comme sur les trônes de la terre, la Nécessité. Mieux vaut l'acceptation virile et douce de la liberté sur la terre et de la liberté dans le ciel.

En un mot, de même que l'objet suprême de la métaphysique ne doit pas être confondu avec toutes les relations physiques, mathématiques, logiques et morales, qu'il produit du sein de son unité, de même l'adhésion du sujet à cet objet suprême ne peut être confondue avec les affirmations inférieures et dérivées dont elle est le principe. C'est un acte spontané de religion qui, dans son unité suprême, enveloppe et dépasse toutes les affirmations physiques, logiques et purement morales ; il n'est rien de tout cela, il est tout cela et il est plus encore. C'est l'acte d'adhésion de l'âme tout entière au Bien tout entier ; c'est l'acte suprême d'une raison qui est en même temps volonté et amour, ou d'une volonté qui est raison et amour, ou d'un amour qui est raison et volonté. Nous saisissons l'Unité, dit Plotin, par ce que nous avons de plus un en nous-mêmes.

Ne pouvant ni atteindre à la détermination complète de cette Unité, ni la laisser dans une indétermination encore plus pauvre et plus indigne que tout le reste, nous en devons tenter avec Platon une détermination progressive, toujours incomplète pour la logique, et toujours complétée par l'élan naturel de l'âme.

## CHAPITRE II.

### LE SUPRÊME INTELLIGIBLE. DIEU, UNITÉ DES IDÉES ET TERME DE LA DIALECTIQUE.

PREUVE DIALECTIQUE DE L'EXISTENCE DE DIEU PAR L'UNITÉ INTELLIGIBLE, SUPÉRIEURE AUX CONTRAIRES. — Cette Unité est-elle virtualité pure, actualité pure, ou un terme supérieur aux deux à la fois? Solution de l'antinomie entre la puissance et l'acte. — Supériorité de la conception platonicienne et alexandrine sur la conception aristotélique. Les Idées ou raisons intelligibles sont les puissances de la réalité absolue.

Des choses *différentes*, opposées même, doivent avoir des raisons différentes; sinon, leur différence même serait sans raison; or il y a dans la réalité des choses diverses et contraires; donc il doit y avoir dans les raisons et au sein de l'intelligible quelque principe de diversité. De là la distinction des Idées entre elles, premier degré de la dialectique. Mais quelque diverses que soient les choses, et aussi les *raisons* des choses, elles ont cependant une double ressemblance : premièrement, ces choses et leurs raisons existent toutes; secondement, elles sont toutes intelligibles. Si donc les choses les plus diverses ont en commun l'être et l'intelligibilité, il faut bien admettre une raison unique par laquelle elles existent et sont intelligibles. La dualité des raisons premières ne pourrait satisfaire l'esprit, car les deux termes auxquels on aboutirait alors auraient besoin d'un principe commun qui expliquât leur commune réalité et intelligibilité.

On reconnaît le grand principe du *Parménide* : — Quand on veut s'arrêter à deux Idées premières qui ne rentrent point l'une dans l'autre, on voit nécessairement s'élever au-dessus d'elles une troisième Idée, qui seule est vraiment primitive. S'il y avait deux raisons premières, il faudrait *une* raison pour laquelle il y eût *deux* raisons. Le langage, ici, est la fidèle expression de cette loi métaphysique : « *Tout* (infinité) a *une* (unité) *raison* (intelligibilité) d'*être* (existence). » Par là on affirme la synthèse des contraires, de l'un et du multiple, dans l'absolu. Le principe analytique de contradiction, qui engendrait la distinction des Idées, finit par s'absorber dans le principe synthétique de la raison suffisante, qui engendre l'unité des Idées : « Un est plusieurs, et plusieurs sont un. »

Qu'on y prenne garde, ce n'est pas là une loi particulière à quelque système isolé ; c'est une nécessité absolue de tous les systèmes, parce qu'elle est la condition absolue de la raison, ou plutôt la raison même. Seulement, il y a une manière d'identifier les contraires qui semble la destruction de la raison par elle-même, et une manière de les unir qui est le triomphe le plus complet de la raison. « Ce n'est pas au hasard, » dit Platon dans le *Philèbe*, « mais avec méthode, qu'il faut faire d'un plusieurs, et de plusieurs un. »

Tout dépend de la valeur qu'on accorde au terme final de la dialectique, à l'Unité compréhensive de la multiplicité. Cette raison universelle doit être conçue comme un centre d'où tout rayonne, et où tous les rayons sont en puissance. Maintenant, prétend-on que ces rayons sont *virtuellement* dans un centre qui lui-même est exclusivement *virtuel*; alors rien n'en sortira. Tout étant possible sans qu'il y ait rien de réel, les choses demeureront éternellement possibles sans être ; ou plutôt, rien ne pouvant être, rien ne sera possible. Donc les diverses perfections des êtres sont contenues virtuellement dans un centre réel et non dans un centre virtuel. Il faut tout réduire, non à l'unité stérile du non-être, mais à l'unité féconde de l'Etre.

Au fond, les deux doctrines qui sont en présence peuvent se ramener elles-mêmes à l'unité, pourvu qu'on entende bien les termes de la question. Ceux qui parlent de la virtualité première ne veulent pas dire sans doute un pur néant, mais une puissance qui puisse véritablement être et se réaliser, une puissance que rien n'empêche de se produire, que rien ne rende impuissante ; sinon, ce ne serait plus la puissance pure, et on y mêlerait quelque action limitante qui lui ferait obstacle, quelque acte qui s'opposerait à elle. La pure puissance est donc bien une puissance absolue, sans acte limitant et sans obstacle. Mais alors quelle différence et quelle distance y a-t-il entre cette puissance absolue et l'acte absolu ? Puisque réellement elle peut être et que rien ne l'empêche d'être, il est clair qu'elle sera, ou plutôt qu'elle *est* éternellement. Le moment de la pure possibilité n'est donc qu'une abstraction logique : la puissance absolue n'est pas d'abord réduite à n'être que possible, puis à être actuelle; car cela reviendrait à dire que d'abord elle ne pouvait pas, puis qu'elle a pu. Cela impliquerait, au premier moment, une action opposante, et au second une autre action triomphant de l'obstacle. Tout cela n'est point la puissance pure, vraiment puissante et vraiment une, d'où sortent tous les contraires. Ainsi, au fond, une virtualité complète est une réalité complète ; elle n'est virtuelle que par rapport à ce qu'elle peut produire d'autre que soi dans le temps et dans l'espace; mais, considérée en soi, dans son unité supérieure à toute multiplicité de temps et de lieu, elle est nécessairement réalité immédiate. L'être qui n'a besoin que de soi-même pour exister, ayant la puissance complète d'être ce qu'il est, est *actuellement* et éternellement ce qu'il est.

On trouve sur ce point, chez presque tous les philosophes, une véritable illusion d'optique. Beaucoup de métaphysiciens appellent pur possible une chose qui peut aussi bien ne pas exister qu'exister. Nous venons de le voir, cette prétendue possibilité pure est au contraire un mélange de possibilité et d'impossibilité; elle suppose un équilibre entre les raisons pour lesquelles elle peut être et les raisons pour lesquelles elle ne peut pas être. Le complet possible n'est point ce mélange inerte, qui est au contraire impossibilité et impuissance, et qui jamais ne pourra se déterminer sans une action extérieure capable de rompre l'équilibre. C'est d'Aristote que vient cette notion inexacte, qui, ce semble, a fait prendre le change à presque tous les métaphysiciens; c'est Aristote qui a représenté la puissance pure comme pouvant aussi bien ne pas être qu'être; et en croyant par là décrire la puissance, il a réellement décrit l'impuissance. Platon, au contraire, était dans le vrai quand il donnait à ce mélange indéterminé, à cet équilibre inerte des contraires déjà décrit par Anaxagore, les noms d'impuissance, de stérilité, de pauvreté (πενία). Ce n'est point là qu'il plaçait la vraie puissance avec toutes les puissances particulières qu'elle renferme : il plaçait toutes ces puissances, sous le nom d'Idées, dans le sein même de l'être absolu, qu'Aristote devait appeler l'acte pur. Aristote rejette comme contradictoire cette théorie des Idées ou des puissances actives : il semble trop tenir à son principe logique de l'exclusion du moyen terme, qui n'a réellement de valeur que pour les choses dérivées et relatives, sujettes à la contradiction, et non pour l'Unité supérieure à toute contradiction ; il ne voit pas que le point de coïncidence est en tout la réalité même, et que la réalité absolue est la coïncidence éternelle des contraires dans une perfection qui les produit sans les subir. Il exclut donc la puissance de l'acte absolu pour la transporter à la matière. Dieu, dit-il, ne *peut* pas; la matière peut. C'est confondre les extrêmes; et cette confusion, entrevue par les Alexandrins, par Spinoza et par plusieurs autres philosophes, s'est perpétuée sans qu'on ait osé mettre ouvertement une identité là où Aristote mettait une opposition. De nos jours encore on oppose la puissance pure et l'actualité pure, sans s'apercevoir que ces deux choses sont absolument identiques. Nous venons de le voir, le pur possible, sans mélange d'impossibilité, est actuel par cela même ; car, s'il *peut* être, sans restriction, sans condition, sans rien qui le rende impossible, sans rien qui lui fasse obstacle, dites pour quelle raison il ne serait pas? Ou il peut absolument être, et alors il est; ou il n'est pas, et alors il y a une raison qui l'empêche d'être. Ne l'appelez donc pas le pur possible, mais donnez-lui son vrai nom : l'impossible. Le vrai possible, pur et sans mélange, ou inconditionnel, est la réalité suprême que Platon a conçue comme enveloppant toutes les puissances par cela même qu'elle enveloppe tous les actes. Quant aux puissances dérivées, elles sont conditionnelles; et c'est Dieu qui, avec une indépendance absolue, les conditionne les unes par les autres. Si par exemple Dieu n'a pas créé de toute éternité l'espèce-homme, il n'en a pas moins renfermé de toute éternité dans son sein la puissance de l'homme; mais quelque condition, posée par Dieu même, a empêché cette puissance de passer à l'acte immédiatement ou inconditionnellement; cette puissance dérivée n'était donc pas *pure*. La puissance vraiment pure renferme toutes les puissances relatives dans son activité absolue, toutes les virtualités dans sa réalité.

En définitive, il y a une raison commune de la réalité et de la virtualité, raison élevée au-dessus de toute réalité particulière et de toute virtualité particulière, qui est conséquemment l'unité parfaite de l'acte absolu et de la puissance absolue.

Cette Unité est le suprême Intelligible auquel aboutit la dialectique et qui est supérieur à toute intelligibilité particulière comme à toute existence particulière. Ce n'est pas un intelligible qui serait intelligible sans être, et conséquemment inintelligible; ou un être qui serait sans être intelligible, qui conséquemment n'aurait pas de raison d'être ni de raison d'être affirmé. L'intelligibilité et la réalité, comme la puissance et l'acte, coïncident dans l'Unité.

Il en résulte que l'Unité est ce à quoi rien ne manque, le complet, l'achevé, en dehors duquel et sans lequel rien ne peut être ni intelligible ni réel. La pure intelligibilité n'est point quelque chose d'inachevé, de borné, que limiterait je ne sais quoi d'inintelligible; elle ne peut donc pas laisser en dehors d'elle-même, comme une chose étrangère et inintelligible, la réalité ou l'existence. La réalité pure, à son tour, n'est point quelque chose d'inachevé et d'incomplet que surpasserait l'intelligible, et qui par conséquent serait dépassé par un intelligible sans existence. Toutes ces oppositions d'intelligibilité et de réalité ne sont ni le pur intelligible ni le pur réel, et appellent un terme supérieur vraiment pur, complet et achevé. Or, le complet n'est autre chose que le parfait ou le Bien.

## CHAPITRE III.

### LA SUPRÈME ACTIVITÉ ET LE SUPRÈME DÉSIRABLE. DIEU, CAUSE EFFICIENTE ET FINALE.

PREUVE DE L'EXISTENCE DE DIEU PAR LE PRINCIPE DE CAUSALITÉ. — I. NÉCESSITÉ D'UNE CAUSE ABSOLUE. En quel sens une série infinie de causes relatives est possible. Que cette série infinie suppose encore au-dessus d'elle une cause absolue. Solution platonicienne de l'antinomie établie par Kant entre la série infinie des causes relatives et la cause absolue. Point de vue propre aux sciences physiques; point de vue propre à la métaphysique. — II. NATURE DE LA CAUSE ABSOLUE. Examen des trois hypothèses qu'on peut faire à ce sujet. L'absolu est-il la pure imperfection, ou un mélange de perfection et d'imperfection, ou la pure perfection. Que l'absolu est Esprit pur.

PREUVE DE L'EXISTENCE DE DIEU PAR LE PRINCIPE DE FINALITÉ. Que la cause absolue ne peut agir ni par nécessité mécanique, ni par nécessité logique, mais par volonté du bien et par amour. Le suprême Aimable. — Que la finalité dans le monde n'est pas nécessité, mais spontanéité. Dieu est un ouvrier d'ouvriers.

I. Y a-t-il une véritable antinomie entre la série illimitée des conditions dans le temps et dans l'espace, que réclament les sciences physiques, et la cause inconditionnelle, que réclame la métaphysique? ou Platon avait-il raison d'admettre à la fois un monde engendré sans commencement ni fin, et un Dieu éternel qui en est « le père? »

Posons d'abord comme thèse la cause absolue, et voyons si cette thèse n'appelle pas comme conséquence sa prétendue antithèse, je veux dire l'infinité des causes relatives. La raison des raisons, la cause des causes, étant complète et parfaite, ne peut dépendre de la durée, ni être limitée dans son action à tel ou tel point du passé ou de l'avenir; car alors elle ne serait plus absolue, et on lui imposerait la condition d'attendre un certain temps pour se manifester. Il s'ensuit qu'elle agit éternellement. Son effet doit exprimer cette éternité par une succession sans commencement ni fin, qui en est l'image mobile. La thèse appelle donc l'antithèse.

Prenez-vous au contraire pour point de départ l'antithèse, c'est-à-dire la succession des phénomènes, vous retrouverez la thèse, c'est-à-dire la cause absolue. D'abord, tout phénomène qui apparaît dans le temps doit avoir des conditions antécédentes dans l'ordre même du temps, c'est-à-dire qu'il doit toujours être précédé d'autres phénomènes. En effet, un commencement absolu dans le temps serait inintelligible, puisqu'un commencement est une relation et qu'une relation ne peut pas être absolue. Comment d'ailleurs y aurait-il une raison suffisante ou absolue pour placer le premier anneau à tel point relatif du temps plutôt qu'à tel autre? La série des conditions, que Platon appelait la génération ou devenir, et qu'Aristote appelait le changement ou mouvement, est donc illimitée dans le passé et dans l'avenir. Il en résulte que les causes secondes elles-mêmes, dont les phénomènes sont les modes ou les effets, forment une série illimitée, dans laquelle chaque terme, suivant l'expression de Pascal, est à la fois causant et causé, ou, selon l'expression de Kant, conditionnant et conditionné. Maintenant, remarquons-le bien, tout ayant une raison et une cause, cette série illimitée de conditions et de causes conditionnées doit avoir elle-même sa raison et sa cause. Il ne suffit pas que chaque terme ait sa condition empirique dans le terme précédent, et ainsi de suite à l'infini; car il resterait à expliquer rationnellement cette succession infinie de phénomènes; une succession constante implique une raison constante. Cette raison ne peut être un des termes particuliers et relatifs de la série ; elle n'est pas non plus la série elle-même, qui n'existe que par ses éléments, qui de plus est toujours incomplète et inachevée, qui enfin n'est qu'un nombre ou une collection abstraite, sans activité efficace. Immanente par son action à toutes les parties de la chaîne, sans se confondre ni avec un anneau ni avec l'ensemble des anneaux, la cause des causes doit être en elle-même transcendante. Par conséquent, la série infinie des êtres mobiles fait comprendre, loin de l'exclure, la nécessité d'une raison immuable, d'une Idée active en vertu de laquelle la nature s'est toujours produite et se produira toujours. Cette Idée, la plus réelle des réalités puisque toutes les réalités n'existent que par elle, n'est pas première dans l'ordre chronologique, mais dans l'ordre métaphysique. L'expérience et l'entendement la poursuivraient en vain en rétrogradant dans le passé, en parcourant les phénomènes dans le sens de la longueur ; il faut, par la raison, sortir des phénomènes, passer en dehors et au-dessus, du mobile dans l'immuable, du temps dans l'éternité. Il y a *continuité* dans la Nature ; on y chercherait inutilement un point où la série des faits se brisât, et où apparût particulièrement l'acte créateur : cet acte n'est pas plus ici que là, hier qu'aujourd'hui, aujourd'hui que demain. Ce qui vous semblait d'abord inexplicable par des conditions purement scientifiques, ce qui vous paraissait nécessiter l'intervention particulière de Dieu, un peu plus de science ou d'expérience le ramènera à des conditions concevables ou vérifiables, et renouera la chaîne des antécédents et des conséquents où vous aviez cru apercevoir une solution de continuité. Par là, vous vous êtes exposés à entendre appeler votre Dieu une sorte de machine métaphysique, un *deus ex machinâ*. En le faisant descendre dans la série linéaire de l'entendement et de l'expérience, de la διάνοια, vous avez compromis, aux yeux des sciences positives, le Dieu de la raison et de la métaphysique, de la νόησις. Comprenons mieux l'admirable enchaînement de l'œuvre divine : Dieu est présent partout à la fois dans son œuvre ; mais il n'est point ici plutôt qu'ailleurs. On peut appliquer à la puissance de la cause suprême la parole de Pascal : cette puissance est partout comme centre, et ses bornes ne sont nulle part.

En conséquence, la science positive ne doit jamais s'imaginer, quand elle ajoute un anneau de plus à la chaîne indissoluble des conditions empiriques, qu'elle supprime pour cela l'inconditionnel. La métaphysique est désintéressée dans les systèmes des physiciens sur les causes secondes, et elle peut répondre au positivisme physique par une sorte de positivisme métaphysique qui maintient l'indépendance de la cause intellectuelle devant les causes matérielles. Tous les raisonnements ou tous les faits par lesquels les naturalistes ou les panthéistes s'efforcent de nous représenter le monde comme aussi absolu que possible, ne prouvent rien contre l'existence de Dieu. On peut le faire voir *à priori*. En effet, si Dieu existe et crée un monde à son image, comme l'admet Platon, il devra créer un monde aussi semblable à lui-même et aussi absolu qu'il est possible sous tous les rapports ; et c'est ce que Platon admet aussi. Dieu devra donc, dans l'hypothèse du spiritualisme, réaliser autant qu'il est possible le monde des panthéistes et des naturalistes. Dès lors, en croyant travailler contre le spiritualisme, ces derniers travaillent en sa faveur :

car ils montrent bien que le monde est aussi semblable que possible à l'absolu, — ce qui doit être ; — mais ils ne réussissent pas et ne réussiront jamais à démontrer que le monde soit l'absolu même, le pur absolu, parce qu'il est contradictoire qu'une existence soumise aux conditions du temps et de l'espace soit inconditionnelle. On peut donc accorder aux panthéistes et aux naturalistes tout ce qu'ils voudront, hormis ce dernier point, qui est une franche contradiction. Voilà pourquoi la métaphysique n'a rien à craindre des découvertes en physique, en astronomie, en physiologie. Condensation des nébuleuses, apparition naturelle des êtres organisés au milieu des êtres qui n'avaient encore que la forme minérale, hétérogénie, transformation des espèces, sélection naturelle et lutte pour la vie, universelle parenté des animaux, — autant d'hypothèses ou de découvertes scientifiques, comme on voudra, substituées aux miracles des théologiens et à l'intervention directe de la cause première dans les causes secondes, mais qui ne portent pas la plus légère atteinte aux raisonnements des métaphysiciens. Ce qui appartient aux sciences physiques, c'est seulement de déterminer les conditions imposées par l'absolu aux êtres conditionnés. Ces sciences ne peuvent pas et ne doivent pas faire intervenir dans l'ordre physique l'absolu même; mais elles doivent encore moins en supprimer la certitude intellectuelle et morale. Pauvre foi en Dieu, que celle qui s'inquiète et tremble devant le télescope de l'astronome, devant les cornues du chimiste, devant le scalpel du médecin, et qui semble se dire avec anxiété : Peut-être cette nouvelle expérience va-t-elle m'apprendre que Dieu n'existe pas! Newton a dit à la physique de se garder de la métaphysique. Mais, en vérité, la métaphysique devrait bien aussi maintenir son indépendance devant la physique (1).

Vous reléguez Dieu, dira-t-on, dans une sorte de ciel inaccessible. — Inaccessible à l'expérience, assurément; mais où la raison est toujours présente. Faut-il donc faire descendre Dieu, comme les divinités païennes, dans le tumulte des phénomènes matériels ou dans la mobilité de la vie humaine? Nous le plaçons dans la région de l'absolu, bien au delà de notre monde; oui, sans doute; mais en même temps nous affirmons sa présence universelle dans la nature et dans l'humanité. Il est loin de nous par son essence; il est près de nous et en nous par sa puissance et son amour. D'ailleurs, Dieu ne peut être immanent et intra-mondain qu'à la condition d'être transcendant et supra-mondain; car, pour qu'il soit présent à toutes choses et à chaque chose, il faut bien qu'il soit supérieur à tout; pour être intime à la fois à tous les êtres, il faut bien qu'il soit en lui-même quelque chose d'indépendant et d'absolu. L'immanence et la transcendance sont les deux caractères que Platon attribuait à l'Idée par une apparente contradiction qui n'existe que pour l'imagination, et où la raison découvre la plus parfaite harmonie.

En résumé, au lieu de choisir entre la cause abso-

---

(1) Le positivisme et la métaphysique ne sont ennemis et vraiment inconciliables que par leurs négations, et non par leurs affirmations. Le positivisme rend un vrai service à la philosophie en montrant que les objets de la physique sont physiquement indépendants de la métaphysique; car il montre par cela même que l'objet de la métaphysique est à son tour métaphysiquement indépendant de la physique. Les conditions, en tant que conditions, ne dépendent pas physiquement de l'inconditionnel, mais seulement des conditions antécédentes; et d'autre part, l'inconditionnel ne dépend pas métaphysiquement des conditions physiques et de leur série.

lue et l'infinité des causes relatives, on doit, selon le précepte de Platon, prendre les deux à la fois. Dire qu'un flambeau, obscur par lui-même, a emprunté sa lumière à un autre flambeau, ce dernier à un autre, et ainsi de suite à l'infini, c'est dire une chose possible sous le rapport du temps ; mais encore faut-il qu'il y ait une flamme qui se soit ainsi communiquée sans commencement et sans fin, et dont tous les êtres se passent, comme de main en main, la vivifiante étincelle. Cette flamme lumineuse par elle-même, qui, d'après Philon et les Alexandrins, se communique sans se diminuer, et allume tout ce qui est éteint sans s'éteindre, cette flamme qui, selon la pensée de Schelling, n'a pas besoin de matière pour se nourrir et se nourrit éternellement de soi, c'est le pur Esprit. Si l'Esprit veut bien, sans commencement et sans fin, illuminer les ténèbres, est-ce une raison pour croire que les ténèbres brillent par elles-mêmes ? Si, dans le ciel sans limites, se transmet d'astre en astre une lumière qui n'appartient à aucun et qui est pour chacun empruntée, cette transmission à l'infini nous dispense-t-elle de reconnaître une lumière qui se donne sans avoir été elle-même donnée, et qui, à jamais en possession de soi, rayonne inépuisable à travers l'infini ? C'est la lumière intelligible de Platon, la lumière de l'éternelle pensée, qui est aussi la chaleur de l'éternel amour.

II. Pourtant, on a contesté que cet Etre absolu où la mobilité des phénomènes a son immuable origine fût la perfection spirituelle. La preuve cosmologique ne s'arrêterait-elle point, comme Kant le prétend, à un absolu qui n'est peut-être pas identique à la perfection ?

On rencontre trois opinions sur ce sujet. Pour les uns, la cause absolue est l'absolue imperfection, le Dieu-Néant. Selon d'autres, elle est douée d'un degré fini de perfection, comme les atomes de Démocrite. Enfin, selon Platon et le spiritualisme, elle est l'infinie perfection.

D'après quelques hégéliens de l'extrême gauche, peu fidèles à la vraie pensée de leur maître, la cause première serait l'être absolument indéterminé, identique au néant, qui se détermine peu à peu, devient et se développe dans le monde. Mais de deux choses l'une : ou votre idée-cause est un néant absolu, ou elle est une puissance vague, un germe inconscient qui arrivera plus tard à la conscience de lui-même. Admettons la première hypothèse : le principe de causalité nous démontre qu'éternellement il ne se produira rien. Dans le néant, rien n'explique la production; tout la contredit. Prétendez-vous cependant que votre néant enveloppe le monde? On peut alors tourner contre vous l'argument de saint Anselme renversé. Le néant est une chose telle que l'on ne peut en concevoir une moins déterminée; or, si le néant possédait le monde en puissance, on pourrait concevoir une chose qui, ne contenant rien, même en puissance, serait moins déterminée que le néant, ce qui est absurde; donc le néant ne peut produire le monde.

Vous voilà forcés de mettre à l'origine des choses un germe imparfaitement déterminé, mais qui possède cependant un certain degré d'être, et dont la puissance de développement est déjà une perfection. Vous retombez alors dans l'hypothèse de ces matérialistes qui placent à l'origine des choses un degré *fini* de détermination. C'est là le moins rationnel des systèmes métaphysiques. Vous souriez du germe humide de Thalès, de l'*air* de Diogène, du *feu* vivant d'Héraclite, des atomes de Démocrite ; et cependant vous imitez leurs théories. Ces philosophes, en effet, placent à l'origine des choses une matière de moins en moins déterminée et concrète; ils s'imaginent, en diminuant le degré d'existence de la matière, augmenter ainsi son caractère absolu. Ils ressemblent, pour imiter une comparaison de Locke, à un homme qui trouverait absurde qu'un moulin de la grandeur ordinaire pût moudre la pensée, mais qui croirait, en diminuant la petitesse du moulin jusqu'à le rendre invisible, le rendre capable de penser; comme si, en fait de grandeur et de petitesse, tout n'était pas relatif. C'est l'histoire de la plupart des matérialistes : ils s'imaginent, en subtilisant et en diminuant la matière, en faire l'esprit, ou, en diminuant le relatif, en faire l'absolu. Mais, que le monde soit plus ou moins développé, qu'il possède plus ou moins d'être, cela ne change rien à sa relativité. Celle-ci ne dépend pas de la proportion dans laquelle on mêle la détermination et l'indétermination : dès qu'existe le mélange, ce que Platon appelait le mixte, l'être est relatif et conditionnel. Voilà pourquoi les atomes et les germes sont une hypothèse si arbitraire : on leur attribue, sans aucune raison suffisante, l'existence plutôt que la non-existence, telle forme plutôt que telle autre, telle dimension, tel mouvement, tel degré de perfection ; c'est l'arbitraire ajouté à l'arbitraire. On peut faire la même objection contre tout matérialisme qui place à l'origine des choses une matière déjà déterminée, un germe déjà fécond. Et cependant, c'est ce que vous êtes obligés de faire : le néant absolu étant stérile, vous êtes forcés d'accorder au germe primitif, à l'être nécessaire et inconditionnel, un certain degré de détermination, de puissance, de pensée obscure et même de bonté. Dès lors Leibnitz demandera, au nom du principe de la raison suffisante : Pourquoi lui accordez-vous tel degré plutôt que le degré supérieur? et ainsi de suite à l'infini. Pourquoi ne dites-vous pas, en passant à la limite, que l'être absolu est absolument déterminé? Puisqu'il est absolu, rien ne lui fait obstacle, et il doit être actuel sous tous les rapports; puisqu'il est infiniment un et simple, il ne peut y avoir dans son être de contradiction. L'obstacle qui s'opposerait à la perfection actuelle de l'absolu serait lui-même l'absolu, et on pourrait demander quel obstacle l'empêche à son tour d'être parfait.

Direz-vous qu'on peut supposer une chose dont l'existence serait inconditionnelle et absolue, mais dont la perfection serait soumise à des conditions et relative, un Dieu coupé en deux moitiés, l'une immédiatement réelle, l'autre progressivement réalisable, semblable à un serpent dont les deux tronçons séparés cherchent à se réunir? — Si l'existence seule est absolue, et si toute perfection, c'est-à-dire, au fond, toute qualité ou détermination, est conditionnelle, il en résulte qu'aucun degré de perfection, aucune qualité, ne pourra exister immédiatement; l'existence, étant seule absolue, pourra seule exister par elle-même immédiatement et éternellement. Mais que sera cette prétendue existence? Une existence sans aucun degré de perfection, sans aucune qualité, aussi pauvre et indéterminée qu'il est possible de la concevoir. Ce n'est là qu'une abstraction érigée en chose absolue, et justement déclarée par Hégel identique au néant. Vous êtes donc de nouveau forcés de mettre dans cette existence quelque qualité première, quelque commencement de perfection qui rende le reste possible, et conséquemment quelque perfection immédiate, absolue et inconditionnée. Donc, déjà, toute perfection n'est pas soumise à des conditions, et ce que vous appeliez tout à l'heure l'absolu d'existence est l'absolu d'une certaine perfection. Seulement vous dites que cette perfection première n'est pas parfaite, qu'elle est un minimum inconditionnel en lui-même, mais soumis dans son accroissement à des conditions. Cela revient, en définitive, à dire qu'il y a une chose absolue sous un rapport et relative sous un autre rapport. Or, comment comprendre qu'une chose soit partiellement absolue? La condition qui la rend en même temps partiellement relative ne pourra être qu'une action limitante, un obstacle extérieur ou intérieur. Si l'obstacle est extérieur, on aboutit au dualisme, qui pose plusieurs absolus se limitant et se conditionnant l'un l'autre, plusieurs absolus qui ne le sont pas et qui appellent un terme supérieur ou une « troisième Idée. » Si l'obstacle est intérieur, immanent à l'existence absolue elle-même, le dualisme ne disparaît pas pour cela; il pénètre seulement dans le sein même de l'absolu. Dès lors, l'absolu n'est ni la complète pauvreté ni la complète richesse, mais ce mélange de richesse et de pauvreté que Platon appelait le désir ou le besoin. Le besoin, demi-riche et demi-pauvre, peut-il donc être ce qui se suffit à soi-même et suffit à tout le reste? S'il est en partie riche, d'où lui vient sa richesse? S'il est en partie pauvre, avec quoi remplira-t-il sa pauvreté? Est-ce avec la richesse qu'il a déjà? Pour cela il faut que cette richesse soit déjà complète et contienne à l'avance tous les dons. Comment alors serait-elle accompagnée de besoin?

Qu'elle se donne par amour à la pauvreté et au non-être qui ont besoin d'elle, soit; mais alors le vrai absolu n'est plus le besoin, c'est la richesse. Direz-vous que l'absolu s'impose à lui-même un besoin, se conditionne forcément lui-même, se soumet lui-même à des relations ou à des limites, se divise pour se réunir, se quitte pour se retrouver? Cela est inintelligible. S'il posait ces relations avec une absolue liberté et pour d'autres êtres que lui, s'il déterminait ces êtres sans être déterminé par eux, à la bonne heure! Mais non; d'après vous, il renferme malgré lui une opposition déjà réelle dans son propre sein, et non pas seulement possible pour autrui; il subit la contradiction sans la vouloir et sans la produire; il est lui-même la contradiction absolue, non résolue en soi, et à jamais insoluble. Qui ne reconnaît dans ce prétendu absolu la relativité même, le devenir ou le désir? On revient donc toujours à dire que le devenir lui-même est absolu; que l'absolu est le relatif; c'est-à-dire qu'au fond le relatif seul existe, et que l'absolu n'est pas. C'est toujours l'infinité des conditions secondes sans cause inconditionnée. On laisse alors la raison en présence d'une opposition non résolue; car relativité, c'est multiplicité et dualité; or, selon l'invincible loi de la dialectique, toute dualité suppose au-dessus d'elle une raison unique qui la produise sans la subir. Nous devons donc nécessairement revenir à l'unité; nous devons dire qu'il existe quelque chose de parfaitement un qui est l'absolue coexistence de toutes les déterminations. Ce principe enveloppe et développe toute la génération, mais dans une absolue indépendance; il pose et détruit toutes les relations, mais sans les subir; il fait se succéder les contraires, mais sans les recevoir dans son sein, ou il ne les reçoit que sous la forme de l'unité et de l'harmonie. Nous nous retrouvons ainsi en présence du Dieu de Platon, existence absolument déterminée en soi et par soi, et absolument déterminante pour autrui.

Ainsi, on ne peut se tenir à moitié chemin dans l'échelle dialectique ; la pensée ne saurait demeurer suspendue dans la région mixte du relatif et du devenir, entre les deux absolus de l'être infini et du néant infini : il faut qu'elle monte avec Platon jusqu'au principe lumineux du Bien, immobile dans l'être, ou qu'elle retombe jusque dans les ténèbres de la matière informe et inféconde, immobile dans le néant.

III. Platon élève au-dessus des *causes nécessaires* et *mécaniques*, qu'il appelle αἴτιαι ἀνάγκαιαι, les causes intellectuelles et morales ou causes finales, qu'il regarde comme les seules vraies causes. L'âme motrice suppose l'intelligence, qui suppose elle-même la bonté souverainement désirable ; au-dessus de la Nécessité matérielle règnent la Vie, la Pensée et l'Amour.

On établit souvent une antinomie entre la cause finale et la cause efficiente, sans s'apercevoir que la négation de l'une entraîne la négation de l'autre, parce qu'en dernière analyse la causalité et la finalité sont les formes diverses d'un même principe : la raison suffisante ou le Bien. S'il n'y avait que des causes efficientes nécessaires, il n'y aurait vraiment ni cause efficiente ni nécessité.

D'abord, la prétendue nécessité mécanique est ce qu'il y a de moins absolu, de moins nécessaire en soi, de plus incapable de se suffire, de plus conditionné et de plus passif. Elle se résout dans des puissances qui transmettent une impulsion reçue, et qui ne sont conditionnantes qu'après avoir été elles-mêmes conditionnées. Il n'y a là qu'une nécessité subie de la part d'autrui, non une nécessité en soi et pour soi. Si cette dernière nécessité existe, elle ne pourra se trouver que dans l'être absolu qui est conditionnant sans être lui-même conditionné. Mais que sera cet absolu dans le sein duquel on veut mettre la nécessité? Par quoi sa puissance sera-t-elle nécessitée à se développer? — Par elle-même, dites-vous. — Être nécessité par soi, n'a pas de sens pour l'Unité absolue : car c'est subir de la part de soi-même une action, et, comme l'a montré Aristote, un être absolument un et indivisible ne peut être à la fois vraiment actif et vraiment passif sous le même rapport. Une puissance nécessitée par elle-même se résout ainsi en une puissance double, dans laquelle se trouvent une puissance conditionnante et une puissance conditionnée. Quelle est donc, encore une fois, cette puissance conditionnante, et, si elle est nécessitante pour les autres, peut-elle être en elle-même et par elle-même nécessité? — A la place de ce mot vide, de cet $x$, vous essayez de mettre autre chose; vous dites : c'est une nécessité mathématique ou, ce qui revient au même, logique. Mais nous savons ce qu'il faut penser des rapports fondés sur le principe de contradiction ou d'identité avec soi. Ces rapports supposent un terme absolu, qui pose les autres et se pose soi-même avec une activité affranchie de toute passivité.

L'acte par lequel ce terme absolu se pose doit avoir en lui-même une raison, et une raison qui soit explicative sans être nécessitante. Une semblable raison peut-elle être autre chose que l'idée d'un bien possible, aimable et réalisable, par conséquent l'idée d'une fin? Cette idée rend intelligible l'acte de la cause sans le produire mécaniquement ou mathématiquement ; elle est une raison sans être une cause physique; elle explique, elle ne nécessite pas; tout au plus est-ce une nécessité morale, identique à la liberté même. Cette nécessité morale et finale du bien n'apparait d'ailleurs sous la forme de la nécessité qu'aux êtres qui ne sont pas eux-mêmes le bien. Et encore, même sous cette forme inférieure, elle ne s'impose pas réellement à eux, et ils demeurent libres. Si leur liberté n'est pas parfaite, c'est qu'en eux la cause active est d'un côté, et la raison finale ou désirable est de l'autre ; de là efforts, désirs, conditions, limitations de la liberté, nécessités subies. Au contraire, le bien que conçoit la cause absolue n'est point extérieur à elle-même ; car, s'il l'était, il ne pourrait agir en elle et y produire la pensée et l'activité qu'à la manière d'une cause efficiente, ce qui reculerait encore le problème sans le résoudre. Il faut donc que l'idée du bien, conçue par la cause, soit la conscience même que cette cause a de sa perfection absolument intelligible et absolument aimable.

Concluons que le vrai principe des principes est le Bien réel en soi, par soi, pour soi, et réalisable pour autrui. La nécessité absolue, qu'on essaie si souvent de placer à l'origine des choses, est une fiction logique : nécessité et absolu sont deux termes contradictoires, puisque, nous l'avons vu, nécessité implique relation subie et dualité. L'absolu ne peut donc être qu'une volonté libre et bonne, il n'est point matière physique ni matière logique ; il est l'Esprit qui n'agit sur le monde qu'en se faisant désirer et aimer.

Si l'action de la cause première et dernière n'est

point en elle-même nécessité, produit-elle du moins en dehors d'elle-même et dans le fond des êtres qu'elle attire une nécessité véritable? Quelle est la nature du lien qui unit, dans le monde, les moyens aux fins? Est-ce fatalité extérieure ou intime spontanéité?

Le monde ne peut être absolu de tout point, ou parfaitement spontané, puisqu'il n'a pas dans son existence la raison de cette existence même. Mais il sera aussi absolu que possible si, une fois existant, il se suffit à lui-même, agit par lui-même, se développe par lui-même, se donne à lui-même et par lui-même toutes les perfections successives qu'il peut acquérir, principalement l'existence morale et spirituelle, dont le caractère propre est de se produire elle-même librement.

L'œuvre la plus digne de Dieu et la plus semblable à son ouvrier est donc celle qui, une fois créée, est elle-même ouvrière de sa perfection, cause efficiente de sa bonté finale. Le monde doit être auteur de son propre optimisme pour avoir un optimisme véritable. Platon comprenait que la vraie science ne doit pas être reçue du dehors; de même pour la vraie vertu et le vrai bonheur (εὐπραξία). Sa conception n'a besoin que d'être généralisée pour être appliquée au monde. La vraie perfection, pour les êtres créés, n'est pas de recevoir toute faite la perfection des qualités passives, mais de pouvoir se la donner à eux-mêmes, et de pouvoir par eux-mêmes atteindre leur fin.

C'est par une psychologie incomplète qu'on arrive à méconnaître ce caractère essentiel de la finalité dans l'œuvre divine. On compare sans cesse le monde aux œuvres humaines, qui ne sont et ne peuvent être que des *automates*, comme la montre par exemple. Et encore l'ouvrier le plus habile est-il celui qui fait une montre capable de se passer de lui une fois faite, selon la remarque de Leibnitz. Leibnitz aurait pu ajouter que l'ouvrier réalise le plus qu'il peut l'absolu dans sa montre, mais qu'il n'en produit qu'une infidèle image par des relations toutes mécaniques, et en soumettant tous les rouages à la fatalité d'une première impulsion. C'est-à-dire qu'il réalise la nécessité dans la montre, sans y réaliser la liberté; et cela, parce que la montre n'est pas une vivante unité ou individualité, mais une collection de parties auxquelles nous imposons du dehors une fin étrangère. Mais l'art divin est infiniment supérieur à l'art humain; il crée des individus ayant leur fin en eux-mêmes, et chez lesquels le fond projette la forme. Ces individus ne sont plus, comme le croyait Leibnitz, des *automates*. Erreur capitale, qui serait le vice de la théorie des causes finales dans Leibnitz s'il fallait prendre les termes au pied de la lettre. La perfection *automatique* n'est pas la plus grande possible, parce qu'elle n'est pas la plus absolue qu'on puisse concevoir; la vraie perfection est la perfection *autonome*, qui enveloppe la liberté, l'intelligence, l'amour, sous la forme primitive de l'absolue spontanéité. Leibnitz a bien eu lui-même cette conception; mais il ne l'a pas poussée assez loin, et il est retombé malgré lui dans les conceptions mécanistes. On retrouve parfois le même défaut dans l'optimisme de Platon. La finalité telle que Platon l'a conçue est trop souvent *automatique* au lieu d'être *autonome*. Dieu n'est alors qu'une sorte de géomètre et de mécanicien qui travaille la matière par le dehors et se contente de lui donner une forme. C'est le *démiurge*, dieu conçu à l'image de l'homme, qui produit le repos plutôt que le mouvement, l'équilibre passif plutôt que l'activité, l'inertie plutôt que l'énergie. L'homme, lui, ne fait qu'opposer les unes aux autres et limiter l'une par l'autre des forces préexistantes : roi de l'extérieur, il divise pour régner; mais Dieu doit être le roi qui unit toutes choses par le dedans, en aimant et en se faisant aimer. Si Dieu n'était que le Démiurge du *Timée*, on pourrait et on devrait l'accuser d'être un ouvrier maladroit. Ne voit-on pas dans le monde des combinaisons malheureuses, des essais infructueux, des ébauches inachevées, des types incomplétement réalisés, des fins mal atteintes? Les adversaires de la Providence auront alors beau jeu, et tant que la discussion restera sur ce terrain ils triompheront. Ce n'est pas assez de demander pour le monde une perfection de qualités et de *formes:* si c'était là la seule cause finale du monde, le monde serait mal fait. Il faut demander une perfection de substance et d'activité; un caractère d'*absolu;* et alors la perfection formelle n'est plus qu'un résultat ultérieur qui doit être produit, non par Dieu, mais par le monde lui-même, et qui n'en a que plus de prix. Aussi n'est-il pas étonnant qu'il y ait dans la nature des ébauches, des essais infructueux : ces ébauches sont celles que font les êtres eux-mêmes; elles ne sont pas l'œuvre de Dieu, mais celle des forces et des âmes individuelles.

En un mot, Dieu n'est pas un ouvrier qui fait des *œuvres*; c'est un ouvrier qui crée des *ouvriers*.

Cette formule nous semble l'expression la plus exacte de la véritable finalité, en même temps que la condamnation du faux optimisme. C'est d'ailleurs une déduction légitime de la théorie platonicienne. Tout en reconnaissant que Platon a mis dans l'action divine trop de mécanisme et d'esthétique, peut-on méconnaître le rôle qu'il accorde à l'âme du monde, principe du mouvement, idée vivante, Dieu engendré, qui engendre à son tour des âmes particulières et leur confie, comme à des dieux secondaires, le soin de façonner les diverses parties du tout? Ces âmes, grosses de la perfection, reviennent à Dieu par la dialectique de la pensée et de l'amour. Si les symboles du *Timée* donnent encore trop l'idée d'un Dieu artiste ou géomètre et d'une finalité mécanique, ce n'est là que la surface du platonisme : le fond est une conception *animiste* de l'univers, *qui se suffit à lui-même*, « qui comprend tous les animaux mortels » et immortels, animal visible renfermant tous les » animaux visibles, Dieu sensible image du Dieu in-» telligible, très-grand et très-bon, d'une beauté et » d'une perfection accomplies, monde unique et d'une » seule nature. » L'âme elle-même, ce microcosme, est aussi un Dieu engendré, image du Père exempt d'envie et capable d'engendrer à son tour. La finalité, que Platon avait d'abord mise à l'extérieur des choses, pénètre donc dans l'intérieur. La cause finale, comme la cause efficiente, est une spontanéité absolue, qui agit en mettant au fond de tous les êtres une spontanéité relative. La théorie de Platon aboutit naturellement à la théorie d'Aristote ; le maître et le disciple voient également dans le monde un *désir* qui s'élève de la pauvreté matérielle vers la richesse spirituelle.

## CHAPITRE II.

### LE BIEN, UNITÉ SUPRÊME DE L'IDÉAL ET DU RÉEL, DE LA PERFECTION ET DE L'EXISTENCE.

I. PREUVE DE L'EXISTENCE DE DIEU PAR L'IDENTITÉ DE LA PERFECTION ET DE LA RÉALITÉ. — Origine platonicienne de cette preuve. Unité du suprème idéal et de la suprème réalité pour Platon. Pourquoi la perfection est conçue par lui comme *absolue à priori*.—II. Examen des objections de Kant. La perfection est-elle conçue par nous comme simplement *possible*, c'est-à-dire comme relative. — III. Objections du naturalisme et de l'idéalisme abstrait ou conceptualisme. — La perfection est-elle conçue par nous comme *impossible à priori*. — Est-elle impossible *à posteriori*. Valeur des inductions tirées de l'expérience. Peut-on appliquer à l'Idée des Idées ce qui n'est vrai que des idées inférieures et des existences inférieures. Distinction de la perfection matérielle et de la perfection spirituelle. Que l'absolu est l'Esprit pur.

I. La perfection, qui était pour les platoniciens la suprême raison d'existence, est devenue pour le naturalisme et le conceptualisme modernes une raison de non-existence. L'absolu s'est en quelque sorte déplacé: après avoir été le privilége de l'infinie perfection, il est devenu celui de l'infinie imperfection, et plus une chose a de qualités, moins il semble à quelques philosophes qu'elle doive avoir d'être. Pour les platoniciens, la perfection, impliquant l'existence, était *absolue;* pour Kant, elle est devenue simplement *possible;* pour le matérialisme et pour l'idéalisme abstrait, *impossible*.

On peut suivre les diverses phases de ce bouleversement métaphysique en étudiant l'histoire d'une des preuves les plus vraiment platoniciennes de l'existence de Dieu, celle à laquelle saint Anselme a donné son nom, mais qu'il était loin d'avoir inventée. Le platonisme est comme en résumé dans cette preuve. Descartes et Leibnitz en avaient bien compris l'importance; par malheur, la forme syllogistique a détourné l'attention du fond même de l'argument, qui est tombé bientôt dans un discrédit fort injuste. Plus pénétrant que ses devanciers, Kant a parfaitement saisi la valeur de la preuve ontologique, à tel point qu'il y voit le fondement de toutes les autres preuves. L'argument des causes finales n'aboutirait, selon lui, qu'à la conception d'un Dieu ordonnateur comme le δημιουργός de Platon, plutôt que d'un Dieu créateur; et cette preuve aurait besoin d'être complétée par l'argument tiré de la contingence du monde. Celui-ci, à son tour, n'aboutirait, suivant Kant, qu'à la conception d'un être nécessaire et absolu. Mais l'être *nécessaire* est-il *parfait*? est-il le Dieu qu'adore le genre humain? C'est ce qui reste à prouver, et à en croire Kant, la chose est impossible. D'après lui, pour prouver que l'absolu est parfait, il faudrait pouvoir établir *à priori* la proposition réciproque : que le parfait est l'absolu (1). Or, c'est précisément cette identité platonicienne de la perfection et de l'existence absolue que l'argument ontologique essaie d'établir. Kant porte de ce côté tout l'effort de sa critique subtile, et en triomphant de cette preuve célèbre, il croit renverser l'ancienne métaphysique tout entière, fondée sur l'unité suprême de l'idéal et du réel, ou sur la valeur objective de l'idée de la perfection.

---

(1) De ce que l'être absolu est parfait, il suit que *quelque* être parfait est absolu, et comme il n'y a qu'un seul être parfait possible, la proposition peut se convertir simplement de la manière suivante : l'être parfait est absolu. On se trouve alors en présence de la thèse soutenue par saint Anselme et Descartes.

Cette prétention de Kant est certainement exagérée, et toute la théodicée ne repose pas sur le syllogisme *à priori* de Descartes et de Leibnitz. Quand même on ne pourrait passer par voie d'analyse logique de l'idée de perfection à l'idée d'existence, il n'en résulterait pas qu'on ne puisse passer par une synthèse rationnelle de l'existence relative à l'existence absolue, et de l'existence absolue à l'existence parfaite. L'ordre des termes n'est pas indifférent; la conversion scholastique des propositions, moyen tout mécanique et superficiel, motivé par des raisons de quantité ou d'extension, ne donne pas le droit d'altérer le fond des choses, ni l'ordre dialectique des pensées. De même, parce qu'on peut conclure du monde à Dieu, il n'en résulte pas qu'on puisse déduire de Dieu le monde. Mais, sans être l'unique preuve de l'existence de Dieu, l'argument ontologique n'en contient pas moins une proposition d'une importance capitale. On peut faire bon marché d'un syllogisme scholastique; ce qui importe, c'est d'examiner la valeur intrinsèque de cette maxime toute platonicienne : « La souveraine bonté enveloppe intelligiblement l'existence absolue. »

Dans son argument, saint Anselme n'a point, quoi qu'on en ait dit, la prétention de passer d'une pure notion et d'une pure possibilité subjective à une réalité objective. Il se tient dans le domaine de l'idée; seulement, il essaie d'établir un lien rationnel entre deux idées, — celle de perfection et celle d'existence absolue, — et il en conclut qu'un rapport d'opposition *dans notre pensée* entre ces deux choses est un rapport irrationnel. Certes, s'il n'en était pas ainsi dans le fond, il faudrait renoncer à établir l'existence de Dieu sur les lois mêmes de notre raison. Les philosophes contemporains qui se sont laissé séduire à la critique de Kant n'en ont pas assez aperçu les conséquences extrêmes.

Le seul point que la critique de Kant ait solidement établi, c'est l'insuffisance du moyen terme choisi par l'ancienne métaphysique pour relier rationnellement les idées de perfection et de réalité. L'argument ontologique tel que l'exposaient saint Anselme, Descartes, Spinoza et Leibnitz, consistait à conclure de l'idée de *perfection* à l'idée d'*existence* en prenant pour moyen terme l'idée de *nécessité*, et en s'appuyant sur l'axiome d'identité ou de contradiction (1). Le moyen terme était vicieux, et l'axiome mal choisi; de là toutes les objections de Kant. D'une part, l'idée de perfection ne contient nullement celle de nécessité logique, et d'autre part, une nécessité purement logique n'implique pas l'existence réelle; le moyen terme ne convient donc à aucun des deux extrêmes: il n'est identique ni avec la perfection ni avec la réalité. D'où il suit qu'on ne peut pas, par voie de simple identité, passer de la perfection à la nécessité logique, puis de la nécessité logique à la réalité. — Mais de ce que le moyen terme est mal choisi et ne convient pas aux extrêmes, il ne résulte pas que les extrêmes ne se conviennent point et qu'aucun autre moyen terme ne puisse les unir. Le principe de contradiction, et la nécessité logique qui en dérive, ont été les idoles de l'ancienne ontologie. Substituons, dans l'argument ontologique, au moyen terme de la nécessité celui de l'absolu, et au principe analytique de contradiction le

---

(1) « Il est absurde, dit Spinoza, d'imaginer une contradiction dans le sein de l'être absolument infini et souverainement parfait. Concluons donc qu'en Dieu ni hors de Dieu il n'y a aucune cause ou raison qui détruise son existence, et que Dieu existe *nécessairement*. » *(Éthique,* I, 11.)

lien synthétique de la raison suffisante : la valeur de la preuve sera-t-elle la même, et les objections de Kant ne perdront-elles point leur force?

Nous entendons par l'absolu ce qui est complétement intelligible en soi, par soi et pour soi, l'intelligibilité sans limites qui est raison suffisante pour soi et pour tout le reste. Absolu, ou raison suffisante, ou intelligibilité parfaite, c'est donc une seule et même chose. Dès lors, la marche rationnelle de la pensée, dans l'argument ontologique, consistera à affirmer d'abord que la perfection parfaitement parfaite ne fait qu'un avec l'intelligibilité parfaite ou avec l'absolu, et en second lieu, que l'intelligibilité parfaite ne fait qu'un avec la parfaite réalité. En d'autres termes, il s'agit d'établir la suprême synthèse de la perfection, de l'intelligibilité et de la réalité.

En premier lieu, il y a synthèse entre la perfection et l'intelligibilité absolue. Une perfection qui ne contiendrait pas en elle-même sa raison suffisante, ne serait pas vraiment parfaite. C'est ici que l'on pourrait dire avec Platon et saint Anselme : Au-dessus de cette perfection imparfaitement intelligible et relative à quelque condition supérieure, je conçois une perfection parfaitement intelligible qui est elle-même la raison des raisons, ou l'absolu; si donc la perfection est une chose à laquelle on ne peut ajouter rien de positif et qui exclut toute négation, elle doit comprendre la parfaite intelligibilité, chose très-positive et principe de toute affirmation. — Lorsque j'unis ainsi la perfection et l'intelligibilité absolue, ce n'est pas par une vide et stérile identité, c'est par le lien de la raison suffisante ou de l'intelligibilité universelle. Ne pouvant pas concevoir la perfection comme inintelligible, ne pouvant pas non plus la concevoir comme imparfaitement intelligible, je suis obligé de la concevoir comme l'intelligible même, la raison suffisante, l'absolu. Ainsi s'opère la première synthèse que doit contenir la preuve ontologique.

Voyons maintenant comment s'accomplit la seconde synthèse, celle de la suprême intelligibilité et de la suprême réalité.

Si la perfection est conçue comme la parfaite intelligibilité, il en résulte que je la conçois comme ayant en elle toutes les raisons d'être et comme n'ayant en dehors d'elle aucune raison qui puisse lui faire obstacle et l'empêcher d'être. Une intelligibilité parfaite qui ne contiendrait pas sa réalité redeviendrait donc une intelligibilité imparfaite; et réciproquement, une réalité parfaite qui ne contiendrait pas son intelligibilité et laisserait en dehors d'elle sa raison d'être, redeviendrait une réalité imparfaite. Ainsi, le principe de la raison suffisante, qui m'avait fait passer de la perfection à l'intelligibilité, me fait passer maintenant de l'intelligibilité à la réalité. C'est qu'au fond le principe de la raison suffisante a pour objet l'unité même de l'intelligibilité et de la réalité dans la perfection. Dès lors, toute cette argumentation tourne, si vous voulez, dans un cercle; mais ce cercle est mon intelligence même, et le mouvement que j'accomplis est celui sans lequel tout autre mouvement me serait impossible. Ou rester immobile, ou me mouvoir, voilà l'alternative; mais, si je me meus, chaque mouvement intellectuel contiendra une adhésion implicite et spontanée à l'unité suprême de l'intelligible et du réel dans le parfait. Il est vrai qu'à la rigueur je puis demeurer immobile, au moins quelques instants et dans la spéculation systématique : c'est le scepticisme. Mais je ne puis sortir de cet état contre nature, je ne puis me mouvoir et penser, sans la persuasion que le parfait intelligible est aussi la parfaite réalité. Et tout cela n'est pas de la nécessité logique, mais plutôt de la spontanéité intellectuelle ; je ne suis pas poussé, entraîné fatalement : je marche, et chaque pas que je fais est une preuve du premier moteur de toute pensée.

Ainsi, j'ai le droit de dire *à priori* que la perfection absolue *peut* être et n'a *à priori* aucune raison qui l'empêche d'exister ; je puis dire encore *à priori* qu'elle *doit* être et qu'elle a une raison suffisante d'exister, une bonne raison, à savoir sa bonté même et sa perfection. Il est donc *à priori* souverainement intelligible et souverainement aimable que la perfection absolue existe. Maintenant, existe-t-elle ? — *A posteriori*, vous êtes dans la nécessité logique de dire oui ; mais *à priori* vous pouvez dire non sans violer la nécessité logique, c'est-à-dire le principe de contradiction et d'identité. En revanche, vous violez un principe supérieur : celui de raison suffisante ; car votre négation *à priori* n'a aucune raison suffisante, et au contraire l'affirmation a une raison suffisante. Ce n'est pas, il est vrai, une raison de nécessité logique ; mais c'est mieux, car c'est une raison de suprême intelligibilité et de suprême bonté. Votre affirmation serait donc un acte intelligible et bon, malgré son caractère de spontanéité sans contrainte, ou plutôt à cause même de ce caractère. — Je préférerais, dites-vous, le lien invincible de l'analyse déductive. — Illusion d'optique. Vous ne voyez pas que le principe même de contradiction et d'identité présuppose celui d'universelle intelligibilité. Or, comme vous n'êtes point l'universelle intelligibilité elle-même, vous serez toujours obligé d'affirmer quelque chose qui dépasse la portée de la déduction identique, une chose qui ne peut être objet de science analytique que pour Dieu, et qui pour vous sera un objet de connaissance synthétique. D'ailleurs, pour passer par voie de déduction du même au même, pour faire une apparente analyse, il faut qu'il y ait entre les termes quelque différence; en ne croyant faire que diviser, on unit; en ne croyant aller que de l'identique à l'identique, on va de l'identique au différent. Pour cela, on s'appuie sur une commune mesure, qui est précisément la croyance à l'unité de l'intelligible et de l'être. Rejetez cette unité, et le lien même de l'identité devient impossible. Donc toutes nos affirmations particulières sont enveloppées par l'affirmation de l'intelligible ; notre science se meut dans cette croyance comme notre corps dans l'espace. Supprimez l'espace, il n'y a plus de mouvement; supprimez la croyance à l'intelligibilité suprême ou à l'unité absolue de la pensée et de l'être dans le parfait, il n'y a plus de science. Nous croyons à l'espace sans l'avoir parcouru tout entier; et de même, quoique ne pouvant embrasser dans notre science l'absolu et le parfait, nous y croyons afin de pouvoir croire à notre science. D'autre part, cette croyance nécessaire aux opérations discursives serait elle-même inexplicable s'il n'y avait pas dans le fond de notre être et dans notre intime unité quelque chose qui nous excite à dépasser toute borne, quelque chose qui nous met d'une certaine manière en possession de l'absolu et nous unit à lui. Cette chose qui est à la fois en nous, en elle-même et dans les autres, c'est l'Idée omniprésente, sans laquelle nous ne pourrions ni sortir de nous-mêmes ni rentrer en nous-mêmes. Refuser une valeur objective à cette suprême condition de toute objectivité, même de la nôtre, à cet acte essentiel et constant de la raison, c'est mettre en doute la raison même, et avec la raison, la conscience, et avec la conscience, la connaissance tout entière.

II. Voyons maintenant dans leurs détails particuliers les objections de Kant à la preuve ontologique.

« Vous confondez, dit Kant, la nécessité logique qui lie un attribut à un sujet donné avec la nécessité réelle des choses. Étant donnée la conception du triangle, je le conçois nécessairement comme ayant trois angles. Mais il n'est pas contradictoire de supprimer à la fois le triangle et les angles, le sujet et l'attribut. De même, étant donnée la conception de Dieu, je conçois nécessairement Dieu comme tout-puissant; mais il n'est pas contradictoire de supprimer les deux conceptions à la fois. De même enfin, étant données la conception du Parfait et celle de l'existence, je puis supprimer ces deux conceptions sans me contredire ; car il ne reste plus rien avec quoi il puisse y avoir contradiction. » — Toute l'argumentation de Kant repose, on le voit, sur l'ancienne définition de Dieu comme être nécessaire, c'est-à-dire comme être dont le concept enveloppe logiquement l'existence, à tel point que l'existence pourrait en être déduite par voie d'analyse ou d'identité. Or, si une chose nécessaire est en effet une chose dont la notion enveloppe logiquement l'existence, c'est-à-dire une chose identique à sa notion logique, il est bien vrai alors qu'on ne pourra pas démontrer l'existence de Dieu par les preuves de l'école. Faut-il le regretter? N'est-il pas plutôt heureux que la dialectique formelle des logiciens n'ait pu réussir à remplacer par une semblable abstraction le Dieu supérieur à la pure logique, le Dieu que Platon et les Alexandrins élevaient même au-dessus de l'intelligence proprement dite? Kant montre fort bien que la nécessité logique, entendue dans le sens qui précède, ne peut être attribuée au concept de la perfection. Il montre qu'en analysant l'idée d'un être nécessaire ainsi conçu, on ne trouve pas que cet être soit nécessairement la perfection ; et réciproquement, que l'idée de perfection n'enveloppe pas une nécessité logique analogue au rapport de la notion d'angles avec la notion de triangle. On peut abonder dans son sens, et aller plus loin que lui, comme nous l'avons déjà fait : non-seulement l'idée de nécessité logique n'enveloppe pas celle de perfection, mais elle l'exclut plutôt, parce que le relatif exclut l'absolu. Chercher Dieu dans la série des nécessités logiques revient à le chercher dans la série des nécessités physiques. Les logiciens qui entreprennent cette sorte de voyage à la recherche de l'absolu, ressemblent à des physiciens qui espéreraient, en remontant de siècle en siècle dans le passé, rencontrer enfin l'acte créateur. Pour trouver l'inconditionnel, il faut s'élever au-dessus du conditionné, et pour trouver l'absolue perfection, il faut s'élever au-dessus des raisonnements discursifs fondés sur la simple identité logique.

Ces concessions une fois faites pour ce qui concerne le caractère de *nécessité* attribué à Dieu, nous ne pouvons plus les faire quand il s'agit du caractère d'*absolu*.

Remarquons d'abord dans l'argumentation de Kant une véritable pétition de principe. Kant assimile une affirmation ayant pour objet le terme absolu de la dialectique, ou l'unité des Idées, avec les affirmations qui ont pour objet des Idées inférieures et relatives, par exemple celle de triangle, qui peut très-bien être conçue comme séparée de celle d'existence, ou celles de puissance et de sagesse, qui sont des attributs particuliers. Mais, de ce que la raison de possibilité et la raison d'existence actuelle demeurent différentes tant qu'on n'est pas parvenu au sommet de la dialectique, de ce que la dualité subsiste entre l'intelligible et le réel tant qu'on n'est pas arrivé à l'Unité, doit-on conclure qu'elle subsiste aussi dans l'Unité même? doit-on raisonner sur Dieu comme sur le triangle, sur la puissance et sur d'autres perfections particulières nécessairement mêlées d'imperfection? Induire du relatif à l'absolu, c'est supposer ce qui est en question, à savoir que nous concevons toutes choses comme relatives.

La vérité est que, *à priori*, l'idée de perfection et celle de relativité s'excluent, tandis que l'idée de triangle et celle de relativité s'appellent mutuellement. Le sujet *triangle* ne peut être uni dans ma pensée à l'attribut *existence* que conditionnellement, c'est-à-dire sous la condition d'un troisième terme supérieur aux deux autres; mais si je place en face l'un de l'autre le sujet *perfection* et l'attribut *existence*, je ne puis plus subordonner leur union à un terme supérieur, à une condition, car il n'y a point dans ma pensée d'idée supérieure à celle de la perfection parfaitement parfaite. L'objection du troisième homme ou du troisième terme, à laquelle revient celle de Kant, est donc ici impossible; ἀνάγκη στῆναι. Dans ma pensée, et *à priori*, la perfection est conçue comme une chose absolue, non comme une chose dont l'existence serait relative à un terme supérieur. Donc, si j'enlève *à priori* l'attribut d'existence au sujet perfection, ou je l'enlève sans raison suffisante et arbitrairement, ou je l'enlève en vertu d'une raison supérieure et je subordonne la perfection à une condition qui la domine; dès lors elle n'est plus la vraie perfection, la vraie Idée des Idées. — Mais, dit Kant, je puis supprimer le sujet et l'attribut, sans violer le principe de contradiction. — Soit, mais vous violez tout au moins le principe de raison suffisante; car, encore une fois, ou vous faites cette suppression sans raison, ou vous la faites en vertu d'une raison que vous concevez comme dominant les deux termes, et comme pouvant en empêcher l'union. Vous concevez donc quelque chose de supérieur à la perfection. Que peut être, *à priori*, cette raison qui empêche la perfection d'exister? Elle est certainement inconcevable *à priori*. Vous êtes donc obligé, pour suppléer aux raisons *à priori*, qui sont toutes contre vous, d'emprunter des raisons à l'expérience, c'est-à-dire aux conditions de l'existence *imparfaite*, et vous imposez ensuite ces mêmes conditions à l'existence *parfaite*; chose évidemment sans raison suffisante, pour ne pas dire contradictoire. Il est convenu que nous devons nous placer par la pensée au sommet de l'angle où les côtés coïncident, et vous raisonnez toujours comme si nous étions sur un côté séparé de l'autre; vous supposez toujours quelque chose de supérieur qui empêche la coïncidence et produit l'écartement. Mais de deux choses l'une: ou l'intelligibilité et la réalité ne coïncident pas encore, et alors nous ne sommes pas encore au sommet de la pensée; ou nous sommes à ce moment en présence de l'Unité suprême, et alors l'intelligibilité coïncide avec la réalité. Le procédé de l'intelligence, ici, n'est pas une déduction descendante, mais une dialectique ascendante qui ne trouve de repos que dans l'Unité absolue.

Kant insiste et dit : — « Soit ; la perfection et l'absolu sont unis dans notre pensée, mais de quel droit objectiver cette pensée? De quel droit dire : la perfection absolue que je conçois, existe. Est-ce là une proposition analytique? Cela ne se peut : car, ou bien le sujet est une perfection purement possible, et alors vous n'y trouverez pas par l'analyse l'attribut de la réalité ; ou la perfection est posée déjà comme réelle, et vous supposez ce qui est en question. Donc, la proposition ne peut être que synthétique. Mais, si elle est synthétique, il n'y a pas contradiction à supprimer l'attribut, et à dire que la perfection absolue *n'existe pas.* »

Non, encore une fois, il n'y a pas là de contradiction ; et la proposition est en effet synthétique. Mais c'est une synthèse fondée sur la raison suffisante, et qu'on ne peut détruire sans violer ce grand principe. Un tel lien ne vaut-il pas autant et mieux que le lien d'identité? Si Kant ne voit pas la raison suffisante qui nous autorise ici à faire la synthèse du possible et du réel, c'est qu'il entend toujours par pur possible une chose qui peut aussi bien ne pas être qu'être, une chose où les côtés de l'angle ne coïncident pas. Nous avons vu déjà que cette prétendue possibilité pure est au contraire impuissance ou inertie. Kant s'inspire à tort de la notion aristotélique sur le pur possible, et son objection a pour principe une confusion de contraires. Au sujet : « une perfection parfaitement possible, » j'ai vraiment le droit d'ajouter cet attribut : « une perfection parfaitement actuelle. » D'une part, en effet, nous n'avons pu trouver *à priori* aucune raison qui empêche la perfection parfaitement possible d'exister ; et d'autre part, sa perfection même est une raison positive, suffisante pour obtenir notre adhésion. Il est vrai que cette adhésion n'est pas nécessitée et fatale ; elle est simplement intelligible, rationnelle et spontanée ; elle revient à croire que la raison a une valeur objective et que ce qui est parfaitement intelligible est aussi parfaitement réel.

Kant fait une dernière objection, qui se réduit à la même assimilation de l'absolu au relatif. — « Comment relier au sujet *perfection* l'attribut *existence*, si l'existence n'est même pas un attribut qui puisse ajouter quelque chose à l'idée du sujet. Que je conçoive Dieu comme simplement possible ou comme réel, l'idée n'en reste pas moins la même dans les deux cas. Un thaler est toujours le même thaler dans ma conception, que je le possède ou que je ne le possède pas dans ma caisse. » — Kant dira-t-il aussi que concevoir la richesse parfaite, c'est concevoir la possibilité de posséder tous les thalers sans en avoir aucun ? N'est-ce pas là plutôt l'absolue pauvreté, qui n'implique pas la réelle puissance de posséder tous les thalers, mais au contraire l'impossibilité de les posséder tous ? Kant confond la déesse de la Pauvreté avec le dieu de l'Abondance. A l'en croire, il n'y a pas de différence entre concevoir une perfection purement possible parce qu'elle n'est pas, et une perfection purement possible parce qu'elle est parfaitement réelle. Mais il est si peu indifférent de concevoir Dieu comme unité du possible et du réel (c'est-à-dire comme absolu) ou comme n'ayant pas sa réalité dans son intelligibilité même (c'est-à-dire comme relatif), que par la première conception l'idée de Dieu est posée, et par la seconde, niée ; dans le premier cas on pense à Dieu, dans le second on pense à autre chose que Dieu, et même à son contraire. Un Dieu qui peut être empêché d'exister par quelque raison supérieure, n'est point Dieu. Ne traitez donc pas la notion de Dieu, sommet de la pensée, comme celle des êtres finis dans lesquels se séparent l'essence et l'existence, la possibilité à venir (qui implique une impossibilité présente) et l'acte immédiat. Supposer quelque raison qui enlève au parfait l'existence, ce n'est pas seulement le faire passer à l'état de pur idéal, c'est le nier absolument, c'est lui enlever l'essence avec l'existence. — « Le réel, dit Kant, ne contient ici rien de plus que le possible ; s'il en était autrement, l'idée que nous avons d'une chose ne serait point complète tant que nous ne la concevrions que comme possible. » — Oui, certes, on n'a point l'idée complète de Dieu tant qu'on le conçoit comme conditionnellement possible ou comme relatif, puisque alors on a l'idée d'un Dieu qui a besoin d'autre chose que de lui-même pour exister, qui n'est ni absolu ni parfait. Non-seulement ce n'est pas là l'idée complète de Dieu, mais, encore une fois, c'est la négation de cette idée.

On voit que toute l'argumentation de Kant repose sur une assimilation vicieuse de l'idée du Dieu parfait tantôt aux notions logiques purement nécessaires, tantôt aux réalités empiriques purement contingentes. Dans celles-ci, il y a séparation entre l'intelligibilité et la réalité. Au lieu de cette séparation, l'idée du Bien renferme l'absolue synthèse : c'est le point culminant de la raison pure, où Platon voit les deux ordres logique et ontologique, d'abord distincts, se confondre dans une commune origine ; c'est l'acte suprême où la raison saisit à la fois l'intelligible et le réel, la pensée inséparable de l'être et l'être inséparable de la pensée. Kant ne veut pas s'élever jusqu'à ce sommet où la raison humaine s'unit spontanément à la raison divine ; il nie la réalité du point de coïncidence vers lequel tendent également toutes nos pensées, et sans lequel elles n'auraient ni mouvement ni direction ; dès lors, la logique et l'ontologie, le subjectif et l'objectif, le rationnel et le réel, demeurent à jamais séparés par un infranchissable intervalle, et la pensée, réduite à n'atteindre jamais l'être, suspendue comme à moitié chemin entre ciel et terre, demeure inquiète en face d'elle-même dans le vide du doute transcendental (1).

En résumé, ou vous concevez Dieu, et alors vous le concevez comme le parfait intelligible, comme l'absolue existence ; ou vous concevez autre chose que lui, par exemple le monde relatif, et, le confondant avec Dieu, vous ne comprenez plus que Dieu soit absolu. On vous dit : Regardez à l'Orient où est le soleil, et vous le verrez ; — vous vous tournez vers l'Occident, que vous confondez avec l'Orient, et vous dites : Je ne vois pas le soleil. — C'est que vous ne regardez pas là où il faut regarder. De même, au sommet de votre intelligence luit le soleil intelligible, la perfection absolue ; mais à l'autre extrémité est la nuit de

---

(1) Hégel a bien compris la faiblesse de l'argumentation kantienne, qui était demeurée au point de vue exotérique de la logique pure. Voir la *Logique de Hégel, Introduction*, § 102. « Les choses finies sont tran-
» sitoires et soumises au changement, c'est-à-dire que leur existence et la
» pensée de leur existence ne sont unies que transitoirement ; que, par
» conséquent, leur union n'est pas éternelle, et qu'elles peuvent être sé-
» parées. Saint Anselme a donc eu raison de ne pas tenir compte de
» l'union de la pensée et de l'objet telle qu'elle a lieu dans les choses
» finies, et de représenter l'être parfait comme un être qui, non-seule-
» ment existe dans la pensée subjective, mais objectivement.... Les ob-
» jections qu'on dirige contre la preuve ontologique et la notion de
» l'être parfait telle qu'elle a été déterminée par saint Anselme n'ont
» pas de valeur, car cette notion est dans l'esprit de tout homme de
» bonne foi, et c'est également à elle que toute philosophie est obligée
» de revenir. »

la matière, pure imperfection en elle-même et perfection relative en tant qu'elle peut être illuminée par le Bien. Si vous regardez vers la nuit au lieu de regarder vers le soleil, comment pourrez-vous voir autre chose que ses premières et ses plus obscures lueurs, la première aurore qu'il répand dans les régions lointaines des ténèbres ; le soleil n'est pas là, mais seulement son image indécise et encore incomplète : tournez-vous vers l'Orient, et vous le verrez dans sa pure splendeur.

II. Par un changement de tactique inévitable, les adversaires de la preuve platonicienne ont essayé de nier la possibilité même du parfait et son caractère *absolu*. L'analyse de Kant ne pouvait être qu'un moyen terme et une transition entre les deux extrémités contraires du platonisme et du naturalisme.

La perfection implique, suivant Platon, l'absolue existence, et suivant Kant, une possibilité d'être toute conditionnelle ; d'après le naturalisme et l'idéalisme conceptualiste, qui s'accordent à changer l'idéal en abstraction, elle implique l'impossibilité de l'existence : loin d'être ce qu'il y a de plus absolu, elle est ce qu'il y a de plus relatif.

Aux partisans de cette dernière doctrine on peut adresser d'abord le dilemme suivant : — Ou c'est *à priori* ou c'est *à posteriori* que la perfection exclut la réalité. Examinons successivement les deux hypothèses.

Dites-vous *à priori* que la perfection ne peut être conçue comme parfaite qu'à la condition d'être conçue sans existence ? Etrange hypothèse, d'après laquelle l'homme devrait s'écrier : — Combien je suis heureux de ne pas être parfait, puisque alors je ne pourrais plus être! Pauvre perfection, qui a le triste privilége de rencontrer autour d'elle tous les obstacles à l'existence, tandis que les êtres inférieurs ont sur elle cette immense supériorité de ne rien trouver qui les empêche d'être! La perfection sans bornes est tellement bornée de tous côtés par les conditions qui la dominent et la lient, qu'elle ne peut sortir du néant où elle est emprisonnée. La puissance absolue est absolument impuissante à se réaliser, et le reste est tout-puissant pour l'empêcher d'être. En un mot, la perfection a toutes les qualités; il ne lui manque que l'existence. Heureux donc, encore une fois, les êtres imparfaits, parce qu'eux seuls existent! Heureux les êtres d'une puissance infiniment petite, parce qu'eux seuls ont la puissance de se réaliser! Heureux les êtres d'une intelligence finie et pauvre, parce qu'eux seuls savent trouver dans leur pensée obscure les moyens d'arriver à l'existence! Heureux les êtres d'une bonté finie, parce que le triomphe sur le mal et le néant leur appartient! Heureux ceux qui ont faim et soif de vérité, de beauté, de justice, parce qu'eux seuls en seront rassasiés, bien qu'en elles-mêmes la vérité, la beauté, la justice, dont ils veulent se nourrir, n'existent point! Heureux enfin ceux qui souffrent et pleurent sur leur imperfection, car ils se consoleront en pensant que le royaume de l'être leur appartient!

Est-ce *à posteriori*, non *à priori*, que vous refusez à la perfection la possibilité, et prétendez-vous ne faire appel qu'à l'expérience? Vous revenez alors dans le cercle vicieux où Kant s'était déjà renfermé : la question étant de savoir si l'objet absolu de la raison peut être assimilé aux objets relatifs de l'expérience, qui ont besoin d'autre chose pour exister, vous prenez pour accordé ce qui est en question. De ce que le parfait est dans notre pensée sans être dans notre existence ni dans les existences extérieures, vous concluez que le parfait n'est dans aucune existence et n'a aucune existence.

Si les partisans de cette doctrine voulaient dire simplement, avec Platon et les Alexandrins, que la réalité de la perfection est infiniment au-dessus de toutes les essences ou existences que nous connaissons, et qu'il serait irrationnel de l'enfermer dans l'idée de ces existences, à la bonne heure. Mais il ne semble pas que ce soit là leur vraie pensée ; en effet, s'ils voulaient réellement élever la perfection au-dessus de l'être, ils ne l'abaisseraient pas au-dessous comme ils le font, et ne la changeraient pas en une abstraction inférieure à la réalité la moins concrète et la plus pauvre. S'ils trouvaient que toutes les formes de l'existence, même de l'existence spirituelle, sont trop inférieures à la perfection pour lui être attribuées, à plus forte raison devraient-ils trouver que l'état d'abstraction logique est infiniment au-dessous d'elle. Si l'attribut de parfaite intelligence leur semblait vraiment indigne d'un sujet si sublime, l'attribut de simple mode intellectuel devrait leur sembler plus indigne encore. Ils accusent d'anthropomorphisme ceux qui personnifient la perfection, et ils disent que, si la pensée de l'homme n'existait pas, le Dieu vrai, le Dieu parfait cesserait d'exister ; mais, s'il y a anthropomorphisme à placer en Dieu les plus hauts attributs de l'existence humaine, ne semble-t-il pas qu'il y ait plus d'anthropomorphisme encore à en faire un simple produit de l'humaine pensée ?

III. La doctrine en question est donc moins voisine du néoplatonisme alexandrin que du conceptualisme scolastique. Quoi qu'il en soit, les raisons de ce nouveau conceptualisme ne peuvent être qu'expérimentales, et se résument dans des inductions ou des analogies fondées sur les objets des sens ou de la conscience (1). Voyons donc si, même au point de vue de l'expérience, on parvient à démontrer l'impossibilité du parfait, c'est-à-dire l'absolue et essentielle contradiction de l'idéal et du réel.

(1) Voir toutes ces raisons dans le savant ouvrage de M. Vacherot : *La Métaphysique et la Science.* — « Il n'y a d'être que dans l'individualité. Or, *l'expérience, soit externe, soit interne*, nous atteste que l'individualité est *essentiellement accidentelle*, variable, éphémère. Il n'y a rien d'invariable, d'éternel que le genre, l'espèce, la loi, le rapport, *toutes choses abstraites qui n'existent que dans l'individu* et par l'individu. Tout être est un individu ; *tout individu est un phénomène* qui passe, quelque longue qu'en puisse paraître la durée à de pauvres êtres comme nous, qui vivent dans un point du temps. *Nul être réel*, corps, âme ou esprit, n'est perçu *ni même conçu* avec des propriétés immuables et nécessaires. » (T. II, p. 187.) *Le métaphysicien.* — « L'être universel peut être envisagé sous deux aspects : dans son *idée* et dans sa *réalité*. Sous le premier aspect, c'est Dieu ; sous le second, c'est le Monde. La théologie est la science qui, faisant abstraction de la réalité, place l'Etre métaphysique au-dessus du temps et de l'espace, loin du changement, du mouvement *et de la vie*, elle en fait l'être parfait, immuable, immobile, et l'assied sur le *trône désert d'une éternité silencieuse et vide*, selon les fortes paroles d'un philosophe contemporain. Ici je me joins au chœur des théologiens pour célébrer les ineffables vertus de leur Dieu, le vrai, le seul Dieu qui soit un digne objet de notre adoration. Seulement je crains qu'ils n'oublient à quoi il les doit. Les attributs de perfection, d'immutabilité, d'immobilité, d'indépendance du temps et de l'espace, qu'ils ajoutent au concept de l'Etre métaphysique, lui coûtent la réalité. L'Etre infini, universel, ne devient parfait, immuable, supérieur au temps et à l'espace, qu'en passant à l'état d'Idéal. Il est Dieu alors ; mais il ne prend la *divinité* qu'en perdant toute *réalité*. — *Le savant.* C'est payer un peu cher la majesté dont l'entoure le cortége de ces nouveaux attributs. — *Le métaphysicien.* Votre regret vient de ce que vous confondez peut-être encore la *vérité* et la *réalité*. En théologie, il ne faut se préoccuper que de la *vérité*. C'est un point sur lequel nous ne saurions trop insister. Quand le théologien applique le concept de perfection à l'Etre métaphysique que nous a révélé la raison avec tous les attributs qui lui sont propres, il fait une opération analogue à celle que font le géomètre, le physicien, le moraliste, le politique, lorsqu'ils appliquent ce même concept aux êtres physiques ou moraux donnés par l'expérience. Et en la faisant, il arrive à un résultat également analogue ; c'est d'*idéaliser*, de convertir en idée l'objet de sa conception.

On répète après Gaunilon et Hobbes : « L'homme parfait, l'animal parfait, sont des notions abstraites sans objet extérieur ; et telles sont toutes les Idées de

Dans cette transformation, Dieu et ses attributs passent, ainsi que je l'ai dit, à l'état d'Idéal. Ainsi compris, l'objet propre de la théologie n'est plus un Etre réel, se développant dans le temps et dans l'espace, c'est une Idée pure, une essence immuable et immobile dans sa perfection. » (T. III, p. 236.) — *Le savant.* « Il est évident que le concept d'*infinité* n'implique nullement le concept de *perfection.* — *Le métaphysicien.* C'est tout ce que je voulais prouver. Donc la théologie n'est point admise à conclure de l'Etre parfait à l'Etre infini, ni réciproquement. *L'Être fini n'est pas moins conçu par la pensée comme l'Etre parfait que l'Etre infini dans certaines conditions.* » (*Ibid.,* p. 234.) — « Que la notion de l'imparfait, en tout genre, présuppose l'idée du parfait, je suis entièrement sur ce point de l'avis de Bossuet et de toutes les écoles idéalistes. Platon l'a dit le premier, les *choses* ne sont que des copies des *idées;* elles ne sont vraies et intelligibles qu'autant qu'elles les expriment, et dans la mesure où elles les expriment. Mais autre chose est la *vérité,* autre chose la *réalité.* L'erreur de Bossuet et des idéalistes est de confondre ces deux notions, et de conclure sans cesse de l'une à l'autre. L'*idée,* l'idéal, le type, le parfait, est la vérité pure ; mais du moment qu'on attribue à cet objet de l'entendement une certaine existence en dehors de la pensée, on réalise une abstraction. C'est ce qu'a fait Platon pour l'ordre entier des *Idées ;* c'est ce que font Bossuet et les théologiens pour l'idée de l'Etre parfait. Tant qu'ils se bornent à chercher la *vérité* dans les concepts de l'entendement, ils ont raison. Ils ne se trompent qu'alors qu'ils y cherchent l'*être,* la *réalité par excellence.* Il y a longtemps que les bons esprits ne sont plus dupes des entités platoniciennes et scolastiques. Mais la philosophie moderne a persisté à croire à la réalité objective de celle de ces idées qui a pour objet l'Etre parfait, sans se douter qu'*il n'y a pas plus de raison de réaliser cette abstraction que les autres.* Cette illusion était toute naturelle, du reste, avant la critique de la *Raison pure,* alors que les théologiens ne s'étaient pas encore rendu compte des éléments et des lois de la pensée. » (*Ib.,* p. 238.) « *Qu'importe que cet Idéal conçu par la raison existe en dehors de la pensée, ou seulement dans la pensée?* Sa vivifiante et purifiante vertu ne s'en fera pas moins sentir dans une hypothèse que dans l'autre. » (*Ib.,* p. 241.)

On voit combien cette doctrine s'écarte du platonisme. D'après Platon et ses disciples, l'opposition du réel et de l'idéal, de l'être et de la pensée, que nous rencontrons partout dans le monde sensible, loin de nous apparaître comme absolue et essentielle à l'existence, contraint la raison à admettre un terme supérieur qui en est exempt, une unité première où la réalité et l'idéal ne font qu'un, où l'être est adéquat à la pensée, où la pensée est adéquate à l'être. Aristote, tout en rejetant les Idées particulières, que Platon lui-même considérait comme provisoires, admettait l'Idée des Idées, c'est-à-dire l'identité suprême de

Platon, y compris l'Idée suprême. *Il n'y a pas plus de raison de réaliser cette abstraction que les autres.* » — Nous savons cependant qu'il faut distinguer entre

la pensée et de l'être dans le Bien. Tous les platoniciens, y compris les plus récents, Schelling et Hégel, ont admis cette unité première, cette identité de la pensée et de l'être, plus réelle que toute réalité finie et en même temps plus idéale que tout idéal fini. Ils l'appelaient, à l'exemple de Platon, l'Idée ; et par là ils n'entendaient pas une notion abstraite sans existence, mais l'Esprit éternel qui est le commun principe de l'ordre ontologique et de l'ordre logique. Hégel le répète à chaque instant : rien n'est plus réel que l'idéal ; le seul être digne de ce nom est l'Etre parfait ; l'idée même de la vraie perfection est inséparable de l'idée de la vraie existence, et quiconque n'admet pas la preuve ontologique de saint Anselme et de Descartes doit admettre le scepticisme transcendantal de Kant, qui substitue une insoluble antinomie à l'unité platonicienne de la pensée et de l'être. La doctrine de M. Vacherot, d'après laquelle l'absolu serait l'imperfection primitive, c'est-à-dire l'opposition de l'idéal et du réel, relève beaucoup moins de Hégel que de Kant. A ce dernier appartient le contraste établi entre connaître et concevoir, entre l'intuition concrète du phénomène et la prétendue conception abstraite du noumène. Nous avons vu déjà ce qu'il faut penser de cette opposition radicale entre la logique et la métaphysique, et nous avons essayé de montrer que toutes les opérations de l'entendement, y compris l'abstraction même, sont impossibles sans le principe de la raison suffisante ou de l'universelle intelligibilité, qui se ramène à l'affirmation de l'être parfait. D'après Kant lui-même, l'idée de perfection et l'idée d'existence sont rationnellement unies ; seulement, Kant laisse en suspens la question de savoir si cette loi de la raison correspond à une réalité objective ; M. Vacherot paraît trancher la question en faveur du naturalisme ; car, ériger en une chose absolue et nécessaire l'opposition de l'être et de la pensée, de la réalité et de la vérité, c'est accorder aux naturalistes leur principe fondamental, que l'opposition, la limitation et l'imperfection constituent le fond de toute existence, ou que la Nature seule existe.

Par cela même, M. Vacherot s'écarte considérablement de l'idéalisme de Kant. Ce dernier ne considérait pas la loi qui nous fait chercher l'absolu comme ayant théoriquement le privilége d'avoir un objet tandis que la loi qui nous fait chercher le parfait n'en aurait pas. Il n'admettait point, comme M. Vacherot, l'objectivité de l'absolu, du nécessaire, de l'infini, pour rejeter par une exception étonnante l'objectivité du parfait. Cette exception est le caractère propre du nouvel idéalisme superposé à l'antique naturalisme. On y admet que la raison, en allant du relatif à l'*absolu*, du fini à l'*infini*, du contingent au *nécessaire*, dans les catégories de la relation, de la quantité et de l'existence, atteint quelque chose de réel, le monde, mais que la *perfection* dans le domaine de la qualité est une pure abstraction. Nous avons au contraire essayé de montrer dans l'anal'idéal fini et l'idéal infini. L'idéal de l'homme est un idéal borné ; la perfection humaine est une perfection relative, une perfection imparfaite ; et voilà pourquoi elle exclut l'être, loin de l'impliquer. Soumise à des conditions d'espace et de temps qui la limitent, elle ne peut être conçue sous l'idée de l'*absolu* et de l'éternel. Dire que l'homme peut être parfait, serait assurément se contredire : quelque parfait qu'il soit, s'il est toujours homme, je pourrai toujours supposer quelque chose de supérieur. C'est qu'en dernière analyse, comme Platon l'a compris, il n'y a qu'un seul véritable idéal, dont tout le reste n'est que l'imitation nécessairement incomplète. Il n'existe donc point, à vrai dire, d'idéal fini et conditionné ; accorder l'existence réelle et particulière à l'idéal humain, c'est réaliser une abstraction. Mais en est-il de même pour l'idéal infini et absolu, pour la perfection véritable ? Là, plus de contradiction avec l'existence ; une essentielle harmonie unit les deux termes : affirmer l'existence de la perfection, c'est affirmer la perfection du parfait. L'antinomie ne se produit que quand vous opposez l'être parfait aux êtres imparfaits : vous trouvez alors que l'idéal et le

lyse de la raison que l'idée de la perfection parfaitement parfaite est précisément ce qui nous fait concevoir l'absolu. Quant aux idées de nécessité logique et d'infinité mathématique, elles sont dérivées, et conviennent plutôt au monde qu'à Dieu ; mais c'est encore l'idée du parfait qui nous les fait concevoir. La nécessité logique et l'infinité mathématique n'étant point l'absolu, mais de pures relations, supposent au-dessus d'elles le véritable absolu, celui de la perfection. On peut donc accorder à la doctrine nouvelle qu'il n'y a pas identité entre perfection et infinité, ni entre perfection et nécessité, si on entend par là des quantités infinies et des relations nécessaires. Mais ce qu'on ne saurait accorder, c'est qu'une chose puisse être absolue sans être parfaite, ou parfaite sans être absolue. L'idée de perfection ne fait pas exception à la règle de l'objectivité rationnelle, mais elle est elle-même la règle et la suprême mesure, sans laquelle nous ne pourrions ni concevoir les autres mesures ni leur attribuer une valeur objective.

réel se contredisent; mais si vous placez la perfection véritable en face de l'existence véritable, vous voyez se produire l'identité la plus essentielle.

Non-seulement l'antinomie du réel et de l'idéal ne peut être absolue pour la raison, dont l'acte propre est précisément d'affirmer l'unité de ces deux choses; mais encore cette antinomie n'existe même pas dans le domaine de l'expérience. Ce n'est pas de l'être ou de la réalité, comme on semble le croire, que l'idéal et la perfection reçoivent des bornes, comme si l'être, en s'ajoutant à l'idéal, devait l'altérer; c'est au contraire la borne de l'être même qui est aussi la borne de la perfection, et le positif de l'existence est le positif de l'idéal. Ce qu'on oppose à une réalité incomplète, sous ce nom ambigu d'idéal, c'est une réalité plus complète, plus affranchie des limitations et des négations, un être plus affranchi du non-être. La prétendue opposition entre le réel et l'idéal n'est donc qu'une opposition entre une réalité et une autre réalité, entre le moins et le plus dont il dérive, entre la pauvreté et la richesse.

Pour que l'idéal fût vraiment l'opposé du réel, comme on le prétend, il faudrait qu'il fût, comme on le prétend aussi, une *pure* abstraction, c'est-à-dire qu'il devrait être l'abstraction totale, le pur indéterminé. Mais alors mériterait-il d'être appelé l'idéal? — C'est pourtant ainsi qu'on le représente dans la doctrine conceptualiste: on dépouille la réalité de tout ce qu'elle a de positif, pour la décorer du nom d'idéal; après quoi on découvre qu'un tel idéal n'a pas d'existence. On n'en continue pas moins d'appeler ce non-être le but du progrès universel. Première inconséquence. D'autre part, comme on a retranché à la perfection le caractère d'absolu, on est obligé, pour expliquer l'existence du monde, d'attribuer ce caractère à l'imperfection. On fait donc provenir toutes choses de l'être indéterminé, qu'on appelle l'être pur, l'absolu de l'être. Or, cet absolu indéterminé, origine de toutes choses, ressemble trait pour trait à l'idéal également indéterminé; le dieu prétendu réel et le dieu prétendu vrai paraissent n'être qu'un seul et même fantôme. Dès lors, pourquoi opposer l'absolu et le parfait, désormais réduits à la même abstraction vide? L'absolu dont on fait sortir le monde n'est-il pas un non-être, et la perfection à laquelle on le fait tendre n'est-elle pas également un non-être? Rien de plus stérile que ce prétendu principe et cette prétendue fin des choses. Le vrai absolu et la vraie perfection ne peuvent être l'abstraction de ce qu'il y a de positif dans la réalité, mais seulement l'abstraction du négatif. L'idéal, en un mot, loin d'être la négation du réel, est l'affirmation du réel sans les négations.

« Fort bien, dit-on, mais ces négations sont nécessaires à l'existence réelle, et on n'a pas le droit de les supprimer. La réalité, étant déterminée, est par cela même limitée; car toute détermination est négation. L'être absolument déterminé ou parfait n'est donc absolument pas. » — Ici encore, l'expérience contredit une telle induction. Déterminer, c'est affirmer et non pas nier; car plus un être a de qualités affirmables, plus il est réel. L'homme a plus de déterminations que le minéral; existe-t-il moins? Nous ne devons donc pas confondre les caractères constitutifs d'un être avec les bornes de cet être : nous ne devons pas ressembler à un homme qui mesurerait sa richesse à ce qui lui manque, et non à ce qu'il possède. De ce que dans l'être fini, imparfait et relatif, la négation est toujours la limite de la détermination, il n'en résulte pas qu'elle en soit l'essence : *Cum hoc, non propter hoc.* C'est même cette constante présence de la négation à côté de la détermination qui nous fait déclarer conditionnel et relatif tout être imparfait.

Nous retrouvons ici une confusion très-répandue en Allemagne entre *déterminer* et *limiter ;* et la première origine de cette confusion est dans l'ambiguïté des termes pythagoriciens et platoniciens : πέρας, ἄπειρον. Les pythagoriciens et Platon lui-même ont trop souvent transporté à la qualité les termes qui conviennent surtout à la quantité. Si leurs expressions ont l'avantage de faire concevoir de réelles harmonies entre les deux domaines, elles ont aussi l'inconvénient de prêter à l'équivoque. La quantité est naturellement indéterminée, à tel point que la quantité pure serait la pure indétermination. Quand nous voulons par la pensée déterminer la quantité, nous lui imposons des limites, et il en résulte que, dans ce domaine, détermination et limite semblent être la même chose. Il n'en est plus ainsi dans le domaine de la qualité et de l'essence : la qualité est naturellement et en elle-même détermination ; ce n'est pas la limite et la négation qui la constituent. Dans la quantité, c'est le milieu qui est indéterminé, et c'est la limite qui est déterminée ; c'est-à-dire qu'entre les bornes on laisse le vide, ou qu'on ne place quelque chose qu'à la borne. Dans la qualité, au contraire, c'est pour ainsi dire le milieu qui est déterminé, et l'indétermination ne commence qu'à la limite, à l'endroit où la qualité positive cesse d'être et où commence la négation. Par exemple, ma science est pour ainsi dire déterminée entre ses limites, et ne devient indéterminée qu'à partir de ses limites, à partir de ce que je ne connais pas, non de ce que je connais. Il ne faut pas croire pour cela que la qualité et l'essence soient analogues à des figures de géométrie, ni que ma science soit comme un triangle qui existe plutôt par ses limites que par son milieu. Ce serait appliquer aux choses de la raison les symboles de l'imagination. Même dans la sphère de la quantité, l'identité de la détermination et de la limitation, quand on l'examine de plus près, se réduit à une illusion d'optique. Nous disions tout à l'heure que c'est la limite de l'espace qui semble constituer un triangle ou toute autre figure de géométrie; mais ce que l'on place à cette limite pour constituer le triangle, c'est une détermination plus ou moins précise, empruntée à la sphère de la qualité. Les lignes droites qui limitent le triangle ne se comprennent que par quelque notion de mouvement ou de repos, c'est-à-dire d'activité. On suppose une force qui, appliquée d'abord au point A et s'y manifestant, se transporterait au point B, ou un ensemble de forces en repos qui se manifesteraient simultanément du point A au point B. Je ne conçois la ligne AB qu'en la parcourant par la pensée ou en la supposant parcourue, qu'en comblant par quelque notion d'activité, d'être, de qualité, de continuité, l'intervalle de A à B. C'est donc en introduisant dans la quantité des déterminations positives, des qualités, que j'en fais un objet de science. Ces qualités ou déterminations ne sont pas simplement des limites. En traçant un triangle sur un tableau, je n'en détermine, il est vrai, que les limites, mais il n'en résulte pas que la limite même soit la détermination. S'il n'y avait dans ma conception rien que de négatif, elle serait nulle. Loin de là, je ne détermine la quantité qu'en la rendant moins négative et en la remplissant plus ou moins parfaitement avec de l'être ; car, encore une fois, je suppose une force, une action appliquée à un point, ou une série d'actions comblant l'intervalle d'un point à un autre, d'une ligne à une autre. Sont-ce là des négations et de véritables limitations ? La quantité est au contraire moins négative et moins limitée qu'auparavant, puisque d'abord elle était complétement vide et que maintenant j'y mets quelque chose. Si je ne la comble pas encore entièrement et si ma pensée imparfaite arrête son action et ses déterminations entre certaines limites, est-ce une raison pour croire que ce soient ces limites mêmes qui constituent les déterminations, et que la puissance ne soit efficiente qu'à la condition d'être défaillante? Serait-ce une algèbre exacte que de dire : « Otez les bornes d'un être, d'une action, d'une détermination, il reste le non-être ? » N'est-il pas au contraire évident qu'il reste l'être ? Si, par exemple, je recule les limites de ma science, si j'y ajoute sans cesse des déterminations nouvelles, n'est-elle pas de plus en plus réelle, de plus en plus science ? Et si la limite est supprimée, si toute ignorance disparaît, ne reste-t-il pas la science infinie ? La réalité croît dans la nature avec la détermination ; donc, inductivement, et en passant comme les géomètres *à la limite*, la détermination infinie, conçue par la raison au-dessus de la nature, doit être l'infinie réalité. Le naturalisme, renversant l'ordre logique des termes, fait une induction à rebours : après avoir accru progressivement tout le positif d'une qualité et d'une perfection de telle ou telle forme, il croit qu'à la limite elle devient égale à zéro et s'évanouit par suppression. La vérité est qu'elle perd seulement ses bornes, c'est-à-dire, ce qu'elle avait de variable et conséquemment d'indéterminé, pour conserver ce qu'elle avait de déterminé. L'accident tombe, et l'essence reste ; le phénomène disparaît, et l'Idée paraît dans sa pureté.

On objectera peut-être que l'accident est lui-même essentiel, puisqu'on le rencontre partout, que la *variable* est elle-même *constante*, puisqu'elle varie sans disparaître, et conséquemment qu'on n'a pas le droit de l'éliminer d'une manière absolue. — Aussi ne le faisons-nous pas : nous ne concevons point l'absolu comme une unité suppressive de la multiplicité, mais comme un principe supérieur aux deux contraires : l'un et le multiple. Ce principe suprême, nécessaire pour la raison, n'est nullement impossible au point de vue même de l'expérience. Consultez l'expérience intime : est-ce que la multitude des qualités y fait obstacle à l'unité de l'être ? Tout au contraire, plus un être a de qualités, plus son individualité augmente ; plus il est riche en attributs, et plus il est un ; le nombre de ses déterminations ne nuit point à la simplicité de son être. Par induction, l'individualité absolue ne devra-t-elle pas se confondre avec l'universalité absolue ?

En un mot, il y a dans l'univers deux choses constantes : 1° l'existence du constant, 2° l'existence des rapports variables. Mais les variables elles-mêmes tendent à se résoudre dans les constantes ; c'est donc en définitive le constant qui est l'essentiel, ou qui s'en rapproche le plus. Le Premier Principe est sans doute supérieur au constant comme au variable ; mais enfin, puisque le variable même tend à se résoudre dans le constant, c'est surtout comme unité et harmonie, non comme opposition, que le Premier Principe doit être conçu. On ne doit pas mettre la variété au premier rang et l'unité au second, ou encore la variété et l'unité sur le même rang ; on doit mettre au premier rang l'unité, et au second la variété, comme produite par l'unité même et posée par elle sans lui être imposée. C'est de cette manière seulement que l'induction est légitime.

La formule la plus exacte et la plus précise dans laquelle on pourrait, ce semble, résumer la doctrine naturaliste dont nous faisons l'examen, est la suivante : — La perfection, loin d'être une et inconditionnelle, est au contraire ce qu'il y a de plus complexe et de plus conditionné ; car, dans le monde de l'expérience, une chose est soumise à d'autant plus de conditions qu'elle est plus parfaite. Se perfectionner, c'est donc se compliquer ou se conditionner de plus en plus ; et la perfection complète exige un nombre de conditions tellement illimité qu'elle n'est point réalisable. Voyez si, à mesure qu'un être s'élève, son existence et son développement ne sont pas soumis à un plus grand nombre de conditions. L'existence animale est plus difficile à réaliser et soumise à un plus grand nombre de conditions que celle du végétal ou celle du minéral ; plus un être est pauvre d'attributs, élémentaire et matériel, plus il semble avoir de fixité, d'éternité, plus il semble absolu et inconditionnel. C'est donc au plus bas degré de l'être, dans le minimum de la réalité, qu'il faut chercher l'existence absolue et immédiate. L'absolu n'est que la plus infime condition et la forme la plus pauvre de l'être ; c'est le minimum, s'il y en a un. La perfection serait le maximum, s'il y en avait un. Probablement le minimum et le maximum n'existent ni l'un ni l'autre, et la seule réalité est dans la série infinie des choses relatives. — Telle est, si nous ne nous trompons, l'expression la plus rigoureuse d'une doctrine analogue à celle de Speusippe, qui plaçait la perfection à la fin et non au commencement du progrès des êtres. Platon admettait bien la valeur de cette doctrine pour le monde, pour ce qu'il appelait le Dieu engendré, dont le progrès est l'image mobile de l'immobile perfection ; mais autre chose est le progrès, autre chose est la perfection même. La doctrine dont il s'agit se réduit à cette proposition : Il est plus difficile et moins immédiat d'être parfait que d'être imparfait. Mais pour qui est-ce plus difficile ? Tout est là. Cela est plus difficile, assurément, pour l'être imparfait en soi, qui, placé au dernier degré de l'échelle, ne peut la remonter qu'en gravissant tous les barreaux et en surmontant par le progrès une série infinie de conditions. La perfection est même impossible pour les êtres imparfaits; quoi de plus simple? S'ensuit-il qu'elle soit impossible pour l'être parfait? En d'autres termes, de ce qu'elle est médiate et finalement impossible pour autre chose qu'elle-même, s'ensuit-il qu'elle soit impossible pour elle-même, en elle-même et par elle-même? Ce serait là une affirmation bien hardie, et que ne sauraient justifier toutes les inductions tirées de l'expérience. Nous l'avons remarqué déjà, ces inductions sont en elles-mêmes vicieuses parce qu'on y présuppose ce qui est en question, à savoir que l'imperfection est la seule forme de l'être. Cependant, examinons de plus près encore la valeur de cette doctrine au point de vue de l'expérience, et voyons s'il est bien vrai, même à ce point de vue, de dire que l'être se conditionne à mesure qu'il se perfectionne ?

La perfection peut être entendue de deux manières : comme une perfection purement mécanique, ou comme une perfection toute dynamique. La première n'est qu'une complexité d'éléments et de rapports, un mouvement harmonique de parties qui demeurent immuables en elles-mêmes. Cette perfection des composés, tout extérieure et formelle, est la seule que connaissent les matérialistes. Dès lors, plus un mécanisme est compliqué, plus il exige de conditions, plus il est sujet à se décomposer. Tels sont les organismes délicats des animaux supérieurs. La raison en est que, dans une machine, le perfectionnement n'est vraiment pas intérieur; il ne s'accomplit pas dans l'action même ou dans l'activité intime des forces concourantes, mais seulement dans leur concours harmonique et dans leurs rapports extrinsèques de temps et d'espace. Faut-il s'étonner qu'une perfection qui est toute de relation soit toute relative, toute dépendante du temps, de l'espace, du nombre, de la quantité? En est-il de même de la perfection intérieure à l'être, immanente et spirituelle? Là, le progrès s'accomplit dans l'activité même, qui devient de plus en plus facile et rapide, de plus en plus voisine de son effet et de sa fin. L'être spirituel est d'autant plus parfait qu'il a en lui-même plus de qualités immanentes, plus d'habitudes, plus de puissances, qu'il est dans son intime action plus indépendant de l'extérieur, plus affranchi du temps, de l'espace et de la quantité, en un mot plus dégagé de conditions et plus absolu. Le plus haut degré de cette perfection immanente et spirituelle est la complète autonomie de la volonté libre et bonne, qui trouve en elle-même et en elle seule toutes les raisons de son acte. La perfection spirituelle consiste donc, pour ainsi dire, à être de moins en moins conditionné et déterminé par autrui, à être de plus en plus déterminant et conditionnant. L'être le plus parfait, de cette vraie et intime perfection, sera celui qui, sans être déterminé et conditionné par rien, se détermine lui-même et détermine tout le reste par une volonté entièrement indépendante et autonome ; et qu'est-ce qu'une telle volonté, sinon celle qui trouve en elle-même, avec la *puissance* d'agir, toutes les raisons *intelligibles* et *bonnes* de son acte, en un mot une volonté intelligente et aimante? L'être relatif, dérivé et conditionné, ne peut jamais réaliser complétement en lui cet idéal; mais c'est qu'il porte toujours la marque de son origine essentiellement relative. On voit assez qu'il n'a jamais été l'absolu, et qu'il ne le sera jamais. Voilà pourquoi il n'a jamais été et ne sera jamais parfait. Comme le désir ou Eros, il conservera toujours quelque trait de sa mère, la Matière ou la pauvreté. Aussi est-il obligé de subir d'abord toutes les relations pour s'en affranchir peu à peu, de se mettre en rapport avec l'extérieur par des organismes de plus en plus compliqués pour en recevoir l'excitation, pour pouvoir réagir et développer peu à peu, au moyen de l'activité transitive, son activité immanente. C'est le miroir représentatif de l'univers, qui a besoin de s'exposer et de s'offrir à toutes choses pour les refléter. Pourtant, ce n'est point un miroir passif; il ne subit d'abord l'action d'autrui que pour agir ensuite ; il ne traverse toutes les conditions matérielles que pour s'élever au-dessus et les dominer; il arrive même par la pensée, par la liberté et par l'amour, à s'affranchir de l'espace et du temps. La machine qui lui sert d'enveloppe extérieure est de plus en plus changeante et périssable; mais lui, dans son immanente action, il est de plus en plus identique et immortel. Tout en communiquant davantage avec les autres êtres par la solidarité de la pensée et de l'amour, tout en vivant de plus en plus hors de soi, il vit toujours de plus en plus en lui-même ; il entre de plus en plus, d'une certaine manière, en relation avec tous les autres êtres, et cependant il est de moins en moins relatif ou dépendant dans son essence ; il produit les relations sans les subir ; il est fécond et créateur par son activité ; il se donne sans se perdre ; il communique sa perfection à ce qui l'entoure sans la voir diminuer en lui. Direz-vous qu'en montant ainsi vers la perfection, l'être passe d'une existence absolue à une existence de plus en plus relative ? Ou ne s'élève-t-il pas au contraire d'une existence de plus en plus conditionnée, déterminée et passive, à une existence de plus en plus conditionnante, déterminante et active ? Des ténèbres de la matière, il monte vers la lumière de l'esprit. Que sera donc l'esprit pur, sinon une activité affranchie de toutes les conditions matérielles, affranchie du temps, de l'espace, du nombre et de la quantité, capable de produire toutes les relations sans les subir, de se donner à toutes choses sans se perdre, de fonder dans la parfaite unité de l'amour la parfaite multiplicité ou solidarité universelle ? L'Esprit vivra ainsi absolument pour autrui et absolument pour soi. Voilà l'être le plus relatif, si vous entendez par là que toutes les relations en proviennent et que le pur esprit met toutes choses en relation avec lui-même par la puissance, par la pensée et par l'amour ; mais cela vient de ce qu'il est en lui-même indépendant ou absolu, et qu'il ne donne aux autres que parce qu'il est lui-même la suprême richesse. On peut dire aussi que son existence est la plus médiate, en ce sens qu'elle contient tous les moyens termes de la dialectique universelle ; mais, les contenant tous sans avoir besoin d'en emprunter aucun à l'extérieur, elle les possède tous à la fois, et son existence est par cela même la plus immédiate. En elle coïncident, comme dirait Hégel, la suprême médiation et la suprême immédiation. Ainsi, par une induction plus rigoureuse et plus complète, nous arrivons au même résultat que par l'aperception *à priori* de la raison. A tous les points de vue, il y a identité entre l'existence absolue et la perfection. Loin d'être pour Dieu un obstacle à l'être, sa bonté est sa raison d'être.

En résumé, la doctrine des adversaires de Platon a son origine dans une confusion entre l'existence matérielle et l'existence spirituelle. Plus l'être progresse, plus son existence matérielle devient difficile et presque impossible ; mais cela ne prouve en rien que son existence spirituelle devienne impossible au même degré. Dans l'être parfait, le matériel est entièrement absorbé par le spirituel ; mais une telle existence, bien loin d'être purement idéale et abstraite, est la plus réelle et la plus concrète. C'est au contraire la matière pure qui n'a qu'une existence idéale, puisqu'elle ne consiste que dans des relations et des rapports, puisqu'elle représente le côté extérieur et passif des choses, non leur côté intérieur et actif. La matière, loin d'être l'absolu et le suffisant, est ce qui ne peut jamais suffire, ce qui même ne doit pas être où subsister, conséquemment ce qui doit changer, devenir autre chose, devenir pensée, volonté et amour, devenir esprit. L'esprit, au contraire, est ce qui suffit à soi et à tout le reste, ce qui est éternellement en soi et pour soi, ce qui doit être progressivement pour autrui. La vraie réalité ne peut donc se concevoir que sous la forme de l'esprit, et l'absolue réalité est la perfection spirituelle ou l'Esprit pur.

## CHAPITRE V.

### DES ATTRIBUTS DE DIEU.

I. Méthode platonicienne pour déterminer les attributs de Dieu. — II. Aspect négatif de l'idée de Dieu. En quel sens Dieu est supérieur à l'essence. Aspect positif de l'idée de Dieu. Synthèse des deux points de vue précédents. La vie divine et son évolution éternelle. — III. Attributs plus particuliers de Dieu, ou Idées. 1° Attributs empruntés à la nature. 2° Attributs empruntés à l'humanité. La volonté, l'intelligence et l'amour. Diverses définitions morales de Dieu. Leur ordre dialectique. Harmonie des contraires en Dieu. Personnalité divine.

I. Dans le *Parménide*, Platon a montré les différents aspects sous lesquels Dieu peut être envisagé; on y trouve sans cesse reproduites, à propos des attributs de Dieu, la thèse qui affirme, l'antithèse qui nie, la synthèse qui concilie la négation et l'affirmation.

Ces évolutions dialectiques n'ont pas pour but d'introduire en Dieu des contradictions, mais d'annuler les unes par les autres toutes les limitations et contradictions qui peuvent se trouver dans notre propre pensée, de manière à rétablir ainsi, par une voie indirecte, la parfaite harmonie ou la parfaite unité de l'existence divine. Cette unité, loin d'être un faisceau de contradictions, est donc l'absence de toute contradiction. Si la dialectique accumule et réduit en système les affirmations et les négations les plus diverses, si elle aime à parcourir tour à tour les rayons les plus divergents, c'est pour montrer comment ils coïncident tous dans le centre. De là le grand principe dont nous avons vu l'application dans le *Parménide:* la perfection ou Idée d'une chose se confond avec la perfection ou Idée de toutes les autres choses. Il y a une suprême harmonie dans cette apparente antinomie : toute chose élevée à l'absolu, par exemple la pensée, est et n'est plus elle-même, est et n'est plus la pensée. D'une part, une chose n'est jamais mieux elle-même que quand elle est parfaite : ainsi, la perfection de la pensée mérite par excellence le nom de pensée. Mais d'autre part, si vous vous contentez, comme Aristote, de l'appeler la pensée, vous semblez dire qu'elle est cela et non autre chose ; or, la perfection de la pensée ne fait absolument qu'un avec celle de la puissance et de l'amour ; donc la pensée absolue n'est plus particulièrement la pensée, mais l'unité de la pensée avec tout le reste. C'est ce qui fait qu'aucune définition de Dieu n'est adéquate. Les définitions purement négatives sont bien adéquates à l'infinité divine sous le rapport de l'extension ; mais elles sont absolument inadéquates sous le rapport du contenu et de la compréhension. Quant aux définitions positives, elles sont d'autant plus adéquates en compréhension qu'elles sont plus concrètes. Mais elles ne le sont jamais entièrement. Voilà pourquoi Platon et ses disciples accumulent les thèses et les antithèses. Nous voyons en nous-mêmes cette tendance des attributs contraires à s'identifier en se perfectionnant. Quand ils se font obstacle, c'est par leurs limitations et leurs négations ; ce n'est pas par ce qu'ils ont de positif. Ainsi, ce n'est pas ma raison qui fait obstacle à ma liberté ou à mon amour, mais mon manque de raison. La contrariété n'apparaît qu'avec les bornes de nos attributs ; éliminez ces bornes, elle se change à la limite en harmonie. C'est l'image de l'unité divine.

Examinons successivement, par la méthode platonicienne, les divers aspects sous lesquels nous apparaît l'idée de Dieu ; mais gardons-nous de transporter en lui la succession et le mouvement qui se produiront dans nos pensées. L'idée de Dieu semble à chaque instant changer d'aspect sous nos regards, mais c'est nous qui changeons, et non pas elle. Au sommet de la métaphysique brille le soleil intelligible, immobile dans sa splendeur ; emportés par le mouvement de notre pensée et de notre amour, nous gravitons autour de lui, et, suivant les positions différentes que nous occupons, il semble changer lui-même ; mais ce n'est là qu'une apparence. Nous aurons beau nous mouvoir ainsi ou nous reposer tour à tour, aucun mouvement ne sera égal en variété à sa nature absolument multiple, aucun repos ne sera égal en fixité à sa nature absolument une. Cette infinité de Dieu, loin de décourager notre pensée et notre amour, doit les soutenir. Faut-il se plaindre que la lumière soit sans ombre, que le bien soit sans limites, et que le trésor de la perfection soit inépuisable ?

II. D'après la première thèse du *Parménide*, la raison suprême ne peut être aucune des choses dont elle est la raison. Si elle était identique, soit à un de ses effets, soit à tous, il n'y aurait plus lieu de distinguer l'effet de la cause. On se trouve ainsi en présence d'une idée qui, quoique étant la plus immanente à notre raison, est aussi tellement transcendante qu'elle semble supérieure à la fois à l'être et au non-être, dans le sens ordinaire de ces mots. Dieu, étant l'être, est le non-être de tous les êtres que nous connaissons, pour employer une formule analogue à celles du *Parménide*. La définition de Dieu par le non-être était celle que préféraient les bouddhistes. Les persans et les gnostiques représentaient aussi le fond de la divinité comme un « abîme ; » les chrétiens, à leur tour, ont appelé le Père un abîme insondable. Enfin les Alexandrins élevaient l'unité absolue au-dessus de l'être même ; ils acceptaient par là les conclusions de la première thèse du *Parménide*. Il est certain que l'idée vulgaire d'être n'est point la plus élevée de toutes. On peut même, avec Hégel, considérer l'être pur qui ne serait qu'être comme une des notions les plus pauvres et les plus incomplètes. De plus, l'idée d'être, quand on lui donne plus de précision, indique à proprement parler une *essence*, une *nature*, une détermination ou un ensemble de déterminations qui paraissent quelque chose de trop passif, de nécessaire et de fatal. Quand Platon élève Dieu au-dessus de l'essence, il veut dire que Dieu n'a point en lui des qualités, des déterminations qu'il trouverait en quelque sorte toutes faites, et qui seraient comme sa nature nécessaire. Nous avons, nous, une nature, une essence, qui est pour nous une vraie nécessité à laquelle nous ne pouvons nous soustraire. Nous sommes déterminés dans notre essence avant de nous déterminer nous-mêmes, nous sommes nature avant d'être esprit. Or, Dieu n'est pas primitivement et essentiellement nature ; il est le principe déterminant par excellence, qui n'est déterminé que par soi, et qui conséquemment est conçu comme déterminant avant d'être conçu comme déterminé. D'où il suit qu'il est supérieur à toute détermination, à toute nature, à toute essence, supérieur à ce fond invinciblement déterminé que nous appelons l'être d'une chose. On reproche aux Alexandrins et à Platon même d'avoir élevé Dieu au-dessus de l'être proprement dit. C'est leur reprocher, on le voit, d'avoir placé à l'origine des choses non une nature pure, mais un pur esprit, non quelque chose de déterminé et de nécessaire, mais quelque chose de déterminant et de libre. En réalité, par cette conception, les platoniciens s'élèvent au-dessus de tout naturalisme. On objectera qu'ils mettent Dieu au-dessus de l'esprit, non moins que de la nature. — Oui, si l'on entend par là l'esprit imparfait, les déterminations imparfaites et particulières, telles que la pensée. Dans ces choses, il y a un reste de nature; elles apparaissent comme déterminées en partie et non pas seulement comme déterminantes et absolues. Dès lors, Dieu doit être élevé au-dessus de l'esprit fini comme de la nature finie. Ces deux choses, en tant qu'elles s'opposent et se limitent, n'expriment ni l'une ni l'autre l'absolu. Dieu est l'Unité supérieure à la nature et à l'esprit en tant que ces deux choses s'opposent; mais cela revient à dire qu'il est l'Esprit pur, l'Esprit affranchi de toute lutte avec la matière, et se donnant sans obstacle à lui-même une nature bonne et heureuse.

Dans cette haute conception de Dieu comme principe non pas primitivement déterminé, mais primitivement déterminant, et par là supérieur à l'essence comme à l'intelligence, se trouve la commune origine de la foi en Dieu et de la négation de Dieu. C'est parce que Dieu n'est rien de tout ce dont je détermine l'essence que je l'affirme; mais c'est aussi parce qu'il n'est rien de tout ce qui peut se comprendre qu'on l'a nié. L'illusion d'optique indiquée par Platon dans le *Sophiste* et dans la *République* fait souvent confondre la pure lumière avec la pure obscurité. L'athéisme part aussi quelquefois d'un haut sentiment de la perfection divine. Certaines âmes sont tellement choquées par toutes les conceptions de Dieu que proposent les diverses religions ou les divers systèmes métaphysiques, qu'elles préfèrent la négation à d'indignes affirmations. Ce sentiment est ce qu'il y a de vrai et de rationnel dans l'athéisme, et aussi dans cet idéalisme qui fait de la perfection une pure idéalité sans existence réelle. Les idéalistes disent, comme les Alexandrins, qu'on rabaisserait Dieu en lui attribuant l'être; mais, s'ils sont de vrais idéalistes et non de purs matérialistes, ils ne peuvent entendre par là que le suprême idéal ne soit absolument rien. Ils finissent donc, quand ils sont conséquents, par lui attribuer un mode d'existence indéterminable, je ne sais quoi de transcendant (1). Par là, quand même ils se croiraient loin du spiritualisme, ils en sont bien près, car ils excluent de Dieu tout reste du naturalisme antique. La doctrine platonicienne, compréhensive au plus haut degré, accorde dans son sein une place légitime à cette idée de la transcendance divine dont la fausse interprétation a produit l'athéisme. Mais il ne faut pas exagérer cette idée jusqu'à la rendre exclusive. Si on peut dire en un sens que Dieu est l'être qui, par rapport aux autres êtres, n'est pas, il est bien plus exact encore de dire qu'il est l'être en comparaison duquel les autres êtres ne sont pas. On ne peut accepter que comme une thèse provisoire ce que les Alexandrins ont dit du Dieu supérieur à l'être ; et on doit y ajouter immédiatement, comme ils l'ont fait eux-mêmes, l'antithèse du Dieu identique à la plénitude de l'être (πλήρωμα). C'est la seconde thèse du *Parménide*.

(1) C'est ce que M. de Rémusat propose aux idéalistes dans son savant article sur Platon et son œuvre (*Revue des Deux-Mondes*, 1er janvier 1868) : « Nous serait-il permis d'admettre une sorte d'existence que nous appellerions l'existence idéale, de supposer qu'il existe de toute éternité des vérités impératives, qui n'ont aucune condition de l'être, tel qu'il nous est connu, qui existent à l'état d'idées, et qui dans cet état indéfinissable sont cependant quelque chose d'efficace et de puissant? »

L'absolu nous est apparu d'abord comme n'étant pas, comme une notion pour nous négative ; mais nous n'avons pu nous arrêter à cette notion, parce que, tout immédiate et simple qu'elle paraisse, elle contient une contradiction. Un tel absolu serait aussi bien le non-être que l'être, comme Hégel l'a parfaitement démontré. Or, l'absolu n'est point un pur non-être, et si nous ne le concevons pas comme déterminé, nous le concevons au moins comme déterminant, comme raison absolue de l'être. Par conséquent Dieu, étant la raison universelle, doit renfermer toutes choses sous la forme supérieure de l'unité ou de l'Idée. A ce point de vue Dieu nous apparaît comme l'essence universelle, le principe de la nature universelle, l'Être universel, parfaitement déterminé, non par autrui, mais par soi. Dieu est éminemment toutes choses, y compris l'être même ; il est celui qui est. Telle est l'antithèse affirmative, second moment de notre pensée.

Platon a eu soin d'ajouter la synthèse. Dieu, en effet, est le principe déterminant qui se détermine lui-même, la puissance qui s'actualise sans obstacle et sans condition. Une puissance réduite à n'être que puissance serait, comme nous l'avons vu, relative. Inversement, un acte réduit à n'être qu'acte, et qui ne contiendrait pas en lui-même la puissance universelle, semblerait relatif, comme supposant quelque raison qui le ferait être ce qu'il est, et qui en elle-même serait indépendante de ce qu'elle le ferait être. Aucune distinction de puissance et d'acte ne peut plus subsister en Dieu, et après avoir distingué les deux termes par rapport à nous, on doit immédiatement les réunir dans l'absolue unité. Dieu doit donc être conçu comme l'éternelle synthèse de la puissance et de l'acte, du déterminant et du déterminé. Or, ce passage immédiat de la puissance à l'acte est la forme suprême du mouvement. Il y a donc dans le sein de Dieu une évolution dialectique, un mouvement idéal, un devenir immanent à lui-même. C'est la troisième thèse du *Parménide*, qui représente Dieu comme une âme se mouvant elle-même, ou comme la vie parfaite.

C'est ici qu'il faut prendre garde à l'erreur des panthéistes. L'évolution divine n'est pas le monde ; elle ne s'accomplit pas dans le temps et dans l'espace, de manière à n'être jamais achevée ; elle s'accomplit dans l'éternité et l'immensité, et elle est à jamais achevée ou parfaite : elle est l'infinie multiplicité absolument identique à l'infinie unité, en d'autres termes l'absolue unité de l'un et du multiple. En effet, la priorité de la puissance sur l'acte en Dieu et du déterminant sur le déterminé ne peut être que purement logique, non chronologique et physique. Sinon, la puissance divine cesserait d'être absolue et subirait les conditions du temps et de l'espace, formes essentielles de l'existence relative ; et de même, l'acte divin cesserait d'être absolu : il serait séparé de la puissance productrice, différé et reculé dans son accomplissement, et en définitive impossible à réaliser. L'acte de Dieu est donc immanent et intra-divin. Dieu est à la fois la cause et l'effet de ce devenir immobile par lequel il se réalise éternellement. Il n'y a en lui ni mouvement proprement dit ni immobilité proprement dite, choses également dérivées, également relatives à l'espace et au temps. Remarquons-le d'ailleurs, le mouvement des êtres imparfaits est toujours imparfait lui-même, puisqu'il n'est jamais un passage parfait de la puissance à l'acte ; si vous poussez par induction le mouvement à sa limite ou à sa perfection, il s'identifiera avec son contraire, le repos. Le repos, à son tour, est toujours imparfait dans le temps et dans l'espace, puisqu'il est produit par l'équilibre de deux forces qui se meuvent en sens contraire; aucune de ces deux forces ne se repose, puisqu'elle lutte contre une résistance; le repos n'est donc qu'apparent et extérieur. Mais en Dieu est le mouvement éternel de l'activité vers sa fin, et l'éternel repos de l'activité dans cette fin toujours atteinte. Dieu est donc tout ensemble, comme l'a montré Platon, mouvement absolu, repos absolu, mouvement et repos, ni mouvement ni repos. Par là Dieu est vivant. Que de fois on s'est imaginé qu'un mouvement dans le temps et dans l'espace est la condition de la vie! C'était confondre la limite où cesse une chose avec cette chose même. L'être vivant est celui qui a sa fin en soi (ἐντελέχεια), et qui veut incessamment la réaliser. S'il y parvient immédiatement et éternellement, il est la Vie parfaite. Ne voyons-nous pas que les êtres finis eux-mêmes sont d'autant plus vivants qu'ils trouvent davantage leur fin en eux, que leur action est plus libre, plus voisine de son effet, plus dégagée des conditions de l'espace et du temps? L'être pensant, qui du sein de son repos meut ses idées, n'est-il pas plus vivant que le mobile emporté dans l'espace? Et l'être libre, qui se détermine par lui-même dans un instant indivisible où le mouvement et le repos coïncident, n'est-il pas plus vivant que l'être soumis à la fatalité des conditions physiques ou logiques? A la limite, l'obstacle qui sépare la puissance et l'acte devient nul, et la vie devient infinie. Vie immédiate et éternelle, qui rend possibles et réelles les formes inférieures de la vie.

III. Telles sont les trois thèses du *Parménide*, qui

déterminent d'une manière générale les attributs de Dieu. Quant aux attributs plus particuliers, qui sont les Idées de toutes choses, Platon les détermine en s'appuyant sur ce principe, que les qualités qui sont en nous ou dans les autres êtres doivent avoir leur raison dans quelque attribut éminent de la cause universelle. Par exemple, cette cause devra être ou intelligente ou plus qu'intelligente; mais ce qui serait déraisonnable, c'est qu'elle fût inintelligente, car alors le moins produirait le plus, et ce surplus serait sans cause. De même, dans les œuvres de l'homme, l'ordre mécanique de la montre suppose chez l'ouvrier un ordre supérieur, sinon analogue, mais qui, en tout cas, ne peut être inférieur.

Cette méthode inductive pour déterminer les attributs particuliers de Dieu ou les Idées, ne doit pas être appliquée exclusivement aux facultés de notre âme, comme la méthode psychologique des écoles écossaise et française. Dieu est sans doute l'esprit absolu ; néanmoins dans cet esprit même doit se retrouver le principe de la nature comme de l'humanité. Aussi Platon transporte-t-il en Dieu, sous la forme de principes et de raisons, toute la logique, toutes les mathématiques, toute la physique (1). Dieu est la suprême identité, la suprême différence,

---

(1) Hégel semble avoir suivi la même méthode dans la première partie de sa *Logique*, qui peut être considérée comme une théologie analogue à celle du *Parménide*. Hégel essaie de montrer l'enchaînement des perfections divines d'après une logique qui est à la fois celle de la pensée et des choses. Il décrit le monde intelligible qui est en Dieu ; il parcourt les divers moments de cette dialectique qui, pour être éternelle et immédiatement accomplie en Dieu, n'en contient pas moins tous les moyens termes des choses dans la plus parfaite unité. Hégel ne semble pas d'ailleurs, quoiqu'on le lui ait reproché, faire de Dieu une pure abstraction, comme l'être pur. Il déclare, au contraire, que toutes les définitions de Dieu antérieures à la définition suprême sont des

la quantité intelligible, l'étendue intelligible, le temps intelligible, le mouvement intelligible, en ce sens qu'il est le principe déterminant d'où découlent la possibilité et la réalité de toutes ces déterminations. Dieu redevient ainsi, par rapport à la nature, la nature en soi, la matière intelligible, l'Idée de la matière ; c'est-à-dire qu'il y a en Dieu quelque perfection qui fonde la possibilité de la matière. Seulement il s'est donné lui-même et par lui-même cette perfection ; c'est donc parce qu'il est d'abord esprit qu'il fonde volontairement la matière. Qu'on y songe, puisque la matière est sortie de Dieu comme tout le reste, il faut bien qu'en lui et par lui elle soit quelque chose d'intelligible, comme la dyade intelligible de Platon ; il faut que le matériel se ramène en Dieu au spirituel.

Toutes les définitions précédentes, prises dans un bon sens, donnent satisfaction à ce que les systèmes matérialistes, naturalistes, panthéistes et même athées, contiennent d'intelligible malgré leurs erreurs. Mais les vraies définitions de Dieu, les moins inadéquates et les plus concrètes, sont empruntées à nos âmes ; ce sont celles qui introduisent en lui les attributs intellectuels et moraux.

En tant que volonté, Dieu apparaît d'abord comme

abstractions et des moments provisoires ; et la définition suprême n'est pas : « Dieu est l'être pur, » mais : « Dieu est l'Esprit, l'Idée ; » non pas une idée abstraite, mais la parfaite unité de l'être et de la pensée dans le Bien. Le Dieu de Hégel n'est même pas le sujet-objet d'Aristote ou de Schelling ; il est le sujet absolu, la personnalité parfaite. Hégel semble donc ici voisin de Platon. Quoi qu'il en soit, sa logique, malgré ses obscurités, peut fournir des éléments utiles à la théodicée : on peut, comme lui, donner des définitions provisoires de Dieu, en commençant par les plus pauvres et les plus abstraites pour arriver aux plus riches et aux plus concrètes ; on peut essayer avec lui de vider en quelque sorte l'être divin pour voir comment il se remplit. Dieu est alors conçu comme monde intelligible.

« la puissance d'où dérive toute nécessité; » principe suprême du panthéisme indien, Destin suprême des Grecs. D'autre part, « Dieu est la puissance qui agit avec une absolue liberté; » aspect sous lequel les Hébreux ont surtout conçu Jéhovah. — On demandera comment Dieu peut être à la fois libre et nécessaire. Mais, pour que l'activité de Dieu soit parfaitement nécessitante, ne faut-il pas que rien, en dedans ou en dehors, ne fasse obstacle à son indépendance et à son universelle domination ? il faut donc qu'elle soit parfaitement libre. D'un autre côté, pour être parfaitement libre, ne faut-il pas qu'elle exclue toute indétermination et tout arbitraire, toute hésitation, toute lutte de motifs ou de mobiles, en un mot qu'elle soit parfaitement une ; et cette unité, supérieure et antérieure au choix, ne doit-elle pas nous sembler nécessaire, sinon en elle-même, du moins pour nous ? Disons donc, si vous voulez, avec les platoniciens : Dieu est libre, Dieu est nécessaire, Dieu est libre et nécessaire, Dieu n'est ni libre ni nécessaire, mais quelque chose de supérieur à cette opposition. Néanmoins, si on veut désigner son activité par un nom positif, c'est celui de liberté absolue qui est le plus convenable. Nous savons qu'à vrai dire la nécessité est une chose dérivée et non primitive : elle est l'œuvre de la liberté ; elle est l'effet de la liberté absolue qui, se déterminant par elle-même, détermine tout le reste.

En tant qu'intelligence, Dieu est d'abord suprême raison, puisqu'il connaît la raison absolue de toutes choses; suprême conscience, puisque cette raison absolue est lui-même; suprême perception, puisque, sans aucune passivité, il aperçoit toutes choses dans leur principe déterminant, puisqu'il conçoit éternellement en lui le germe fécond d'autre chose que lui, la transition possible du moi au non-moi.

Si nous passons des facultés intellectuelles aux opérations, nous pouvons dire d'abord que Dieu est l'éternel jugement, l'Idée du jugement, où l'universalité des attributs est unie à l'individualité du sujet et en même temps s'en distingue. Dieu est aussi l'éternel raisonnement, l'éternel syllogisme où les trois termes ne font qu'un, où les extrêmes et le moyen coïncident dans une intuition immédiate. On dit ordinairement que Dieu ne raisonne pas. Cela est vrai si vous entendez par raisonnement la nécessité d'un certain temps pour passer du principe à la conséquence; mais alors vous faites consister l'essence du raisonnement dans ce qu'il a d'accidentel et de négatif. La vraie essence du raisonnement est dans l'aperception du rapport qui unit la conséquence au principe; si cette aperception est immédiate, tant mieux. Vous-même, à mesure que vous prenez l'habitude de raisonner, ne diminuez-vous pas progressivement la durée qui s'écoule entre l'aperception du principe et celle de la conséquence? Ces deux aperceptions sont les deux variables dont le rapport constant constitue le raisonnement. Donc, si vous passez à la limite, l'intervalle de temps qui séparait le principe de la conséquence est réduit à zéro, mais l'essence positive du raisonnement subsiste dans son intégrité. A vrai dire, c'est Dieu qui raisonne, et vous, relativement à lui, vous ne raisonnez pas, vous aspirez seulement à raisonner. Ainsi, l'intelligence discursive et l'intelligence intuitive ne diffèrent pas en Dieu. Cela tient à ce qu'il n'y a en lui aucune différence de sujet et d'objet, aucune distance entre les deux.

Tout en admettant ces thèses affirmatives sur l'intelligence divine, les Alexandrins ont de préférence soutenu l'antithèse : « Dieu, disent-ils, n'est pas la Pensée, mais quelque chose de supérieur. » — On peut et on doit leur accorder cette proposition, pourvu qu'on maintienne expressément la thèse précédente. Ainsi nous aurions pu dire tout à l'heure : — Dieu ne raisonne pas (en passant d'un principe connu à une conséquence inconnue); mais ce n'est pas là manque de raisonnement, c'est au contraire excès et plénitude de raisonnement : car Dieu aperçoit sans intermédiaire le rapport du principe à la conséquence. De même, en général, Dieu n'est pas la pensée dans son état d'opposition soit avec l'objet pensé auquel elle s'applique, soit avec le sujet pensant dont elle est l'acte, soit avec les autres facultés du même sujet ou avec les objets de ces facultés. Mais, si Dieu n'est pas la pensée ainsi entendue, c'est par plénitude de pensée, et par une telle infinité d'intelligence que ce n'est plus là proprement et particulièrement l'intelligence.

Les disciples modernes d'Hamilton, reproduisant la thèse négative des Alexandrins sans la thèse affirmative qui la complète, ont déclaré la pensée incompatible avec l'unité de la perfection, comme si l'être qui pense était vraiment un être dépravé. Pourtant, chacun de nous pense et est un : double par la conscience, un par la substance. Est-ce là une imperfection? — Oui peut-être dans l'homme, qui a besoin de se retrouver par la conscience, et qui actualise avec effort sa pensée virtuelle, parce que son intelligence n'est pas la vérité même. Mais élevez-vous, avec Aristote, jusqu'à la Pensée de la Pensée, et, avec Platon, jusqu'à l'Unité qui identifie dans sa substance l'intelligence et l'intelligible : ne verrez-vous pas diminuer de plus en plus la dualité intellectuelle, et ne comprendrez-vous pas ici encore, comme le mathématicien parvenu à l'extrême *limite* de son calcul, que cette dualité devient égale à zéro dans l'infini?

De même, on prétend qu'on rabaisserait Dieu en lui attribuant l'amour. Mais l'amour, nous l'avons assez montré, n'est point le désir. Ne voyons-nous pas, même dans les êtres finis, l'amour du bien s'accroître avec la possession du bien? La mère cesse-t-elle d'aimer son fils quand elle jouit de sa présence? Mon âme cesse-t-elle d'aimer la vérité quand elle lui est unie? Sans doute cette union, étant toujours imparfaite en moi, ne fait qu'accroître le désir d'une union plus complète; mais ce qui est positif et constant, c'est l'amour, et le désir résulte de la borne variable ou de la limitation accidentelle. Je n'aime pas parce que je désire, comme l'ont cru certains philosophes, mais je désire parce que j'aime et que ma richesse est mêlée de pauvreté. En réduisant à zéro la part de la pauvreté et du désir, vous élevez à l'infini la part de la richesse et de l'amour. Donc, ici encore, si vous faites varier les éléments variables de l'amour dans l'homme, vous reconnaîtrez que le désir tient à une distance entre l'aimant et l'aimé qui peut diminuer indéfiniment, tandis que l'amour est une union constante et une possession mutuelle; à la limite, le désir s'évanouit dans l'infinité de l'amour : en Dieu, l'aimant et l'aimé ne font qu'un.

Mais, dira-t-on peut-être, l'amour de Dieu pour lui-même est ou intéressé ou désintéressé; s'il est intéressé, Dieu a besoin de lui-même; s'il est désintéressé, Dieu n'a pas besoin de lui-même : deux choses également impossibles. — Aussi l'amour de Dieu est-il supérieur à ces deux formes de l'amour humain.

Il ne faut dire ni que Dieu a besoin de sa propre existence ni qu'il y est indifférent. Dieu, éternellement en possession de l'être, puisqu'il est Celui qui est, n'a pas besoin de désirer l'être pour se le donner ou pour s'y maintenir. Nous avons besoin de notre existence et nous en désirons le maintien, comme Platon l'a montré dans le *Banquet*, parce que notre existence est empruntée et reçue de Dieu. Au fond, en désirant le maintien de notre existence, c'est l'acte de bonté divine qui nous donne l'être que nous désirons et dont nous voulons la perpétuité; c'est l'être divin que nous désirons, c'est l'Idée qui enveloppe notre existence à venir. Quant à notre existence présente, à vrai dire nous ne la désirons pas, car elle est notre plus certaine richesse, et nous n'en avons pas réellement besoin dans le moment actuel. Ce n'est pas à dire pour cela que nous y soyons indifférents : nous la possédons, nous en jouissons, nous l'aimons. Tel est Dieu : il s'aime sans se désirer ; ou, s'il ne s'aime pas, c'est qu'il fait plus encore : il se possède et jouit d'une éternelle béatitude.

Loin d'être indigne de la perfection divine, l'amour fournit la plus vraie des définitions concrètes de Dieu : « Dieu est charité, Dieu est bonté. » En effet, la définition par l'amour, encore inadéquate sans doute, contient toutes les précédentes et les domine, sans que nous connaissions rien qui puisse fournir une plus haute définition positive.

C'est dans cette définition que nous trouverons le passage de Dieu au monde, de la bonté intrinsèque à la bonté expansive; c'est par l'amour que Dieu nous apparaîtra tout ensemble comme le plus personnel et le plus impersonnel des êtres. Dès à présent, nous avons le droit de conclure que Dieu est la suprême personnalité, car nous connaissons les attributs caractéristiques qui, dans leur originalité sublime, constituent l'Esprit absolu. Dieu ne peut se confondre avec aucun autre être : il est Lui, et il pose éternellement son individualité en disant : Moi. L'infinité et la perfection, loin d'exclure la personnalité, en sont la forme la plus complète, en même temps qu'elles expriment l'impersonnalité absolue de l'amour créateur.

La détermination des attributs divins par la synthèse platonicienne des contraires est à la fois ce qu'il y a de plus rationnel et de plus expérimental; cette synthèse a beau être incomplète, Dieu nous paraît encore plus intelligible que notre âme imparfaite, de même que notre âme est plus intelligible que la matière. Beaucoup d'obscurités prétendues de la théodicée platonicienne n'existent que pour l'imagination, qui veut tout se représenter dans le temps et dans l'espace; ce sont des clartés pour la raison. Oui, Dieu m'est plus clair que moi-même, précisément parce que je ne le comprends pas comme moi dans des limites qui sont des négations, des contradictions, du mal. C'est la lutte des facultés entre elles et des êtres entre eux, c'est la région des antinomies, du mouvement, du temps et de l'espace, de la souffrance, de la faute et de la haine, qui est pour moi obscure et presque impénétrable. Mais la région divine des harmonies, l'unité de l'Amour où tout se confond sans se perdre, est ce qu'il y a de plus intelligible pour ma raison et de plus aimable pour mon cœur. Si ma pensée semble s'évanouir dans le Bien-Un, ce n'est pas par défaut, mais par excès et plénitude, selon la doctrine de Plotin : soulevé au-dessus de moi-même et déployant toute l'énergie de mon âme, je suis plus vraiment moi que jamais, et cependant je me vois plus voisin de Dieu, plus près de me confondre avec lui. Si je me cherche en moi, je me perds; et si je me cherche en Dieu, je me retrouve.

# CHAPITRE VI.

### DE LA CRÉATION ET DE LA PARTICIPATION PAR L'AMOUR.

I. Que l'acte créateur est supérieur aux relations mathématiques. Le monde n'est ni un prolongement ni une diminution de l'être divin. — II. Que l'acte créateur est supérieur aux relations logiques. Retour sur la thèse du *Parménide* : l'Un n'est ni identique ni différent, soit par rapport à lui-même, soit par rapport aux autres choses. — III. Que l'acte créateur est essentiellement moral. Fécondité de l'amour. Que le rapport du Créateur aux créatures est un rapport d'amour. Supériorité de l'amour sur les lois de l'impénétrabilité physique et de l'opposition individuelle. Pénétrabilité de la personne. Comment la personne se rend impersonnelle par l'amour. Du don de soi-même. Absence du besoin dans l'amour de Dieu. — IV. Infinité et universalité de l'amour en Dieu. Examen dialectique des diverses doctrines qui ont limité l'amour divin par quelque côté. Quelle est l'idée la plus compréhensive de l'amour infini, principe de la Providence.

Le *Parménide* nous a montré que le difficile problème de la participation ne peut être résolu par des considérations de quantité ou de qualité, et qu'on doit chercher la raison première des choses bien au-dessus des relations mathématiques ou logiques. Le *Timée* nous a fait voir que la solution doit se trouver surtout dans l'ordre moral et religieux. Suivons donc, ici encore, notre méthode habituelle : *Ab exterioribus ad interiora, ab interioribus ad superiora.*

I. Les objections des matérialistes sont toutes mathématiques et reposent sur ce principe sous-entendu : l'absolu est soumis aux relations de quantité, ou les relations de quantité sont l'absolu. Principe évidemment contradictoire qui revient à dire : les choses sont constituées par leur nombre, les unités par leur collection, les termes par leurs rapports, la compréhension intérieure par l'extension extérieure, l'esprit par la matière.

Un monde créé, — dit-on en se plaçant à ce point de vue géométrique, — ne peut être que le prolongement ou la limite de l'être divin; car, en ajoutant notre être à l'être de Dieu, on augmenterait la somme d'être que Dieu possède. — Toujours l'objection du troisième homme! Etant données une chose imparfaite (par exemple mon intelligence), et la perfection de cette chose (par exemple l'intelligence parfaite), on imagine un troisième terme qui contiendrait les deux autres et leur serait supérieur. Parler ainsi, c'est faire de la perfection une somme, une totalité, un nombre qu'on peut accroître en y ajoutant un autre nombre; c'est placer la perfection dans l'extension et non dans la compréhension. Quoi! si j'ajoute extensivement mon intelligence à l'intelligence divine, augmenterai-je donc la compréhension de cette dernière! Ne savons-nous pas qu'elle est déjà parfaite? Tout ce qu'on veut lui ajouter par l'extérieur, ne le possède-t-elle pas déjà intérieurement? L'Idée prétendue supérieure qu'on élèverait au-dessus d'elle, ce serait encore elle. Dans le monde fini lui-même, il y a des choses analogues. Je suis complétement libre, par exemple, de me mouvoir ou de rester immobile; en ajoutant à ma liberté, déjà complète sur ce point, la liberté semblable que possède un autre homme, aurez-vous augmenté la mienne? De même, en ajoutant à l'entière certitude que j'ai de mon existence la certitude analogue qu'ont les autres hommes, aurez-vous réellement augmenté une chose déjà complète en son genre? La simple addition de plusieurs choses n'en augmente que le nombre sans en changer la nature, et n'est elle-même possible que par un terme supérieur aux rapports d'addition ou de soustraction.

Mon être n'est donc pas un prolongement mathématique, un accroissement externe ou interne de l'être divin, déjà parfait en soi. Il n'est pas davantage une limite à la perfection divine. Dieu et le monde, l'infini et le fini, ne sont point deux choses de même ordre et pour ainsi dire contiguës, deux termes relatifs soumis à la commune mesure d'un troisième, qui serait seul absolu. Dans l'espace, les choses finies se limitent entre elles parce qu'elles se partagent un même domaine. Dans le temps, cette limitation réciproque n'est déjà plus aussi frappante : les parties du temps se limitent entre elles, mais une multitude infinie d'êtres peuvent exister dans le *même* temps. Si vous passez de la catégorie de quantité à celle de qualité, la limitation mutuelle diminue et même disparaît. Les qualités que je possède n'empêchent pas les vôtres et n'en sont point la borne ; ma science, mon amour, ma liberté, ne gênent nullement votre science, votre amour, votre liberté. Nous pouvons même avoir tous les deux à la fois une qualité complète en son genre, comme nous venons de le voir. La même chose se produit, d'une manière plus éclatante encore, dans la catégorie de l'existence. Mon existence individuelle ne limite nullement la vôtre ; je suis, vous êtes ; je suis au même degré que vous, et vous êtes au même degré que moi. En ajoutant mon existence à la vôtre, on n'ajouterait rien ; des substances ne s'ajoutent point comme un espace s'ajoute à un espace, et elles ne peuvent pas davantage se retrancher l'une de l'autre. Vous n'empruntez donc vos arguments qu'à l'imagination et non à la raison. L'imagination se représente toutes choses sous la forme de l'étendue, qui est la limitation mutuelle des parties, *partes extra partes*. De même vous concevez ma substance soit *en* Dieu, comme une partie dans un tout, soit *en dehors* de Dieu, comme une partie en dehors d'une autre partie. Dieu ressemble alors à une trame dont chaque dessin occuperait un morceau. C'est la toile dont Platon parle dans le *Parménide*, et qui, recouvrant toutes choses, ne serait pourtant pas tout entière en chacune. Est-ce là de la métaphysique sérieuse? La substance finie et la substance infinie sont-elles l'une en face de l'autre comme des rivaux sur une même terre? Vous demandez à Platon si l'Idée est *dans* les objets ou *hors* des objets. A proprement parler, elle n'est ni en dedans ni en dehors; car une Idée n'est pas une *étendue*. — Rapport inintelligible, dites-vous. — Inintelligible, non; *inimaginable* et *incalculable*, oui, et tant mieux; car il serait triste que la fatalité mathématique régnât en despote sur l'univers. Vous voudriez trouver dans la métaphysique une commune mesure mathématique pour le fini et l'infini; et vous ne le pouvez même pas dans les mathématiques. N'y a-t-il pas des grandeurs qui n'ont aucun rapport imaginable et calculable, et qui cependant sont liées d'une manière intelligible et certaine? La commune mesure de ces quantités n'existe que dans l'infini, selon les mathématiciens. Ces rapports incalculables, ou qui ne peuvent se calculer que par l'intervention de l'*infini extensif*, de l'infini dans la quantité, sont le symbole en partie exact et en partie inexact des rapports métaphysiques qui se manifestent quand on étudie l'*infini intensif*, l'infini de qualité et de substance, c'est-à-dire la perfection absolue. Même dans les objets de la conscience se manifestent ces rapports irrationnels, ainsi appelés parce qu'ils résistent au calcul et au *raisonnement* déductif, non à la *raison* pure. Considérez, par exemple, le rapport de la cause libre à ses effets. La cause est une unité, les effets sont une multiplicité infinie ; et l'infinité extensive des effets a son origine dans l'unité compréhensive de la cause, qui, loin de l'exclure, la rend possible. Essayez d'imaginer ou de calculer un semblable rapport ! De même pour chaque substance, qui contient dans son unité une infinité de phénomènes. Et il s'agit, remarquez-le bien, de notre substance imparfaite, de notre causalité imparfaite. Malgré cette imperfection nous y trouvons, avec Platon et Leibnitz, la réalisation de l'infini dans un ordre déterminé, dans l'ordre des effets et des phénomènes. Si maintenant vous venez à concevoir la cause infiniment infinie, la substance parfaitement parfaite, l'absolu auquel rien ne fait obstacle, est-il absurde de croire que cette infinité métaphysique puisse se traduire par la production, non-seulement d'une infinité mathématique d'effets, mais d'une infinité mathématique de causes actives ? Prétendez-vous soumettre aux calculs de l'entendement ou aux formes de l'imagination le rapport de l'être parfaitement *un* avec l'*infinité* des êtres qu'il produit ? Rapport réel, cependant, puisque le monde existe, et que le monde ne se suffit pas à lui-même.

Ne l'oublions pas d'ailleurs, les rapports mathématiques de limitation et d'exclusion réciproque, de diminution et d'accroissement par addition ou soustraction de parties, supposent une raison qui échappe à tous ces rapports. Il doit y avoir, par exemple, *une* raison pour laquelle *toutes* les parties de l'espace ou du temps sont en dehors les unes des autres et cependant similaires, une raison de la coexistence indéfinie ou de la succession indéfinie ; et cette raison ne pourra être, comme Platon l'a montré, ni une des parties ni la collection totale des parties : elle sera indépendante de toute collection et de toute division, de toute juxtaposition et de toute succession ; et elle ne dominera toutes choses par son extension universelle que parce qu'elle les dominera d'abord par sa compréhension intime ou sa parfaite individualité.

La métaphysique matérialiste, « étrangère, dit Platon, aux muses et à l'harmonie, » est le pendant de cette politique matérialiste encore trop dominante, qui s'imagine que l'intérêt des uns est opposé à celui des autres, et que les uns perdent toujours ce que les autres gagnent. Si la même politique régnait seule dans l'univers intellectuel et moral, l'anarchie et la guerre seraient le fond des choses, et la tyrannie leur unique lien.

Les discordes des anciens peuples venaient de ce que les questions de territoire ou d'étendue étaient alors au premier rang ; et de même, dans la philosophie, on a trop longtemps considéré les choses sous le rapport de l'extension. On ne voit pas qu'en toutes choses les rapports d'extension présupposent des unités qui sont ce qu'elles sont par leur compréhension. Voilà pourquoi Platon élevait au-dessus de toute multiplicité l'unité à la compréhension de laquelle les termes multiples participent, et qui se communique sans se perdre. Opposer et objecter à cette communication les rapports d'extension et de multiplicité qui en dérivent, c'est opposer l'effet à la cause, la conséquence au principe, et le nombre à l'unité. Cercle vicieux manifeste de tout matérialisme, dans lequel on s'appuie sur une chose pour montrer qu'elle n'existe pas, comme un pauvre qui s'appuierait sur les dons reçus de vous pour nier votre libérale richesse.

II. Platon n'a pas seulement élevé la participation au-dessus des rapports mathématiques de quantité ; il l'a élevée au-dessus des rapports logiques de qualité. L'extension logique, comme l'extension mathématique, est toujours un nombre, une pluralité ; conséquemment, elle est un reste de matière, une chose ultérieure et dérivée, non primitive et absolue.

Le *Parménide* contient le développement d'un principe très-original et très-important pour le problème qui nous occupe. Ce principe, qu'on a pris à tort pour une vaine subtilité, est le suivant, par lequel Platon affirme l'indépendance absolue de Dieu :— L'Unité suprême, raison première des choses, ne peut être dite proprement ni identique à elle-même ni différente d'elle-même, ni identique aux autres choses ni différente des autres choses. On sait en effet que l'identité et la différence supposent deux termes et une relation entre eux. Or, Dieu est un et absolu. Nous le rabaisserions donc en le déclarant identique à soi ou différent de soi ; ce qui revient d'ailleurs au même, car l'identité suppose quelque distinction ou différence entre les termes qu'on identifie, et la différence suppose une commune mesure ou identité qui permette la comparaison. Par exemple, mon identité personnelle suppose ma différence de temps et de modes ; et ma différence de temps et de modes suppose l'identité de mon être. De même, je ne puis me déclarer différent de vous qu'à la condition de nous soumettre tous les deux à quelque commune mesure et à quelque identité, fût-ce simplement la commune intelligibilité qui nous permet d'être réunis sous une notion commune. Deux termes absolument différents ou absolument identiques ne pourraient pas se comparer.

Maintenant, Dieu est-il, à proprement parler, différent des choses qu'il produit? S'il l'était *essentiellement*, il subirait la relation de la différence; or, il ne la subit pas, il la produit. L'homme est essentiellement différent des autres hommes, et ne peut exister ni se penser qu'à cette condition. Mais Dieu n'est pas forcé de s'opposer à quelque chose pour exister ou pour se penser, car alors le monde lui serait nécessaire. Dieu se pose dans une indépendance absolue, et avec la même indépendance pose tout le reste. Mais, nous l'avons déjà dit en commentant le *Parménide*, Dieu n'est pas pour cela identique à son œuvre, ce qui serait encore une relation imposée à l'absolu. Dieu produit l'identité comme la différence avec une liberté sans limites, et cette liberté fonde les lois de la logique ou la nécessité rationnelle sans y être réellement soumise.

L'identité et la différence sont les deux grandes catégories de la logique. Dieu en est la commune mesure, et ne doit être mesuré lui-même ni à l'une ni à l'autre. Beaucoup d'objections à la création, comme beaucoup d'explications proposées, ont leur origine dans cette fausse application à Dieu des relations logiques. Les uns demandent avec quoi Dieu peut produire un monde différent de lui-même : s'il le tire de lui-même, il lui sera identique; s'il ne le tire pas de lui-même, il le tirera d'une chose différente qui sera comme un second absolu. Mais, à vrai dire, quand on déclare la substance du monde identique à celle

de Dieu ou essentiellement différente, on s'inquiète
trop de relations logiques inadéquates à l'absolu. Ce
qui importe, c'est que notre personnalité n'empêche
point la personnalité divine, et que la personnalité
divine puisse fonder notre personnalité. Quant à
savoir d'où Dieu tire notre substance et s'il la fait
identique ou différente par rapport à lui-même, c'est
une question qui roule sur le relatif plutôt que sur
l'absolu. On trouve une erreur analogue chez ceux
qui soumettent l'activité divine à une sorte de nécessité intellectuelle, à une sorte de destin logique. Descartes avait raison de rejeter cette hypothèse. Dieu
fait volontairement la logique, ce qui ne veut pas dire
qu'il la fasse arbitrairement. Encore une fois, il pose
les identités et les différences sans confondre son unité
avec ces relations. Les nombres logiques, supérieurs
aux nombres mathématiques, ne sont encore que des
dérivés et des intermédiaires, τὰ μεταξύ. Le principe
d'identité et le principe de contradiction ou de différence sont des lois que nous subissons et que subissent tous les êtres finis, mais au-dessus desquelles,
cependant, nous ne pouvons pas ne pas concevoir
l'Unité adorable qui en est indépendante. « Les nombres, disait Platon, aspirent à l'Unité comme à leur
fin. » Les thèses et les antithèses du *Parménide*, qu'on
a prises pour des subtilités, sont d'excellentes réfutations de cette sorte d'anthropomorphisme logique
qui impose à Dieu nos relations d'identité et de différence.

Toutes les erreurs de ce genre ont leur origine dans
la confusion des deux grandes sortes de vérités ou
d'intelligibilités que nous avons distinguées : les unes
réductibles à la loi de l'identité et de la différence
logiques, les autres à la loi de la raison suffisante ou

du Bien ; les unes soumises à l'analyse, les autres synthétiques. Le monde a sa *raison intelligible* en Dieu ; le fini a sa *raison intelligible* dans l'infini : voilà qui est certain ; mais cela ne veut pas dire qu'on puisse établir un rapport analytique d'identité ou de déduction entre ces deux termes. D'abord, les termes mêmes sont présupposés dans tout rapport de ce genre ; en outre, nous l'avons vu, dire que deux choses sont identiques ou différentes, ce n'est point dire ce qu'elles sont en elles-mêmes. Si toute intelligibilité se réduisait à des rapports d'identité ou de différence ayant pour loi le principe de contradiction, l'intelligibilité n'atteindrait que l'extérieur des choses, et les termes eux-mêmes resteraient inintelligibles. La pure logique fondée sur le principe d'identité n'offrirait donc qu'une intelligibilité formelle, non essentielle et réelle. Conséquemment, le rapport par lequel Dieu unit le monde à lui-même ne peut être un rapport purement logique et analytique ; c'est un rapport réel et synthétique. Le monde est possible par la réalité de Dieu ; il y a sa raison parfaitement intelligible en soi et explicative ; mais il ne s'explique ni par une identité logique avec Dieu, comme dans Spinoza, ni par une opposition logique avec Dieu, comme dans plusieurs systèmes allemands. La déduction, acte propre de l'entendement, est une chaîne continue qui lie ou désunit deux choses antérieurement posées et les montre identiques ou différentes, en tout ou en partie ; c'est donc un acte fondé surtout sur des rapports d'extension. Il s'ensuit qu'on ne passera jamais par voie de déduction de Dieu au monde. « Il y a, dit Leibnitz, des vé-
» rités démontrables ou nécessaires ; et d'autres con-
» tingentes, pour ainsi dire libres, qu'aucune analyse

» ne peut ramener à l'identité comme à une com-
» mune mesure. Mais, de même que les incommen-
» surables sont soumis à la géométrie, et que nous
» avons des démonstrations au sujet des séries in-
» finies, de même et bien plus, les vérités contin-
» gentes ou infinies sont soumises à la science de
» Dieu, et sont connues de lui, non par une démons-
» tration (ce qui serait contradictoire), mais par
» une vision infaillible. » — L'existence du monde
est une de ces vérités *contingentes, et pour ainsi dire
libres*, qui ne s'expliqueraient dans leur détail que
par une série mathématiquement *infinie* de raisons
métaphysiques et morales, non par une série *finie* de
déductions identiques fondées sur des rapports extérieurs de quantité. C'est ce qui fait que nous ignorons
le *comment* de la création. Mais les deux termes incommensurables mathématiquement et logiquement,
la créature et le créateur, n'en sont pas moins certains et liés par un lien intelligible pour la raison,
quoique indéterminable pour l'entendement et in-
descriptible pour l'imagination.

Est-ce à dire que nous ne puissions nous faire aucune idée, même inadéquate, de l'acte créateur ? —
Les thèses négatives par lesquelles on exclut de l'absolu les déterminations inférieures, n'empêchent nullement pour Platon les thèses positives, par lesquelles
nous transportons en Dieu ce qui est en nous le plus
voisin de l'absolu. Seulement, ce n'est point dans les
mathématiques ou dans la logique abstraite que se
trouve la plus parfaite image de l'absolu, et Platon
a compris que les explications les plus vraies de la
création sont les explications morales.

III. Puisque Dieu est parfait, disent les panthéistes,

il n'a pas besoin du monde ; donc il ne le crée pas.
— Donc il le crée, doit-on dire plutôt : car c'est précisément parce qu'il n'en a pas besoin qu'il le produit.

La question des panthéistes revient à la suivante : Dieu n'a besoin de rien ; pourquoi donne-t-il? — Mais c'est précisément parce qu'il n'a pas besoin qu'il donne ; s'il avait besoin, il recevrait, il ne donnerait pas. Nous, par exemple, n'étant rien par nous-mêmes, nous avons besoin de tout, et c'est pour cela que Dieu nous donne. Ainsi donc, on met des antinomies là où se trouvent les plus hautes harmonies ; on prend la lumière pour les ténèbres, la région de la paix pour celle de la discorde, le don mutuel de l'amour pour la lutte des besoins ou des intérêts.

On insistera peut-être en disant : — Si Dieu n'a pas besoin directement des autres êtres, il a cependant besoin d'aimer et de créer pour être Dieu. En effet, il y a deux sortes d'amour, l'amour de soi et l'amour des autres ; Dieu, pour être parfait, doit les posséder tous les deux, et comme il ne peut posséder le second que s'il crée le monde, il a besoin du monde pour être parfaitement bon. — Les théologiens répondent en disant que Dieu, dans la Trinité, possède à la fois l'amour de soi et l'amour d'autrui, qu'il est à la fois aimant et aimé, que dès lors il n'a pas besoin, pour être parfaitement bon et aimant, de créer le monde. Mais, sans parler des autres difficultés que le mystère de la Trinité enveloppe, on peut demander pourquoi le Dieu-trinité crée le monde. — Par une surabondance d'amour, répondent les théologiens. — La difficulté n'est que reculée, et se représente toujours la même : Dieu ne serait pas Dieu, et ne serait pas parfaitement bon si cette surabondance n'existait pas, ou si elle n'était qu'une puissance sans actualité. Une fois qu'on a accordé que l'amour d'autrui est une véritable nécessité pour la bonté divine, il ne suffit pas de lui donner une sorte d'autrui dans le Fils et l'Esprit, sauf à ajouter ensuite que le Fils et l'Esprit sont le même être que lui. C'est l'amour de tous les autres êtres possibles sans exception qui constitue un parfait amour d'autrui. On en revient donc toujours à dire que, pour avoir un amour d'autrui complet, universel et parfait, Dieu doit créer le monde.

La réponse des chrétiens à l'objection des panthéistes consiste, on le voit, à accepter la production en Dieu comme vraiment nécessaire ; seulement, pour éviter de donner à cette production un objet inférieur et indigne, tel que le monde, on admet des personnes consubstantielles qui ferment le cercle de l'activité immanente. Mais l'objection des panthéistes ne s'applique pas moins à la Trinité qu'à l'Unité, et ils peuvent dire que la Trinité, tout comme l'Unité, est dans la nécessité de créer le monde pour être aussi aimante que possible.

Au lieu d'accepter cette nécessité dont on parle sans cesse, voyons quelle en est la véritable valeur.

Dans l'objection des panthéistes, on fait à Dieu une nécessité de ce qui est réellement le produit de sa bonté indépendante et libre, bonté non moins supérieure au besoin qu'à l'arbitraire, au destin qu'au hasard. On parle d'autres êtres possibles, comme si cette possibilité des autres êtres était une Idée éternellement imposée à Dieu, une nécessité logique qui entraînerait la nécessité morale de réaliser le monde. En un mot, par une interprétation inexacte du platonisme, on présuppose un monde intelligible qui s'imposerait à Dieu, soit du dehors, soit du dedans. C'est oublier que les autres êtres ne sont rien par eux-mêmes, et que non-seulement leur réalité, mais leur Idée et leur possibilité mêmes sont des choses dérivées et dépendantes. Elles ne sont pas imposées à Dieu, mais posées par un acte de bonté absolue qui n'est ni contingent ni nécessaire, ni libre arbitre ni besoin. D'ailleurs, pour qu'une chose soit imposée, elle doit d'abord être posée ; et pour qu'elle soit posée, il faut que la Bonté première la pose et se pose elle-même avec une indépendance absolue, sans subir les conditions qu'elle produit. Le besoin ne peut nullement être primitif. Le monde une fois conçu, il devient, si vous y tenez, moralement nécessaire de le produire ; mais la conception des autres êtres ne pouvant venir d'eux-mêmes, puisqu'ils ne sont rien, est posée par une bonté déjà parfaite en elle-même ; imposée, ici, serait un mot vide de sens. Il ne faut donc pas dire : Dieu, étant parfait, a besoin de produire les autres êtres ; mais : Dieu étant en lui-même parfait et sans besoin, ou pure bonté, produit par pure bonté les autres êtres. Cela n'est pas arbitraire, cela n'est pas nécessaire ; cela est bon.

Insistera-t-on de nouveau en disant : Cela est vraiment nécessaire, car Dieu a tout au moins besoin d'être la pure bonté, d'être lui-même, et conséquemment d'être créateur. En d'autres termes, Dieu, étant tel qu'il est, c'est-à-dire souverainement bon, il est nécessaire que le monde existe. — Encore cette illusion d'optique que produit si souvent l'abus de la logique formelle ! On confond le rapport extérieur des termes avec le dedans. Oui, si Dieu est tel, il sera pour l'intelligence nécessairement tel, ou identique à soi-même ; il sera bon et créateur ; mais pourquoi est-il tel ? Cela revient à dire qu'il est nécessaire pour notre esprit d'affirmer les choses telles qu'elles sont et non autrement qu'elles ne sont; mais il reste à savoir ce qu'elles sont en elles-mêmes. — Si A est, il est nécessairement A, donc il a besoin d'être A; — raisonnement enfantin, d'après lequel on pourrait dire aussi que l'être qui n'a besoin de rien, a besoin de n'avoir aucun besoin. Toute cette logique ne nous apprend rien sur l'intérieur des termes, qu'elle présuppose par un cercle vicieux, et il reste toujours à examiner si la position du terme primitif est en elle-même nécessité, liberté arbitraire, ou bonté plus que nécessaire et plus que libre. Comme cette dernière position est seule absolue, elle convient seule à Dieu. Dieu est donc achevé, complet, parfait, avant la génération du monde; il n'a pas besoin du monde pour avoir un objet d'amour : il s'aime lui-même; il aime en lui la bonté absolue qui est lui-même; il aime en lui la personnalité absolue, et cela sans que la pure raison doive admettre trois personnes qui auraient besoin l'une de l'autre ou seraient nécessaires pour se compléter l'une l'autre. Tout ce que l'on peut affirmer, c'est que Dieu est parfaitement bon, et s'aime parfaitement à cause de sa bonté, ou que, s'il ne s'aime pas, il fait plus encore que de s'aimer.

C'est précisément cette perfection intrinsèque déjà absolue qui rend possible la communication extrinsèque ou la bonté expansive. Dieu ne peut produire les êtres qui ont besoin de lui que parce qu'il n'a aucun besoin d'eux; car, encore une fois, s'il en avait tant soit peu besoin, cela supposerait qu'ils sont quelque chose ou ont quelque chose en eux-mêmes et par eux-mêmes, d'où résulterait qu'ils n'auraient pas complétement besoin de lui. Dès lors, on retomberait dans le dualisme ou dans une pluralité d'absolus qui s'imposeraient les uns aux autres des besoins et des relations, c'est-à-dire qui ne seraient point absolus. L'absolu véritable ne peut donc être en dernière analyse que la parfaite absence de besoin. L'absolu est une bonté plus qu'immanente et plus que transitive, plus qu'intensive et plus qu'expansive, qui unit le monde à elle-même par un lien plus solide que celui de la nécessité et plus flexible que celui de la liberté. La Bonté parfaite se posant elle-même, la production du monde devient plus certaine que si elle était forcée et plus libre que si elle était arbitraire. Il n'y a qu'une seule explication vraiment absolue du monde. Dire : « Cela est parce que cela est nécessaire, » revient à dire : « Cela est parce que telle autre chose est ; » et le problème n'est que reculé. De même dire : « Cela est parce que cela est arbitraire, » revient à dire : « Cela est parce que telle autre chose est ; » car la pure indétermination suppose autre chose qui la détermine. Enfin, dire : « Cela est parce que cela est, » exprime bien l'absolu, mais supprime l'explication. Au contraire, dire : « Cela est parce que cela est parfaitement bon, » c'est donner une explication sans détruire l'absolu : la Bonté produit, non pas à cause d'autre chose, mais parce qu'elle est ce qu'elle est, c'est-à-dire la Bonté.

En un mot, la Bonté n'a pas besoin de faire appel à autre chose ; elle se fait appel éternellement à elle-même, et se répond à elle-même éternellement.

En vain on veut s'arrêter dans l'échelle dialectique : tant qu'on s'en tient à une chose qu'on peut dépasser, comme le besoin nécessaire ou le libre arbitre, on n'est point satisfait. Je ne comprends, dans le sens propre du mot, que ce que j'embrasse et dépasse de ma pensée ; mais précisément parce que je dépasse la chose, elle ne me satisfait pas. Devenue compréhensible, elle cesse d'être le pur intelligible. La dernière explication doit donc être une chose qu'on ne puisse absolument pas dépasser; or pouvez-vous dépasser l'idée de Bonté parfaite? Non sans doute; c'est donc bien l'être le meilleur sous tous les rapports, sans besoin et sans caprice, qu'il faut poser comme principe de l'univers. Cet être, le meilleur en soi, ne pourra manquer d'être aussi le meilleur pour les autres. Nous-mêmes, nous devenons plus aimants à mesure que nous devenons plus parfaits; moins nous avons besoin d'autrui, à cause de notre perfection intérieure, et plus nous nous donnons à autrui. L'Être qui a le moins besoin des autres sera donc aussi celui qui se donne le plus, et sa perfection devra faire sa fécondité. Tel est le principe de la participation par l'amour, entrevue par Platon, mieux comprise par le christianisme, et mise à la place du mystère inintelligible et contradictoire des matérialistes ou des panthéistes: le Hasard ou la Nécessité. Après avoir posé ce principe, essayons d'approfondir davantage dans sa nature intime ce mode de participation, ce pouvoir communicable ou créateur de l'Esprit intelligent, libre et aimant.

Si l'on ramène à leur raison dernière toutes les objections relatives à la participation par l'amour, on voit qu'elles viennent d'une fausse idée de l'existence spirituelle et personnelle. On se représente cette existence comme une concentration excluant l'expansion, comme une chose incommunicable, impénétrable, fermée à autrui, incapable d'être à la fois en elle-même et hors d'elle-même. En un mot, on prend la personnalité pour une chose exclusive qui ne se pose dans son moi qu'en s'opposant et en excluant le non-moi; d'où résulterait que la personnalité absolue doit être absolument imparticipable et à jamais inféconde. Ce caractère négatif et exclusif attribué à la personnalité, cet état d'opposition et de contrariété entre les personnes finies, que l'on confond avec l'essence même de la personnalité, est une des plus graves erreurs que la philosophie puisse admettre. Il est peut-être juste d'en faire remonter la première origine à la philosophie d'Aristote dans ce qu'elle a de contraire au platonisme. N'est-ce pas Aristote qui a le premier représenté l'individualité comme exclusivement concentrée en soi-même, comme incapable de passer aucunement dans d'autres êtres, comme ne pouvant exister qu'en soi, par soi et pour soi, sans pouvoir en même temps exister dans autrui et pour autrui? Le type suprême de l'individualité, selon Aristote, est un Dieu concentré en soi-même, absorbé dans sa pensée et dans sa béatitude solitaire, incapable d'exister en autrui et de se donner véritablement, imparticipable et incommunicable. Sans doute ce Dieu existe bien pour autrui d'une certaine manière, comme l'étoile qui rayonne au pôle du ciel existe pour le marin voguant sur les mers; mais c'est là un rapport de finalité tout extérieur: si l'étoile est vue, elle ne voit pas, et si Dieu est pensé par le monde, il ne le pense pas, car sa pensée ne porte point en elle-même le monde intelligible. Pour Platon au contraire, — on ne saurait trop le redire, — l'existence intelligible et intellectuelle, l'existence de l'Idée, consiste à exister en soi et dans autrui; le Bien a l'unité individuelle, et cependant il a l'universalité. Voilà la doctrine qu'Aristote et ses interprètes reprochent sans cesse à Platon, sans s'apercevoir que cette contradiction prétendue est tout ensemble la première nécessité de la raison et la plus haute induction de l'expérience intime. Aristote accuse Platon de faire trop de mathématiques, trop de logique, d'être exotérique et superficiel; mais ici c'est Aristote lui-même qui parle en mathématicien, en logicien, ou tout au plus en physicien. Qu'est-ce en effet que cette individualité exclusive, qui est tout entière en soi sans pouvoir être en autrui et sans admettre autrui en elle-même? C'est l'unité mathématique ou le point, qui exclut tout de lui-même parce qu'au fond il est ou un infiniment petit ou un rien. De même l'individu physique, l'atome, s'il en existe, est fermé à autrui et concentré dans sa pauvreté intime. L'âme, telle qu'Aristote la conçoit, n'est qu'un atome spirituel; comme la monade de Leibnitz, elle n'a vraiment point de fenêtres sur le dehors. Par sa conscience, elle est retirée en elle-même, et n'a avec l'extérieur que le rapport produit par les sensations passives. Le dehors n'est donc pour elle qu'une borne, une limite, une chose qui s'oppose à elle, et avec laquelle elle n'a qu'une harmonie extérieure. L'universel, dit Aristote, n'est qu'une analogie et une abstraction. Leibnitz a au fond la même conception qu'Aristote; seulement, pour sauver l'universel, il fait de chaque monade le miroir représentatif de l'univers, en harmonie préétablie avec les autres monades. Tout cela n'est encore qu'une universalité extérieure, qu'une simple harmonie mathématique ou logique, non une union morale ou spirituelle. C'est qu'Aristote et ses continuateurs n'ont vu dans la personne que le côté individuel; se plaçant au point de vue de la conscience réflexive, ils n'ont observé le moi qu'en opposition avec le non-moi. S'ils avaient regardé au plus profond de la conscience, dans la région de la liberté et de l'amour, ils auraient vu que, au sein même de la personne, l'universalité augmente avec l'individualité; c'est-à-dire que, plus un être a d'existence pour soi, plus il est participable pour autrui. L'incommunicabilité ou l'impénétrabilité n'est que le premier et le plus infime degré de l'existence : c'est l'existence matérielle, l'existence des forces encore aveugles et fatales, maintenues par leur lutte mutuelle et leur mutuel équilibre dans l'inertie et la torpeur. Mais, à mesure que vous vous élevez de la matière vers l'esprit, l'existence devient à la fois de plus en plus complète en elle-même et de plus en plus ouverte à autrui; à tel point que, par induction, le pur esprit doit être l'existence la plus achevée en elle-même et la plus participable pour les autres, parfaitement concentrée et parfaitement expansive, bonne pour soi et bonne pour tous.

Voyez plutôt. Le premier caractère de l'esprit est l'intelligence; or, plus un être se possède lui-même par la conscience ou par la pensée de soi, plus aussi il est capable de posséder les autres êtres par la pensée du non-moi. L'être qui se connait le mieux n'est-il pas aussi celui qui connaît le mieux les autres? On n'explique pas ce fait incontestable par de simples rapports d'analogie entre les choses; car, pour que je puisse saisir de plus en plus les analogies de deux termes, dont l'un est moi et l'autre non-moi, encore faut-il que je sois préalablement en possession du second terme : point de rapport sans les termes préexistants. Il faut donc toujours en venir à établir entre le moi et le non-moi une union véritable et intime, et non pas seulement un rapport extérieur d'analogie. Il faut que, tout en restant en moi-même, je sorte de moi par quelque moyen pour entrer en communication avec l'extérieur ; et ce fait n'est contradictoire mathématiquement que parce qu'il est vrai intellectuellement. On aura beau faire tourner en tous sens des atomes impénétrables l'un à l'autre, on ne fera jamais entrer dans l'un d'eux la pensée de son voisin. Si donc nous sommes fermés et impénétrables, comme le prétendent les matérialistes, nous ne pouvons rien connaître hors de nous, et pas même nous. Ainsi donc l'esprit, en tant qu'intelligent, doit être ouvert, pénétrable, participable et participant. Etant le fond positif de l'être, dont la matière n'est que le côté négatif et relatif, l'esprit connaît de mieux en mieux le fond des choses en connaissant de mieux en mieux son propre fond. De même aussi il connaît de mieux en mieux les autres esprits. Si ces derniers ne sont pas absolument transparents pour lui, c'est à cause des conditions matérielles où ils se trouvent engagés. Mais l'esprit pur est absolument transparent pour l'esprit. Deux esprits, sans se confondre, peuvent, à mesure qu'ils sont plus parfaits, se pénétrer plus parfaitement l'un l'autre par la pensée. Portez l'induction à sa limite, et vous comprendrez que la raison divine doit « pénétrer tout par sa pureté sans rien détruire. »

Le second attribut de l'esprit est la puissance, qui, dans son absolu, est liberté sans arbitraire. Plus un être est puissant, libre et absolu, plus aussi, dans un certain sens, il se fait relatif; c'est-à-dire qu'il met volontairement plus de choses en relation avec lui, qu'il s'ouvre plus au dehors, qu'il établit entre lui-même et les autres êtres des rapports plus nombreux. Seulement, ces relations ne sont pas des relations subies et passives; ce sont des relations actives. Par induction, et à la limite, l'être le plus absolu, le plus indépendant, le plus capable de demeurer solitaire et retiré en lui-même, doit être aussi le moins solitaire : c'est celui qui entre volontairement en relation avec le plus d'êtres; ces êtres mêmes et ces relations sont son œuvre, et pour poser ainsi, en les dominant, toutes les relations, il ne faut être rien moins que l'absolue liberté. L'activité parfaitement universelle est donc le privilége de l'activité parfaitement individuelle; et cette universalité consiste, non à être tout, mais à mettre tout en rapport avec soi par l'activité comme par l'intelligence.

Maintenant, quelle est la nature intime de ce rapport ou de ce lien? Ne faut-il pas, comme le sens commun l'affirme, pour être un lien véritable, qu'il soit plus qu'intelligence et puissance, qu'il soit amour?

L'amour apparaît successivement sous deux aspects, l'un encore négatif, l'autre entièrement positif. D'abord, comme Platon l'a dit dans le *Timée*, l'amour n'est point jalousie, envie. En effet, l'imperfection et le besoin expliquent seuls cette volonté jalouse qui, dans le sentiment de sa puissance bornée, a peur des obstacles, se défie des autres volontés, craint de perdre le bien qu'elle veut conserver ou acquérir. Le pauvre seul envie. Mais Celui qui est la richesse même, l'absolue liberté et l'absolue béatitude, est aussi l'absolue sécurité; il ne peut se perdre lui-même ni se voir rien enlever par les autres êtres, qui d'ailleurs n'existent encore que dans sa pensée. Il n'a donc aucune raison pour se tenir à leur égard sur la défensive, pour les repousser, pour les exclure, pour les nier. La relation entre l'Esprit absolu et un autre être ne peut jamais, du côté de l'Esprit, être négative : Dieu est au-dessus de la jalousie : φθόνου ἐκτὸς ὤν.

Ce premier aspect de la Bonté ne suffit pas encore. Comme les autres êtres n'existent point par eux-mêmes, il ne suffit pas que Dieu ne les empêche point d'être. L'absence de raison négative n'est que l'indice extérieur d'une raison positive, d'un acte affirmatif de la part de l'intelligence et de la volonté. L'esprit pur est l'affirmation absolue et de soi-même et d'autrui; sa relation avec les autres êtres est tout affirmative, et sa volonté, en se voulant elle-même, les veut. Aussi Platon ajoute-t-il que le bien exempt d'envie *engendre* tout à son image : Πάντα ἐγέννησε παραπλήσια ἑαυτῷ.

Pourtant, ce n'est pas seulement une image de soi qu'il donne à autrui : il se donne lui-même, sans pour cela se perdre; et c'est par là qu'il est vraiment et positivement amour.

On croit souvent que ce qui constitue le plus essentiellement un être est aussi le plus incommunicable à autrui; et néanmoins, nous l'avons vu, en aimant quelqu'un, c'est lui-même que nous voulons: notre amour, franchissant tout ce qui est extérieur et étranger, sans s'arrêter même à l'intelligence, va jusqu'à cette volonté libre et personnelle qui est proprement le moi. En vous aimant, c'est quelque chose de moi que je donne, c'est moi-même que je voudrais donner tout entier, et c'est aussi vous-même que je veux. Je sens qu'il est des obstacles, matériels et même intellectuels, qui empêchent mon âme de se confondre entièrement avec une autre âme, et pourtant c'est là ce que je voudrais. Je ne dis pas que je voudrais cesser d'être moi pour devenir elle, ou qu'elle cessât d'être elle pour devenir moi; mais je voudrais être moi et elle tout ensemble ; je voudrais être deux et un, en un mot me donner tout entier et me retrouver tout entier. Est-ce là une illusion de l'amour, un vœu chimérique contre lequel doivent prévaloir les lois de l'impénétrabilité physique, ou de la pluralité mathématique, ou de l'opposition logique? Quelle vaine chose alors serait l'amour! Comme il serait faux et absurde de dire qu'on aime! Car on n'aime que si on donne, et on ne donne véritablement que si on donne une chose qui ne vous est pas étrangère, une chose qui vous appartient réellement; on ne donne donc que si on donne quelque chose de soi, et, en dernière analyse, que si on se donne soi-même. Tout don de choses extérieures au moi ne suffit ni à l'aimant ni à l'aimé. L'amour est l'élan suprême de l'âme pour franchir les limites du monde physique, mathématique et logique, la région de la multiplicité et de l'opposition; et par là l'âme veut rentrer dans l'unité, non sans doute dans l'unité vide et abstraite du non-être, mais dans l'unité pleine de l'Être qui est tout entier pour soi et tout entier pour autrui.

En un mot, comme nous l'avait déjà montré une première analyse de l'amour (1), ce qui est le plus moi-même est ce que je *veux* le plus donner. C'est aussi ce que je *puis* le mieux donner : car enfin, comment pourrais-je donner ce qui ne dépend point de moi? Même quand je donne un objet extérieur, encore faut-il que j'aie fait à son égard quelque acte de bonne volonté qui vienne vraiment de moi; et à vrai dire, c'est cet acte que je donne. L'objet qui passe de ma main dans la vôtre n'en est que le signe matériel et le visible symbole; il perdrait tout son prix s'il ne représentait pas ma volonté intime et un don de moi-même. Me rendez-vous froidement le même objet, sans y rien mettre de votre cœur; nous sommes quittes sans doute, selon l'expression vulgaire; mais

---

(1) Voir le dernier chapitre de la 1<sup>re</sup> partie.

cela veut dire que nous restons à part l'un de l'autre, chacun dans son *moi*, sans aucune union d'amour. Si nous nous étions aimés véritablement, nous ne serions jamais quittes : la dette de l'amour ne s'acquitte pas ; elle se paie avec de l'amour, et par là ne fait que s'accroître encore.

Nos notions physiques, géométriques ou logiques, viennent échouer contre ce fait de l'amour ; car l'amour est un fait, et un fait de tous les instants. Là se cache le secret de la participation, de la fécondité, de la création.

« Celui qui, dans les mystères de l'amour, sera parvenu peu à peu, comme par une initiation dialectique, jusqu'au point où nous sommes, » verra enfin apparaître, non pas seulement une beauté merveilleuse, mais une bonté adorable, qui se possède tout entière elle-même et se donne tout entière à autrui. Nous, êtres imparfaits, nous ne pouvons pas créer, ni communiquer notre être, parce que nous ne nous possédons pas tout entiers : nous sommes relatifs, bornés par la matière, limités en nous-mêmes et pour autrui ; mais Celui qui est l'Esprit pur éternellement en possession de soi, Celui qui, par son individualité, est la personnalité absolue, est aussi, par l'universalité de son amour, l'impersonnalité absolue.

Les Alexandrins, confondant encore l'amour proprement dit avec le désir, élevèrent au-dessus de l'amour, sous le nom de *procession*, ce passage d'un être dans un autre par lequel il se donne sans se perdre. Il est bien vrai que tous les mots de la langue humaine sont impuissants à exprimer l'activité divine, mais le mot qui convient le mieux n'en est pas moins celui qui exprime l'acte le plus élevé de l'âme humaine : c'est le nom que les Alexandrins eurent le tort de rejeter trop absolument, le nom d'amour.

Ainsi, en dernière analyse, la perfection divine, qui semblait d'abord l'obstacle à l'être des créatures, est au contraire la raison créatrice ; de même que, loin d'être un obstacle à l'être de Dieu, elle est pour Dieu la raison d'être.

IV. Tant qu'on ne sera pas remonté avec Platon à l'idée de l'absolue bonté, on n'aura point atteint la vraie raison de l'existence du monde ; et pour parvenir à ce sommet de la dialectique, il faut concevoir une bonté telle qu'il soit impossible d'en concevoir une plus accomplie, soit comme bonté intensive, soit comme bonté expansive.

Peu de philosophies et de religions sont allées jusque-là ; et si on les passe en revue dans leur ordre dialectique, on reconnaîtra que la plupart sont restées à une distance plus ou moins grande de la souveraine Bonté.

La doctrine la moins compréhensive est celle qui représente Dieu comme un idéal abstrait vers lequel se meut le monde, comme un bien aimable qui n'aime ni les autres ni soi-même. Nous l'avons vu, en attribuant l'existence et l'activité à cette prétendue perfection, on la rendrait plus parfaite et plus aimable ; elle n'est donc pas le Bien suprême. D'ailleurs, comment une abstraction pourrait-elle mouvoir le monde ? Comment agirait-elle avant d'exister et d'être conçue ? Impossible de nous arrêter à une idée que nous dépassons de toutes parts.

Au-dessus de ce système est la doctrine d'Aristote,

qui attribue à la perfection motrice du monde la suprême réalité, en la considérant comme le suprême aimable qui s'aime lui-même et qu'aiment tous les êtres. D'après Aristote, le Bien absolu produit le bien universel par sa seule présence : il n'a qu'à paraître, et des profondeurs du pur possible l'être surgit, attiré par sa beauté ; le foyer de la lumière n'a qu'à se montrer, et les ténèbres s'illuminent. Ainsi le Soleil, pour vaincre la Nuit, n'a qu'à dévoiler sa face glorieuse ; sa victoire est sans combat ; la lutte n'existe que dans les choses qu'il éclaire et qui se disputent ses rayons : lui, immobile dans sa splendeur, rayonne à travers l'infini.

Quelque grande que soit cette conception d'Aristote, elle n'est cependant encore qu'un aspect de la vérité. Selon Aristote, le monde pense et aime Dieu, mais Dieu ne pense pas et n'aime pas le monde ; il ne pense et n'aime que lui-même. Dès lors, Dieu est le Bien sans être la Bonté, il est pour nous aimable sans être pour nous aimant. Il en résulte qu'il n'est même plus pour nous aimable ; car, si Dieu ne me connaît pas et ne me connaîtra jamais, si pour me produire il ne m'a pas d'abord conçu, pensé, voulu, j'admirerai peut-être cette perfection à jamais absorbée en elle-même, mais je ne l'aimerai pas. Comment d'ailleurs pourrai-je la connaître, la désirer, monter vers elle, si elle n'appelle pas ma pensée et mon amour par sa pensée prévoyante et son amour prévenant ? Comment ma pauvreté absolue enfantera-t-elle l'être, si la divine abondance ne jette pas sur elle un regard d'amour ?

Dieu aime donc le monde ; il aime ce qu'il produit ; car, au-dessus de ce qui est simplement aimable en soi, la pensée élève ce qui est à la fois aimable en soi et pour soi, aimable et aimant; et au-dessus de ce qui n'aime que soi, elle élève ce qui en même temps aime autrui. La dialectique n'est satisfaite que quand elle a atteint la perfection.

Voyons maintenant ce que doit être ce monde que Dieu aime, pour exprimer une bonté vraiment parfaite.

Qu'est-ce que Dieu peut apprécier et aimer dans les êtres qu'il produit? — S'il n'aime en eux que ce qu'il y a mis directement et par une toute-puissante action, s'il fait tout dans ses créatures et n'aime que ce qu'il y fait, il en résulte le système d'Aristote renversé : Dieu est l'aimant, le monde est l'aimable; et comme le monde, dans cette doctrine, n'a plus rien qui lui appartienne en propre, comme il ne subit qu'une action nécessitante, il est aimé sans aimer véritablement lui-même. S'il en est ainsi, Dieu ne peut plus produire le monde que par besoin et par désir : c'est lui qu'il aime dans le monde, c'est son développement et sa vie. Tel est le Dieu des panthéistes, qui se développe, se cherche et s'aime dans ses modes; tel est aussi, au fond, le Dieu des mystiques chrétiens qui attribuent tout à l'action nécessitante de la grâce, devant laquelle la nature et l'homme demeurent passifs. Les panthéistes et les mystiques n'ont encore qu'une conception incomplète de la bonté suprême. Le parfait aimant, en effet, est celui qui aime un aimant; l'amour réellement fécond est celui qui crée des amours : car alors c'est vraiment l'union d'un être avec des êtres, et non plus la fausse et apparente union d'un être avec une abstraction qui n'est encore que lui-même. Si donc Dieu me donne absolument tout, il ne me donne rien, je ne suis point discernable de son activité, ni de sa pensée, ni de son amour. En me faisant, Dieu n'agit qu'en lui-même et sur lui-même, il produit pour ainsi dire un de ses modes ; en me pensant il ne fait que se penser ; en m'aimant, il ne fait que s'aimer. Ce que j'appelle moi, c'est lui ; et ma prétendue existence n'est que la sienne. Dès lors, n'ayant plus d'existence véritable, je n'ai plus rien ni de vraiment intelligible ni de vraiment aimable. Comment serais-je intelligible? Je n'ai rien de distinct par quoi l'intelligence puisse me discerner de tout le reste, rien qui puisse m'être vraiment attribué ; je n'ai donc pas d'attributs, et par conséquent pas d'intelligibilité. Comment serais-je aimable? Je n'ai en moi-même et par moi-même aucune valeur, rien dont on puisse me savoir gré, rien dont on puisse voir en moi la raison et la cause, rien dont on puisse faire remonter à moi la bienfaisante influence? N'ayant rien d'aimant, je n'ai rien d'aimable. Il en résulte que je n'ai rien de bon, rien qui puisse me faire préférer au non-être. Je ne puis donc pas exister en moi et pour moi, mais seulement en Dieu et pour Dieu, comme un mode prétendu nécessaire de sa substance. Pauvre Dieu, qui souffre et gémit en moi, qui lutte en moi et avec moi contre tous les obstacles, qui n'a ni l'absolu ni la perfection ! Ou c'est moi qui n'existe point, ou c'est Dieu ; ou, ce qui semble plus probable encore, nous n'existons ni l'un ni l'autre.

Tel est le résultat des doctrines panthéistes qui retranchent au monde l'activité, la pensée et l'amour, pour les concentrer en Dieu. On croit ainsi ajouter à Dieu ce qu'on retranche au monde, et en définitive, ce qu'on enlève à l'un se trouve enlevé à l'autre.

Une fois comprise la nécessité de deux réels amours, l'un créateur, l'autre créé, ces deux amours apparaissent comme devant être aussi illimités qu'il est possible sous tous les rapports, immédiatement en Dieu, et progressivement dans le monde. Dieu, en créant le monde, ne doit introduire de limites ni dans sa propre individualité ni dans l'universalité de son amour; et par cela même, à l'image de Dieu, les êtres créés doivent se développer sans limites, dans l'individualité de leur existence comme dans l'universalité de leur amour.

Les religions orientales ont conçu l'amour en Dieu comme un amour de sacrifice par lequel Dieu renonce à quelque chose de lui-même pour le donner à ses créatures, les nourrit de sa propre substance, s'abaisse pour les élever, se limite lui-même pour les opposer à lui et les rappeler ensuite dans son sein (1).

---

(1) Nous retrouvons la même conception éloquemment développée, dans la *Philosophie en France au XIX° siècle*, par M. Ravaisson. « Il » semble qu'on ne saurait comprendre l'origine d'une existence infé-
» rieure à l'existence absolue, sinon comme le résultat d'une déter-
» mination volontaire, par laquelle cette haute existence a d'elle-même
» modéré, amorti, éteint, pour ainsi dire, quelque chose de sa toute-
» puissante activité.

» Les stoïciens, dans leur langage tout physique, définissaient la cause
» première, ou la Divinité, un éther embrasé, au maximum de tension;
» la matière, ce même éther détendu. Ne pourrait-on dire, d'une façon
» à peu près semblable, que ce que la cause première concentre d'exis-
» tence dans son immuable éternité, elle le déroule, pour ainsi dire, dé-
» tendu et diffus dans ces conditions élémentaires de la matérialité, qui
» sont le temps et l'espace; qu'elle pose ainsi, en quelque sorte, la base
» de l'existence naturelle, base sur laquelle, par ce progrès continu qui
» est l'ordre de la nature, de degré en degré, de règne en règne, tout
» revient de la dispersion matérielle à l'unité de l'esprit.

» Dieu a tout fait de rien, du néant, de ce néant relatif qui est le pos-
» sible; c'est que ce néant, il en a été d'abord l'auteur, comme il l'était
» de l'être. De ce qu'il a annulé en quelque sorte et anéanti de la pléni-
» tude infinie de son être (*se ipsum exinanivit*), il a tiré, par une sorte
» de réveil et de résurrection, tout ce qui existe.

» Ce fut dans presque tout l'Orient, et depuis un temps immémorial,
» un symbole ordinaire de la Divinité que cet être mystérieux, ailé, cou-
» leur de feu, qui se consumait, s'anéantissait lui-même pour renaître
» de ses cendres....

N'est-ce pas là transporter dans l'amour absolu une condition qui n'est que relative, et propre aux amours inférieurs? En nous, sans doute, l'amour exige le sacrifice : montant de l'inférieur au supérieur, nous devons renoncer à des biens secondaires en vue du bien suprême, nous devons donner nos plaisirs, nos joies, notre vie même, en échange des biens célestes. C'est la loi de l'élimination et du renoncement, qui régit le progrès dialectique des créatures. Mais l'amour de Dieu, pour venir à nous, n'a pas besoin de descendre; il ne connaît ni le sacrifice ni le renoncement; il donne, disaient les néoplatoniciens, sans perdre ce qu'il a donné, et il n'a pas besoin de se limiter pour nous produire. Même chez l'homme, nous l'avons vu, les vrais biens sont ceux qui se communiquent sans se diminuer : ce que ma main vous donne, ma main ne l'a plus; mais ce que mon cœur vous donne, il l'a encore.

Le sacrifice même n'est qu'apparent ou provisoire dans l'amour que nous rendons à Dieu. Les biens que nous sacrifions, ou ne sont point véritables, ou nous seront rendus. La loi de limitation et d'élimination que Dieu nous avait imposée sans la subir se change en une loi de progrès et d'accroissement. C'est la double négation aboutissant à l'affirmation. Par là l'amour est actuellement illimité en Dieu, et virtuellement illimité dans l'homme.

Enfin on a souvent laissé subsister une dernière

» Selon le dogme chrétien, renfermé dans l'ordre moral, mais qui n'en
» contient pas moins en germe un principe d'explication générale méta-
» physique et physique, et en quelque sorte une philosophie virtuelle,
» Dieu est descendu par son Fils, et descendu ainsi sans descendre,
» dans la mort, pour que la vie en naquît, et une vie toute divine : « Dieu
» se fit homme, afin que l'homme fût fait Dieu. » L'esprit, s'abaissant,
» est devenu chair; la chair deviendra esprit. »

espèce de limitation dans l'amour de Dieu pour l'homme et de l'homme pour Dieu : on a représenté l'amour divin comme ne s'étendant pas à toutes les créatures, ou comme s'y étendant à l'origine sans s'y étendre à la fin, c'est-à-dire comme capable de se retirer après s'être donné. Des créatures d'abord comprises dans l'amour de Dieu en seraient ensuite exclues pour jamais par un mal sans guérison. Platon a paru lui-même soutenir cette doctrine de la barbarie antique dans le *Phédon* et dans le *Gorgias*, en parlant de crimes inexpiables et de maux sans remèdes (1). C'est là une nouvelle manière d'introduire la limitation et le sacrifice dans l'essence de l'amour divin ; car Dieu, en créant le monde, serait forcé de sacrifier les uns pour les autres, de retirer son amour aux uns en le conservant aux autres. Par cela même il ferait le sacrifice d'une partie de son amour changée en haine, de manière à introduire dans son propre sein je ne sais quelle limitation invincible. Nous, enfin, à son image, nous ne pourrions aimer les uns sans haïr les autres, et peut-être ceux qui nous furent le plus chers. Une telle supposition est déraisonnable. La raison ne peut concevoir la haine

---

(1) « Ce que Dieu prononce, dit aussi Leibnitz, regarde toute la suite » à la fois, dont il ne fait que décerner l'existence. Pour sauver d'autres » hommes ou autrement, il aurait fallu choisir une tout autre suite gé- » nérale, car tout est lié dans chaque suite.... Dieu choisit le meilleur » absolument. Si quelqu'un est méchant et malheureux avec cela, il lui » appartenait de l'être. » (*Théodicée*, part. 84, p. 122.) Il est difficile d'imaginer un fatalisme plus immoral et plus blasphématoire. Quoi! Dieu décrète nos erreurs, nos crimes et notre malheur! Un tel décret ne peut s'expliquer que de deux manières : — Ou les crimes sont bons et nécessaires, et alors pourquoi nous en punir? Dieu devrait plutôt nous récompenser pour avoir docilement joué notre rôle dans le grand spectacle de la création qu'il se donne à lui-même ; — ou les crimes sont mauvais, et alors Dieu, qui en est par son décret le véritable auteur, est mauvais lui-même.

que comme la limitation et la défaillance provisoire de l'amour. Le bien a une bonne raison pour durer indéfiniment : c'est qu'il est le bien ; et le mal a une bonne raison pour ne pas durer indéfiniment : c'est qu'il est le mal. Portant en soi la lutte et la contradiction, le mal a un premier adversaire qui est lui-même, et un second adversaire qui est le bien. Au-dessus de la Bonté qui ne serait pas à la fin librement victorieuse de toutes les âmes intelligentes et libres, qui ne réussirait pas à être bonne pour tous ni à rendre bonnes toutes ses créatures, quoiqu'elle ait l'éternité devant elle, la dialectique nous montre une bonté infinie sous tous les rapports et dans tous les sens, non-seulement en elle-même, mais aussi dans ses images vivantes, non-seulement en Dieu, mais dans toutes les parties et dans toute la durée de la création. L'amour créateur de tous les amours ne peut être qu'une providence absolument universelle, destinée à triompher tôt ou tard, non par la force et la nécessité physique, mais par la persuasion morale et l'échange libre de l'amour.

Nous-mêmes, imparfaites créatures, nous qui ne sommes point la bonté infiniment persuasive, la beauté infiniment aimable, la raison infiniment éloquente, désespérerions-nous de ramener au bien une âme intelligente et libre, si on nous donnait l'éternité pour l'instruire, pour l'éclairer par la raison et l'expérience, pour la dégager peu à peu de la matière qui aveugle et enchaîne sa liberté, pour l'aimer et l'appeler à nous, pour la combler en un mot de nos bienfaits fraternels ? Non, nous ne croirions pas qu'un enfant de Dieu pût être assez fermé à la raison et à l'amour pour nous résister à nous-mêmes, à nous qui ne sommes pour lui qu'un frère. A plus forte raison est-ce un devoir de ne pas mettre en doute la victorieuse bonté du Père qui est aux cieux, l'accomplissement à venir de sa volonté sur la terre comme au ciel, la sanctification de son nom et la venue de son règne. C'est lui qui nous ordonne de pardonner à ceux qui nous ont offensés, comme nous voulons que lui-même nous pardonne et leur pardonne. C'est vers lui qu'est montée, pour être entendue et exaucée sans doute, la plus sublime parole qui se soit élevée de la terre au ciel : « Mon Dieu, pardonnez-leur, car ils ne savent pas ce qu'ils font. » Pour qu'ils le sachent, ces enfants ingrats, l'éternelle Bonté n'a qu'à laisser tomber à demi les voiles qui la recouvrent encore, qu'à entr'ouvrir les bras, qu'à laisser entrevoir son regard et son sourire : du plus profond des ténèbres s'élèvera aussitôt un vague soupir, puis une prière, et bientôt retentira à travers l'infini un cri de délivrance et d'amour (1).

(1) Nous reviendrons, dans des travaux particuliers, sur la Providence et le mal, et sur la théorie de la liberté. Quant à la morale et à l'esthétique de Platon, très-analogues à celles de Socrate, nous les apprécierons dans la *Philosophie de Socrate*.

## CHAPITRE VII.

### AVENIR DU PLATONISME.

Terme dans lequel les contradictions des écoles tendent à se résoudre. Détermination dialectique de la valeur finale du platonisme et de son avenir. — Méthode platonicienne dans l'histoire de la philosophie. Des vertus qu'elle impose à l'historien. La justice et la charité dans la critique philosophique. — Universalité, en compréhension et en extension, des propositions fondamentales du platonisme.

La vie universelle expliquée par l'universelle intelligibilité, qui s'explique elle-même par l'universelle tendance au bien, — voilà en résumé le platonisme. Toutes les fois que Platon est fidèle à l'esprit de cette doctrine, il est dans le vrai ; ses erreurs ne viennent jamais de la théorie des Idées et du Bien, mais au contraire de quelque infidélité aux grands principes qui la dominent. Aussi, pour corriger ces erreurs, ne faut-il pas sortir du véritable platonisme : il suffit de l'approfondir plus avant ou de l'étendre plus loin, et d'être pour ainsi dire plus platonicien que Platon lui-même.

Il est permis de croire que toutes les oppositions des diverses écoles philosophiques, diminuant peu à peu avec les progrès de l'analyse, tendent à disparaître dans une doctrine compréhensive et synthétique, qui ne différera pas essentiellement de la synthèse encore confuse qu'on trouve dans Platon. En revenant ainsi au platonisme, la philosophie ne s'enfermera pas dans un système exclusif et étroit : elle se placera au contraire au-dessus des systèmes particuliers, dans le domaine sans limites de l'universel.

Quand on étudie l'histoire de la philosophie, c'est

la diversité des systèmes qui étonne tout d'abord et trouble l'esprit. Mais, de même que les contradictions des sens, celles de l'entendement éveillent la raison. Ne faut-il pas que tous ces systèmes aient une raison intelligible, un principe qui les rende possibles et réels, et comme une Idée distincte dont chacun dérive? L'absurde pur ne peut être conçu ni exprimé, et l'erreur consiste plutôt dans une vérité incomplète que dans une fausseté absolue. C'était la croyance de Platon; c'était aussi celle de Leibnitz; c'est celle du XIX$^e$ siècle tout entier. Or, par cela même que chaque doctrine a son idée dont elle dérive, au-dessus de cette pluralité l'esprit conçoit nécessairement l'unité. Il faut une raison unique et absolue qui explique les raisons multiples et relatives, une idée compréhensive et large dans laquelle rentrent les idées particulières. Il doit donc exister un idéal de métaphysique universelle, dans lequel tous les systèmes individuels sont réconciliés. Que cet idéal puisse être complétement embrassé par l'esprit humain, cela est sans doute impossible; mais enfin, nous le concevons et le cherchons; et si nous ne pouvons entièrement l'atteindre, du moins est-il possible d'en approcher sans cesse.

C'est d'après cet idéal de la philosophie qu'on doit juger les systèmes des philosophes. Plus ces systèmes seront déterminés et positifs sous le double rapport de la compréhension et de l'extension, moins ils sembleront éloignés de la vérité universelle, dont l'extension et la compréhension sont également infinies. De même que, dans l'étude de Dieu, les platoniciens emploient simultanément deux méthodes, l'une négative qui élève Dieu bien au-dessus de nos notions incomplètes, l'autre positive qui transporte en lui tout le réel des choses ; — de même, dans l'histoire de la philosophie, nous devons employer tour à tour les deux méthodes dont Platon nous a donné l'exemple et le précepte. En présence de chaque système, nous devons dire : Ce n'est pas là toute la vérité, ce n'est pas tout le bien, et cependant il y a là une partie de cette lumière et de cette chaleur que cherche mon âme. — Dieu, dit Platon, n'est rien de ce que nous connaissons, et il est au suprême degré tout ce que nous connaissons ; il est rien et tout, ou plutôt il n'est ni rien ni tout. De même cette métaphysique universelle, que poursuit noblement notre pensée, n'est aucun des systèmes ; elle est plutôt l'ensemble des systèmes ; disons mieux, elle n'est ni aucun ni tous. Quiconque ne se sera pas pénétré de ce principe, s'enfermera dans un système particulier, exclusif et intolérant ; et son système passera comme les autres ont passé.

Si vous croyez au contraire, avec Platon, d'une part que la vérité est implicitement dans notre âme, mais que d'autre part elle dépasse toujours infiniment notre science actuelle, vous éviterez à la fois l'indifférence du scepticisme et l'intolérance du dogmatisme. Vous aurez ces grandes vertus du philosophe qui sont aussi celles du croyant : l'amour de la vérité absolue, la foi à sa réalité, et l'espérance de s'en rapprocher sans cesse.

A ces trois vertus religieuses, l'historien de la philosophie doit joindre, dans l'appréciation des systèmes, les deux grandes vertus morales : justice et charité. A tout système qui se déclare seul en possession de l'absolu et qui, par ses prétentions exclusives, veut usurper injustement un domaine infini, l'historien doit opposer les conclusions négatives de

Platon : il doit nier ce qui est négatif dans chaque système pour rétablir ainsi par une double négation la vérité positive. Mais cette critique négative, qui est la tâche la plus ingrate et la moins utile de l'historien, doit être réduite au strict nécessaire et ne saurait jamais être trop modérée. L'historien ne doit exclure que ce qui est exclusif, il ne doit s'opposer qu'aux oppositions, il ne doit faire la guerre qu'à la guerre même. Sa tâche véritable et son œuvre positive, c'est de pacifier et de concilier. Pour cette conciliation, il suffit presque toujours d'entrer dans la pensée de chaque philosophe plus avant qu'il ne l'a fait lui-même, afin de la ramener en quelque sorte à son Idée ; et si l'on y descend assez profondément, on en retrouvera l'unité avec la pensée commune. Les antinomies poussées à leurs limites se changent en harmonies. Nous l'avons dit déjà, aucune pensée n'est méprisable, et les choses les plus humbles, selon Platon, ont leur Idée ; il faut donc embrasser le plus possible : qui n'embrasse pas assez, mal étreint. Pour cela il faut d'abord savoir comprendre, et l'intelligence la plus pénétrante est aussi la plus ouverte à autrui ou la plus pénétrable : n'avons-nous pas vu que l'esprit pur est la pénétrabilité absolue? L'intelligence du philosophe ne saurait trop s'élargir : *dilatamini et vos*. Mais de plus, pour savoir comprendre, il faut savoir aimer. L'universelle sympathie du philosophe ne doit pas être celle de l'indifférence sceptique : l'historien ne doit pas ressembler à ces hommes du monde qui sont aimables pour tous parce qu'au fond ils n'aiment personne, et dont l'apparente sympathie recouvre une réelle impénétrabilité de l'âme. La véritable charité philosophique a son principe dans l'ardeur même de la foi. Le précepte le plus sublime et le plus doux de la morale doit s'appliquer aux philosophes et leur fournir la meilleure règle de critique : « Aimez-vous les uns les autres. » Ne savons-nous pas que les lois du monde moral sont aussi les vraies lois de la logique et de la nature ?

Telle est la méthode vraiment dialectique d'après laquelle on doit juger la diversité des systèmes, pour les ramener chacun à son Idée, et tous à l'Idée des Idées.

Considérés de ce point de vue, les systèmes entre lesquels se partagent encore les esprits apparaissent comme formant autant de cercles concentriques, qui vont s'élargissant toujours sans pouvoir embrasser l'immensité de l'universel. Il en est de plus limités et de moins vrais, comme le matérialisme; il en est de plus larges, mais négatifs encore, comme le panthéisme ; une seule doctrine, la plus vaste de toutes, semble exclure enfin par une affirmation suprême toute négation et toute limite ; c'est celle qui subordonne, sans les détruire, les relations mathématiques, physiques et logiques, à l'idée morale et religieuse d'un Bien absolument infini en compréhension et en extension : le Bien bon en soi, par soi, pour soi et pour les autres, qui veut que tous les êtres soient, à son image, bons en eux-mêmes, par eux-mêmes, pour eux-mêmes et pour autrui. Il est, ce semble, impossible de s'élever dialectiquement à un principe plus large et plus universel, de trouver une doctrine plus ouverte par son extension à toutes les vérités particulières, et en même temps plus compréhensive sous tous les rapports. C'est là ce que Platon a entendu par le Bien un et universel, terme auquel tout aboutit. On peut donc prévoir et affirmer *à priori*, par l'application même de l'induction dialectique, le triomphe final du platonisme dans ce qu'il a d'essentiel.

Platon a compris que l'idée du Bien peut seule fournir la solution des deux grandes antinomies dans lesquelles viennent se résumer toutes les autres et qui portent sur ces deux questions fondamentales : existence de Dieu, existence du monde.

Il semblait à première vue que la perfection de Dieu fût un obstacle à son être, et qu'elle formât avec l'existence réelle une antinomie; mais, en dernière analyse, cette perfection est la raison même de l'existence de Dieu.

Il semblait à première vue que la perfection de Dieu fût un obstacle à l'être du monde, puisque le parfait se suffit à lui-même; mais, en dernière analyse, la perfection divine est la raison même de l'existence du monde.

Le platonisme est tout entier dans ces deux principes, destinés à triompher tôt ou tard :

L'être le meilleur en soi est aussi le plus réel en soi et le plus actuel : sa bonté est sa raison d'être.

L'être le meilleur en soi est aussi le meilleur pour les autres, le plus puissant, le plus aimant, le plus fécond : sa bonté est leur raison d'être.

C'est là, nous osons le dire, le degré le plus élevé auquel puisse atteindre la pensée, le terme inévitable de toute dialectique, de toute science, de toute philosophie. La raison ne peut être satisfaite que quand elle est remontée au delà des phénomènes matériels, au delà de l'essence, au delà même de l'intelligence, jusqu'à l'aimante et libre Bonté. Les matérialistes veulent s'en tenir à la sensation et aux phénomènes sensibles, premier degré de la dialectique; mais ils ne peuvent faire de ce mobile devenir un objet de science : la matière pure est multiplicité indéfinie. Ils dégagent alors de la réalité ces rapports fixes, ces relations mathématiques et logiques, que Platon appelait les nombres intermédiaires, et ils finissent par faire consister la réalité dans des abstractions ; comme les pythagoriciens, ils composent tout avec des nombres, et leur matérialisme se change en idéalisme. C'est le second degré de la dialectique. Le principe de l'idéalisme n'est plus une multiplicité indéfinie, mais une multiplicité définie, une sorte de matière mathématique ou logique, mélange arbitraire d'unité et de pluralité. Pour expliquer un tel mélange, on est obligé d'invoquer quelque dualité primitive, quelque opposition inhérente à la nature des choses : l'idéalisme devient dualisme, et la multiplicité, soit indéfinie soit définie, apparaît comme une dyade ; c'est je ne sais quelle contradiction primitive et essentielle qui va se multipliant elle-même, et qui à la dualité originelle fait succéder une pluralité sans fin ; les contraires détruisent les contraires, et ce mouvement fait la vie universelle. Parvenue à ce degré, la pensée ne peut être satisfaite encore : au-dessus de la dualité, elle conçoit nécessairement l'unité qui la produit sans la subir, et qui fait se succéder les contraires sans s'y épuiser. Cette unité féconde n'est déjà plus la matière : c'est l'esprit. Nous entrons alors dans le spiritualisme, qui place à l'origine des choses une unité affranchie de toute multiplicité matérielle. Seulement, on peut avoir une conception plus ou moins complète de l'esprit absolu. Les panthéistes veulent s'arrêter à la substance nécessaire, à ce que Platon appelait *l'essence ;* et voilà que, sous cette nécessité prétendue on découvre l'arbitraire, sous cette substance ainsi isolée on découvre le vide et le non-être. Aristote monte plus haut, mais il s'arrête à l'intelligence; et voilà que cette *pensée de la pensée*, absorbée dans la contemplation d'elle-même et comme dans une sorte d'égoïsme stérile, ne semble plus qu'une pensée sans pensée. Plus haut, plus haut encore, par delà l'essence, par delà l'intelligence, au dernier sommet de la dialectique, Platon aperçoit le Bien; et dans le bien en soi il entrevoit le bien pour autrui, que le christianisme appellera la bonté. Qu'est-ce que la multiplicité des phénomènes matériels sans l'unité de l'*être?* Qu'est-ce que l'*être* sans la *pensée?* Qu'est-ce la que *pensée* sans l'*amour*, c'est-à-dire sans le Bien?

Le Bien seul est le Dieu vivant, Idée des Idées, être des êtres. En l'adorant, nous adorons le suprême idéal et aussi la suprême réalité; en le pensant, nous pensons l'éternelle pensée; en l'aimant, nous ne faisons que répondre à son amour; en le voulant, nous ne faisons que céder à l'attrait de sa beauté irrésistible et de sa bonté infiniment féconde. C'est lui que tous les êtres poursuivent, et que poursuivent ceux mêmes qui le nient. Qu'importe le nom qu'on lui donne? Il est l'idéal, mais il est aussi le réel; il est l'intelligible, mais il est aussi l'être; il est le bien immanent, mais il est aussi le bien expansif et aimant; il est le vrai, il est le beau, l'ordre, l'harmonie; il est la liberté absolue, l'amour absolu, l'absolue béatitude: tous ces noms expriment une de ses faces, aucun n'épuise son infinité. Si cependant il est un nom qui lui convienne encore plus que tout autre, parce que ce nom, embrassant toutes choses, est vaste et infini, non-seulement comme l'être et la pensée, mais comme l'amour, c'est celui que Platon prononça avant le christianisme, et sous lequel il adora la perfection divine: c'est le nom de Bonté.

# TABLE DES MATIÈRES

## DEUXIÈME PARTIE.

HISTOIRE DE LA PHILOSOPHIE PLATONICIENNE DANS L'ANTIQUITÉ.

### LIVRE PREMIER.

LES ÉLÉMENTS DE LA THÉORIE DES IDÉES AVANT PLATON.

CHAPITRE I. — Le Principe de la matière indéfinie. — Les Ioniens. — Héraclite.

Comment les Ioniens occupent le premier degré de la dialectique. — Double aspect des fonctions matérielles : génération et nutrition. . . . . . . . . . . . . . . . . . . . . . . 3

I. *École dynamiste de Milet. Héraclite.* — La génération sensible; le mouvement. Alternative des contraires; identité de l'être et du non-être dans le devenir. — L'intelligence universelle; l'intelligence humaine. — Ce que Platon doit à Héraclite; idée de la génération et de son rapport au *temps*. 4

II. *École mécaniste d'Abdère.* — La nutrition universelle. — Réduction de la matière, par la divisibilité, à une pluralité indéfinie dans l'*espace*. La matière première du *Timée*, lieu de la génération . . . . . . . . . . . . . . . . . . . . 11

CHAPITRE II. — Le principe de l'intelligence. Anaxagore.

I. *La matière.* Le phénomène de la nutrition. Le mélange universel; les infinis qui s'enveloppent. Les homœoméries. Comment tout est dans tout. — Comparaison avec le chaos idéal du *Timée*. . . . . . . . . . . . . . . . . . . . 14

II. *L'Intelligence universelle.* Sa simplicité sans mélange. Comparaison avec l'Idée de Platon. L'intelligence est-elle immatérielle et personnelle? . . . . . . . . . . . . . . 18

III. *Les intelligences particulières.* Comment elles participent à l'Intelligence universelle. Caractère relatif des phénomènes et des sensations. . . . . . . . . . . . . . . . . . 24

CHAPITRE III. — Principe des nombres intermédiaires. Pythagore et Philolaüs.

I. Les nombres, éléments des choses. Doctrine de Philolaüs sur le fini, l'infini et le mixte. . . . . . . . . . . . . . 28
II. Doctrine des pythagoriciens sur la cause première et l'unité originelle. . . . . . . . . . . . . . . . . . . 34
III. Genèse métaphysique des nombres. . . . . . . . . . 38
IV. Le Cosmos. Doctrines physiques et physiologiques des pythagoriciens. Comment ils emploient les causes finales . . . . 40
V. L'âme. Doctrines psychologiques. . . . . . . . . . . 41
VI. Doctrines morales. . . . . . . . . . . . . . . 43
VII. Comparaison du pythagorisme et du platonisme. L'Un identique au Bien réel ; l'Un identique au bien et au mal virtuels. . . . . . . . . . . . . . . . . . . 43

CHAPITRE IV. — Le principe de l'amour universel. Empédocle.

Unité primitive sous l'empire de l'amour. Le sphérus. — Action de l'inimitié, productrice du multiple. — Retour à l'amour et à l'unité par le sentiment, par la pensée et par l'action. 48

CHAPITRE V. — Le principe de l'unité. Xénophane, Parménide, Zénon.

I. Xénophane. Comment il démontre que Dieu est un et n'est pas engendré, et qu'en général rien de ce qui est n'est engendré. Profondeur de cette argumentation. Ce que Platon en a conservé ; ce qu'il a rejeté. L'*Idée*, solution de l'antinomie éléatique entre l'être et le non-être. . . . . 52
II. *Parménide*. Unité de l'Être. Caractère de cette unité. Est-elle vide d'être et de pensée ? Préjugés répandus au sujet de Parménide . . . . . . . . . . . . . . . . . 57
III. *Zénon*. Sa dialectique . . . . . . . . . . . . . 63

CHAPITRE VI. — La sophistique. Le principe du non-être et la méthode de double négation.

I. *Protagoras*. Vrai sens de sa doctrine. L'universelle relativité. 67
II. *Gorgias*. Ses thèses sur le non-être ; leur vrai sens. — Ce que Platon emprunte aux sophistes. . . . . . . . . . 70

CHAPITRE VII. — Le principe du bien. Socrate. . . . . . . 77

CHAPITRE VIII. — L'école de Mégare.

I. Méthode des Mégariques. — La réduction à l'absurde. La définition . . . . . . . . . . . . . . . . . . 80
II. Doctrine des Mégariques. — Identité de l'Unité et du Bien. — La génération réduite à une pure apparence. — Opinion

II. 47

des Mégariques sur la puissance et l'acte. Négation de la puissance. — Comment Platon réfute les Mégariques dans le *Sophiste*. — Multiplicité des noms du Bien. — Les formes incorporelles et immobiles des Mégariques. Comparaison avec les Idées de Platon. Analyse des pages les plus importantes du *Sophiste*. Comment Platon restitue à Dieu la puissance active. Les Idées conçues comme les puissances participables de l'absolu . . . . . . . . . . 82

CONCLUSION. — Originalité de Platon. . . . . . . . 94

## LIVRE DEUXIÈME.

CHAPITRE I. — Les successeurs de Platon. Speusippe et Xénocrate.

### Speusippe.

I. *Le premier principe.* Comment Speusippe substitue à l'Unité identique au bien l'Unité qui n'est pas encore le bien. L'Unité primitive est un germe imparfait qui n'est ni le bien, ni l'essence, ni l'intelligence. . . . . . . . . . . . 101
II. *La matière.* . . . . . . . . . . . . . . . . . . . 105
III. *Les Idées.* Comment Speusippe les rejette. . . . . . 105
IV. *La nature.* . . . . . . . . . . . . . . . . . . 107

### Xénocrate.

I. Les Idées confondues avec les nombres mathématiques. . . 110
II. Dieu et le monde. . . . . . . . . . . . . . . . 112

## LIVRE TROISIÈME.

ARISTOTE ET SA POLÉMIQUE CONTRE PLATON.

CHAPITRE I. — La science, la philosophie, la méthode. — Objections d'Aristote contre la dialectique platonicienne.

I. *La science.* Son principe et sa fin. La série des raisons ne peut être infinie dans l'ordre de l'existence ni dans l'ordre de la connaissance. Comparaison avec Platon . . . . . . 115
II. *La philosophie.* Son objet. Comparaison avec Platon. . . 117
III. *La méthode.* Objections contre la *forme* de la dialectique. — La dialectique interroge au lieu de prouver. — Réponse. . 118
IV. Objections contre le *fond* et les divers procédés de la dialectique. — 1° La division; son insuffisance. — 2° L'induction. Qu'elle est une généralisation abstraite et une série d'hypothèses. — 3° La définition. Qu'elle n'atteint pas l'essence. — Réponses . . . . . . . . . . . . . . 120

CHAPITRE II. — Le système. Critique de la théorie des idées.

I. *Critique de la preuve par les conditions de la science.* L'être n'est pas dans la *matière*. Réfutation du matérialisme. —

L'être est dans la *forme*, d'après Platon et Aristote; mais, d'après ce dernier, la forme n'est point l'Idée. Critique des preuves de l'existence des Idées, par Aristote. . . . 129

Preuve par les conditions de la science. Théorie de la science et de la connaissance qu'Aristote oppose à Platon. — 1° Théorie de la sensation. Comparaison avec celle du *Théétète*. — 2° Théorie de l'entendement. — 3° Théorie de la raison. Unité suprême du sujet et de l'objet. . . . . . 133

Réponse aux objections d'Aristote. En quoi il s'accorde avec Platon; en quoi il le contredit. Point de vue psychologique; point de vue ontologique. Comment Aristote refuse de transporter dans l'intelligible une multiplicité idéale; comment il admet l'Idée sans admettre les Idées. Supériorité de la doctrine platonicienne. . . . . . . . . . . . . . 148

CHAPITRE III. — Suite.

II. *Critique de la preuve des Idées tirée des conditions de l'existence*.

I. Premier caractère de l'Idée : l'universalité. L'essence des choses peut-elle être un principe universel? — Que l'être est un. Deux espèces d'unité : individuelle et universelle. Comment Aristote place l'essence dans la forme individuelle. . . . . . . . . . . . . . . . . . 159

II. Comment, par une analyse plus approfondie de l'essence, il revient à la pensée de Platon sur le principe universel de notre être. . . . . . . . . . . . . . . . . . 163

III. Deuxième caractère de l'Idée : la transcendance. Que l'essence des choses ne peut être un principe transcendant et séparé. Sens divers dans lequel Platon et Aristote prennent le mot essence. Principe interne ou principe externe de l'être. — Comment l'opposition de Platon et d'Aristote sur ce point se résout dans un accord final. . . . . . . 166

CHAPITRE IV. — Critique des conséquences de la doctrine des Idées.

I. *De quoi y a-t-il Idée?*

I. Y a-t-il des Idées de toutes choses, même des simples qualités. 171
II. Comment peut-il y avoir des Idées des négations. . . . . 173
III. Argument du troisième homme. — Réponses. . . . . . 174

CHAPITRE V. — Suite.

II. *Les rapports des idées aux objets ne peuvent expliquer la réalité*.

I. Les Idées ne sont point de vraies *causes exemplaires*; critique de la participation. — Critique des différentes hypothèses par lesquelles Platon explique le rapport des Idées aux choses. — 1° *Imitation*. Réponse à ce principe d'Aris-

tote que c'est le semblable qui engendre le semblable. — 2° *Participation.* — 3° *Mélange* des Idées . . . . . . 178
II. Les Idées ne sont point de véritables *causes motrices*. . . . 189
III. Les Idées ne sont point de véritables *causes finales* . . . . 192
IV. Critique de la *théorie des nombres* . . . . . . . . . 193

CHAPITRE VI. — THÉODICÉE D'ARISTOTE; SES RAPPORTS AVEC CELLE DE PLATON.

I. La dialectique d'Aristote comparée à celle de Platon. La loi de continuité et le progrès des êtres. Le mouvement. En quel sens une série infinie de causes est impossible. Le moteur dans Platon et dans Aristote. Immobilité du premier moteur. Comment il meut le monde. Ce que devient dans Aristote la théorie platonicienne de l'amour. La cause finale. Dieu est-il un idéal sans réalité? Identité de l'intelligence actuelle et de l'intelligible actuel. Antériorité de l'acte; part de Platon dans cette théorie. . . . . . . . . . 199
II. Sur quoi porte le désaccord de Platon et d'Aristote. Comment Aristote refuse à Dieu la connaissance du monde. Suppression des Idées. Comment Aristote s'arrête à l'Intelligence, sans placer au-dessus le Bien-un. Comment il attribue à Dieu l'individualité absolue, et exclut de son essence l'universalité. . . . . . . . . . . . . . . . 213

CHAPITRE VII. — RAPPORTS DE DIEU AU MONDE.

I. *Rapport de la pensée divine avec l'ordre du monde.* Comment Dieu est Providence sans le savoir. Optimisme d'Aristote. La Nature substituée au Démiurge de Platon . . . . . 222
II. *Rapport de la pensée divine avec l'existence du monde.* Comment Aristote réfute le dualisme. A-t-il conçu le rapport de la puissance à l'acte de manière à maintenir tout à la fois l'unité du premier principe et la diversité des existences. Comparaison de l'*Idée* et de l'*acte*. Conséquences de la suppression des Idées. Impossibilité de rattacher la puissance à l'acte, et d'attribuer à Dieu la puissance active. . 226

CHAPITRE VIII. — LA MORALE D'ARISTOTE ET SES RAPPORTS AVEC CELLE DE PLATON.

I. L'activité, premier terme du problème moral. Notion aristotélique de la liberté . . . . . . . . . . . . 242
II. La fin de l'activité, second terme du problème moral. Comment cette fin, d'après Aristote, est encore l'activité. L'acte et le bien, définissable suivant les genres. Le plaisir est un bien, le bonheur est le souverain bien . . . . . . 243
III. Applications de la doctrine aristotélique. Théorie du juste

milieu. Les vertus morales. Les vertus sociales. La vertu spéculative; la sagesse . . . . . . . . . . . . . . 248

IV. Appréciation de la morale d'Aristote; comparaison avec celle de Platon. — Conclusion. . . . . . . . . . . . . 252

### CHAPITRE IX. — L'ÉPICURISME ET LE STOÏCISME.

*L'Épicurisme.*

I. *Logique.* Suppression des Idées platoniciennes. L'évidence sensible, seule mesure de la vérité. . . . . . . . . 256
II. La spontanéité de l'âme motrice attribuée aux atomes. . 258
III. Le plaisir stable placé dans l'inertie. . . . . . . . . 259

*Le Stoïcisme.*

I. *Logique.* Réduction de l'Idée transcendante à l'idée immanente ou notion. Théorie de la connaissance; part de l'activité et de la volonté dans la sensation. . . . . . . 261
II. *Physique.* L'idée immanente dans la nature, ou raison séminale. L'activité et la passivité inséparables. Le devenir absolu, le mouvement se suffisant à lui-même. Identité de la Providence et du Destin, de l'Intelligence et de la Nécessité. . . . . . . . . . . . . . . . . . . 264
III. *Morale.* L'Idée immanente dans la volonté. Identification du bien en soi avec le bien moral. — Conclusion. Impuissance des stoïciens à trouver la véritable unité de la puissance et de l'acte. . . . . . . . . . . . . . 269

## LIVRE QUATRIÈME.

### LE NÉOPLATONISME.

CHAPITRE I. — LES NÉOPLATONICIENS GRECS ET JUIFS. L'IDÉE, MÉDIATRICE ENTRE L'ORIENT ET L'OCCIDENT.

I. Les Néoplatoniciens grecs; Modératus, Alcinoüs, Plutarque. Modifications que subit la théorie des Idées. . . . . . 283
II. Le Verbe chez les Grecs. . . . . . . . . . . . . 289
III. Le Verbe chez les Perses; les Idées et les Férouërs. . . . 291
IV. Le Verbe chez les Hébreux. . . . . . . . . . . 293
V. Le platonisme dans l'école juive d'Alexandrie; la théorie des Idées dans Philon. — Numénius . . . . . . . . 296
VI. Progrès accomplis dans la théorie de la participation. Comparaison de la *participation* et de la *procession* . . . . 301

CHAPITRE II. — ÉCOLE NÉOPLATONICIENNE D'ALEXANDRIE.

*Ammonius Saccas.*

Comment il applique la théorie de la participation aux rapports de l'âme et du corps. . . . . . . . . . . . . . . . 306

*Plotin.*

I. *Méthode de Plotin.* — Synthèse de la dialectique platonicienne et de l'analyse aristotélique dans la procession. — Conception de l'Idée dans Plotin comme à la fois immanente et transcendante . . . . . . . . . . . . . . . . 309

II. *Doctrine de Plotin.* — Ascension dialectique vers Dieu. Premier degré : *la matière.* Puissance passive et puissance active. . . . . . . . . . . . . . . . . . . . . . 312

III. *L'Ame* . . . . . . . . . . . . . . . . . . . . . 313

IV. *L'intelligence et les Idées.* Comment l'Idée est tout à la fois acte et puissance, ou puissance active. — De quoi y a-t-il Idée. Y a-t-il une Idée de l'individu. Y a-t-il une Idée du laid et du mauvais. — Unité des Idées. Description du monde intelligible. — Comment l'Idée, objet de la pensée, est aussi une pensée. . . . . . . . . . . . . . . 315

V. *Le Bien-un.* Pourquoi et en quel sens le Bien est supérieur à la pensée et à l'être, qu'il produit. Que Dieu n'est pas la pensée, parce que sa perfection est supérieure à la pensée. Qu'il n'est pas l'être, parce qu'il est supérieur à ce que nous appelons l'existence. Que Dieu a cependant une *supra-intellection* de lui-même, et une existence transcendante qui est la plénitude de l'être. Conciliation en Dieu de la puissance et de l'acte. Fausseté des préjugés répandus au sujet de la doctrine de Plotin . . . . . . . . . . . 324

CHAPITRE III. — Plotin (*Suite*).

*Rapports de l'un au multiple.*

I. *La procession.* — Pourquoi Dieu procède et engendre. — Que le Bien n'engendre pas par nécessité ou par besoin, ni par hasard, ni par une liberté indifférente, ni par un amour proprement dit, mêlé de désir, mais par son être même et parce qu'il est le Bien. Comment il produit à la fois la possibilité et la réalité du monde . . . . . . . . . . 342

II. *La procession en Dieu. La Trinité.* — 1° Procession de l'intelligence : le Fils. — 2° Procession de l'âme . . . . . 350

III. *Procession dans le monde.* La descente des âmes. . . . 356

IV. *Le retour à l'unité. La connaissance, l'amour, l'extase.* — 1° *La connaissance.* Les opérations discursives et la vie pratique. L'intelligence intuitive et la vie contemplative. Le Beau, objet de la contemplation; *théorie du Beau.* Comparaison avec Platon. Rapport du Beau et du Bien. — 2° *L'amour;* le Bien, son objet. Que l'amour poursuit, au delà des Idées, le Bien-un. — 3° *L'extase,* retour à l'unité. Qu'elle n'est pas l'absorption dans le néant, mais dans la plénitude de l'être. 362

# TABLE DES MATIÈRES.

## CHAPITRE IV. — ÉCOLE D'ATHÈNES. PROCLUS.

Décadence du Néoplatonisme dans l'école d'Alexandrie. — L'école d'Athènes. .................................................. 381

I. *Syrianus*. Sa doctrine sur les Idées. ................................ 384

II. *Proclus*. Démonstration de l'existence des Idées : 1° par la nécessité d'un principe qui, produisant par son être même, soit la plénitude des formes de l'être ; 2° par la nécessité d'un principe qui, produisant par sa pensée même, soit la plénitude des formes de la pensée ; 3° par la nécessité d'une cause finale qui ramène sciemment l'être et la pensée à l'unité du bien ; 4° par la cause génératrice des individus ; 5° par la cause exemplaire des espèces ; 6° par les premiers principes de toute démonstration. — Nature des Idées. ............................................................. 385

III. De quoi y a-t-il Idée ? Suppression des Idées des individus. . 395

IV. Participation aux Idées. Moyen terme métaphysique introduit par Proclus : l'unité-multiple. Rôle de ce moyen terme aux divers degrés de l'être. Première origine de ce moyen terme dans les hénades ou unités divines .................. 396

V. Théologie négative. L'Un. ........................................ 403

VI. Théologie affirmative. Les unités ou hénades ............... 406

VII. La Providence ; sa première origine dans l'Unité suprême où reposent les unités. ............................................. 411

VIII. Les triades ; les trois éléments constitutifs de l'être. Triades divine, intellectuelle et psychique. Rapport avec les nombres idéaux. ....................................................... 414

IX. *Damascius*. ............................................................. 418

## LIVRE CINQUIÈME.

### LE PLATONISME DANS LE CHRISTIANISME.

## CHAPITRE I. — LA TRINITÉ, LA PROCESSION ET LA CRÉATION.

I. *Le Bien-un et le Père*. Identité du Bien supérieur à l'essence et à l'intelligence avec le Père. Caractère incompréhensible et ineffable du Père. Méthode d'élimination employée par les chrétiens dans la théologie négative dont l'objet est le Père. Analogie de cette méthode avec celle de Platon dans la première thèse du *Parménide*. Comment, d'après les chrétiens, Dieu est non-essence par la plénitude de l'essence, non-intelligence par la plénitude de l'intelligence, etc. — Témoignages de saint Justin, Tertullien, Clément d'Alexandrie, Origène, Grégoire de Nazianze, Athanase, saint Augustin, Denys, saint Thomas, Petau, Thomassin, etc. .. 421

II. *Les Idées et le Verbe.* Méthode d'induction platonicienne adoptée par les chrétiens. Germe des théories trinitaires dans Platon et dans Aristote. La doctrine des Idées chez les Pères de l'Église, dans saint Anselme et dans saint Thomas. . . . . . . . . . . . . . . . . . . . . . . . 429

III. *Rapport de l'Intelligence au Bien, du Fils au Père.* Est-ce un rapport d'infériorité ou d'égalité? Comparaison de Platon, d'Aristote et des alexandrins avec les chrétiens . . . . 440

IV. *L'âme divine et l'Esprit.* Comparaison de la doctrine platonicienne et de la doctrine chrétienne. 1° L'Esprit, intermédiaire entre Dieu et le monde, principe de grâce et d'amour. 2° L'amour en Dieu. Originalité de la conception chrétienne, fondée sur la doctrine de l'Esprit. Comment cette doctrine exclut le panthéisme. 3° Double conséquence relativement à Dieu et au monde. La bonté immanente en Dieu. La bonté expansive et créatrice en Dieu. Théorie de la création par liberté et par amour. Comparaison du platonisme, des doctrines orientales et du christianisme. . . 444

# TROISIÈME PARTIE.

ESSAIS DE PHILOSOPHIE PLATONICIENNE ET CONCLUSION CRITIQUE.

## LIVRE PREMIER.

DES LOIS DE LA CONNAISSANCE, DE L'EXISTENCE ET DE L'AMOUR. LOGIQUE ET PSYCHOLOGIE PLATONICIENNES.

CHAPITRE I. — LA RAISON ET LE PRINCIPE DE L'UNIVERSELLE INTELLIGIBILITÉ.

I. Du principe de l'universelle intelligibilité ou de l'Idée. Nécessité de réduire le nombre des axiomes. Distinction de la raison intelligible ou Idée et de la cause efficiente. Le principe de l'universelle intelligibilité est-il synthétique et *à priori*. . . . . . . . . . . . . . . . . . . . . . . . 466

II. Rapport du principe d'identité au principe de l'intelligibilité. Réduction du premier au second. — La raison intelligible doit être absolue et parfaite. Le Bien. . . . . . . . . . 472

III. Certitude propre au principe de l'universelle intelligibilité. Divers degrés de la certitude : la certitude sensible, la certitude logique, la certitude métaphysique et morale; part de l'amour et de la liberté dans la foi à l'intelligible. Que

TABLE DES MATIÈRES. 745

cette foi est le fondement de la religion naturelle. Réponse
à l'idéalisme transcendantal de Kant. Réponse aux objections d'Hamilton contre la conception de l'absolu. En quoi
consiste véritablement cette conception . . . . . . . . . 476

CHAPITRE II. — LA RAISON DISCURSIVE ET SES OPÉRATIONS.

I. *L'Idée dans les opérations logiques.* Réduction de ces opérations à l'unité. Théorie du jugement. Triple affirmation contenue dans tout jugement. Véritable valeur de l'axiome d'identité. Sens du verbe dans le jugement. — Abstraction. Généralisation. Induction. Déduction. Comparaison. Rapport de ces opérations avec le principe de l'universelle intelligibilité. . . . . . . . . . . . . . . . 500

II. *L'Idée dans les opérations mathématiques.* Les quatre éléments du *Philèbe* : l'indéterminé, le déterminé, le mixte et l'activité déterminante. Importance du quatrième élément dans les mathématiques. La notion de l'infini spirituel est essentielle aux opérations les plus élémentaires des mathématiques. Demandes, axiomes, définitions et démonstrations des géomètres. Rapport du calcul infinitésimal avec la dialectique platonicienne. L'Idée du Bien principe des mathématiques comme de toutes les autres sciences. Relativité essentielle de la notion de l'espace par rapport à celle du Bien. . . . . . . . . . . . . . . . . 511

III. *L'Idée dans les opérations des sciences physiques et naturelles.* Loi de l'universelle différence et principe des indiscernables. Loi de l'universelle analogie et principe de continuité. L'induction et l'analogie dans les sciences physiques. Rapport avec la dialectique platonicienne. Spiritualisme essentiel à la physique. Comment le matérialisme travaille à se détruire lui-même . . . . . . . . . . . . 519

CHAPITRE III. — LA CONSCIENCE.

I. Toute science est conscience en même temps que raison . . 529
II. Union de la conscience et de la raison dans l'intuition de notre être. La notion du moi un et identique, inséparable de l'Idée. Se connaître, c'est se voir dans son Idée. . . . . . . 530
III. Il existe une Idée du moi. La substance individuelle est la réalisation de cette Idée. . . . . . . . . . . . . . 535
IV. Comment l'axiome de l'universelle intelligibilité, par l'introduction des éléments empruntés à la conscience, devient principe de causalité et de substantialité. De la cause active et de son rapport à l'Idée. Avons-nous conscience de notre substance, et que faut-il entendre par cette substance. Tout est âme ou est par l'âme. . . . . . . . . . 536
V. De la quantité, comme produit de l'âme et objet de conscience.

Le nombre. Le temps. L'espace. Leurs rapports avec l'Idée et avec l'âme . . . . . . . . . . . . . . . . 538

## CHAPITRE IV. — DE LA SENSATION.

I. Nécessité de l'Idée pour passer de la notion du moi à celle du non-moi. Rôle de la sensation. Existe-t-il une faculté spéciale appelée perception extérieure. Lois générales de la perception distincte. Leur rapport avec le principe d'universelle intelligibilité ou de causalité. . . . . . . . 556

II. Part du subjectif et de l'objectif dans la connaissance sensible. Examen et conciliation, par l'intermédiaire de l'Idée, des différents systèmes sur ce sujet. Point de vue du sens commun, de la science et de la métaphysique.. . . . . 562

## CHAPITRE V. — DE L'AMOUR.

I. Théorie de l'amour platonique. Appréciation de cette théorie. Est-ce l'universel ou l'individuel que nous aimons. Conciliation des diverses doctrines sur ce sujet, telle que le platonisme même la fournit. Conséquences en psychologie et en métaphysique . . . . . . . . . . . . . . . 575

II. Conciliation de la théorie du pur amour avec celle de l'amour intéressé. . . . . . . . . . . . . . . . . . 586

III. L'amour, origine du principe des causes finales. L'axiome du Bien ou de la Bonté. Comment les autres axiomes s'y ramènent. Comment la doctrine de Platon n'est pas une métaphysique purement intellectuelle, mais morale. — Identité des principes de l'être avec ceux de l'amour. — Identité des principes de la connaissance avec ceux de l'amour. Pourquoi toute science, selon Platon, a l'amour pour objet. 589

## LIVRE DEUXIÈME.

LA BONTÉ DIVINE, PRINCIPE SUPRÊME DE L'EXISTENCE, DE LA CONNAISSANCE ET DE L'AMOUR. — THÉODICÉE PLATONICIENNE.

## CHAPITRE I. — OBJET ET NATURE DES PREUVES DE L'EXISTENCE DE DIEU.

I. Point de départ des preuves de l'existence de Dieu. . . . 595

II. Objet de ces preuves: Dieu est-il proprement l'Être nécessaire. — Est-il simplement l'Être absolu. — Est-il l'Être parfait. . . . . . . . . . . . . . . . . . . . . 596

III. Procédés par lesquels on peut affirmer Dieu. Nature essentielle de cette affirmation. Insuffisance de la nécessité physique et de l'expérience externe ou interne. Insuffisance de la nécessité logique et mathématique, ou de la raison discursive. Insuffisance de la nécessité morale ou de l'acte moral purement obligatoire. Acte suprême de l'âme par lequel elle adhère au suprême Intelligible et au suprême Aimable. 604

CHAPITRE II. — LE SUPRÊME INTELLIGIBLE. DIEU, UNITÉ DES IDÉES ET TERME DE LA DIALECTIQUE.

*Preuve dialectique de l'existence de Dieu par l'Unité intelligible, supérieure aux contraires.* — Cette Unité est-elle virtualité pure, ou un terme supérieur aux deux à la fois? Solution de l'antinomie entre la puissance et l'acte. — Supériorité de la conception platonicienne et alexandrine sur la conception aristotélique. Les Idées ou raisons intelligibles sont les puissances de la réalité absolue. . . . . . . . . 616

CHAPITRE III. — LA SUPRÊME ACTIVITÉ ET LE SUPRÊME DÉSIRABLE. DIEU, CAUSE EFFICIENTE ET FINALE.

*Preuve de l'existence de Dieu par le principe de causalité.*

I. Nécessité d'une cause absolue. En quel sens une série infinie de causes relatives est possible. Que cette série infinie suppose encore au-dessus d'elle une cause absolue. Solution platonicienne de l'antinomie établie par Kant entre la série infinie des causes relatives et la cause absolue. Point de vue propre aux sciences physiques; point de vue propre à la métaphysique. . . . . . . . . . . . . . . 622

II. Nature de la cause absolue. Examen des trois hypothèses qu'on peut faire à ce sujet. L'absolu est-il la pure imperfection, ou un mélange de perfection et d'imperfection, ou la pure perfection. Que l'absolu est l'Esprit pur. . . . 628

*Preuve de l'existence de Dieu par le principe de finalité.*

Que la cause absolue ne peut agir ni par nécessité mécanique, ni par nécessité logique, mais par volonté du bien ou par amour. Le suprême Aimable. — Que la finalité dans le monde n'est pas nécessité, mais spontanéité. Dieu est un ouvrier d'ouvriers. 634

CHAPITRE IV. — LE BIEN, UNITÉ SUPRÊME DE L'IDÉAL ET DU RÉEL, DE LA PERFECTION ET DE L'EXISTENCE.

I. *Preuve de l'existence de Dieu par l'identité de la perfection et de la réalité.* — Origine platonicienne de cette preuve. Unité du suprême idéal et de la suprême réalité pour Platon. Pourquoi la perfection est conçue par lui comme absolue à priori. . . . . . . . . . . . . . . . 641

II. Examen des objections de Kant. La perfection est-elle conçue par nous comme simplement *possible*, c'est-à-dire comme relative. . . . . . . . . . . . . . . 649

III. Objections du naturalisme et de l'idéalisme abstrait ou conceptualisme. — La perfection est-elle conçue par nous comme *impossible à priori*. — Est-elle impossible *à poste-*

*riori*. Valeur des inductions tirées de l'expérience. Peut-on appliquer à l'Idée des Idées ce qui n'est vrai que des idées inférieures et des existences inférieures. Distinction de la perfection matérielle et de la perfection spirituelle. Que l'absolu est l'Esprit pur . . . . . . . . . . . . . . . 657

## CHAPITRE V. — Des attributs de Dieu.

I. Méthode platonicienne pour déterminer les attributs de Dieu. 676
II. Aspect négatif de l'idée de Dieu. En quel sens Dieu est supérieur à l'essence. Aspect positif de l'idée de Dieu. Synthèse des deux points de vue précédents. La vie divine et son évolution éternelle. . . . . . . . . . . . . . . 678
III Attributs plus particuliers de Dieu, ou Idées. 1° Attributs empruntés à la nature. 2° Attributs empruntés à l'humanité. La volonté, l'intelligence et l'amour. Diverses définitions morales de Dieu. Leur ordre dialectique. Harmonie des contraires en Dieu. Personnalité divine. . . . . . 684

## CHAPITRE VI. — De la création et de la participation par l'amour.

I. Que l'acte créateur est supérieur aux relations mathématiques. Le monde n'est ni un prolongement ni une diminution de l'Être divin. . . . . . . . . . . . . . . . . . . . 694
II. Que l'acte créateur est supérieur aux relations logiques. Retour sur la thèse du *Parménide* : l'Un n'est ni identique ni différent, soit par rapport à lui-même, soit par rapport aux autres choses. . . . . . . . . . . . . . . . . . 700
III. Que l'acte créateur est essentiellement moral. Fécondité de l'amour. Que le rapport du Créateur aux créatures est un rapport d'amour. Supériorité de l'amour sur les lois de l'impénétrabilité physique et de l'opposition individuelle. Pénétrabilité de la personne. Comment la personne se rend impersonnelle par l'amour. Don de soi-même. Absence du besoin dans l'amour de Dieu . . . . . . . . . . 704
IV. Infinité et universalité de l'amour en Dieu. Examen dialectique des diverses doctrines qui ont limité l'amour divin par quelque côté. Quelle est l'idée la plus compréhensive de l'amour infini, principe de la Providence . . . . . . 719

## CHAPITRE VII. — Avenir du platonisme.

Terme dans lequel les contradictions des écoles tendent à se résoudre. Détermination dialectique de la valeur finale du platonisme et de son avenir. — Méthode platonicienne dans l'histoire de la philosophie. — Des vertus qu'elle impose à l'historien. La justice et la charité dans la critique philosophique. — Universalité, en compréhension et en extension, des propositions fondamentales du platonisme. . . . . 728

FIN DE LA TABLE DU SECOND VOLUME.

www.ingramcontent.com/pod-product-compliance
Lightning Source LLC
Chambersburg PA
CBHW060904300426
44112CB00011B/1337